같음과 다름

《요재지이聊齋志異》의 화본소설話本小說《성몽병언醒夢駢言》 연구

청대清代 작자 미상
《요재전도聊齋全圖》 중 〈구대낭仇大娘〉

같음과 다름

《요재지이聊齋志異》의 화본소설話本小說 《성몽병언醒夢駢言》 연구

초판 1쇄 발행 2025년 3월 13일

저 자 김명구
발 행 인 임연수
펴 낸 곳 명지대학교 출판부

주 소 서울특별시 서대문구 거북골로 34
전 화 (02) 300-1740 팩 스 (02) 300-1723
홈페이지 http://press.mju.ac.kr
등 록 제 1969-000001호, 1969.10.15.
제 작 네오프린텍(주)
ISBN 978-89-7335-993-6 (93820)

같음과 다름

《요재지이聊齋志異》의 화본소설話本小說
《성몽병언醒夢駢言》 연구

김명구 지음

명지대학교출판부

| 일러두기 |

* 본 책에서의 일부 어휘는 한글과 한자를 함께 적었고, 서명, 지명, 직명, 인명 등은 통일성과 가독성을 위하여 모두 한자 독음으로 표기하였습니다.

** 본 책의 [   ] 내용은 독자의 이해를 돕기 위해 저자가 보충한 글입니다.

차례

6장 창직創作과 재창직再創作 :

《요재지이聊齋志異》의 〈증우우曾友于〉 개작改作

7장 원용原用과 변용變用 :

《요재지이聊齋志異》의 〈자매역가姊妹易嫁〉 개작改作

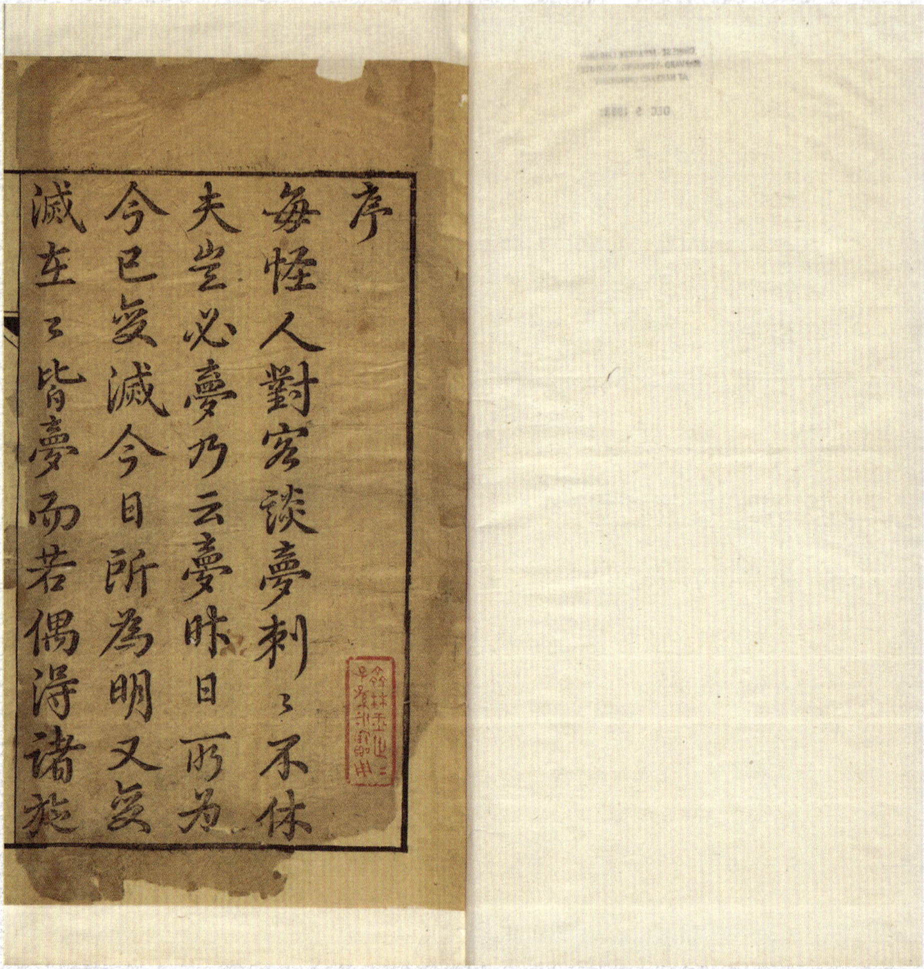
序
每怪人對客談夢剌剌不休
夫豈必夢乃云夢昨日所為
今已變滅今日所為明又變
滅在在皆夢而若偶得諸旋

청대清代 국휴주인우집菊畦主人偶輯《성몽병언醒夢駢言》ⓒ 하버드대학교도서관Harvard Library

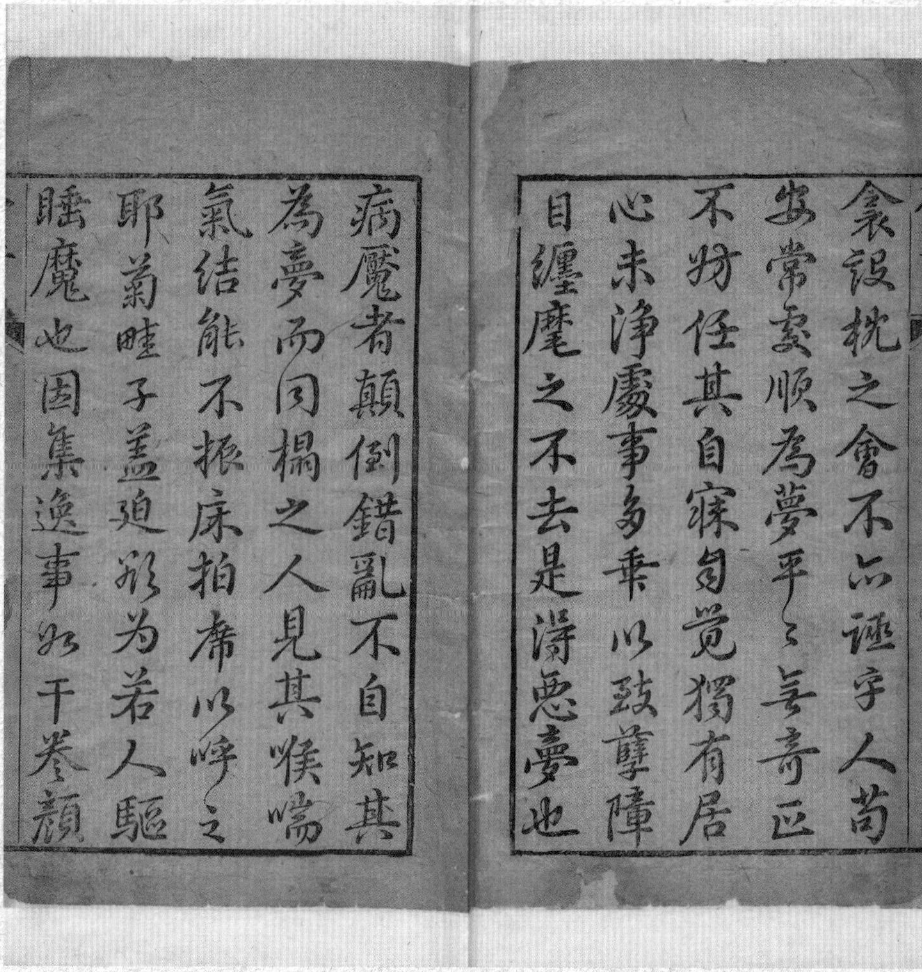
衾設枕之會不忘謹字人苟
安常處順爲夢平平無奇正
不妨任其自寐自覺獨有居
心未淨處事多乘以致孽障
目纏魔之不去是謂惡夢也

病魔者顛倒錯亂不自知其
爲夢而因揭之人見其喉喘
氣結能不振床拍席以呼之
耶菊畦子蓋追形為若人驅
睡魔也因集逸事如干卷顏

청대清代 국휴주인우집菊畦主人偶輯 《성몽병언醒夢駢言》

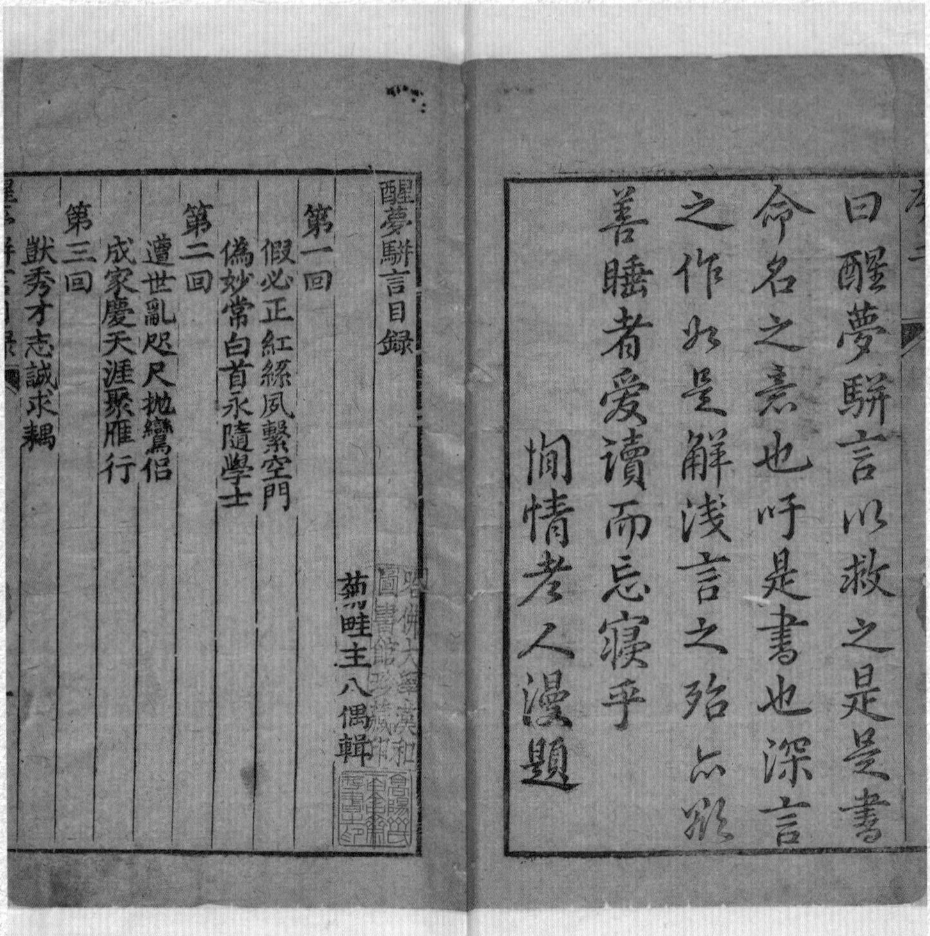

청대清代 국휴주인우집菊畦主人偶輯 《성몽병언醒夢駢言》 ⓒ 하버드대학교도서관Harvard Library

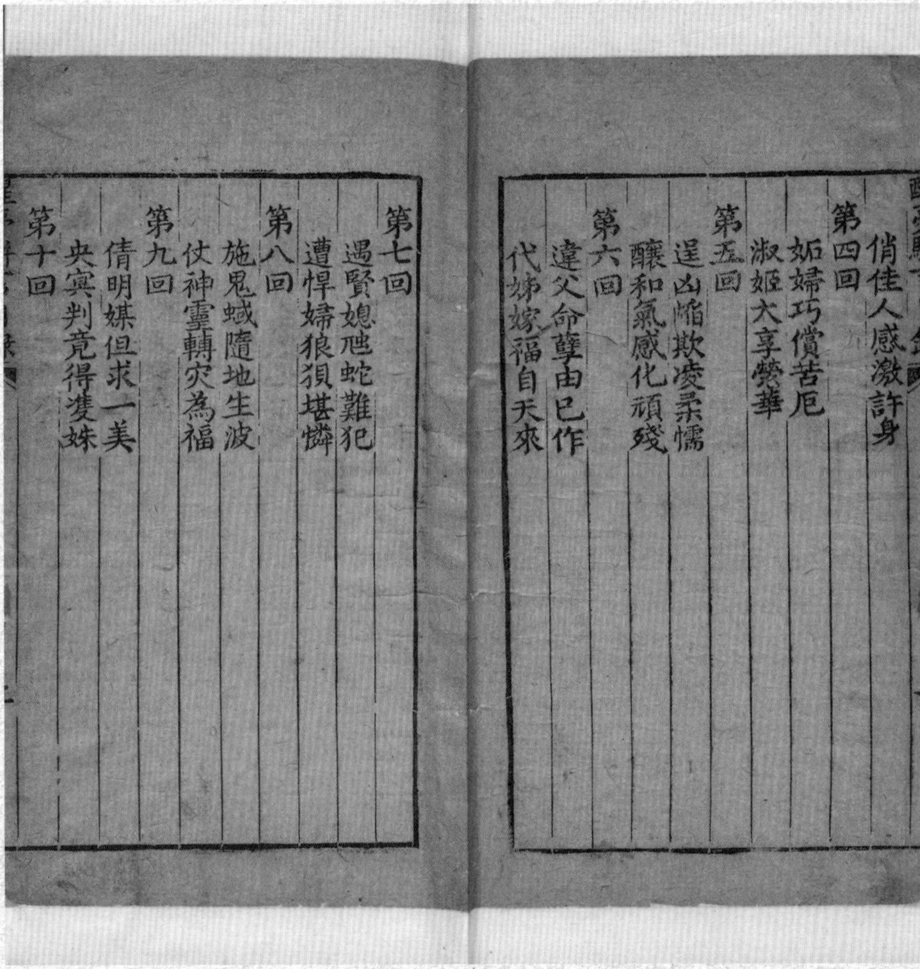

醒夢騈言目錄

俏佳人感激許身

第四回

妬婦巧償苦厄

淑姬大享榮華

第五回

逞凶惂欺凌柔懦

釀和氣感化頑殘

第六回

違父命孽由己作

代姊嫁福自天來

第七回

遇賢媳虺蛇難犯

遭悍婦狼狽堪憐

第八回

施鬼蜮隨地生波

仗神靈轉災為福

第九回

倩明媒但求一美

第十回

央冥判竟得雙姝

청대清代 국휴주인우집菊畦主人偶輯《성몽병언醒夢騈言》ⓒ 하버드대학교도서관Harvard Library

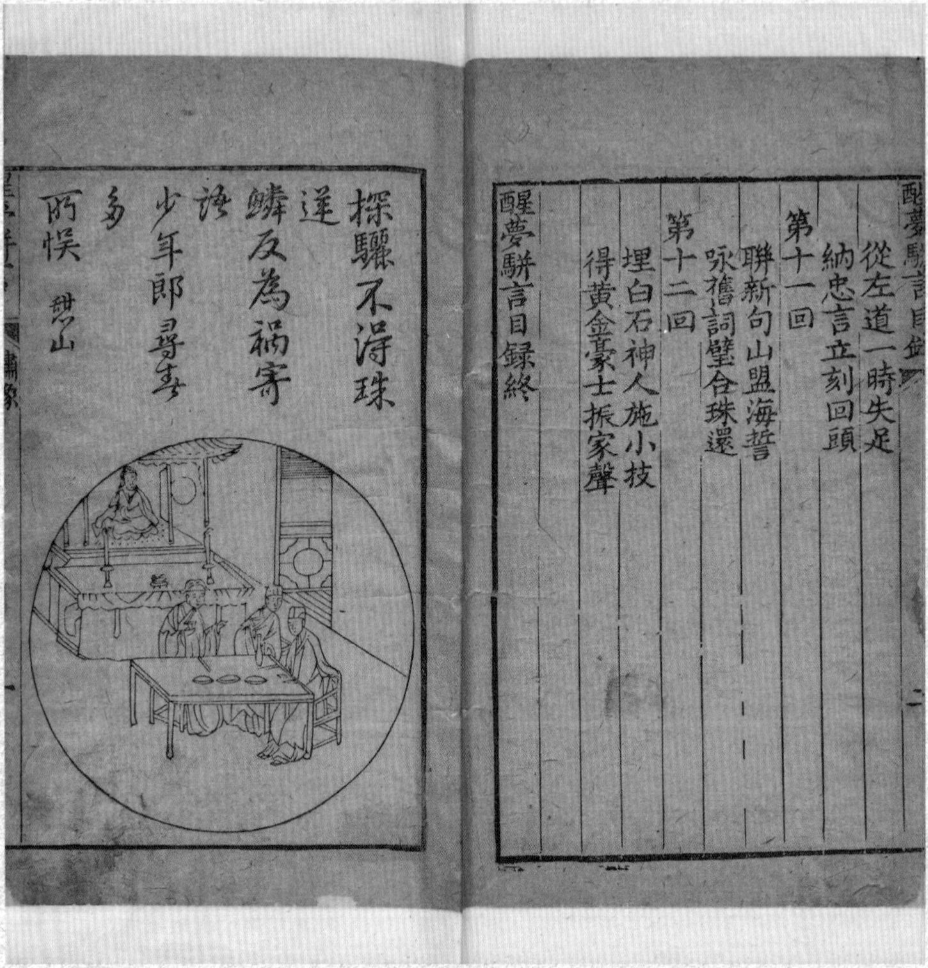

探驪不得珠逆
鱗反為禍寄
語
少年郎尋春
多
所悞　甜山

從左道一時失足
納忠言立刻回頭
第十一回
聯新句山盟海誓
咏舊詞璧合珠還
第十二回
埋白石神人施小技
得黃金豪士振家聲
醒夢駢言目錄終

청대清代 국휴주인우집菊畦主人偶輯《성몽병언醒夢駢言》ⓒ 하버드대학교도서관Harvard Library

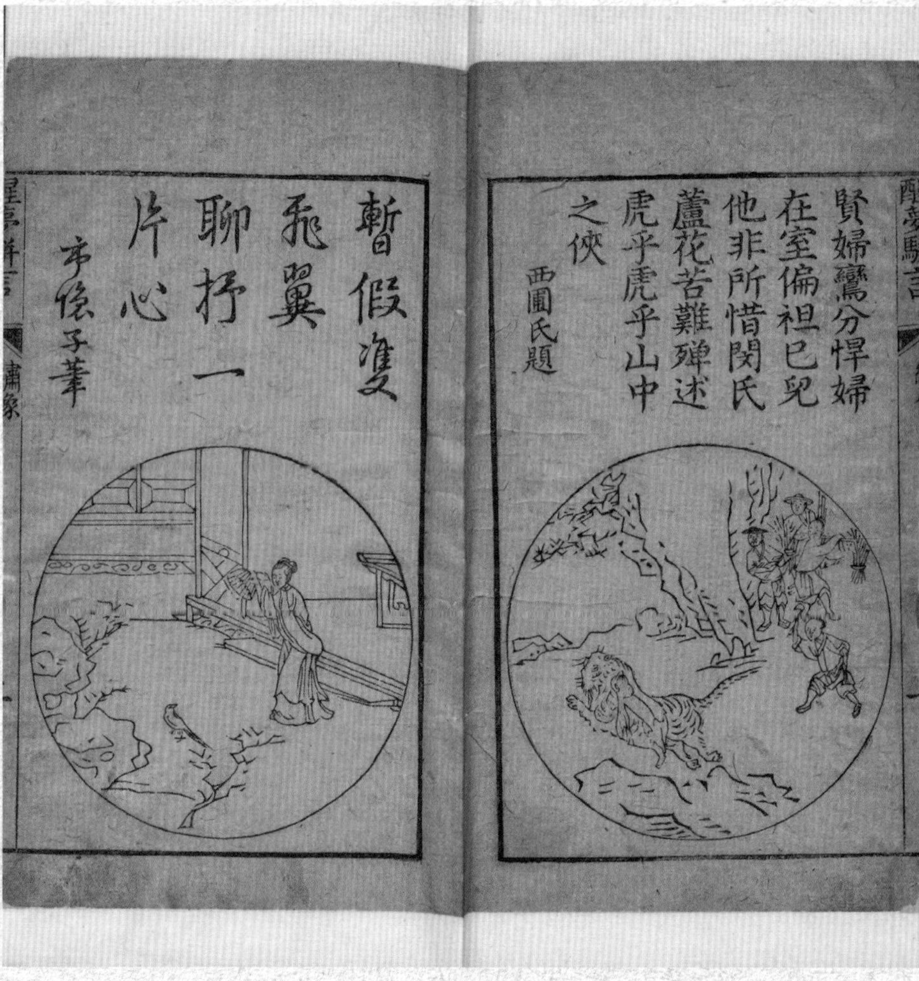

청대清代 국휴주인우집菊畦主人偶輯 《성몽병언醒夢駢言》 © 하버드대학교도서관Harvard Library

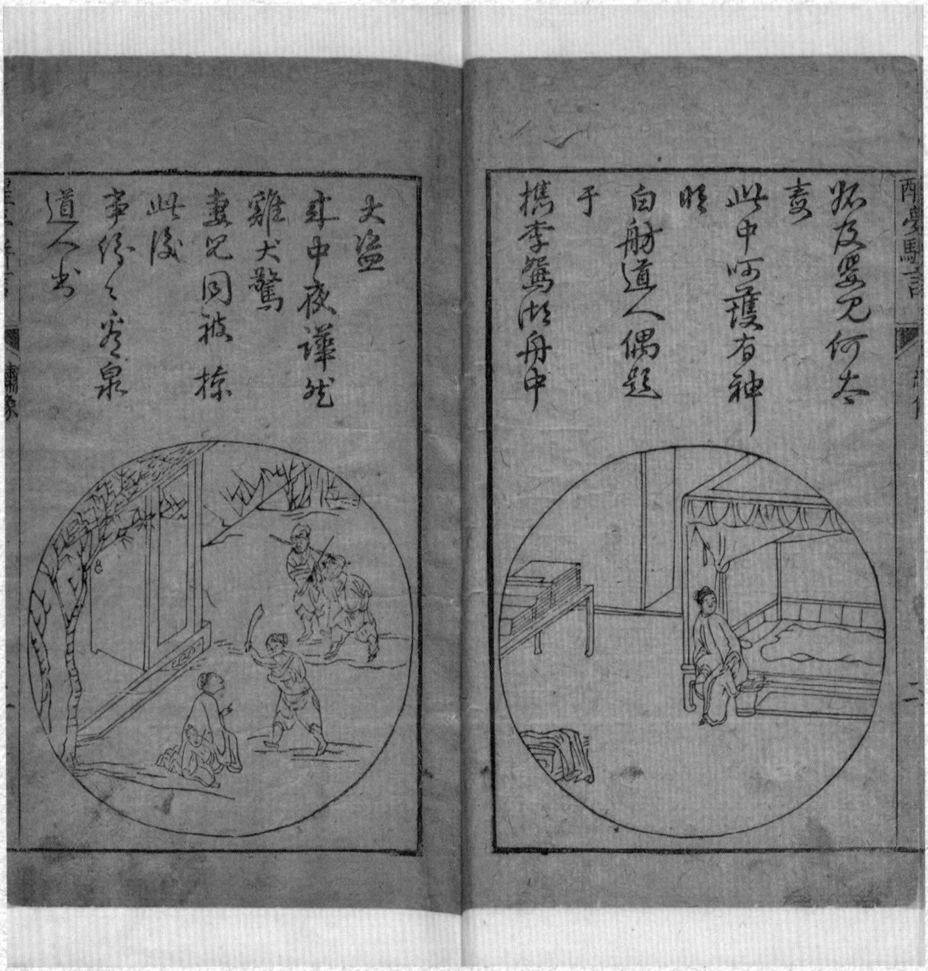

청대清代 국휴주인우집菊畦主人偶輯 《성몽병언醒夢駢言》 © 하버드대학교도서관Harvard Library

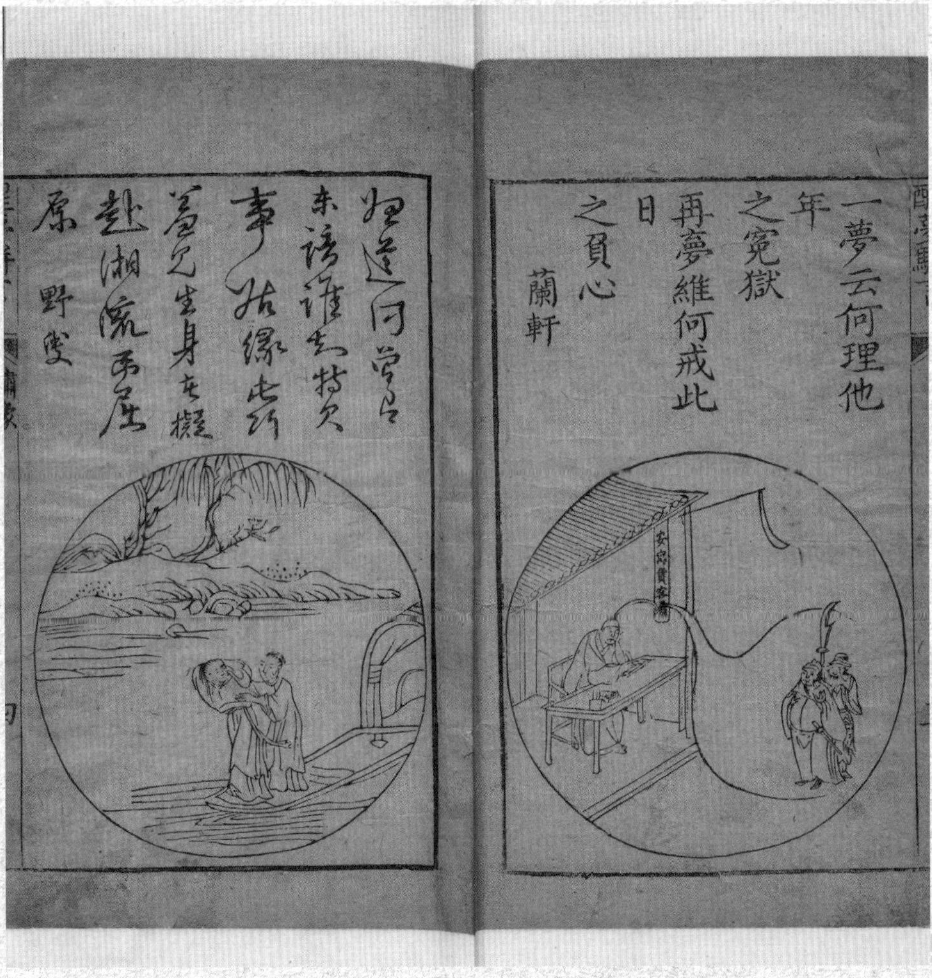

청대清代 국휴주인우집菊畦主人偶輯 《성몽병언醒夢駢言》 © 하버드대학교도서관Harvard Library

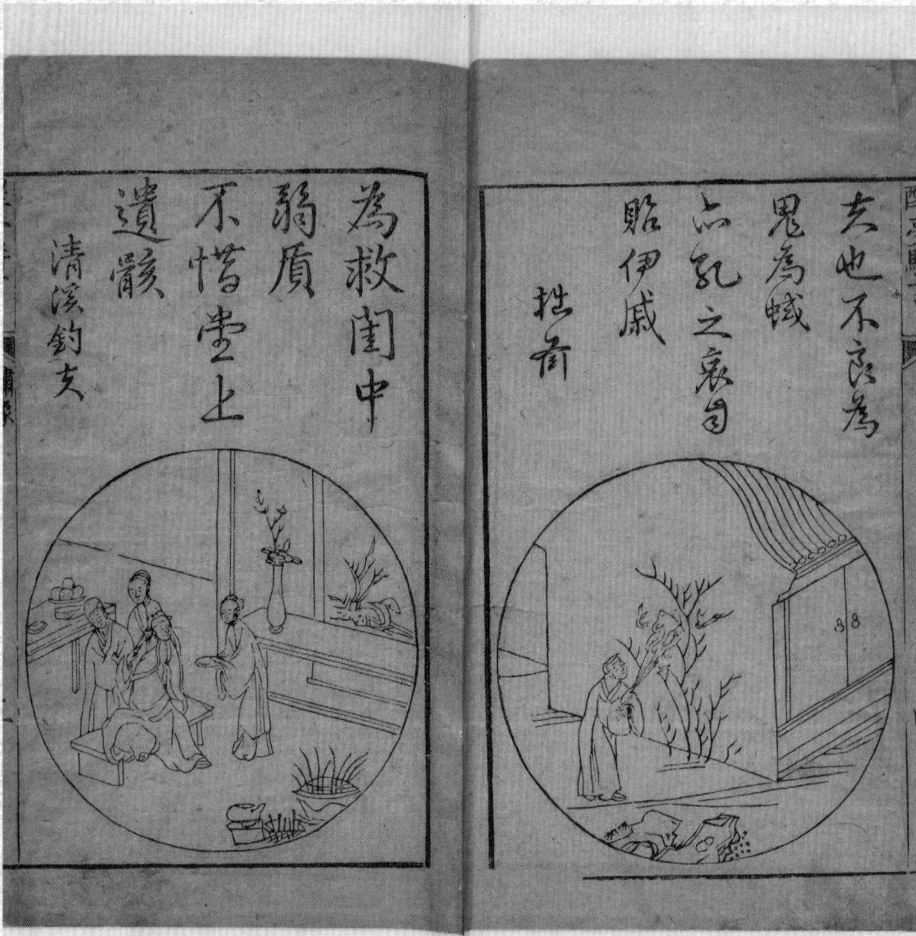

청대清代 국휴주인우집菊畦主人偶輯 《성몽병언醒夢駢言》© 하버드대학교도서관Harvard Library

청대淸代 국휴주인우집菊畦主人偶輯《성몽병언醒夢駢言》© 하버드대학교도서관Harvard Library

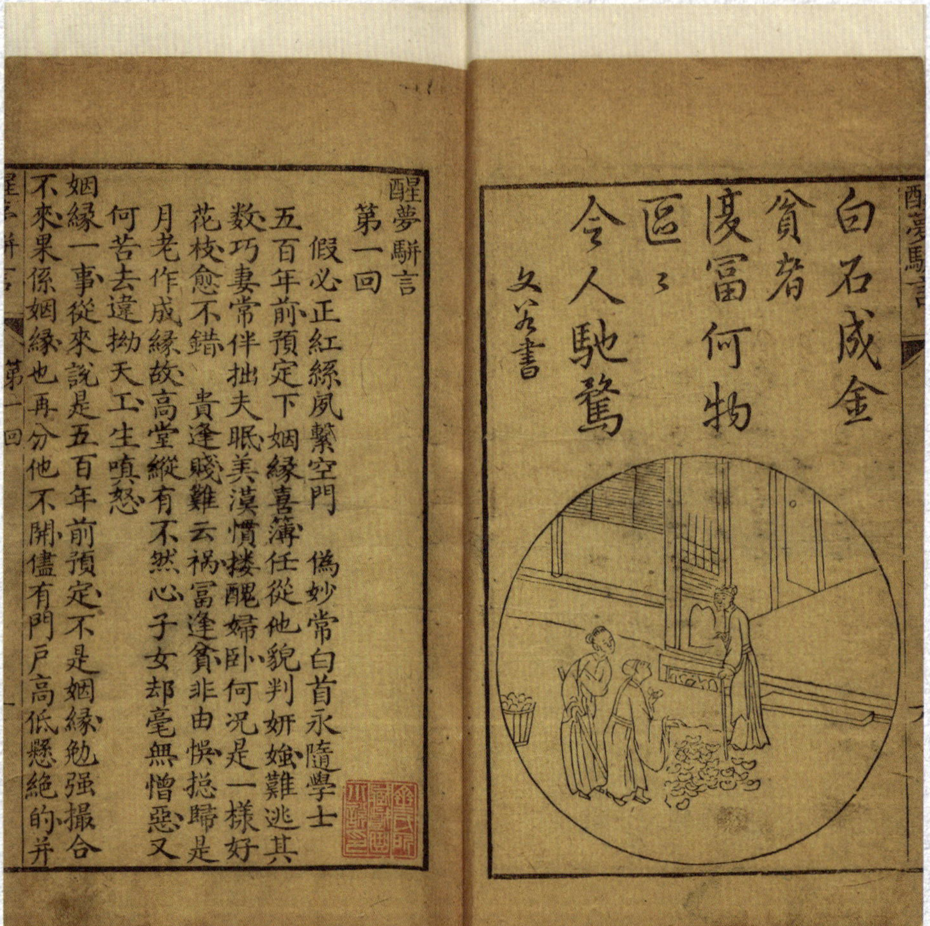
醒夢駢言

白石成金

貧者

優富何物

區〻

令人馳騖

文□書

醒夢駢言

第一回

假必正紅絲夙繫空門　僞妙常白首永隨學士

五百年前預定下姻緣喜簿任從他貌判妍媸難逃其數巧妻常伴拙夫眠美漢慣摟醜婦臥何況是一樣好花枝愈不錯　貴逢賤難云禍富逢貧非由悞搃歸是月老作成緣故高堂縱有不然心子女却毫無憎惡又何苦去違拗天工生嗔怒

姻緣一事從來說是五百年前預定不是姻緣勉强撮合不來果係姻緣也再分他不開儘有門戶高低懸絕的并

醒夢駢言　第一回

청대清代 국휴주인우집菊畦主人偶輯 《성몽병언醒夢駢言》 ⓒ 하버드대학교도서관Harvard Library

청대清代 작자 미상
《요재지이신평聊齋志異新評》
© 미국의회도서관Library of Congress

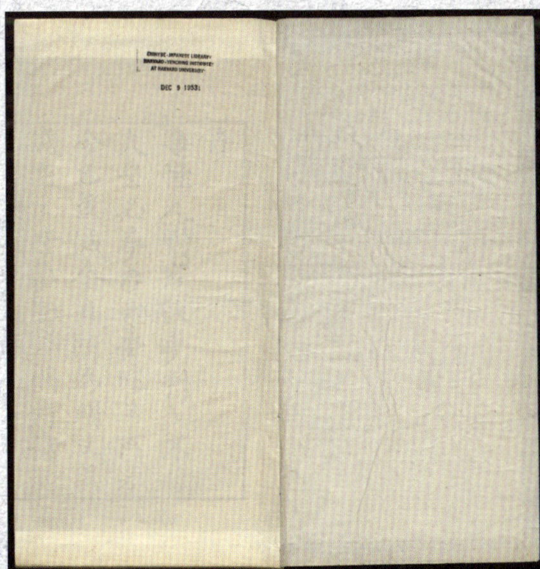

청대清代 작자 미상
《요재지이신평聊齋志異新評》
© 미국의회도서관Library of Congress

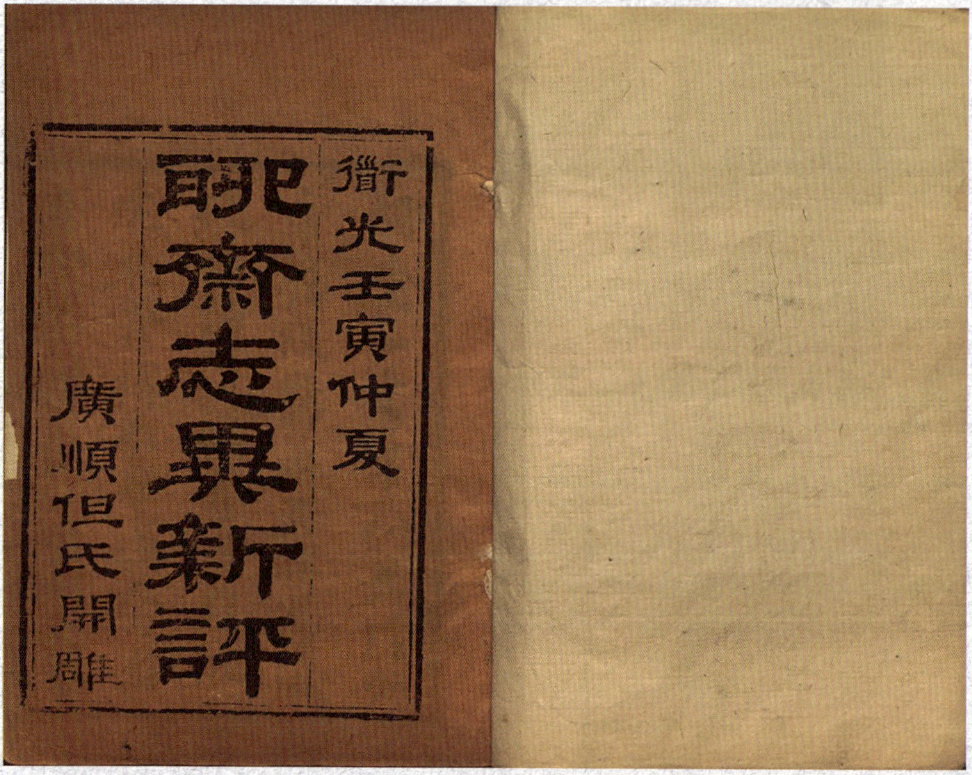

청대淸代 작자 미상 《요재지이신평聊齋志異新評》 ⓒ 미국의회도서관Library of Congress

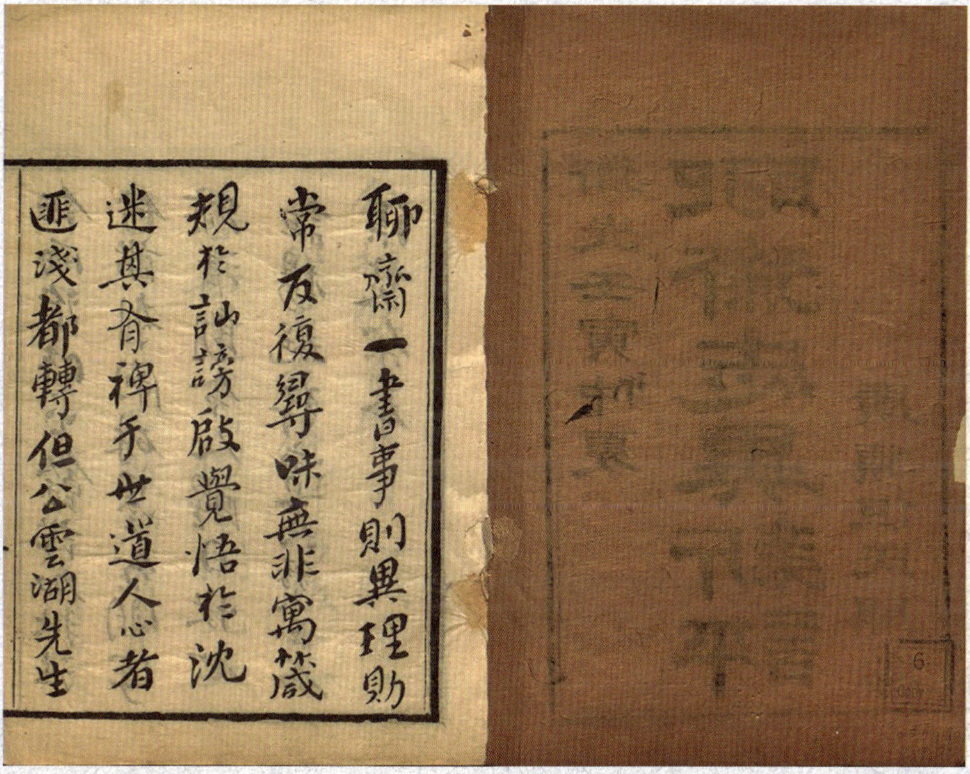

청대清代 작자 미상《요재지이신평聊齋志異新評》ⓒ 미국의회도서관Library of Congress

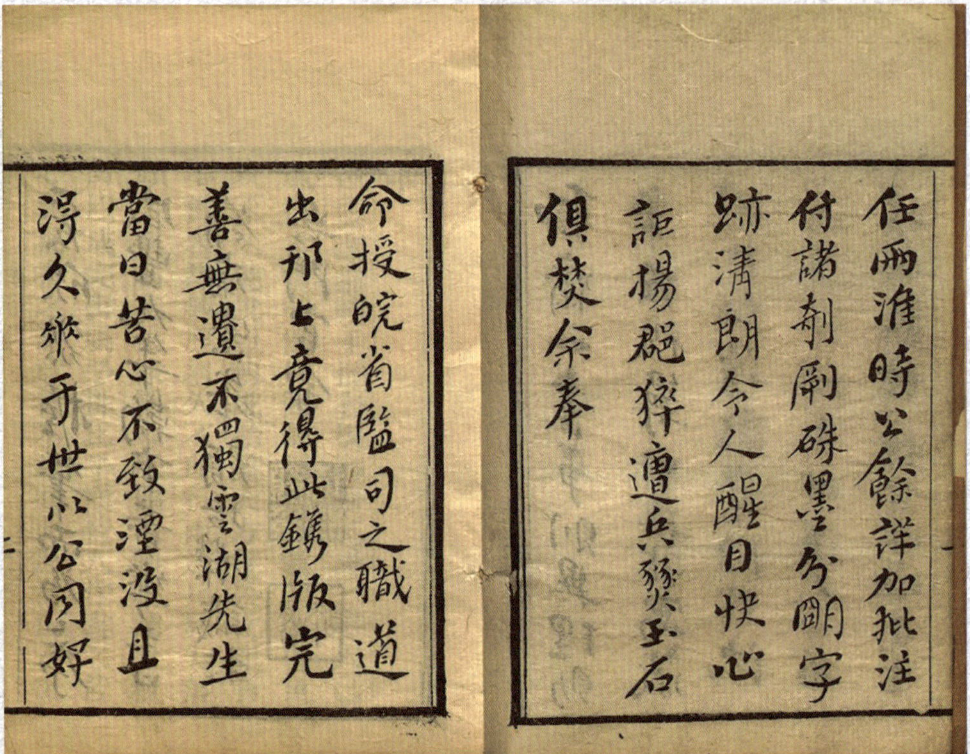
任兩淮時公餘詳加批注
付諸剞劂硃墨分明字
跡清朗令人醒目快心
詎揚郡猝遭兵燹玉石
俱焚余奉

命授皖省鹽司之職道
出邗上竟得此鐫版完
善無遺不獨雲湖先生
當日苦心不致湮沒且
得久傳于世以公同好

청대清代 작자 미상 《요재지이신평聊齋志異新評》 ⓒ 미국의회도서관Library of Congress

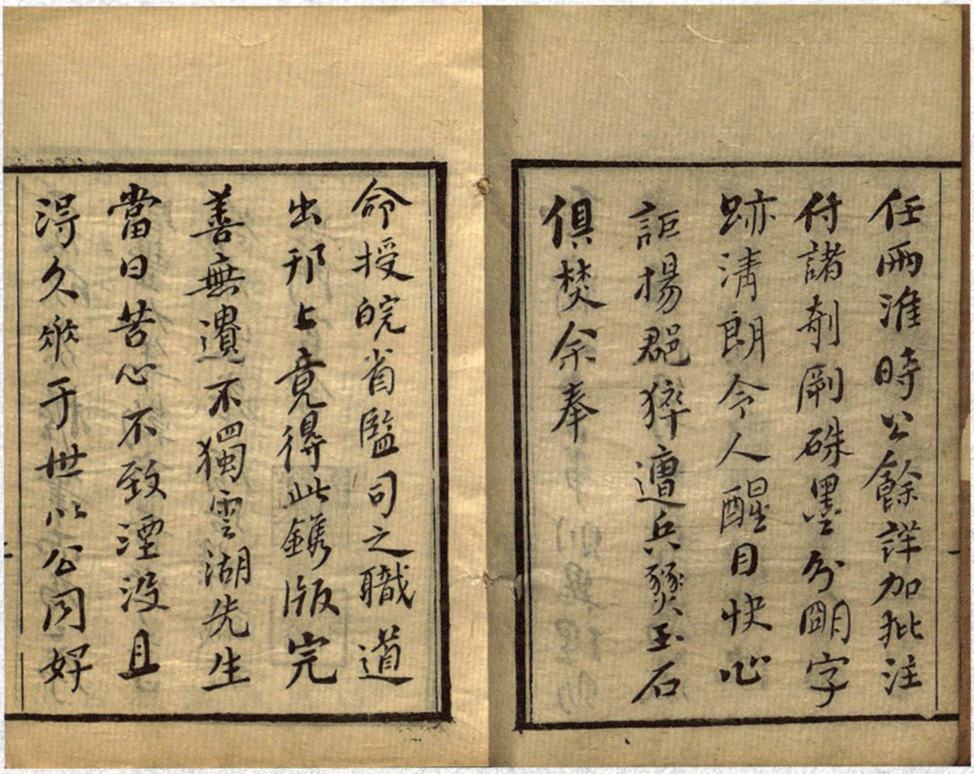
任兩淮時公餘詳加批注
付諸剞劂硃墨分明字
跡清朗令人醒目快心
詎揚颿猝遭兵燹玉石
俱焚余奉
命授皖省鹽司之職道
出邗上竟得此鐫版完
善無遺不獨雲湖先生
當日苦心不致湮沒且
得久傳于世以公同好

청대清代 작자 미상《요재지이신평聊齋志異新評》ⓒ 미국의회도서관Library of Congress

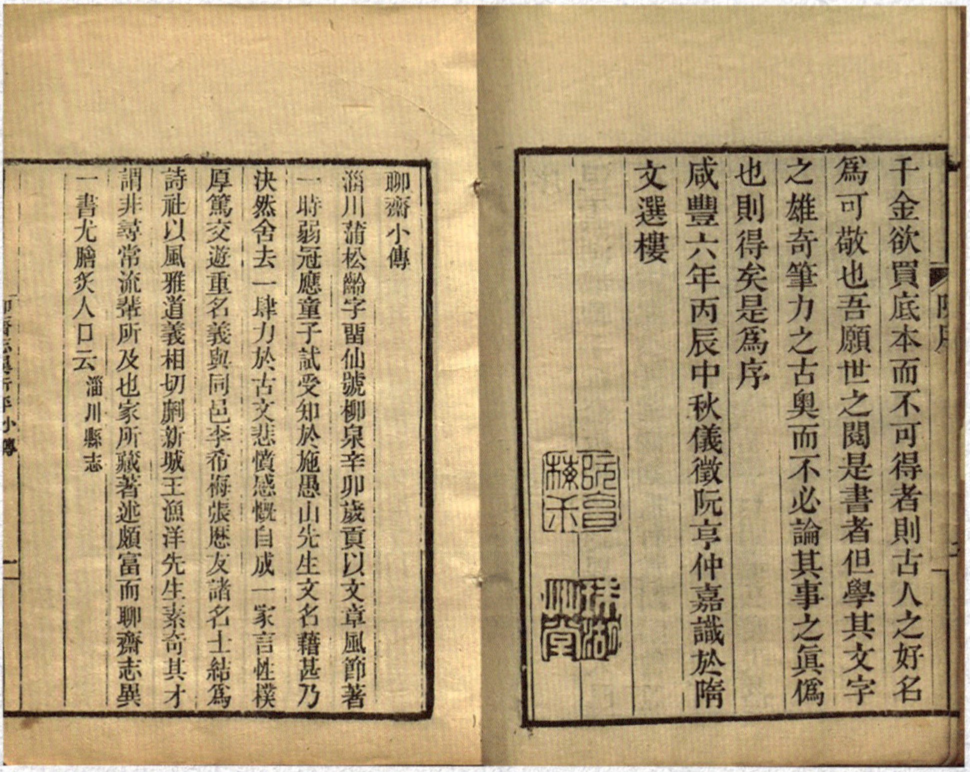

千金欲買底本而不可得者則古人之好名爲可敬也吾願世之閱是書者但學其文字之雄奇筆力之古奥而不必論其事之眞僞也則得矣是爲序

咸豐六年丙辰中秋儀徵阮亨仲嘉識於隋文選樓

聊齋小傳

淄川蒲松齡字留仙號柳泉辛卯歲貢以文章風節著一時弱冠應童子試受知於施愚山先生文名藉甚乃決然舍去一肆力於古文悲憤感慨自成一家言性樸厚篤交遊重名義與同邑李希梅張歷友諸名士結爲詩社以風雅道義相切劘新城王漁洋先生素奇其才謂非尋常流輩所及也家所藏著述頗富而聊齋志異一書尤膾炙人口云　淄川縣志

聊齋志異新評　小傳　一

청대淸代 작자 미상《요재지이신평聊齋志異新評》ⓒ 미국의회도서관Library of Congress

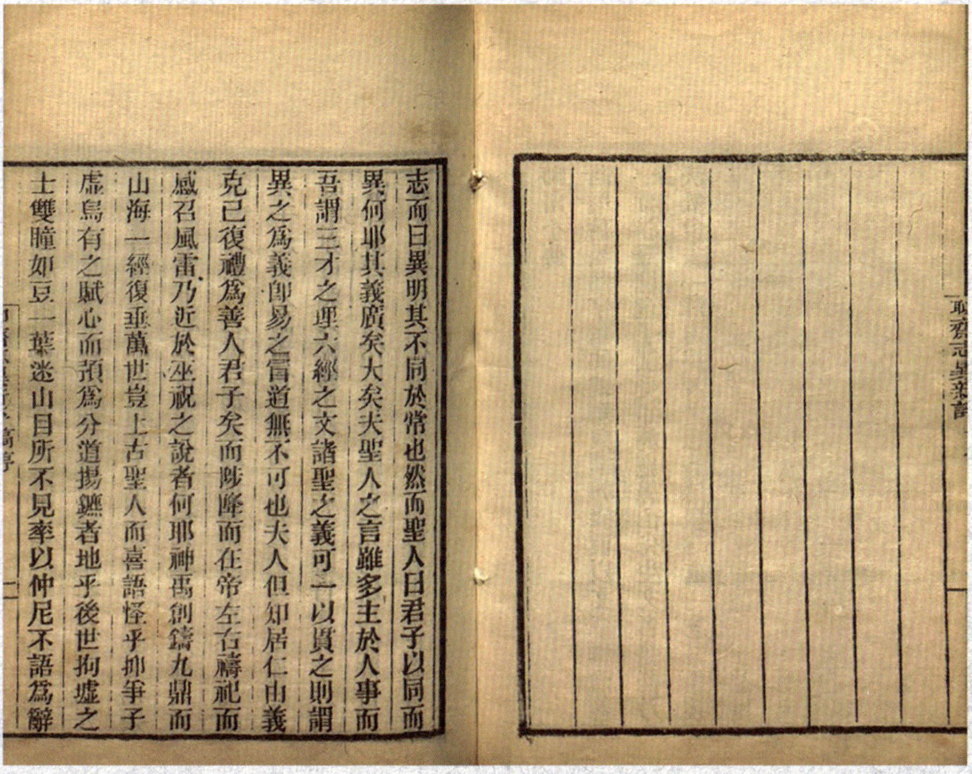
志而曰異明其不同於常也然而聖人曰君子以同而
異何耶其義廣矣大矣夫聖人之言雖多主於人事而
吾謂三才之理六經之文諸聖之義可一以貫之則謂
異之爲義卽易之冒道無不可也夫人但知居仁由義
克己復禮爲善人君子矣而陟降而在帝左右禱祀而
感召風雷乃近於巫祝之說者何耶神禹創鑄九鼎而
山海一經復垂萬世豈上古聖人而喜語怪乎抑亦子
虛烏有之賦心而預爲分道揚鑣者地乎後世拘墟之
士雙瞳如豆一葉迷山目所不見率以仲尼不語爲辭

청대清代 작자 미상《요재지이신평聊齋志異新評》ⓒ 미국의회도서관Library of Congress

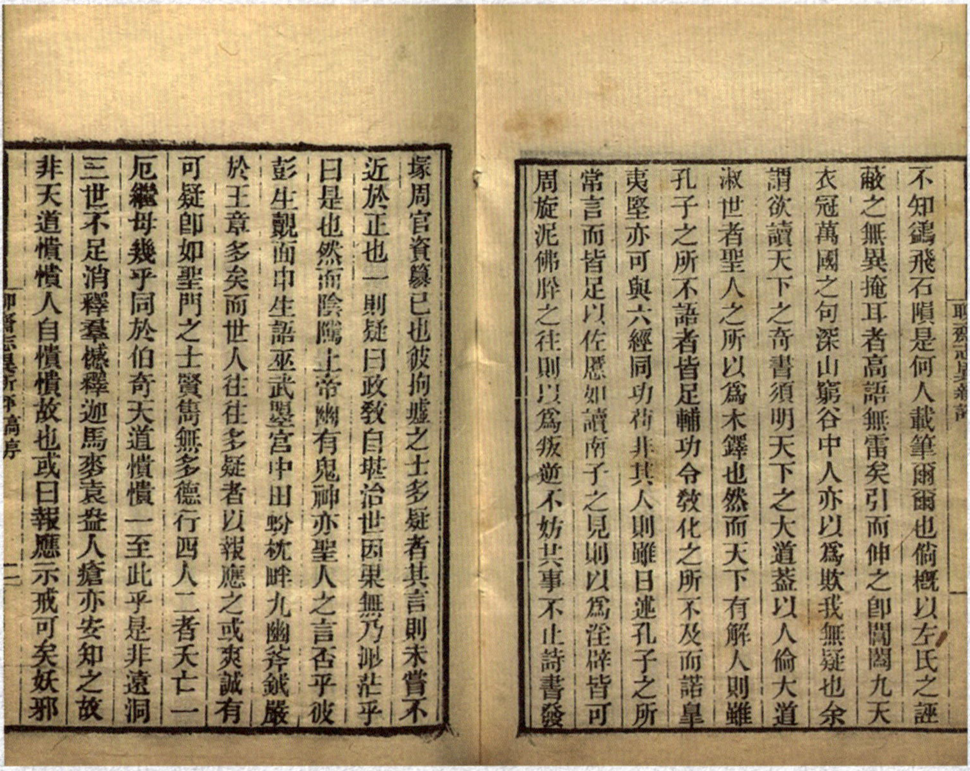
聊齋志異新評

不知鷁飛石隕是何人載筆爾爾也倘槪以左氏之誣
蔽之無異掩耳者高語無雷矣引而伸之即閶闔九天
衣冠萬國之句深山窮谷中人亦以爲欺我無疑也余
謂欲讀天下之奇書須明天下之大道蓋以人倫大道
淑世者聖人之所以爲木鐸也然而天下有解人則雖
孔子之所不語者皆足輔功令敎化之所不及而諾臯
夷堅亦可與六經同功苟非其人則雖日述孔子之所
常言而皆足以佐慝如讀南子之見則以爲淫辟皆可
周旋泥佛肸之往則以爲叛逆不妨共事不止詩書發

冢周官資篡已也彼拘墟之士多疑者其言則未嘗不
近於正也一則疑曰政教自堪治世因果無乃渺茫乎
曰是也然而陰騭上帝幽有鬼神亦聖人之言否乎彼
彭生觀面申生語巫武曌宮中田蚡枕畔九幽斧鉞嚴
於王章多矣而世人往往多疑者以報應之或爽誠有
可疑即如聖門之士賢雋無多德行四人二者夭亡一
厄繼母幾乎同於伯奇天道憒憒一至此乎是非遠洞
三世不足消釋羣疑釋迦馬麥袁盎人瘡亦安知之故
非天道憒憒人自憒憒故也或曰報應示戒可矣妖邪

聊齋志異新評 高序　二

청대清代 작자 미상《요재지이신평聊齋志異新評》ⓒ 미국의회도서관Library of Congress

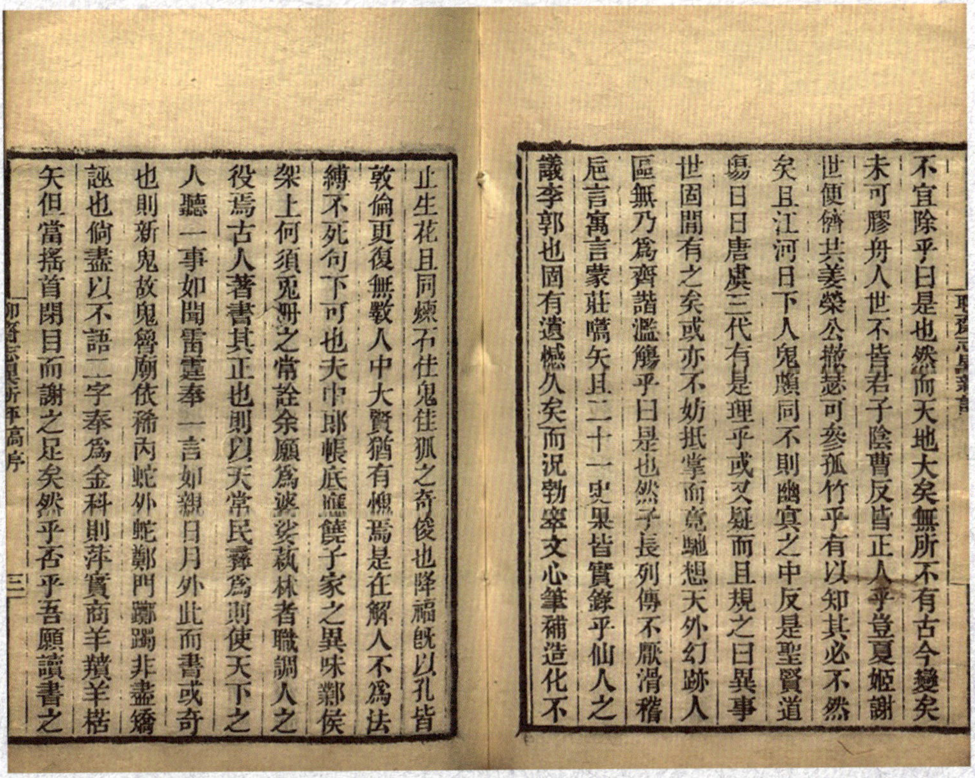

不宜除乎曰是也然而天地大矣無所不有古今變矣
未可膠舟人世不皆君子陰曹反皆正人乎豈夏姬謝
世便儕共姜榮公撒瑟可參孤竹乎有以知其必不然
矣且江河日下人鬼頗同不則幽冥之中反是聖賢道
場日日唐虞三代有是理乎或又疑而且規之曰異事
世固間有之矣或亦不妨抵掌而談馳想天外幻跡人
區無乃為齊諧濫觴乎曰是也然子長列傳不厭滑稽
卮言寓言蒙莊嚆矢且二十一史果皆實錄乎仙人之
議李郭也固有遺憾久矣而況勃窣文心筆補造化不

止生花且同爍石往鬼往狐之奇俊也降福既以孔皆
敦倫更復無數人中大賢猶有愧焉是在解人不為法
縛不死句下可也夫中郎帳底應饒子家之異味鄴侯
架上何須兔冊之常詮余願為婆娑藝林者職調人之
役焉古人著書其正也則以天常民彝為則使天下之
人聽一事如聞雷霆奉一言如親日月外此而書或奇
誕也倘盡以不語二字奉為金科則萍實商羊羵羊楛
矢但當搖首閉目而謝之足矣然乎否乎吾願讀書之

청대清代 작자 미상《요재지이신평聊齋志異新評》

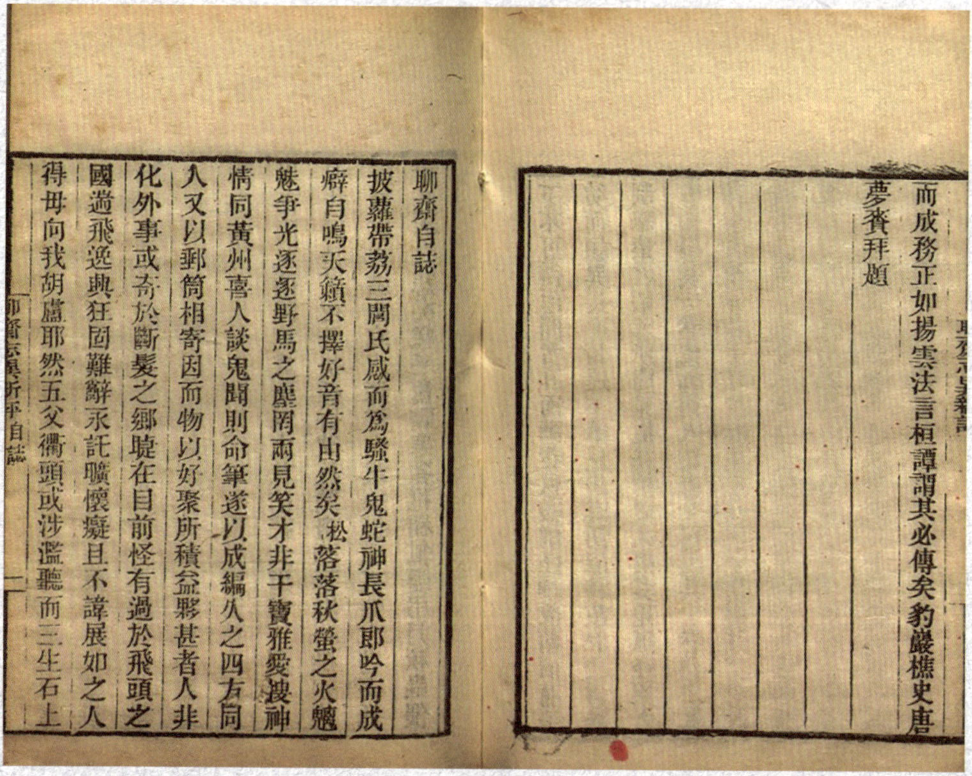
聊齋志異新評

而成務正如揚雲法言桓譚謂其必傳矣豹巖樵史唐
夢賚拜題

聊齋自誌
披蘿帶荔三閭氏感而為騷牛鬼蛇神長爪郎吟而成
癖自鳴天籟不擇好音有由然矣松落落秋螢之火魑
魅爭光逐逐野馬之塵罔兩見笑才非干寶雅愛搜神
情同黃州喜人談鬼聞則命筆遂以成編久之四方同
人又以郵筒相寄因而物以好聚所積益夥甚者人非
化外事或奇於斷髮之鄉睫在目前怪有過於飛頭之
國遄飛逸興狂固難辭永託曠懷癡且不諱展如之人
得毋向我胡盧耶然五父衢頭或涉濫聽而三生石上

聊齋志異新評 自誌 一

청대清代 작자 미상《요재지이신평聊齋志異新評》ⓒ 미국의회도서관Library of Congress

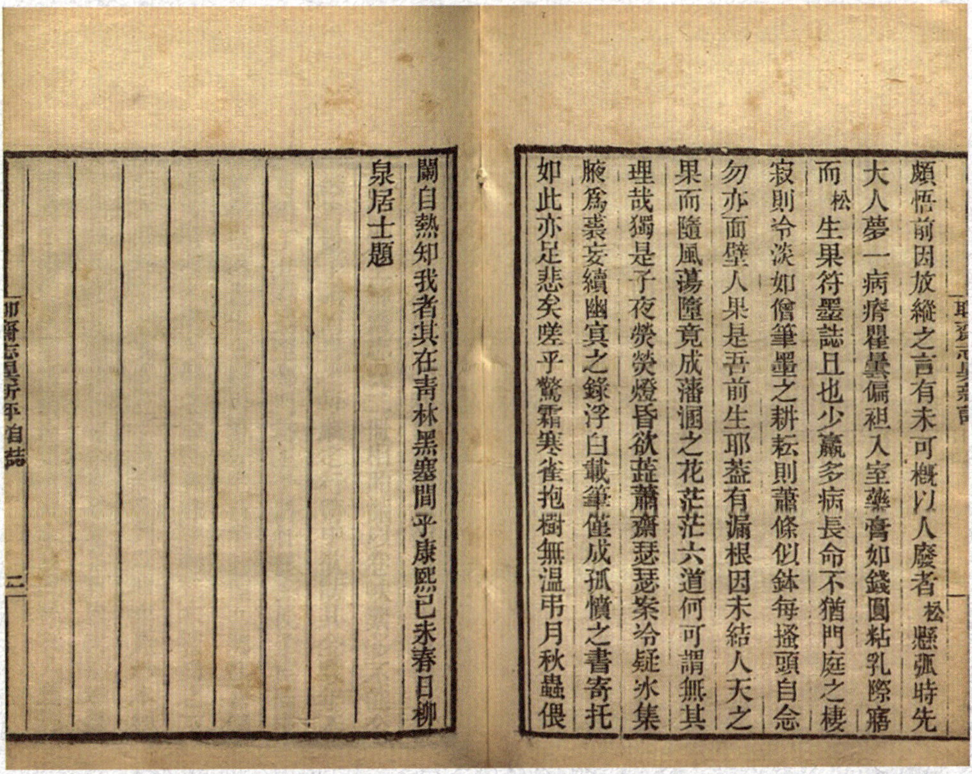
頗悟前因放縱之言有未可概以人廢者松懸弧時先
大人夢一病瘠瞿曇偏袒入室藥膏如錢圓粘乳際寤
而松生果符墨誌且也少羸多病長命不猶門庭之棲
寂則冷淡如僧筆墨之耕耘則蕭條似鉢每搔頭自念
勿亦面壁人果是吾前生耶蓋有漏根因未結人天之
果而隨風蕩墮竟成藩溷之花茫茫六道何可謂無其
理哉獨是子夜熒熒燈昏欲蕊蕭齋瑟瑟案冷疑冰集
腋為裘妄續幽冥之錄浮白載筆僅成孤憤之書寄托
如此亦足悲矣嗟乎驚霜寒雀抱樹無溫弔月秋蟲偎

闌自熱知我者其在青林黑塞間乎康熙己未春日柳
泉居士題

聊齋志異新評 自誌 二

청대清代 작자 미상《요재지이신평聊齋志異新評》ⓒ 미국의회도서관Library of Congress

머리말

동중유이同中有異, 이중구동異中求同
갈음 가운데 다름이 있고, 다름 가운데 같음을 구하다.

중국소설은 긴 역사적 시간 속에서 다양한 문학예술 방식을 적극적으로 흡수하거나 선택적으로 수용하면서 끊임없이 발전해왔다. 이 과정에서 소설 작품은 여러 가지 구성 요소들을 연결 지으며 복잡하고 다양한 현상을 지속해서 반영하였는데, 그중에서 몇 가지 요소에 더욱 집중하여 그 영역을 개척했다. 이러한 구성 요소 중에서 중요한 부분으로 여겨지는 것이 바로 '작가作家'—'작품作品'—'독자讀者' 간의 연계이다. 이 세 부분은 각각 '발생자發生者'—'매개자媒介者'—'대상자對象者'로 치환할 수 있는데, '작품'은 작가의 개인적 감성과 사고를 집약한 문학적 성과일 뿐만 아니라 당시의 사회와 문화를 폭넓게 그려내는 기본적 토대이면서 배경이기도 하다. 또한 '독서물'을 향유하는 독자의 시대적 요구와 오락적 흥미를 적극적으로 투영한 세태적 산물이자 예술이라고도 할 수 있다. 소설 작품은 이처럼 세 요소가 서로 밀접하게 연결되어 있고 함께 영향을 주고받으며 탄력적으로 운용되고 있지만, 모든 작품에서 이러한 관계가 분명하고 명확하게 드러나는 것은 아니다. 그 이유는 이 세 요소가 서로 긴밀하게 작용하고 있다고는 하지만, 사실은 거의 독립적으로 존재하는 것처럼 여겨지는 데다가, 각 요소의 '경중輕重'이나 '은현隱現'의 정도가 달라 서로를 연결 짓기가 쉽지 않기 때문이다. 작품에서는 이 세 요소의 유기적 접점을 집중적으로 드러내고자 하지만, 대부분 이 중에서 어느 한 요소가 항상 빈약한 형태를 보이거나, 또는 다른 한쪽에 지나치게 치우친 경향을 나타내기 때문에 전체적으로 원만한 균형과 조화를 보여 주는 경우는 드물다. 비록 이 세 요소가 작품 전체에 대해 각각 다른 정도의 '제한制限'이나 '통합統合', '단락段落'이나 '연계連繫'가 여전히 실재하지만, 작품을 심층적이면서 포괄적으로 이해하는 데에 매우 중요하다는 사실에는 변함이 없다.

그렇다면 우리는 왜 이 세 가지 요소를 주목해야만 하는가? 그 이유는 '작가', '작품', '독자'는 작품의 탄생, 변화, 발전 등 작품과 관련된 모든 영역에서 적극적으로 관여하기 때문이다. 특히 중국문학에서 대중성과 오락성, 시대성과 사상성, 시장성과 경제성을 비교적 명확하게 반영하고 있다고 여겨지는 소설 작품의 경우에는 이러한 요소가 작품 전체에 미치는 영향은 매우 뚜렷하면서도 분명하다. 이 세 요소는 작품의 '내적 요소[내용, 주제, 함의 등]'와 '외적 요소[정치, 사회, 출판 등]'의 주요한 경향성傾向性과 지향성指向性을 결정한다. 이것은 문학 작품이 '대중의 사랑을 받으며 계속해서 존재하느냐?' 아니면 '대중의 관심에서 벗어나 사라지느냐?'의 주요한 관건이 된다. 그러므로 이 세 요소는 작품을 내적으로 탄탄한 구성을 지니게 되거나 외적으로 사회와의 강력한 연대를 유지하게 되는 데 있어서 분명한 기준이 된다. 특히 작품의 세부적인 내용과 그 안에 내포된 다양한 의미는 이 세 요소의 '영향影響'과 '관계關係'에서 결코 자유롭지 못하다. 작품을 더욱 폭넓게 이해하고, 깊이 살펴보기 위해서는 이 세 요소의 탐색이 필수적이라는 것이 바로 이러한 까닭이다. 이 세 요소 간의 유기적 관계를 통해서 작품을 살펴볼 때, 작품의 외적인 창작 배경은 물론 외부적 요인이 내부적 요소 즉, 줄거리와 주제, 상징과 의미에 어떻게 영향을 끼치는지 입체적으로 고찰할 수 있다. 이러한 의미를 파악하는 것은 작품을 보다 다층적이면서 종합적으로 이해하고 그 속의 복잡한 의미를 심층적이면서 전향적으로 살펴보는 데 있어서 주요한 의의를 지닌다.

'작가', '작품', '독자'의 관계와 호응을 구체적이면서도 상세하게 살펴볼 수 있는 경우가 바로 동시대에 서로 다른 문체文體로 창작된 작품을 자세히 비교 분석하는 것이다. 특히 문인들의 전통적 사상과 내용이 집약된 '문언문文言文'의 소설 작품이 당시 일반 대중의 요구와 의식의 반영으로 인해 '백화문白話文'으로 개작된 경우를 살펴본다면, 작품의 개작 과정에 얽힌 다양한 내용과 함의를 폭넓게 살펴볼 수 있을 것이다.[1] 동일한 줄거리를 다른 문체로 고치는 과정

1 소설 작품은 전적으로 독자의 상상력에 의지하여 그 내용을 재구성하여 흥미를 유발하고 다양한 사상과 주제를 부여하는 '서사의 총체'라고 말할 수 있다. 하지만 작품의 주요 배경은 여전히 일반 대중이 생활하는

에서 '부연敷衍', '축소縮小', '확대擴大', '변환變換', '첨가添加', '삭제削除' 등의 변화가 일어나고, 이러한 현상은 결국 당시의 사회 문화적 배경과 문학 풍격의 흐름, 독자의 다양한 취향과 예술적 요구, 도서 출판의 성행과 시장 경제의 번영 등 여러 사회 문화적 현상과 의미를 고스란히 담고 있다. 그렇기에 이와 같은 연구는 문학 창작의 핵심적 요소라고 할 수 있는 '작가', '작품', '독자'의 관계를 어느 작품보다 심도 있고 적확하게 고찰할 수 있는 방향을 제시한다. 그러므로 작품 속에서 이 세 요소 간의 관계와 의미를 파악하는 것은 작품의 내용을 깊이 이해하는 것뿐만 아니라 나아가 작품의 내용과 주제, 작가의 의식과 이념, 독자의 수용과 반응 등을 전면적이면서도 체계적으로 살펴볼 수 있는 효과적인 고찰방식이라고 할 수 있겠다.

'작가', '작품', '독자'의 관계를 다각적으로 고찰하는 데에 있어서 가장 적절하면서도 의미 있는 연구 대상은 바로《성몽병언醒夢駢言》과《요재지이聊齋志異》이다.《성몽병언醒夢駢言》은《요재지이聊齋志異》의 12편을 가장 완정하게 백화문白話文으로 개작한 화본소설話本小說이다.[2] 본 연구는 청대淸代 초기初期 '문언문文言文'으로 창작된《요재지이聊齋志異》가 청대淸代 중·후기中·後期 '백화문白話文'으로 완성된《성몽병언醒夢駢言》에 어떻게 개작되어 실렸는지 그 '같음'과 '다름'의 정도를 자세하게 살펴보고자 한다. 이러한 비교는 동일한 문체, 즉 '문

현실 사회이거나 현실 사회를 기반으로 하여 제 현상이 투영된 허상의 공간이다. 작품의 내용과 제재는 모두 현실 사회 속에서 생활하는 개인과 군상들의 이야기에 바탕을 두고 있다. 이러한 대중들의 생활상과 다양한 모습이 바로 우리의 실상이자 그림자인 셈이다. 작품 속 인물의 심리를 이해하고 이들이 속한 사회와 문화를 인식하는 것은 바로 현실 속 우리의 사회를 다각적으로 조망하는 방편이 된다. 더욱이 보편적인 인물이 다양하게 등장하고 대중성과 시대성을 어느 시대보다 확실하면서도 분명하게 보여 주고 있는 '통속소설通俗小說'의 경우에는 이러한 특징을 직접적이면서도 전면적으로 드러내고 있다고 말할 수 있다. 이런 의미에서 통속소설로의 개작 과정에 대한 연구는 현실 속 우리의 생활 모습을 폭넓게 고찰하는 시금석이자, 더불어 서로 관계를 맺으며 살아가는 우리 사회의 본 모습을 이해하는 주요한 거울이라고 할 수 있다.

2 《요재지이聊齋志異》를 백화문白話文 화본소설話本小說로 개작한 작품으로는《성몽병언醒夢駢言》12편,《산정이기합전刪定二奇合傳》2편,《속화경담俗話傾談》1편,《속화경담이집俗話傾談二集》1편,《제춘대躋春臺》1편 등이 있다. 이 중에는《요재지이聊齋志異》의 단편을 그대로 백화문白話文으로 개작한 작품도 있고, 2편의 작품을 조합하여 개작한 작품도 보인다. 그뿐만 아니라《요재지이聊齋志異》의 작품 중에서 어떤 장면에 얽힌 화소話素만을 가져와 화본소설話本小說로 개작한 경우도 있다. 현재 동시대에 같은 내용의 작품을 '문언문文言文'에서 '백화문白話文'으로 가장 체계적이면서 완전하게 개작한 경우는《성몽병언醒夢駢言》이 유일하다고 할 수 있다. 이와 관련된 자세한 내용은 劉富偉,《《聊齋志異》文本改編研究--以白話小說和說唱藝術爲中心》, 華東師範大學 博士學位論文, 2007年 5月, 11-12쪽 ; 楊瑩瑩,〈《醒夢駢言》的版本與成書考辨〉,《蒲松齡研究》, 2018年 第1期, 145-146쪽을 참고하기 바란다.

언문文言文'으로 모작模作하거나 개작한 수많은 작품[3]과는 달리, 당시 사회의 전반적인 예술 경향과 문학 풍조뿐만 아니라, 시대에 따른 문예 사상의 흐름까지 다양한 층위에서 그 특징을 고찰할 수 있는 장점이 있다. 그뿐만 아니라 이 연구는 소설 작품의 내용 변화를 비롯한 문학에 대한 인식과 이해의 과정을 작가作家, 독자讀者, 사회社會 그리고 정치政治, 문화文化, 예술藝術 등 여러 분야와 연결 지어 이해할 수 있는 주요한 단서를 제공한다고 할 수 있겠다.

본 연구를 진행하는 데 있어서 서로 비슷하거나 각각의 다른 작품을 비교하여 그 변화된 특징을 살펴보는 것은 비교의 대상이나 기준을 명확하게 제시하기 힘들다. 나타난 결과 역시 일부 현상에 제한되거나 단편적인 내용에 치우치기 쉽다. 하지만《요재지이聊齋志異》에 대한《성몽병언醒夢駢言》의 재창작은 같은 작품이 동일한 시대에 다른 문체로 개작되면서 각각의 작품이 정치적, 사상적, 문학적 현상을 어떤 방식으로 수용하여 작품의 내용에 적극적으로 반영하였는지를 자세하게 살펴볼 수 있다. 더불어 작품의 주제와 의미를 '어떻게 일관되게 유지維持·답습踏襲하였고, 새롭게 융합融合·확장擴張하였는가?'를 다각적으로 고찰할 수도 있다. 이는 다른 소설 연구에서 찾아볼 수 없는 창의적 내용을 담고 있으며 동시에 중요한 학술적 의의를 지니고 있다.

《요재지이聊齋志異》에 대한《성몽병언醒夢駢言》의 재창작에 대해서 자세히 살펴보면,《성몽병언醒夢駢言》은《요재지이聊齋志異》의 작품을 개작하는 과정에서 작품의 의의와 주제, 내용과 형식, 문장 표현과 수사 기교 등에서 새로운 풍격과 특징을 보여 주고 있다.[4]《성몽병언醒夢駢言》은《요재지이聊齋志異》의 490여 편 중에서 12편만을 화본소설話本小說로 개작하였다.《요재지이聊齋志異》의 490여 편수에 비하면 백화문白話文으로 개작된 작품이 상당히 적지만,《요재지이

3 《요재지이聊齋志異》 출간 이후, 형식과 내용을 그대로 모방한 '문언문文言文' 소설 작품은 상당히 많다. 예를 들면, 심기봉沈起鳳의《해탁諧鐸》, 화방액和邦額의《야담수록夜譚隨錄》, 장백호가자長白浩歌子의《형창이초螢窗異草》, 관세호管世灝의《영담影談》, 풍기봉馮起鳳의《석류척담昔柳摭談》, 추도鄒弢의《요수집澆愁集》등이 있다.《요재지이聊齋志異》의 기본 형식을 따르고 있는 작품으로는 왕도王韜의《둔굴란언遁窟讕言》,《송은만록淞隱漫錄》,《송빈쇄화淞濱瑣話》[《송은속록淞隱續錄》], 선정宣鼎의《야우추등록夜雨秋燈錄》등이 있다.《요재지이聊齋志異》에 영향을 받아 창작한 작품까지 그 범위를 확대해 보면, 기윤紀昀의《열미초당필기閱微草堂筆記》, 유홍점俞鴻漸의《인설헌수필印雪軒隨筆》, 유월俞樾의《우대선관필기右臺仙館筆記》등도 해당된다고 할 수 있다.《요재지이聊齋志異》를 모방한 문언문文言文 작품과 특징, 이러한 작품에서 나타난 다양한 이론적 관점과 문학적 경향 등에 관한 내용은 魯迅,《中國小說史略》, 臺北: 風雲時代出版社, 1992年, 261-262쪽 ; 劉富偉,〈關於"仿聊齋派"的理論思考〉,《齊魯學刊》, 2005年 第6期, 76쪽을 참고하기 바란다.

4 馬振方,〈從《醒夢駢言》想到白話譯《聊齋》〉,《蒲松齡研究》, 2019年 第4期, 23쪽 참고.

聊齋志異》의 전체 작품을 대상으로 '재창작再創作' 과정을 광범위하게 고찰하는 것이 아니라, 《요재지이聊齋志異》의 12편과 이 작품을 직접 개작한 《성몽병언醒夢駢言》의 작품을 비교하는 것이므로 같은 작품이 어떻게 다르게 개작되었는지 집중적으로 살펴보는 데에서는 오히려 더 적합하다고 할 수 있겠다.

《요재지이聊齋志異》에는 모두 490여 편의 이야기가 실려 있는데,[5] 대부분 작품이 사람과 동물動物, 요괴妖怪와 이물異物, 신선神仙과 귀신鬼神같은 기이한 이야기를 담고 있다. 이 중에는 효성孝誠과 우애友愛, 의리義理와 신의信義, 예의禮儀와 도덕道德을 강조한 이야기도 눈에 띈다. 《성몽병언醒夢駢言》은 《요재지이聊齋志異》 중에서 충효忠孝와 신의信義, 덕행德行과 권선勸善, 인정人情과 세태世態를 포함한 전통적 기층문화와 가치관이 두드러진 이야기를 화본소설話本小說로 개작하였다.[6] 《성몽병언醒夢駢言》 출간 연대에 대해서는 정확하게 단정하기 어려우나 청대淸代 건륭乾隆1796 이후로 여겨진다. 《요재지이聊齋志異》가 청대淸代 초기에 완성되었다고 본다면, 《성몽병언醒夢駢言》은 청대淸代 중·후기中·後期에 완성되었다고 할 수 있다.[7] 《산정이기합전刪定二奇合傳》은 《요재지이聊齋志異》와 《성몽병언醒夢駢言》 이후에 출간된 것으로 알려져 있다. 또한 《요재지이聊齋志異》와 사상과 내용의 유사성 비교에서는 《성몽병언醒夢駢言》보다 《산정이기합전

5 《요재지이聊齋志異》에 수록된 작품의 편수에 대해서는 약간의 이견異見이 존재하는데, 張友鶴의 《聊齋誌異會校會註會評本》에서는 491편, 楊昌年의 《聊齋志異研究》에서는 492편, 朱其鎧의 《全本新注聊齋誌異》에서는 494편이라고 주장하고 있다. 일부 《요재지이聊齋志異》 원전原典에는 여러 학자의 의견을 참고하여 498편을 싣고 있기도 하다. 이와 관련해서는 張友鶴, 《聊齋誌異會校會註會評本》, 上海古籍出版社, 2011年 ; 楊昌年, 《聊齋志異研究》, 臺北: 里仁書局, 1996年 ; 朱其鎧, 《全本新注聊齋誌異》, 北京: 人民文學出版社, 1989年을 참고하기 바란다.

6 方兆平는 그의 논문 〈略論《醒夢駢言》對《聊齋志異》的改編〉에서 《성몽병언醒夢駢言》의 작품을 제재에 따라 크게 세 부분으로 나누었다. 먼저, '혼인애정'에 관한 작품인데, 제1회第一回〈가필정홍사숙계공문假必正紅絲夙系空門 위묘상백수영수학사僞妙常白首永隨學士〉, 제3회第三回〈태수재지성구우呆秀才志誠求偶 초가인감격허신俏佳人感激許身〉, 제6회第六回〈위부명얼유기작違父命孽由己作 대자가복자천래代姊嫁福自天來〉, 제9회第九回〈천명매단구일미倩明媒但求一美 앙명판경득쌍주央冥判竟得雙姝〉가 이에 해당된다. 두 번째로는 '가정윤리'에 관한 작품인데, 제2회第二回〈조세란지척포란려遭世亂咫尺抛鸞侶 성가경천애취안행成家慶天涯娶雁行〉, 제4회第四回〈투부교상고액妒婦巧償苦厄 숙희대향영화淑姬大享榮華〉, 제5회第五回〈영흉염기릉유나逞兇焰欺凌柔懦 양화기감화완잔釀和氣感化頑殘〉, 제7회第七回〈우현식훼사난범遇賢媳虺蛇難犯 조한부랑패감련遭悍婦狼狽堪憐〉이 이에 해당된다. 세 번째로는 '인정세태'에 관한 작품인데, 제8회第八回〈시귀역수지생파施鬼蜮隨地生波 장신령전재위복仗神靈轉災爲福〉, 제10회第十回〈종좌도일시실족從左道一時失足 납충언립각회두納忠言立刻回頭〉, 제11회第十一回〈연신구산맹해서聯新句山盟海誓 영구사벽합주환詠舊詞璧合珠還〉, 제12회第十二回〈매백석신인시소기埋白石神人施小技 득황금호사진가성得黃金豪士振家聲〉이 이에 해당된다. 자세한 내용은 方兆平, 〈略論《醒夢駢言》對《聊齋志異》的改編〉, 《語文學刊》, 2008年 第2期, 95-96쪽을 참고하기 바란다.

7 《요재지이聊齋志異》와 《성몽병언醒夢駢言》의 창작 및 출간 연대에 대한 보다 자세한 연구는 丁曉昌, 〈試論《醒夢駢言》取材於《聊齋志異》〉, 《南京師大學報》, 1999年 第3期, 130-131쪽을 참고하기 바란다.

刪定二奇合傳》이 《요재지이聊齋志異》에 보다 더 충실하다고 볼 수 있다.[8] 《요재지이聊齋志異》와 《성몽병언醒夢駢言》의 창작 시기에는 비록 일정한 시간적 간극은 존재하나 동시대에 완성된 것으로 보이는데, 중국소설의 변천 과정에서 이처럼 시대나 왕조가 다르지 않고 비슷한 시기에 같은 작품을 다른 문체로 창작된 경우는 상당히 보기 드문 현상이다.

그렇다면 동일한 시대에 같은 작품을 왜 다른 문체로 썼을까? 이러한 의문을 풀기 위해서는 당시의 정치적 환경과 사상적 이념, 문학적 창작 경향에 대해서 자세히 살펴볼 필요가 있다. 문언소설文言小說인 《요재지이聊齋志異》를 백화소설白話小說[화본소설話本小說]인 《성몽병언醒夢駢言》으로 개작하는 과정에는 정치적인 면과 사상적인 면, 문학적 관념과 창작 태도 및 문학 작품의 내용적 구성 등 작품을 둘러싼 내·외적 여러 요인이 복합적으로 작용하고 있다.

먼저, '정치적인 면'을 살펴보면, 청대清代 초기初期에는 명대明代의 법률과 이념 체계를 그대로 답습하면서 유교사상으로 청대清代의 사상과 문화를 통제하려고 하였다.[9] 명대明代 문인들의 청清나라에 대한 반감은 강한 비판정신으로 상승하게 되고, 이러한 비판의식은 청清나라 조정의 압박으로 인해 검열의 칼날이 비교적 무딘 소설 작품 창작에 고스란히 투영되었다. 청대清代 중·후기中·後期로 갈수록 통치 집단의 이러한 강압은 더욱 짙어졌고, 문인들은 더욱 위축되어 현실적인 비판의식을 담고 있는 작품을 창작하기보다는 환상적인 내용이 두드러진 작품이나 전통의 사상과 이념을 강조하는 작품에 더욱 몰두하게 되었다. 자연스럽게 이 시기에 출간된 작품들은 비현실적인 내용이든 통속적인 내용이든 모두 전통적인 사상을 은연중에 드러내게 되었다. 이 과정에서 '선善과 악惡의 관념'에 대해서는 전통적 이해방식과는 달리, 현실의 억압된 상황을 적극적으로 반영한 강한 처벌과 응징의 '선악관념善惡觀念'을 활발하게 제시하게 된다.

다음으로, 정치적 요인과 연계된 '사상적인 면'에서도 변화가 나타나게 되었는데, 관념적이거나 허상적인 학풍을 중요시한 명대明代와는 달리, 청대清代에는 실리적이고 실용적인 면을 중시하였다.[10] 그렇기에 명대明代의 문인은 유학자의 경향을 강하게 보인 반면, 청대清代는 오히려 실리를 중요시하는 실학

8 陳泳超, 〈《醒夢駢言》摹襲《聊齋志異》考〉, 《明清小說研究》, 1997年 第3期, 180쪽 참고.

9 梁衛華, 《《醒夢駢言》研究》, 北京師範大學 碩士學位論文, 2007年 5月, 7쪽 참고.

10 錢穆, 《中國近三百年學術史》, 〈自序〉, 臺北: 聯經出版事業公司, 1998年, 1-4쪽 참고.

자로 면모가 짙었다. 청대清代 문인들의 사상에는 '대의명분大義名分'을 중시하기보다는 '경세치용經世致用'과 같은 실용적 사상에 대해서 깊은 관심을 가졌고, 현실에서 이러한 사상을 적용하려고 노력하였다. 이러한 경향은 작품의 창작에 더 실질적으로 영향을 끼쳤다. 이처럼 '실제實際'를 중요시하는 경향은 청대清代 중·후기中·後期에 갈수록 더욱 분명하게 나타나게 되는데, 세속적 이치와 실리에 영합하면서 통속적 가치관을 문학 작품에 집중적으로 투영하기 시작했다.

이어서, 이러한 정치 사상적 변화의 흐름은 '문학적 관념과 창작 태도'에 큰 변화를 불러일으켰다. 소설 작품에 대한 문인들의 전통적 문학관은 비록 청대清代에 이르러서도 전면적인 전환을 가져오지는 못했지만, 한 가지 분명한 사실은 이전의 시대와는 확연하게 다른 '소설관小說觀'을 가지게 되었다는 점이다. 이러한 변화의 중심에는 무엇보다도 소설 작품을 읽는 독자층이 달라졌으며, 이어서 작품을 창작하는 작가의 창작 태도가 바뀌었다고 할 수 있다. 즉 소설 작품이 단지 일부 지식인의 전유물이거나 또한 그들만을 위한 '유희물'이 아니라, 독자의 의식과 요구를 직접 반영해야 하는 대상으로 전환되었고, 시장성과 경제성의 논리를 심각하게 고려해야 하는 '오락물'이 되었다는 것이다. 이처럼 작가가 어느 특정한 계층이 아닌 일반 독자를 의식하여 작품을 창작하는 '문학의 대중화' 경향은 문학이라는 장르가 더욱 대중과 가까워지면서 대중과 다각적으로 소통해야만 하는 현상으로 이해할 수 있을 것이다. 이에 청대清代의 소설 작가들은 작품을 철저히 독자의 요구에 맞도록 미학적 관점과 예술적 욕구를 작품에 주입하게 된다. 이 과정에서 '권선징악勸善懲惡'의 주제를 삽입하면서 그것에 따른 예술적 표현을 강화하고, 또한 통속적 유희와 오락적 감흥을 조성하는 요소와 결합하여 작품을 창작하는 태도를 지니게 된다.[11] 이후 전통적 소설 작품에서 주로 나타나는 인물 간의 화합이나 원만한 해결을 보이는 주제사상에서 점차 멀어지면서, 현실적인 '권선勸善'과 구체적인 '징악懲惡'의 실행을 명확하게 보여 주는 표현 방식을 선택하게 된다. 실제로 이러한 주제의식의 변화는 청대清代 고증학考證學에서 강조하는 '실사구시實事求是' 이념과 직접 맞닿아 있다. 게다가 이러한 현실적, 대중화 경향은 청대清代 중·후기中·後期로 갈수록 더욱 강화되었는데, 특히 문언문文言文의 《요재지이聊齋志異》를 개

11 梁衛華, 《《醒夢駢言》研究》, 北京師範大學 碩士學位論文, 2007年 5月, 15-16쪽 참고.

작한《성몽병언醒夢騈言》에서는 이러한 변화가 매우 분명하게 나타나고 있다.

비록 청대清代 초기初期의《요재지이聊齋志異》와 중·후기中·後期의《성몽병언醒夢騈言》은 모두 '계세징인戒世懲人'의 주제를 다루고 있지만 이러한 사상을 구현하는 범위와 내용, 형식과 경향은 사뭇 다르다.《요재지이聊齋志異》는 이전 전통시기부터 청대清代 초기初期까지의 사상적 배경과 흐름에 맞추어 주제사상 역시 '원만한 해결'과 그것에 걸맞은 '대화합'을 강조하고 있다면,《성몽병언醒夢騈言》에서는 '원만한 해결'보다는 보다 철저한 '계도啓導'와 '징치懲治'를 강조하는 '이원화二元化'된 경향을 보이고 있다. 즉 현실성 있는 보상과 징벌의 의미가 보다 강조되면서 '엄중한 처벌' 현상이 매우 두드러진다는 점이다. 이러한 이유는 청대清代 초기初期에 명明나라의 법률과 사상을 이어받아 나타났던 '대융합大融合'의 분위기와 달리, 청대清代 중·후기中·後期에 나타나는 실제적, 치용적 사회 이념이 더욱 강조되는 인정세태를 폭넓게 반영하고 있기 때문이다. 작품의 내용과 주제에서도 이러한 흐름에 맞게 변화된 특징이 선명하게 드러난다. 실제로 '권선勸善'과 '징악懲惡'의 정도를 비교해보면,《요재지이聊齋志異》에서는 '징악懲惡'보다는 '권선勸善'이 강조되고 있고,《성몽병언醒夢騈言》에서는 '권선勸善'보다는 '보은報恩'의 현실화에 기초한 '징악懲惡'이 강화되고 있다.[12] '징악懲惡'의 내재적 특성을 살펴보면,《요재지이聊齋志異》에서는 '대융합大融合'의 실현을 전제로 이루어졌던 '원만한 처벌'의 특징을 가진다면,《성몽병언醒夢騈言》에서는 악惡에 대한 확실한 징벌, 선善과 악惡의 분명한 구분에 기초한 '가혹한 처벌'의 특징을 가진다. 예를 들어, '악惡' 혹은 '악행惡行'의 실질적 행위자라고 할 수 있는 '악인惡人'에 대한 징벌의 경우에는《요재지이聊齋志異》보다《성몽병언醒夢騈言》에서 더욱 잔인하고 혹독하게 이루어지고 있다.

끝으로, 문학 작품의 '내용적 구성'에 있어서도 두 작품은 현저한 차이를 보인다. 작품의 길이와 묘사에 있어서《요재지이聊齋志異》가 문언문文言文으로 쓰였기에 길이가 다소 짧고 사건묘사가 간단한 데 비해, 백화문白話文으로 쓰인《성몽병언醒夢騈言》은 길이가 훨씬 길고 시간 순서와 사건 묘사가 더욱 정련하다.[13] 물론 이러한 차이는 문언문文言文과 백화문白話文의 소설 작품 비교에서 보편적으로 나타나는 현상이기도 하다. 하지만 겉으로 드러난 형식적인 조건과

12 郭小麗,《《醒夢騈言》考論》, 南京大學 碩士學位論文, 2013年 5月, 30-31쪽 참고.

13 陳泳超,〈《醒夢騈言》摹襲《聊齋志異》考〉,《明清小說研究》, 1997年 第3期, 177쪽 참고.

제한에서 벗어나 두 작품을 전체적으로 자세히 비교해 보면,《성몽병언醒夢駢言》이《요재지이聊齋志異》보다 형식과 내용적인 면에서 더 다채로워졌다는 점은 분명하다. 예를 들면,《성몽병언醒夢駢言》에서의 인물 성격이 획일적이지 않고 다양한 면모를 보여 주고 있고, 내용 구성에서도《요재지이聊齋志異》를 그대로 답습한 수준에서 탈피하여 수많은 화소話素를 삽입하거나 줄거리 전개에 필요치 않은 부분을 과감하게 삭제, 축소하거나 다른 단락으로 이동시킴으로써 내용의 구성이 보다 줄거리에 부합되도록 조정하였다. 그뿐만 아니라, 당시 사회의 이념과 문학적 요구를 반영하여 독자들이 원하는 주제나 서사 유형을 적극적으로 수용하기도 하였는데, 이러한 특징은 전통적 서술 방식에 치중했던《요재지이聊齋志異》와는 상당히 다른 점이라고 할 수 있다.

이러한 다양한 측면에서의 변화는 소설 작품을 대중과 더욱 가까워지는 '독서물'로서 자리매김하는 데 큰 역할을 했다. 독자는 '문언소설文言小說'에 대한 다각적 변화와 조정을 통해 '백화소설白話小說'에 더욱 흥미를 느끼게 되었고, 작가와 출판업자는 이러한 유행에 편승해 이전보다 더 많은 경제적 이익을 거두게 되었다. 이에 작가는 새로운 작품을 쓰거나[창작創作, 속작續作] 기존의 작품을 재창작할 때[개작改作, 모작模作], 소설 창작에 대한 새로운 이념과 방식을 채용하여 내용과 사상을 표현하고, 그 정도를 탄력적으로 조율하면서 독자들이 스스로 충분한 오락적 특성을 감지할 수 있도록 변화시켰다. 이처럼 작품을 개작하는 과정에서의 변화는 다른 경우에서보다 매우 뚜렷하고 또한 상당히 구체적이어서 작품의 개작 환경과 내용, 주제를 이해하는데 매우 중요한 요소로 작용하고 있다. 그뿐만 아니라, 소설 작품이 이제는 일반 대중과 능동적으로 소통하고 사회 현상을 적극적으로 반영하는 문예 예술의 한 분야로 진화했음을 분명하게 보여 주고 있다. 이처럼《요재지이聊齋志異》에 대한《성몽병언醒夢駢言》의 재창작은 사회와 정치, 문화와 예술, 문학과 독자의 요구에 따라 문학 작품이 어떻게 변모하는지의 과정을 자세하게 나타내고 있어 작가와 작품, 독자 간의 상호 관계와 영향을 세밀하게 살펴볼 수 있는 중요한 근거가 되고 있다.

1장

답습踏襲과 변화變化

《요재지이聊齋志異》에 대한

《성몽병언醒夢騈言》 서사의 개편改編

遊擊官某妻妾甚多最諱其小字呼年曰歲生曰硬
馬曰大驢又諱敗為勝安為放雖簡札往來不勝避
忌而家人道之則怒一日司札吏白事悞犯大怒以研
擊之立斃三日後醉臥見吏持刺入問何為吏曰馬子
安來拜急悞其鬼急起拔刀揮之吏微笑擲刺几
上泯然而滅取刺視之書云歲家眷硬大驢子放勝
暴謬之夫為鬼揶揄可笑甚矣

牛首山一僧自名鐵漢又名錢屎有詩四十首見者無
不絕倒自鏤印章二一曰混帳行子一曰老實潑皮秀
才王司直梓其詩名曰牛山四十屁款云混帳行子
老實潑皮放不必讀其詩標名已足解頤

청대清代 개기改琦 1773~1828『요재고사화聊齋故事畵》 국립고궁박물원國立故宮博物院 소장 © 書格Shuge

細柳娘中都之士人女也或以其胥娘可愛戲呼之細柳云柳少
慧解文字喜讀相人書生平簡默未嘗言人臧否但有問名者必
求一親窺其人閱人既多都言未可而年十九矣父母怒之曰天
下迄無良匹汝將以丫角老耶女曰我實欲以人勝天顧久而不
就亦吾命也今而後請惟父母之命是聽時有高生者世家名士
聞細柳之名委禽焉既醮夫妻甚得生前室有遺孤小字長福旹
五歲女撫養周至女或歸寧福輒號啼從之呵遣所不能止女產
一子名之長祜生問命名之義答言無他但望其長依膝下耳女
於女紅疎略常不留意而於畝之東南稅之多寡按籍而問惟恐
不詳久之謂生曰家中事請置無顧待妾自為之不知可當家否
生如言半載而家無廢事生亦賢之一日生赴鄰村飲適有追逋
賦者打門而誶遣奴慰之弗去乃趣僮召生歸隸既去生笑曰細
柳今始知慧女不如癡男女聞之俯首而哭生驚挽而勸之女終
不樂生不忍以家政累之仍欲自任女又不肯晨興夜寐經紀彌
勤每先一年即儲來歲之賦以故終歲未嘗見催租者一至其門
又以此法計衣食由此用度益紓於是生乃大喜嘗戲之曰細柳
何細哉眉細腰細淩波細且喜心思更細女對曰高郎誠高矣品
高志高文字高但願壽數尤高村中有貨美材者女不惜重直致

청대清代 개기改琦 1773~1828『요재고사화聊齋故事畫》 국립고궁박물원國立故宮博物院 소장 © 書格Shuge

牛成章江西之布商也娶鄭氏生子女各一牛三十三歲病死子名忠時方十二女八九歲而已母不能貞貨產入橐改醮而去遺兩孤艱以存濟有牛從嫂年已六十貧寡無歸遂与居處數年嫗死家益替而忠漸長思繼父業而苦無貲妹適毛姓毛富賈也女哀壻假數十金付兄兄從人適金陵途中遇寇貲物盡喪飄蕩不能歸偶趨典市見主肆者絕類其父出而潛察之姓字皆符駭異不諭其故惟日流連其旁以窺意旨而其人亦略不顧問如此三日覘其言笑舉止真父無訛又即不敢拜識乃自陳於肆小求以同鄉之故進身為傭立券已主人視其里居名姓似有所動問所從來忠泣訴父名主人悵然若失久之問而母無恙乎忠又不敢謂父死婉應曰我父六年前經商不返母醮而去幸有伯母撫育不然葬溝瀆久矣主人慘然曰我即是汝父也於是握手悲哀又導入參其後母後母姬年三十餘無出得忠喜設宴寢門牛終歉然不樂即欲一歸故里妻慮肆中乏人故止之牛乃率子經理肆務居之三月乃以諸籍委子趨裝西歸既別忠實以父死告母姬乃大驚言彼負販於此曩所與交好者留作當商娶我已六年矣何言死耶忠又細述之相與疑念不喻其由踰一晝夜而牛已返携一婦人頭如蓬葆忠視之則其所生母也牛摘耳頓罵何棄吾

청대清代 개기改琦 1773~1828『요재고사화聊齋故事畫》 국립고궁박물원國立故宮博物院 소장 © 書格Shuge

崔猛字勿猛建昌世家子性剛毅幼在塾中諸童蒙稍有所犯輒
奮拳毆擊師屢戒不悛名字皆先生所賜也至十六七強武絕倫
又能持長竿躍登夏屋喜雪不平以是鄉人共服之求訴稟白者
盈階滿室崔抑強扶弱不避怨嫌稍逆之石杖交加支體為殘每
盛怒無敢勸者惟事母孝母至則解母譴責備至崔唯唯聽命出
門輒忘比鄰有悍婦日虐其姑姑餓瀕死子竊啖之婦知詬厲萬
端聲聞四院崔怒踰垣而過鼻耳唇舌盡割之立斃母聞之大駭
呼鄰子極意溫卹配以少婢事乃寢母憤泣不食崔懼跪請受杖
且告以悔母泣不顧崔妻周亦與並跪母乃杖子而又以針刺其
臂作十字紋朱塗之俾勿滅崔並受之母乃食母喜飯僧道往往
饜飽之適一道士在門崔過之道士目之曰郎君多凶橫之氣恐
難保其令終積善之家不宜有此崔新受母戒聞之起敬曰某亦
自念之但一見不平若不自禁力改之可免否道士笑曰姑勿問
可免不可免請先自問能改不能改但當痛自抑如有萬分之一
我告君一解死之術崔生平不信厭禳但笑不言道士曰我固知
君不信但我所言不類巫覡行之亦盛德即其不效亦不至有所
妨崔請之乃曰適門外一後生宜厚結之既犯死罪此子能活之
也呼崔出指示其人蓋趙氏兒名僧哥趙南昌人以歲祲饑僑寓

청대清代 개기改琦 1773~1828 『요재고사화聊齋故事畫』 국립고궁박물원國立故宮博物院 소장 ⓒ 書格Shuge

甘玉字璧人廬陵人父母早喪遺弟珏字雙璧始五歲從兄鞠養
玉性友愛撫弟如子後珏漸長丰姿秀出又慧能文玉益愛之每
曰吾弟表〻不可以無良匹然簡拔過刻姻卒不就適讀書匡山
僧寺夜初就枕聞窓外有女子聲窺之見三四女郎席地坐數婢
陳肴酒皆殊色也一女曰秦娘子阿英何不來下座者曰昨自函
谷來被惡人傷其右臂不能同游方用恨〻一女曰前宵一夢大
惡今猶汗悸下座者搖手曰莫道莫道今夕姊妹懽會言之嚇人
不快女笑曰婢子膽怯爾〻便有虎狼銜去耶若要勿言須歌一
曲為娘行侑酒女低吟曰閒階挑花取次開昨日踏青小約未應
乖囑付東隣女伴少待莫相催著得鳳頭鞋子即當來吟罷一座
無不歎賞談笑間忽一偉丈夫岸然自外入鶻睛熒〻其貌獰醜
衆譁曰妖至矣倉卒鬨然殆如鳥散惟歌者婀娜不前被執哀啼
強与支撐丈夫怒齕手斷指就便嚼食女郎踣地若死玉憐不可
復忍乃急抽刀拔關出揮之中股〻落負痛逃去扶女入室面如
塵土血淋襟袖驗其指則右拇斷矣裂帛待裹之女始呻曰拯命
之德將何以報玉自初窺時已隱為弟謀因告以意女曰狼疾之
人不能操箕帚矣當別為賢仲圖之詰其姓氏荅言秦氏玉乃展
衾俾暫休息自則襆被他所曉而視之則牀上已空意其自歸而

청대清代 개기改琦 1773~1828『요재고사화聊齋故事畵》 국립고궁박물원國立故宮博物院 소장 © 書格Shuge

石大璞泰山人好厭禳之術有道士遇之賞其慧納為弟子啓牙
籤出二卷上卷驅狐下卷驅鬼乃以下卷授之曰虔奉此書衣食
佳麗皆有之問其姓名曰吾汴城北村元帝觀王赤城也留數日
盡傳其訣石於是精於符籙委贄者踵接於門一日有叟来自稱
翁姓炫陳幣帛謂其女鬼病已殆必求親詣石聞病危辭不受贄
姑與俱往十餘里入山村至其家廊屋華好入室見少女臥縠帳
中婢以鉤挂帳望之年十四五許支綴於牀形容已槁近臨之忽
開目云良醫至矣舉家皆喜謂其不語已數日矣石乃出因詰病
狀叟言白晝見少年来與共寢寤捉之已杳少間復至疑其為鬼
石曰其鬼也驅之非難恐其是狐則非余所敢知矣叟曰必非必
非石授以符是夕宿於其家夜分有少年入衣冠整肅石疑是主
人眷屬起而問之曰我鬼也翁家盡狐偶悅其女紅亭姑止焉鬼
為狐祟陰騭無傷君何必離人之緣而護之女之姊長亭光艷尤
絕敬留全璧以待高賢彼如許字方可為之施治爾時我當自去
石諾之是夜少年不復至女頓醒天明叟喜以告石請石入視石
焚舊符乃坐診之見繡幕有女郎麗若天人心知其長亭也診已
索水灑帳女郎急以椀水付之蹀躞之間意動神流石生此際心
殊不在鬼矣出辭叟托製藥去數日不返鬼益肆除長亭外子婦

청대清代 개기改琦 1773~1828 『요재고사화聊齋故事畵』 국립고궁박물원國立故宮博物院 소장

湖南某能記前生三世一世為令尹闌塲入簾有名士興于唐被黜落憤懣而卒至陰司執卷訟之此狀一投其同病死者以千萬計推興為首聚散成羣某被攝去相與對質閻羅便問某旣銜文何得黜佳士而進凡庸某辯言上有總裁某不過奉行之耳閻羅即發一簽往拘主司久之勾至閻羅即述某言主司曰某不過總其大成雖有佳章而房官不薦吾何由而見之也閻羅曰此不得相諉其失職均也例合笞方將施刑興不滿志戞然大號兩墀諸鬼萬聲鳴和閻羅問故興抗言罪太輕是必抉其雙睛以為不識文之報閻羅不肯衆呼益厲閻羅曰彼非不欲得佳文特其所見鄙耳衆又請剖其心閻羅不得已使人褫去袍服以白刃劙胸兩人瀝血鳴嘶衆人大快皆曰吾輩抑鬱泉下未有能一伸此氣者今得興先生怨氣都消矣鬨然遂散某受剖已押投陝西為庶人子年二十餘值土寇大作陷入賊中有巡兵追往平賊俘擄甚衆某亦在其中心猶自揣非賊冀可辯釋及見堂上官亦年二十餘細視乃興士也驚曰吾合盡矣旣而俘者盡釋惟某後至不容置辯竟斬之某至陰投狀訟興閻羅不即拘待其祿盡遲之三十年後興至面質之興以草菅人命罰作畜稽某所為曾撻其父母其罪維均某恐來生再報請為大畜閻羅判為大犬興為小犬某

청대清代 개기改琦 1773~1828『요재고사화聊齋故事畵』 국립고궁박물원國立故宮博物院 소장 ⓒ 書格Shuge

賈奉雉平涼人才名冠一時而試輒不售一日途中遇一秀才自言郎姓風格灑然談言微中因邀俱歸出課藝就正郎讀罷不甚稱許曰足下文小試取第一則有餘闈場取榜尾則不足賈曰奈何郎曰天下事仰而跂之則難俯而就之甚易此何須鄙人言哉遂指一二人一二篇以為標準大率賈所鄙棄而不屑道者聞之笑曰學者立言貴乎不朽即味列八珍當使天下不以為泰耳如此獵取功名雖登臺閣猶為賤也郎曰不然文章雖美賤則弗傳君欲抱卷以終也則已不然簾內諸官皆以此等物事進身恐不能因閱君文另換一副眼睛肺腸也賈終嘿然郎起而笑曰少年盛氣哉遂別而去是秋入闈復落鬱邑不得志頗思郎言遂取前所指示者強讀之未至終篇昏昏欲睡心惶惑無以自主又三年闈場將近郎忽至相見甚懽因出所擬七題使賈作之越日索文而閱不以為可又令復作作已又訾之賈戲於落卷中集其翦冗泛濫不可告人之句連綴成文俟其來而示之郎喜曰得之矣因使熟記堅囑勿忘賈笑曰實相告此言不由中轉瞬即去便受夏楚不能復憶之也郎坐案頭強令自誦一過因使袒背以筆寫符而去曰只此已足可以束閣羣書矣驗其符濯之不下深入肌理至場中七題無一遺者回思諸作茫不記憶惟戲綴之文歷歷在

청대清代 개기改琦 1773~1828『요재고사화聊齋故事畫』국립고궁박물원國立故宮博物院 소장 © 書格Shuge

俞慎字謹菴順天舊家子赴試入都舍于郊郭時見對戶一少年美如冠玉心好之漸近與語風雅尤絶大悅捉臂邀至寓便相款宴審其姓氏自言金陵人姓俞名士忱字恂九公子聞與同姓又益親洽因訂為昆仲少年遂以名減字為忱明日過其家書舍光潔然門庭踧落更無廝僕引公子入內呼妹出拜年十三四已來肌膚瑩澈粉玉無其白也少頃托茗獻客似家中亦無婢媼公子異之數語遂出由是友愛如胞恂九無日不來寓所或留共宿則以弱妹無伴為辭公子曰吾弟流寓千里曾無應門之童兄妹纖弱何以為生矣計不如從我去有斗舍可共棲止如何恂九喜約以闈後試畢恂九邀公子去曰中秋月明如晝妹子素秋具有蔬酒勿違其意竟挽入內素秋出略道溫涼便入複室下簾治具少間自出行炙公子起曰妹子奔波情何以忍素秋笑入頃之搴簾出則一青衣婢捧壺又一媼托柈進烹魚公子訝曰此輩何來不早從事而煩妹子恂九微哂曰素秋又弄怪矣但聞簾內吃吃作笑聲公子不解其故既而筵終婢媼徹器公子適嗽誤墮婢衣婢隨唾而倒碎椀流炙視婢則帛翦小人僅四寸許恂九大笑素秋笑出拾之而去俄而婢復出奔走如故公子大異之恂九曰此不過妹子幼時卜紫姑之小技耳公子因問弟妹都已長成何未婚

청대清代 개기改琦 1773~1828『요재고사화聊齋故事畫》 국립고궁박물원國立故宮博物院 소장 ⓒ 書格Shuge

席方平東安人其父名廉性戇拙因與里中富室羊姓有郤羊先
死數年廉病垂危謂人曰羊某今賄囑冥使搒我矣俄而身赤腫
號呼遂死席慘怛不食曰我父樸訥今見陵於強鬼我將赴地下
代伸冤氣耳自此不復言時坐時立狀類癡蓋魂已離舍矣席覺
初出門莫知所往但見路有行人便問城邑少選入城其父已收
獄中至獄門遙見父臥簷下似甚狼狽舉目見子潸然涕流便謂
獄吏悉受賕囑日夜搒掠脛股殘甚矣席怒大罵獄吏父如有罪
自有王章豈汝等死魅所能操耶遂出抽筆為詞值城隍早衙喊
冤以投羊懼內外賄通始出質理城隍以所告無據頗不直席席
忿氣無所復伸冥行百餘里至郡以官役私狀告之郡司遲之半
月始得質理郡司扑席仍批城隍覆案席至邑備受械梏慘冤不
能自舒城隍恐其再訟遣役押送家門役至門而去席不肯入遁
赴冥府訴郡邑之酷貪冥王立拘質對二官密遣心腹與席關說
許以千金席不聽過數日逆旅主人告曰君負氣已甚官府求合
而執不從今聞於王前各有函進恐事殆矣席以道路之口猶未
深信俄有皂衣人喚入升堂見冥王有怒色不容置詞命笞二十
席厲聲問小人何罪冥王漠若不聞席受笞喊曰受笞允當誰教
我無錢耶冥王益怒命置火牀捽席下見東墀有鐵牀熾火其下

청대清代 개기改琦 1773~1828『요재고사화聊齋故事畫』국립고궁박물원國立故宮博物院 소장 ⓒ 書格Shuge

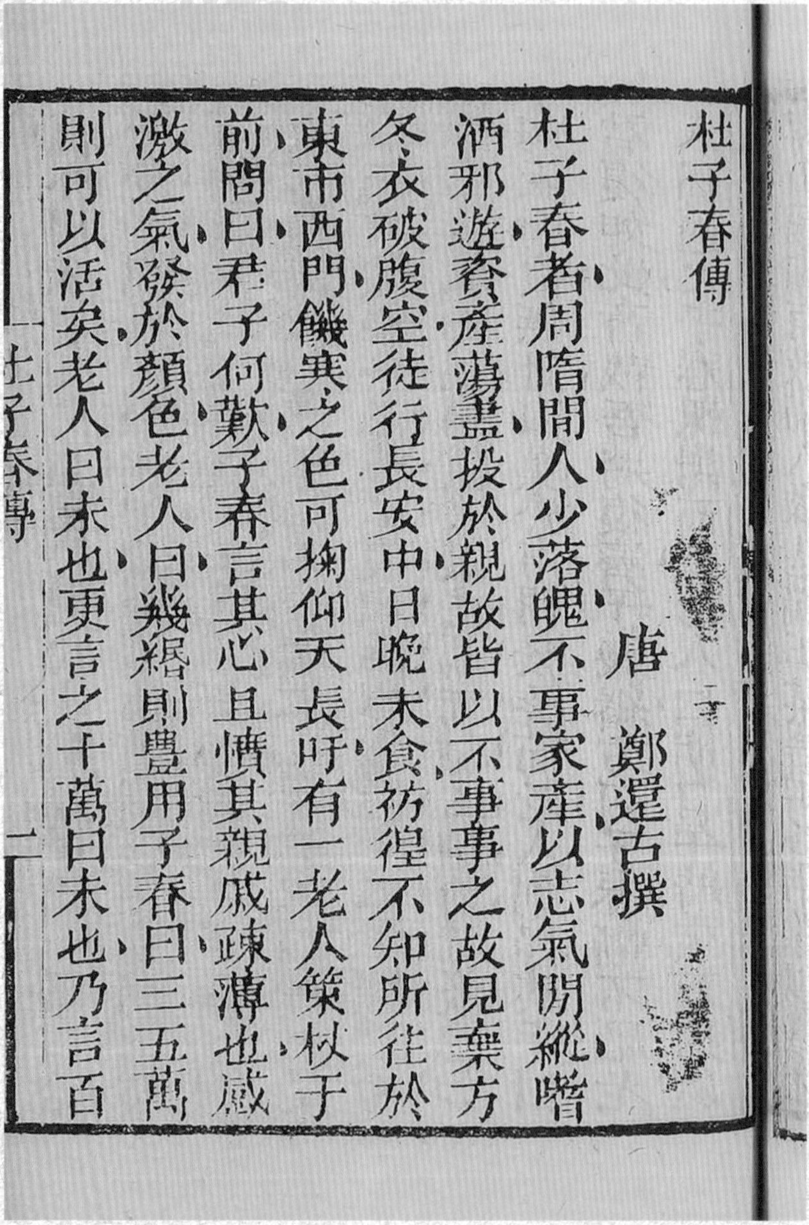
杜子春傳

唐 鄭還古撰

杜子春者周隋間人少落魄不事家產以志氣閑縱嗜酒邪遊資產蕩盡投於親故皆以不事事之故見棄方冬衣破腹空徒行長安中日晚未食彷徨不知所往於東市西門饑寒之色可掬仰天長吁有一老人策杖于前問曰君子何歎子春言其心且憤其親戚疎薄也感激之氣發於顏色老人曰幾緡則豐用子春曰三五萬則可以活矣老人曰未也更言之十萬曰未也乃言百

杜子春傳 一

청대清代 마준량馬駿良 건륭세덕당중간본乾隆世德堂重刊本 《용위비서龍威祕書》 중 〈두자춘전杜子春傳〉 ⓒ 書格Shuge

청대清代 마준량馬駿良 건륭세덕당중간본乾隆世德堂重刊本 《용위비서龍威祕書》 중 〈두자춘전杜子春傳〉

1장

답습踏襲과 변화變化 :

《요재지이聊齋志異》에 대한 《성몽병언醒夢駢言》 서사의 개편改編

| 1 | 들어가는 말入話: 문언文言에서 백화白話로

중국 고전소설의 흐름을 살펴보면 이전의 작품을 바탕으로 기본 내용을 바꾸어 쓰거나, 일부분을 이어서 계속해서 쓰거나, 혹은 이전 작품의 영향을 받아 비슷한 내용과 구성으로 새롭게 쓴 작품은 많이 보인다. 하지만 같은 작품을 문체를 다르게 하여, 즉 문언문文言文에서 백화문白話文으로 변환하여 다시 쓴 작품은 그리 많지 않다. 명청대明清代의 작품이 간혹 문언문文言文으로 창작되었지만 대부분 작품은 당시의 백화문白話文으로 쓰였고, 명청대明清代 소설은 고대의 민간전설, 당전기소설唐傳奇小說의 내용과 주제를 흡수하면서 원작과는 다른 문체로 기술되었다. 고대 민간전설과 당전기소설唐傳奇小說이 당시의 주요 문체인 문언문文言文으로만 쓰였는데, 송원대宋元代 혹은 명청대明清代의 소설로 '재창작再創作'되면서 자연히 그 당시의 주된 문체인 백화문白話文으로 쓰여졌다.[1]

1 중국소설의 '재창작再創作' 개념에 있어서 '개편改編'과 '개작改作'의 의미를 구분할 필요가 있다. 이 두 가지 개념 모두 '이전의 작품을 고쳐서 다시 짓는다.'는 공통된 의미를 지니고 있지만, 보다 세밀하게 살펴보면, 양자가 약간 다른 뜻을 내포하고 있다. '개편改編'은 그 의미의 중심이 수정하는 '과정'에 있고, '개작改作'은 수정이 이루어진 '대상'에 있다. 또한 '개편改編'은 인위적으로 수정하여 '엮는 과정' 그 자체를 중시하고, '개작改作'은 엮는 과정에서의 '창작성創作性'을 중시하고 있다. 전체적으로 '개편改編'의 함의가 '개작改作'의 의미보다 포괄적이라고 볼 수 있다. 비록 '개편改編'과 '개작改作'은 원작을 고치는 과정 중 관점과 적용의 측면에서 약간의 차이를 보이지만, 《요재지이聊齋志異》를 고치는 과정에서는 다양한 과정[답습踏襲과 인용引用, 편찬編纂과 수정修訂, 창작創作과 삭제削除 등]이 혼재되어 있어서 양자의 개념을 명확하게 구분하기가 쉽지 않다. 본 글에서는 재창작 과정에 대해 중점적인 서술에는 '개편改編'으로, 작품에 대한 집중적 서술에는 '개작改作'으로, '개편改編'과 '개작改作'의 개념과 용어를 유동적으로 사용하고자 한다. 또한 '바꿔 쓰기' 혹은 '새로 쓰기' 과정 전체를 아우르는 일반적인 서술에

작품을 '개편改編'할 때 나타나는 문체 변화는 당전기소설唐傳奇小說과 《삼언三言》의 일부 작품의 계승 관계를 통해서도 분명히 알 수 있다. 풍몽룡馮夢龍 1574~1646은 《삼언三言》을 창작, 편집, 수정할 때에 당전기소설唐傳奇小說과 고대 문헌을 어느 정도 인용하거나 일부 개작하여 화본소설話本小說로 바꾸었다. 송원대宋元代 소설 작품을 명청대明清代 소설 작품으로의 재창작 과정에서도 이러한 현상은 흔히 보인다. 만약 '시간적 격차'라는 조건을 떠나 단지 '문체의 변화'만으로 살펴본다면, 문언문文言文에서 백화문白話文으로의 재창작은 어렵지 않게 발견할 수 있다. 같은 시대의 문체, 혹은 인접한 시대 간의 유사한 문체[문언문文言文→문언문文言文, 백화문白話文→백화문白話文]로의 변화는 쉽게 나타나는 현상이지만 같은 시대에서 문언문文言文에서 백화문白話文으로의 재창작은 거의 보이지 않는다.

중국소설의 재창작 유형 중에서 청대清代 문언소설文言小說인 《요재지이聊齋志異》를 백화문白話文으로 개작한 것은 서로 다른 시대에서의 개작과는 그 의미가 사뭇 다르다. 당전기소설唐傳奇小說과 《삼언三言》, 송원대宋元代 소설과 명청대明清代 소설의 계승, 개작의 관계에서는 비교적 긴 역사적 '시간차'가 존재하지만, 《요재지이聊齋志異》와 그 화본소설話本小說인 《성몽병언醒夢駢言》은 동일한 시대에 재창작되었다. 즉 동시대의 소설 창작 환경 속에서 같은 작품을 다른 문체로 재창작한 과정은 중국소설사에서 매우 특별한 현상이라고 할 수 있다. 비록 동시대라고 할지라도 어느 정도의 시간적 간격은 존재하지만, 문언문文言文과 백화문白話文 작품이 동시에 출간되었다는 것은 우리에게 많은 시사점을 안겨 준다. 물론 《요재지이聊齋志異》의 490여 편이나 되는 작품 중에서 극히 일부인 12편의 작품이 화본소설話本小說로 재창작된 경우이기는 하지만, 그 과정에서 독자의 예술적 취향이나 당시 사회의 문화적인 흐름, 출판과 상업의 경제적인 반영뿐만 아니라 작가의 문학예술에 대한 인식의 변화 및 작품에 대한 탄력적인 적용 등을 충분히 엿볼 수 있다. 특히 중국소설 연구에서 중요한 부분이라고 할 수 있는 저자와 독자, 그리고 작품 간의 상호 작용 관계를 상당히 유기적이고 세밀하게 고찰할 수 있는 중요한 자료를 제시한다고 할 수 있다.

이러한 의미와 가치를 가지고 있기에 일찍이 일부 중국소설 연구자들은 이

서는 '재창작再創作'의 개념과 용어를 사용하고자 한다.

작품에 관심을 가지고 연구를 진행해 왔고, 어느 정도의 연구 성과를 보여 주고 있다. 비록 중국소설에 있어서 나타난 새로운 특징에 주목하고 살펴보는 안목은 가지고 있었지만, 연구는 여전히 표면적인 현상과 형식에만 치중해 있었으며 전체적으로 상당히 부분적이거나 개괄적으로만 다루어졌다. 대부분《성몽병언醒夢騈言》의 작품이《요재지이聊齋志異》에서 소재를 취하여 재창작한 사실에만 중점을 두고 있고, 구체적으로 '어떤 내용'을 '어떻게', '어떤 방식'으로 재창작을 했으며, 내용의 변화에 있어서 어떠한 '운용방식'이 가동되었는지는 충분한 고찰이 이루어지지 않았다. 이미 이루어진 연구 결과를 살펴보면, 내용에 있어서는 줄거리 전개, 소재의 운용, 주제사상의 상관관계를 일부 작품에 한정해서 밝히고 있으며, 간혹 전체적으로 다루고 있다고 하더라도 상당히 포괄적으로 기술하고 있어서 그 세부적인 내용을 자세히 파악하기 힘들다. 형식이나 출판에 있어서는 인물 명칭의 변화, 판본 고증, 방언 자료, 영향 관계 등에 치중하여 고찰하고 있는 정도이다.[2] 이러한 연구는 어느 한 작품뿐만 아니라 작품 전체에 대해 세밀하고 체계적인 분석을 진행하기보다는 대략적인 개작 상태에 치중하여 기술하고 있으며, 작품 분석 또한 몇 가지 특징적인 영역에만 제한하여 설명하고 있다. 비록 이러한 연구가《요재지이聊齋志異》의 '재창작再創作' 과정을 이해하는 데 일정 정도의 도움을 줄 수 있지만, 살펴본 내용이 어느 한쪽으로 치우쳐져 있고, 일부 내용을 정리하는 정도이거나 부분적으로만 분석하고 있어서 전체적인 재창작 과정을 구체적으로 살펴보는 데는 여전히 한계를 지닌다.

이에 본 글에서는 중국소설사에서 보기 드문 현상인 동시대에 출현한 작품을 문언문文言文에서 백화문白話文으로 재창작한 과정을 통해 그 서사 내용과 묘사가 어떻게 다르게 나타나며, 그 속에 다양하게 표현된 수사 기교의 운용과 서사 진행 과정에서의 상관관계를 밝혀내고자 한다. 이러한 과정을 통해《요재지이聊齋志異》와《성몽병언醒夢騈言》 작품 간의 창작 경향을 서로 비교할 수 있을 뿐만 아니라, 동일한 이야기의 전승, 변환變換 과정에서의 '다양성'과 '유사

2 王恒展, 〈淺論《聊齋志異》與話本小說的關係〉,《蒲松齡研究》, 1997年 第2期 ; 陳泳超, 〈《醒夢駢言》摹襲《聊齋志異》考〉,《明清小說研究》, 1997年 第3期 ; 丁曉昌, 〈試論《醒夢駢言》取材於《聊齋志異》〉,《南京師大學報》, 1999年 第3期 ; 方兆平, 〈略論《醒夢駢言》對《聊齋志異》的改編〉,《語文學刊》, 2008年 1月 ; 鄒宗良, 〈《醒夢駢言》與吳方言—兼論蒲松齡不是該書的作者〉,《蒲松齡研究》, 2009年 第2期 ; 李軍鋒, 〈試論宋元話本小說對《聊齋志異》的影響〉,《西昌學院學報·社會科學版》, 2010年 3月 ; 陳文新, 〈從宋元話本到《聊齋志異》-論講唱文學對文言小說滲透〉,《學術交流》, 2010年 7月 참고.

성', 그리고 '연속성'과 '차별성'을 구체적으로 살펴볼 수 있을 것이다. 같지만 다른 두 작품 간의 서사 내용을 다양한 시각으로 분석하는 방식은 기존의 작품 연구에서 소외되었던 문학적 특징을 깊이 인식하게 하고, 그 속에 내포된 복잡한 서사 예술과 소설적 특징을 이해하는 데 큰 도움이 되리라고 생각한다. 아울러 '답습踏襲'과 '변용變容'의 관점으로 작품을 비교하는 연구는 이후 다른 작품과의 관계 연구로 충분히 발전할 수 있으며, 나아가 지역과 시대가 다른 작품 간의 통합연구로 확장될 수 있는 계기가 될 것으로 보인다.

| 2 | 《요재지이聊齋志異》에 대한 《성몽병언醒夢駢言》의 개편改編

《요재지이聊齋志異》와 《성몽병언醒夢駢言》은 '변용變容'의 특징을 가지고 있는 동시에 또한 '답습踏襲'의 특징도 가지고 있다. '변용變容'은 두 작품의 차이점에 기초하고 '답습踏襲'은 두 작품의 공통점에 바탕을 둔다. 사실 이 두 가지 상반된 특징은 서로 명확하게 구별되는 것이 아니라 상대적으로 반응하며 때로는 유동적이기까지 하다. '변용變容'은 온전히 작품 간의 '차이'와 '구분'에만 기인하지 않고, 두 작품 사이의 '같음'을 공유한다. 마찬가지로 '답습踏襲' 또한 두 작품 사이의 '구별'과 '변이'를 기본 토대로 '유사함'을 끌어낸다. 그러므로 '변용變容'이 원작과 완전히 이질적으로 다르게 바꿔 쓰는 '창작'이 아니며, '답습踏襲'이 완전히 똑같은 것을 그대로 베껴 쓰는 '모방'이 아니다. 이것은 마치 '같음 가운데 다름이 있고, 다름 가운데 같음을 구하는[동중유이同中有異, 이중구동異中求同]' 논리와 비슷하다. '답습踏襲'과 '변용變容'은 서로 유기적으로 상대하고 긴밀하게 연관 관계를 맺고 있으며, 또한 탄력적으로 상호 관계를 조절한다. 그러므로 '답습踏襲'을 통해 '변용變容'에 대한 내용을 알 수 있고, '변용'을 통해 '답습踏襲'의 특징을 알 수 있다. 비록 《요재지이聊齋志異》와 《성몽병언醒夢駢言》을 비교하는 과정에서 '답습踏襲'보다는 '변용變容'에 무게 중심이 실리긴 하지만, 이러한 '다름'은 여전히 '답습踏襲'의 기본 토대를 위에서 이루어지고 있으며, 또한 이 과정을 통해 그 변화 과정을 보다 세밀하게 알 수 있다.

《요재지이聊齋志異》를 재창작한 《성몽병언醒夢駢言》에서 가장 먼저 살펴봐야 할 부분은 바로 이러한 '답습踏襲'과 '변용'의 특징을 기저에 두고서 나타나는 '서사 내용의 변화'이다. 서사 내용의 변화는 작품의 비교 과정에서 가장 기본적으로 거쳐야 하는 단계이며 꼭 필요한 작업이라고 여겨진다. 그 이유는 양자의 비교에서 가장 명료하면서도 구체적인 차이점은 바로 서사 내용의 차이에서 분명하게 드러나기 때문이다. 이에 본 글에서는 본 연구의 가장 핵심적인 부분이면서 기초적인 분석 단계라고 할 수 있는 '서사 내용의 변화'를 중심으로《성몽병언醒夢駢言》의《요재지이聊齋志異》에 대한 '답습踏襲'과 '변용' 과정을 살펴볼 것이다. 다만, 서술의 편폭과 연구범위의 한계로 인하여 서사 내용의 변화에 운용된 많은 기법 중에서 '부연敷衍', '축소縮小', '확대擴大', '변환變換'을 중심으로《성몽병언醒夢駢言》의 재창작 과정을 살펴보고자 한다.[3]

먼저,《요재지이聊齋志異》와 백화문白話文으로 재창작한 작품을 살펴보면,《요재지이聊齋志異》는 청대淸代 포송령蒲松齡 1640~1715에 의해 귀신鬼神, 요괴妖怪, 애정愛情, 혼인婚姻, 인정人情 등과 관련된 490여 편의 이야기가 실려 있는 소설집이다.《요재지이聊齋志異》는 강희康熙 원년元年1662에 저술하기 시작해서 강희康熙 18년年1679에 초고를 완성했다. 이후 강희康熙 39년年1700전후와 강희康熙 46년年1707에 일부를 증보하였다. 포송령蒲松齡은《요재지이聊齋志異》를 완성하였으나 집안이 빈곤하여 출판하지 못하였다. 그의 저작은 당시 여러 필사본 형태로 전해지다가 건륭乾隆 31년年1766에 정식으로 간행되었다.《요재지이聊齋志異》에 실려 있는 작품 대부분이 인간人間과 동물動物, 요괴妖怪와 이물異物, 신선神仙과 귀신鬼神 등이 등장하는 기이한 내용을 담고 있다. 이 중에는 효성孝誠과 우애友愛, 의리義理와 신의信義, 예의禮儀와 도덕道德을 강조한 내용도 눈에 띈다.《요재지이聊齋志異》는 문언문文言文으로 기록되어 있고, 개작된 작품은 백화문白話文 혹은 백화방언白話方言으로 개작되어,《성몽병언醒夢駢言》,《산정이기합전刪定二奇合傳》,《속화경담俗話傾談》 등에 실려 있다. 이 중에서《요재지이聊齋志異》에 수록된 작품을 백화문白話文으로 가장 훌륭하게 구현한 작품집은 바로《성몽병언醒夢駢言》이다.

《성몽병언醒夢駢言》은《요재지이聊齋志異》 작품 중에서 비교적 현실 생활의

3 《요재지이聊齋志異》에 대한《성몽병언醒夢駢言》재창작 과정을 고찰하는 연구는 크게 '서사 내용의 변화', '서사 형식과 서사 구조의 변용', '주제의식의 전이' 등 세 단계로 나누어 진행하고자 한다. 본 글에서는 이 중에서 가장 기초가 되는 연구인 '서사 내용의 변화'를 자세히 살펴보고자 한다. 다만,《요재지이聊齋志異》와《성몽병언醒夢駢言》의 비교 대상 작품이 모두 12편으로, 연구 대상 작품이 비교적 많고, 서술의 편폭이 길어 본 글에서는 '서사 내용의 변화' 중에서 '변화 과정의 시작: 부연敷衍, 축소縮小, 확대擴大, 변환變換'을 중심으로《성몽병언醒夢駢言》의 재창작 과정을 분석하고자 한다.

인정세태와 윤리 도덕을 다루고 있는 12편의 작품을 개작하여 싣고 있다. 《성몽병언醒夢駢言》은 《성세기언醒世奇言》이라고도 불리기도 하며, 청대淸代 중·후기中·後期에 출간된 화본소설집話本小說集이다. '국휴주인菊畦主人', '수박옹守朴翁'이 편찬하였다고 알려져 있다. 《성몽병언醒夢駢言》의 판본은 현재 여러 종이 전해지는데, 크게 두 종류로 나뉜다. 하나는 대략 건륭乾隆 이전에 판각된 '국휴주인우집菊畦主人偶輯', '수박옹편차守朴翁編次'로 기록된 판본이고, 다른 하나는 그 후에 판각된 것으로 '국휴주인우집菊畦主人偶輯'으로 기록되어 있다. 이 이외에 건륭 이전에 판각된 구판舊版에 근거하여 모사한 판본 1종이 있다고 알려져 있다.[4] 《성몽병언醒夢駢言》은 《요재지이聊齋志異》의 12편을 백화문白話文으로 개작하였고, 《산정이기합전刪定二奇合傳》는 《요재지이聊齋志異》에서 2편만을 백화문白話文으로 개작하여 싣고 있다. 《산정이기합전刪定二奇合傳》의 두 작품은 《성몽병언醒夢駢言》의 작품과 내용 구성 및 주제 표현에 있어서 일부 차이를 보이지만, 전체적으로는 매우 유사한 서사 구조로 되어 있다..

《산정이기합전刪定二奇合傳》은 '지향관거사芝香館居士'가 편찬하였다고 전해지며 모두 40회回로 구성되어 있다. 《요재지이聊齋志異》 중 2편을 백화문白話文으로 개작하여 싣고 있다.[5] 《산정이기합전刪定二奇合傳》은 현재 함풍咸豐 연간에 판각된 1종만 보인다. 《요재지이聊齋志異》 작품과 이 작품을 화본소설話本小說로 재창작한 《성몽병언醒夢駢言》, 《산정이기합전刪定二奇合傳》의 작품을 서로 비교하면 다음과 같다.

《聊齋志異》[原作]		《醒夢駢言》		《刪定二奇合傳》	
卷十一	〈陳雲棲〉	第一回	〈假必正紅絲夙系空門 僞妙常白首永隨學士〉		
卷二	〈張誠〉	第二回	〈遭世亂咫尺抛鸞侶 成家慶天涯娶雁行〉		

4 《성몽병언醒夢駢言》의 저자와 출간 연대, 판본과 출판에 대한 자세한 설명은 關德棟輯校, 《聊齋誌異話本集》, 齊魯書社, 1991年, 1쪽 ; 燕斌, 《《醒世奇言》代詞研究》, 曲阜師範大學 碩士學位論文, 2012年 5月, 1쪽 ; 陳泳超, 〈《醒夢駢言》摹襲《聊齋志異》考〉, 《明淸小說研究》, 1997年 第3期, 175쪽 ; 顧靑, 〈《醒夢駢言》二考〉, 《文學遺産》, 1997年 第6期, 95-96쪽 ; 鄒宗良, 〈《醒夢駢言》與吳方言--兼論蒲松齡不是該書的作者〉, 《蒲松齡研究》, 2009年 第3期, 140-144쪽 ; 楊瑩瑩, 〈《醒夢駢言》的版本與成書考辨〉, 《蒲松齡研究》, 2018年 第1期, 147-156쪽 등을 참고하기 바란다.

5 程國賦, 〈三言二拍選本與原作的比較研究〉, 《明淸小說研究》, 2004年 第2期, 179-180쪽 참고.

《聊齋志異》[原作]		《醒夢駢言》		《刪定二奇合傳》	
卷二	〈阿寶〉	第三回	〈呆秀才志誠求偶 俏佳人感激許身〉		
卷十一	〈大男〉	第四回	〈妒婦巧償苦厄 淑姬大享榮華〉		
卷十一	〈曾友于〉	第五回	〈逞兇焰欺凌柔懦 釀和氣感化頑殘〉	第三十四回	〈曾孝廉解開兄弟劫〉
卷四	〈姊妹易嫁〉	第六回	〈違父命孽由己作 代姊嫁福自天來〉	第三十六回	〈毛尚書小妹換大姊〉
卷十	〈珊瑚〉	第七回	〈遇賢媳虺蛇難犯 遭悍婦狼狽堪憐〉		
卷十	〈仇大娘〉	第八回	〈施鬼蜮隨地生波 仗神靈轉災爲福〉		
卷三	〈連城〉	第九回	〈倩明媒但求一美 央冥判竟得雙姝〉		
卷三	〈小二〉	第十回	〈從左道一時失足 納忠言立刻回頭〉		
卷三	〈庚娘〉	第十一回	〈聯新句山盟海誓 詠舊詞璧合珠還〉		
卷三	〈宮夢弼〉	第十二回	〈埋白石神人施小技 得黃金豪士振家聲〉		
12 篇		12 篇		2 篇	

이 이외에도《속화경담俗話傾談》에 1편,《속화경담이집俗話傾談二集》에 1편,《제춘대躋春臺》에 1편 등,《요재지이聊齋志異》의 작품을 백화문白話文으로 개작한 작품은 모두 17편에 이른다.[6]

《요재지이聊齋志異》를 재창작한 작품집 중에서 가장 중요하게 여겨지는 저작은《성몽병언醒夢駢言》인데,《성몽병언醒夢駢言》의 작품 분석에 있어서 쉽게 지나칠 수 없는 부분이 바로 '《요재지이聊齋志異》와 어떤 관계를 맺고 있는가?' 라는 논의이다. 여기에는 두 작품의 문체, 내용, 형식, 주제뿐만 아니라 출간, 저자, 방언, 고증 등에 대한 세밀한 고찰이 필요하다. 이 중에서 작품의 내적인 연관성을 제외하고 외적인 연계성 중에서 가장 쟁점이 되는 부분이《요재지이聊齋志異》와《성몽병언醒夢駢言》의 출간 선후에 관한 이견異見이다. '과연 문언문文言文으로 된《요재지이聊齋志異》가 먼저 출간된 것인가?' 아니면 '백화문白話

6 劉富偉,《《聊齋志異》文本改編研究--以白話小說和說唱藝術爲中心》, 華東師範大學 博士學位論文, 2007年 5月, 11-12쪽 참고.

文으로 된《성몽병언醒夢駢言》이 먼저 출간된 것인가?' 이러한 검토 과정에 있어서 일부이지만《요재지이聊齋志異》의 화본話本 2편이 실려 있는《산정이기합전刪定二奇合傳》, 그리고 각각 1편이 실려 있는《속화경담俗話傾談》,《속화경담이집俗話傾談二集》,《제춘대躋春臺》까지 포함하면 그 선후先後 관계는 상당히 복잡해진다. 특히《요재지이聊齋志異》와《성몽병언醒夢駢言》의 출간 선후 문제에 대해서 일부 연구자들이 기존과 상반된 의견을 제시하고 있지만,[7] 일반적으로《요재지이聊齋志異》,《성몽병언醒夢駢言》,《산정이기합전刪定二奇合傳》의 순서로 출간되었다고 여겨진다.[8] 이 문제에 관련하여 학자들은 저마다 자신만의 연구 방법으로 저자의 서문, 방언의 인용, 출간된 자료 등 작품 외적인 요소뿐만 아니라, 서사 구조의 완정성, 묘사 기교의 전문성, 언어 운용의 적합성 등 작품의 내적인 요소까지 종합적으로 살펴보고《성몽병언醒夢駢言》이《요재지이聊齋志異》를 재창작했다는 주장을 내세우고 있다. 이러한 견해는 학계에서 대체로 그대로 받아들여지고 있다.[9]《산정이기합전刪定二奇合傳》은《요재지이聊齋志異》와《성몽병언醒夢駢言》이후에 출간된 것으로 알려져 있다.《속화경담俗話傾談》,《속화경담이집俗話傾談二集》,《제춘대躋春臺》[10]는 가장 나중에 출간된 것으로 여겨진다. 그러므로《요재지이聊齋志異》가《성몽병언醒夢駢言》과《산정이기합전刪定二奇合傳》등의 작품에 영향을 끼쳤고,《성몽병언醒夢駢言》과《산정이기합전刪定二奇合傳》등은《요재지이聊齋志異》의 작품을 더욱 다양하고 창조적으로 변화시켰다고 할 수 있다.《요재지이聊齋志異》와 사상과 내용의 유사성 비교에서는《성몽병언醒夢駢言》보다《산정이기합전刪定二奇合傳》이《요재지이聊齋志異》에 보다 더 충실하다고 볼 수 있다.[11]

7 顧靑,〈《醒夢駢言》二考〉,《文學遺産》, 1997年 第6期, 93-95쪽 ; 陳泳超,〈《醒夢駢言》摹襲《聊齋志異》考〉,《明淸小說硏究》, 1997年 第3期, 175-177쪽 참고.

8 《요재지이聊齋志異》와《성몽병언醒夢駢言》의 창작 연대에 대한 보다 자세한 비교는 丁曉昌,〈試論《醒夢駢言》取材於《聊齋志異》〉,《南京師大學報》, 1999年 第3期, 130-131쪽을 참고하기 바란다.

9 필자 역시 구체적인 작품을 대상으로 상호 비교 분석해보면 이러한 견해가 틀리지 않는다고 여겨진다.《요재지이聊齋志異》와《산정이기합전刪定二奇合傳》의 출간 선후에 대해서는《요재지이聊齋志異》가《산정이기합전刪定二奇合傳》보다 먼저 출간된 점에는 다른 의견이 없는 듯하다. 본 글에서는《요재지이聊齋志異》가《성몽병언醒夢駢言》보다 출간이 앞선다는 견해를 가지고《요재지이聊齋志異》의 재창작 연구를 진행하고자 한다.

10 《요재지이聊齋志異》와《속화경담俗話傾談》,《속화경담이집俗話傾談二集》,《제춘대躋春臺》의 관계에 대한 보다 자세한 설명은 본 저서〈제7장 원용原用과 변용變用사이:《요재지이聊齋志異》의〈자매역가姊妹易嫁〉개작改作〉을 참고하기 바란다.

11 陳泳超,〈《醒夢駢言》摹襲《聊齋志異》考〉,《明淸小說硏究》, 1997年 第3期, 180쪽 참고.

| 3 | 변화 과정의 시작: '부연敷衍', '축소縮小', '확대擴大', '변환變換'

《요재지이聊齋志異》에서 《성몽병언醒夢駢言》[12]으로 개작하는 과정에서 서사 형식과 서사 구조 및 주제의식의 변화도 나타나지만, 무엇보다도 분명히 드러나는 부분은 '서사 내용의 변화'이다. 원작인 《요재지이聊齋志異》를 기준으로 다른 작품의 내용을 살펴보면, 다양한 특징이 나타나기도 하지만 대체로 '부연敷衍', '축소縮小', '확대擴大', '변환變換', '첨가添加', '삭제削除' 등의 현상이 보인다. 만약 '다름'의 광범위한 틀에서 살펴본다면, 원작의 내용을 그대로 이어받아 묘사하는 '답습踏襲'도 이런 변화의 확장된 범위에 포함된다고 할 수 있다. '변용變容'의 대척점에 있는 '답습踏襲'은 원작의 내용을 비교적 그대로 이어받은 '같음'의 특징을 가지고 있고, '변용變容'은 원작의 내용을 다르게 바꾸는 '다름'의 특징을 가지고 있다고 여겨진다. 하지만 이러한 '같음'과 '다름'은 마치 일직선 위의 양 끝점처럼 서로 상대하고 반응한다. 주요 줄거리의 진행 과정에서 이러한 '같음'과 '다름'은 바로 같은 작품을 공유하는 데서 기인한다고 볼 수 있는데, 그런 의미에서 '답습踏襲'은 '답습踏襲'과 서로 마주한 면을 유동적으로 반영하고 투영할 수 있는 거울이라고 할 수 있겠다.

'답습踏襲'은 '전승傳承' 또는 '모의模擬'이라고도 하며, 원작의 내용을 그대로 계승하거나 유지하는 서사적 특징이라고 말할 수 있다. 글의 문체나 서술 주체, 장소, 지역, 인명 등은 다르나 기본 골간이 되는 줄거리와 서사 구조는 변함이 없다. 《성몽병언醒夢駢言》은 《요재지이聊齋志異》를 모방하는 기초위에 '재창작再創作'되었으므로 '답습踏襲'은 《성몽병언醒夢駢言》의 서사 진행에서 가장 기본적이면서도 또한 중요한 특징에 해당한다.

만약 '답습踏襲'이 '원작을 얼마만큼 비슷하게 재현하였나?'라는 점에 중점을 두고 있다면, '변용變容'은 '원작을 어떻게 다르게 재현하였나?'라는 점에 치중하고 있다. 원작과의 '다름'은 바로 서사 내용의 '불일치'에서 확연하게 드러

12 본 저서에서 주요 분석 대상으로 삼는 《성몽병언醒夢駢言》 원문은 關德棟輯校, 《聊齋誌異話本集》, 齊魯書社, 1991年을 참고하였다. 이 책은 《성몽병언醒夢駢言》의 두 가지 판본에 기초하여 서로 누락된 부분과 다른 부분을 세밀하게 교감하였는데, 현재까지 《성몽병언醒夢駢言》에 대한 비교적 완정한 원문을 싣고 있다고 할 수 있다. 또한, 이 책에는 여러 판본을 참고하여 세심하게 교정한 《요재지이聊齋志異》의 원문도 같이 싣고 있다. 본 저서에서 근거한 《요재지이聊齋志異》 원문은 蒲松齡著, 任篤行輯校, 《聊齋志異》, 齊魯書社, 2000年 ; 關德棟輯校, 《聊齋誌異話本集》, 齊魯書社, 1991年을 참고하였다.

난다. '서사 내용의 불일치'는 '원래의 이야기 기조를 유지하면서 어떻게 다르게 기술하는가?'를 주요 관점으로 보는 것인데, 여기에는 사건 발생 시점과 서술 시각의 차이, 서술 방식과 활용 어휘의 다름이 나타나기도 하며, 인물이나 사건이 뒤바뀌거나 완전히 새로운 인물이 등장하거나 혹은 생소한 내용이 부가되어 묘사되기도 한다. 이러한 '변화'를 운용하는 기법에는 크게 두 가지로 구분할 수 있다. 첫째, '부연敷衍', '축소縮小', '확대擴大', '변환變換' 등으로 '변화의 시작 단계'인데, 비교적 소극적이며 지엽적인 변화라고 할 수 있다. 둘째, '첨가添加'와 '삭제削除' 등으로 '변화의 완성 단계'인데, 적극적이며 직접적인 변화라고 할 수 있다.

이 중에서 '변화의 시작 단계'에 좀 더 주목할 필요가 있다. 그 이유는 원작의 기본 골격을 최대한 그대로 유지하면서 같은 듯 다르게 내용을 묘사하는 것이 소위 저자의 '서술 책략' 혹은 '서술 계획'과 관련이 깊기 때문이다. 즉 기존의 내용을 표면적으로 유지하면서 독자에 대한 대응과 시대적 흐름을 반영하고, 사회 문화적 요구와 변화를 내용에 적절하게 표현하려는 의도가 있다고 볼 수 있다. 이 단계에서는 '변화의 완성 단계'에서 보이는 것처럼 단순하면서도 직접적인 운용 수법보다는 교묘하면서도 정교한 서사 기교를 활용하고 있고, 서사 내용의 변화 과정이 복잡하면서도 유기적으로 얽혀 있어서 줄거리 진행 과정에서 나타나는 다양하고 폭넓은 특징을 더욱더 구체적으로 살펴볼 수 있는 장점이 있다.

'변화의 시작'은 원래의 이야기 내용을 일부 바꿔어 서술되는 특징을 가지고 있다. '변화의 시작'이 '첨가添加'나 '삭제削除'와 같은 특징이 전혀 없는 것은 아니지만, 줄거리가 유기적으로 이어지는 과정에서 새로운 이야기의 삽입이나 생성 정도에까지는 이르지는 않는다. 즉 줄거리 진행 과정에서 주요한 사건[정절情節]과 작은 사건[세절細節]에는 큰 변화가 없고, 대체로 구체적인 묘사 부분에서 부분적, 지엽적인 변화가 발생한 경우를 말한다. '변화의 시작 단계'에는 인물을 포함한 등장인물의 수, 인물의 행동, 인물의 심리 변화도 있고, 서사 관점, 묘사 대상, 내용 순서, 서술 주체의 변화도 있으며, 편폭의 길이, 이야기의 확대 혹은 축소, 주제의 강화 또는 심화의 특징도 가지고 있다. 비록 '변화의 시작' 특징이 다양하지만, 서사 내용의 '같음'과 '다름'을 조율하는 과정에서 적극적으로 운용되고 있는 기법은 '부연敷衍', '축소縮小', '확대擴大', '변환

變換'이라고 할 수 있다.

'부연敷衍'은 원래 내용에 추가로 내용을 보완하여 묘사하거나 보충하여 서술하는 특징을 가진다. '부연敷衍'은 '답습踏襲'과 '첨가添加'의 사이에 위치한다고 볼 수 있다. '부연敷衍'은 '답습踏襲'보다는 내용이 덧붙여져서 서사 내용의 변화를 가져온 상태이지만, 그렇다고 '첨가添加'와 같이 완전히 하나의 독립된 이야기가 삽입된 것은 아니다. 그렇기 때문에 '부연敷衍'이 마치 '첨가添加'의 특징을 일부 공유하는 것처럼 보이지만, 자세히 살펴보면 분명 서로 다른 점을 가지고 있다. '축소縮小'는 원래의 이야기를 압축하거나 혹은 간략하게 변화시키는 것이다. 원문의 복잡한 사건과 화소[화소話素: 이야기의 가장 작은 단위]를 몇몇 주요 내용에 포함해 줄이거나 간단하게 서술하는 경우를 말한다. '확대擴大'는 '축소縮小'와 반대의 경우인데, 원문에서 주요한 사건 또는 작은 사건을 서술할 때 언급하지 않았거나 부분적으로 기술했던 것을 좀 더 자세하게 묘사하는 경우를 말한다. 이는 서사 내용에서 사건의 시작과 끝, 과정을 역동적으로 보여주며, 줄거리를 보다 다양하고 풍성하게 만든다. 의미를 표현하는 데 있어서도 함축된 뜻을 보다 강조하여 드러내는 역할을 하기도 한다. '변환變換'은 서사 진행 과정에서 중심을 이루는 내용에 변화를 가져오는 경우를 말하는데, 화소와 화소 사이에 새로운 내용이 일부 더해지거나 원전의 내용에 약간의 변화, 다름이 나타나는 경우를 말한다. 세부적으로는 행위의 주체가 바뀌거나 인물의 행위가 달라지거나 혹은 행동의 과정이 자세히 나뉘는 경우가 있고, 시간과 장소의 다름, 숫자와 물체의 변화, 신분과 직업의 차이 등도 보인다.

《요재지이聊齋志異》의 '재창작再創作'에 나타난 이러한 서술적 변화 특징을 살펴보면, '답습踏襲'은 《성몽병언醒夢駢言》의 모든 작품에서 나타나는 일반적 특징이다. '부연敷衍', '축소縮小', '확대擴大', '변환變換' 현상은 '답습踏襲'이 모든 작품의 저변에 존재하는 '항상성'에 비해서는 비록 제한적이기는 하지만 여전히 작품마다 자주 보인다. 그렇지만 《요재지이聊齋志異》와 《성몽병언醒夢駢言》의 '재창작再創作' 사이에 나타나는 이러한 특징이 언제나 명확하게 구분되는 것은 아니다. 때로는 그 구분이 모호해서 중첩되어 드러나는 때도 있고, 혹은 연속으로 이어져 나타나는 때도 있다. 이러한 현상의 원인은 서사 구조와 내용의 복잡성과 다양성에 기인하기 때문이다. 저자가 미리 철저하게 기획하고 배치된 서술 구조가 아닌 잠재적 의식과 서술에 의해 이러한 변화가 운용되기도 하고, 독자들에게 보다 쉽게 읽히기 위한 저자의 의도적 책략이 큰 몫을 차지하기 때문이기도 하다. 따라서 본 연구에서 완벽한 기준과 명확한 분류를 통해 이러한 변화의 기저를 밝혀내는 것은 사실상 무리하고 판단된다. 단지 가능한 한 구분의 당위성과 기준의 객관성을 확보하려고 하고, 그 분류에 부합하는 요소를 찾아내어 자세한 분석을 진행하고자 한다.

'서사 내용의 변화'는 '시작 단계'에 있어서 화소의 외적[편폭 조정, 장면 삽입, 인물 등장 등] 변화와 내적[인물 묘사, 서술 내용, 주제사상 등] 변화를 통해 크게 '부연敷衍', '축소縮小', '확대擴大', '변환變換'으로 구분할 수 있다. '부연敷衍'은 '화소A→화소A+∝', '축소縮小'는 '화소A+화소B→화소a+화소b', '확대擴大'는 '화소A+화소B→화소A-+화소B-', '변환變換'은 '화소A+화소B→화소b*+화소a*'라고 표시할 수 있을 것이다. 이러한 네 가지 구분은 비교적 분명하게 나타나는 특징에 따라 우선으로 분류한 것이지만, 그 외의 다양한 부차적 특징도 여전히 존재하며 또한 네 가지를 비롯한 여러 특징이 서로 섞여 출현하기도 한다. 그렇기 때문에 종종 '변화變化'의 네 가지 특징이 명확하게 구별되지 않는 경우도 생기는데, 때로는 서로 중복되거나, 순차적으로 이어서 나타나기에 그 구분이 명료하게 구분되지 않는 경우가 보인다. 즉 내용에 있어서 변환變換→확대擴大, 변환變換→축소縮小, 혹은 확대擴大→변환變換, 축소縮小→변환變換 등의 특징이 나타나는데, 이런 경우에는 어떤 특징이 비교적 분명하고 뚜렷하게 드러나는가에 따라 그 부분을 '주요 부류'에 포함하고, 상대적으로 특징이 미흡한 부분을 '부차적 부류'에 귀속시킨다. 변화의 특징에 대한 분석은 '주요 부류'를 중심으로 진행하고 '부차적 부류'에 대해서는 분석과정에서 보충 자료로 활용한다.[13]

《성몽병언醒夢駢言》에서 '변화變化'의 현상이 나타난 작품과 그 빈도수를 살펴보면 다음과 같다.

13 본 글에서는 서사 내용의 다양한 변화 특성을 참고하여 '변화變化' 현상의 외형적 '빈도수'가 아닌, 내용의 '구체성', 구분의 '명확성', 그리고 타 특징과의 '변별성' 등에 기초하여 '부연敷衍', '축소縮小', '확대擴大', '변환變換'의 순서로 그 특징을 살펴보고자 한다.

《聊齋志異》		《醒夢駢言》		變化			
				敷衍	縮小	擴大	變換
卷十一	〈陳雲棲〉	第一回	〈假必正紅絲夙系空門 僞妙常白首永隨學士〉	3	1	1	1
卷二	〈張誠〉	第二回	〈遭世亂咫尺抛鸞侶 成家慶天涯娶雁行〉	5	0	0	3
卷二	〈阿寶〉	第三回	〈呆秀才志誠求偶 俏佳人感激許身〉	2	0	0	5
卷十一	〈大男〉	第四回	〈妒婦巧償苦厄 淑姬大享榮華〉	2	1	0	2
卷十一	〈曾友于〉	第五回	〈逞兇焰欺凌柔懦 釀和氣感化頑殘〉	2	1	2	1
卷四	〈姊妹易嫁〉	第六回	〈違父命孽由己作 代姊嫁福自天來〉	3	0	1	0
卷十	〈珊瑚〉	第七回	〈遇賢媳虺蛇難犯 遭悍婦狼狽堪憐〉	1	0	1	6
卷十	〈仇大娘〉	第八回	〈施鬼蜮隨地生波 仗神靈轉災爲福〉	1	1	3	7
卷三	〈連城〉	第九回	〈倩明媒但求一美 央冥判竟得雙姝〉	1	0	0	3
卷三	〈小二〉	第十回	〈從左道一時失足 納忠言立刻回頭〉	2	0	1	1
卷三	〈庚娘〉	第十一回	〈聯新句山盟海誓 詠舊詞璧合珠還〉	0	0	0	4
卷三	〈宮夢弼〉	第十二回	〈埋白石神人施小技 得黃金豪士振家聲〉	0	0	0	2
12 篇		12 篇		22	4	9	35

위의 표에서 '변화變化'의 현상이 나타난 작품과 그 빈도수를 살펴보면, 《성몽병언醒夢駢言》에서 '변환變換'의 특징이 가장 많이 나타나고, 그다음이 '부연敷衍'이며, 이어서 '확대擴大'이고, 가장 적게 나타나는 특징이 '축소縮小'이다. 그 이유는 문언문文言文으로 쓰인 《요재지이聊齋志異》를 백화문白話文의 《성몽병언醒夢駢言》으로 '재창작再創作'하는 과정에서 편폭이 늘어나면서 내용이 확장되고, 독자 계층과 독서 환경의 변화로 인해 '변환變換'과 '부연敷衍'의 특징이 자연스럽게 증가하고 있기 때문이다. '축소縮小'의 특징이 다른 특징보다 적게 나타나는 이유는 사회 관념과 문화의 흐름이 바뀜에 따라 작품의 서술과정에서 불필

요하거나 생략이 필요로 하는 부분이 생겨나는데, 이러한 부분을 '재창작再創作' 과정에서 어느 정도 반영하겠지만 그 정도가 여전히 일부분에 한정되어 있기 때문이다. 그렇기에 전체적인 변화의 특징에서는 '축소縮小'보다는 '변환變換'이나 '부연敷衍', '확대擴大'의 경향이 뚜렷하게 보이는 것이다.

| 4 | 답습踏襲의 변조變調: '부연敷衍'

서사 내용의 '재창작再創作' 중에서 '부연敷衍'의 특징을 작품 내용의 기초가 되는 주요 이야기와 작은 사건을 바탕으로 살펴보면, '부연敷衍'은 원래 이야기의 일부 내용을 넓게 펼쳐 묘사하거나, 본 줄거리에 어떤 내용을 보충하여 덧붙이는 것이다. '부연敷衍'은 전적으로 '답습踏襲'의 범위에 속하지는 않지만, 그렇다고 '답습踏襲'과 완전히 이질적인 것으로 특징지어지는 것도 아니다. 단순히 이야기의 '연속성連續性'으로 본다면, '부연敷衍'은 '답습踏襲'과 동일한 연장선에 있지만, 이야기의 '부가성附加性'으로 본다면, '부연敷衍'은 '답습踏襲'의 범위에서는 벗어난다고 할 수 있다. 이렇듯 '부연敷衍'은 '답습踏襲'의 기본 곡조에 변화를 부여하는 일종의 '변조變調'와 같은 것으로 볼 수 있고, 아울러 새로운 곡조를 이끌어 내는 '신조新調'와도 비슷하다. 만약 '부가附加'의 특징에 집중하여 '덧붙인 내용' 혹은 '보충된 서사', 그것만을 본다면 추가로 삽입된 내용이어서 '부분적 첨가'라고 볼 수 있지만, 단순히 확대된 내용만을 가지고 보는 것이 아니라, 이야기의 '연속성'과 '유기성'의 관점에서 보면 분명 동일한 이야기의 진행이라는 것에 중심이 있음을 알 수 있다. 그러므로 '부연敷衍'은 원작의 화소에 새로운 화소를 더하는 것이 아니라, 원작의 화소에 내용을 다시 연장하거나 보충하여 기술하는 것으로 볼 수 있는데, 이러한 특징은《성몽병언醒夢駢言》의 대부분 작품에서 나타나고 있다.《요재지이聊齋志異》와《성몽병언醒夢駢言》의 '부연敷衍'의 특징이 나타난 작품과 빈도수를 살펴보면 다음과 같다.

《聊齋志異》		《醒夢駢言》		敷衍
卷十一	〈陳雲棲〉	第一回	〈假必正紅絲夙系空門 僞妙常白首永隨學士〉	3
卷二	〈張誠〉	第二回	〈遭世亂咫尺抛鸞侶 成家慶天涯娶雁行〉	5

《聊齋志異》		《醒夢駢言》		敷衍
卷二	〈阿寶〉	第三回	〈呆秀才志誠求偶 俏佳人感激許身〉	2
卷十一	〈大男〉	第四回	〈妒婦巧償苦厄 淑姬大享榮華〉	2
卷十一	〈曾友于〉	第五回	〈逞兇焰欺凌柔懦 釀和氣感化頑殘〉	2
卷四	〈姊妹易嫁〉	第六回	〈違父命孽由己作 代姊嫁福自天來〉	3
卷十	〈珊瑚〉	第七回	〈遇賢媳虺蛇難犯 遭悍婦狼狽堪憐〉	1
卷十	〈仇大娘〉	第八回	〈施鬼蜮隨地生波 仗神靈轉災爲福〉	1
卷三	〈連城〉	第九回	〈倩明媒但求一美 央冥判竟得雙姝〉	1
卷三	〈小二〉	第十回	〈從左道一時失足 納忠言立刻回頭〉	2
卷三	〈庚娘〉	第十一回	〈聯新句山盟海誓 詠舊詞璧合珠還〉	0
卷三	〈宮夢弼〉	第十二回	〈埋白石神人施小技 得黃金豪士振家聲〉	0
12 篇		12 篇		22

'부연敷衍'의 특징이 가장 많이 보이는 작품은 제2회第二回〈조세란지척포란려遭世亂咫尺拋鸞侶 성가경천애취안행成家慶天涯娶雁行〉, 제1회第一回〈가필정홍사숙계공문假必正紅絲夙系空門 위묘상백수영수학사僞妙常白首永隨學士〉, 제6회第六回〈위부명얼유기작違父命孽由己作 대자가복자천래代姊嫁福自天來〉, 제5회第五回〈영흉염기릉유나逞兇焰欺凌柔懦 양화기감화완잔釀和氣感化頑殘〉 등인데, 모두 3회 이상 '부연敷衍' 현상이 나타나고 있다. 이 중에서 '부연敷衍'의 특징이 가장 구체적이면서 자주 보이는 작품은 제2회第二回〈조세란지척포란려遭世亂咫尺拋鸞侶 성가경천애취안행成家慶天涯娶雁行〉이라고 할 수 있다.

〈조세란지척포란려遭世亂咫尺拋鸞侶 성가경천애취안행成家慶天涯娶雁行〉은 《요재지이聊齋志異》의 〈장성張誠〉을 화본소설話本小說로 '재창작再創作'한 것인데, 원작인 〈장성張誠〉과 비교하면 '부연敷衍'이 다섯 차례 등장한다. 그 내용을 살펴보면 다음과 같다.

순서	〈張誠〉	〈遭世亂咫尺抛鸞侶 家慶天涯聚雁行〉
1	장씨張氏는 하남河南에서 다시 결혼하여 눌訥이라는 아들을 낳음. 얼마 후 그의 처가 죽음	장항약張恒若과 마씨馬氏는 혼인 후 1년이 다 되어 아들 장등張登을 낳음. 마씨馬氏는 출산 후 허약증이 생겨 죽음. 장항약張恒若은 1살 남짓의 어린 아들을 고생스럽게 키움
2	장씨張氏는 또다시 후처를 맞아 성誠이라는 아들을 낳음	강유재康有才는 장항약張恒若에게 새로운 아내를 얻기를 권함. 장항약張恒若은 처음에는 거절하였지만 강유재康有才의 말에 일리가 있다고 생각하여 다시 중매를 부탁함. 세 번째 부인 우씨牛氏는 시집을 온 지 3년이 되어 아들 장균張勻을 낳음
3	우씨牛氏는 성질이 매우 사나워 항상 눌訥을 미워하면서 노예처럼 부려먹음	우씨牛氏는 천성이 사납고 흉악하였는데, 장균張勻을 낳고 나서 장등張登을 때리며 분풀이하였음. 장항약張恒若은 장등張登이 앞으로 자신보다 우씨牛氏와 있을 날이 많으리라 생각하여 어쩔 수 없이 울분을 참음. 장항약張恒若은 6세가 된 장등張登을 학당으로 데려가 공부시키고자 하였지만, 우씨牛氏는 장등張登을 집에서 지내게 하며 종처럼 부림
4	눌訥은 아우의 일로 슬퍼하며 아무것도 먹지 않으려 하다가 3일 후에 죽음	장등張登은 아우의 일로 울다가 3일 후에 죽음. 장항약張恒若이 관을 사서 입관하고자 하였으나 우씨牛氏가 강하게 저지하며, 부들로 엮어 만든 꾸러미로 싸서 입관해야 한다고 고집을 피움. 장항약張恒若은 어찌하지 못해 장등張登의 장례를 치르지 못함
5	눌訥은 동생을 찾으러 길을 떠남. 노자가 떨어지자 밥을 빌어먹으며 계속해서 동생을 찾아다님. 1년이 지나 금릉金陵에 도달함	장등張登은 집을 떠나 관제묘關帝廟에 길흉을 점치니, 도사道士로부터 남쪽으로 가라는 점괘를 얻음. 가는 길에 여비가 없어 낮에는 먹을 것을 구하고, 밤에는 황폐한 절에서 묵거나 다른 사람의 집 처마 밑에서 지냄. 그 후 하루도 채 되지 않아 남경南京 지방에 도착함

'부연敷衍' 1은 작품의 도입부로 '발단' 단계에 해당한다. 이 부분은 〈장성張誠〉에서는 '장씨張氏의 출신배경→장씨張氏의 처가 청淸나라 군대에 의해 납치당함→하남河南에서 살게 됨→두 번째 결혼, 불행하게도 처[성씨 불분명]는 눌訥이라는 아들을 낳고 죽음'의 과정을 묘사하고 있다. 〈조세란지척포란려遭世亂咫尺抛鸞侶 성가경천애취안행成家慶天涯聚雁行〉에서는 장항약張恒若과 두 번째로 결혼한 이는 마씨馬氏[성씨 분명]이고, 혼인 후 1년이라는 시간이 지나서야 아들 장등張登을 낳았고, 마씨馬氏가 출산 후유증으로 죽었다는 사실을 부가적으로 설명하고 있다. 두 번째 부인이 죽고 난 뒤에 장항약張恒若은 어린 아들을 어떻게 키웠는지에 대한 내용이 언급되어 있다.

'부연敷衍' 2는 작품의 '발단' 단계에 해당하고, 〈장성張誠〉에는 장씨張氏가 또다시 후처를 맞아 아들 성誠을 낳은 것으로 출생에 관한 내용을 마무리 짓고 있지만, 〈조세란지척포란려遭世亂咫尺抛鸞侶 성가경천애취안행成家慶天涯娶雁行〉에서는 장항약張恒若이 강유재康有才의 권고로 중매인을 세워 세 번째 아내 우씨牛氏를 얻고 3년 만에 아들 장균張勻을 낳기까지의 과정이 추가로 설명되어 있다.

'부연敷衍' 3은 작품의 '전개' 단계에 해당하고, 세 번째 부인 우씨牛氏가 자신의 소생인 성誠에 대해 지나친 편애와 눌訥에 대해 강한 미움을 나타내고 있다. 〈장성張誠〉에는 우씨牛氏가 성격이 매우 포악스러워 두 번째 처의 소생인 눌訥을 항상 미워하면서 노예처럼 부려먹었다. 〈조세란지척포란려遭世亂咫尺抛鸞侶 성가경천애취안행成家慶天涯娶雁行〉에서는 우씨牛氏는 본래 타고난 성격이 흉악한 점을 부각시켰을 뿐만 아니라, 장등張登에 대한 학대를 구체적으로 드러내고 있다. 장항약張恒若은 우씨牛氏가 장등張登을 마음속 깊이 증오하는 것을 해결하지 못했고, 장등張登를 서당으로 데려가 공부시키고자 하였으나 그것도 부인 우씨牛氏에 의해 저지당해 어쩔 수 없는 상황을 묘사하고 있다.

'부연敷衍' 4는 아우 성誠이 산으로 가서 형인 눌訥을 도와주려다가 호랑이에게 물려가 행방이 묘연해지자, 눌訥은 아우의 일로 슬퍼하며 아무것도 먹지 않고 3일 후에 죽은 것을 묘사하고 있다. 이에 반해 〈조세란지척포란려遭世亂咫尺抛鸞侶 성가경천애취안행成家慶天涯娶雁行〉은 장등張登이 동생의 일로 3일 후 죽고 난 뒤, 장등張登의 입관→우씨牛氏의 심한 반대, 부들 꾸러미로 입관 주장→장례를 치르지 못함 등, 장등張登의 장례를 치르는 내용을 중심으로 설명하고 있다.

'부연敷衍' 5는 〈장성張誠〉에는 눌訥이 동생 성誠을 찾으러 길을 떠나면서 여러 곳을 전전하는 과정이 간략하게 묘사되어 있는데, 〈조세란지척포란려遭世亂咫尺抛鸞侶 성가경천애취안행成家慶天涯娶雁行〉은 〈장성張誠〉에 나타난 이러한 과정에 덧붙여 장등張登이 집을 떠나 관제묘關帝廟에 길흉을 점치고, 도사의 계시를 받고, 낮에는 먹을 것을 구하고 밤에는 거처를 옮겨 다니며 동생을 찾는 과정이 비교적 상세하게 묘사되어 있다. 서술과정에서 독립된 화소가 삽입되어 줄거리의 내용이 전환되거나 강화되는 것은 아니고, 유사한 화소 내지 동일한 화소 간의 내용을 더하여 유기적 연결성을 강화하고 내포된 의미를 보완하는 특징을 뚜렷하게 보이고 있다. 그러므로 '변화變化'보다는 '부연敷衍'의 특징이 보다 두드러진다고 말할 수 있다.

〈조세란지척포란려遭世亂咫尺抛鸞侶 성가경천애취안행成家慶天涯娶雁行〉이 〈장성張誠〉에 비해서 문언문文言文→백화문白話文으로 '재창작再創作'되었기 때문에 '구어적' 서술 방식에 의해서 자연적으로 편폭이 늘어났을 뿐만 아니라, 그 내용에 있어서도 간략하게 언급되었거나 설명이 없었던 원작인 〈장성張誠〉에 비해 비교적 세밀한 내용을 부가하고 있다. 여기에는 주인공의 복잡한 심리 상태 묘사, 줄거리의 원활한 진행을 위한 서술자의 관여, 사건에 대한 보충 설명 등이 나타나고 있다.

〈조세란지척포란려遭世亂咫尺抛鸞侶 성가경천애취안행成家慶天涯聚雁行〉의 '부연敷衍' 현상과 마찬가지로 제1회第一回〈가필정홍사숙계공문假必正紅絲夙系空門 위묘상백수영수학사僞妙常白首永隨學士〉에서도 이러한 특징을 엿볼 수 있다. 〈가필정홍사숙계공문假必正紅絲夙系空門 위묘상백수영수학사僞妙常白首永隨學士〉는 《요재지이聊齋志異》의 〈진운서陳雲棲〉를 화본소설話本小說로 '재창작再創作'한 것인데, '부연敷衍'이 세 차례 나타난다. '부연敷衍'이 출현하는 부분은 작품 일부를 제외하고는 모두 줄거리의 앞부분에 집중되어 있다. 이 부분은 진운서陳雲棲와 진육생眞毓生, 진운서陳雲棲와 장臧부인의 만남에 대한 내용이 주를 이룬다.

순서	〈陳雲棲〉	〈假必正紅絲夙繫空門 僞妙常白首永隨學士〉
1	진운서陳雲棲는 진육생眞毓生에게 자신을 20냥의 돈으로 속량시켜 주기를 바람. 그녀는 3년 동안 기다릴 것을 약속함	진취운陳翠雲은 증학심曾學深에게 50냥의 돈으로 노스승의 노후 비용으로 삼고자 함속뜻: 속량시켜 주기를 바람. 원래 암자에는 80여 세의 노비구니[노니老尼]가 있는데, 병이 들어 백취송白翠松과 양취백梁翠柏이 방탕하게 놀아난 것임. 진취운陳翠雲과 증학심曾學深은 서로가 배반하지 않을 것을 맹세함
2	우연히 진운서陳雲棲가 장臧부인과 같은 여관방에서 자게 됨. 반생潘生[진육생眞毓生]으로 하여금 자신을 찾아오도록 전해달라고 부탁함	진취운陳翠雲과 장莊부인은 같은 절 방에서 하룻밤을 지내게 됨. 자신을 소개하며 사숙 왕도성王道成에게 기대어 지낸다고 말함. 1년을 지내면서 왕도성王道成은 진취운陳翠雲을 냉담하게 대했고, 그녀는 근근이 살아갈 뿐이라고 말함. 진취운陳翠雲은 돌아오지 않은 반랑潘郎[증학심曾學深]에게 편지로 자신의 행방을 알리고자 하였으나, 편지를 보낼 방법이 없어 괴로워하며 지냈다고 함
3	진육생眞毓生의 외조모가 돌아가시자 장臧부인은 친정으로 가게 됨. 장례를 마치고 돌아오는 길에 헤매다가 경씨京氏의 집으로 들어가게 됨	장莊부인은 황주黃州에 이르니 우씨于氏 노부인老夫人은 이미 세상을 떠남. 장莊부인, 장덕음莊德音, 친족들은 노부인老夫人의 장례를 마치고 집으로 돌아가다가 큰비를 만남. 비를 피하러 한 마을에 도착함. 장덕음莊德音의 안내로 어떤 친척 집으로 들어가게 됨

'부연敷衍' 1을 보면, 원작인 〈진운서陳雲棲〉에서는 진운서陳雲棲와 진육생眞毓生의 맹세에 관한 내용을 담고 있다. 진운서陳雲棲와 진육생眞毓生은 만난 후 서로 사랑하게 되었고, 진운서陳雲棲은 진육생眞毓生이 자신을 20냥의 돈으로 속량시켜주기를 바라면서 그를 3년 동안 기다리기로 약속한다. 〈가필정홍사숙

계공문假必正紅絲夙系空門 위묘상백수영수학사僞妙常白首永隨學士〉에서는 진운서陳雲棲와 진육생眞毓生의 다짐과 약속 이야기 속에 80여 세의 노비구니[노니老尼]가 있는 사실과 백취송白翠松과 양취백梁翠柏이 방탕하게 놀아난 이유가 추가로 설명되어 있다.

'부연敷衍' 2는 진운서陳雲棲와 장臧부인의 만남에 관한 이야기인데, 이 부분은 〈진운서陳雲棲〉에서는 '결말' 부분, 즉 진운서陳雲棲가 여도사임이 밝혀지고, 진운서陳雲棲와 진육생眞毓生의 혼인 바로 뒤에 기술되어 있는데, 〈가필정홍사숙계공문假必正紅絲夙系空門 위묘상백수영수학사僞妙常白首永隨學士〉에서는 '전개'의 앞부분에 나타난다. 서사 진행상 '전치前置'에 해당한다고 할 수 있다. 내용적인 측면에서 살펴보면, 〈진운서陳雲棲〉에서는 진운서陳雲棲가 우연히 장臧부인과 같은 여관방에서 자게 되고, 그녀가 반생潘生[진육생眞毓生]과 동향同鄕임을 알고 그에게 자신을 찾아오도록 전해달라고 부탁하는 내용이다. 〈가필정홍사숙계공문假必正紅絲夙系空門 위묘상백수영수학사僞妙常白首永隨學士〉에서는 이러한 이야기에 더하여 진취운陳翠雲이 현재 근근이 살아가게 된 비참한 처지를 장莊부인에게 하소연하고 있다. 또한, 그녀는 돌아오지 않은 반랑潘郎[증학심曾學深]에게 편지로 자신의 행방을 알리고자 했으나, 편지를 보낼 방법이 없어 괴로워하는 심정을 장莊부인에게 사실대로 털어놓는다.

'부연敷衍' 3은 〈진운서陳雲棲〉와 〈가필정홍사숙계공문假必正紅絲夙系空門 위묘상백수영수학사僞妙常白首永隨學士〉 모두 '전개' 부분에 나타나는데, 〈진운서陳雲棲〉에서는 진육생眞毓生의 외조모가 세상을 떠나 장臧부인은 친정으로 가게 되는데, 외조모의 장례를 마치고 돌아오다가 길을 잃어 헤매다가 우연히 그녀와 아무 연고도 없는 경씨京氏의 집에 들어가게 된다. 그곳에서 진운서陳雲棲를 만난다. 〈가필정홍사숙계공문假必正紅絲夙系空門 위묘상백수영수학사僞妙常白首永隨學士〉에서는 전혀 예상하지 못한 곳에서 진운서陳雲棲와 장臧부인이 만나게 되는 이야기에는 변함이 없지만, 그 사이에 몇 가지 사항이 보충되었다. 먼저 장莊부인, 장덕음莊德音, 친지들은 노부인老夫人의 장례를 마치고 집으로 돌아가다가 큰비를 만나게 되고, 이 비를 피하고자 한 마을에 도착한다. 다음으로 장덕음莊德音의 안내로 어떤 친척 집으로 들어가게 된다. '큰비의 조우'와 '어떤 친척 집 방문'의 두 가지 요소가 원작보다 구체적으로 설명되어 있다. 비록 일부분 '변화'의 현상이 보이지만, 새로운 화소의 변화 정도에 이르기에는 상당히 미약하다. 그래서 '변화變化'보다는 '부연敷衍'의 특징이 보다 분명하다고 할 수 있다.

〈자매역가姊妹易嫁〉를 '재창작再創作'한 제6회第六回〈위부명얼유기작違父命孽由己作 대자가복자천래代姊嫁福自天來〉에서도 이러한 특징은 자주 보인다.

순서	〈姊妹易嫁〉	〈違父命孽由己作 代姊嫁福自天來〉
1	장씨張氏는 그 마을의 귀족이었고, 동산東山의 남쪽에 새로 묏자리를 옮김. 지나가는 이가 무덤 속에서 호통 치는 소리를 듣고 장씨張氏에게 전함. 장씨張氏는 그 말을 전해 들었지만, 개의치 않음. 하지만 꿈속에서 나타나 여러 차례 경고하고, 집안에 여러 상서롭지 못한 일들이 일어남. 주위 사람들이 길한 날을 택하여 이장移葬을 권하자 장씨張氏는 그 말대로 옮기게 됨	장유성張維城의 선친 장사선張士先과 우씨于氏를 영가산永嘉山속에 묏자리를 마련함. 꿈속에 금빛 갑옷을 두른 신이 나타나 이곳은 왕각로王閣老 부친의 영지塋地인데 어찌하여 너의 부모를 묻으려고 하느냐고 호통을 침. 장유성張維城은 꿈에서 깨어나 부인 방씨方氏에게 이야기했지만, 믿지 않고 그대로 이장移葬하였음. 장유성張維城은 꿈을 꾸었는데, 꿈속에서 부친인 장사선張士先이 나타나 이곳은 왕각로王閣老 부모의 무덤이니, 속히 이장移葬을 해달라고 부탁하였음. 꿈에서 깨어난 장유성張維城은 꿈을 부인 방씨方氏에게 이야기하고 부모님의 무덤을 이장하기로 하였음. 많은 사람들이 이장移葬을 문제점을 이야기했지만, 장유성張維城은 듣지 않고 이장移葬을 감행하였음. 이장移葬하고 나서 집안은 안정되었으며, 더 이상 아픈 이가 없었음
2	모상공毛相公은 과거 시험에 합격하였고, 그의 아내의 머리카락이 자라 검고 빛이 나서 아름다움을 더함	흥아興兒는 과거에 낙방하고 처가에 도착하였는데, 시끌벅적함. 월영月英은 전당포를 하는 왕유금汪有金의 아들 왕자희汪自喜에게 시집을 감. 월영月英 부부는 부를 과시하며 가난한 흥아興兒를 무시함. 나중에 흥아興兒가 과거에 합격하고, 고향으로 돌아오기도 전에 관청에서 미리 알고 기뻐하였으며, 그가 도착하자 잔치를 벌여 환영하니 집안이 매우 떠들썩하게 됨. 흥아興兒가 관청의 사람들을 모두 보내고 집안으로 들어와 월화月華를 보니 머리에 부스럼이 없어지고 검은 머리카락이 몇 척이나 자라나 있었음. 그녀는 꿈속에서 관우상關羽像을 한 신령이 나타나 알약을 하나 주어서 먹었는데, 깨어나니 머리가 청량하고 가렵지 않고 머리카락이 자라기 시작하였다고 말함
3	여관 주인은 살인 사건에 연루되어 감옥에 갇혔는데, 모상공毛相公의 도움으로 풀려나게 됨	왕각로王閣老는 관직이 높아져 36세에 재상이 됨. 그는 벼슬살이의 풍파가 두려워 사직하고 고향으로 돌아가는 중, 어떤 이가 뵙기를 청하는데, 이전에 자신을 도와준 여관 주인의 아들이었음. 그는 아버지가 모함을 받아 벌을 받게 되었다면서 도움을 청함. 왕각로王閣老는 서신을 써 주면서 해당 관부官府에 보내도록 하여 여관 주인을 풀려나게 함

'부연敷衍' 1을 보면, 〈자매역가姊妹易嫁〉에서는 모공毛公의 출신 배경, 장씨張氏의 꿈과 선친의 이장移葬을 간략하게 설명하고 있지만, 〈위부명얼유기작違父命孽由己作 대자가복자천래代姊嫁福自天來〉에서는 장유성張維城의 출신 배경과 장유성張維城 부모의 이장移葬 과정을 보다 자세하게 서술하고 있다.

'부연敷衍' 2를 살펴보면, 모공毛公의 과거 시험 합격과 부인의 머리카락이 자라난 과정에 대한 묘사가 보이는데, 〈자매역가姊妹易嫁〉에서는 위의 이야기를 중심으로 비교적 중요한 사건을 간략하게 기술하고 있다. 하지만 〈위부명얼유기작違父命孽由己作 대자가복자천래代姊嫁福自天來〉는 〈자매역가姊妹易嫁〉의 이야기에 왕흥아王興兒가 과거에 합격하여 고향으로 돌아오기 전, 이미 관청의 관리와 가족들이 그 소식을 알고 기뻐하면서 부임을 준비하는 장면을 덧붙이고 있다. 그러나 무엇보다도 분명하게 보충된 부분은 바로 둘째 딸[월화月華]의 머리카락이 자라난 이유에 대한 설명이다. 작품에서는 둘째 딸의 꿈속에 관제關帝가 나타나 알약을 주었고, 그것을 삼키자 머리의 부스럼이 나았고 머리카락이 자라났다고 표현하고 있다.

'부연敷衍' 3을 살펴보면, 〈자매역가姊妹易嫁〉에서는 이전에 모공毛公에게 도움을 준 여관 주인에 대한 보은의 내용을 기술하고 있다. 이 부분은 여관 주인이 살인 사건에 연루되어 감옥에 갇히자, 모상공毛相公이 도와주어 풀려나는 장면이다. 〈위부명얼유기작違父命孽由己作 대자가복자천래代姊嫁福自天來〉에서는 여관 주인 대신에 여관 주인의 아들을 등장시켜 아버지의 누명을 벗겨달라고 부탁하고[14], 모공毛公이 풀려나게 도와주었다는 개략적인 내용에서부터 왕각로王閣老가 먼저 편지를 써서 여관 주인 아들에게 주어 여관 주인을 풀려나게 하는 내용[15]으로 변화되어 원작의 사건에 부차적인 설명을 더하고 있는 점이 다르다고 할 수 있다.

〈증우우曾友于〉와 제5회第五回〈영흉염기릉유나逞兇焰欺凌柔懦 양화기감화완잔釀和氣感化頑殘〉의 비교에 있어서도 예외가 아니다. 〈증우우曾友于〉에서 '부연敷衍' 현상이 두드러진 부분은 바로 '증성曾成의 등장'인데, 이 부분은 다시 '증성曾成의 귀향'과 '증성曾成의 성격' 묘사로 나눌 수 있다. 작품의 줄거리에 있어서 극적인 전환 작용을 하는 부분은 어렸을 때 산적에게 납치되어 모두 죽었다고 여겼던 증성曾成이 살아서 돌아오는 장면이다. 예상치 못한 의외의 인물 등장으로 인하여 증효曾孝의 형제와 증우우曾友于의 형제는 서로 첨예한 대립을 하게 된다. 이 과정에서 〈증우우曾友于〉보다 〈영흉염기릉유나逞兇焰欺凌柔懦 양화기감화완잔釀和氣感化頑殘〉에서 '부연敷衍'의 특징이 보다 분명하게 나타나고 있다.

14 問他時, 原來就是那錢塘江頭店主人的兒子. 因他父親被人陷害, 問成死罪, 各衙門去申訴, 都只不准, 特進京求王閣老拯救.《醒夢駢言》第六回〈違父命孽由己作 代姊嫁福自天來〉

15 王閣老不住稱奇, 便修書一封付他. 道: "我路上行得遲些, 你可先趕回去, 把這書到巡按衙門投遞."《醒夢駢言》第六回〈違父命孽由己作 代姊嫁福自天來〉

순서	〈曾友于〉	〈逞兇焰欺凌柔懦 釀和氣感化頑殘〉
1	어느 날, 도적에게 납치되었던 증성曾成이 홀연히 부인을 데리고 도망쳐서 본가로 돌아옴	어느 날, 산적에게 납치되었던 평성平成이 처자식을 데리고 돌아옴. 어머니인 우씨尤氏는 이미 명을 달리했고, 자신은 고향이 그리워 도망 나왔다고 말함
2	증우우曾友于, 증성曾成, 증의曾義 형제는 전답과 집을 마련하여 증성曾成을 지내게 함. 증효曾孝, 증충曾忠, 증신曾信 형제는 그들이 증성曾成의 환심을 사기 위해 그랬다며 화가 나서 집으로 달려와 욕을 하고 모욕을 줌. 증성曾成은 오랫동안 도적떼 무리에서 지내서 사납고 거친 행동이 몸에 배어 있어서, 매우 화내며 돌을 집어 증효曾孝에게 던졌고, 증효曾孝는 고꾸라짐	평의平衣, 평신平身, 평부平缶 세 형제가 아들과 조카들을 데리고 평율平聿, 평루平婁의 거처로 몰려와 평성平成을 거둔 것에 대해 불만을 품고 욕지거리를 퍼부음. 평성平成은 산적 소굴에서 자라서 성격이 거친 데다가 힘 또한 장사여서 이 말을 듣자 크게 화를 내며 재빨리 달려 나감. 평의平衣를 한 대 치자, 그가 삼장三丈 거리만큼이나 멀리 나가떨어짐. 증충曾忠, 증신曾信 등 여러 명이 함께 달려들어 평성平成을 쓰러뜨리려 하였으나, 오히려 모두 땅바닥에 꼬꾸라짐

'증성曾成의 귀향'을 살펴보면, 〈증우우曾友于〉에서는 단지 증성曾成의 귀향에 대한 간단한 설명을 하고 있을 뿐,[16] 구체적인 귀향 목적이나 과정에 관한 내용은 담고 있지 않다. 그러나 〈영흉염기릉유나逞兇焰欺凌柔懦 양화기감화완잔釀和氣感化頑殘〉에서는 생모인 우씨尤氏가 세상을 떠나자, 그는 고향이 그리워 도적떼 무리에서 몰래 도망 나왔다고 구체적인 귀향 이유를 밝히고 있다.[17]

다음으로 '증성曾成의 성격'을 살펴보면, 〈증우우曾友于〉에서는 '증성曾成은 오랫동안 도적무리에서 지내, 사납고 용맹스러움을 익혔다.'[18]라고 간단하게 기술하고 있는 데 반해, 〈영흉염기릉유나逞兇焰欺凌柔懦 양화기감화완잔釀和氣感化頑殘〉에서는 증성曾成의 성격을 여러 주변 인물들과의 대립과 행패를 통해 우악스럽고 포악한 면을 그대로 보여 주고 있다. 〈영흉염기릉유나逞兇焰欺凌柔懦 양화기감화완잔釀和氣感化頑殘〉에서는 증성曾成이 '산적 무리에서 자라서 성격이 포악하고 거침이 없고, 힘 또한 장사라서 증효曾孝를 발로 내 쳐버리는데, 비록 증충曾忠, 증신曾信와 아들과 조카 등 여러 명이 함께 달려들어 평성平成을 쓰러뜨릴 요량이었으나, 그 힘을 당하지 못하고 모두 손이 낚아채어 하나하나 땅바닥에 나가떨어졌다.'[19]라고 묘사하고 있다.

16 一日, 寇所掠長兄成, 忽攜婦亡歸.《聊齋志異》卷十一〈曾友于〉

17 忽一日, 那被山寇擄掠去的平成, 領了妻兒回來, 說是尤氏已經身死, 他因思念故土, 在彼逃歸.《醒夢駢言》第五回〈逞兇焰欺凌柔懦 釀和氣感化頑殘〉

18 成久在寇中, 習於威猛.《聊齋志異》卷十一〈曾友于〉

19 平成是在山寇窩里長成的, 氣性又粗, 臂力又在, 得了這話,…… 便虎一般趕出來, 把平衣一掌, 跌去足有三丈遠. 平身,平缶, 和那些子姪一擁上前, 思量扳倒平成. 怎當他水牛般氣力, 把手一掠, 一個個倒在地

위에서 열거한 작품 이외에도 제3회第三回〈태수재지성구우呆秀才志誠求偶 초가인감격허신俏佳人感激許身〉, 제4회第四回〈투부교상고액妒婦巧償苦厄 숙희대향영화淑姬大享榮華〉, 제7회第七回〈우현식훼사난범遇賢媳虺蛇難犯 조한부랑패감련遭悍婦狼狽堪憐〉, 제8회第八回〈시귀역수지생파施鬼蜮隨地生波 장신령전재위복仗神靈轉災爲福〉, 제9회第九回〈천명매단구일미倩明媒但求一美 앙명판경득쌍주央冥判竟得雙姝〉, 제10회第十回〈종좌도일시실족從左道一時失足 납충언립각회두納忠言立刻回頭〉 등에서도 일부분이지만 '부연敷衍'의 특징이 나타나고 있다. '부연敷衍'에는 일반적으로 '확대擴大', '변환變換'의 특징과 '첨가添加'의 특징을 부분적으로 보이는 듯하지만, 화소의 대폭적인 '변환變換'과 새로운 내용의 '첨가添加'에 포함하기에는 여전히 그 특성이 미미하다고 할 수 있다. 즉, 화소의 극적인 '변화變化'와 '추가追加'를 보여 주기보다는 화소의 일부 내용을 보충하는 경향이 짙다고 말할 수 있다.

| 5 | 서사敍事의 축약縮約: '축소縮小'

'축소縮小'는 '변화變化'의 현상이 나타난 작품과 그 빈도수에 있어서 가장 적은 수를 보여 주고 있지만, 여전히 서사 내용 변화의 한 축을 담당하고 있다. '축소縮小'의 특징은 제1회第一回〈가필정홍사숙계공문假必正紅絲夙繫空門 위묘상백수영수학사僞妙常白首永隨學士〉, 제4회第四回〈투부교상고액妒婦巧償苦厄 숙희대향영화淑姬大享榮華〉, 제5회第五回〈영흉염기릉유나逞兇焰欺凌柔懦 양화기감화완잔釀和氣感化頑殘〉, 제8회第八回〈시귀역수지생파施鬼蜮隨地生波 장신령전재위복仗神靈轉災爲福〉에 잘 나타나 있다. 《요재지이聊齋志異》와 《성몽병언醒夢駢言》의 비교에서 '축소縮小'의 특징이 나타난 작품과 빈도수를 살펴보면 다음과 같다.

《聊齋志異》		《醒夢駢言》		縮小
卷十一	〈陳雲棲〉	第一回	〈假必正紅絲夙系空門 僞妙常白首永隨學士〉	1
卷二	〈張誠〉	第二回	〈遭世亂咫尺拋鸞侶 成家慶天涯聚雁行〉	0

上.《醒夢駢言》第五回〈逞兇焰欺凌柔懦 釀和氣感化頑殘〉

《聊齋志異》		《醒夢駢言》		縮小
卷二	〈阿寶〉	第三回	〈呆秀才志誠求偶 俏佳人感激許身〉	0
卷十一	〈大男〉	第四回	〈妒婦巧償苦厄 淑姬大享榮華〉	1
卷十一	〈曾友于〉	第五回	〈逞兇焰欺凌柔懦 釀和氣感化頑殘〉	1
卷四	〈姊妹易嫁〉	第六回	〈違父命孽由己作 代姊嫁福自天來〉	0
卷十	〈珊瑚〉	第七回	〈遇賢媳虺蛇難犯 遭悍婦狼狽堪憐〉	0
卷十	〈仇大娘〉	第八回	〈施鬼蜮隨地生波 仗神靈轉災爲福〉	1
卷三	〈連城〉	第九回	〈倩明媒但求一美 央冥判竟得雙姝〉	0
卷三	〈小二〉	第十回	〈從左道一時失足 納忠言立刻回頭〉	0
卷三	〈庚娘〉	第十一回	〈聯新句山盟海誓 詠舊詞璧合珠還〉	0
卷三	〈宮夢弼〉	第十二回	〈埋白石神人施小技 得黃金豪士振家聲〉	0
12 篇		12 篇		4

이어서 '축소縮小'의 특징이 나타나는 작품과 구체적인 내용을 모두 살펴보면 다음과 같다.

《聊齋志異》	《醒夢駢言》
〈陳雲棲〉	第一回 〈假必正紅絲夙繫空門 僞妙常白首永隨學士〉
진육생眞毓生은 과거에 낙방하고 이후 과거 시험을 치르지 않음. 성운면盛雲眠과는 딸 하나, 아들 하나를 둠. 진운서陳雲棲와는 딸 하나, 아들 셋을 둠. 장臧부인은 장수하였고, 성운면盛雲眠이 낳은 장손은 향시鄕試에 합격함	증학심曾學深은 거인擧人과 진사進士에 합격하였고, 한림원翰林院에 들어가 장원학사掌院學士를 지냄. 3남 1녀를 낳음
〈大男〉	第四回〈妒婦巧償苦厄 淑姬大享榮華〉
하씨何氏는 3, 4년 동안 혼자서 살았는데, 신씨申氏는 하씨何氏에게 다시 시집가라고 협박함. 하씨何氏가 뜻을 굽히지 않자, 중경重慶 상인에게 팔아넘김→하씨何氏 스스로 칼로 찌름→다시 염정鹽亭 상인에게 팔아넘김→자기 가슴을 찌름→해성렬奚成列에게 팔았는데, 바로 전남편이었음 [하씨何氏→상인1→상인2→상인3 해성렬奚成列]	손씨孫氏는 부친 손구화孫九和와 상의하여 혜란惠蘭을 팔고자 하였음. 혜란惠蘭을 가씨賈氏 포목상에게 팔아넘김→목을 매어 자결하려고 함→부엌칼로 목을 그음→하남河南의 포목상에게 넘기려고 함. 이 포목상이 유대성兪大成이라는 것을 알게 됨 [혜란惠蘭→상인1→상인2 유대성兪大成]

《聊齋志異》	《醒夢駢言》
〈曾友于〉	第五回〈逞兇焰欺凌柔懦 醸和氣感化頑殘〉
형제들과 증우우曾友于의 화합: 1. 증우우曾友于와 증충曾忠의 화해 2. 증우우曾友于와 증효曾孝의 화해 1. 증충曾忠은 송사를 피해 증우우曾友于가 있는 삼박만三泊灣으로 도피. 그곳에서 형제간에 우애 있고 가족이 화목하게 지내는 것을 보고 후회하고 曾友于와 극적인 화해를 이룸 2. 증효曾孝는 자신의 아들인 증계조曾繼祖가 집으로 돌아가려고 하지 않자, 증우우曾友于에게 의탁하도록 하면서, 자신의 부덕함을 뉘우침	형제간의 화합: 증충曾忠과의 화해만 묘사되어 있고, 다른 형제와의 화합은 구체적으로 나타나 있지 않음. 특히 증효曾孝와의 화해는 더욱 축소되어 형제들 간의 맹세를 통해 증우우曾友于에 대한 악감惡感의 해소를 간접적으로 표현하고 있음
〈仇大娘〉	第八回〈施鬼蜮隨地生波 仗神靈轉災為福〉
위명魏名은 십여 년 동안 구씨仇氏 일가一家에 대해 해코지한 것을 깊이 반성하고, 구중仇仲의 귀환을 축하한다는 핑계로 그에게 닭과 술을 보냄. 선물로 준 닭으로 인해 불이 남. 구중仇仲의 생일에 양 한 마리를 보냄. 한 아이 종이 양이 맸던 끈으로 목을 매어 자살함	위치지韋恥之는 계획대로 일이 이루어지지 않자 마음이 답답하였음. 그는 집안이 가난하였고, 자식도 없었음. 일 년간 화상사和尙寺에서 기거하면서 우씨尤氏 집안이 흥성한 것을 보고, 가서 아부하고자 함. 위치지韋恥之는 우목중尤牧仲의 생일을 축하하러 오면서 닭 한 마리를 선물로 가져 옴

먼저 제1회第一回〈가필정홍사숙계공문假必正紅絲夙繫空門 위묘상백수영수학사僞妙常白首永隨學士〉의 경우를 살펴보면, 《요재지이聊齋志異》의 〈진운서陳雲棲〉에서는 이 부분이 '결말'에 해당하는데, 편폭이 122자 정도이지만, 〈가필정홍사숙계공문假必正紅絲夙繫空門 위묘상백수영수학사僞妙常白首永隨學士〉의 경우에는 37자로 오히려 축소되었다. 내용에 있어서는 인물관계 및 생활, 결말에서 축소 현상이 더욱 뚜렷한데, 〈진운서陳雲棲〉에서는 진육생眞毓生의 낙방, 그와 성운면盛雲眠, 진운서陳雲棲 각각의 결혼 생활, 자녀의 출생과 성공에 관한 설명을 하고 있으며, 장臧부인에 대해서도 언급하고 있다. 반면에 〈가필정홍사숙계공문假必正紅絲夙繫空門 위묘상백수영수학사僞妙常白首永隨學士〉에는 단지 증학심曾學深의 과거 시험 합격과 입신양명立身揚名, 그리고 진취운陳翠雲과의 사이에 몇 명의 자식을 두었는지 정도만 간략하게 제시하고 있다.[20] 진취운陳翠雲의 결혼 생활과 자식의 입신양명立身揚名에 대한 내용은 전혀 나와 있지 않다.

제4회第四回〈투부교상고액妒婦巧償苦厄 숙희대향영화淑姬大享榮華〉에서는 혜

20 後來曾學深中了兩榜, 點入翰林, 直做到掌院學士. 生三男一女, 都是尼姑所出. 那相面先生可不是個活神仙.《醒夢駢言》第一回〈假必正紅絲夙繫空門 僞妙常白首永隨學士〉

란惠蘭이 상인에게 팔려간 횟수에 대한 '축소縮小' 현상이 나타나고 있다. 《요재지이聊齋志異》의 〈대남大男〉에서는 하씨何氏가 상인에게 팔려가는 과정을 순차적으로 보여 주고 있는데, 하씨何氏는 신씨申氏의 강압→중경重慶 상인에게 팔려감[1회]→염정鹽亭 상인에게 팔려감[2회]→해성렬奚成列에게 팔려감[3회, 전남편 만남]으로 진행되고 있다. 〈투부교상고액妒婦巧償苦厄 숙희대향영화淑姬大享榮華〉에서는 혜란惠蘭은 손씨孫氏의 압박→가씨賈氏 포목상에게 팔려감[1회]→하남河南 포목상에게 팔려감[2회, 유대성兪大成과의 만남]의 과정으로 진행되고 있다. 즉 〈대남大男〉에서의 상인 1과 상인 2에게 팔려가는 과정이 〈투부교상고액妒婦巧償苦厄 숙희대향영화淑姬大享榮華〉에서는 상인 1로 축소되었다고 할 수 있다.

이러한 특징은 제5회第五回〈영흉염기릉유나逞兇焰欺凌柔懦 양화기감화완잔釀和氣感化頑殘〉에서도 볼 수 있는데, 《요재지이聊齋志異》의 〈증우우曾友于〉의 결말 부분에 증우우曾友于와 형제들이 서로 화해하는 장면이 보이는데, 이 장면에서는 증우우曾友于와 증충曾忠, 그리고 증우우曾友于와 증효曾孝의 화해로 나뉘어 묘사되어 있다. 반면에 〈영흉염기릉유나逞兇焰欺凌柔懦 양화기감화완잔釀和氣感化頑殘〉에서는 증우우曾友于와 증충曾忠과의 화해만 나타날 뿐, 증효曾孝와의 화해는 구체적으로 드러나지 않고 형제들의 화해에 대한 전반적인 서술로 대체되면서 모호하게 그려지고 있다.

이러한 대상[인물관계]이나 횟수[만남의 수]의 '축소縮小'와는 다르게, 묘사 내용에서 '증여贈與의 축소縮小', '서사敍事의 축소縮小'도 보이고 있다. 《요재지이聊齋志異》의 〈구대낭仇大娘〉에서는 위명魏名의 두 가지 선물, 즉 '닭'과 '술', '양 한 마리'를 구중仇仲에 주지만, 이것으로 인해 불이 나고 송사訟事에 휘말리는 등 그와의 악연惡緣을 묘사하고 있다. 반면에 제8회第八回〈시귀역수지생파施鬼蜮隨地生波 장신령전재위복仗神靈轉災為福〉에서는 위치지韋恥之가 우목중尤牧仲의 생일을 축하하러 오면서 '닭 한 마리'를 가져온 것을 기술하고 있는데, 일단 '증여[선물]'의 부분에서 '축소縮小'가 이루어지고, 또한 이것으로 인해 어떠한 사건도 발생하지 않아 '서사敍事의 축소縮小'도 같이 이루어지고 있다.

이처럼 '축소縮小'에는 인물 대상과 관계, 만난 횟수, 증여와 서사 내용 등에서 일정 부분 축약이나 생략의 현상이 나타난다. 이러한 현상은 작품의 서사 진행 과정에서 필요에 따라 조정되고 있는데, 더욱 완전한 서사적 예술성을 실현하기 위한 조절을 보여 주는 것이라고 볼 수 있겠다. 물론 여기에는 작가 나름대로 표현에 대한 시각과 관념이 서술 계획과 맞물려 직·간접적으로 투영되었다고도 할 수 있는데, 이러한 계획에는 전체적인 서사 진행 과정에서 각 부분의 완벽한 조화와 리듬을 위하여 줄거리 전개를 탄력적으로 조절하면서 새로운 서사적 예술성과를 일정 부분 제고시키고자 하는 의도를 포함하고 있다고 할 수 있다.

| 6 | 외적인 확장擴張과 내적인 심화深化: '확대擴大'

'서사 내용의 변화' 중의 '확대擴大'는 '축소縮小'의 특징보다 빈번하게 나타난다. 또한, 이러한 '확대擴大'는 단독으로 출현하는 경우도 있지만, 종종 '변환變換'과 연계되어 나타나기도 한다. 비록 '변환變換', '부연敷衍', '확대擴大'의 특징이 서로 결합하여 드러나기는 하지만 일부에 한정되는 경우가 많고, '부연敷衍'과 '변환變換'의 특징이 '확대擴大'에 비해서 모호하거나 부차적 특성을 가진 경우도 보인다. 그렇기에 '확대擴大' 현상에서 이와 유사한 다른 부류 즉, '부연敷衍'이나 '변환變換'의 특징이 일부 보인다고 하더라도 '확대擴大'의 특징이 보다 분명하게 드러나므로 '부연敷衍'이나 '변환變換'의 특징이 부분적으로 드러난 부분은 '확대擴大' 현상에 포함하여 '확대擴大'의 특징을 살펴보고자 한다.

서사의 '확대擴大'에는 '외적인 확장擴張'으로 볼 수 있는 '서사 편폭의 길이'와 '서사 장면의 다양성', 그리고 '내적인 심화深化'라고 볼 수 있는 '서사 내용의 확대擴大'와 '서사 구조의 완정성完整性'이 있다. 《성몽병언醒夢駢言》에서 이러한 내·외적 확대擴大의 특징이 나타나고 있는 작품은 제1회第一回〈가필정홍사숙계공문假必正紅絲夙繫空門 위묘상백수영수학사僞妙常白首永隨學士〉, 제5회第五回〈영흉염기릉유나逞兇焰欺凌柔懦 양화기감화완잔釀和氣感化頑殘〉, 제6회第六回〈위부명얼유기작違父命孽由己作 대자가복자천래代姊嫁福自天來〉, 제7회第七回〈우현식훼사난범遇賢媳虺蛇難犯 조한부랑패감련遭悍婦狼狽堪憐〉, 제8회第八回〈시귀역수지생파施鬼蜮隨地生波 장신령전재위복仗神靈轉災為福〉, 제10회第十回〈종좌도일시실족從左道一時失足 납충언립각회두納忠言立刻回頭〉 등이 있다. '확대擴大'의 특징이 나타난 작품과 빈도수를 살펴보면 다음과 같다.

《聊齋志異》		《醒夢駢言》		擴大
卷十一	〈陳雲棲〉	第一回	〈假必正紅絲夙系空門 僞妙常白首永隨學士〉	1
卷二	〈張誠〉	第二回	〈遭世亂咫尺拋鸞侶 成家慶天涯娶雁行〉	0
卷二	〈阿寶〉	第三回	〈呆秀才志誠求偶 俏佳人感激許身〉	0
卷十一	〈大男〉	第四回	〈妒婦巧償苦厄 淑姬大享榮華〉	0
卷十一	〈曾友于〉	第五回	〈逞兇焰欺凌柔懦 釀和氣感化頑殘〉	2
卷四	〈姊妹易嫁〉	第六回	〈違父命孽由己作 代姊嫁福自天來〉	1
卷十	〈珊瑚〉	第七回	〈遇賢媳虺蛇難犯 遭悍婦狼狽堪憐〉	1
卷十	〈仇大娘〉	第八回	〈施鬼蜮隨地生波 仗神靈轉災爲福〉	3
卷三	〈連城〉	第九回	〈倩明媒但求一美 央冥判竟得雙姝〉	0
卷三	〈小二〉	第十回	〈從左道一時失足 納忠言立刻回頭〉	1
卷三	〈庚娘〉	第十一回	〈聯新句山盟海誓 詠舊詞璧合珠還〉	0
卷三	〈宮夢弼〉	第十二回	〈埋白石神人施小技 得黃金豪士振家聲〉	0
12 篇		12 篇		9

이어서 '확대擴大'의 특징이 구체적으로 나타나 있는 작품과 그 내용을 모두 살펴보면 다음과 같다.

《聊齋志異》	《醒夢駢言》
〈陳雲棲〉	第一回 〈假必正紅絲夙繫空門 僞妙常白首永隨學士〉
장臧부인은 여관에서 진운서陳雲棲와 같이 밤을 보낸 뒤 다음 날 집으로 돌아옴	장莊부인은 진취운陳翠雲과 헤어져 집으로 돌아가려는 참에 우씨于氏 노부인老夫人이 병이 나서 급히 친정으로 다시 돌아감. 겨울이 되어서야 노부인老夫人이 겨우 침상에서 내려올 수 있었음. 장덕음莊德音도 집으로 돌아와, 장莊부인은 비로소 노부인老夫人과 작별을 고하고 집으로 돌아옴
〈曾友于〉	第五回 〈逞兇焰欺凌柔懦 釀和氣感化頑殘〉

《聊齋志異》	《醒夢駢言》
어느 날, 도적에게 납치되었던 증성曾成이 홀연히 가족을 데리고 본가로 돌아옴. 여러 형제는 재산을 이미 오래전에 나누었으므로 3일을 모여 의논하였지만, 어떻게 처리해야 할지 알 수가 없었음. 증인曾仁과 증의曾義는 증성曾成이 돌아온 것을 몰래 기뻐하며, 가서 모셔와 머무르게 함. 증우우曾友于는 기뻐하며 전답과 집을 마련하여 증성曾成을 지내게 함. 다른 형들은 그들이 증성曾成의 환심을 사기 위해 그랬다며 집으로 달려와 모욕을 줌. 증성曾成은 성질이 사납고 행동이 거칠어 이를 보고 매우 화내면서 돌을 집어 증효曾孝에게 던졌고, 증효曾孝는 고꾸라짐. 증성曾成과 증의曾義는 각각 장대를 들고 나와 증충曾忠과 증신曾信을 붙잡고 매질을 가함	어느 날, 산적에게 납치되었던 평성平成이 처자식을 데리고 돌아옴. 어머니인 우씨尤氏는 이미 명을 달리했고, 자신은 고향이 그리워 도망 나왔다고 말함. 평의平衣 등 세 형제는 모두 부친이 살아계실 때 가산을 이미 분배하였다는 이유로 재산을 다시 뱉어내려고 하지 않음. 3일을 의논하였는데, 그동안 평성平成 식구들은 끼니조차 해결할 곳이 없었음. 평의平衣 등 세 형제가 아들과 조카들을 데리고 몰려와 욕을 하고 소란을 피움. 평성平成은 산적 소굴에서 자라서 성격이 거칠고, 힘 또한 아주 센데, 이런 말을 듣자 크게 화를 내며 바로 달려 나가 평의平衣를 한 대 치자, 삼장三丈 거리만큼이나 멀리 나가떨어짐
증효曾孝에게는 본처 소생인 계업繼業과 계덕繼德, 후처 소생인 계공繼功, 계적繼績, 계집종 소생인 계조繼祖, 모두 다섯 아들이 있는데, 그들은 아버지 형제들이 그러한 것처럼 자신들도 당을 지어 매번 싸움질을 일삼음. 그중에서 계조繼祖는 같은 어머니의 형제들이 없어서 여러 형에게 항상 업신여김을 당함.[21] 본처 소생인 계업繼業과 후처 소생인 계공繼功은 서로 미워하다가 우연한 사건으로 인해 계공繼功이 계업繼業을 죽이게 됨. 계공繼功은 감옥에서 고문을 당하다가 죽게 되고, 계공繼功의 처 유씨劉氏는 계업繼業의 처 풍씨馮氏의 욕설을 참지 못하고 그녀를 찔러 죽이고 자신도 자살하게 됨. 이에 증효曾孝 아들과 며느리들 간의 싸움은 가문과 가문의 싸움으로 번져 풍대립馮大立이 장정들을 데리고 와서 행패를 부리고, 증성曾成이 다시 복수하는 등, 증씨曾氏 집안과 풍씨馮氏 집안의 소송으로 크게 확대됨	평의平衣는 네 아들을 두었는데, 큰아들은 입덕立德이라고 하고 셋째 아들은 입언立言이라고 하는데, 모두 본처인 왕씨王氏의 소생이었음. 둘째 아들은 입공立功이라고 하고 넷째 아들은 입행立行이라고 하는데 모두 첩실인 전씨全氏의 소생이었음. 이 네 명의 형제는 입덕立德과 입언立言이 한 무리를 이루고, 입공立功과 입행立行이 또 한 무리를 이루어 날마다 집안에서 다투었음. 어느 날, 입덕立德이 술에 취하여 집으로 돌아가는 길에 입공立功을 만나 싸움이 벌어졌고, 입덕立德은 사람들에게 부축을 받고 집으로 돌아왔지만 목숨을 잃게 됨. 입공立功은 감옥에서 고문을 당하다가 죽게 됨. 입덕立德의 아내 마씨馬氏와 입공立功의 아내 김씨金氏는 남편이 병으로 죽은 것이 아님을 보고 온종일 소란을 피움. 김씨金氏는 운명을 원망하며 마씨馬氏를 칼로 찔러 죽이고 스스로 목숨을 끊음. 평씨平氏 집안에서는 급히 그녀들의 두 친정에 보고하였음. 마씨馬氏의 부친 마대립馬大立은 소식을 듣고 평의平衣를 증오하게 됨. 4명의 아들들, 친족들을 규합하여 평씨平氏 집으로 가서 평의平衣를 찾아 매질을 하려고 하였으나 실패하고, 마씨馬氏 집안사람들은 다리가 부러진 마봉언馬奉言을 부축해서 집으로 돌아감. 곧 사람을 관가로 보내서 억울함을 하소연 함. 현령縣令은 관원을 보내 평씨平氏 형제들을 잡아들이게 함
〈姊妹易嫁〉	第六回 〈違父命孽由己作 代姊嫁福自天來〉

21 《성몽병언醒夢駢言》제5회第五回〈영흉염기릉유나逞兇焰欺凌柔懦 양화기감화완잔釀和氣感化頑殘〉에는 증계조曾繼祖가 등장하지 않으므로, 《요재지이聊齋志異》의 〈증우우曾友于〉에서 증계조曾繼祖가 증우우曾友于 집을 방문하고 화목한 집안 분위기에 감명을 받아 증우우曾友于 집에 정착하게 되고, 이후 생원生員에 합격하는 과정은 모두 생략되었다.

《聊齋志異》	《醒夢駢言》
큰딸은 마을의 부잣집에 시집가서 의기양양했지만, 얼마 지나지 않아 남편이 방탕하고 게을러 가세가 점차 기울게 됨	흥아興兒 부부는 함께 장인을 만나러 갔는데, 그곳에 왕자희汪自喜 부부와 만나게 됨. 왕자희汪自喜 부부[큰딸 부부]는 근래에 전당포에 불이 나서 재산이 전부 소실되어 지낼 곳조차도 없어서 장유성張維城 집에 와 있었음. 월영月英은 다른 사람들이 쑥덕거리는 이야기를 듣고 수치스러워서 숨고 싶었음. 왕자희汪自喜는 원래 도박을 일삼는 방탕아로 처음에는 재산이 어느 정도 있었으나, 오래지 않아 도박으로 빈털터리가 되었음
〈珊瑚〉	第七回 〈遇賢媳虺蛇難犯 遭悍婦狼狽堪憐〉
시어머니 심씨沈氏는 산호珊瑚가 마음에 들지 않아 미워하게 됨. 효성스러운 아들 대성大成은 채찍으로 산호珊瑚를 때리자, 시어머니는 비로소 화가 풀림	시어머니 황씨黃氏는 순아順兒를 마음에 들어하지 않자 효성이 지극한 성대成大는 순아順兒의 머리채를 끌어 잡고 호되게 매질을 가함. 시어머니는 그제야 화가 풀림
〈仇大娘〉	第八回 〈施鬼蜮隨地生波 仗神靈轉災為福〉
구중仇仲은 난리가 난 와중에 도적들에게 포로로 끌려감	강서江西의 번왕藩王이 우목중尤牧仲의 명성을 흠모하여 관리를 파견하여 그를 영접하게 함. 우목중尤牧仲은 강서江西에 도착했을 때, 번왕藩王이 반란을 일으킴. 차관差官은 우목중尤牧仲를 여관에서 쉬게 하고, 자신이 번왕藩王에게 회답하러 감. 후에 조정은 왕수인王守仁에게 강서江西를 평정하게 함. 여관 주인은 우목중尤牧仲의 내력을 알고 있어 고발하고, 왕수인王守仁은 그를 가볍게 처리하여 산서山西 대동大同 지방으로 유배를 보냄
위명魏名은 구씨仇氏 일가一家에 내한 실투심이 심해져 팔기군八旗軍에서 도망 나온 자와 구록仇祿이 결탁했다고 모함을 함. 범공자范公子는 관부官府에 뇌물을 써 겨우 혜낭蕙娘만 유배령流配令에서 풀려나게 함. 구록仇祿은 변방으로 귀양을 감	번우현番禺縣 안의 강도 무리가 사람들의 재물을 약탈했고, 위치지韋恥之가 지현知縣에게 우차심尤次心이 강도 무리의 장물아비라고 모함을 함. 호지현胡知縣은 우차심尤次心을 잡아 와 심문했고, 차심次心은 고통을 견딜 수 없어 거짓 자백을 함. 호지현胡知縣은 우씨尤氏 집안의 재산을 몰수함. 만공자萬公子의 수고로 우차심尤次心은 변방으로 가서 노역하게 됨
구록仇祿은 변방에 유배되어 어떤 장군의 가복家僕이 됨. 장군의 노복 중에서 아버지 구중仇仲을 만남. 구록仇祿의 억울함을 장군에게 이야기함. 장군은 직접 에게 쓴 편지를 구중仇仲을 통해 전달하게 함. 친왕親王의 도움으로 구록仇祿은 귀양 생활에서 풀려나 집으로 돌아옴	우차심尤次心은 변방으로 보내져 대동大同 총병總兵 휘하의 군대에 종사하게 됨. 그곳에서 우연히 아버지 우목중尤牧仲을 만남. 얼마 안 있어 총병總兵이 강도 한 무리를 잡아 조사하였는데, 이들은 번우현番禺縣에서 재물을 약탈하다 도망 나온 자들이었음. 조정에서는 우차심尤次心의 죄를 용서하고 관직을 회복시켜 주었음. 번우番禺 지현知縣은 우차심尤次心에게 재산을 돌려주도록 지방관地方官에게 명령하고, 우차심尤次心은 부친과 이별하고 집으로 돌아옴
〈小二〉	第十回 〈從左道一時失足 納忠言立刻回頭〉

《聊齋志異》	《醒夢駢言》
서홍유徐鴻儒가 체포되었고, 조왕趙旺 부부와 아들 일가족은 모두 주살 당함	조정은 구복邱福에 산동山東을 평정하도록 명하고, 관군은 당새아唐賽兒의 군대를 물리침. 당새아唐賽兒와 반란을 일으킨 무리의 사람들은 모두 죽임을 당함. 진고珍姑는 이 소식을 듣자, 왕자함王子函과 함께 종이학을 타고 포대蒲臺로 가서 보니, 부친의 시신이 땅 위에 있고, 모친은 목매어 죽은 것을 보고 몇 번을 기절함. 왕자함王子函과 부모의 시신을 화장하고 종이학을 타고 청주靑州로 돌아감. 왕자함王子函이 학 위에서 타는 것을 두려워하자 나귀로 바꾸어 타고 가다가 영복永福도 죽은 것을 보게 됨. 두 사람은 그를 흙에 묻고 다시 길을 떠남

위의 표에 제시한 작품 중에서 '확대擴大'의 특징을 가장 잘 보여 주는 작품은 제5회第五回〈영흉염기릉유나逞兇焰欺凌柔懦 양화기감화완잔釀和氣感化頑殘〉과 제8회第八回〈시귀역수지생파施鬼蜮隨地生波 장신령전재위복仗神靈轉災為福〉이다.

먼저 제5회第五回〈영흉염기릉유나逞兇焰欺凌柔懦 양화기감화완잔釀和氣感化頑殘〉을 살펴보면, 이 작품에서는 '확대擴大' 현상이 두 차례 보이는데, 하나는 증성曾成의 귀환으로 인한 형제들 간의 불화와 다른 하나는 증효曾孝의 아들 형제들 간의 반목과 살인 사건으로 인하여 친척과 사돈 간의 싸움으로 확대되는 과정을 묘사한 부분이다. 우선, 전자의 경우에는〈영흉염기릉유나逞兇焰欺凌柔懦 양화기감화완잔釀和氣感化頑殘〉에서 증성曾成의 귀환으로 인한 형제간의 불화는 전체 줄거리에서 상당히 중요한 부분을 차지한다. 증효曾孝 형제들이 증성曾成의 귀향에 대해서 달갑게 여기지 않은 점을 묘사한 부분을 살펴보면, 〈증우우曾友于〉에서는 증효曾孝 형제들이 3일 동안 상의했지만 거처할 곳을 정하지 못했다고 간단하게 언급하고 있다.[22] 그러나 〈영흉염기릉유나逞兇焰欺凌柔懦 양화기감화완잔釀和氣感化頑殘〉에서는 증효曾孝 형제들이 아버지가 살아 있을 때 이미 재산을 나누어 분가했으므로 평성平成을 위해 선뜻 다시 재산을 게워낼 생각이 없음을 서술하고 있다.[23] 또한, 〈증우우曾友于〉에는 형제간의 대화가 상당히 축약되어 단지 증성曾成의 분노 섞인 말만 일방적으로 제시되어 있다.[24] 그러나 〈영흉염기릉유나逞兇焰欺凌柔懦 양화기감화완잔釀和氣感化頑殘〉에서는 형제

22 諸兄弟以家久析, 聚謀三日,竟無處可以置之.《聊齋志異》卷十一〈曾友于〉

23 當下, 合族共商量個安頓他的辦法. 平衣等三個都推稱父親在日已把家事分定 ,不肯再嘔出來. 議了三日 , 平成夫妻 ,父子幾口兒飯都沒吃處.《醒夢駢言》第五回〈逞兇焰欺凌柔懦 釀和氣感化頑殘〉

24 大怒曰: "我歸, 更無人肯置一屋 ; 幸三弟念手足, 又罪責之. 是欲逐我耶!"《聊齋志異》卷十一〈曾友于〉

간의 대립이 대화 형식으로 묘사되어 있고, 평성平成이 화가 나서 한 말도 〈증우우曾友于〉보다 좀 더 긴 편폭을 가지고 있다.[25] 이 이후에도 평성平成이 관가에 가 자수하고 현령縣令이 평백平白을 불러 이 일을 어떻게 처리할지 의논하는 부분, 현령縣令이 평의平衣, 평백平白 형제들에게 재산 일부를 나누어 내도록 해서 평성平成에게 주도록 결정하는 부분, 평백平白이 평의平衣에게는 재산을 적게 내고 자신이 더 많이 내도록 현령縣令에게 부탁했지만 받아들여지지 않는 부분 등이 〈증우우曾友于〉에는 간단하게 묘사되어 있거나 아예 나타나 있지 않다.

다음으로 증효曾孝의 아들 형제들 간의 불화, 살인 사건, 친척 사돈 간의 싸움으로 번져가는 장면에서 '확대擴大'의 특징이 분명하게 나타난다. 이 부분은 증효曾孝의 아들 형제들 간의 반목, 살인으로 인하여 결국에는 집안 간의 싸움으로 치닫는 과정을 자세하게 묘사하고 있다.[26] 먼저 '외적인 확장擴張'의 시각으로 살펴보면, 작품 속 '서사 편폭의 차이'가 가장 분명하게 드러난다. 〈증우우曾友于〉는 534자, 〈영흉염기릉유나逞兇焰欺凌柔懦 양화기감화완잔釀和氣感化頑殘〉은 3,298자이다. 〈영흉염기릉유나逞兇焰欺凌柔懦 양화기감화완잔釀和氣感化頑殘〉은 〈증우우曾友于〉이 약 6배에 해당된다. 비록 〈증우우曾友于〉가 문언문文言文으로 창작되었다는 점을 고려하더라도, 〈영흉염기릉유나逞兇焰欺凌柔懦 양화기감화완잔釀和氣感化頑殘〉이 원작의 많은 부분을 확장하였음을 알 수 있다.[27] 이어서

25 平衣等三個, 同了子姪, 在那裡罵道: "他既歸來, 少不得有個安頓他法兒, 卻要你們做好人, 也不來和我們通商量, 竟自分他家產." 平成是在山寇窩里長大的, 氣性又粗, 臂力又大, 得了這話, 大怒道: "我歸到家中, 飯都沒有吃處, 幸得這三個兄弟, 念手足的情分, 各分自己財產來與我, 方得存活, 他們倒來放這屁麼!"《醒夢駢言》第五回〈逞兇焰欺凌柔懦 釀和氣感化頑殘〉

26 《요재지이聊齋志異》의 〈증우우曾友于〉, 《성몽병언醒夢駢言》제5회第五回〈영흉염기릉유나逞兇焰欺凌柔懦 양화기감화완잔釀和氣感化頑殘〉의 세부적인 묘사와 서술 순서에는 약간의 차이를 보이지만, 줄거리는 대체로 비슷하다. 1. 증효曾孝 아들들 간의 불화, 증계조曾繼祖의 이탈: ① 증효曾孝 아들들 간의 불화→② 증계조曾繼祖의 처가 방문→③ 증우우曾友于의 집 방문→④ 증우우曾友于 집안이 화목함을 보고 계속 머무르고자 함→⑤ 증우우曾友于의 권고로 집으로 돌아감→⑥ 증계조曾繼祖 부부는 장모의 환갑잔치 참가를 핑계로 다시 증우우曾友于에게로 옴 ; 2. 증효曾孝 아들 형제들 간의 살인: ① 증계업曾繼業과 증계공曾繼功의 불화로 증계공曾繼功이 증계업曾繼業을 죽임→② 관가에서 증계공曾繼功을 잡아서 고문을 가하고, 결국 감옥에서 죽음→③ 증계공曾繼功의 처 유씨劉氏는 증계업曾繼業의 처 풍씨馮氏를 찔러 죽이고 자신도 자살함 ; 3. 형제들 간의 불화가 외부로 확대擴大: ① 풍씨馮氏의 아버지 풍대립馮大立은 딸의 죽음을 슬퍼하다가, 일족을 이끌고 증씨曾氏 집안에 가서 행패를 부림→② 증성曾成은 화가 나서 집안사람들을 데리고 풍씨馮氏 사람들을 때려눕힘[풍대립馮大立의 두 귀를 자름]→③ 증계적曾繼績과 함께 관가에 가서 풍씨馮氏와 소송을 벌이고, 증씨曾氏 일가一家는 감옥에 갇힘

27 〈영흉염기릉유나逞兇焰欺凌柔懦 양화기감화완잔釀和氣感化頑殘〉에는 〈증우우曾友于〉에 묘사된 '증계조曾繼祖'에 대한 부분이 삭제되었는데, 만약 〈증우우曾友于〉에서 이 부분을 제외하고 비교한다면 실제로 편폭의 차이가 6배가 훨씬 넘을 것으로 보인다.

'서사 장면의 다양성'의 관점으로 살펴보면, 〈증우우曾友于〉에서는 '서사 장면'이 네 부분으로 구성되어 있으나, 〈영흉염기릉유나逞兇焰欺凌柔懦 양화기감화완잔釀和氣感化頑殘〉에서는 여섯 부분으로 나누어져 있다.

'내적인 심화'의 시각에 있어서 '서사 내용의 확대擴大'와 '서사 구조의 완정성完整性'이 '확대擴大'의 특징을 이끌어내는 중요한 기준이 된다. '서사 내용의 확대擴大'의 관점으로 살펴보면, 〈증우우曾友于〉의 서사 내용은, 네 부분의 '서사 장면'으로 나누어져 있는데, 그 내용은 증효曾孝 아들들 간의 불화→증계조曾繼祖의 증우우曾友于 집 방문, 정착→증효曾孝 아들 형제들 간의 살인→풍대립馮大立과의 싸움, 소송의 진행으로 되어 있다. 〈영흉염기릉유나逞兇焰欺凌柔懦 양화기감화완잔釀和氣感化頑殘〉은 여섯 부분의 '서사 장면'으로 구성되어 있는데, 그 내용은 증효曾孝 아들 간의 불화, 살인→증충曾忠이 증우우曾友于의 도움을 요청→증효曾孝 아들 계업繼業의 사망→증우우曾友于의 위로 방문→며느리들 간의 싸움, 살인, 자살→풍대립馮大立과의 싸움, 소송의 순서로 전개되고 있다.

'서사 구조의 완정성完整性'에 있어서도 어느 정도 차이점을 보이는데, 〈증우우曾友于〉는 증효曾孝 아들 형제와 며느리들의 싸움, 살인 및 풍대립馮大立과의 대립 등 일련의 과정을 증우우曾友于에게 도움을 청하러 간 증충曾忠이 말하는 형식으로 되어 있지만, 〈영흉염기릉유나逞兇焰欺凌柔懦 양화기감화완잔釀和氣感化頑殘〉은 어느 특정 인물의 구술을 통해서 진행되는 것이 아니라, 사건에서 사건으로 자연스럽게 서술되는 방식을 보여 주고 있으며 시간적 순서에 따라 순차적으로 기술하고 있다. 그렇기 때문에 〈증우우曾友于〉에서는 증충曾忠이 증우우曾友于에게 도움을 요청하는 것이 먼저 일어나고, 서술 시점이 다시 과거로 회귀하여 사건의 전모를 증우우曾友于에게 말하는 '회귀식回歸式' 서술 구조로 되어 있어서 '비순차적' 특징을 보여 주고 있지만, 〈영흉염기릉유나逞兇焰欺凌柔懦 양화기감화완잔釀和氣感化頑殘〉은 현재 진행 구조로 되어있고, 증충曾忠이 증우우曾友于에게 도움을 청하는 장면이 중간에 삽입되어 있어서 서사 구조가 '순차적'이고 시간 순서가 비교적 완정하다. 이처럼 〈영흉염기릉유나逞兇焰欺凌柔懦 양화기감화완잔釀和氣感化頑殘〉은 〈증우우曾友于〉에 비해서 '서사 편폭'이 길고, '서사 장면'이 많을 뿐만 아니라, '서사 내용'과 '서사 전개'가 훨씬 다양하면서도 원만하게 이루어져 있다.

〈영흉염기릉유나逞兇焰欺凌柔懦 양화기감화완잔釀和氣感化頑殘〉과 마찬가지로 제8회第八回〈시귀역수지생파施鬼蜮隨地生波 장신령전재위복仗神靈轉災為福〉에서도 '확대擴大' 현상을 자세히 보여 주고 있다. 이 작품의 내용은 우목중尤牧仲 집안과 위치지韋恥之와의 다툼을 중심으로 우목중尤牧仲 집안의 기구한 운명과 흥망성쇠興亡盛衰를 묘사하고 있다. 작품에서는 '확대擴大'의 특징이 세 차례 나타나는데, 우목중尤牧仲이 유배를 가게 된 과정, 그의 아들인 우차심尤次心이 모함을 당해 변방으로 쫓겨난 일, 변방에서 우연히 아버지인 우목중尤牧仲을 만나 누명을 벗고 귀향하는 장면이다.

먼저 '우목중尤牧仲의 유배'에 대한 내용을 살펴보면, 〈구대낭仇大娘〉에서는 난리가 나는 통에 구중仇仲이 도적들에게 끌려갔다고 간단하게 서술하고 있다. 하지만 〈시귀역수지생파施鬼蜮隨地生波 장신령전재위복仗神靈轉災為福〉에서는 우목중尤牧仲이 번왕藩王의 기대를 받아 번왕藩王에게 의탁하려고 갔지만, 그가 도착하기도 전에 조정에서는 반란을 일으킨 번왕藩王을 평정하게 되고, 여관 주인의 밀고로 인해 잡혀서 유배를 가게 된 사연이 자세하게 묘사되어 있다.

다음으로 '우차심尤次心이 모함을 당한 일'인데, 〈구대낭仇大娘〉에서는 위명魏名이 팔기군八旗軍에서 도망 나온 이들과 모의했다고 구록仇祿을 일부러 무함한다. 하지만 〈시귀역수지생파施鬼蜮隨地生波 장신령전재위복仗神靈轉災為福〉에서는 우차심尤次心이 번우현番禺縣 안의 강도 무리와 결탁했다고 누명을 씌운다. 심문 과정에서 죄명을 거부하고 저항하다가 결국 고문에 굴복하여 거짓으로 자백하는 과정과 이후 재산이 몰수당하고 만공자萬公子의 수고로 힘든 노역을 피하게 된 과정이 확대되어 기술되어 있다.

이어서 '우차심尤次心의 귀향' 부분인데, 〈구대낭仇大娘〉에서는 구록仇祿이 변방으로 쫓겨 가 어떤 장군의 가복家僕이 되고, 거기서 아버지 구중仇仲을 만나는데, 구중仇仲이 장군의 서신을 친왕親王에게 전달해서 구록仇祿이 누명을 벗고 귀향하게 된다. 〈구대낭仇大娘〉에서는 장군의 서신에 의해서 구록仇祿이 풀려나게 되는 과정이 비교적 간략하게 묘사되었다면, 〈시귀역수지생파施鬼蜮隨地生波 장신령전재위복仗神靈轉災為福〉에서는 번우현番禺縣에서 재물을 약탈하다 도망친 강도들을 등장시키고, 이어서 이 무리를 심문하는 과정을 삽입시켜 우차심尤次心의 무고함을 밝혀낸 것으로 확대되었다. 우차심尤次心의 관직이 회복되고 재산을 돌려주게 되는 과정을 〈구대낭仇大娘〉보다 복잡하게 그려내고 있다.

물론 작품의 세 차례의 '확대擴大' 과정에는 약간의 '변환變換'의 특징도 보인다. 우목중尤牧仲이 유배를 가게 된 과정에서 구중仇仲이 전쟁으로 도적들에게 포로로 끌려가는 것과 역모에 휘말려 유배를 가는 것은 분명 변화된 내용이다. 또한, 우차심尤次心이 모함을 당해 변방으로 쫓겨나는 장면에서도 〈구대낭仇大娘〉에는 팔기군八旗軍에서 도망 나온 이들과 모의했다고 모함을 받는 점, 범공자范公子의 뇌물로 겨우 혜낭蕙娘[구록仇祿의 처]만 유배령流配令에서 풀려나게 된 점 등은 〈시귀역수지생파施鬼蜮隨地生波 장신령전재위복仗神靈轉災為福〉과는 분명 다른 점이다. 이어서 우차심尤次心이 우목중尤牧仲을 만나 누명을 벗는 장면에서 장군의 서신이 아니라 도적을 잡아 치죄하는 과정에서 그의 누명이 밝혀진 것도 차이를 보이는 부분이라고 할 수 있다. 비록 이러한 점이 '변환變換' 특징을 일부 보여 준다고 할지라도 화소 간의 유기적 관계, 줄거리 전개의 일관성, 묘사 대상의 범위와 정도, 서술 구조의 논리성 등을 종합적으로 살펴본다면, '변환變換'의 요소보다 '확대擴大'의 특징이 보다 분명하다고 할 수 있다.

이 이외에도 '확대擴大'의 특징을 보이는 작품으로는 제1회第一回〈가필정홍사숙계공문假必正紅絲夙繫空門 위묘상백수영수학사偽妙常白首永隨學士〉, 제6회第六回〈위부명얼유기작違父命孽由己作 대자가복자천래代姊嫁福自天來〉, 제7회第七回〈우현식훼사난범遇賢媳虺蛇難犯 조한부랑패감련遭悍婦狼狽堪憐〉, 제10회第十回〈종좌도일시실족從左道一時失足 납충언립각회두納忠言立刻回頭〉 등이 있다.

제1회第一回〈가필정홍사숙계공문假必正紅絲夙繫空門 위묘상백수영수학사偽妙常白首永隨學士〉에서는 〈진운서陳雲棲〉에서는 장臧부인과 진운서陳雲棲의 만남과 헤어짐을 간단하게 기술하고 있다면, 〈가필정홍사숙계공문假必正紅絲夙繫空門 위묘상백수영수학사偽妙常白首永隨學士〉에서는 장莊부인이 진취운陳翠雲과 헤어지고 집으로 돌아가려고 할 때, 노부인老夫人의 병환으로 인해 친정으로 돌아가게 되고, 노부인老夫人의 병환이 다 낫자 비로소 집으로 돌아가게 되는 이야기로 더욱 확대되었다. 물론 노부인老夫人의 병환과 간호, 이로 인해 귀가歸家 시기가 늦어지는 점은 비록 '추가追加'의 요소가 보이기는 하지만, 전후 줄거리 구조의 연관성과 유사 관계로 본다면, '장臧부인의 귀가歸家'에서 '노부인老夫人 병환과 간호'와 '장莊부인의 귀가歸家'로 내용이 확대된 것으로 볼 수 있다.

제6회第六回〈위부명얼유기작違父命孽由己作 대자가복자천래代姊嫁福自天來〉에서는 왕자희汪自喜 부부[큰딸 부부]의 파산에 대한 설명이 자세하게 기술되어 있다. 〈자매역가姊妹易嫁〉에서는 남편의 방탕으로 집안이 빈곤해졌다고 간단하게 설명하고 있지만, 〈위부명얼유기작違父命孽由己作 대자가복자천래代姊嫁福自天來〉에서는 이보다 좀 더 구체적으로 '전당포의 화재'와 '도박'으로 인해 가난해졌음을 기술하고 있다.

제7회第七回〈우현식훼사난범遇賢媳虺蛇難犯 조한부랑패감련遭悍婦狼狽堪憐〉에서는 시어머니 황씨黃氏와 순아順兒의 갈등을 묘사한 장면을 살펴보면, '효성스러운 아들의 매질'에서 '확대擴大' 현상이 일어난다. 〈산호珊瑚〉에서는 시어머니 심씨沈氏가 산호珊瑚가 마음에 들지 않자, 그의 아들 대성大成을 부추겨 그가 직접 산호珊瑚를 때리도록 종용한다. 〈우현식훼사난범遇賢媳虺蛇難犯 조한부랑패감련遭悍婦狼狽堪憐〉에서는 아들 성대成大를 통해 그가 순아順兒의 머리채를 잡고 호되게 매질을 하도록 이끄는데, 순아順兒에 대한 '매질의 정도'와 '과정'이 보다 더 강화되고 확대되었다.

제10회第十回〈종좌도일시실족從左道一時失足 납충언립각회두納忠言立刻回頭〉에서는 조전사曹全士 부부와 영복永福의 죽음에 관한 묘사에서 '확대擴大'가 일어나는데, 〈소이小二〉에서는 서홍유徐鴻儒가 체포되고, 조왕趙旺 부부와 아들 일가족이 죽임을 당한 것으로 간단히 마무리를 짓고 있지만, 〈종좌도일시실족從左道一時失足 납충언립각회두納忠言立刻回頭〉에서는 〈소이小二〉에 비해서 당새아唐賽兒가 조정의 군대에 의해서 평정되는 과정, 진고珍姑가 왕자함王子函과 함께 부모와 영복永福[진고珍姑의 오빠]의 생사를 확인하고 안장하는 과정이 비교적 상세하게 묘사되어 있다.

| 7 | 변화變化의 제한성制限性과 다양성多樣性: '변환變換'

작품의 내용 변화 중에서 '변환變換'은 《성몽병언醒夢駢言》의 거의 모든 작품에서 보이며 다른 변화의 특징보다 가장 폭넓게 나타난다. 그 이유는 《성몽병언醒夢駢言》이 《요재지이聊齋志異》를 '재창작再創作'하는 과정에서 어느 정도 원작에 대한 다양한 변화를 진행하였기 때문이다. 실제로 《성몽병언醒夢駢言》과 《요재지이聊齋志異》를 비교해보면 이러한 점을 어렵지 않게 발견할 수 있는데, 특히 특정 내용을 보충한 '부연敷衍'과 어떤 화소나 장면을 '축소縮小'하거나 '확대擴大'하는 것이 아니라, 구체적인 내용 변화를 보여 주는 '변환變換'의 특징이 여러 작품에서 다양하게 나타나고 있다. 이러한 '변환變換'은 '변화變化'의 넓은 범위 안에서 특정한 일부 현상만을 강조하는 '제한성制限性'을 가지고 있음과 동시에, 다양한 영역에서의 특징을 부분적으로 드러내는 '다양성多樣性'도 가지고 있다. 그러므로 '변환變換'은 '변화變化'의 하위 범주 혹은 '변화變化'의 제한된 부분에서의 현상이라고 할 수 있는데, '변화變化'의 복잡한 특징을 다양하게 드러내는 포괄적 현상이라고 볼 수 있다. 《요재지이聊齋志異》와 《성몽병언醒夢駢言》의 비교에서 '변환變換'의 특징이 나타난 작품과 빈도수를 살펴보면 다음과 같다.

《聊齋志異》		《醒夢駢言》		變換
卷十一	〈陳雲棲〉	第一回	〈假必正紅絲夙系空門 僞妙常白首永隨學士〉	1
卷二	〈張誠〉	第二回	〈遭世亂咫尺拋鸞侶 成家慶天涯娶雁行〉	3
卷二	〈阿寶〉	第三回	〈呆秀才志誠求偶 俏佳人感激許身〉	5
卷十一	〈大男〉	第四回	〈妒婦巧償苦厄 淑姬大享榮華〉	2
卷十一	〈曾友于〉	第五回	〈逞兇焰欺凌柔懦 釀和氣感化頑殘〉	1
卷四	〈姊妹易嫁〉	第六回	〈違父命孽由己作 代姊嫁福自天來〉	0
卷十	〈珊瑚〉	第七回	〈遇賢媳虺蛇難犯 遭悍婦狼狽堪憐〉	6
卷十	〈仇大娘〉	第八回	〈施鬼蜮隨地生波 仗神靈轉災爲福〉	7
卷三	〈連城〉	第九回	〈倩明媒但求一美 央冥判竟得雙姝〉	3
卷三	〈小二〉	第十回	〈從左道一時失足 納忠言立刻回頭〉	1
卷三	〈庚娘〉	第十一回	〈聯新句山盟海誓 詠舊詞璧合珠還〉	4
卷三	〈宮夢弼〉	第十二回	〈埋白石神人施小技 得黃金豪士振家聲〉	2
12 篇		12 篇		35

《성몽병언醒夢駢言》의 '변환變換'과정에서는 그 출현 빈도수에 걸맞게 다양한 특징이 나타나는데 구체적으로 살펴보면, 1. 서사 내용의 조율과 변화, 2. 사건 발생 전후의 서술 순서 이동: 전치前置, 분리分離, 도치倒置, 3. 행위 주체자의 교체交替 및 변환變換, 4. 사건이 일어난 공간의 변화, 5. 등장인물의 심리 변화

등이 있다. 이러한 특징은 출현 빈도에 있어서 한 작품에서 하나의 특징만 나타나기도 하며, 여러 가지 특징이 간헐적으로 같이 드러나기도 한다. 특징 간의 결합에 있어서 여러 특징이 복합적으로 연계하여 두드러지기도 하며, 독립적으로 출현하기도 한다. 또한, 이러한 현상이 작품 일부에서만 제한적으로 일어나기도 하며, 작품 전체에서 폭넓게 보이기도 한다. '변환變換'의 구체적인 내용에 있어서도 상당히 다양하고 복잡한데, '변환變換' 현상이 나타난 작품과 내용을 구분하여 자세히 살펴보면 다음과 같다.

1) 서사 내용의 조율과 변화

'변환變換'의 특징에서 서사 내용을 일부 변경하는 것은 '변환變換'의 특징 중에서 가장 보편적으로 나타나는 현상이다. 《성몽병언醒夢駢言》 대부분 작품에서 보이는 현상이며, 내용 일부에서만 미세하게 변화를 보이는 작품도 있지만, 상당히 많은 편폭을 할애하여 변화의 폭을 크게 이루거나 혹은 서사 진행 과정에서 중요한 사실의 극적인 변화를 보이는 작품도 있다. 먼저, 서사 내용의 변경이 큰 폭으로 나타나거나 이야기 주요 구성 요소나 내용의 변화가 확연하게 드러나는 작품과 그 내용을 살펴보면, 아래와 같다.

《聊齋志異》	《醒夢駢言》
〈陳雲棲〉	第一回 〈假必正紅絲夙繫空門僞妙常白首永隨學士〉
진육생眞毓生의 외조모가 돌아가시어 장臧부인이 장례를 치르고 친정에서 집으로 돌아가는 길에 경씨京氏 집에서 왕씨王氏의 딸[진운서陳雲棲]을 만남. 장臧부인은 그녀가 마음에 들어 며느리로 삼고자 하지만, 이미 정혼을 하였다고 함. 같이 배를 타고 장臧부인의 집으로 돌아옴. 병이 들었던 진육생眞毓生은 어머니가 아름다운 여인을 데리고 왔다는 이야기를 듣고 병상에서 일어남. 장臧부인은 진운서陳雲棲와 그녀의 정혼 이야기를 하다가 과거 오조산五祖山에서 만났던 여도사가 바로 진운서陳雲棲임을 알게 됨 [장臧부인의 집으로 온 뒤에 진상을 알게 됨]	장莊부인은 우씨于氏 노부인老夫人의 장례를 마치고 집으로 돌아가는 길에 한 마을에 들림. 이곳에서 진취운陳翠雲을 만나게 되고 그녀를 마음에 들어 함. 진취운陳翠雲은 반수재潘秀才의 이야기를 묻자, 장莊부인과 진취운陳翠雲은 작년에 절에서 함께 묵던 기억을 떠올리고, 서로를 알아봄. 진취운陳翠雲이 장莊부인에게 다시 반수재(潘秀才)의 이야기를 물으니, 증학심曾學深이 진상을 밝히고 증학심曾學深을 법운암法雲庵으로 보냈지만 만나지 못하고 돌아와 병이 난 일을 자세히 설명함. 진취운陳翠雲은 비로소 반랑潘郞이 증학심曾學深이며, 장莊부인은 그의 모친임을 알게 됨. 다음날, 장莊부인이 장씨莊氏에게 구혼의 뜻을 밝히고, 장莊부인은 장덕음莊德音과 함께 돌아감[먼 친척 집에서 진취운陳翠雲을 만나 진상을 알게 되어, 같이 집으로 돌아옴]
〈張誠〉	第二回 〈遭世亂咫尺拋鸞侶 成家慶天涯聚雁行〉

《聊齋志異》	《醒夢駢言》
장씨張氏는 전란戰亂으로 처와 헤어지고 난 뒤, 예豫[하남河南]지방으로 장사하러 다니다가 나중에 그곳에 눌러살게 됨	장항약張恒若는 전란戰亂으로 처와 헤어지고 난 뒤, 지난날 그와 장사를 했던 하남河南의 강유재康有才를 만나 그에게 의탁하게 되고, 강유재康有才의 권고로 학생들을 가르치며 생활함
눌訥은 죽은 지 이틀 만에 다시 살아남. 그는 저승에서 본 일을 이야기했지만, 우씨牛氏는 눌訥의 말이 거짓말이라며 꾸짖고 욕설을 퍼부음. 눌訥은 아버지에게 동생을 찾아오겠다고 말하고 길을 떠남	장등張登은 죽은 지 3일 만에 깨어나, 아버지에게 저승에 다녀온 일을 말하면서, 동생이 아직 죽지 않았으니 날이 밝으면 찾으러 갈 것이라 함. 장항약張恒若은 아들에게 여비를 주고 싶었으나 우씨牛氏가 시집온 후로 1문도 손에 쥔 적이 없어 어쩔 수 없이 무일푼으로 떠나보냄. 밤에 장항약張恒若은 우씨牛氏에게 장등張登이 다시 살아나 아직 죽지 않은 장균張勻을 찾으러 갔다고 말함. 우씨牛氏는 울며 자신의 아들을 해친 장등張登이 스스로 죽은 것으로 가장했고, 장항약張恒若이 그를 달아나도록 놓아주고 자신을 속였다며 그를 욕하고 때리려고 함. 장항약張恒若은 우씨牛氏를 피해 친구의 집으로 도망감
〈阿寶〉	第三回 〈呆秀才志誠求偶 俏佳人感激許身〉
손자초孫子楚는 처와 사별하고 혼자 살고 있음	손인孫寅은 아직 배필을 구하지 못함
〈珊瑚〉	第七回 〈遇賢媳虺蛇難犯 遭悍婦狼狽堪憐〉
시어머니 심씨沈氏에 온갖 학대를 받은 산호珊瑚는 결국 친정으로 쫓겨나게 되고, 가는 도중 가위로 목을 찌름	시댁에서 쫓겨난 순아順兒는 친정으로 가는 도중 신세를 한탄하여 물에 뛰어들고자 함
쫓겨난 산호珊瑚가 친정으로 가지 않고, 상처 치료를 위해 남편 대성大成의 숙모인 왕씨王氏 집에 잠시 머무르게 됨. 대성大成은 왕씨王氏 집으로 찾아와 산호(珊瑚)를 내쫓으라고 고함을 지름. 대성大成은 왕씨王氏 앞에서 그녀의 잘못을 들추었고, 산호珊瑚가 말없이 오열하는 모습을 보고 그대로 물러남	남편 성대成大는 어머니의 뜻에 따라 어쩔 수 없이 아내 순아順兒를 내보냄. 성대成大는 순아順兒를 친정으로 데리고 가려고 한 장씨張氏 아주머니에게 숙모인 진씨陳氏 집에 순아順兒가 머무르는 것을 어머니인 황씨黃氏에게 말하지 말 것을 당부함
산호珊瑚는 대성大成에게 땅문서를 이성二成에게 넘겨주도록 함. 어느 날 밤 이성二成의 꿈에 아버지가 나타나, 불효하고 우애를 저버린 것을 꾸짖으며 곧 저승으로 데려갈 것이라고 말함. 장고臧姑는 이성二成의 꿈 이야기를 듣고 비웃음. 이성二成에게는 아들 2명[7세, 3세]이 있었는데, 큰아들이 병으로 죽게 됨. 땅문서를 형인 대성大成에게 가져다주었지만, 대성大成은 받지 않았음. 얼마 지나지 않아 둘째 아들도 죽음. 장고臧姑는 무서워 직접 땅문서를 산호珊瑚의 방에 가져다 놓음	여고戾姑는 성대成大가 밭을 되찾을 것을 보고 그들이 진짜 은자를 숨긴 것으로 의심함. 성대成大는 땅문서를 가져와 성이成二에게 줌. 그날 밤, 성이成二의 꿈에 부친이 나와 그들 부부가 도리에 맞지 않음을 꾸짖음. 그들에게는 아들 3명[8세, 6세, 4세]이 있었는데, 큰아들이 갑자기 병이 들어 죽게 됨. 여고戾姑는 조급해져 성대成大에게 땅문서를 돌려보내도록 했지만, 성대成大는 받지 않으려 함. 3일이 못 되어 두 번째 아들도 병이 나 하루도 못 되어 죽음. 부부는 땅문서를 성대成大에게 돌려주려 하였지만, 성대成大는 받지 않으려 하였고, 여고戾姑는 남편이 꾼 꿈을 성대成大에게 말하니 그가 비로소 땅문서를 받음
〈仇大娘〉	第八回 〈施鬼蜮隨地生波 仗神靈轉災為福〉

《聊齋志異》	《醒夢騈言》
위명魏名은 구록仇祿을 꼬드겨 범자문范子文의 정원에 들어가게 함. 구록仇祿은 악곡樂曲으로 대구對句를 지어 위기를 모면하고, 오히려 범자문范子文의 딸 혜낭蕙娘과 결혼함	위치지韋恥之는 우차심尤次心을 속여 만복동萬福同의 정원으로 끌어들임. 우차심尤次心은 시詩 대구對句로 위기를 모면하고, 만공자萬公子의 딸 교낭巧娘과 결혼함
구록仇祿은 범공자范公子의 집으로 들어가 데릴사위가 되었는데, 일 년이 지나자 처남이 장성하여 구록仇祿에 대한 대접이 소홀하여 아내를 데리고 집으로 돌아옴	만공자萬公子의 집에서 1년여를 지내고 우차심尤次心은 모친을 모시기 위해 만공자萬公子 부부에게 교낭巧娘과 집으로 가고자 함. 마침내 우차심尤次心 부부가 집으로 돌아옴
〈連城〉	第九回 〈倩明媒但求一美 央冥判竟得雙姝〉
교생喬生은 우연히 밖에 나갔다가 마침 숙부의 집에서 돌아오는 연성連城과 마주침. 연성連城은 교생喬生을 바라보며 미소를 지음. 왕씨王氏 집에서 혼인 날짜를 잡으러 오자, 그 때문에 연성連城은 폐병이 도져 몇 개월 후에 죽음. 교생喬生이 사씨史氏 집으로 조문을 와서 애통해 하다가 죽음	청명절淸明節이 가까워져 연낭蓮娘은 이씨李氏 아주머니를 통해 요수지姚壽之에게 편지를 보내, 도중에 만나기로 약속함. 연낭蓮娘은 가마 안에서 요수재姚秀才를 향해 웃어줌. 연낭蓮娘은 며칠 앓다가 죽음. 요수지姚壽之가 알고 시씨施氏 집안에 가서 대성통곡하다가 기절하여 목숨을 잃음. 정약의丁約宜의 아내가 장례를 치름
왕화성王化成은 연성連城이 살아났다는 소식을 듣고 관부官府에 소송을 걸었음. 뇌물을 받은 관리는 연성連城이 왕화성王化成에게 돌아가야 한다고 판결함. 연성連城이 왕씨王氏 집으로 돌아가자 사람이 없는 틈을 타서 목을 매 죽으려고 함. 연성連城은 지처시 갈수록 위험한 지경에 이르게 됨. 왕화성王化成은 겁이 나서 연성連城을 되돌려 보냄. 사효렴史孝廉은 연성連城을 교생喬生에게 보냄	황유성黃有成은 연낭蓮娘이 다시 살아난 소식을 듣고, 시효립施孝立이 딸이 죽은 체하고 요씨姚氏 집에 시집보낸 것으로 생각하고 고소함. 평서平恕 지현知縣은 청렴한 관리로 황유성黃有成이 재차 연낭蓮娘을 돌려줄 것을 바라자, 그를 염치없는 사람이라 크게 꾸짖음. 황유성黃有成은 판결을 받아들이지 않고 몇 번을 고소함. 하지만 지현知縣은 이미 난 판결을 뒤집으려 하지 않았음
〈庚娘〉	第十一回 〈聯新句山盟海誓 詠舊詞璧合珠還〉
왕십팔王十八의 동생인 왕십구王十九가 방으로 뛰어 들어왔을 때 경낭庚娘은 피할 수 없다는 것을 알고 자신의 목을 찌름. 무뎌진 칼날은 목에 박히지 않아, 그녀는 방문을 열고 달아남. 왕십구王十九가 잡으려고 할 때 그녀는 연못에 몸을 던져 죽음	이십삼李十三의 아우 이십사李十四는 양씨楊氏가 외치는 소리를 듣고 왔으나 불이 없어 돌아감. 신낭辛娘은 자신의 목을 칼로 그었으나, 칼이 무디어져 들어가지 않자, 앞문을 열고 달려나가다가 이십사李十四를 만남. 신낭辛娘은 호수로 뛰어들어 죽음. 이십사李十四는 이십삼李十三의 방에 모친과 형이 죽어있는 것을 보고 매우 놀람
김대용金大用은 당씨唐氏를 데리고 금릉金陵으로 가서 경낭庚娘의 묘를 정돈하려고 함	송대중宋大中은 왕씨王氏와 남경南京으로 신낭辛娘의 무덤에 감. 신낭辛娘의 묘는 파헤쳐졌고, 시신의 행방을 몰라 크게 슬퍼함. 송대중宋大中은 무너져 내린 관을 수습하고 회안淮安으로 돌아감
사람들은 살해된 왕십팔王十八의 방에 갔다가 경낭庚娘의 편지를 발견하고 그녀의 억울함을 알게 됨. 그녀를 열녀라고 칭송하며 모두 돈을 내어 후하게 장사를 지내 줌	사람들은 이십삼李十三의 방에서 신낭辛娘이 배 안에서 적은 편지를 발견하고, 그녀의 강직함을 찬탄함. 이십사李十四는 신낭辛娘의 시신을 해하려 하였지만, 사람들이 허락하지 않아 비구니 절에 기탁함. 날이 밝아 사람들이 돈을 내어 신낭辛娘을 종산鍾山 아래에 장사를 지냄

위의 표에 열거된 내용을 중심으로 우선, 〈진운서陳雲棲〉와 제1회第一回〈가필정홍사숙계공문假必正紅絲夙繫空門 위묘상백수영수학사僞妙常白首永隨學士〉를 비교해 보면, 장莊부인과 진취운陳翠雲이 서로를 알게 되는 장면이 보이는데, 〈진운서陳雲棲〉에서는 장臧부인은 진운서陳雲棲와 그녀의 정혼에 관해 이야기하다가 오조산五祖山에서 만났던 여도사가 바로 진운서陳雲棲임을 알게 된다. 즉 장臧부인의 집으로 온 뒤에 비로소 진운서陳雲棲에 대한 진상을 알게 된다. 〈가필정홍사숙계공문假必正紅絲夙繫空門 위묘상백수영수학사僞妙常白首永隨學士〉에서는 진취운陳翠雲이 장莊부인에게 다시 반수재潘秀才의 이야기를 묻자, 증학심曾學深이 사실대로 이야기하고 증학심曾學深을 법운암法雲庵으로 보냈지만 만나지 못하고 돌아와 병이 난 일을 자세하게 설명한다. 진취운陳翠雲은 비로소 반랑潘郎이 증학심曾學深이며, 장莊부인은 그의 모친임을 알게 된다. 다음날, 장莊부인이 장씨莊氏에게 구혼의 뜻을 밝히고, 장莊부인은 장덕음莊德音과 함께 돌아간다. 즉 장莊부인의 먼 친척 집에서 진취운陳翠雲을 만나 사실을 알게 되어 '함께 집으로 돌아오게 된다.'

〈장성張誠〉과 제2회第二回〈조세란지척포란려遭世亂咫尺拋鸞侶 성가경천애취안행成家慶天涯聚雁行〉을 비교해보면, 이러한 현상이 두 차례나 보인다. 먼저 〈장성張誠〉에서 장씨張氏는 전란戰亂으로 인해 처와 헤어지고 난 뒤, 예豫[하남河南]지방으로 장사하러 다니다가 나중에 그곳에 눌러 살게 된다. 〈조세란지척포란려遭世亂咫尺拋鸞侶 성가경천애취안행成家慶天涯聚雁行〉의 장항약張恒若은 전쟁으로 처와 헤어지고 난 뒤, 지난날 그와 사업을 하였던 하남河南의 강유재康有才를 만나 그에게 의탁하게 되고, 강유재康有才의 권고로 학생들을 가르치며 생활한다. 하남河南에서 살게 된 것은 변함이 없지만, '상인'에서 '훈장 선생'으로 직업이 바뀌었다.

이뿐만 아니라, 우씨牛氏의 장등張登[눌訥]에 대한 적대감과 행패의 정도, 장항약張恒若이 아들 장등張登이 동생을 찾으러 떠난 일을 우씨牛氏에게 알리는 선후 순서와 발화 주체에 대해서도 일부 차이를 보인다. 〈장성張誠〉에서는 눌訥은 죽은 지 이틀 만에 다시 살아나게 되는데, 그는 저승에서 본 일을 이야기했지만 우씨牛氏는 눌訥의 말이 거짓말이라며 꾸짖고 욕설을 퍼붓는다. 아버지에게 동생을 찾아오겠다고 말하고 길을 떠난다. 〈조세란지척포란려遭世亂咫尺拋鸞侶 성가경천애취안행成家慶天涯聚雁行〉에서는 장등張登은 죽은 지 3일 만에 깨어나 아버지에게 저승에 다녀온 일을 말하면서 날이 밝으면 동생을 찾으러 갈 것이라 한다. 장항약張恒若은 아들에게 줄 여비가 없어서 그를 무일푼으로 떠나보낸다. 장항약張恒若은 밤에 우씨牛氏에게 장등張登이 다시 살아나 아직 죽지 않은 장균張勻을 찾으러 갔다고 말한다. 우씨牛氏는 소리 내 울면서 자기 아들을 해친 장등張登이 스스로 죽은 체했고, 장항약張恒若이 그를 달아나도록 놓아주고서는 거짓말로 자신을 속였다며 그를 욕하고 때리려고 한다. 장항약張恒若은 우씨牛氏를 피해 친구의 집으로 도망가게 된다. 이 장면에서 '변환變換'의 중심은 장등張登[눌訥]이 죽었다가 살아났고, 동생을 찾으러 떠나는 것을 '누가 먼저 우씨牛氏에게 이야기하였는가?'이다. 그로 인해 욕설과 행패를 당한 이가 '장등張登[눌訥]인가?', 아니면 '그의 아버지인가?'라는 차이점도 보인다.

이와 마찬가지로 〈아보阿寶〉와 제3회第三回〈태수재지성구우呆秀才志誠求偶 초가인감격허신俏佳人感激許身〉에서도 일부 내용의 변화가 나타나고 있다. 주인공 손인孫寅[손자초孫子楚]의 신세에 관한 내용을 살펴보면, 〈아보阿寶〉에서는 손자초孫子楚가 처와 사별하고 혼자 살고 있으나, 〈태수재지성구우呆秀才志誠求偶 초가인감격허신俏佳人感激許身〉에서 손인孫寅은 아직 배필을 구하지 못한 것으로 묘사되어 있다.

〈산호珊瑚〉와 제7회第七回〈우현식훼사난범遇賢媳虺蛇難犯 조한부랑패감련遭悍婦狼狽堪憐〉에서는 내용의 변화가 세 차례 나타난다. 먼저, '순아順兒[산호珊瑚]의 자살'에 대한 내용인데, 〈산호珊瑚〉에서는 시어머니 심씨沈氏에 온갖 학대를 받은 산호珊瑚는 결국 친정으로 쫓겨나게 되고, 가는 도중 가위로 목을 찌른다. 〈우현식훼사난범遇賢媳虺蛇難犯 조한부랑패감련遭悍婦狼狽堪憐〉에서는 시댁에서 쫓겨난 순아順兒는 친정으로 가는 도중 신세를 한탄하여 물에 뛰어들어 죽고자 한다. 이뿐만 아니라 〈산호珊瑚〉에서는 실제의 행동이 수반되고[자신의 목을 찌르는 행위], 〈우현식훼사난범遇賢媳虺蛇難犯 조한부랑패감련遭悍婦狼狽堪憐〉에서는 어떠한 동작을 실행하려는 순간[물에 뛰어들려는 순간], 즉 아직 행동이 이루어지지 않은 상태에서 행위가 제지되는 것이 서로 다르다.

이어서, '순아順兒[산호珊瑚]에 대한 성대成大[대성大成]의 태도' 변화인데, 〈산호珊瑚〉에서는 대성大成이 산호珊瑚가 숙모인 왕씨王氏집에 머무르는 것에 대해서 미워하는 마음을 가졌다면, 〈우현식훼사난범遇賢媳虺蛇難犯 조한부랑패감련遭悍婦狼狽堪憐〉에서는 오히려 그녀를 보호하려 하고 그녀의 처지를 애처로워하는 태도를 엿볼 수 있다. 자세히 살펴보면, 〈산호珊瑚〉에서는 쫓겨난 산호珊瑚가 친정으로 가지 않고, 상처 치료를 위해 남편 대성大成의 숙모인 왕씨王氏 집에 잠시 머무르게 된다. 대성大成은 이 사실을 알고 왕씨王氏 집으로 찾아와 산호珊瑚를 내쫓으라고 고함을 지른다. 대성大成은 왕씨王氏 앞에서 그녀의 잘못을 들추었고, 산호珊瑚가 말없이 오열하는 모습을 보고 그대로 물러난다. 반면에 〈우현식훼사난범遇賢媳虺蛇難犯 조한부랑패감련遭悍婦狼狽堪憐〉에서는 남편 성대成大는 어머니의 뜻에 따라 어쩔 수 없이 아내 순아順兒를 내보낸 것이어서, 순아順兒를 친정으로 데리고 가려고 한 장씨張氏 아주머니에게 순아順兒가 지금 숙모인 진씨陳氏 집에 머무르고 있는 것을 어머니인 황씨黃氏에게 말하지 말 것을 당부한다.

다음으로, 작품의 후반부에 나타나는 성이成二 부부[이성二成]의 아들 수와 죽음, 행동과 동작에 대한 변화이다. 〈산호珊瑚〉에서 이성二成에게는 아들 2명[7세, 3세]이 있었는데, 큰아들이 병으로 죽게 된다. 땅문서를 형인 대성大成에게 가져다주었지만, 대성大成은 받지 않았다. 얼마 지나지 않아 둘째 아들도 죽자, 장고臧姑는 무서워 직접 땅문서를 산호珊瑚의 방에 가져다 놓는다. 〈우현식훼사난범遇賢媳虺蛇難犯 조한부랑패감련遭悍婦狼狽堪憐〉에서 성이成二 부부에게는 아들 3명[8세, 6세, 4세]이 있었는데, 큰아들이 갑자기 병이 들어 죽게 된다. 여고戾姑는 조급해져 성대成大에게 땅문서를 돌려보내도록 했지만, 성대成大는 받으려 하지 않는다. 3일이 못 되어 둘째 아들도 병이 나 하루도 못 돼 죽었다. 성이成二 부부는 땅문서를 성대成大에게 다시 돌려주려고 하였지만, 성대成大는 받지 않았다. 이어서 여고戾姑는 성이成二가 꿈속에서 부친이 나타나 그들 부부의 잘못을 크게 꾸짖은 것을 성대成大에게 말하자, 비로소 그가 땅문서를 받는다.

〈구대낭仇大娘〉과 제8회第八回〈시귀역수지생파施鬼蜮隨地生波 장신령전재위복仗神靈轉災為福〉에서도 내용의 변화가 두 차례 나타난다. 줄거리 진행순서대로 살펴보면 다음과 같다. 〈구대낭仇大娘〉에서 위명魏名은 구록仇祿을 꼬드겨 범자문范子文의 정원에 들어가게 하고, 구록仇祿은 '악곡樂曲'으로 대구對句를 지어 위기를 모면하게 되는데, 〈시귀역수지생파施鬼蜮隨地生波 장신령전재위복仗神靈轉災為福〉에서는 우차심尤次心이 '시詩' 대구對句로 위기를 모면하게 된다. 또한 '우차심尤次心[구록仇祿]의 귀환'에 대한 이유도 변경되었다. 〈구대낭仇大娘〉에서는 구록仇祿은 범공자范公子의 집으로 들어가 데릴사위가 되었는데, 1년이 지나자 처남이 장성하여 구록仇祿에 대한 '대접이 소홀하여' 아내를 데리고 집으로 돌아온다. 하지만 〈시귀역수지생파施鬼蜮隨地生波 장신령전재위복仗神靈轉災為福〉에서는 우차심尤次心은 '모친을 모시기 위해' 만공자萬公子 부부에게 교낭巧娘과 집으로 돌아가고자 말하는 것으로 바뀌었다.

〈연성連城〉과 제9회第九回〈천명매단구일미倩明媒但求一美 앙명판경득쌍주央冥判竟得雙姝〉에서도 변화가 보이는데, 먼저 〈연성連城〉에서는 교생喬生은 '우연히' 밖에 나갔다가 마침 숙부의 집에서 돌아오는 연성連城과 마주치고, 연성連城은 교생喬生을 바라보며 미소를 짓는다. 반면에 〈천명매단구일미倩明媒但求一美 앙명판경득쌍주央冥判竟得雙姝〉에서는 청명절清明節이 가까워져 연낭蓮娘은 이씨李氏 아주머니를 통해 요수지姚壽之에게 '편지를 보내', 도중에 만나기로 약속한다. 연낭蓮娘은 가마 안에서 요수재姚秀才를 향해 웃어준다. 〈연성連城〉에서 우연히 교생喬生이 연성連城과 만났다면, 〈천명매단구일미倩明媒但求一美 앙명판경득쌍주央冥判竟得雙姝〉에서는 연낭蓮娘이 요수지姚壽之에게 일부러 편지를 보내 그와 만나기로 약속하는 것으로 바뀌었다.

또한, 다시 살아난 연낭蓮娘[연성連城]이 요수지姚壽之[교생喬生]에게 돌아가야 한다는 판결에 있어서도 두 작품은 약간의 차이를 보인다. 〈연성連城〉에서 왕화성王化成은 연성連城이 살아났다는 소식을 듣고 관부官府에 소송을 건다. 뇌물을 받은 관리는 연성連城이 왕화성王化成에게 돌아가야 한다고 판결한다. 연성連城이 왕씨王氏 집으로 돌아가자 사람이 없는 틈을 타서 목을 매 죽으려고 한다. 연성連城은 생명이 갈수록 위험한 지경에 이르게 되고, 왕화성王化成은 겁이 나서 연성連城을 되돌려 보낸다. 〈천명매단구일미倩明媒但求一美 앙명판경득쌍주央冥判竟得雙姝〉에서 황유성黃有成은 연낭蓮娘이 다시 살아난 소식을 듣고서 시효립施孝立이 딸이 죽은 것처럼 위장하고 요씨姚氏 집안에 시집보낸 것으로 생각하고 관부官府에 고소한다. 평서平恕 지현知縣은 청렴한 관리로 황유성黃有成이 재차 연낭蓮娘을 돌려줄 것을 바라자, 그를 염치없는 사람이라 크게 꾸짖는다. 황유성黃有成은 판결을 받아들이지 않고 몇 번을 고소하지만 지현知縣은 이미 결정된 판결을 뒤집으려 하지 않는다.

〈경낭庚娘〉과 제11회第十一回〈연신구산맹해서聯新句山盟海誓 영구사벽합주환詠舊詞璧合珠還〉에서도 이와 같은 '변환變換' 현상이 자주 보인다. 〈경낭庚娘〉에서는 왕십팔王十八의 동생인 '왕십구王十九가 방으로 뛰어 들어왔을 때' 경낭

庚娘은 더는 피할 수 없다는 사실을 알고 자신의 목을 찌른다. 무뎌진 칼날은 목에 박히지 않자, 그녀는 방문을 열고 달아나는데, 왕십구王十九가 잡으려고 할 때 그녀는 '연못에 몸을 던져 죽는다.' 〈연신구산맹해서聯新句山盟海誓 영구사벽합주환詠舊詞璧合珠還〉에서는 이십삼李十三의 아우 이십사李十四는 양씨楊氏가 외치는 소리를 듣고 왔으나 '등불이 없어 돌아 나간다.' 신낭辛娘은 이때 자신의 목을 칼로 그었으나 칼이 무디어져 들어가지 않자, 앞문을 열고 달려 나가다가 이십사李十四와 만난다. 신낭辛娘은 '호수로 뛰어들어 죽는다.' 그녀가 몸을 던져 죽는 과정에서 죽는 장소뿐만 아니라 죽음에 이르는 과정과 묘사가 서로 달라졌다.

또한 〈경낭庚娘〉에서 김대용金大用은 당씨唐氏를 데리고 금릉金陵으로 가서 '경낭庚娘의 묘를 정돈하려고 한다.' 〈연신구산맹해서聯新句山盟海誓 영구사벽합주환詠舊詞璧合珠還〉에서는 송대중宋大中은 왕씨王氏와 남경南京으로 신낭辛娘의 무덤에 간다. '신낭辛娘의 묘는 이미 파헤쳐졌고, 시신의 행방을 몰라 크게 슬퍼한다. 송대중宋大中은 무너져 내린 관을 수습하고 회안淮安으로 돌아간다.'

이어서 〈경낭庚娘〉에서는 사람들이 이미 살해된 왕십팔王十八의 방에 갔다가 경낭庚娘의 편지를 발견하고 그녀의 억울함을 알게 된다. 그녀를 열녀라고 칭송하며 돈을 거둬 후하게 장례를 치러준다. 〈연신구산맹해서聯新句山盟海誓 영구사벽합주환詠舊詞璧合珠還〉에서는 사람들이 이십삼李十三의 방에서 신낭辛娘이 '배 안'에서 쓴 편지를 발견하고, 그녀의 강직함에 찬탄한다. '이십사李十四는 신낭辛娘의 시신을 해하려고 하였지만, 사람들이 허락하지 않아 비구니 절에 기탁한다.' 날이 밝아 사람들이 돈을 내어 신낭辛娘을 종산鍾山 아래에서 장사를 지낸다.

이처럼 《성몽병언醒夢駢言》에 나타난 '변환變換'에는 내용에 대한 다양한 변화와 조율의 현상이 보인다. 이러한 변화는 원작의 주요 내용에서 크게 벗어나지 않는 범위 내에서 내용에 걸맞게 어느 정도 가감과 조정이 일어나는 것을 의미한다.

위의 경우 이외에도 부분적으로 미세한 변화를 보이는 작품도 있는데, 이러한 '변환變換'은 줄거리 진행 과정에서 그다지 중요하게 작용하지 않는다. 대부분 인명, 숫자, 시간의 변경에만 그치거나 행동 방식과 상태를 묘사하는 과정에서 일부 변화가 나타나고 있다.

《聊齋志異》	《醒夢駢言》
〈曾友于〉	第五回 〈逞兇焰欺凌柔懦 釀和氣感化頑殘〉
증효曾孝는 나이 46세에 아들 다섯을 두었음. 본처와는 큰아들 계업繼業과 셋째 아들 계덕繼德이 있었고, 서출 출생으로 둘째 아들 계공繼功과 넷째 아들 계적繼績이 있었음. 또한, 계집종과의 사이에 계조繼祖를 낳음. 모두 결혼하여 일가一家를 이룸. 아버지가 이전부터 행한 나쁜 습성을 본받아 각각 당을 지어 날마다 서로 싸움질을 일삼음	평의平衣는 네 아들을 두었음. 큰아들은 입덕立德이라고 하고 셋째 아들은 입언立言이라고 하는데, 모두 본처인 왕씨王氏의 소생이었음. 둘째 아들은 입공立功이라고 하고 넷째 아들은 입행立行이라고 하는데 모두 첩실인 전씨全氏의 소생이었음. 이 네 명의 형제는 이전 세대의 나쁜 습성을 배워서 입덕立德과 입언立言이 한 무리를 이루고, 입공立功과 입행立行이 또 한 무리를 이루어 날마다 집안에서 다투었음
〈姊妹易嫁〉	第六回 〈違父命孽由己作 代姊嫁福自天來〉
둘째 딸은 원래 머리에 부스럼이 있어서 머리카락이 드물게 나 있는 대머리였음	월영月英은 미모를 가지고 있었지만, 월화月華는 눈이 붉고 머리에 독창禿瘡이 나 있었음
〈仇大娘〉	第八回 〈施鬼蜮隨地生波 仗神靈轉災為福〉
구중仇仲은 난리가 난 와중에 도적들에게 포로로 끌려감	여관 주인은 우목중尤牧仲의 내력을 알고서 고발하고, 왕수인王守仁은 그를 가볍게 처리하여 산서山西 대동大同 지방으로 유배를 보냄
〈小二〉	第十回 〈從左道一時失足 納忠言立刻回頭〉
백련교 서홍유徐鴻儒가 반란을 일으키자 조왕趙旺네도 반란군에 가담하게 됨. 서홍유徐鴻儒는 소이小二를 총애했으며, 그녀에게 자신의 도술을 모두 전수해주었음	그녀는 군대를 통솔하여 하남河南을 침략했음. 고성현考城縣 백성은 모두 도망갔는데, 조전사曹全士는 젊었을 때 무술을 익혔고, 영복永福도 기력이 남달라 그들이 다른 곳으로 도망쳐도 편히 생활하지 못하니 적군을 따라 업적을 세우는 것이 낫다고 생각해서 식솔들을 데리고 적군에게 투항했음. 당세이唐賽兒는 진고珍姑를 옆에 두고 도술을 전수해주었음
〈宮夢弼〉	第十二回 〈埋白石神人施小計 得黃金豪士振家聲〉
유방화柳芳華가 생전에 유화柳和를 황씨黃氏의 딸과 혼약을 맺어두어 유화柳和가 황씨黃氏를 찾아가자, 황씨黃氏는 그가 가난하다는 이유로 혼인을 거절하고, 대신 은자 1백 냥을 마련하면 허락한다고 함	방구화方口禾는 혼약을 맺은 왕원상王元尙을 찾아가고, 왕원상王元尙은 방구화方口禾를 내쫓으며 은자 1천 냥을 마련하면 자신의 딸과 결혼을 허락한다고 함
한밤중에 황씨黃氏 집에 도적이 들어 황씨黃氏 부부는 거의 죽을 뻔한 데다가 재산은 모조리 약탈당했음. 그 후 3년이 지나 집안은 완전히 망하게 됨	왕원상王元尙의 집에 강도가 들어 은자를 약탈해 가니 그의 집도 가난해짐. 2년이 흘러 더욱 가난해짐

위의 표에 나타난 내용을 바탕으로 살펴보면, 〈증우우曾友于〉와 제5회第五回〈영흉염기릉유나逞兇焰欺凌柔懦 양화기감화완잔釀和氣感化頑殘〉의 비교에서 평의平衣[증효曾孝]의 아들 수에 있어서 다섯과 넷으로 차이가 난다. 〈증우우曾友于〉의 증효曾孝는 나이 46세에 '아들 다섯'을 두었는데, 본처와는 큰아들 '계업繼業'과

셋째 아들 '계덕繼德'이 있었고, 서출 출생으로 둘째 아들 '계공繼功'과 넷째 아들 '계적繼績'이 있었다. 또한 '계집종과의 사이에서 계조繼祖를 낳았다.' 〈영흉염기릉유나逞兇焰欺凌柔懦 양화기감화완잔釀和氣感化頑殘〉에서는 평의平衣가 '네 아들'을 두었다. 큰아들은 '입덕立德'이라고 하고 셋째 아들은 '입언立言'이라고 하는데, 모두 본처인 왕씨王氏의 소생이었다. 둘째 아들은 '입공立功'이라고 하고 넷째 아들은 '입행立行'이라고 하는데 모두 첩실인 전씨全氏의 소생이었다.

〈소이小二〉와 제10회第十回〈종좌도일시실족從左道一時失足 납충언립각회두納忠言立刻回頭〉에서 반란의 주모자가 백련교白蓮教 '서홍유徐鴻儒'에서 '당새아唐賽兒'로 바뀌었고, 〈소이小二〉에서는 서홍유徐鴻儒가 반란을 일으키자 '조왕趙旺이 가족과 함께 반란군에 가담하게 된 것'을 〈종좌도일시실족從左道一時失足 납충언립각회두納忠言立刻回頭〉에서는 '조전사曹全士가 식솔들을 데리고 투항한 것'으로 변경되었다.

〈궁몽필宮夢弼〉과 제12회第十二回〈매백석신인시소계埋白石神人施小計 득황금호사진가성得黃金豪士振家聲〉에서도 이런 현상이 보이는데, 〈궁몽필宮夢弼〉에서는 유방화柳芳華가 생전에 유화柳和를 황씨黃氏의 딸과 혼약을 맺어두어 유화柳和가 황씨黃氏를 찾아가자, 황씨黃氏는 그가 가난하다는 이유로 혼인을 거절하고, 대신 '은자 1백 냥'을 마련하면 허락한다고 하였다. 〈매백석신인시소계埋白石神人施小計 득황금호사진가성得黃金豪士振家聲〉에서 방구화方口禾는 혼약을 맺은 왕원상王元尙을 찾아가고, 왕원상王元尙은 방구화方口禾를 내쫓으며 '은자 1천 냥'을 마련하면 자신의 딸과 결혼을 허락한다고 하였다. 이 외에도 〈궁몽필宮夢弼〉에서는 '한밤중에 황씨黃氏 집에 도적이 들어 황씨黃氏 부부는 거의 죽을 뻔한 데다가 재산은 모조리 약탈당했다. 그 후 '3년이 지나자' 집안은 완전히 망하게 되었다.'라고 묘사하고 있다. 〈매백석신인시소계埋白石神人施小計 득황금호사진가성得黃金豪士振家聲〉에서는 '왕원상王元尙의 집에 강도가 들어 은자를 약탈해 가니 집이 가난해졌다. '2년이 흘러' 집은 더욱 궁핍해져 형편이 말할 수 없이 비참한 지경에 이르렀다.'라고 기술하고 있다.

〈자매역가姊妹易嫁〉와 제6회第六回〈위부명얼유기작違父命孼由己作 대자가복자천래代姊嫁福自天來〉에서는 둘째 딸[월화月華]의 외모에 대한 묘사에서 일부 내용이 변화되었음을 알 수 있다. 〈자매역가姊妹易嫁〉에서 둘째 딸은 원래 머리에 부스럼이 있어서 머리카락이 드물게 나 있는 '대머리'로 묘사되었지만, 〈위부명얼유기작違父命孽由己作 대자가복자천래代姊嫁福自天來〉에서는 월화月華는 눈이 붉고 '머리에 독창禿瘡이 나 있었다.'라고 바꾸어 기술하고 있다. 즉 〈자매역가姊妹易嫁〉에서는 둘째 딸의 머리카락이 거의 없어서 대머리나 다름없다고 묘사하고 있는 데 반해, 〈위부명얼유기작違父命孽由己作 대자가복자천래代姊嫁福自天來〉에서는 머리에 부스럼[피부병]이 나 있다고 했는데, '머리카락이 많이 빠졌음'은 이후 서술된 내용과 관련지어 대략 유추할 뿐이지 직접 언급하고 있지는 않다.

〈구대낭仇大娘〉과 제8회第八回〈시귀역수지생파施鬼蜮隨地生波 장신령전재위복仗神靈轉災為福〉에서도 '변환變換' 현상이 보인다. 이러한 특징은 두 작품의 도입부에 보이는데, 바로 '구중仇仲[우목중尤牧仲]의 실종'에 대한 묘사이다. 〈구대낭仇大娘〉에서는 구중仇仲이 난리가 난 통에 도적들에게 포로로 끌려갔다고 묘사하고 있지만, 〈시귀역수지생파施鬼蜮隨地生波 장신령전재위복仗神靈轉災為福〉에서는 우목중尤牧仲이 산서山西 대동大同 지방으로 유배를 간 것으로 설정하고 있다. '포로'에서 '유배'로 기존의 사회에서의 '이탈 방식'이 변경된 것뿐만 아니라, 이에 연관된 일부 내용도 추가로 확대되었다.[28] 이처럼 '변환變換'은 단순한 내용의 변화에서 비롯되어 서사 내용과 서사 구조의 '완정함'을 구성하기 위해 부분적 내용의 추가까지 변화를 지속해서 이끌어내고 있다.

2) 사건 발생 전후의 서술 순서 이동: '전치前置', '분리分離', '도치倒置'

《성몽병언醒夢駢言》 작품의 이야기 전개 과정에서 세부 내용의 진행순서, 화소의 설정과 이동이 서로 다르게 나타난다. 이때 나타나는 현상으로는 '전치前置', '분리分離', '도치倒置' 등이 있다. '전치前置'는 이야기의 재구성 과정에서 내용이 앞으로 이동하는 현상이고, '분리分離'는 나누어 배치되는 현상이며, '도치倒置'는 뒤바뀌어 위치하는 현상이다. 이러한 현상은 사건 발생의 진행순서가 바뀐 것인데, 전체적으로 서술 내용의 변화를 가져오고 있다. 이와 같은 현상은 제6회第六回〈위부명얼유기작違父命孽由己作 대자가복자천래代姊嫁福自天

28 구체적인 내용을 살펴보면, 강서江西의 번왕藩王이 우목중尤牧仲의 명성을 흠모하여 관리를 파견하여 그를 영접하게 하였고, 우목중尤牧仲은 강서江西에 도착했을 때, 번왕藩王이 반란을 일으키게 된다. 이로 인해 관리는 우목중尤牧仲를 여관에서 쉬게 하고, 자신이 번왕藩王에게 회답하러 간다. 그사이 조정은 왕수인王守仁을 파견하여 강서江西를 평정하게 하고, 여관 주인은 우목중尤牧仲의 내력을 알고 있어 그를 관가에 고발한다. 왕수인王守仁은 그를 가볍게 처리하여 산서山西 대동大同 지방으로 유배를 보낸다.

來〉, 제8회第八回〈시귀역수지생파施鬼蜮隨地生波 장신령전재위복仗神靈轉災為福〉, 제11회第十一回〈연신구산맹해서聯新句山盟海誓 영구사벽합주환詠舊詞璧合珠還〉에서 각각 보인다.

《聊齋志異》	《醒夢駢言》
〈姊妹易嫁〉	第六回〈違父命孽由己作 代姊嫁福自天來〉
부잣집에 시집간 큰딸은 득의양양했지만, 이후 가세가 기울어짐. 남편은 방탕하면서 게을렀고 이후 죽음을 맞이함. 큰딸은 출가하여 중이 됨	월영月英[큰딸]이 결혼하여 부를 과시하고, 왕흥아王興兒는 월화月華[작은 딸]와 혼인함. 왕흥아王興兒는 종기가 다 나아 1년 뒤 다시 과거 시험을 보러 가고, 여관 주인의 제의로 관제묘關帝廟에 가서 1년 전의 자만심과 월화月華를 바꾸려고 했던 마음을 반성하고 합격을 기원함. 왕흥아王興兒는 과거에 급제하고 금의환향함. 관제關帝의 도움으로 아내의 외모 변화가 변하여 아름다워짐. 월영月英 부부는 화재로 인해 집안이 몰락하여 장유성張維城 집에 의탁하게 됨. 왕흥아王興兒는 진사에 합격하여 한림원翰林院의 관리가 됨. 큰 사위[왕자희汪自喜]는 도박으로 인한 재산을 모두 탕진하고 결국 죽게 됨. 월영月英은 출가하여 중이 됨
모공毛公 부부가 재상이 되어 귀향하고, 큰딸에게 비단 속에 돈을 감추어 주었지만, 큰딸은 그 속마음을 알지 못하고 되돌려 줌. 모공毛公은 되돌려 받은 비단을 보고서 큰딸의 박복한 운명을 비웃음. 여관 주인의 억울한 누명을 풀어줌	왕각로王閣老가 지위가 높아져 재상이 되었고, 후에 사직하고 고향으로 돌아옴. 왕각로王閣老는 여관 주인의 누명을 풀어줌. 왕각로王閣老는 여제자를 통해 비단 속에 돈을 감추어 월영月英에게 주지만, 월영月英은 비단 선물에 실망하고 되돌려 줌. 왕각로王閣老는 월영月英의 박복한 운명을 비웃음
〈仇大娘〉	第八回〈施鬼蜮隨地生波 仗神靈轉災為福〉
위명魏名은 구씨仇氏 일가一家에 대한 질투심이 심해져 팔기군八旗軍에서 도망 나온 자와 구록仇祿이 결탁했다고 모함을 함. 범공자范公子는 관부官府에 뇌물을 써 겨우 혜낭蕙娘만 유배령에서 풀려나게 함. 구록仇祿은 변방으로 유배를 감. 가는 도중 형인 구복仇福을 만나고, 구록仇祿은 약간의 은자를 주어 그를 집으로 돌아가게 함. 구록仇祿과 아버지 구중仇仲이 우연히 만나게 되고, 구중仇仲의 도움으로 구록仇祿이 누명을 벗고 집으로 돌아가게 됨. 구복仇福은 귀향하고 자신의 잘못을 뉘우치며 강씨姜氏의 집에 가 사죄함. 대낭大娘은 강씨姜氏를 데리고 옴	번우현番禺縣 안의 강도 무리가 사람들의 재물을 약탈했고, 위치지韋恥之가 지현知縣에게 우차심尤次心이 강도 무리의 장물아비라고 모함함. 호지현胡知縣은 우차심尤次心을 잡아 와 심문했고, 차심次心은 고통을 견딜 수 없어 거짓 자백을 함. 호지현胡知縣은 우씨尤氏 집안의 재산을 몰수함. 만공자萬公子의 수고로 우차심尤次心은 변방으로 가서 노역하게 됨. 우상심尤上心이 귀향하고 지난날의 잘못을 크게 깨닫자 부인 강씨江氏를 집으로 돌아오도록 설득함. 강씨江氏가 마침내 강씨江氏가 집으로 돌아옴. 우목중尤牧仲과 차심次心 부자父子가 우연히 만나고, 우차심尤次心이 석방되고 관직을 회복함
〈庚娘〉	第十一回〈聯新句山盟海誓 詠舊詞璧合珠還〉
그들이 진강鎮江을 지나다가 작은 배안의 경낭庚娘을 봄. 대구[對句: 看群鴨兒飛上天耶! / 饞猧兒欲喫貓子腥耶!]로 서로를 확인. 경낭庚娘과 당씨唐氏는 만나 서로 그간의 일을 자세하게 설명함. 두 사람은 서로 예우를 갖추었고, 나이에 따라 언니와 동생을 정함. 이어서 만나게 된 과정을 설명함. 경낭庚娘이 죽은 후 꿈속에서 누군가 그녀를 부르는 소리를 듣고 깨어남→도굴꾼이 부장품을 훔치려고 무덤을 파헤침→경낭庚娘의 애원, 도굴꾼의 반성→경낭庚娘이 의탁할 곳을 소개함	가는 길에 금산金山에 유람하려고 가다가 작은 배 안의 신낭辛娘을 봄. 송대중宋大中은 대구[對句: 男兒志節惟忠義. / 女子功名只守貞.]로 그녀를 확인함. 신낭辛娘이 죽은 후 무덤에서 다시 살아난 일을 말함. 이어서 신낭辛娘과 송대중宋大中은 그동안의 일을 자세하게 이야기함. 신낭辛娘은 왕씨王氏와 자매 관계를 맺음

먼저, '전치前置'의 경우를 살펴보면, 〈구대낭仇大娘〉과 제8회第八回〈시귀역수지생파施鬼蜮隨地生波 장신령전재위복仗神靈轉災為福〉의 비교에서 분명하게 나타난다. 〈구대낭仇大娘〉에서 방탕하게 도박만 일삼았던 구복仇福의 귀가歸家와 뉘우침, 부인 강씨姜氏와 재결합에 대한 내용에서 서사 진행순서가 바뀌었다. 〈구대낭仇大娘〉에서 위명魏名은 구씨仇氏 일가一家에 대한 질투심이 심해져 팔기군八旗軍에서 도망 나온 자와 구록仇祿이 결탁했다고 모함을 한다. 범공자范公子는 관부官府에 뇌물을 써 겨우 혜낭蕙娘만 유배령에서 풀려나게 하고, 구록仇祿은 변방으로 유배를 간다. 그곳에서 한 거지를 만나게 되는데, 그가 바로 형인 구복仇福이었다. 구록仇祿은 약간의 은자를 주어 그를 집으로 돌아가게 한다. 이 이후의 내용은 구록仇祿과 아버지 구중仇仲의 만남에 대한 줄거리가 전개되면서 구중仇仲의 도움으로 구록仇祿이 누명을 벗고 집으로 돌아가게 되고, 구복仇福의 귀향과 반성에 대한 묘사가 이어진다.

그러나 〈시귀역수지생파施鬼蜮隨地生波 장신령전재위복仗神靈轉災為福〉에서는 우차심尤次心은 누명을 쓰고 변방으로 노역하러 가는 도중에 형인 우상심尤上心을 만난다. 이어서 나타난 장면은 우상심尤上心의 귀향과 잘못에 대한 뉘우침의 내용이다. 그가 지난날의 잘못을 크게 깨닫자 부인 강씨江氏를 집으로 돌아오도록 설득하고 마침내 강씨江氏가 집으로 돌아온다. 이 이후의 내용이 우목중尤牧仲과 차심次心 부자父子의 우연한 만남, 우차심尤次心 석방과 관직 회복 장면이 이어진다. 즉, 우상심尤上心[구복仇福]의 귀향과 뉘우침에 관한 내용이 우목중尤牧仲[구중仇仲]과 차심次心[구록仇祿] 부자父子의 만남과 우차심尤次心[구복仇福] 석방이 〈구대낭仇大娘〉에서는 뒷부분에 위치하던 것이 〈시귀역수지생파施鬼蜮隨地生波 장신령전재위복仗神靈轉災為福〉에서는 앞부분으로 이동하였다.

〈경낭庚娘〉과 제11회第十一回〈연신구산맹해서聯新句山盟海誓 영구사벽합주환詠舊詞璧合珠還〉을 비교에서도 이러한 현상이 나타난다. 〈경낭庚娘〉에서는 김대용金大用이 구사일생으로 살아나 악인 왕십팔王十八의 부인 당씨唐氏를 데리고 금릉金陵으로 가서 경낭庚娘의 묘를 정돈하려고 한다. 그들이 마침 진강鎭江을 지나다가 죽었다고 여겼던 경낭庚娘을 작은 배 안에서 보게 되고, 대구對句를 주고받으며 서로를 확인한다. 경낭庚娘과 당씨唐氏는 만나 서로 그간의 일을 자세하게 설명하면서 서로 예우를 갖추고, 나이에 따라 언니와 동생을 정하였다. 이 이후의 기술은 경낭庚娘이 죽은 후 무덤에서 어떻게 다시 살아나게 되었는지를 이야기하고 있는데, 그 내용을 살펴보면, 경낭庚娘이 죽어 매장당한 후, 꿈 속에서 누군가 그녀를 부르는 소리를 듣고 깨어난다. 도굴꾼들은 그녀의 부장품을 훔치려고 무덤을 파헤치는데, 이때 경낭庚娘이 살아나서 일어난다. 경낭庚娘이 살려달라고 애원하자 도굴꾼의 오히려 자신의 행동을 반성하며 경낭庚娘이 의탁할 곳을 소개해 준다.

〈연신구산맹해서聯新句山盟海誓 영구사벽합주환詠舊詞璧合珠還〉에서는 송대중宋大中은 왕씨王氏가 금산金山에 가다가 작은 배 안의 신낭辛娘을 보고, 송대중宋大中은 대구對句로 그녀임을 확신한다. 그다음에 바로 신낭辛娘이 어떻게 무덤에서 다시 살아 나왔는지의 과정을 이야기하고 있다. 이어서 신낭辛娘은 왕씨王氏와 자매 관계를 맺는다. 즉, 〈경낭庚娘〉에서는 경낭庚娘과 당씨唐氏가 만나 서로 언니와 동생을 정한 뒤에 경낭庚娘이 살아난 과정을 이야기하고 있다면, 〈연신구산맹해서聯新句山盟海誓 영구사벽합주환詠舊詞璧合珠還〉에서는 송대중宋大中이 대구對句로 신낭辛娘를 확인하자 바로 그녀가 회생한 사연을 이야기하고 있어서 〈경낭庚娘〉에 비해 '신낭辛娘[경낭庚娘]이 죽어서 다시 살아난 이야기'가 앞으로 이동되어 서술되고 있다.

다음으로 '분리分離'의 경우를 살펴보면, 〈자매역가姊妹易嫁〉과 제6회第六回 〈위부명얼유기작違父命孽由己作 대자가복자천래代姊嫁福自天來〉의 비교에서 구체적으로 드러난다. 작품 속의 큰딸이 부잣집에 시집가서 자만심이 가득했지만, 후에 남편이 게으르고 방탕하여 집안의 가세가 점차 기울어지는 것을 묘사한 부분이다. 〈자매역가姊妹易嫁〉에서는 큰딸의 득의양양→가세가 기울어짐→방탕한 남편의 죽음→출가하여 중이 됨의 순서로 묘사하고 있다. 〈위부명얼유기작違父命孽由己作 대자가복자천래代姊嫁福自天來〉에서는 '월영月英의 결혼과 부를 과시함'→'1년 뒤 과거 시험→왕흥아王興兒의 반성과 기도→과거 급제'→'관제關帝의 도움으로 아내의 외모 변화 / 월영月英 부부 화재로 인한 몰락, 장유성張維城 집에 의탁'→'왕흥아王興兒의 진사 합격→한림원翰林院 관직 제수'→'왕자희汪自喜[큰 사위] 도박, 죽음'→'월영月英의 출가出家'의 순서로 진행되고 있다. '큰딸의 결혼과 부의 과시'와 '집안의 몰락'이 연속되어 있지 않고, 분리되어 묘사되어 있는데, 이 사이에 '왕흥아王興兒의 과거 시험과 낙방', '과거 합격과 아내의 외모 변화', '큰 사위[왕자희汪自喜] 도박' 등의 일련의 사건이 배치되어 있다.

마지막으로 '도치倒置'의 경우를 살펴보면, 〈자매역가姊妹易嫁〉와 제6회第六

回〈위부명얼유기작違父命孽由己作 대자가복자천래代姊嫁福自天來〉에 잘 나타나 있다. 서술의 진행이 뒤바뀐 부분은 여관 주인의 억울한 누명을 주인공이 풀어주는 장면이다. 이 부분은 〈자매역가姊妹易嫁〉에서는 왕흥아王興兒의 과거 급제와 관련되어 '결말'에 자리하고 있다. 〈위부명얼유기작違父命孽由己作 대자가복자천래代姊嫁福自天來〉에서는 〈자매역가姊妹易嫁〉와는 다르게 '절정'에 안배되어 있다. 이 장면은 왕각로王閣老가 고향으로 돌아오고 난 뒤에 바로 삽입되어 있으며, 출가한 월영月英[큰딸]에게 비단을 주는 장면 앞에 위치하고 있다.

3) 행위 주체자의 교체交替 및 변환變換

행위 주체자의 교체交替와 변환變換은 줄거리 진행 과정에서 어떤 행동이나 사건에 있어서 그것을 주동적으로 이끌어가는 인물[주체主體]과 그 인물의 구체적인 행동 변화를 말한다. 《성몽병언醒夢駢言》에서는 모두 세 작품에서 이러한 현상이 보이는데, 구체적인 작품과 내용을 살펴보면 다음과 같다.

《聊齋志異》	《醒夢駢言》
〈阿寶〉	第三回〈呆秀才志誠求偶 俏佳人感激許身〉
손자초孫子楚가 아파서 누워 있자, 손자초孫子楚이 집에서 아보阿寶의 집으로 찾아와 손자초孫子楚의 초혼招魂 의식을 행할 것을 부탁함. 무당이 손자초孫子楚의 옷과 방석을 가지고 아보阿寶의 집으로 감. 아보阿寶의 방으로 들어가 손자초孫子楚의 혼을 불러옴. 손자초孫子楚가 깨어남	원외員外는 어떤 이가 찾아와 장張노파가 말한 손인孫寅이 병이 걸렸다며 자신의 집에서 혼을 불러들이는 것을 부딕하기에 허락하였다고 함. 주저珠姐가 옆에서 듣고 속으로 매우 놀람. 여도사 한 명이 손인孫寅의 혼을 불러들임. 주저珠姐는 더 이상 꿈에서 서생書生[손인孫寅]을 만나지 않으니 그 기이함에 탄복함
〈仇大娘〉	第八回〈施鬼蜮隨地生波 仗神靈轉災為福〉
소씨邵氏의 병이 위독하자, 위명魏名은 구씨仇氏 집안에 분란을 일으키고자 전처의 소생으로 먼 곳으로 시집간 대낭大娘을 부르기로 함. 마침 대낭大娘과 같은 마을에 사는 한 등짐장수가 들렀으므로 그를 통해 대낭大娘에게 소식을 전하고 그녀가 친정으로 오기를 권유함	우목중尤牧仲의 딸 영고英姑는 조주潮州로 시집갔는데, 성격이 강직했음. 위치지韋恥之는 조주潮州 사람을 통해 영고英姑에게 편지를 보내 그녀를 친정으로 오게 함
〈連城〉	第九回〈倩明媒但求一美 央冥判竟得雙姝〉
교생喬生의 혼이 다시 돌아와 죽었던 교생喬生이 깨어남. 그는 사람을 사효렴史孝廉 집으로 보내 자신이 연성連城을 살릴 수 있다고 하면서, 연성連城의 시신을 자기 집으로 보내 달라고 부탁함. 연성連城의 시신이 교생喬生의 집안으로 들어서는 순간 연성連城은 되살아남	정약의丁約宜의 아내는 사람을 불러 요수지姚壽之의 가슴을 짚어보게 하니 여전히 따뜻하여 입관하지 않음. 요수지姚壽之는 다시 살아나 시씨施氏 집에 가겠다고 함. 요수지姚壽之는 직접 시씨施氏 집에 가서 시효립施孝立에게 그간의 일을 자세히 말하며, 연낭蓮娘의 시신을 자신의 집으로 가져가게 함. 과연 연낭蓮娘이 다시 살아났고 두 사람은 혼인하게 됨

위에 제시된 자료를 근거로 행위 주체자 변화를 살펴보면, 〈아보阿寶〉와 제3회第三回〈태수재지성구우呆秀才志誠求偶 초가인감격허신俏佳人感激許身〉에서는 '손인孫寅[손자초孫子楚]의 혼령을 불러오는 이가 누구인가?'에서 차이를 보인다. 〈아보阿寶〉에서는 손자초孫子楚가 아파서 누워있자, 손자초孫子楚의 집안에서 아보阿寶의 집으로 찾아와 손자초孫子楚의 초혼招魂 의식을 행할 것을 부탁한다. '무당'이 손자초孫子楚의 옷과 방석을 가지고 아보阿寶의 방으로 들어가 손자초孫子楚의 혼을 불러오자, 손자초孫子楚가 깨어난다. 하지만 〈태수재지성구우呆秀才志誠求偶 초가인감격허신俏佳人感激許身〉에서는 '여도사'가 손인孫寅의 혼을 불러들이는 것으로 바뀌었다.

〈구대낭仇大娘〉과 제8회第八回〈시귀역수지생파施鬼蜮隨地生波 장신령전재위복仗神靈轉災為福〉에서도 이와 같은 특징이 나타난다. 〈구대낭仇大娘〉에서는 소씨邵氏의 병이 위독해지자, 위명魏名은 구씨仇氏 집안에 분란을 일으키고자 전처의 소생으로 먼 곳으로 시집간 대낭大娘을 부르기로 한다. 마침 대낭大娘과 같은 마을에 사는 한 '등짐장수'가 들렀으므로 그를 통해 대낭大娘에게 소식을 전하고 그녀가 친정으로 오기를 권유한다. 하지만 〈시귀역수지생파施鬼蜮隨地生波 장신령전재위복仗神靈轉災為福〉에서는 위치지韋恥之가 '조주潮州 사람'을 통해 영고英姑에게 '편지를 보내' 친정으로 오게 한다. 즉 '등짐장수'를 통해 소식을 전한 것에서 '조주潮州 사람'을 통해 일부러 '서신'을 보낸 것으로 바뀌었다.

다음으로 행위 주체자의 행동 변화를 살펴보면, 〈연성連城〉에서는 교생喬生의 혼이 다시 돌아와 죽었던 교생喬生이 깨어나는데, '그는 사람[타인]을 사효렴史孝廉 집으로 보내' 자신이 연성連城을 살릴 수 있다고 하면서, '연성連城의 시신을 자기 집으로 보내 달라고 부탁한다.' 연성連城의 시신이 교생喬生의 집안으로 들어서는 순간 연성連城은 되살아난다. 제9회第九回〈천명매단구일미倩明媒但求一美 앙명판경득쌍주央冥判竟得雙姝〉에서는 요수지姚壽之가 다시 살아나 시씨施氏 집에 가겠다고 한다. 요수지姚壽之는 자신이 시씨施氏 집에 직접 가서 시효립施孝立에게 그간의 일을 자세히 말하며, '연낭蓮娘의 시신을 자신의 집으로 가져가고자 한다.' 연낭蓮娘[연성連城]의 시신을 요수지姚壽之[교생喬生]의 집으로 옮겨오는 과정에서 '자신이 직접 연낭蓮娘[연성連城]의 집에 가서 부탁하는 것인가?' 아니면 '타인을 통해서 자신의 의견을 전달하는 것인가?'의 차이가 있다.

4) 사건이 일어난 공간의 변화

《성몽병언醒夢駢言》에서는《요재지이聊齋志異》와 비교해서 사건이 일어난 장소의 변화가 종종 보이는데, 가장 대표적인 작품은 제3회第三回〈태수재지성구우呆秀才志誠求偶 초가인감격허신俏佳人感激許身〉이다.

《聊齋志異》	《醒夢駢言》
〈阿寶〉	第三回〈呆秀才志誠求偶 俏佳人感激許身〉
청명절淸明節 날, 손자초孫子楚의 친구들은 억지로 그를 교외로 나가자고 권유했고, 그중 어떤 이가 아보阿寶를 볼 의향이 없는지 물어봄. 그는 아보阿寶가 어떻게 생겼는지 궁금해서, 나무 아래에서 쉬고 있는 아보阿寶를 보게 됨	손인孫寅의 친구들은 혼사가 이루어지지 않고, 그가 손가락을 잘랐다는 것을 듣고 그를 비웃음. 청명절淸明節에 손인孫寅은 친구들과 호구사虎丘寺에 놀러 감. 마침 유안인劉安人과 주저珠姐가 가마를 타고 절에 옴. 그는 가마를 쫓아 절로 들어가, 불당에서 주저珠姐를 봄

〈아보阿寶〉에서 청명절淸明節 날, 손자초孫子楚와 그의 친구들은 함께 교외로 놀러 나갔고, 손자초孫子楚와 아보阿寶의 혼담에 관한 사건을 알고 있는 어떤 친구가 손자초孫子楚에게 아보阿寶를 볼 의향이 있는지를 물어본다. 그는 사실 아보阿寶의 생김새가 궁금하기도 했기에 직접 찾아가 '나무 아래에서 쉬고 있는 아보阿寶를 보게 된다.' 〈태수재지성구우呆秀才志誠求偶 초가인감격허신俏佳人感激許身〉에서는 손인孫寅의 친구들은 그와 주저珠姐의 혼사는 이루어지지 않았고, 도리어 그가 손가락을 잘랐다는 소식을 듣고 그를 비웃는다. 청명절淸明節에 손인孫寅은 친구들과 호구사虎丘寺에 놀러 가게 되는데, 마침 유안인劉安人과 주저珠姐가 가마를 타고 절에 온다. 그는 '가마를 쫓아 절로 들어가, 불당에서 주저珠姐를 본다.'

일단 두 작품을 비교해 보면, 주저珠姐[아보阿寶]와 손인孫寅[손자초孫子楚]의 만남이 '주동적으로 이루어진 것인가?' 아니면 '우연히 보게 된 것인가?'의 차이점이 있다. 그다음으로는 이러한 만남이 '한 인물의 주도로 단순하게 이루어진 것인가?' 아니면 '여러 우연과 과정의 교합을 통해 이루어졌는가?' 하는 점이다. 만약 이 장면에서 사건 발생의 '고의성'과 '우연성', 사건 서술의 '단순성'과 '복잡성'을 제외하면, 비교적 두드러지는 점은 바로 두 사람이 만나는 장소의 변화이다. 〈아보阿寶〉에서는 청명절淸明節 행사가 벌어지는 저잣거리의 '나무 아래'로 개방된 공간이다. 그러나 〈태수재지성구우呆秀才志誠求偶 초가인감격허신俏佳人感激許身〉에서는 '호구사虎丘寺'이라는 제한된 공간이 등장하고, 이어서 '법당'이라는 보다 더 한정적인 장소가 나타난다. 이러한 장소의 다름은 단순히 공간의 변화를 보여 주는 것에 그치지 않고 그곳을 중심으로 다음 이야기가 전개되고, 또한 그곳에 이르기까지의 다양하고 복잡한 사건을 서로 연결해주는 구심점 역할을 하고 있다.

5) 등장인물의 심리 변화

등장인물의 정서와 심리 변화를 구체적으로 나타나는 작품은 〈아보阿寶〉와 제3회第三回〈태수재지성구우呆秀才志誠求偶 초가인감격허신俏佳人感激許身〉이다.

《聊齋志異》	《醒夢駢言》
〈阿寶〉	第三回〈呆秀才志誠求偶 俏佳人感激許身〉
손자초孫子楚가 자른 손가락을 매파媒婆에게 보여 주고, 아보阿寶가 다시 바보스러움을 없애 달라고 함. 손자초孫子楚는 아보阿寶에게 만나 자신이 바보가 아님을 보여 줄 기회가 없었고, 아보阿寶가 예쁘다는 보장도 없는데 그녀가 어찌 그렇게 자신만만한지 스스로 의문이 생김. 그는 예전에 품었던 열정이 순식간에 식어버림	손인孫寅이 장張노파에게 그의 손가락을 주었고, 주저珠姐는 그에게 바보스러움을 없애야 결혼을 할 것이라는 말을 전함. 손인孫寅은 장張노파의 집에서 기다리다가, 주저珠姐가 결국 자신과의 결혼을 원치 않은 것으로 생각하고 화가 나서 돌아감

〈아보阿寶〉에서는 손자초孫子楚가 자른 손가락을 매파媒婆에게 보여 주지만, 아보阿寶는 매파媒婆를 통해 그에게 다시 바보스러움을 없애 달라고 한다. 손자초孫子楚는 매파媒婆를 통해 아보阿寶의 생각을 전해 들었지만, 아보阿寶를 만나 자신이 바보가 아님을 보여 줄 기회가 없었고, 또한 자신이 고통과 수고를 감내할 만큼 아보阿寶가 예쁘다는 보장도 없는데 그녀가 왜 그렇게 자신만만한지 '스스로 의문이 생긴다.' 그러자 그는 그녀에 대한 열정이 순식간에 식어버린다. 〈태수재지성구우呆秀才志誠求偶 초가인감격허신俏佳人感激許身〉에서는 손인孫寅이 장張노파에게 그의 잘린 손가락을 주었고, 주저珠姐는 그에게 바보스러움을 없애야 결혼을 할 것이라는 말을 전한다. 손인孫寅은 장張노파의 집 앞에서 고통을 참으며 온종일 기다리다가 장張노파가 돌아와 주저珠姐의 생각을 전하자, 그는 주저珠姐가 결국 자신과의 결혼을 원치 않은 것으로 생각하고서 '심하게 화가 나서 돌아가 버린다.' 〈아보阿寶〉에서는 손자초孫子楚가 아보阿寶에 대

해서 단순히 의심이 생기는 정도와 그로 인한 심경의 변화에 치중하여 묘사했다면, 〈태수재지성구우呆秀才志誠求偶 초가인감격허신俏佳人感激許身〉에서는 손인孫寅이 주저珠姐의 결혼 승낙에 대한 기대에서 점차 실망과 분노의 감정으로 격변하는 심리적 감정을 드러내고 있으며, 급기야 크게 화가 나 바로 집으로 돌아가 버리는 충동적인 행동을 보여 주고 있다.

| 8 | 나오는 말篇尾

이상으로 '답습踏襲'과 '변용變容'의 관점으로 《요재지이聊齋志異》에 대한 《성몽병언醒夢駢言》의 개편改編 과정을 살펴보았다. 《요재지이聊齋志異》에서 《성몽병언醒夢駢言》으로의 개작에는 서사 형식과 서사 구조 및 주제의식의 변화도 있지만, 무엇보다도 분명하고 구체적인 차이점은 '서사 내용의 변화'이다. '서사 내용의 변화'에는 다양한 특징이 나타나기도 하지만 대체로 '부연敷衍', '축소縮小', '확대擴大', '변환變換', '첨가添加', '삭제削除' 등의 현상이 드러난다. 본 연구에서는 이러한 변화 중에서 '부연敷衍', '축소縮小', '확대擴大', '변환變換'을 중심으로 살펴보았다. 만약 '다름'이라는 광범위한 의미의 틀에서 살펴본다면, 원작의 내용을 그대로 이어받아 묘사하는 '답습踏襲'도 이런 변화의 확장된 범위 안에 포함된다고 할 수 있다. '변용變容'의 대칙점에 있다고 할 수 있는 '답습踏襲'은 원작의 내용을 비교적 그대로 이어받은 '같음'의 특징을 가지고 있고, '변용變容'은 원작의 내용을 다르게 바꾸는 '다름'의 특징을 가지고 있다. 하지만 이러한 '같음'과 '다름'은 서로 대립하거나 충돌하는 것이 아니라, 오히려 상대를 반영하고 포용하는 것이라고 할 수 있다.

'답습踏襲'은 원작의 내용을 그대로 계승하거나 유지하는 서사적 특징이다. '변용變容'은 원작의 내용을 예술적으로 다르게 재현하는 서사적 특징을 가진다. 이러한 특징은 '서사 내용의 불일치'에서 확연하게 드러난다. '서사 내용의 불일치'는 '변용變容'의 관점에 치중하여 내용을 조정하는 서사 방식인데, 인물이나 사건이 뒤바뀌거나 완전히 새로운 인물이 등장하거나 혹은 생소한 내용이 부가되어 묘사되기도 한다. 이러한 '서사적 변화'를 적극적으로 운용하는 기법 중에서 '부연敷衍', '축소縮小', '확대擴大', '변환變換'이 있다. 이와 같은 수법은 '변화의 시작 단계'라고 할 수 있는데, '변화의 시작 단계'에는 인물의 등장,

행동, 심리 변화도 있고, 서사 관점, 묘사 대상, 내용 순서, 서술 주체의 변화도 있으며, 편폭이나 이야기의 확대擴大 혹은 축소縮小의 변화를 보이기도 한다.

'부연敷衍'은 '답습踏襲'의 기본 곡조에 변화를 부여하는 일종의 '변조變調'와 같은 것이다. 만약 '부가附加'의 특징에 집중하여 '덧붙인 내용' 혹은 '보충된 서사', 그것만을 본다면 추가로 삽입된 내용이어서 '부분적 첨가'라고 볼 수 있지만, 단순히 확대된 내용만을 보는 것이 아니라, 이야기의 '연속성'과 '유기성'의 관점에서 보면, 분명 동일한 이야기의 진행이라는 특징을 가지고 있기에 원작의 화소에 내용을 다시 연장하거나 보충하는 것으로 볼 수 있다. '축소縮小'는 인물 대상과 관계, 만남의 회수, 증여와 서사 내용 등에서 일정 부분 축약되는 현상이다. 이러한 현상은 작품의 서사 진행의 필요성 때문에 조정되는데, 더욱 완전한 서사의 예술성을 실현하기 위한 조절 기능이라고 볼 수 있다. '확대擴大'에는 '외적인 확장'으로 볼 수 있는 '서사 편폭의 길이'와 '서사 장면의 다양성', 그리고 '내적인 심화'라고 이해할 수 있는 '서사 내용의 확대擴大'와 '서사 구조의 완정성完整性'으로 볼 수 있다. 이러한 '확대擴大'의 특징이 《성몽병언醒夢駢言》의 여러 작품에서 폭넓게 나타나고 있다. '변환變換'은 《성몽병언醒夢駢言》의 거의 모든 작품에서 보이며, 다른 변화의 특징보다 가장 광범위하게 나타난다. '변환變換'은 '변화變化', '변용變容'의 하위 범주 혹은 '변화變化'의 제한된 부분에서의 현상이라고 할 수 있다. 또한 '변화變化'의 복잡한 특징을 다양하게 드러내는 포괄적 현상이기도 하다. 《성몽병언醒夢駢言》의 '변환變換'과정에서는 그 출현 빈도수에 걸맞게 여러 특징이 나타나는데, 서사 내용의 조율과 변화, 사건 발생 전후의 서술 순서 이동, 행위 주체자의 교체交替 및 변환變換, 사건이 일어난 공간의 변화, 등장인물의 심리 변화 등이 있다. 이러한 특징은 출현 빈도에 있어서 한 작품에서 하나의 특징만 나타나기도 하며, 여러 가지 특징이 같이 드러나기도 한다. 특징 간의 결합에 있어서도 여러 특징이 복합적으로 연계되어 나타나기도 하며, 독립적으로 출현하기도 한다. 출현 범위에 있어서는 이러한 현상이 작품 일부에서만 제한적으로 일어나기도 하며, 작품 전체에서 폭넓게 재현되기도 한다.

《성몽병언醒夢駢言》에서 이러한 '변화變化'의 현상이 나타난 작품을 종합적으로 살펴보면, '변환變換'의 특징이 가장 많이 보이고, 그다음이 '부연敷衍'이며, 이어서 '확대擴大'이고, 가장 적게 나타나는 특징이 '축소縮小'이다. 그 이유는 문언문文言文으로 쓰인 《요재지이聊齋志異》를 백화문白話文의 《성몽병언醒夢駢言》으로 '재창작再創作'하는 과정에서 편폭이 늘어나고 내용이 확장되는 현상뿐만 아니라, 독자 계층과 독서 환경의 변화로 인해 '변환變換'과 '부연敷衍'의 특징이 분명히 나타나고 있기 때문이다. '축소縮小'의 특징이 다른 특징보다 적게 나타나는 현상은 사회 관념과 사상의 흐름이 바뀜에 따라 작품의 서술과정에서 불필요하거나 생략이 필요한 부분이 자연스럽게 생겨나고, 이러한 부분을 '재창작再創作'의 과정에서 탄력적으로 조절하거나 특정한 부분에만 한정하고 있기 때문이다. 그렇기에 전체적인 변화의 특징은 '축소縮小'보다는 '변환變換'이나 '부연敷衍', '확대擴大'로 치우치는 경향이 보다 뚜렷하게 드러난다.

이처럼 '서사 내용의 변화' 과정에서의 '시작 단계'는 원작의 기본 골격을 최대한 그대로 유지하면서 같은 듯 다르게 내용을 묘사하고 있는데, 이것은 소위 저자의 '서술 책략' 혹은 '서술 계획'하고도 관련이 있다. 이 계획에는 기존의 내용을 표면적으로 유지하면서 독자에 대한 대응과 시대적 흐름을 반영하고, 사회 문화적 요구와 변화를 내용에 적절하게 표현해내려는 의도가 숨겨져 있는 것이다. '변화의 완성 단계'에서 보이는 것처럼 단순하면서도 직접적인 운용 수법보다 교묘하면서도 치밀하게 서사 기교를 변용하고 있고, 변화 과정이 복잡하면서도 유기적으로 얽어 놓아 높은 서사적 예술성을 지니는 동시에 다양한 내용적 변화를 통해 작품 내용을 더욱더 입체적으로 바꾸어 놓았다.

故宮博物院

2장

첨가添加와 삭제削除

《요재지이聊齋志異》에 대한

《성몽병언醒夢駢言》 서사의 개편改編

청대清代 작자 미상 《요재전도聊齋全圖》 중 〈구대낭仇大娘〉 © 오스트리아국립도서관Österreichische Nationalbibliothek

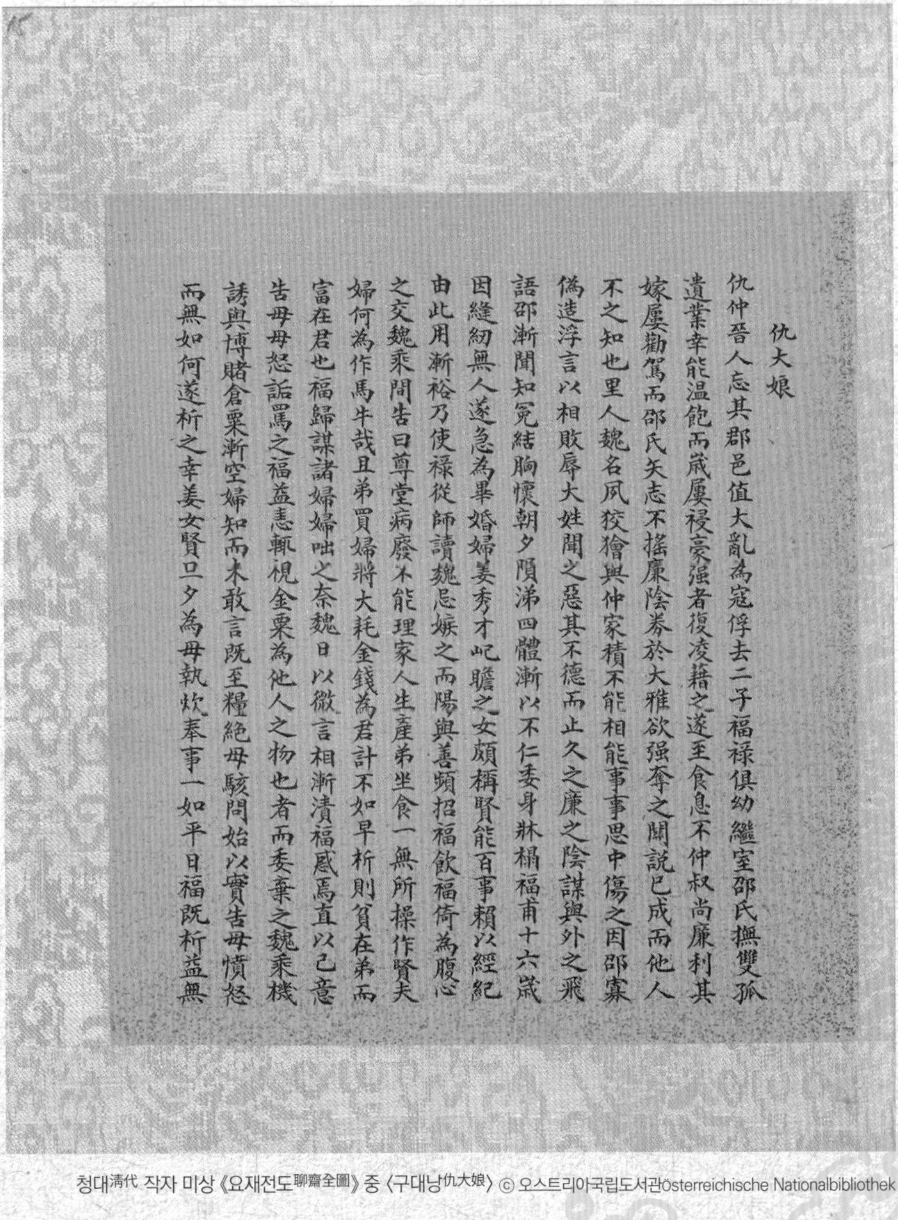

仇大娘

仇仲晉人忘其郡邑值大亂為寇俘去二子福祿俱幼繼室邵氏撫雙孤遺業幸能温飽而歲屢祲豪强者復凌藉之遂至食息不仲叔尚廉利其嫁屢勸駕而邵氏矢志不搖廉陰券於大雅欲强奪之關說已成而他人不之知也里人魏名夙狡獪與仲家積不能相能事事思中傷之因邵寡偽造浮言以相敗辱大姓聞之惡其不德而止久之廉之陰謀與外之飛語邵漸聞知冤結胸懷朝夕隕涕四體漸以不仁委身牀榻福甫十六歲因縫紉無人遂急為畢婚婦姜秀才屺瞻之女頗稱賢能百事賴以經紀由此用漸裕乃使祿從師讀魏忌嫉之而陽與善頻招福飲福倚為腹心之交魏乘間告曰尊堂病廢不能理家人生產弟坐食一無所操作賢夫婦何為作馬牛哉且弟買婦將大耗金錢為君計不如早析則貧在弟而富在君也福歸謀諸婦婦咄之奈魏日以微言相漸漬福惑焉直以己意告母母怒詬罵之福益恚輒視金粟為他人之物也者而委棄之魏乘機誘與博賭倉粟漸空婦知而未敢言既至糧絕母駭問始以實告母憤怒而無如何遂析之幸姜女賢旦夕為母執炊奉事一如平日福既析益無

청대清代 작자 미상《요재전도聊齋全圖》중〈구대낭仇大娘〉ⓒ 오스트리아국립도서관Österreichische Nationalbibliothek

청대清代 작자 미상 《요재전도聊齋全圖》 중 〈구대낭仇大娘〉 © 오스트리아국립도서관Österreichische Nationalbibliothek

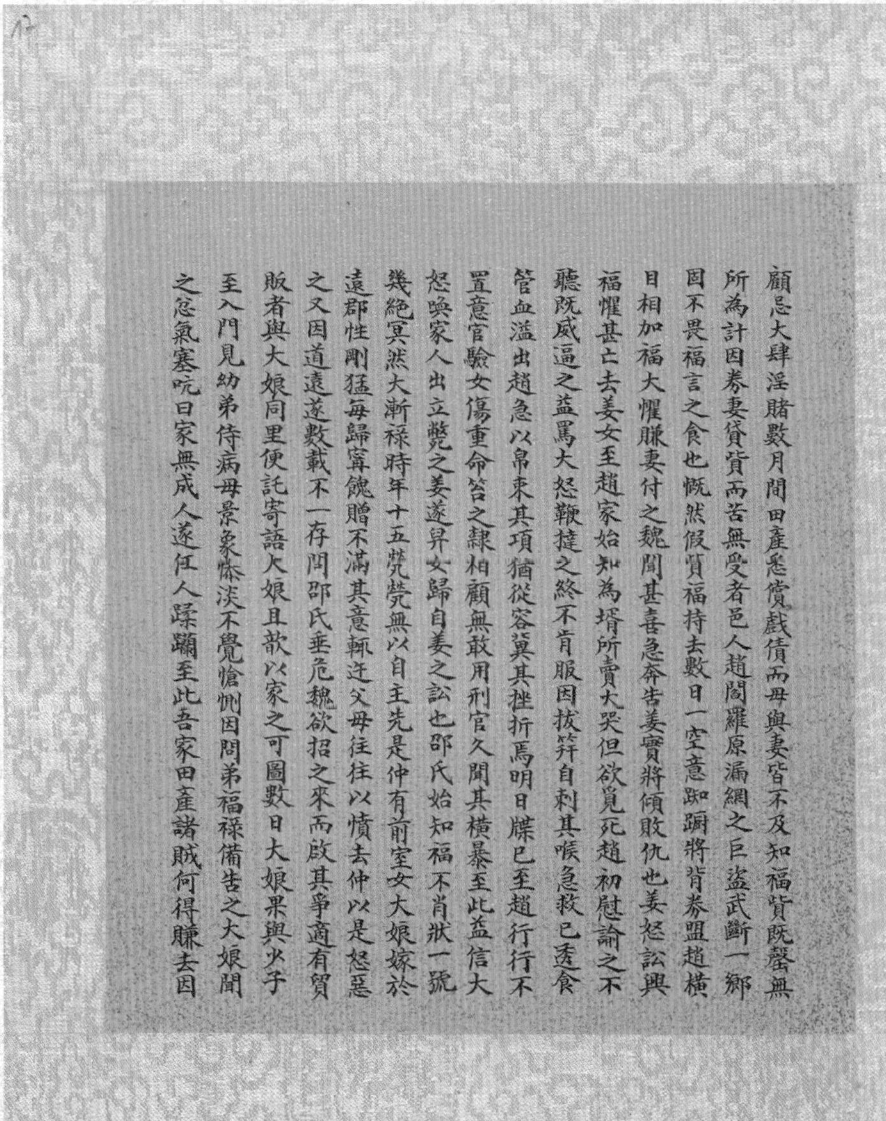
顧忌大肆淫賭數月間田產悉償戲債而母與妻皆不及知福貲既罄無
所為計因券妻貸貲而苦無受者邑人趙閻羅原漏網之巨盜武斷一鄉
固不畏福言之食也慨然假貲福持去數日一空意踟躕將背券盟趙橫
目相加福大懼賺妻付之魏聞甚喜急奔告姜實將傾敗仇也姜怒訟興
福懼甚亡去姜女至趙家始知為婿所賣大哭但欲覓死趙初慰諭之不
聽既威逼之益罵大怒鞭撻之終不肯服因拔笄自刺其喉急救已透食
管血溢出趙急以帛束其項猶從容冀其挫折焉明日牒已至趙行行不
置意官驗女傷重命笞之隸相顧無敢用刑官久聞其橫暴至此益信大
怒喚家人出立斃之姜遂舁女歸自姜之訟也邵氏始知福不肖狀一號
幾絕冥然大漸祿時年十五煢煢無以自主先是仲有前室女大娘嫁於
遠郡性剛猛每歸寧餽贈不滿其意輒迕父母往往以憤去仲以是怒惡
之又因道遠遂數載不一存問邵氏垂危魏欲招之來而啟其爭適有貿
販者與大娘同里便託寄語大娘且歆以家之可圖數日大娘果與少子
至入門見幼弟侍病母景象慘淡不覺愴惻因問弟福祿備告之大娘聞
之忿氣塞吭曰家無成人遂任人蹂躪至此吾家田產諸賊何得賺去因

청대清代 작자 미상 《요재전도聊齋全圖》 중 〈구대낭仇大娘〉 ⓒ 오스트리아국립도서관Österreichische Nationalbibliothek

청대清代 작자 미상 《요재전도聊齋全圖》 중 〈구대낭仇大娘〉 © 오스트리아국립도서관Österreichische Nationalbibliothek

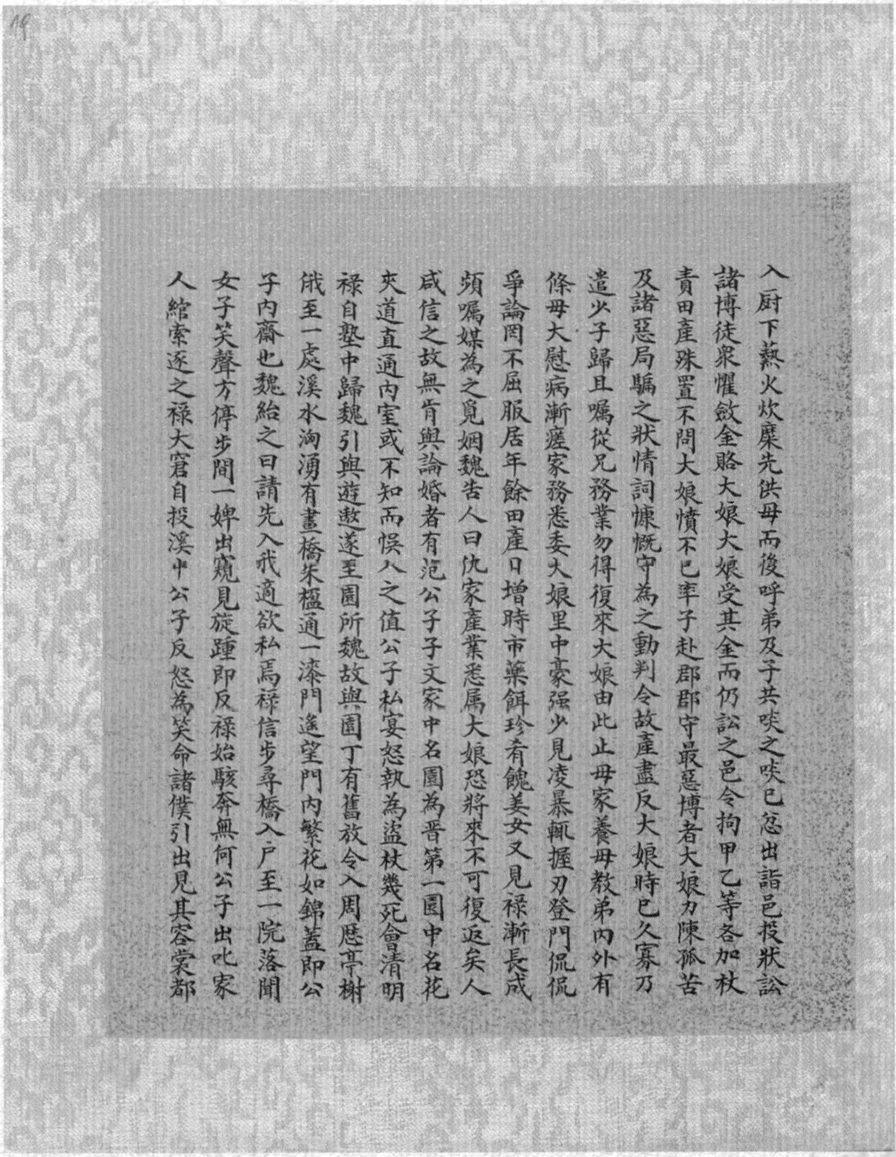

入厨下爇火炊糜先供母而後呼弟及子共啖之啖已忿出詣邑投狀訟
諸博徒衆懼斂金賂大娘大娘受其金而仍訟之邑令拘甲乙等各加杖
責田產殊置不問大娘憤不已率子赴郡郡守最惡博者大娘力陳孤苦
及諸惡局騙之狀情詞慷慨守為之動判令故產盡反大娘時已久寡乃
遣少子歸且囑從兄務業勿得復來大娘由此止母家養母教弟內外有
條母大慰病漸瘥家務悉委大娘里中豪強少見凌暴輒握刃登門侃侃
爭論罔不屈服居年餘田產日增時市藥餌珍肴餽姜女又見祿漸長成
頻囑媒為之覓姻魏告人曰仇家產業悉屬大娘恐將來不可復返矣人
咸信之故無肯與論婚者有范公子子文家中名園為晉第一園中名花
夾道直通內室或不知而誤入之值公子私宴怒執為盜杖幾死會清明
祿自塾中歸魏引與遊遨遂至園所魏故與園丁有舊故令入周歷亭榭
俄至一處溪水洶湧有畫橋朱檻通一漆門遙望門內繁花如錦蓋即公
子內齋也魏紿之曰請先入我適欲私焉祿信步尋橋入戶至一院落聞
女子笑聲方停步間一婢出窺見旋踵即反祿始駭奔無何公子出叱家
人綰索逐之祿大窘自投溪中公子反怒為笑命諸僕引出見其容裳都

청대清代 작자 미상 《요재전도聊齋全圖》 중 〈구대낭仇大娘〉 ⓒ 오스트리아국립도서관Österreichische Nationalbibliothek

청대清代 작자 미상 《요재전도聊齋全圖》 중 〈구대낭仇大娘〉 © 오스트리아국립도서관Österreichische Nationalbibliothek

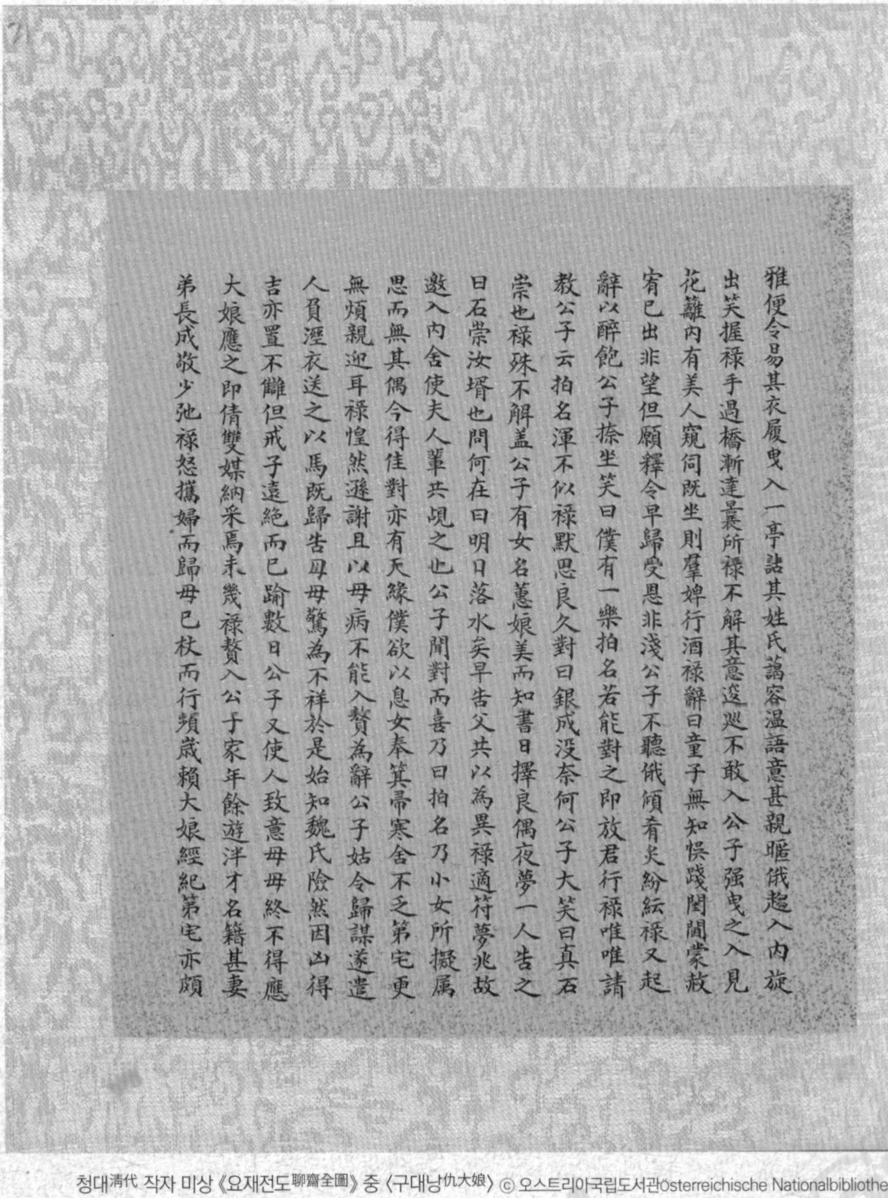

雅便令易其衣履曳入一亭詰其姓氏藹容溫語意甚親暱俄趨入內旋
出笑握祿手過橋漸達曩所祿不解其意逡巡不敢入公子强曳之入見
花籬內有美人窺伺既坐則羣婢行酒祿辭曰童子無知悞踐閨闥蒙赦
宥已出非望但願釋令早歸受恩非淺公子不聽俄頃肴炙紛紜祿又起
辭以醉飽公子捺坐笑曰僕有一樂拍名若能對之即放君行祿唯唯請
教公子云拍名渾不似祿默思良久對曰銀成沒奈何公子大笑曰真石
崇也祿殊不解蓋公子有女名蕙娘美而知書日擇良偶夜夢一人告之
曰石崇汝壻也問何在曰明日落水矣早告父共以為異祿適符夢兆故
邀入內舍使夫人輩共覘之也公子聞對而喜乃曰拍名乃小女所擬屬
思而無其偶今得佳對亦有天緣僕欲以息女奉箕帚寒舍不乏第宅更
無煩親迎耳祿惶然遜謝且以母病不能入贅為辭公子姑令歸謀遂遣
人負溼衣送之以馬既歸告母母驚為不祥於是始知魏氏險然因凶得
吉亦置不讎但戒子遠絕而已踰數日公子又使人致意母母終不得應
大娘應之即倩雙媒納采焉未幾祿贅入公子家年餘遊泮才名籍甚妻
弟長成敬少弛祿怒攜婦而歸母已杖而行頻歲賴大娘經紀第宅亦頗

청대清代 작자 미상 《요재전도聊齋全圖》 중 〈구대낭仇大娘〉 ⓒ 오스트리아국립도서관Österreichische Nationalbibliothek

청대清代 작자 미상 《요재전도聊齋全圖》 중 〈구대낭仇大娘〉

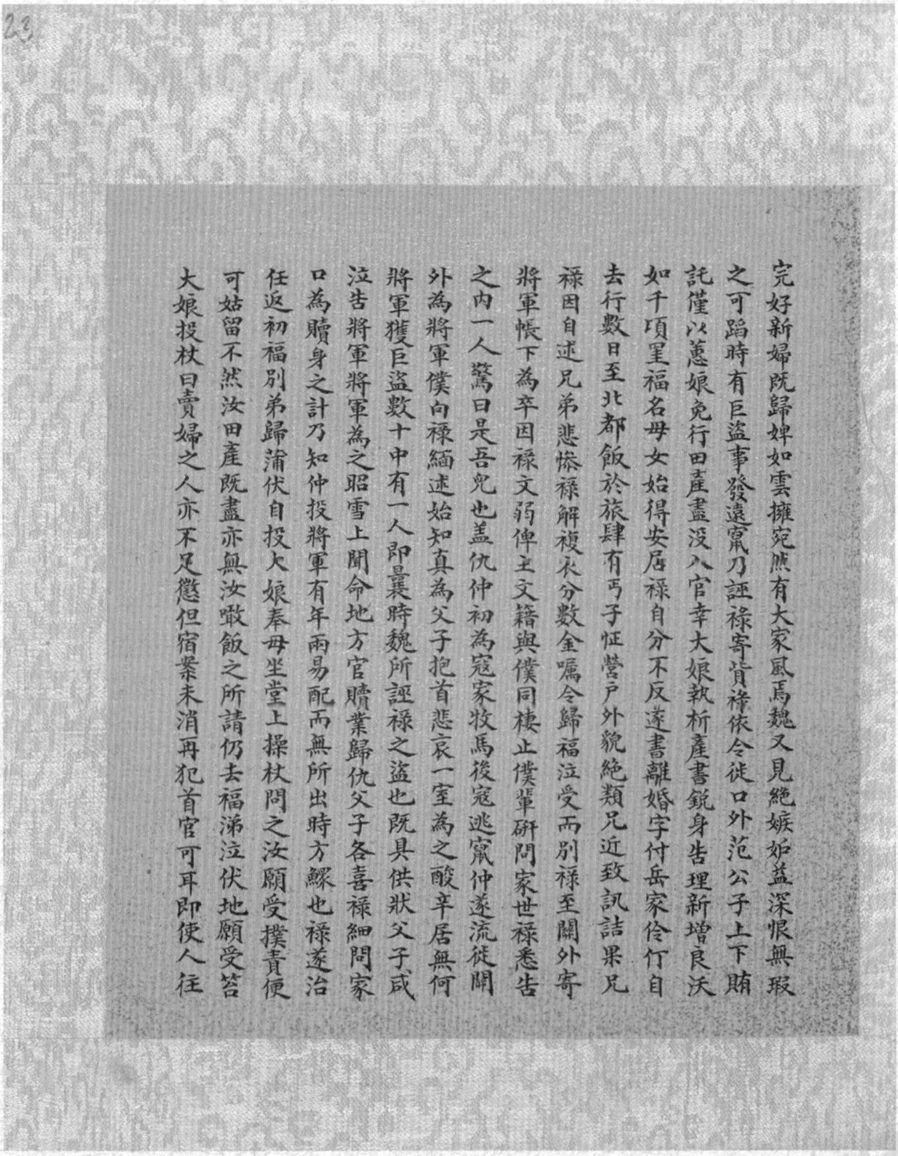

完好新婦既歸婢如雲擁宛然有大家風焉魏又見絕嫉妒益深恨無瑕
之可蹈時有巨盜事發遠竄乃誣祿寄貲祿依令徙口外范公子上下賄
託僅以蕙娘免行田產盡沒入官幸大娘執析產書銳身告理新增良沃
如干頃睪福名毋女始得安居祿自分不反遂書離婚字付岳家伶仃自
去行數日至北都飯於旅肆有丐子怔營戶外貌絕類兄近致訊詰果兄
祿因自述兄弟悲慘祿解複衣分數金囑令歸福泣受而別祿至關外寄
將軍帳下為卒因祿文弱俾主文籍與僕同棲止僕輩研問家世祿悉告
之內一人驚曰是吾兒也蓋仇仲初為寇家牧馬後寇逃竄仲遂流徙關
外為將軍僕向祿緬述始知真為父子抱首悲哀一室為之酸辛居無何
將軍獲巨盜數十中有一人即曩時魏所誣祿之盜也既具供狀父子咸
泣告將軍將軍為之昭雪上聞命地方官贖業歸仇父子各喜祿細問家
口為贖身之計乃知仲投將軍有年兩易配而無所出時方鰥也祿遂治
任返初福別弟歸蒲伏自投大娘奉毋坐堂上操杖問之汝願受撲責便
可姑留不然汝田產既盡亦無汝啜飯之所請仍去福涕泣伏地願受笞
大娘投杖曰賣婦之人亦不足懲但宿案未消再犯首官可耳即使人往

청대清代 작자 미상 《요재전도聊齋全圖》 중 〈구대낭仇大娘〉 ⓒ 오스트리아국립도서관Österreichische Nationalbibliothek

청대清代 작자 미상 《요재전도聊齋全圖》 중 〈구대낭仇大娘〉 ⓒ 오스트리아국립도서관Österreichische Nationalbibliothek

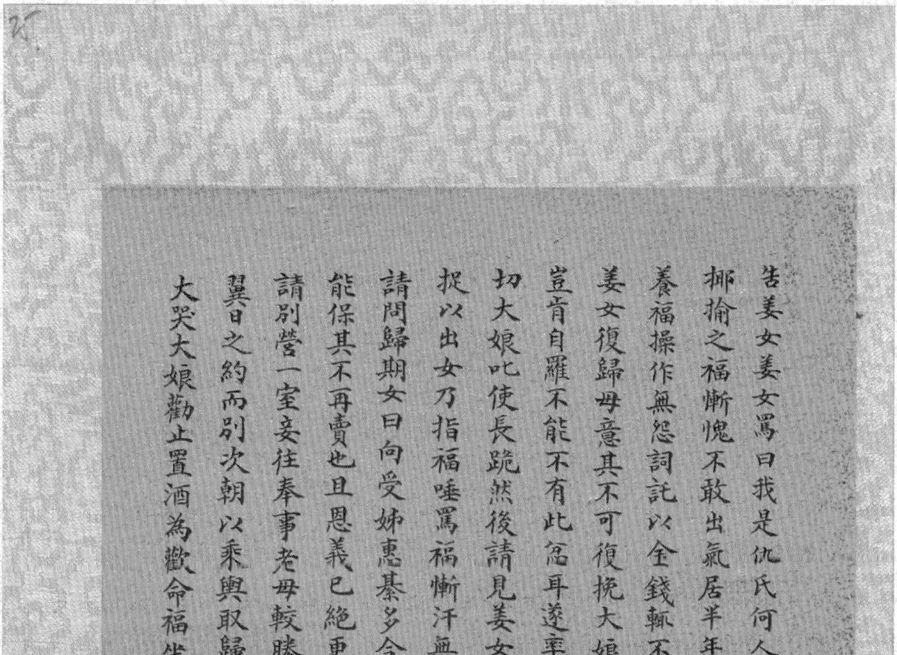

告姜女姜女罵曰我是仇氏何人而相告也大郎頻述告福而
揶揄之福慚愧不敢出氣居半年大娘雖絲奉周備而役同廝
養福操作無怨詞託以金錢輒不苟大娘察其無他乃白母求
姜女復歸母意其不可復挽大娘曰不然渠如肯事二主楚毒
豈肯自羅不能不有此忿耳遂率弟躬往負荊岳父母謫讓良
切大娘叱使長跪然後請見姜女請之再四堅避不出大娘搜
捉以出女乃指福唾罵福慚汗無以自容姜母始曳令起大娘
請問歸期女曰向受姊惠綦多今承尊命豈復有異言但恐不
能保其不再賣也且恩義已絕更何顏與黑心無賴共生活哉
請別營一室妾往奉事老母較勝披削足矣大娘代白其悔為
翼日之約而別次朝以乘輿取歸母逆於門而跪拜之女伏地
大哭大娘勸止置酒為歡命福坐案側乃執爵而言曰我苦爭

청대清代 작자 미상 《요재전도聊齋全圖》 중 〈구대낭仇大娘〉

청대清代 작자 미상 《요재전도聊齋全圖》 중 〈구대낭仇大娘〉 © 오스트리아국립도서관Österreichische Nationalbibliothek

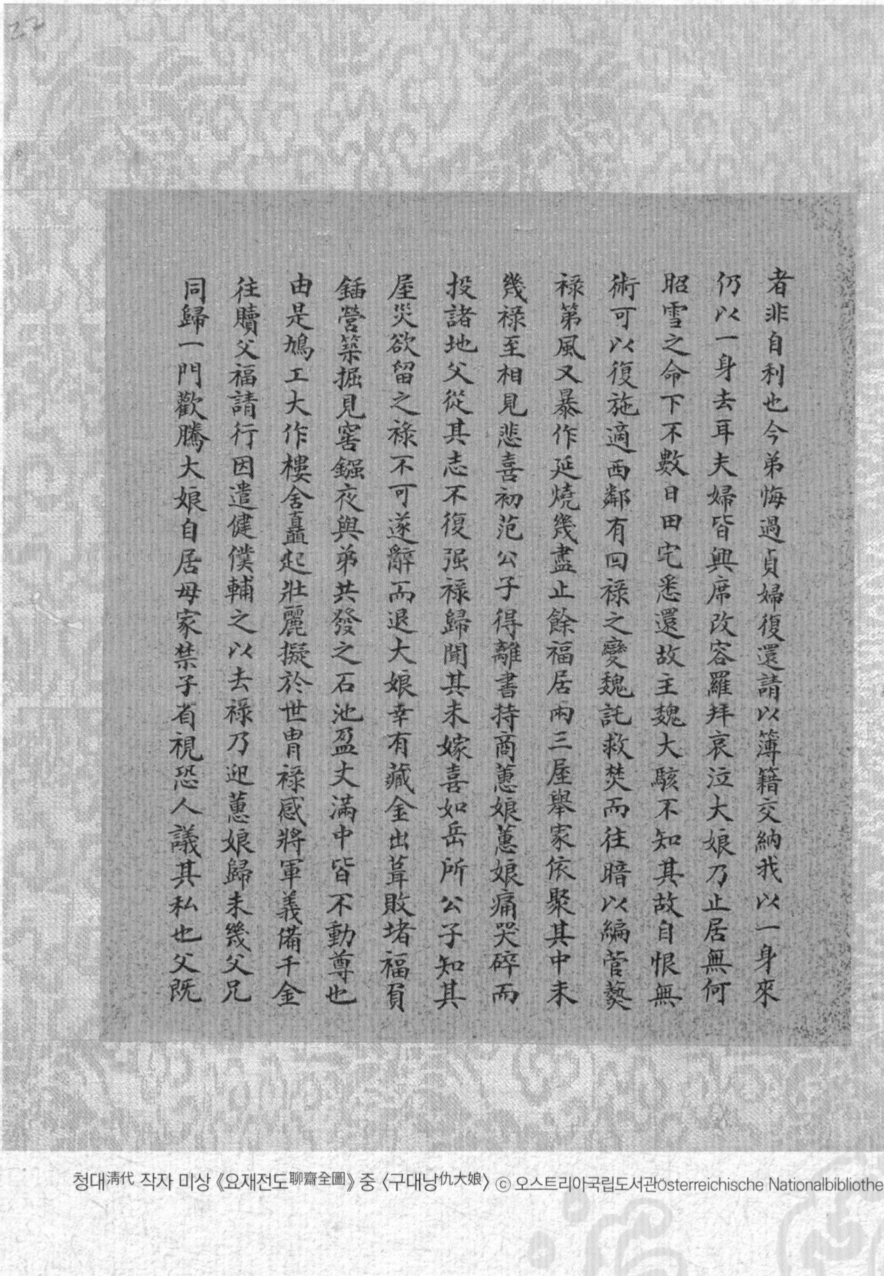

者非自利也今弟悔過貞婦復還請以簿籍交納我以一身來仍以一身去耳夫婦皆興席改容羅拜哀泣大娘乃止居無何昭雪之命下不數日田宅悉還故主魏大駭不知其故自恨無術可以復施適西鄰有回祿之變魏託救焚而往暗以編菅爇祿第風又暴作延燒幾盡止餘福居兩三屋舉家依聚其中未幾祿至相見悲喜初范公子得離書持商蕙娘蕙娘痛哭碎而投諸地父從其志不復强祿歸聞其未嫁喜如岳所公子知其屋災欲留之祿不可遂辭而退大娘幸有藏金出葺敗堵福負鍤營築掘見窖鏹夜與弟共發之石池盈丈滿中皆不動尊也由是鳩工大作樓舍矗起壯麗擬於世胄祿感將軍義備千金往贖父福請行因遣健僕輔之以去祿乃迎蕙娘歸未幾父兄同歸一門歡騰大娘自居母家禁子省視恐人議其私也父既

청대清代 작자 미상 《요재전도聊齋全圖》 중 〈구대낭仇大娘〉 ⓒ 오스트리아국립도서관Österreichische Nationalbibliothek

청대清代 작자 미상 《요재전도聊齋全圖》 중 〈구대낭仇大娘〉 © 오스트리아국립도서관Österreichische Nationalbibliothek

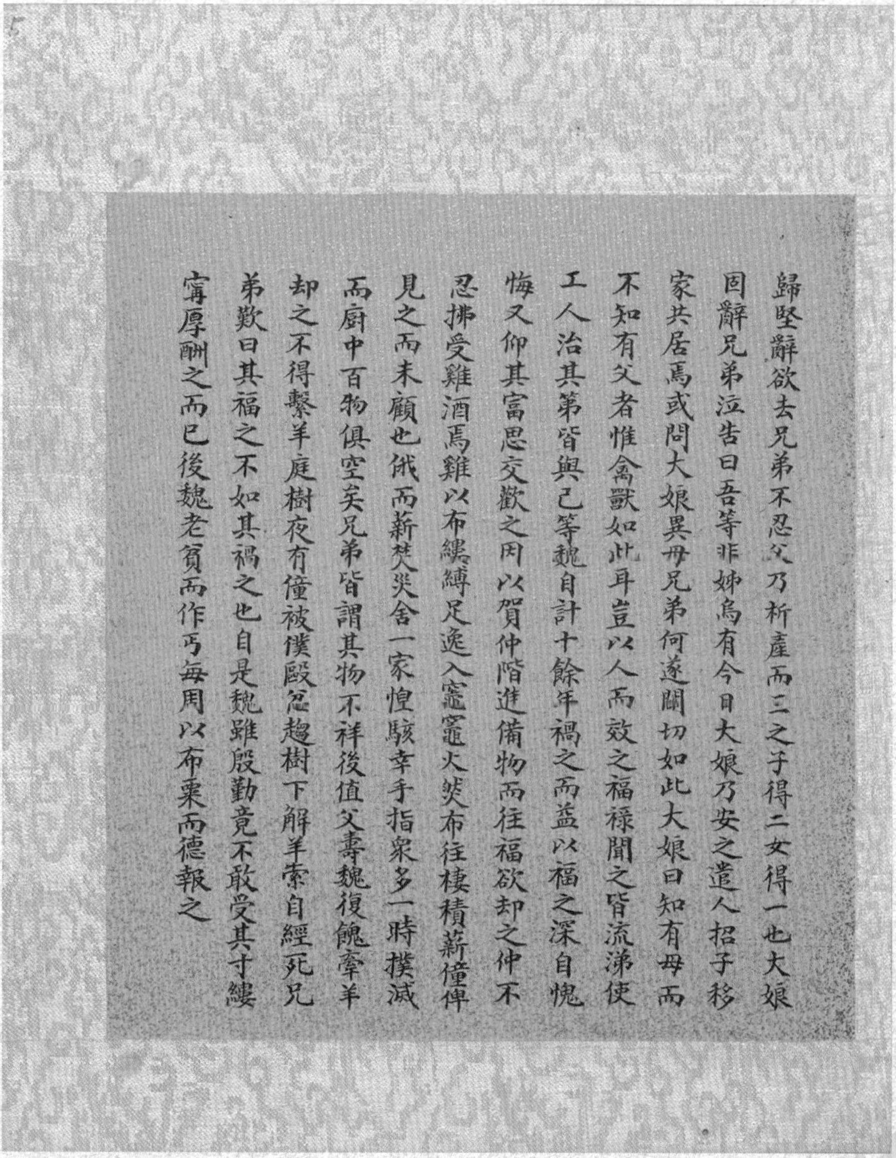
歸堅辭欲去兄弟不忍父乃析產而三之子得二女得一也大娘
固辭兄弟泣告曰吾等非姊烏有今日大娘乃安之遣人招子移
家共居焉或問大娘異母兄弟何遂關切如此大娘曰知有母而
不知有父者惟禽獸如此耳豈以人而效之福祿聞之皆流涕使
工人治其第皆與己等魏自計十餘年禍之而益以福之深自愧
悔又仰其富思交歡之因以賀仲階進備物而往福欲却之仲不
忍拂受雞酒焉雞以布縷縛足逸入竈竈火燄布往棲積薪僮婢
見之而未顧也俄而薪焚災舍一家惶駭幸手指衆多一時撲滅
而廚中百物俱空矣兄弟皆謂其物不祥後值父壽魏復餽牽羊
却之不得繫羊庭樹夜有僮被僕毆忿趨樹下解羊索自經死兄
弟歎曰其福之不如其禍之也自是魏雖殷勤竟不敢受其寸縷
寧厚酬之而已後魏老貧而作丐每周以布粟而德報之

청대清代 작자 미상 《요재전도聊齋全圖》 중 〈구대낭仇大娘〉

刪訂二奇合傳總目

1

《고본소설집성古本小說集成》 중 《이기합전二奇合傳》 중국절강대학교中國浙江大學 소장 © wikipedia

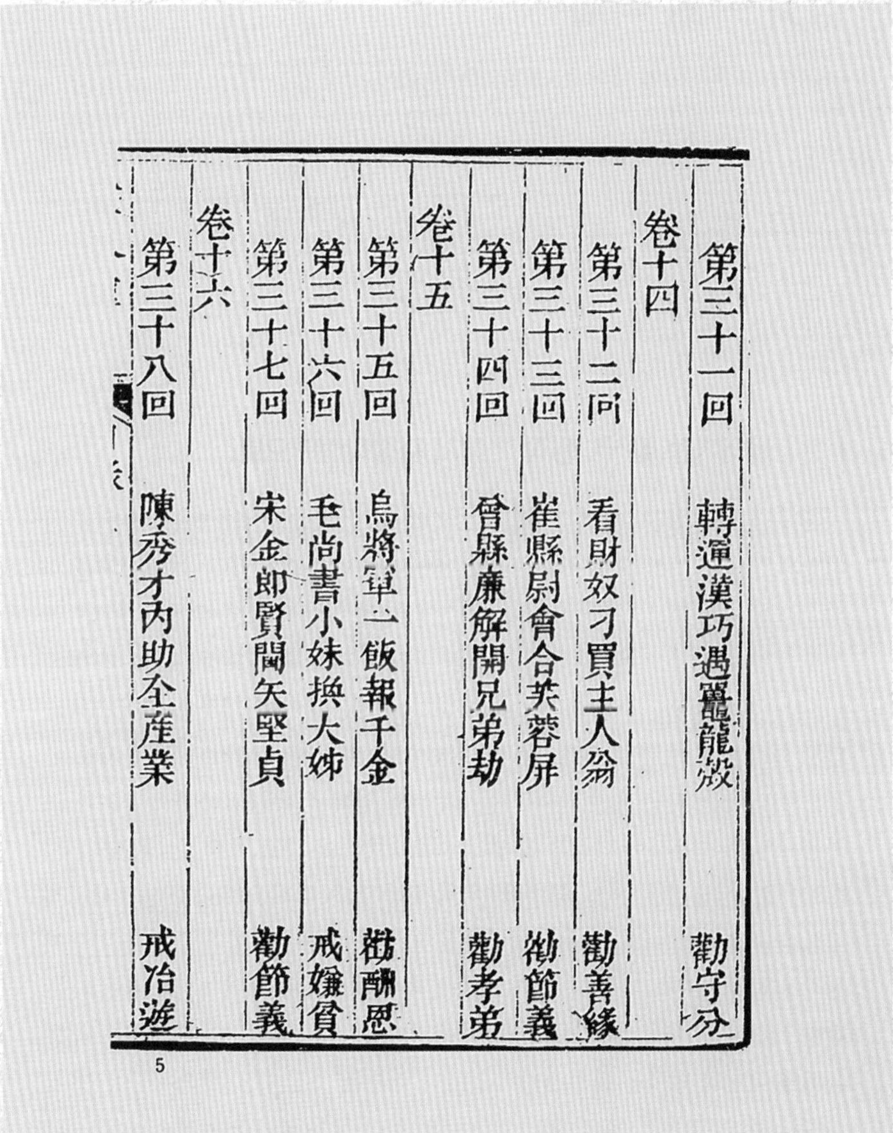
第三十一回 轉運漢巧遇鼉龍殼 勸守分
卷十四
第三十二回 看財奴刁買主人翁 勸善緣
第三十三回 崔縣尉會合芙蓉屏 勸節義
第三十四回 會縣廉解開兄弟劫 勸孝弟
卷十五
第三十五回 烏將軍一飯報千金 勸酬恩
第三十六回 毛尚書小妹換大姊 戒嫌貧
第三十七回 宋金郎賢閫矢堅貞 勸節義
卷十六
第三十八回 陳秀才內助全產業 戒冶遊
5

《고본소설집성古本小說集成》 중 《이기합전二奇合傳》 중국절강대학교中國浙江大學 소장 © wikipedia

2장

첨가添加와 삭제削除:

《요재지이聊齋志異》에 대한《성몽병언醒夢駢言》서사의 개편改編

| 1 | 들어가는 말入話: 원작原作에서 재창작再創作으로

중국소설의 발전 과정에 있어서 소설 작품을 '재창작再創作'하는 개편改編의 현상은 상당히 빈번하게 일어나며 그 형태 또한 다양하게 나타난다. 이러한 개편 과정에서는 원작의 서사 내용과 구조, 주제를 어떤 수법을 운용하여 같으면서도 또한 다르게 표현하는지가 주요한 관건이 된다. 비록 원작의 내용과 형식이 어느 정도 바뀌는 현상은 비슷하게 나타나지만, 그 변화 과정 안에서 조금씩 다른 특징을 보여 주고 있다. 중국소설의 개편 형태는 일반적으로 세 가지 유형으로 나뉘는데, 먼저, 이전의 작품으로부터 일부 소재를 취하면서 내용과 구조를 모방하여 유사한 작품을 창작하는 '모작模作'이 있고, 둘째,《삼국지연의三國志演義》,《서유기西遊記》,《금병매金瓶梅》등과 같은 대작을 계승하면서 새롭게 작품을 구성하여 이전 작품의 줄거리를 잇거나, 서술과정이나 결말을 바꾸어 창작하는 '속작續作'이 있다. 셋째, 작품의 주제와 의미를 유지하거나 혹은 다른 방향으로 바꾸면서 이야기를 확대, 변화시키고, 기존의 줄거리에 새로운 내용을 덧붙이거나 인물을 등장시키며 문체나 어투를 조정하는 '개작改作'이 있다.

이러한 '모작模作', '속작續作', '개작改作' 등은 모두 넓은 의미에서의 '재창작再創作' 범위에 속하는데, 문학에서의 '재창작再創作'은 전통을 계승하는 '모방'과 새로운 것을 만드는 '창작'이 서로 조화를 이루어 작품을 완성하는 것을 뜻한다. 비록 '재창작再創作'의 개념이 상당히 넓고 복잡하지만, '재창작再創作'이라는 '어의語義'에서 드러나듯이 '재再'의 의미에 좀 더 중점을 둔다면, '모작模作'이나 '속작續作'보다는 '개작改作'이 '재창작再創作'의 함의含意에 보다 더 근접한다고 할 수 있겠다. 본 글에서 진행하고자 하는 연구 역시 이러한 '개작改作'의 의미에 중점을 두고 중국소설 '재창작再創作' 과정에서의 개편改編 현상을 살펴보고자 한다.

중국소설의 '개편改編' 과정은 송원대宋元代에서부터 시작하여 명청대明清代에 이르기까지 폭넓게 이어졌는데, 명청대明清代에서 이르러서 보다 보편적으로 이루어졌다. 특히 청대清代에는 송원宋元시기뿐만 아니라, 당唐이나 그 이전 시기의 소설 작품까지 받아들여 대량으로 고쳐 쓴 작품을 만들어냈다. 이러한 개편 활동의 지속적인 출현 현상을 살펴보면, 그 저변에 다양한 사회 문화적 원인이 내재해 있었음을 알 수 있다. 주요 원인으로는 사회 경제의 발전과 출판 인쇄술의 발달로 인하여 경제활동이 활성화되고, 또한 다양한 분야에서의 문화 예술적 요구의 확대로 인하여 대중의 문학에 대한 인식이 문학 작품에 고스란히 반영되었다는 점이다. 이로 인해 소설 작품에 대한 폄하와 경시의 시각에서 일정 부분이지만 점차 흥미와 관심을 일으키게 되어 소설 작품에 대한 어느 정도 긍정적인 문학 의식을 형성하게 되었다.

그렇다면 '개작改作'은 구체적으로 어떻게 이루어지며, 어떠한 특징을 가지고 있을까? '개작改作'은 원작의 내용과 구성을 그대로 이어 나가는 것이 아니라, 줄거리를 새롭게 다시 구성하는 것을 말한다. 주로 서사 내용의 변화와 더불어 서사 구조와 형식, 주제의식의 변화를 가져온다. 예를 들면, 원작의 인물을 다른 인물로 교체되기도 하며, 문언문文言文에서 백화문白話文으로 바뀌기도 한다. 또한, 줄거리를 진행하는 데에 있어서 '전치前置', '분리分離', '도치倒置' 등의 현상이 나타나기도 하며, 내용 변화에 있어서 '부연敷衍', '축소縮小', '확대擴大', '변환變換', '첨가添加', '삭제削除' 등의 현상이 나타나기도 한다. 비록 작품의 내용과 인물, 서사 형식과 구조, 주제의식에서 변화가 생겼지만, 작품의 근간이 되는 주요 내용에는 변함이 없다. 전체적으로 원작의 중심 내용에서 크게 벗어나지 않고 원작의 기본 내용을 그대로 재현했다고 말할 수 있다.

이러한 개편 과정을 진행한 중국소설 작품 중에서 독특한 특징을 가진 작품이 있는데, 바로《요재지이聊齋志異》를 백화문白話文으로 개작한《성몽병언醒夢駢言》이다.《성몽병언醒夢駢言》은《성세기언醒世奇言》이라고도 하며, 총 12회로 구성되어 있다. '국휴주인菊畦主人' 혹은 '수박옹守朴翁'이 편찬하였다고 알려져 있으며,《요재지이聊齋志異》작품 중에서 현실 세태를 주제로 한 12편의 작품을 화본소설話本小說로 바꾸어 수록하고 있다. 중국소설의 '재창작再創作' 과정에 있어서《성몽병언醒夢駢言》을 주목해야 하는 이유는, 같은 시대에 문언문文言文의 소설을 백화문白話文의 소설로 개편했다는 사실에 있다. 일반적으로 개작의 경우는 원작과 재창작의 작품 간에 창작의 시간, 저자의 신분, 서사 형식의 격차 등을 가진다. 그래서 시대가 완전히 다르거나 저자의 신분과 계층이 분명하게 구분되는 경우가 많으며, 저술한 문체나 서사의 형식이 확연하게 차이가 나는 경우가 흔히 나타난다. 이 중에서 겉으로 가장 분명하게 드러나는 차이점은 바로 서사 형식 즉 문체의 차이이다. 원작 대부분은 문언문文言文으로 쓰였고, 개작은 당시의 백화문白話文으로 쓰인 경우가 많았다. 예를 들어, 고대 민간전설과 당전기소설唐傳奇小說이 이후 송원대宋元代 혹은 명청대明清代 소설로의 개작되곤 했는데, 이때 원작의 문언문文言文을 개작 당시의 주류 문체인 백화문白話文으로 쓰인 사실이 이를 방증한다. 간혹 개작의 작품 중에서 같은 시대에 동일한 이야기를 확대하고 발전해나가는 과정에서 문체나 어투를 일부 바꾸는 경우가 생겨났지만, 이러한 경우를 제외하고 시간적 간극이 넓지 않은 시기에 문언문文言文에서 백화문白話文으로 재창작한 경우는 거의 없다고 봐도 무리가 아니다.[1] 이처럼 일반적인 개작의 경향에서도 예외적인 작품이 바로《요재지이聊齋志異》를 화본소설話本小說로 개작한 작품들이다.

본 글에서는《요재지이聊齋志異》를 백화문白話文으로 개작한 작품 중에서 가장 뛰어나며 완정하다고 평가받는《성몽병언醒夢駢言》을 중심으로《요재지이聊齋志異》와 서로 비교하여 고찰하고자 한다. 두 작품의 분석과정을 통해서 작품의 서사 내용과 묘사의 운용이 어떻게 다르게 나타나며, 그 속에서 어떻게 다채롭게 표현되고 있는지를 다양한 서술 방식과 운용 기교 등을 자세히 검토할 수 있을 것이다. 또한, 작품 간의 창작 경향과 원작에 대한 재창작을 보다 직접

1 중국 고전소설에서 이전의 작품을 바탕으로 내용을 각색하거나, 이어 쓴 작품, 영향을 받아 비슷한 내용과 구성으로 쓴 작품은 대량으로 출현하지만, 같은 작품을 문언문文言文에서 백화문白話文으로 바꾸어 다시 쓴 작품은 거의 없다. 명청대明清代에는 이전 시기의 작품을 '희곡戲曲'으로 개작하는 현상이 많이 나타나고 있는데, 당시 독자들에게 있어서 비록 희곡戲曲이 소설小說과 거의 같은 서사 부류로 인식되었다고 하더라도, 소설小說과 희곡戲曲은 문학 양식상의 차이뿐만 아니라, 서로 다른 특징이 분명히 존재하므로 본 논의에서는 제외하기로 한다.

적이고 세밀하게 비교할 수 있으며, 두 작품에서 어떤 차이와 변화가 드러나는지, 그 과정에서 어떠한 서술적 관점이 투영되었는지를 종합적으로 고찰할 수도 있을 것이다. 이와 같은 연구는 원작과 재창작한 작품에 대해 더욱 깊이 살펴볼 수 있도록 창의적 관점을 제시할 뿐만 아니라, 기존의 소설 작품 연구에서 소외되었던 문학적 특징을 새롭게 발견하고 그 속에 내포된 다양한 서사 예술과 소설적 특징을 이해하는 데 중요한 역할을 하리라고 생각한다.

| 2 | 변화 과정의 완성: '첨가添加'와 '삭제削除'

《요재지이聊齋志異》를 화본소설話本小說로 개작된 작품은 《성몽병언醒夢駢言》, 《산정이기합전刪定二奇合傳》, 《속화경담俗話傾談》 등이 있다.[2] 이 중에서 《요재지이聊齋志異》에 수록된 다량의 작품을 화본소설話本小說로 개작한 대표적인 작품집은 《성몽병언醒夢駢言》이다. 《요재지이聊齋志異》를 개작하는 과정에서 작품의 서사 형식과 구조뿐만 아니라, 서사 내용과 주제의식을 다루는 데 있어서도 분명한 차이점이 드러난다. 두 작품 간의 '같음'과 '다름'을 고찰하는 과정에서 가장 기본적이 요소이면서 또한 매우 중요하게 여겨지는 부분이 바로 '서사 내용의 변화'이다. 연구를 진행 과정에서 서사 내용이 구체적으로 어떻게 바뀌었는지 그 변화 양상을 탐색하는 것도 중요하지만, 이러한 변화 과정에서 어떠한 기법이 운용되었는가를 살피는 것도 중요한 의미를 지닌다. 서사 내용의 변화 과정에 적용된 방식으로는 '부연敷衍', '축소縮小', '확대擴大', '변환變換'과 같은 기본적인 운용 형식도 있지만, '첨가添加'와 '삭제削除'와 같은 직접적이고 적극적인 변화 형식도 보이는데, 이러한 기법은 주로 변화 과정의 완성 단계에서 나타난다.

변화 과정의 시작 단계와 완성 단계에서 각각 나타나는 현상이 간혹 확연하게 구분되지 않는 경우도 보이는데, 예를 들면, 변화의 시작 단계인 '부연敷衍',

2 《요재지이聊齋志異》, 《성몽병언醒夢駢言》, 《산정이기합전刪定二奇合傳》 등의 출간 시기에 있어서는 일반적으로 《요재지이聊齋志異》가 먼저 출간된 것으로 보고 있으며, 《성몽병언醒夢駢言》과 《산정이기합전刪定二奇合傳》의 출간 선후는 큰 이견異見 없이 《성몽병언醒夢駢言》이 《산정이기합전刪定二奇合傳》보다 앞서는 것으로 여겨지고 있다. 세 작품은 모두 청대淸代에 출판되었으며, 《요재지이聊齋志異》→《성몽병언醒夢駢言》→《산정이기합전刪定二奇合傳》의 순서로 출간되었다고 판단된다. 《요재지이聊齋志異》를 개작한 작품집의 출간 선후에 대한 보다 자세한 내용은 丁曉昌, 〈試論《醒夢駢言》取材於《聊齋志異》〉, 《南京師大學報》, 1999年 第3期, 130-131쪽을 참고하기 바란다.

'축소縮小', '확대擴大', '변환變換'이 '첨가添加'나 '삭제削除'의 일부 특징을 가지는 점이다. 이때의 '부연敷衍', '축소縮小', '확대擴大', '변환變換'은 주요 줄거리의 진행 과정에 있어서 '리듬'과 '강약'을 조율하는 정도의 기능이 있을 뿐인데, '첨가添加'와 '삭제削除'에 비해 적용된 서사의 범위가 작고, 그 내용 또한 일부분에만 한정하고 있기에 전체적인 서사의 흐름에는 그다지 큰 영향을 주지 않는다. 하지만 '변화의 완성 단계'에서 나타나는 '첨가添加'와 '삭제削除'는 '부연敷衍', '축소縮小', '확대擴大', '변환變換'보다 적용된 서사의 범위가 넓고, 변화의 양상이 매우 구체적이고 분명하게 나타나 있으며, 작품의 전체적인 서사의 진행에도 일정 정도 관여하고 있다.

사실, '부연敷衍', '축소縮小', '확대擴大', '변환變換'은 등과 같은 기법은 원작과 재창작 작품 간 조율의 정도가 느슨하고 전체적으로 원작의 형태와 내용을 유지하고자 하는 특징이 강하다. 그래서 '부연敷衍', '축소縮小', '확대擴大', '변환變換' 등은 원작의 흐름을 그대로 지속하고, 내용을 보류하고자 하는 '작용作用'과 원작의 흐름을 변화시키고, 내용을 바꿔 쓰고자 하는 '반작용反作用'의 대립에서 '작용作用'의 영향이 비교적 큰 형태라고 할 수 있다. 즉 전체적으로 큰 변화를 진행하지 않으면서 나름대로 일부의 변화를 이끌어내려고 하는 '제한적인 변화'라고 볼 수 있다. 반면에, '첨가添加'와 '삭제削除'와 같은 기법은 내용을 더하고 빼는 것이 분명하고, 원작과 재창작 작품을 조정하는 정도가 상당히 엄밀하면서도 직접적이다. 서사 내용의 변화 과정에서 드러난 특징 역시 구체적이면서 적극적이어서 줄거리 진행과 서사 내용의 변화에 능동적으로 작용한다. 그러므로 원작을 보류하고자 하는 '작용作用'과 변화시키고자 하는 '반작용反作用'의 대립에서 '반작용反作用'의 영향이 비교적 큰 양상이라고 할 수 있다. 이처럼 '작용作用'과 '반작용反作用'의 긴장과 대립 관계에서 '반작용反作用'의 장력張力이 보다 크게 작용하고 있는 '첨가添加'와 '삭제削除'는 서사 내용의 변화 과정을 더욱 다각적으로 살펴볼 수 있는 운용기법이라고 할 수 있다.

만약 저자의 서술 의도의 관점에서 살펴본다면, 서사 내용의 '변화'와 줄거리 진행의 '조율調律' 과정에서 어떤 화소를 추가로 '첨가添加'하고, 어떤 내용을 과감하게 '삭제削除'한다는 것은 상당히 대담하고 적극적인 '서술적 책략'을 가지지 않으면 안 된다. 대부분은 원작을 재창작할 때 수정의 과정을 거치는 경우를 많은데, 만약 변화의 큰 범위 안에서 이러한 '조정調整'의 과정을 살펴본다면, 비교적 완만한 운용기법이 있고, 또한 적극적인 활용기법이 존재하는 것을 어렵지 않게 발견할 수 있다. '첨가添加'와 '삭제削除'는 작품 내용의 수정과정을 확실하게 구현하는 직접적 운용기법이라고 말할 수 있다. 저자의 서술적 의도가 분명하고 그 목적과 의지가 확연하며, 내용에서의 가감加減이 선명해서 서사 내용 변화의 추세뿐만 아니라 그 서술 진행의 계획과 의도의 확연함이 분명하게 드러난다. 이에 본 연구는 서사 내용의 변화 과정에서 완성 단계라고 볼 수 있는 '첨가添加'와 '삭제削除' 현상에 주목하려고 한다. 《요재지이聊齋志異》의 일부 작품을 화본소설話本小說인 《성몽병언醒夢駢言》로 개작하는 과정에서 나타나는 서사 내용의 변화를 중심으로, 구체적이면서도 직접적인 내용 변화 기법인 '첨가添加'와 '삭제削除'가 어떻게 운용되어 나타나는지 자세히 살펴보고자 한다.

| 3 | 서사敍事의 삽입挿入과 추가追加: '첨가添加'

《성몽병언醒夢駢言》에서 나타나는 '첨가添加'의 특징은 재창작 과정에서 자주 보이는 현상이다. '첨가添加'는 원작에 없던 새로운 이야기를 추가하는 것을 말하는데, '부연敷衍'과 '확대擴大'의 현상에서 주로 보이는 단순한 서사적 리듬과 변화의 특징에서 벗어나, 편폭이 짧지 않고 비교적 완정하면서 하나의 독립된 이야기 형태가 덧붙여진 것을 말한다. 일반적으로 '첨가添加'에는 두 가지의 형태가 나타나는데, 원작의 서사 내용과 전혀 다른 완전히 새로운 이야기가 더해진 방식인 '삽입挿入'과 원작의 줄거리를 바탕으로 전후 줄거리가 연계된 이야기가 더해진 방식인 '추가追加'이다.

새로운 이야기가 더해진 '삽입挿入'의 형태를 살펴보면, 작품의 서사 진행과정의 전 과정[도입, 전개, 결말]에서 골고루 나타나는데, 주로 전개와 결말 부분에서 자주 보인다. 예를 들면, 《성몽병언醒夢駢言》제8회第八回〈시귀역수지생파施鬼蜮隨地生波 장신령전재위복仗神靈轉災為福〉[《요재지이聊齋志異》 권10卷十〈구대낭仇大娘〉을 개작]의 전개 부분에서 강추암江秋岩, 만공자萬公子는 두 집 딸의 목숨을 위험하게 한 위치지韋恥之가 우씨尤氏 집안에서 담소를 나누는 것을 보고 심기가 매우 불편했다. 다음날, 두 사람은 화상사和尙寺에 가서 산으로 유람하자며 위치지韋恥之를 불러낸다. 산속으로 들어가자 강추암江秋岩, 만공자萬公子는 갑자기 위치지韋恥之에 대한 태도를 바꾸어 그를 넘어뜨리며 우씨尤氏 일가一家와 무슨 원한이 있는지 따져 묻고서는 시험에서 우목중尤牧仲이 자신보다 성적이 뛰어나 1등을 한 것이 화가 나 해코지하였다는 자백을 받아낸다. 강추암江秋岩은 위치지韋恥之의 오장육부五臟六腑를 파내어 나무 위에 걸어 두고, 집으로 돌아간다. 이처럼 강추암江秋岩와 만공자萬公子가 위치지韋恥之에 대한 깊은 원한과 잔인한 보복 행위는 《요재지이聊齋志異》의 〈구대낭仇大娘〉에는 전혀 언급되어 있지 않다.

이러한 예는 《성몽병언醒夢駢言》제3회第三回〈태수재지성구우呆秀才志誠求偶 초가인감격허신俏佳人感激許身〉[《요재지이聊齋志異》 권2卷二〈아보阿寶〉를 개작]의 결말 부분에서도 찾아볼 수 있는데, 손인孫寅은 벼슬이 예부상서禮部尙書까지 이르고, 주저珠姐는 이품부인二品夫人에 봉해지고, 5명의 아들을 낳았는데 모두 관리가 되어 명망이 있는 집안을 이루었다는 후일담이 덧붙여졌다. 하지만 손인孫寅의 출세와 집안의 흥성은 《요재지이聊齋志異》의 〈아보阿寶〉에는 전혀 보이지 않는다.

'첨가添加'의 또 다른 형태인 '추가追加'는 원작의 내용을 기반으로 다양한 이야기가 부분적으로 수록된 경우이다. 이러한 현상은 작품의 도입, 전개, 결말 등에서 모두 나타나고 있지만, 특히 전개 부분에서 자주 보인다. 예를 들면, 《요재지이聊齋志異》 권11卷十一〈대남大男〉과 《성몽병언醒夢駢言》제4회第四回〈투부교상고액妒婦巧償苦厄 숙희대향영화淑姬大享榮華〉를 비교해보면, 후처 신씨申氏의 질투에 관해 묘사한 부분에서 이러한 특징이 분명하게 나타나 있다. 〈대남大男〉에서는 해성렬奚成列의 후처인 신씨申氏는 질투심이 강해 첩인 하씨何氏를 심하게 학대하였다고만 묘사하고 있다. 구체적으로 그녀에게 어떤 학대와 고통을 주었는지, 또한 그녀의 학대에 대해 해성렬奚成列이 어떻게 반응을 보이고 행동했는지는 드러나 있지 않다. 반면에 〈투부교상고액妒婦巧償苦厄 숙희대향영화淑姬大享榮華〉에서는 해당 부분을 상당히 상세하게 묘사하고 있는데, 유대성兪大成의 반응→후처 손씨孫氏의 대립→손씨孫氏 친정 부모의 행패→유대성兪大成의 도피→첩 혜란惠蘭의 행동과 사람들의 구원→손씨孫氏의 혜란惠蘭 아이 살해 의도 등의 내용이 서로 얽혀서 복잡하게 그려지고 있다.[3]

3 좀 더 자세한 내용을 살펴보면, 유대성兪大成의 후처인 손씨孫氏는 남편을 따라 다니며, 그가 혜란惠蘭과 말하는 것을 허락하지 않았다. 반년이 흘렀고, 손씨孫氏는 여전히 혜란惠蘭의 단점을 찾고자 하였다. 유대성兪大成은 성안으로 들어가 시험을 보고 돌아와서는 손씨孫氏의 거처에 들어가지 않고, 혜란惠蘭의 방에 가서 자게

《요재지이聊齋志異》권11卷十一〈진운서陳雲棲〉와《성몽병언醒夢駢言》제1회第一回〈가필정홍사숙계공문假必正紅絲夙繫空門 위묘상백수영수학사僞妙常白首永隨學士〉의 비교에서도 이러한 특징은 어렵지 않게 발견할 수 있다. 〈진운서陳雲棲〉에서 진육생眞毓生이 진운서陳雲棲를 찾아가는 장면이 보이는데, 〈진운서陳雲棲〉에서는 진육생眞毓生이 저축한 돈을 가지고 진운서陳雲棲를 찾아 여조암呂祖庵으로 가지만, 암자는 폐허가 되고 여도사들은 모두 사방으로 흩어져서 간 곳을 알지 못한다. 그는 하는 수 없이 집[이릉夷陵]으로 돌아오게 된다. 하지만 〈가필정홍사숙계공문假必正紅絲夙繫空門 위묘상백수영수학사僞妙常白首永隨學士〉에서는 증학심曾學深이 진취운陳翠雲을 찾지 못해 집으로 돌아오는 것은 〈진운서陳雲棲〉의 내용과 별다른 차이가 없지만, 그 과정 중에 서로 연계된 많은 이야기가 수록되어 있다. 예를 들면, 증학심曾學深은 여러 날 동안 진취운陳翠雲을 찾았지만, 그녀를 찾지 못한다. 그는 마음속으로 진취운陳翠雲의 변심을 의심하면서 외조모의 집[장씨莊氏 집]으로 간다. 우씨于氏 노부인老夫人[외조모]과 장덕음莊德音[외삼촌]은 그를 정성스럽게 대하고, 그는 외조모의 집에서 10여 일을 머무르며 진취운陳翠雲을 다시 찾는다. 하지만 결국 그녀를 찾지 못하고, 부득이 무창武昌으로 돌아오게 된다.

이처럼 서사 내용의 '삽입挿入'과 '추가追加'에서 새로운 이야기를 더하는 과정과 내용의 길이 조정이나 상호 연계에 있어서 어느 정도의 차이는 있지만, 내용이 첨가되는 사실에는 변함이 없다. 간혹 '삽입挿入'과 '추가追加'는 서로 중첩되거나 혹은 결합하여 다양하고 복잡한 형태로 나타나고 있어서 명확하게 구분하기가 쉽지 않은 경우도 보인다. 하지만 '첨가添加'의 광범위한 개념에서 《성몽병언醒夢駢言》을 살펴본다면, 대체로 몇 가지의 유형으로 나눌 수 있다. 대

된다. 다음날 시험을 같이 본 이가 유대성兪大成의 집에 찾아오면서, 손씨孫氏는 유대성兪大成이 혜란惠蘭의 방에 있음을 알게 되었고, 그녀는 막대기로 문을 억지로 비틀어 열고 들어가 크게 소란을 피운다. 유대성兪大成은 화가 나서 막대기를 빼앗아 정원에 던져버리고, 손씨孫氏는 땅에 앉아 통곡한다. 손씨孫氏의 부모형제가 이 소식을 듣고 급히 달려왔는데, 손씨孫氏의 부친 손구화孫九和는 송사訟事를 자주 일으켜 관가官家에 출입이 잦은 악랄한 인물이고, 모친 강씨姜氏 역시 포악한 여인이었다. 그녀의 가족들이 몽둥이를 들고 달려들자 유대성兪大成은 재빨리 뒷문으로 빠져 달아난다. 그들은 다시 혜란惠蘭을 찾아 매질하려고 하였으나, 이웃 사람들의 도움으로 소란을 멈추게 된다. 사람들이 모두 돌아가고 나서 혜란惠蘭은 손씨孫氏의 방에 가서 사죄하였으나, 손씨孫氏는 다시는 그녀와 말하지 않고 유대성兪大成이 돌아오기를 기다린다. 유대성兪大成이 집에 돌아오지 않자, 혜란惠蘭은 그가 스스로 목숨을 끊었을까 걱정하여 사람을 시켜 찾았지만, 행방이 묘연했다. 5, 6개월이 지나 손씨孫氏는 혜란惠蘭의 배가 점차 불러오는 것을 보고 화가 나 낙태시키려고 했지만, 사람들이 보호해주어 아들을 낳는다. 온 가족이 기뻐하였으나 손씨孫氏는 더욱 괴로워하며 아이를 죽이려 하였다.

표적인 유형은 '화소A+화소B→화소A+화소B+화소C', 혹은 '화소A+화소B→화소A+화소C+화소B', '화소A+화소B→화소A+화소A∝+화소A∞+화소B', 혹은 '화소A+화소A∝+화소B+화소B∝'라고 할 수 있다. 이러한 유형과 특징을 기초로《성몽병언醒夢駢言》에서 '첨가添加' 현상이 나타난 작품과 빈도수를 살펴보면 다음과 같다.

《聊齋志異》		《醒夢駢言》		添加
卷十一	〈陳雲棲〉	第一回	〈假必正紅絲夙系空門 僞妙常白首永隨學士〉	3
卷二	〈張誠〉	第二回	〈遭世亂咫尺拋鸞侶 成家慶天涯聚雁行〉	6
卷二	〈阿寶〉	第三回	〈呆秀才志誠求偶 俏佳人感激許身〉	1
卷十一	〈大男〉	第四回	〈妒婦巧償苦厄 淑姬大享榮華〉	6
卷十一	〈曾友于〉	第五回	〈逞兇焰欺凌柔懦 釀和氣感化頑殘〉	0
卷四	〈姊妹易嫁〉	第六回	〈違父命孽由己作 代姊嫁福自天來〉	7
卷十	〈珊瑚〉	第七回	〈遇賢媳虺蛇難犯 遭悍婦狼狽堪憐〉	0
卷十	〈仇大娘〉	第八回	〈施鬼蜮隨地生波 仗神靈轉災爲福〉	1
卷三	〈連城〉	第九回	〈倩明媒但求一美 央冥判竟得雙姝〉	5
卷三	〈小二〉	第十回	〈從左道一時失足 納忠言立刻回頭〉	6
卷三	〈庚娘〉	第十一回	〈聯新句山盟海誓 詠舊詞璧合珠還〉	4
卷三	〈宮夢弼〉	第十二回	〈埋白石神人施小技 得黃金豪士振家聲〉	3
12 篇		12 篇		42

《요재지이聊齋志異》를《성몽병언醒夢駢言》으로 재창작하는 과정에서 주요하게 나타나는 특징 가운데 '첨가添加'의 특징이 가장 빈번하게 보인다. 그 이유는《요재지이聊齋志異》를 백화문白話文으로 재창작하는 과정에서 편폭의 확대擴大, 화소의 증가增加, 묘사의 강화强化 및 줄거리의 부연敷衍이 필연적으로 수반되기 때문이다. 그러므로 다른 서사 내용의 변화, 즉 '축소縮小', '확대擴大', '변환

變換', '삭제削除' 등의 현상에 비해서 자연히 그 출현 빈도수가 많은 편이다.

《성몽병언醒夢駢言》의 12편 작품에서의 '첨가添加'는 양극화 현상을 보여 주고 있다. '첨가添加'의 특징이 5~6회 나타나는 작품이 6편이나 있는 반면에, 한 차례 나타나거나 아예 나타나지 않는 작품도 4편이 있다. 이처럼 양극화 현상이 두드러지는 것은 '원작'을 그대로 이어받고자 하는 저술 태도와 현실의 대중적 취향에 맞게 적극적으로 바꾸고자 하는 저작 의도가 공존하고 있기 때문이다. 상당히 익숙한 내용과 주제에 대해서 변화를 주기보다는 이미 알고 있는 이야기에 '부연敷衍'을 통해서 그 내용을 곡절하게 만드는 서사 태도로 일관하는 경우에는 '첨가添加'의 특징을 크게 나타나지 않는다. 반면에, 내용의 진부함에 일련의 변화를 주어 실제 대중의 예술적 정취에 더욱더 부합되도록 하고, 줄거리의 불완전성을 완전하게 바꾸어 문학의 예술적 완성도를 높이고자 하는 경우는 '첨가添加'가 자주 보인다. 또한 '답습踏襲'의 태도에서 벗어나 새로운 서사 내용을 보여 줌으로써 독자의 흥미를 유발하는 효과를 드러내기 위해서도 '첨가添加'를 진행한다고 볼 수도 있다. 전체적으로 서사 내용의 '첨가添加'를 통해 단순한 이야기의 확대에서 벗어나 독립된 이야기의 삽입으로 기존의 줄거리 내용을 보다 풍부하고 굴곡지게 바꾸어 놓았다고 할 수 있다.

'첨가添加'의 특징이 자주 등장하는 작품으로는 제2회第二回〈조세란지척포란려遭世亂咫尺抛鸞侶 성가경천애취안행成家慶天涯娶雁行〉, 제4회第四回〈투부교상고애妒婦巧償苦厄 숙희대향영화淑姬大享榮華〉, 제6회第六回〈위부명얼유기작違父命孽由己作 대자가복자천래代姊嫁福自天來〉, 제9회第九回〈천명매단구일미倩明媒但求一美 앙명판경득쌍주央冥判竟得雙姝〉, 제10회第十回〈종좌도일시실족從左道一時失足 납충언립각회두納忠言立刻回頭〉, 제11회第十一回〈연신구산맹해서聯新句山盟海誓 영구사벽합주환詠舊詞璧合珠還〉 등이다. 이 중에서 '첨가添加'의 특징이 가장 분명하게 나타나는 작품은 제6회第六回〈위부명얼유기작違父命孽由己作 대자가복자천래代姊嫁福自天來〉이다. 〈위부명얼유기작違父命孽由己作 대자가복자천래代姊嫁福自天來〉는 《요재지이聊齋志異》의 〈자매역가姊妹易嫁〉를 화본소설話本小說로 개작하면서 서술의 편폭을 늘리고, 묘사를 더욱더 세밀하게 바꾸어 놓았다. 세부 내용에 있어서도 새로운 장면을 다수 첨가하였는데, 구체적인 내용을 살펴보면 다음과 같다.

순서	〈姊妹易嫁〉	〈違父命孽由己作 代姊嫁福自天來〉
1	장유성張維城 부모의 이장移葬 과정	길일을 잡아 부모의 운구를 매장하고 난 뒤 한 달이 채 못 되어, 방씨方氏는 보아保兒이라는 아들을 낳음. 12세가 되었을 때 병이 들어 의원을 청하고 굿을 해도 소용없이 3일을 앓다가 죽음. 얼마 지나지 않아 월영月英도 병이 들었고 보아保兒의 증세와 같았음. 장유성張維城은 산신山神에게 제사를 지내자 효험이 있어 월영月英이 나음. 얼마 지나지 않아 방씨方氏가 병이 들었는데 월영月英의 증세와 똑같았고, 다시 산신山神에게 제사를 지내자 병이 나았음
2		명明나라 홍무洪武 연간年間, 온주溫州지역에 왕작선王作先이라는 의원이 있었는데, 성품이 매우 검소하였으며, 재물을 가난한 이에게 나누어주었음. 왕작선王作先이 죽고 그의 아들 왕선승王善承은 20세가 넘었는데, 집에서 몇몇 학생들을 가르치면서 궁핍하게 생활하였음. 그는 학생들을 가르치고 들어오는 돈이 많고 적음을 상관하지 않고 전심전력으로 가르쳤음. 그는 비록 글재주는 뛰어났으나, 번번이 낙방하여 늙도록 동생童生으로 머물렀음. 그가 죽었을 때 아무런 재물을 모은 것이 없자, 아내인 고씨高氏는 아들인 왕우신王又新에게는 책을 읽히지 않았음. 그녀는 관아에서 녹을 받는 편이 낫다고 생각하여 아들이 성년이 될 때까지 돌보았고, 힘들게 양조전兩弔錢을 마련하여 영가현永嘉縣의 일을 맡도록 함. 왕우신王又新은 관아에 있으면서 사람들을 권고하여 소송을 취하하도록 하여 재물을 모을 수가 없었음
3	모공毛公의 과거 시험 낙방	흥아興兒는 다리에 종기가 나서 처소에서 한동안 꼼짝 못 하다가 다리의 부스럼이 다 나아 합격자 방문을 보러 갔지만, 이름이 없었음. 과거에서 낙방하고 여관 주인을 볼 면목이 없어서 다른 지역으로 돌아서 집[온주溫州]으로 감
4		장유성張維城은 왕자희汪自喜에게 은자를 주었지만, 도박으로 탕진하고 아들인 수아壽兒를 꼬드겨 같이 도박에 빠져들게 하였음. 그는 도박에 빠져 온갖 나쁜 짓을 일삼고 거지처럼 생활하였음
5		장유성張維城의 아들 수아壽兒는 가씨可氏네 아금阿琴을 아내로 맞이하였는데, 그녀의 성격은 유순하지 않아서 월영月英이 일 년 내내 친정에 있는 것을 보고 그녀를 미워하였음. 그녀의 과거 잘못을 안 아금阿琴은 더욱 그녀를 무시하였고, 여러 사람도 그녀를 비웃었음
6	큰딸의 남편이 죽어 더욱 집안은 더욱 몰락하게 됨. 큰딸은 모상공毛相公이 진사進士에 합격했다는 소식을 듣고 스스로 원망하고 화가 나서 출가하여 중이 됨	얼마 지나지 않아 방씨方氏[장유성張維城의 부인]는 병에 걸려 죽음. 장례를 치른 뒤 49일[종칠終七]이 되지 않아 장유성張維城도 병에 걸림. 장유성張維城은 5백 냥 은자를 아들과 며느리 몰래 월영月英에게 주고, 병이 걸린 지 7일 만에 죽음. 월영月英은 앞으로의 거취에 대해서 고민하다가 남편인 왕자희汪自喜와 상의함. 왕자희汪自喜는 다시는 도박을 하지 않겠다고 맹세하고, 월영月英은 집을 구하는 비용으로 5백 냥을 그에게 줌. 왕자희汪自喜는 그 돈으로 도박을 해서 탕진함. 월영月英은 출가를 결심하고 머리를 깎고 중이 되고, 왕자희汪自喜는 빌린 돈을 갚지 못해 두들겨 맞고, 나중에는 병에 걸려 죽음
7		왕각로王閣老 부부는 백년해로하였고, 자손들은 모두 고관대작이 됨

우선, '첨가添加' 1과 2에서는 '첨가添加'의 가장 대표적인 형태인 '화소A+화소B→화소A+화소B+화소C'의 형식을 보여 주고 있다. '첨가添加' 1에서는 〈자매역가姊妹易嫁〉에는 장씨張氏 가족의 구성과 이장移葬까지의 갈등은 보이지 않는다. 하지만 〈위부명얼유기작違父命孽由己作 대자가복자천래代姊嫁福自天來〉에서는 ① 장유성張維城의 아들 보아保兒의 죽음, ② 큰딸 월영月英과 부인 방씨方氏의 발병과 치료에 관한 서술, ③ 체면과 명분을 중시하는 장유성張維城의 태도, ④ 장유성張維城의 이장移葬에 대한 심리적 갈등, ⑤ 주위 사람들의 이장移葬에 대한 만류 등 장유성張維城 부모의 이장移葬에 얽힌 여러 인물의 심리와 태도가 자세하게 묘사되어 있다.

'첨가添加' 2에서는 ① 왕각로王閣老[왕흥아王興兒]의 증조부 왕작선王作先, 조부 왕선승王善承의 출신 내력과 인생 역정, ② 아버지 왕우신王又新의 직업과 생활 등에 대해서 자세하게 기록하고 있다.[4] 이러한 내용은 〈자매역가姊妹易嫁〉에는 보이지 않고, 단지 모공毛公의 아버지가 소를 먹이러 가는 도중에 익사했다는 간단한 내용으로 마무리를 짓고 있다.

다음으로, '첨가添加' 3과 4에서는 '화소A+화소B→화소A+화소A∞+화소A∞+화소B'의 형태를 보여 주고 있다. '첨가添加' 3에서는 모공毛公이 과거 시험에서의 낙방을 묘사하는 부분에서는, 〈자매역가姊妹易嫁〉에는 단지 '시험을 치렀으나 낙방하였고, 기가 꺾여 풀이 죽었다.'[5]고 서술하고 있다. 그러나 〈위부명얼유기작違父命孽由己作 대자가복자천래代姊嫁福自天來〉에서는 ① 왕흥아王興兒의 다리에 종기가 나서 한동안 움직이지 못했고, ② 병이 나아서야 비로소 과거 합격자 방문을 보러 가는 내용을 삽입하였다.

이어서, '첨가添加' 4에서는 〈자매역가姊妹易嫁〉에서는 큰딸 남편의 방탕한 생활과 이어진 죽음, 그리고 집안의 몰락을 간략하게 기술하고 있지만, 〈위부명얼유기작違父命孽由己作 대자가복자천래代姊嫁福自天來〉에서는 구체적으로 ① 장유성張維城의 막내아들[수아壽兒]을 새롭게 등장시키면서 왕자희汪自喜가 그를 꼬드겨 같이 도박에 빠져들게 하고, ② 장수아張壽兒와 아금阿琴의 결혼을 추

4 왕각로王閣老[왕흥아王興兒]의 아버지 왕우신王又新은 조모 고씨高氏의 희생과 인내로 선대先代의 가난에서 벗어나고자 그에게 글을 읽히지 않고 관아에 들어가 녹을 받게 하지만, 결국 억울한 사람들을 도와주는 일을 업으로 삼아 여전히 가난을 면치 못하게 되는 이야기를 기술하고 있다.

5 及試. 竟落第, 偃蹇喪志, 赧見主人, 不敢復由王舍, 迂道歸家.《聊齋志異》卷四〈姊妹易嫁〉

가하였으며, ③ 아금阿琴과 월영月英의 갈등을 일으키는 장면을 따로 배치하고, ④ 왕자희汪自喜가 빌린 돈을 갚지 못해 두들겨 맞고, 결국 병으로 죽게 되는 내용을 삽입하였다.

마지막으로, '첨가添加' 5에서는 '첨가添加' 1과 2의 경우와 마찬가지로 '화소A+화소B→화소A+화소B+화소C'의 형태를 보이고 있다. 〈자매역가姊妹易嫁〉에는 주인공에 대한 원만한 결말의 묘사가 보이지 않는다. 하지만 〈위부명얼유기작違父命孽由己作 대자가복자천래代姊嫁福自天來〉에는 구체적으로 '왕각로王閣老 부부가 백년해로하였다.'[6]는 내용을 추가하였다.

〈위부명얼유기작違父命孽由己作 대자가복자천래代姊嫁福自天來〉와 마찬가지로 제2회第二回〈조세란지척포란려遭世亂咫尺抛鸞侶 성가경천애취안행成家慶天涯聚雁行〉에서도 '첨가添加' 현상이 뚜렷하게 드러나는데,《요재지이聊齋志異》의 〈장성張誠〉에서 없던 내용이 새롭게 추가되었다. 첨가된 내용은 모두 여섯 차례가 보인다. 그중에서 가장 분명하게 나타나는 부분은 도입부이다.

순서	〈張誠〉	〈遭世亂咫尺抛鸞侶 成家慶天涯聚雁行
1	장씨張氏는 명明나라 말기에 일어난 전란戰亂으로 처가 군대에 끌려가 서로 헤어진 후, 예豫[하남河南]지방으로 장사하러 다니다가 나중에 그곳에 눌러살게 됨	산동山東 동창부東昌府의 장항약張恒若은 어려서부터 하남河南에서 장사를 하였음. 이웃 노인 서회덕徐懷德의 도움으로 자신의 외질녀인 양씨羊氏와 혼인하게 됨. 장항약張恒若은 길흉을 점치니, 이 혼사는 백년해로百年偕老하고 아들을 낳을 수 있지만 중년中年에 들어서는 가족들이 헤어지게 된다는 이야기를 함. 장항약張恒若은 결혼을 한 후 하남河南에 가서 장사하지 않고, 집 앞에 잡화점을 열어 생활함. 3년이 지나 양씨羊氏가 임신하게 됨. 하루는 연燕나라 군대가 침입하여 장항약張恒若과 양씨羊氏는 은자 없이 빈 몸으로 아내의 백부가 있는 자허집子虛集으로 피난을 떠남. 가는 도중 갑자기 기마병이 들이닥쳐 사람들이 흩어지게 되어 장항약張恒若은 아내와 헤어짐. 날이 어두워져 그는 낡은 절에 투숙하며 아내의 생사를 걱정하며 괴로워함. 장항약張恒若은 그 절에서 또 하룻밤을 지내고 주가집周家集으로 돌아갔으나, 집은 이미 불태워졌고, 다시 자허집子虛集으로 갔으나, 이 지방 역시 군대에 의해 폐허가 됨. 보름여 간 아내를 찾았지만 결국 찾지 못함. 그는 이전에 장사하여 사람들과의 관계가 익숙한 하남河南으로 일감을 찾으러 떠남. 지난날 그와 사업을 하였던 강유재康有才를 만나 그에게 의탁하게 되고, 강유재康有才는 그를 불쌍히 여겨 자신이 있는 곳에서 지내도록 함. 새해가 되어 장항약張恒若은 강유재康有才의 권고로 학생들을 가르치며 생활함. 장항약張恒若은 18, 9년 동안 학생들을 가르치며 은자를 모았고, 새 아내를 얻고자 강유재康有才와 상의하였는데, 강유재康有才는 그에게 마대성馬大成의 딸 마씨馬氏와 중매를 서주었음

6 後來王老爺竟不再出去做官, 和月華百年偕老. 子孫都是做大官的.《醒夢駢言》第六回〈違父命孽由己作 代姊嫁福自天來〉

순서	〈張誠〉	〈遭世亂咫尺拋鸞侶 成家慶天涯聚雁行
2	우씨牛氏는 자기 아들인 성誠만 서당에 가서 글을 배우게 함	장항약張恒若은 나이가 들어 집에서 지냈음. 우씨牛氏는 줄곧 장등張登이 공부하는 것을 허락하지 않았지만, 그는 포부가 있어 밖에 일하러 나갈 때 살며시 부친의 학당에 가서 글자를 깨우쳤음
3		눈이 내리는 한겨울, 장항약張恒若은 화로 주위에서 떨고 있는 장등張登을 보고 참을 수 없어서, 우씨牛氏에게 장등張登을 보살펴야 한다고 한마디 하였음. 우씨牛氏는 장등張登이 추운 척하여 자신을 모욕당하게 했다며 그를 발가벗겨 문밖으로 내쫓았음. 장항약張恒若은 이 광경을 보고 화를 나서 우씨牛氏를 때리려 하였지만, 60세가 다 되었기에 오히려 그녀에 의해 떠밀려 나감. 장항약張恒若은 장등張登을 안고 들어와 옷을 입혔음. 우씨牛氏는 밧줄로 스스로 목숨을 끊으려 하였고, 이웃 사람들이 큰 소리로 다투는 소리를 듣고 달려옴
4		우씨牛氏는 장균張匀이 호랑이에게 물려간 것을 생각해보니 마음이 괴로웠고, 장등張登이 도주한 것을 생각하니 더욱 화가 났음. 게다가 남편이 돌아오지 않으니 울며 욕하였고 머지않아 병이 났음. 이웃이 며칠간 문이 열리지 않은 것을 보고 장항약張恒若에게 소식을 전하였음. 그는 아내가 자살했을까 걱정하며 집으로 들어가니 우씨牛氏가 침상에 누워있는 것을 발견함. 장항약張恒若은 10여 년간 부부간의 정을 생각하여 의원을 찾아가 진찰을 부탁하였으나, 병이 위중하여 목숨을 구하지 못했음. 우씨牛氏는 세상을 떠났고 장항약張恒若은 홀로 집에 있으면서 매우 처량하게 지냈음
5	별가別駕는 선생을 모셔다가 두 아우에게 글을 가르치게 함	천호千户가 명사를 초청하여 두 아우에게 공부를 가르치니 훗날 두 아우가 함께 거인擧人이 됨. 진씨陳氏[천호千户의 아내]는 자신이 아이를 낳을 수 없음을 알고 남편에게 첩을 들이게 하여 아들 한 명을 낳았고, 16세에 진사進士가 됨
6		장항약張恒若과 양씨羊氏는 같은 날 병 없이 세상을 떠남

먼저, '첨가添加' 1에서는 '화소A+화소B→화소A+화소A∝+화소A∞+화소B'의 형태를 보이는데, 〈장성張誠〉의 시작 부분은 장씨張氏는 명明나라 말기에 일어난 전란戰亂으로 처가 군대에 끌려가게 되어 서로 헤어지게 되고, 이후 그는 예豫[하남河南]지방으로 장사하러 다니다가 나중에 그곳에 눌러살게 되는 내용을 대단히 간략하게 기술하고 있다. 하지만 〈조세란지척포란려遭世亂咫尺拋鸞侶 성가경천애취안행成家慶天涯聚雁行〉에서는 〈장성張誠〉에서 기술한 내용에 추가로 장항약張恒若과 양씨羊氏의 결혼→길흉을 점침→양씨羊氏의 임신→연燕나라 군대의 침입으로 피난→강유재康有才와의 만남→서당 개원→마씨馬氏와 재혼 등의 내용을 덧붙였다.

이 이외에도 다른 '첨가添加' 부분에서는 '화소A+화소B→화소A+화소B+화소C', '화소A+화소B→화소A+화소A∝+화소A∞+화소B' 등과 같은 형태가 보인다. 〈장성張誠〉에서 우씨牛氏는 자신의 아들인 성誠만 서당에 가서 글을 배우게 하였고 눌訥을 미워했다고 묘사하고 있는데, 〈조세란지척포란려遭世亂咫尺抛鸞侶 성가경천애취안행成家慶天涯娶雁行〉에서 장항약張恒若은 나이가 들어 집에서 지냈고, 우씨牛氏는 줄곧 장등張登이 공부하는 것을 허락하지 않았다. 하지만 그는 포부가 있어 밖에 일하러 나갈 때 살며시 부친의 학당에 가서 글을 깨우쳤다. 즉 장등張登이 '스스로 글을 깨우치는 과정'이 추가되었다. 또한 〈장성張誠〉에는 장씨張氏와 후처 우씨牛氏의 다툼이 보이지 않는 데 반해, 〈조세란지척포란려遭世亂咫尺抛鸞侶 성가경천애취안행成家慶天涯娶雁行〉에서는 이들의 싸움이 상당히 구체적으로 그려지고 있다. 또한 〈장성張誠〉에는 없지만, 〈조세란지척포란려遭世亂咫尺抛鸞侶 성가경천애취안행成家慶天涯娶雁行〉에는 ① 천호千户가 명사를 초청하여 두 아우에게 공부를 가르치고, 훗날 두 아우가 거인擧人이 된 일, ② 진씨陳氏[천호千户의 아내]가 남편에게 첩을 들이게 하여 아들을 낳고, 16세에 진사進士가 된 일, ③ 장항약張恒若과 양씨羊氏가 같은 날 세상을 떠난 일 등이 첨가되었다.

〈장성張誠〉과 〈조세란지척포란려遭世亂咫尺抛鸞侶 성가경천애취안행成家慶天涯娶雁行〉의 비교에서 보이는 경우와 마찬가지로 제9회第九回〈천명매단구일미倩明媒但求一美 앙명판경득쌍주央冥判竟得雙姝〉에서도 〈연성連城〉에 없는 내용이 대량으로 추가되었다. 첨가된 내용을 살펴보면 다음과 같다.

순서	〈連城〉	〈倩明媒但求一美 央冥判竟得雙姝〉
1		반년이 안 되어, 평지현平知縣이 광동廣東으로 직위가 올라 떠났고, 탐욕스럽고 포학한 전유령錢有靈이 부임하게 됨. 황유성黃有成은 뇌물을 써서 소장을 제출함. 전지현錢知縣은 관리에게 연낭蓮娘을 잡아 원래 남편에게 돌려보내도록 판결함. 요수지姚壽之와 연낭蓮娘은 이 일을 걱정함. 어느 날, 빙낭冰娘의 부친인 시유법施有法 태수太守가 요수지姚壽之의 집에 찾아와 딸을 요수지姚壽之에게 시집보냄
2		시태수施太守는 시효립施孝立와 함께 술을 마시게 됨. 시효립施孝立은 먼저 시태수施太守에게 황씨黃氏 집안의 일을 말하며, 그에게 관가에 가서 통사정하기를 부탁함. 시태수施太守는 시효립施孝立과 요수지姚壽之에게 빙낭冰娘과 함께 온 하녀의 용모와 행동거지가 연낭蓮娘과 같으니 그녀를 보내도록 결정함
3		시태수施太守는 중경重慶으로 돌아가자, 관리는 시태수施太守가 이미 돌아갔다는 것을 듣고 요씨姚氏 집에 와서 연낭蓮娘을 요구함. 요수지姚壽之는 그녀가 시씨施氏 집으로 돌아갔으니, 그곳에 가서 찾게 함. 시효립施孝立은 관리에게 억울한 체하고 요수지姚壽之의 박정함을 말하며, 황유성黃有成에게 알리게 함. 황유성黃有成은 기뻐하며 길일을 택하여 아내를 찾으러 감. 황유성黃有成은 아내의 용모가 평범한 것을 보고 첩을 얻을 것을 상의했으나, 하녀는 허락하지 않음. 반년이 안 되어 황유성黃有成은 유행병에 걸려 목숨을 잃음. 하녀는 재산을 가지고 달아나 따로 출가出嫁함

순서	〈連城〉	〈倩明媒但求一美 央冥判竟得雙姝〉
4		요수지姚壽之 부부는 황유성黃有成이 죽을 때가 되자, 나쁜 생각을 내려놓고 즐겁게 지냄. 요수지姚壽之의 한 남편 두 아내는 이야기로 웃음꽃을 피움
5		이후에 요수지姚壽之는 한림원翰林院에 들어가고 호광湖廣 총독總督이 됨. 마침 전유령錢有靈이 그의 소속 관리가 되었는데, 그는 전처럼 탐욕스럽고 잔혹했음. 요수지姚壽之는 그를 엄중하게 질타했음. 요수지姚壽之는 50세에 사직하고 고향으로 돌아가 은거함. 연낭蓮娘은 아들 3명을 낳았고, 빙낭冰娘은 아들 2명을 낳았다. 모두 관직에 오르게 됨. 정약의丁約宜의 아들도 작은 관직을 얻음. 요수지姚壽之 부부 세 사람은 90여 세까지 살았음

'첨가添加'의 유형에서는 주로 '화소A+화소B→화소A+화소B+화소C', '화소A+화소C+화소B', '화소A+화소B→화소A+화소A∝+화소A∞+화소B'의 형태로 드러나고 있고, 첨가된 내용 또한 황유성黃有成과 전지현錢知縣의 결탁→연낭蓮娘 대신 하녀[아두丫頭]를 시집보내기로 함→황유성黃有成의 죽음, 하녀의 도망→요수지姚壽之의 성공, 은퇴→아들 5명 관직에 오름→요수지姚壽之 부부 90세까지 무병장수 등으로 더욱 많은 내용이 추가되었다.

이와 마찬가지로 〈소이小二〉와 제10회第十回〈종좌도일시실족從左道一時失足 납충언립각회두納忠言立刻回頭〉의 경우에 있어서 여러 '첨가添加'의 현상이 보이는데, '첨가添加'의 형태가 다양하며, 첨가된 내용도 원작의 내용과 맞물려 상당히 복잡하게 얽혀 있다. 〈소이小二〉와 제10회第十回〈종좌도일시실족從左道一時失足 납충언립각회두納忠言立刻回頭〉의 경우에는 '화소A+화소B→화소A+화소B+화소C', '화소A+화소C+화소B', '화소A+화소B→화소A+화소A∝+화소A∞+화소B', '화소A+화소A∝+화소B+화소B∝' 등의 다양한 형태가 나타나고 있다. 〈소이小二〉에서는 조왕趙旺 부부, 그들의 장남인 장춘長春 부부 죽음을 간략하게 서술하고 있지만, 〈종좌도일시실족從左道一時失足 납충언립각회두納忠言立刻回頭〉에서는 부모의 시신을 화장火葬→종이학을 타고 청주靑州로 돌아감→영복永福을 발견, 장례를 치름→진고珍姑 부모 유골 안장→왕자함王子函은 진고珍姑에게 청혼→진고珍姑의 혼인 거부→왕자함王子函의 노력으로 진고珍姑가 혼인 허락 등의 순서로 여러 화소를 삽입하고 있다. 또한, 왕자함王子函의 투항과 진고珍姑를 만나러 가는 과정이 추가되었다. 이상의 내용을 정리하면 다음과 같다.

순서	〈小二〉	〈從左道一時失足 納忠言立刻回頭〉
1		왕자함王子函과 부모의 시신을 화장火葬하고 종이학을 타고 청주青州로 돌아감. 왕자함王子函이 학 위에서 타는 것을 두려워하자 나귀로 바꾸어 타고 가다가 영복永福도 죽은 것을 보게 됨. 두 사람은 그를 흙에 묻고 다시 길을 떠남. 진고珍姑는 청주青州에 도착하여 부모의 유골을 안장함. 왕자함王子函 모친의 탈상이 끝나자 진고珍姑에게 청혼함. 진고珍姑는 이번에 부모님의 상이 있다며 거절했으나, 왕자함王子函의 부탁에 진고珍姑는 어쩔 수 없이 결혼함
2		산동山東 포태현蒲台縣에 당새아唐賽兒라는 여인이 있었는데, 결혼한 지 1년 채 안 되어 남편이 임공자林公子를 잃었음. 그녀는 어디서 왔는지 모르는 두 여도사에게 도술을 배움. 그녀는 포태현蒲台縣을 본거지로 산동山東의 등登, 내萊, 청青 세 부府를 제외하고 모두 점령하고, 스스로 제사帝師라 일컬었음
3		왕자함王子函은 적군이 강을 건넜다는 것을 듣고 모친과 귀덕부歸德府로 도망감. 외삼촌 심자성沈子成의 집에서 머물고 적군이 산동山東으로 되돌아갔다는 것을 듣고 집으로 되돌아가려 했으나, 심씨沈氏가 병이 나 반년을 앓다가 죽음. 왕자함王子函은 고향으로 돌아가 모친의 관을 부친의 무덤에 합장하고, 진고珍姑를 찾으러 산동山東으로 감
4		왕자함王子函은 조주曹州에 이르러 적에게 잡혔고, 적의 장수에게 투항하러 온 것이라 거짓으로 말하고는 일을 도움. 그는 진고珍姑의 소식을 알지 못해 마음이 갈수록 우울했음. 얼마 후, 관병이 하남河南에서부터 진군해오고, 관병에 의해 대패한 적은 조주曹州에서 포위당함. 왕자함王子函은 포위망을 뚫고 포대蒲臺에 가서 구원을 청하러 가고자 함. 그는 계획을 만들어내 적의 장수에게 보고함. 왕자함王子函은 말을 매우 빨리 달려, 동틀 무렵 포대蒲臺에 이름. 왕자함王子函은 당새아唐賽兒 제사부帝師府로 가 당새아唐賽兒에게 현재 조주曹州의 군사軍事 상황을 사실대로 말함. 당새아唐賽兒는 그를 돌려보내고, 군대를 일으켜 조주曹州를 구하고자 함
5		진고珍姑는 제사부帝師府에 가서 왕자함王子函과 도망침. 두 사람은 청주부青州府에 도착하여 성 밖의 방 한 칸에서 함께 지냄. 부부로 피난 온 것이라 말함. 왕자함王子函은 진고珍姑와 결혼하려 했으나, 진고珍姑는 왕자함王子函 모친의 3년 상을 아직 마치지 않았으며, 자신의 부모가 어려움에 있는 상황이라며 거절함
6		매년 청명절清明節에 왕자함王子函 부부는 고성현考城縣에 가서 왕씨王氏 집안의 묘에 성묘함. 또 청주青州의 조전사曹全士 부부 묘에 가서 제를 지냄. 청주青州에서 성묘를 마치고 이전에 살았던 곳으로 돌아오다가, 그들을 질투하던 옛 이웃이 마침 화재를 입은 것을 보게 됨. 왕자함王子函 부부는 이것이 하늘이 내린 벌이라 생각하고 웃으며 하남河南으로 돌아옴. 이후 왕자함王子函 부부는 세 아들을 낳았고, 가업을 이어받았음. 왕자함王子函 부부는 각각 천수를 누림

〈대남大男〉과 제4회第四回〈투부교상고액妒婦巧償苦厄 숙희대향영화淑姬大享榮華〉의 비교에서도 위와 같은 '첨가添加' 현상이 다량으로 보이는데, 특히 후반부에 묘사된 '손구화孫九和의 몰락'을 보면 이러한 특징이 보다 구체적으로 드러나고 있음을 알 수 있다. 〈투부교상고액妒婦巧償苦厄 숙희대향영화淑姬大享榮華〉에 첨가된 내용을 살펴보면 다음과 같다.

순서	〈大男〉	〈妒婦巧償苦厄 淑姬大享榮華〉
1	해성렬奚成列의 후처인 신씨申氏는 질투심이 강해 첩인 하씨何氏를 심하게 학대함	유대성兪大成의 후처인 손씨孫氏는 남편을 따라 다니며, 그가 혜란惠蘭과 말하는 것을 허락하지 않음. 반년이 흘렀고, 손씨孫氏는 여전히 혜란惠蘭의 단점을 찾고자 하였음. 성안으로 들어가 시험을 볼 때가 되었고, 유대성兪大成은 시험을 보고 돌아와 혜란惠蘭의 방에 가서 잠. 혜란惠蘭은 임신하여 효성스러운 아들을 낳음. 다음날 함께 시험을 본 사람이 유대성兪大成의 집에 찾아오면서, 손씨孫氏는 유대성兪大成이 혜란惠蘭의 방에 있음을 알게 됨. 그녀는 막대기로 문을 억지로 비틀어 열고 크게 소란을 피움. 유대성兪大成은 화가 나서 막대기를 빼앗아 정원에 던지고, 손씨孫氏는 땅에 앉아 소리 내 욺. 손씨孫氏의 부모형제가 급히 왔는데, 손씨孫氏의 부친 손구화孫九和는 악랄한 인물이었고, 모친 강씨姜氏 역시 포악한 여인이었음. 그녀의 가족들이 방망이를 들고 오자 유대성兪大成은 재빨리 뒷문으로 빠져나감. 그들은 혜란惠蘭을 찾아서 때리려 하였으나, 이웃 사람들의 도움으로 소란을 멈춤. 사람들이 돌아가고 나서 혜란惠蘭은 손씨孫氏의 방에 가서 사죄하였으나, 손씨孫氏는 더는 말하지 않고 유대성兪大成이 돌아오기를 기다림. 유대성兪大成이 집에 돌아오지 않자, 혜란惠蘭은 그가 스스로 목숨을 끊었을까 걱정하여 사람을 시켜 찾았지만 행방이 묘연했음. 5, 6개월이 지나 손씨孫氏는 혜란惠蘭의 배가 점차 불러오는 것을 보고 마음이 즐겁지 않아 낙태하게 하였지만, 사람들이 보호해주어 아들을 낳음. 온 가족이 기뻐하였으나 손씨孫氏는 더욱 괴로워하며 아이를 죽이려 하였음
2	하씨何氏와 신씨申氏의 지위가 뒤바뀜: 변기를 비우는 장면은 없음	혜란惠蘭이 없는 틈에 유대성兪大成은 손씨孫氏에게 혜란惠蘭의 좌식 변기를 들어서 비우게 함. 손씨孫氏는 시녀들의 웃음거리가 됨
3		순안어사巡按御使[대남大男]은 상소문을 올려 출생지를 고쳐 달라고 부탁함. 황제의 명령이 내려와, 그에게 복성復姓 유兪를 허락하고 효장孝章이라는 이름을 하사함. 거듭해서 하남河南의 순안巡按 직무를 부여함
4		진홍범陳洪範은 하남河南에 도착하자, 유대성兪大成 부자父子는 진홍범陳洪範에게 감사 인사를 함. 진홍범陳洪範은 유대성兪大成에게 자신의 딸 취화翠花를 대남大男에게 시집보내려고 하고 유대성兪大成이 승낙함. 진홍범陳洪範은 유대성兪大成 부자父子와 작별하고 돌아와 딸을 하남河南으로 보내 혼인을 마침. 유대성兪大成과 혜란惠蘭은 그녀를 마음에 들어 하였음
5		손구화孫九和는 딸 손씨孫氏를 재혼시킨 후, 깊은 밤 도적들이 들이닥쳐 일가一家를 모두 살해하고, 재산을 모두 약탈해 감. 마을 사람들 누구도 적극적으로 나서서 고발하지 않음. 유대성兪大成과 혜란惠蘭은 비로소 손씨孫氏 집안에 대한 분노를 해소하게 됨
6		유대성兪大成 부자父子는 은자 1천 냥을 준비하여 진우량陳又良[대남大男의 서당 선생: 수업료 없이 대남大男에게 글을 가르쳐 줌]에게 사례함. 1년이 다 되어 온 가족이 모두 상경함. 유효장兪孝章[대남大男]은 재상이 되었고 조정에서 20년간 재직하다가, 부모를 모시기 위하여 벼슬을 사직하고 고향으로 돌아감. 유대성兪大成은 90세가 넘도록 살다가, 혜란惠蘭과 며칠 사이로 죽음. 유효장兪孝章[대남大男]은 나이가 들어 더는 관직에 나아가지 않음. 자녀는 모두 5남 3녀를 둠. 후손들 대부분이 관리가 되었음. 손씨孫氏는 가족과 함께 상경한 지 1년이 채 되지 않아 등에 종기가 나 2달 동안 고통으로 고함치다가 죽음

〈대남大男〉과 제4회第四回〈투부교상고액妒婦巧償苦厄 숙희대향영화淑姬大享榮華〉의 경우는 '첨가添加' 현상이 이야기 진행 과정의 중·후반에 집중적으로 나타난다. '첨가添加'의 형태는 '화소A+화소B→화소A+화소B+화소C'의 형식이 가장 빈번하게 보이고, 그다음이 '화소A+화소B→화소A+화소A∝+화소A∞+화소B'의 형태이다. '첨가添加' 1은 주로 신씨申氏의 질투심과 하씨何氏에 대한 학대를 묘사하고 있는데, 〈투부교상고액妒婦巧償苦厄 숙희대향영화淑姬大享榮華〉에서는 손씨孫氏의 질투심과 소란, 그녀의 부모인 손구화孫九和와 강씨姜氏의 행패에 대한 내용이 첨가되어 있다. '첨가添加' 2~6의 내용을 살펴보면, 〈투부교상고액妒婦巧償苦厄 숙희대향영화淑姬大享榮華〉에서 손구화孫九和는 딸 손씨孫氏를 재혼시킨 후에 깊은 밤 도적떼가 갑자기 들이닥쳐 일가一家를 모두 살해했고, 재산을 모두 약탈해 갔다. 주위 사람들 누구도 나서서 관가에 고발하지 않는다. 이 장면에서 〈대남大男〉과 다른 점은 손구화孫九和의 죽음과 몰락, 그리고 주위 사람들로부터의 외면이다. 이 부분은 〈대남大男〉에 비해서 일부 내용이 삽입되었다고 볼 수 있으며, 또한 징벌의 주체와 정도가 사뭇 다른 점도 눈에 띈다. 유대성兪大成[해성렬奚成列]과 혜란惠蘭[하씨何氏]의 행복을 방해하는 인물이 〈대남大男〉에서는 신씨申氏의 오빠인 신포申苞였지만, 〈투부교상고액妒婦巧償苦厄 숙희대향영화淑姬大享榮華〉에서는 손씨孫氏의 아버지인 손구화孫九和이다. 또한 손구화孫九和[신포申苞]를 처벌하는 주체는 〈대남大男〉에서는 '관리'였지만, 〈투부교상고액妒婦巧償苦厄 숙희대향영화淑姬大享榮華〉에서는 '도적떼'였고, 그 처벌 방식 역시 '곤장으로 치죄하는' 형벌에서 '전 가족이 살해당하고 재산을 약탈해 가는' 가혹한 징벌의 형태로 바뀌면서 일부 내용이 첨가되었다.

이 작품 이외에도 〈진운서陳雲棲〉와 제1회第一回〈가필정홍사숙계공문假必正紅絲夙系空門 위묘상백수영수학사僞妙常白首永隨學士〉, 〈아보阿寶〉와 제3회第三回〈태수재지성구우呆秀才志誠求偶 초가인감격허신俏佳人感激許身〉, 〈구대낭仇大娘〉과 제8회第八回〈시귀역수지생파施鬼蜮隨地生波 장신령전재위복仗神靈轉災爲福〉, 〈경낭庚娘〉과 제11회第十一回〈연신구산맹해서聯新句山盟海誓 영구사벽합주환詠舊詞璧合珠還〉, 〈궁몽필宮夢弼〉과 제12회第十二回〈매백석신인시소기埋白石神人施小技 득황금호사진가성得黃金豪士振家聲〉 등이 있다.[7] 이러한 작품은 비록 앞에서 살펴본

7 《성몽병언醒夢駢言》의 작품에 첨가된 내용을 《요재지이聊齋志異》의 작품과 비교하면 다음과 같다.

〈자매역가姊妹易嫁〉와 제6회第六回〈위부명얼유기작違父命孽由己作 대자가복자천래代姊嫁福自天來〉, 〈장성張誠〉과 제2회第二回〈조세란지척포란려遭世亂咫尺拋鸞侶

	《聊齋志異》	《醒夢駢言》
〈陳雲棲〉		第一回〈假必正紅絲夙繫空門 偽妙常白首永隨學士〉
1	진육생眞毓生은 저축한 돈을 가지고 진운서陳雲棲를 찾아 여조암呂祖庵으로 감. 암자가 몰락하여 여도사들은 모두 사방으로 흩어져 간 곳을 알지 못함. 집[이릉夷陵]으로 돌아옴	여러 날 동안 진취운陳翠雲을 찾았지만 찾지 못함. 증학심曾學深은 진취운陳翠雲이 마음을 바꾼 것은 아닌지 의심을 함. 그는 외조모의 집[장씨莊氏]으로 감. 우씨于氏 노부인老夫人[외조모]과 장덕음莊德音[외삼촌]은 그를 정성스럽게 대함. 외조모의 집에서 10여 일을 머무르는 동안 진취운陳翠雲을 결국 찾지 못하고, 부득이하게 무창武昌으로 돌아옴
2	장臧부인은 진육생眞毓生과 진운서陳雲棲의 얽힌 사연을 듣고 분노함. 진육생眞毓生은 우울증에 빠져 결국 병이 듬	장莊부인이 무창武昌으로 돌아와 거짓말을 한 증학심曾學深을 꾸짖음. 증학심曾學深은 평소에 효성스러워 크게 화를 내지는 않음. 증학심曾學深은 관음암觀音庵에서 진취운陳翠雲과 평생을 약속한 일을 말함. 장莊부인은 그녀가 비구니라는 이유로 반대함. 장莊부인은 고민을 하며 하룻밤을 보내고, 다음날 내심 진취운陳翠雲을 동정하면서 관상가觀相家가 증학심曾學深은 비구니를 아내로 얻을 것이라 한 말을 떠올리고 운명으로 정해져 있다고 생각함. 장莊부인은 증학심曾學深을 불러 진취운陳翠雲이 간절하게 기다리고 있으니, 법운암法雲庵에 가보라고 말함
3	진육생眞毓生이 진운서陳雲棲를 찾기 위해 왕도성王道成을 찾아감	진취운陳翠雲의 외숙모 장씨莊氏는 증학심曾學深의 모친 장莊부인과는 먼 친척 관계임. 장씨莊氏는 법운암法雲庵에서 분향하다가 진취운陳翠雲을 만나, 그녀의 처지를 듣고 왕도성王道成에게 조카를 데려가려고 함. 왕도성王道成이 밥값과 방값을 계산해야 진취운陳翠雲을 보내주겠다고 말하자, 장씨莊氏와 왕도성王道成이 크게 다툼을 벌임[장씨莊氏가 왕도성王道成을 때리니 이가 빠지고 피가 흐름]. 진취운陳翠雲이 장씨莊氏를 설득하여 다툼을 멈추고 절을 떠남. 증학심曾學深이 왕도성王道成을 찾아와, 자신이 진취운陳翠雲의 친척이라고 하자 그를 책망함. 증학심曾學深은 자신을 홀대하는 왕도성王道成에 난처해하며 밖에서 배회하다가 만난 어떤 비구니에게 진취운陳翠雲의 소식을 물으니, 왕도성王道成이 모욕당한 일을 말해줌. 진취운陳翠雲을 찾기 어려워진 증학심曾學深은 어찌할 도리가 없이 법운암法雲庵을 떠나 외조모를 찾아가지 않고 집으로 돌아감
〈阿寶〉		第三回〈呆秀才志誠求偶 俏佳人感激許身〉
1		후에 손인孫寅은 벼슬이 예부상서禮部尚書에 까지 이르고, 주저珠姐는 이품부인二品夫人에 봉해짐. 5명의 아들을 낳았는데 모두 관리가 되어 명망이 있는 집안을 이룸
〈仇大娘〉		第八回〈施鬼蜮隨地生波 仗神靈轉災為福〉
1		강추암江秋岩, 만공자萬公子는 두 집 딸의 목숨을 위험하게 한 위치지韋恥之가 우씨尤氏 집안에서 담소하는 것을 보고, 심하게 불만을 품게 됨. 다음날, 두 사람은 화상사和尚寺에 가서 그를 일부러 불러내어 산으로 유람가자고 함. 강추암江秋岩, 만공자萬公子는 의기가 강하여 위치지韋恥之를 넘어뜨리고, 우씨尤氏 일가一家와 무슨 원한이 있는지 물음. 위치지韋恥之는 시험에서 우목중尤牧仲이 1등을 해 화가 나 해치고자 하였음을 자백함. 강추암江秋岩은 위치지韋恥之의 오장육부五臟六腑를 파내어 나무 위에 걸어 두고, 집으로 돌아감
〈庚娘〉		第十一回〈聯新句山盟海誓 詠舊詞璧合珠還〉
1		신낭辛娘은 시부모의 무덤에 가고자 하여, 송대중宋大中, 왕씨王氏, 신낭辛娘은 회안淮安으로 감. 진중문陳仲文은 부부가 다시 만난 일을 알고 감탄함. 송대중宋大中은 왕씨王氏에게 진중문陳仲文을 아버지로 여기게 함. 나중에 송대중宋大中, 왕씨王氏는 진중문陳仲文과 그의 아내 호씨胡氏에게 딸과 사위로서 예를 갖추어 절을 함
2		신낭辛娘은 시부모의 무덤에 가서 절을 함. 진강鎭江으로 돌아가 장章부인을 섬기려 함. 진중문陳仲文은 송대중宋大中에게 신낭辛娘을 진강鎭江에서 거주하도록 권함
3		어느 날 송대중宋大中은 회안淮安 에서 진강鎭江으로 가다가 이웃의 배를 보게 됨. 재작년 서주徐州에서 앉아있었던 뱃사공과 선원이었음. 송대중宋大中은 몰래 관아에 신고하고, 사람을 보내 그 일당을 모두 잡아들여 사형에 처함. 진강鎭江에 도착하여 신낭辛娘에게 이 일을 알리고, 모두 기뻐함
4		이후 송대중宋大中은 진강鎭江에서 죽었고, 신낭辛娘과 같이 안장했음. 왕씨王氏는 송씨宋氏 부부 묘 옆에 안장했음. 신낭辛娘은 두 아들을 낳았고, 왕씨王氏는 네 아들을 낳았음. 남경南京에서 명망 있는 가문을 이룸
〈宮夢弼〉		第十二回〈埋白石神人施小計 得黃金豪士振家聲

성가경천애취안행成家慶天涯娶雁行〉, 〈연성連城〉과 제9회第九回〈천명매단구일미倩明媒但求一美 앙명판경득쌍주央冥判竟得雙姝〉, 〈소이小二〉와 제10회第十回〈종좌도일시실족從左道一時失足 납충언립각회두納忠言立刻回頭〉, 〈대남大男〉과 제4회第四回〈투부교상고액妒婦巧償苦厄 숙희대향영화淑姬大享榮華〉에 비해서 '첨가添加' 현상이 비교적 적게 나타나고 있지만, '첨가添加'의 특징은 여전히 분명하게 드러나 있다. 이 작품들은 원작의 내용과 교묘하게 맞물려 연관된 내용이 제한적으로 첨가되거나 혹은 독립된 이야기가 부분적으로 삽입되었다.

| 4 | 서사敍事의 선택選擇과 집중集中: '삭제削除'

《성몽병언醒夢駢言》에서의 '삭제削除'는 '부연敷衍', '변화', '첨가添加' 현상에 비해 나타나는 빈도수는 적지만 여전히 자주 보이는 특징이라고 할 수 있다. '삭제削除'는 원작을 개작하는 과정에서 서술 일부분이나 인물, 배경, 사건 등을 생략한 경우인데, 주로 '화소A+화소B+화소C'→'화소A+생략+화소C'의 형태로 나타난다. '삭제削除' 현상이 나타나는 위치는 작품의 도입, 전개, 결말 부분이며, '삭제削除' 형태에 있어서는 '부분部分 삭제削除'와 '전체全體 삭제削除'가 있다. 개작의 과정 중에서 나타나는 특징에는 주요한 내용의 포함 여부와 서술적 유기성의 지속 여부가 주요한 관건으로 작용하고 있다. 내용의 중요성은 줄거리 진행에 있어서 '주요한 내용이 삭제되었는가?' 혹은 '그렇지 않은가?'이고, 서술의 유기성은 이렇게 삭제된 부분과 다른 내용이 '긴밀한 서술 관계를 맺는가?' 혹은 '그렇지 않은가?'이다. 이러한 특징을 바탕으로 '삭제削除' 현상을 살펴보면, 주로 다음과 같은 세 가지 형태로 나타난다.

《聊齋志異》		《醒夢駢言》
1	유화柳和는 예전의 재산을 되찾아오고, 집안은 더욱 부유해졌음. 유화柳和는 마음을 바로잡고 학문에 전념하여 3년 만에 거인擧人에 합격함	방구화方口禾가 재산이 많고 지위가 높은 것을 보고, 친구들 무리가 찾아와 그에게 다정한 태도를 보임. 방구화方口禾는 그들에게 원한을 품지 않았으며, 그들이 준 선물도 받지 않았음. 그들에게 술을 대접하고 자신은 방에서 나오지 않았음. 그들은 비로소 자신들을 책망하는 것임을 깨닫게 되었고, 이후 다시 방문하기 어려웠음
2	황씨黃氏의 딸은 자신을 찾아온 부친을 만나지 못하고, 노부인老夫人을 통해 은자 5냥을 부친에게 전해줌	정화正話 설명[서술자 개입]: 원래 방구화方口禾는 왕원상王元尙 부부가 조만간 올 것을 알았고, 목고睦姑가 몰래 은자로 주어 그들을 도울까 걱정했음. 목고睦姑는 금전이 없었기에 단지 5냥을 부친에게 준 것임.
3		이후, 목고睦姑는 방구화方口禾에게 지난날의 원한을 생각하지 말도록 계속해서 권유함. 방구화方口禾는 점차 화가 가라앉아, 장인과 장모에게 은자를 보냄. 방구화方口禾는 비록 한림翰林에 선발되었지만, 관직에 나아가지 않았고, 집에서 즐거움을 누렸음. 이 모든 것들이 신선을 문객으로 둔 덕택으로, 그를 다시 가난함에서 부유하게 하고, 빈천한 데에서 지위가 높아지게 했음

첫째, 원작에서 필요 없는 내용을 없애면서, 다른 부분의 변화는 가져오지 않는 경우이다. 이러한 경우는 줄거리의 주요 흐름에는 변함이 없고, 단지 일부 내용[인물, 배경, 사건 등]이 생략되었을 뿐이어서 전체적인 서술이나 내용의 변화는 크게 일어나지 않는다. 둘째, 내용의 중요한 부분이 삭제되지만, 다른 부분의 변화를 가져오지 않는 경우이다. 이것은 서술 시각의 전환으로 줄거리 진행 과정에서 중요하다고 생각되는 내용에 집중되면서 서술 관점이 다른 화소로 이동한 경우에 해당한다. 셋째, 내용의 중요한 부분이 삭제되면서 다른 관련 서술이나 내용도 약간의 변화를 가져오는 경우이다. 이 경우에는 전체적으로 작품 내 서술의 '유기성'을 유지하기 위하여 일부 내용에 대한 '선택選擇'과 '집중集中'이 이루어지고, 삭제된 내용에 맞게 다른 부분의 내용 역시 수정 및 변화가 수반된다. 이와 같이 세 가지 형태를 종합적으로 관찰해 보면, 비록 '변화 과정'에서의 '축소縮小', '변환變換'이 '삭제削除'와 무관하게 진행되기도 하지만, 가끔은 '삭제削除'의 영향으로 인해 파생되는 현상이기도 하다. 그렇지만 '삭제削除' 현상이 '축소縮小', '변환變換'보다 빈번하게 나타나며, 그 특징 또한 분명하고 구체적으로 드러나고 있다. 이러한 구분과 특징을 중심으로 《성몽병언醒夢駢言》에서 '삭제削除' 현상이 나타난 작품과 빈도수를 살펴보면 다음과 같다.

《聊齋志異》		《醒夢駢言》		削除
卷十一	〈陳雲棲〉	第一回	〈假必正紅絲夙系空門 僞妙常白首永隨學士〉	2
卷二	〈張誠〉	第二回	〈遭世亂咫尺拋鸞侶 成家慶天涯娶雁行〉	0
卷二	〈阿寶〉	第三回	〈呆秀才志誠求偶 俏佳人感激許身〉	3
卷十一	〈大男〉	第四回	〈妒婦巧償苦厄 淑姬大享榮華〉	4
卷十一	〈曾友于〉	第五回	〈逞兇焰欺凌柔懦 釀和氣感化頑殘〉	4
卷四	〈姊妹易嫁〉	第六回	〈違父命孽由己作 代姊嫁福自天來〉	0
卷十	〈珊瑚〉	第七回	〈遇賢媳虺蛇難犯 遭悍婦狼狽堪憐〉	1
卷十	〈仇大娘〉	第八回	〈施鬼蜮隨地生波 仗神靈轉災爲福〉	1

《聊齋志異》		《醒夢駢言》		削除
卷三	〈連城〉	第九回	〈倩明媒但求一美 央冥判竟得雙姝〉	2
卷三	〈小二〉	第十回	〈從左道一時失足 納忠言立刻回頭〉	3
卷三	〈庚娘〉	第十一回	〈聯新句山盟海誓 詠舊詞璧合珠還〉	1
卷三	〈宮夢弼〉	第十二回	〈埋白石神人施小技 得黃金豪士振家聲〉	2
12 篇		12 篇		23

위의 자료를 살펴보면,《성몽병언醒夢駢言》에서 '삭제削除' 현상이 세 차례 이상 나타나는 작품으로는 제4회第四回〈투부교상고액妒婦巧償苦厄 숙희대향영화淑姬大享榮華〉, 제5회第五回〈영흉염기릉유나逞兇焰欺凌柔懦 양화기감화완잔釀和氣感化頑殘〉, 제3회第三回〈태수재지성구우呆秀才志誠求偶 초가인감격허신俏佳人感激許身〉, 제10회第十回〈종좌도일시실족從左道一時失足 납충언립각회두納忠言立刻回頭〉임을 알 수 있다. 또한, 제1회第一回〈가필정홍사숙계공문假必正紅絲夙系空門 위묘상백수영수학사僞妙常白首永隨學士〉, 제11회第十一回〈연신구산맹해서聯新句山盟海誓 영구사벽합주환詠舊詞璧合珠還〉, 제12회第十二回〈매백석신인시소기埋白石神人施小技 득황금호사진가성得黃金豪士振家聲〉 등에서도 일부이지만 이러한 '삭제削除' 현상이 보인다. 먼저, '삭제削除' 현상이 가장 빈번하고 분명하게 출현하고 있는《요재지이聊齋志異》의 〈대남大男〉과 제4회第四回〈투부교상고액妒婦巧償苦厄 숙희대향영화淑姬大享榮華〉를 비교해보면 다음과 같다.

순서	〈大男〉	〈妒婦巧償苦厄 淑姬大享榮華〉
1	대남大男은 10살이 되어 가정에 얽힌 이야기를 듣고 아버지를 찾으러 떠남. 만남1: 전씨錢氏-절에 팔아넘김, 만남2: 장수재張秀才-옷과 신발 여비를 마련해줌. 만남3: 포목상 2인-유인하여 금전을 빼앗음. 만남4: 진陳노인의 구제-공부하도록 도와줌	
		대남大男은 아버지를 찾으러 집을 나간 뒤 악당들에게 유괴당하여 절에 팔림→사천四川상인 진홍범陳洪範을 만나 성도成都로 감→진홍범陳洪範은 대남大男을 공부시키고, 그의 부친 소식을 알아보았지만, 행방을 알 수 없었음. 대남大男은 후에 진사進士에 합격했음

순서	〈大男〉	〈妒婦巧償苦厄 淑姬大享榮華〉
2	대남大男이 현령縣令이 되어 부모님을 찾아옴. 대남大男이 성공한 후 고향을 방문하여 부모님의 거처를 수소문했던 것을 이야기함. 진陳노인의 권유와 점쟁이의 점괘를 믿고 임지로 부임을 하게 됨	
3	신포申苞는 해성렬奚成列을 관가에 고발하여 누이의 본처 자리를 되찾으려 함. 신포申苞에게 죄를 물어 곤장을 침. 하씨何氏[처]와 신씨申氏[첩]의 위치가 더욱 굳어지게 됨	
4	하씨何氏와 신씨申氏는 서로 자매로 대했고, 신씨申氏는 과거의 잘못을 뉘우침. 해성렬奚成列도 신씨申氏의 과거 잘못을 더 이상 따지지 않고 평안하게 지냄	

〈투부교상고액妒婦巧償苦厄 숙희대향영화淑姬大享榮華〉의 '삭제削除' 유형은 '화소A+화소B+화소C'→'화소A+생략+화소C'의 형태이다. 묘사된 내용을 살펴보면, 〈대남大男〉에서는 '삭제削除' 1~3은 전개 부분, '삭제削除' 4는 결말 부분에 해당한다. '삭제削除'의 형태에서는 1은 '부분 삭제'에 해당하고, 2, 3, 4는 '전체 삭제削除'에 해당한다. '삭제削除' 1의 경우에는 〈대남大男〉에서는 전개의 전반부에 해당하지만, 〈투부교상고액妒婦巧償苦厄 숙희대향영화淑姬大享榮華〉는 전개의 후반부에 나타난다. 내용에 있어서도 일정 부분 삭제되었다. 이러한 내용을 구체적으로 살펴보면, 〈투부교상고액妒婦巧償苦厄 숙희대향영화淑姬大享榮華〉에서는 〈대남大男〉의 도입부에서 나타난 만남 1~3은 삭제되어, 만남 4만이 남았다. 또한 〈대남大男〉은 '전개'의 도입부에 나타나지만, 〈투부교상고액妒婦巧償苦厄 숙희대향영화淑姬大享榮華〉에서는 후반부 '대남大男의 아버지 찾기'를 묘사할 때에 비로소 나타난다. 서술 위치가 앞뒤로 달라졌을 뿐만 아니라, 그 내용 또한 일부 삭제되었다. 이러한 현상의 출현은 서술 진행에서 불필요하다고 여겨지는 부분을 과감하게 생략하는 과정에서 비롯된 것으로 보이는데, 전체적인 줄거리 흐름에는 크게 영향을 주지 않는다. '삭제削除' 2, 3, 4는 〈투부교상고액妒婦巧償苦厄 숙희대향영화淑姬大享榮華〉에서는 모두 삭제되었다. 이 부분에서는 '부연 서술'을 삭제한 경향이 뚜렷한데, 전체적인 내용의 간결성과 일관성을 유지하기 위하여 보충 설명의 내용을 없애버린 것이라고 볼 수 있다.

이와 마찬가지로 제5회第五回〈영흉염기릉유나逞兇焰欺凌柔懦 양화기감화완잔釀和氣感化頑殘〉의 경우에서도 '삭제削除'의 특징이 분명하게 나타나고 있다.

《요재지이聊齋志異》의 〈증우우曾友于〉와 제5회第五回〈영흉염기릉유나逞兇焰欺凌柔懦 양화기감화완잔釀和氣感化頑殘〉의 내용을 서로 비교해보면 이러한 특징을 분명하게 알 수 있는데, 두 작품의 '삭제削除'와 관련된 내용을 살펴보면 다음과 같다.

순서	〈曾友于〉	〈逞兇焰欺凌柔懦 釀和氣感化頑殘〉
1	증曾노인의 죽음과 장례를 치르는 장면: 증曾노인의 죽음, 증曾노인의 입관, 증우우曾友于의 권계	
2	증계조曾繼祖가 처가에 갔다가 증우우曾友于의 집을 방문하게 되고, 증우우曾友于 집안의 형제간에 우애가 깊고 서로 아끼고 사랑하는 모습을 보고 돌아가지 않겠다고 함. 그는 증우우曾友于의 설득으로 겨우 집으로 돌아갔다가 다시 증우우曾友于 집으로 돌아옴	
3	증계조曾繼祖가 다시 고향으로 돌아와서 안착함	
4	증계조曾繼祖의 아들이 증효曾孝의 집에서 도망 나와 증우우曾友于의 집으로 가 의탁함	

〈영흉염기릉유나逞兇焰欺凌柔懦 양화기감화완잔釀和氣感化頑殘〉의 '삭제削除' 유형은 〈투부교상고액妒婦巧償苦厄 숙희대향영화淑姬大享榮華〉와 마찬가지로 '화소A+화소B+화소C'→'화소A+생략+화소C'의 형태를 보여 주고 있다. 서술 내용에 있어서는 〈증우우曾友于〉에는 '삭제削除' 1의 증曾노인의 죽음과 장례에 관련된 내용이 간략하지만, 일부 묘사되어 있다. 하지만 〈영흉염기릉유나逞兇焰欺凌柔懦 양화기감화완잔釀和氣感化頑殘〉에는 이 부분을 모두 없애버렸다. 이 장면은 비록 〈증우우曾友于〉에서 차지하는 분량이 많지 않지만, 작품의 도입 부분에 삽입되어 앞으로의 사건 진행의 복선伏線 역할뿐만 아니라, 더불어 인물의 특징을 엿볼 수 있는 중요한 요소로 작용하고 있다. 하지만 〈영흉염기릉유나逞兇焰欺凌柔懦 양화기감화완잔釀和氣感化頑殘〉에서는 이 부분을 과감하게 생략하고, 형제간에 불화가 일어나는 과정과 그것을 조정하는 행동 등 인물 간의 대립 과정에 더 많은 편폭을 할애하였다. '삭제削除' 2, 3은 전개의 후반부에 해당하고, '삭제削除' 4는 결말 부분에 해당한다. '삭제削除' 2, 3, 4 장면은 〈증우우曾友于〉에서는 비교적 상세히 다루고 있지만, 〈영흉염기릉유나逞兇焰欺凌柔懦 양화기감화완잔釀和氣感化頑殘〉에서는 아예 삭제되었다. 사실, '삭제削除' 2, 3, 4의 내용은 모두 '증계조曾繼祖'와 관련이 깊다. 〈증우우曾友于〉에서는 증효曾孝는 다섯 명의 아들을 두었는데, '증계조曾繼祖'는 증효曾孝의 막내아들이다. 하

지만, 〈영흉염기릉유나逞兇焰欺凌柔懦 양화기감화완잔釀和氣感化頑殘〉에는 네 명의 아들만 있고, 다섯 번째 아들은 없다. 그러므로 전체적인 서술의 유기성을 위하여 '증계조曾繼祖'와 관련된 내용의 삭제는 필연적이라고 할 수 있겠다. '증계조曾繼祖'와 관련된 '삭제削除' 2, 3, 4 내용은 작품 전체의 줄거리에는 크게 영향을 주지 않는다. 다만, 이 부분은 증효曾孝 아들들의 행동과 복잡한 가족사에 관한 내용을 담고 있어서 이야기 전개에서 다소 산만함을 보여 주고 있다. 하지만 〈영흉염기릉유나逞兇焰欺凌柔懦 양화기감화완잔釀和氣感化頑殘〉에서는 원작에 포함된 일부 내용을 삭제하여 서사 진행이 주요 줄거리에 집중되는 효과를 보여 주면서 이야기 전개 속도가 빨라져 주요 내용을 전달하고자 하는 의도를 한층 더 고조시키고 있다.

제4회第四回〈투부교상고액妒婦巧償苦厄 숙희대향영화淑姬大享榮華〉와 제5회第五回〈영흉염기릉유나逞兇焰欺凌柔懦 양화기감화완잔釀和氣感化頑殘〉이외에도 제3회第三回〈태수재지성구우呆秀才志誠求偶 초가인감격허신俏佳人感激許身〉에서도 이러한 '삭제削除'의 특징은 자주 보이는데,《요재지이聊齋志異》의 〈아보阿寶〉와 비교해보면, 그 특징이 더욱 뷰명히 드러난다

순서	〈阿寶〉	〈呆秀才志誠求偶 俏佳人感激許身〉
1	손자초孫子楚가 결혼한 지 3년이 지나는 동안 집안이 부유해짐. 손자초孫子楚는 어느 날 갑자기 죽음. 아보阿寶는 상심하여 먹고 자지 않으며, 심지어 스스로 목을 매어 죽으려고 함. 손자초孫子楚는 죽은 지 3일 후 다시 살아남. 염라대왕이 자신에게 사관司官으로 임명했고, 아보阿寶의 절개와 깊은 사랑에 감동하여 다시 살려 보내준 것임	
2	손자초孫子楚가 3번째 살아난 후에 과거 시험[대비大比]을 준비하였는데, 시험장에 들어가기 전에 몇몇 젊은이가 그에게 생경한 문제를 7개 만들어 골탕 먹이려고 함. 손자초孫子楚는 그 문제가 시험 문제인 줄로만 알고 열심히 글을 지음. 그해 시험관은 시험 문제의 쇄신刷新을 위하여 새로운 문제를 냄. 손자초孫子楚가 준비한 시험 문제와 일치함	
3	황제는 손자초孫子楚의 내력을 듣고, 친히 손자초孫子楚을 불러 이야기함. 황제는 손자초孫子楚에게 큰 상을 내리고 아보阿寶에게도 큰 상을 내림	

〈아보阿寶〉에서 '삭제削除' 1과 2는 전개 부분에 나타나고 있고, 이후의 사건 진행에 있어서 중요한 작용을 하고 있다. 이에 따라 일부이지만 다른 화소의 내용적 변화를 동시에 이끌어내고 있는데, 이것으로 완정한 서술의 유기성을 위하여 내용을 구체적으로 조율하고 있음을 확인할 수 있다. 하지만 '삭제削除' 3

에 보이는 황제의 포상은 실질적으로 내용의 전개에 있어서 주요하게 작용하지 않는다. 〈아보阿寶〉와는 달리, 〈태수재지성구우呆秀才志誠求偶 초가인감격허신俏佳人感激許身〉에서는 '삭제削除' 1, 2, 3의 내용이 모두 생략되었다.

이 이외에도 제10회第十回〈종좌도일시실족從左道一時失足 납충언립각회두納忠言立刻回頭〉에서도 '삭제削除' 현상이 일부 보이고, 제1회第一回〈가필정홍사숙계공문假必正紅絲夙系空門 위묘상백수영수학사僞妙常白首永隨學士〉, 제9회第九回〈천명매단구일미倩明媒但求一美 앙명판경득쌍주央冥判竟得雙姝〉, 제12회第十二回〈매백석신인시소기埋白石神人施小技 득황금호사진가성得黃金豪士振家聲〉, 제7회第七回〈우현식훼사난범遇賢媳虺蛇難犯 조한부랑패감련遭悍婦狼狽堪憐〉, 제8회第八回〈시귀역수지생파施鬼蜮隨地生波 장신령전재위복仗神靈轉災爲福〉, 제11회第十一回〈연신구산맹해서聯新句山盟海誓 영구사벽합주환詠舊詞璧合珠還〉 등의 작품에서도 부분적이지만 '삭제削除' 현상이 나타나고 있다.[8]

8 원작인《요재지이聊齋志異》의 작품과 비교하여《성몽병언醒夢駢言》의 작품에서 삭제된 부분을 살펴보면 다음과 같다.

《聊齋志異》		《醒夢駢言》
〈小二〉		第十回〈從左道一時失足 納忠言立刻回頭〉
1	소이小二의 오빠 장춘長春의 3살 아들을 속량, 승조承祧라고 이름 짓고 자식처럼 키움	삭제
2	정생丁生 집안이 부유해지자, 그 지방의 무뢰배들이 무리를 지어 정생丁生 집의 담장을 넘어 약탈을 했음. 소이小二는 도술을 써서 13명의 도적을 꼼짝 못 하게 하였음. 소이小二는 도적들을 한바탕 훈계하고 풀어줌	삭제
3	소이小二는 영민하여 일을 계획하고 사람을 부리는 능력이 뛰어남. 마을 사람들에게 큰 도움을 줌: 1. 가난한 이에게 장사 밑천을 대주어 생활하게 함. 2. 심한 가뭄에 큰비를 내리게 함. 3. 20년 동안 나물을 사서 말려 기근을 대비→산동山東 지역에 큰 기근이 닥치자 말린 나물과 잡곡으로 죽을 쑤어 백성들을 구제함	삭제
〈陳雲棲〉		第一回〈假必正紅絲夙繫空門 僞妙常白首永隨學士〉
1	진운서陳雲棲의 왕도성王道成으로부터 속량贖良, 외삼촌과의 갈등 등 진운서陳雲棲의 인생 역정: 진운서陳雲棲는 성운면盛雲眠과 함께 왕도성王道成에게 의탁함. 왕도성王道成은 진운서陳雲棲를 매우 못마땅하게 생각함. 외숙모인 경씨京氏가 진운서陳雲棲를 데리고 돌아옴. 외삼촌과 외숙모가 진운서陳雲棲를 결혼시키려고 하지만 그녀가 거부하여 마음속으로 싫어함. 진운서陳雲棲가 장臧부인을 따라가겠다고 하자 기뻐함. 혼례를 마친 진육생眞毓生과 진운서陳雲棲는 겪었던 일들을 이야기하자, 기쁨에 겨워 눈물을 흘림	증학심曾學深과 진취운陳翠雲이 결혼식을 치른 후, 부부는 이별의 상황을 이야기하며 기뻐서 눈물을 흘림
2	진운서陳雲棲는 효성스럽고 부지런했지만 살림에 관해서는 관심이 없었음. 장臧부인은 진육생眞毓生 부부를 경씨京氏 댁에 다녀오게 함. 배를 타고 가다가 성운면盛雲眠을 만남. 성운면盛雲眠은 진운서陳雲棲를 찾으려고 여러 곳을 전전함. 진운서陳雲棲는 성운면盛雲眠을 데리고 집으로 돌아와서 장臧부인에게 인사를 시킴. 성운면盛雲眠은 집안 살림을 잘 처리함. 장臧부인은 진육생眞毓生과 성운면盛雲眠을 결혼시킴. 장臧부인은 진운서陳雲棲와는 바둑을 두고, 집안 살림은 성운면盛雲眠에게 맡겨둠. 나중에 장臧부인이 성운면盛雲眠도 여도사였던 것을 알게 됨	삭제
〈連城〉		第九回〈倩明媒但求一美 央冥判竟得雙姝〉

원작 내용의 '삭제削除' 유형은 '화소A+화소B+화소C'→'화소A+생략+화소C'의 한 가지 형태로만 나타나고 있고, '삭제削除' 현상은《성몽병언醒夢駢言》 작품의 도입, 전개, 결말 부분에서 다양하게 출현하고 있다. '부분 삭제'는 '도입'과 '전개'에서 두드러지게 드러나고, '전체 삭제'는 '결말'에서 자주 보인다. '삭제削除'의 특징은 원작에서 단지 필요 없는 내용을 없애면서 다른 부분의 변화는 가져오지 않는 경우가 빈번한데, 일부 중요한 내용이 삭제되면서 자연히 관련된 서술이나 내용에서 약간의 변화가 생기는 경우도 있다. 또한, 삭제된 내용이 전체적인 서사 진행에 있어서 중요한 작용을 하고 있지만, 다른 화소 간의 원만한 조화와 유기적인 관계를 위해 의도적으로 없앤 경우도 보인다.

이와 같이 '삭제削除' 현상과 특징을 살펴보면, 작품 전체의 서술과정에 있어서 작가는 작품의 개작을 통해 내용의 '유기성'과 '일관성'을 갖추려고 노력한다는 것을 어렵지 않게 유추할 수 있다. 이러한 '경험적 안배'와 '서사적 책략'은 서사 내용 및 수사 기교와 밀접한 관련이 있으며, 독자의 반응과 호응, 작

《聊齋志異》		《醒夢駢言》
1	교생喬生의 재능을 알아주고 친하게 지냈던 현령縣令이 죽자, 가족들이 운구를 고향으로 모셔갈 여비가 없어 애태움. 교생喬生은 직접 전 재산을 팔아 여비를 마련하여 직접 운구를 가지고 현령縣令의 고향까지 운구를 모시고 감. 여러 선비가 그를 더욱 존경했음. 하지만 집안 형편은 날로 어려워졌음	삭제
2	연성連城과 교생喬生의 혼이 교생喬生의 집으로 돌아옴. 연생은 잠시 행랑채에서 머물게 됨. 교생喬生과 연성連城은 부부의 즐거움을 누림. 3일 후 교생喬生이 먼저 시신에 혼이 들어가 깨어남	삭제
〈宮夢弼〉		第十二回〈埋白石神人施小計 得黃金豪士振家聲
1	유화柳和의 어머니는 유방화柳芳華가 생전에 왕래했던 식객들이 많은 돈을 빌려가고 갚지 않은 것을 상기하고, 유화柳和에게 찾아가 받아오게 함. 이십여 일을 다녔지만, 한 푼도 받아오지 못함	유씨柳氏는 이전에 부친 방정화方正華와 왕래하면서 돈을 빌려갔던 친구들에게 가서 돈을 받아오라고 방구화方口禾에게 말함. 방구화方口禾는 받을 수 없음을 알았지만, 어머니의 권유에 못 이겨 부친 친구들의 집에 가서 돈을 갚아달라고 부탁했지만 아무도 돈을 갚지 않음
2	이사씨異史氏의 평론: 어느 수전노의 어리석음-시골의 어떤 부자가 재물 쌓기를 좋아해서 땅속에 수백 냥을 파묻어 두고도 정작 죽을 때는 자식들이 관을 살 돈이 없어 거적에 말아서 장례를 치름	삭제
〈珊瑚〉		第七回〈遇賢媳虺蛇難犯 遭悍婦狼狽堪憐〉
1	장고臧姑는 잘못을 뉘우치고 시어머니와 동서에게 극진하게 대했음. 장고臧姑는 10번이나 아이를 낳았지만, 모두 죽어서 형의 아들을 양자로 삼음. 이성二成 부부는 천수를 누림	여고戾姑는 자신의 잘못을 깨닫고, 시어머니와 성대成大와 순아順兒를 존경했음
〈仇大娘〉		第八回〈施鬼蜮隨地生波 仗神靈轉災為福〉
1	위명魏名은 구씨仇氏 일가一家에게 정성을 다했지만, 구씨仇氏 일가一家는 아무것도 받지 않고, 답례를 후하게 함. 이후 위명魏名은 늙고 가난해졌는데, 구씨仇氏 일가一家는 그를 잘 돌봐주었음	삭제
〈庚娘〉		第十一回〈聯新句山盟海誓 詠舊詞璧合珠還〉
1	경낭庚娘이 매장되었을 때 꿈속에서 누군가 그녀의 운명을 예언하는 소리를 들음→꿈속에서 깨어남	삭제

품의 완성도와 예술적 성과, 주제의 강조와 의미의 함축 등과도 직접적인 상관관계가 있다.

| 5 | 나오는 말篇尾

이상으로 《요재지이聊齋志異》에 대한 《성몽병언醒夢駢言》의 개편 과정을 서사 내용의 '첨가添加'와 '삭제削除'를 중심으로 살펴보았다. 《요재지이聊齋志異》의 작품을 개작하는 과정에서 《요재지이聊齋志異》와 《성몽병언醒夢駢言》은 서사 형식과 구조뿐만 아니라, 서사 내용과 주제의식을 다루는 데 있어서도 분명한 차이점을 보여 준다. 이러한 차이점을 토대로 두 작품 간의 '같음'과 '다름'의 특징을 고찰해보면, 가장 기본적이면서 중요한 부분이 바로 '서사 내용의 변화'임을 알 수 있다. 이 중에서 '변화의 완성 단계'에서 나타나는 '첨가添加'와 '삭제削除'는 '부연敷衍', '축소縮小', '확대擴大', '변환變換'보다 적용된 서사의 범위가 넓고, 상당히 구체적으로 전체적인 서사의 흐름에 관여한다. '첨가添加'와 '삭제削除'는 내용을 더하고 빼는 것이 분명하고, 원작과 재창작을 조정하는 정도가 상당히 엄밀하여 서사 내용의 변화 과정을 더욱더 직접 드러내고 있다.

서사 내용의 '첨가添加'에는 '삽입挿入'과 '추가追加'가 있고, 이 두 가지 특징은 모두 새로운 이야기를 더하는 과정에서 내용의 편폭이나 연결에 있어서 어느 정도의 차이는 있지만, 어떤 내용이 첨가되는 사실에는 변함이 없다. 《요재지이聊齋志異》를 《성몽병언醒夢駢言》으로 재창작하는 과정에서 다른 특징보다 '첨가添加'의 특징이 가장 빈번하게 나타나는 이유는 《요재지이聊齋志異》를 백화문白話文으로 재창작하는 과정에서 편폭의 확대, 화소의 증가, 묘사의 강화 및 줄거리의 부연이 필연적으로 수반되기 때문이다. 《성몽병언醒夢駢言》의 작품에서 '첨가添加' 현상은 양극화 현상을 보이는데, 《성몽병언醒夢駢言》의 절반 이상의 작품이 5회 이상의 '첨가添加' 특징을 보인다. 또한, 적지 않은 작품에서도 이러한 특징이 전혀 보이지 않거나 상당히 미미하게 나타나고 있다. 이처럼 양극화 현상이 두드러지는 것은 원작을 그대로 이어받고자 하는 '저작 태도'와 현실의 대중적 취향에 맞게 개작하고자 하는 '개작 의도'가 서로 공존하고 있기 때문이다. 서사 내용의 '첨가添加'를 통해 단순한 이야기의 확대에서 벗어나 독립된 하나의 이야기의 삽입으로 기존의 줄거리 내용을 보다 풍부하고 곡절하게 바꾸어 놓았다고 할 수 있다.

'삭제削除' 현상은 '부분 삭제'와 '전체 삭제'로 구분할 수 있으며, 개작 과정 중에서 나타나는 특징은 주요한 내용의 포함 여부와 서술적 유기성의 지속 여부와 밀접한 관련이 있다. '삭제削除'는 비록 '첨가添加'에 비해서 그 출현 횟수가 적지만, 《성몽병언醒夢駢言》 작품의 도입, 전개, 결말 부분에서 폭넓게 나타난다. '삭제削除' 현상에서는 원작에서 단지 필요 없는 내용을 없애면서 다른 부분의 변화는 가져오지 않는 경우가 빈번한데, 일부 중요한 내용이 삭제되면서 그것에 따라 관련 서술이나 내용에 일정 부분 변화를 가져오거나 혹은 다른 화소 간의 원만한 조화와 유기적인 관계를 위해 일부러 삭제한 경우도 보인다. 이처럼 다양한 '삭제削除'의 경우와 특징을 살펴보면, 작품 전체의 서술과정에 있어서 작가는 작품의 개작을 통해 내용의 '유기성'과 '일관성'을 갖추려고 노력하고 있음을 알 수 있다. 이러한 '경험적 안배'와 '서사적 책략'은 서사 내용 및 수사 기교와 밀접한 관련이 있으며, 독자의 반응과 호응, 작품의 완성도와 예술적 성과, 주제의 부각과 의미의 함축 등과도 직접적인 상관관계가 있다.

이와 같이 《요재지이聊齋志異》에 대한 《성몽병언醒夢駢言》의 개편 과정을 통해서 '첨가添加'와 '삭제削除' 현상이 두 작품에서 어떤 차이와 구별을 유도하는지, 그 속에서 어떠한 서술적 관점이 투영되어 작품을 재창작하였는지를 종합적으로 살펴볼 수 있었다. 소설 작품 간의 재창작 과정에 있어서 '첨가添加'와 '삭제削除'는 비록 서사 내용의 변화에 한정되어 있어서 개편 과정의 전체적인 파악에는 여전히 제한적이지만, '원작原作'과 '개작改作' 간의 내용상 연관 관계를 자세히 고찰하고, 그 가운데에서 저자와 독자, 그리고 작품 간의 유기적 관계를 통합적이면서 세밀하게 살펴보는 데에 있어서 중요한 의미를 지니고 있다. 나아가 이러한 연구는 원작과 재창작한 작품에 대해 더욱 심층적으로 살펴볼 수 있는 문학적 시각을 제시할 뿐만 아니라, 재창작 소설 작품의 문학적 특징을 폭넓게 이해하도록 다양한 인식과 관점을 제공한다.

3장

계승繼承과 전환轉換

《요재지이聊齋志異》에 대한

《성몽병언醒夢駢言》의 도덕관념道德觀念 약화弱化

명대明代 전기傳奇 탕현조湯顯祖 1550~1616 《한단몽邯鄲夢》과 당대唐代 전기소설傳奇小說 심기제沈旣濟 750~800 〈침중기枕中記〉 브리티시컬럼비아대학교University of British Columbia 소장 © 書格Shuge

명대明代 전기傳奇 탕현조湯顯祖 1550~1616《한단몽邯鄲夢》과 당대唐代 전기소설傳奇小說 심기제沈旣濟 750~800 〈침중기枕中記〉 브리티시컬럼비아대학교University of British Columbia 소장 © 書格Shuge

명대明代 전기傳奇 탕현조湯顯祖 1550~1616 《한단몽邯鄲夢》과 당대唐代 전기소설傳奇小說 심기제沈既濟 750~800 〈침중기枕中記〉 브리티시컬럼비아대학교University of British Columbia 소장 © 書格Shuge

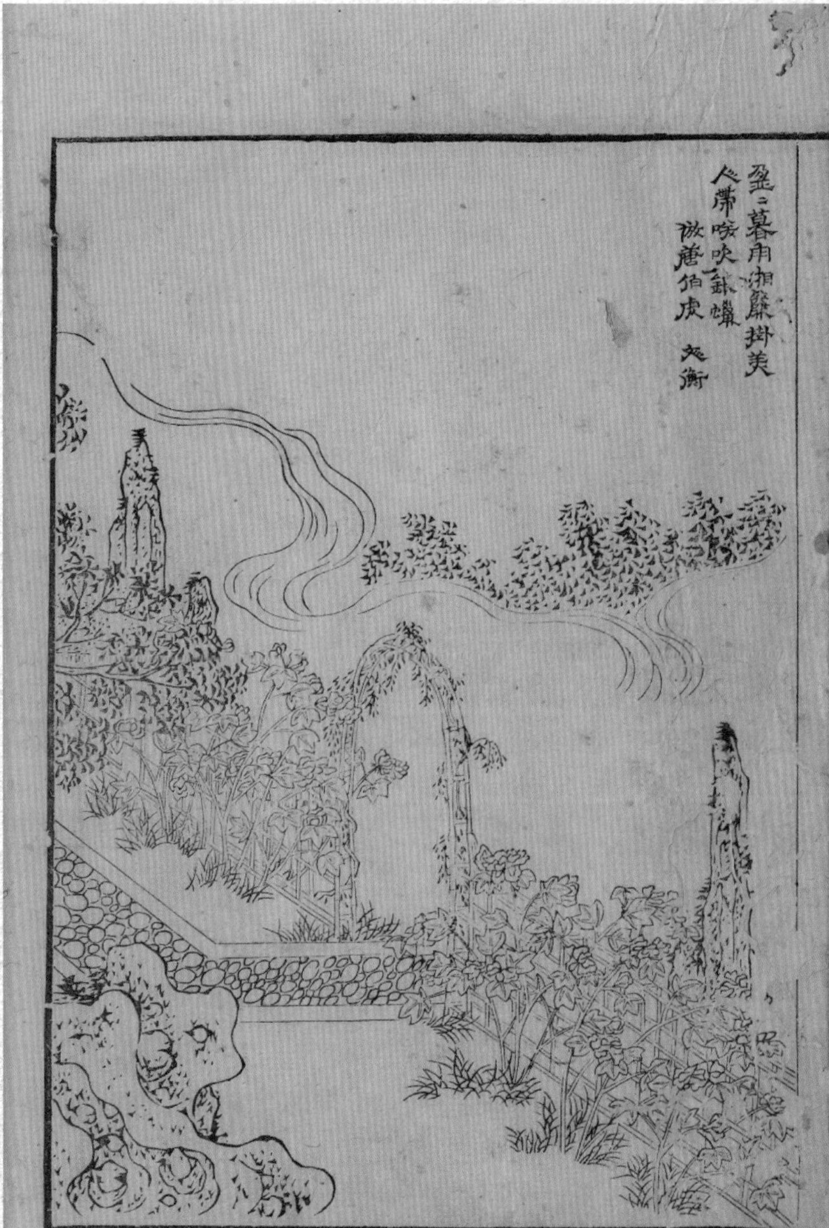

명대明代 전기傳奇 탕현조湯顯祖 1550~1616 《한단몽邯鄲夢》과 당대唐代 전기소설傳奇小說 심기제沈旣濟 750~800 〈침중기枕中記〉 브리티시컬럼비아대학교University of British Columbia 소장

명대明代 전기傳奇 탕현조湯顯祖 1550~1616 《한단몽邯鄲夢》과 당대唐代 전기소설傳奇小說 심기제沈既濟 750~800 〈침중기枕中記〉 브리티시컬럼비아대학교University of British Columbia 소장 © 書格Shuge

명대明代 전기傳奇 탕현조湯顯祖 1550~1616 《한단몽邯鄲夢》과 당대唐代 전기소설傳奇小說 심기제沈旣濟 750~800 〈침중기枕中記〉 브리티시컬럼비아대학교University of British Columbia 소장 © 書格Shuge

명대明代 전기傳奇 탕현조湯顯祖 1550~1616 《한단몽邯鄲夢》과 당대唐代 전기소설傳奇小說 심기제沈旣濟 750~800 〈침중기枕中記〉 브리티시컬럼비아대학교University of British Columbia 소장 ⓒ 書格Shuge

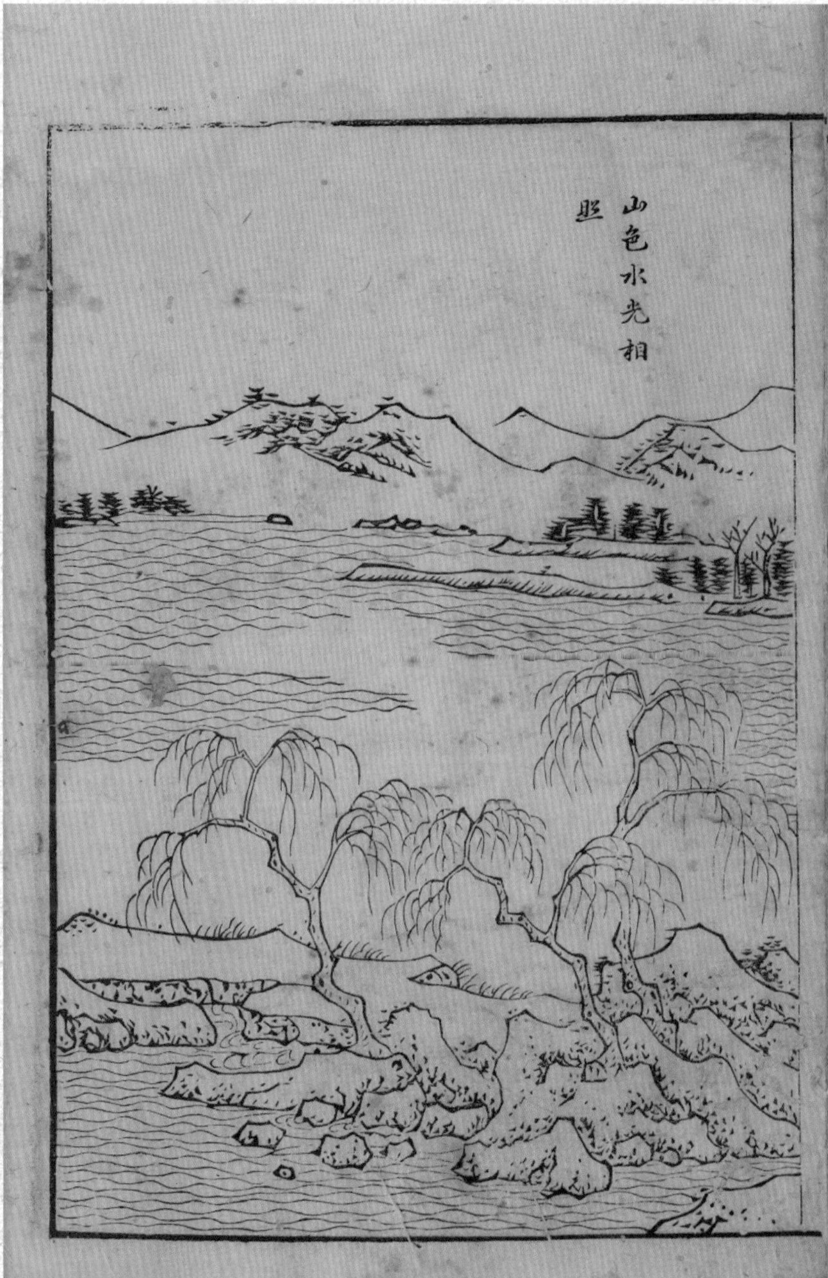

명대明代 전기傳奇 탕현조湯顯祖 1550~1616《한단몽邯鄲夢》과 당대唐代 전기소설傳奇小說 심기제沈旣濟 750~800
〈침중기枕中記〉 브리티시컬럼비아대학교University of British Columbia 소장 ⓒ 書格Shuge

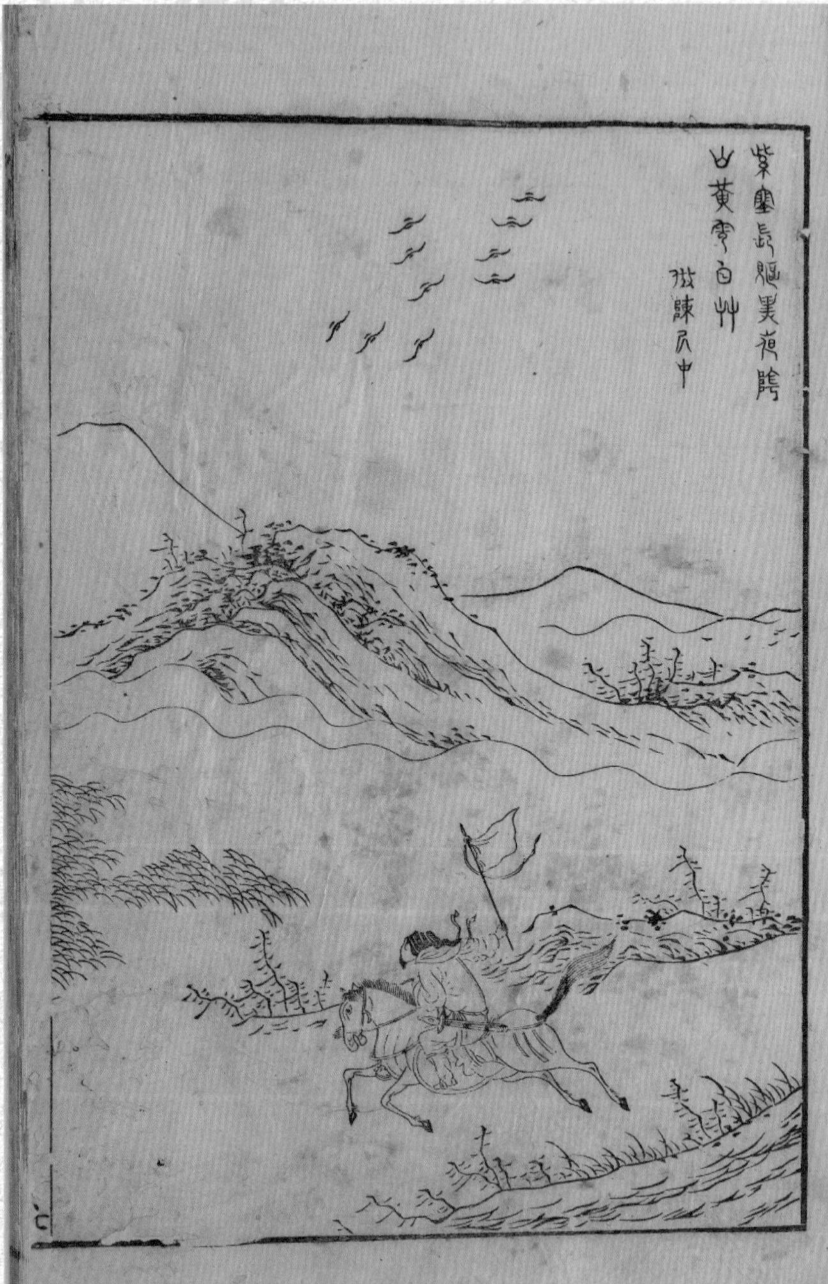

명대明代 전기傳奇 탕현조湯顯祖 1550~1616 《한단몽邯鄲夢》과 당대唐代 전기소설傳奇小說 심기제沈既濟 750~800 〈침중기枕中記〉 브리티시컬럼비아대학교University of British Columbia 소장 © 書格Shuge

명대明代 전기傳奇 탕현조湯顯祖 1550~1616 《한단몽邯鄲夢》과 당대唐代 전기소설傳奇小說 심기제沈旣濟 750~800 〈침중기枕中記〉 브리티시컬럼비아대학교University of British Columbia 소장 ⓒ 書格Shuge

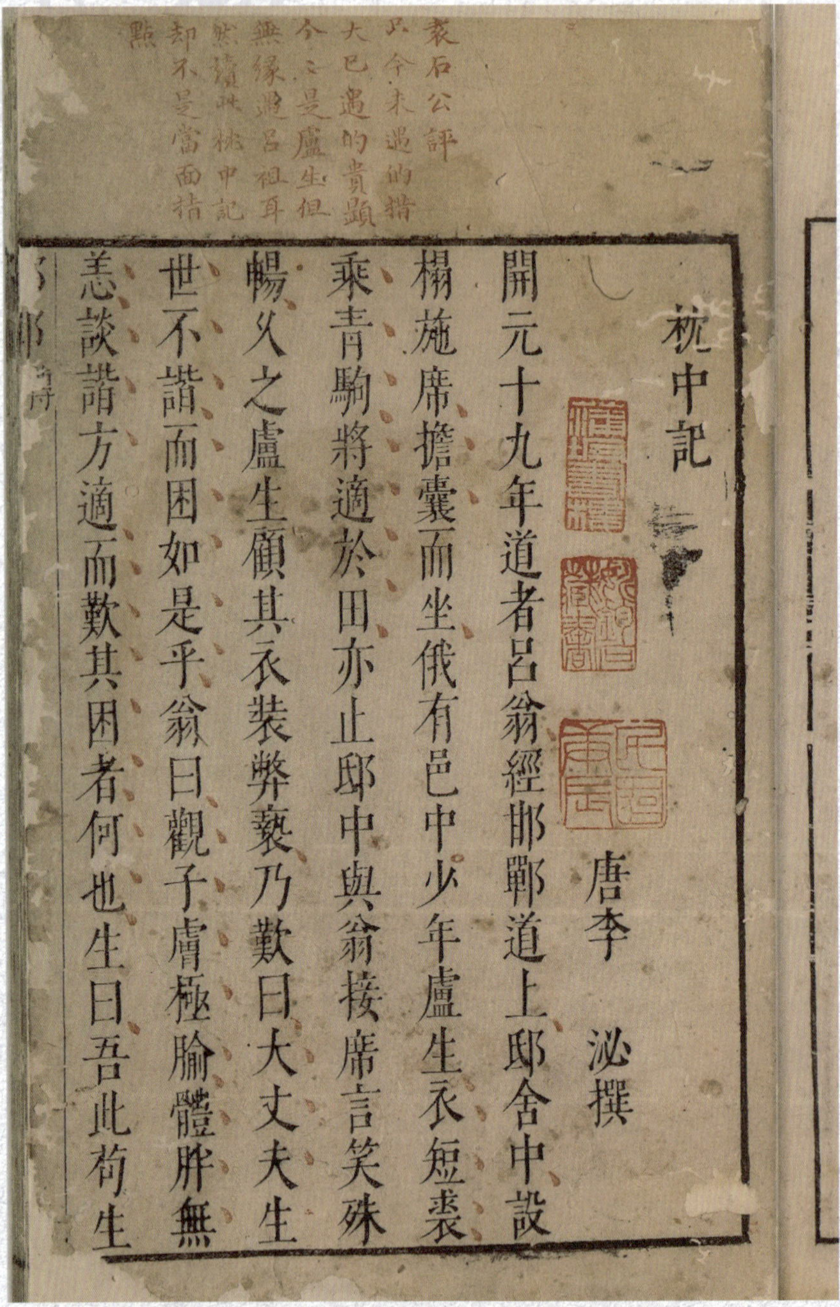

명대明代 전기傳奇 탕현조湯顯祖 1550~1616 《한단몽邯鄲夢》과 당대唐代 전기소설傳奇小說 심기제沈旣濟 750~800 〈침중기枕中記〉 브리티시컬럼비아대학교University of British Columbia 소장 © 書格Shuge

명대明代 전기傳奇 탕현조湯顯祖 1550~1616 《한단몽邯鄲夢》과 당대唐代 전기소설傳奇小說 심기제沈旣濟 750~800 〈침중기枕中記〉 브리티시컬럼비아대학교University of British Columbia 소장 © 書格Shuge

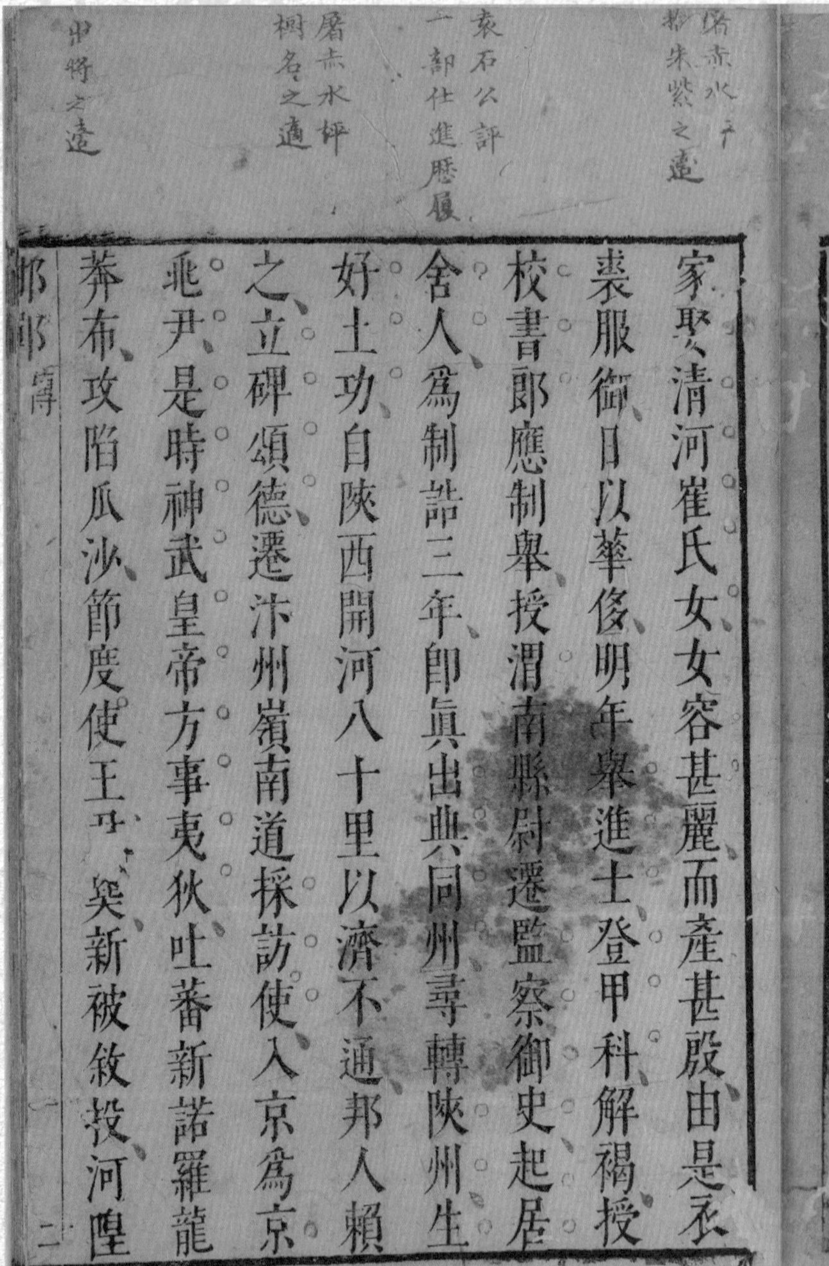
邯鄲傳

家娶清河崔氏女女容甚麗而產甚殷由是衣裘服御日以華侈明年舉進士登甲科解褐授校書郎應制舉授渭南縣尉遷監察御史起居舍人爲制誥三年即眞出典同州尋轉陝州生好土功自陝西開河八十里以濟不通邦人賴之立碑頌德遷汴州嶺南道採訪使入京爲京兆尹是時神武皇帝方事夷狄吐蕃新諾羅龍莽布攻陷瓜沙節度使王君㚟新被殺投河湟

二

명대明代 전기傳奇 탕현조湯顯祖 1550~1616《한단몽邯鄲夢》과 당대唐代 전기소설傳奇小說 심기제沈旣濟 750~800 〈침중기枕中記〉 브리티시컬럼비아대학교University of British Columbia 소장

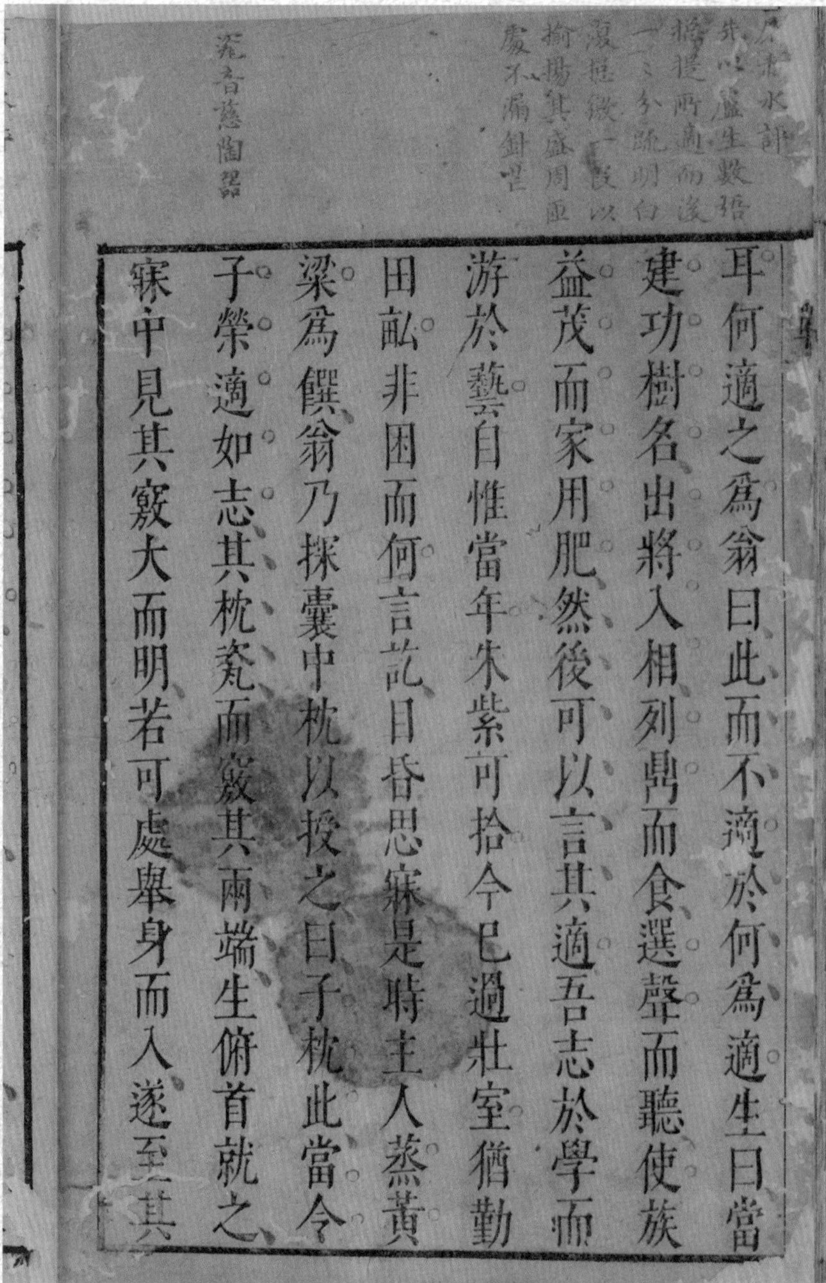
耳何適之爲翁曰此而不適於何爲適生曰當建功樹名出將入相列鼎而食選聲而聽使族益茂而家用肥然後可以言其適吾志於學而游於藝自惟當年朱紫可拾今已過壯室猶勤田畝非困而何言訖目昏思寐是時主人蒸黃粱爲饌翁乃探囊中枕以授之曰子枕此當令子榮適如志其枕瓷而竅其兩端生俛首就之寐中見其竅大而明若可處舉身而入遂至其

瓷音慈陶器

명대明代 전기傳奇 탕현조湯顯祖 1550~1616 《한단몽邯鄲夢》과 당대唐代 전기소설傳奇小說 심기제沈旣濟 750~800 〈침중기枕中記〉 브리티시컬럼비아대학교University of British Columbia 소장 ⓒ 書格Shuge

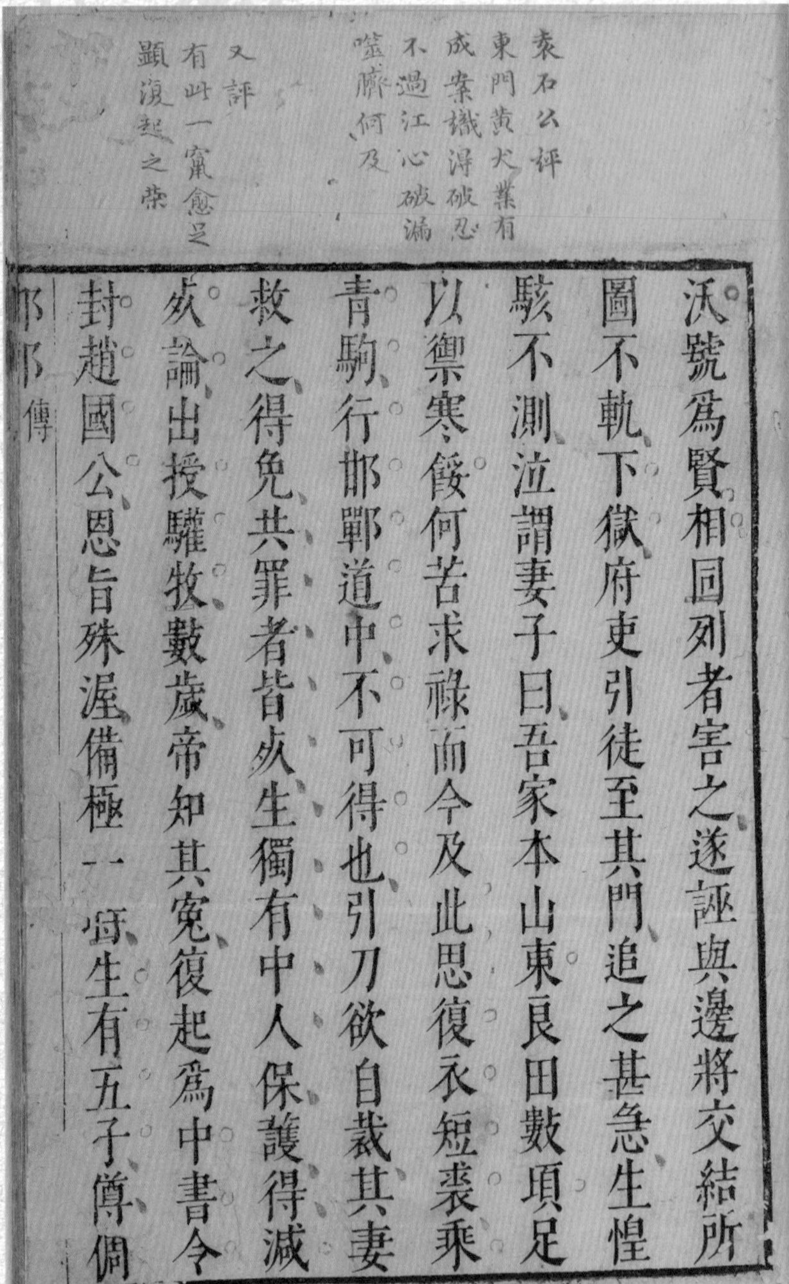
袁石公評
東門黃犬業有成案識得破忍不過江心破漏噬臍何及
又評
有此一竄愈足顯復起之榮

汎號爲賢相回列者害之遂誣與邊將交結所圖不軌下獄府吏引徒至其門追之甚急生惶駭不測泣謂妻子曰吾家本山東良田數頃足以禦寒餒何苦求祿而今及此思復衣短裘乘青駒行邯鄲道中不可得也引刀欲自裁其妻救之得免共罪者皆死生獨有中人保護得減死論出授驩牧數歲帝知其冤復起爲中書令封趙國公恩旨殊渥備極一時生有五子僔倜

邯鄲傳

명대明代 전기傳奇 탕현조湯顯祖 1550~1616 《한단몽邯鄲夢》과 당대唐代 전기소설傳奇小說 심기제沈旣濟 750~800 〈침중기枕中記〉 브리티시컬럼비아대학교University of British Columbia 소장 ⓒ 書格Shuge

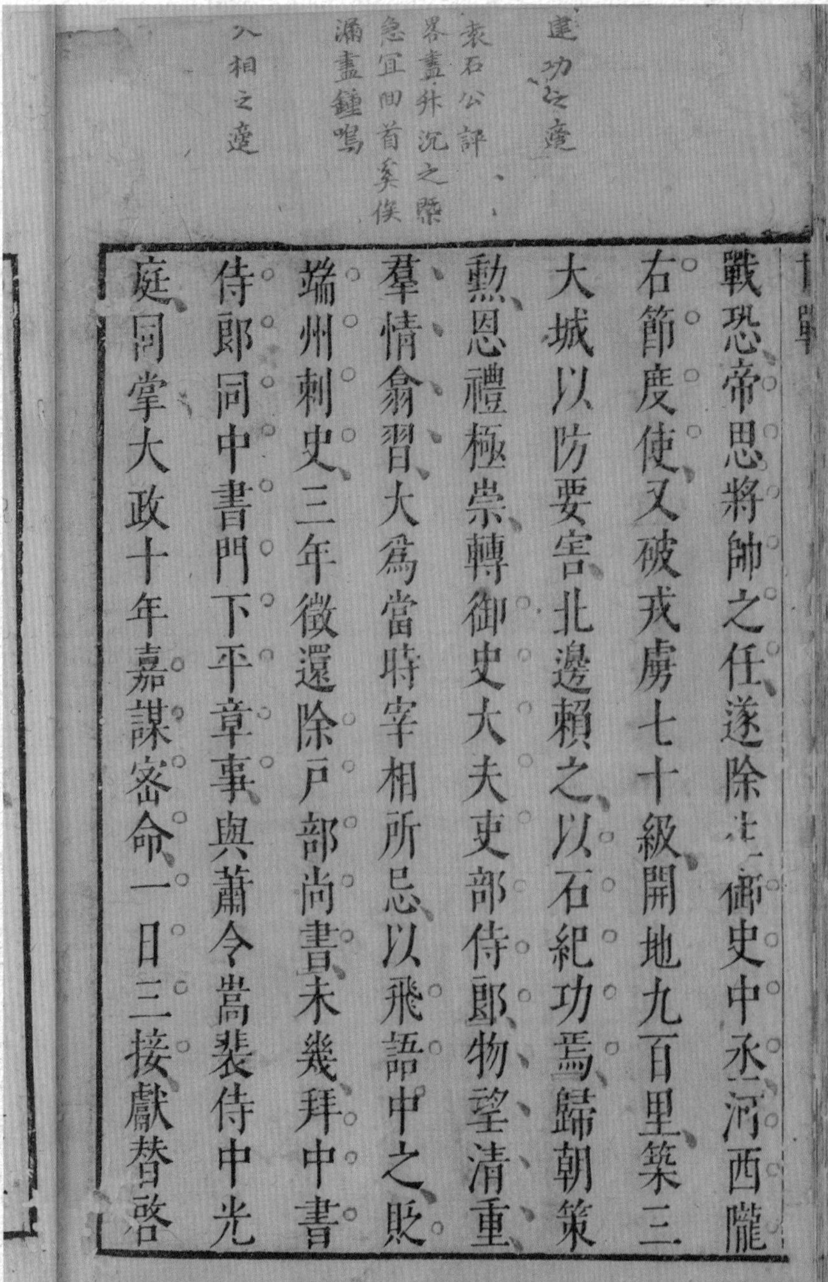

建功之適

袁石公評 畢盡升沉之際 急宜回首奚俟 漏盡鐘鳴

入相之適

戰恐帝思將帥之任遂除生御史中丞河西隴
右節度使又破戎虜七十級開地九百里築三
大城以防要害北邊賴之以石紀功焉歸朝策
勳恩禮極崇轉御史大夫吏部侍郎物望清重
羣情翕習大爲當時宰相所忌以飛語中之貶
端州刺史三年徵還除戶部尚書未幾拜中書
侍郎同中書門下平章事與蕭令嵩裴侍中光
庭同掌大政十年嘉謨密命一日三接獻替啓

명대明代 전기傳奇 탕현조湯顯祖 1550~1616 《한단몽邯鄲夢》과 당대唐代 전기소설傳奇小說 심기제沈既濟 750~800 〈침중기枕中記〉 브리티시컬럼비아대학교University of British Columbia 소장 ⓒ 書格Shuge

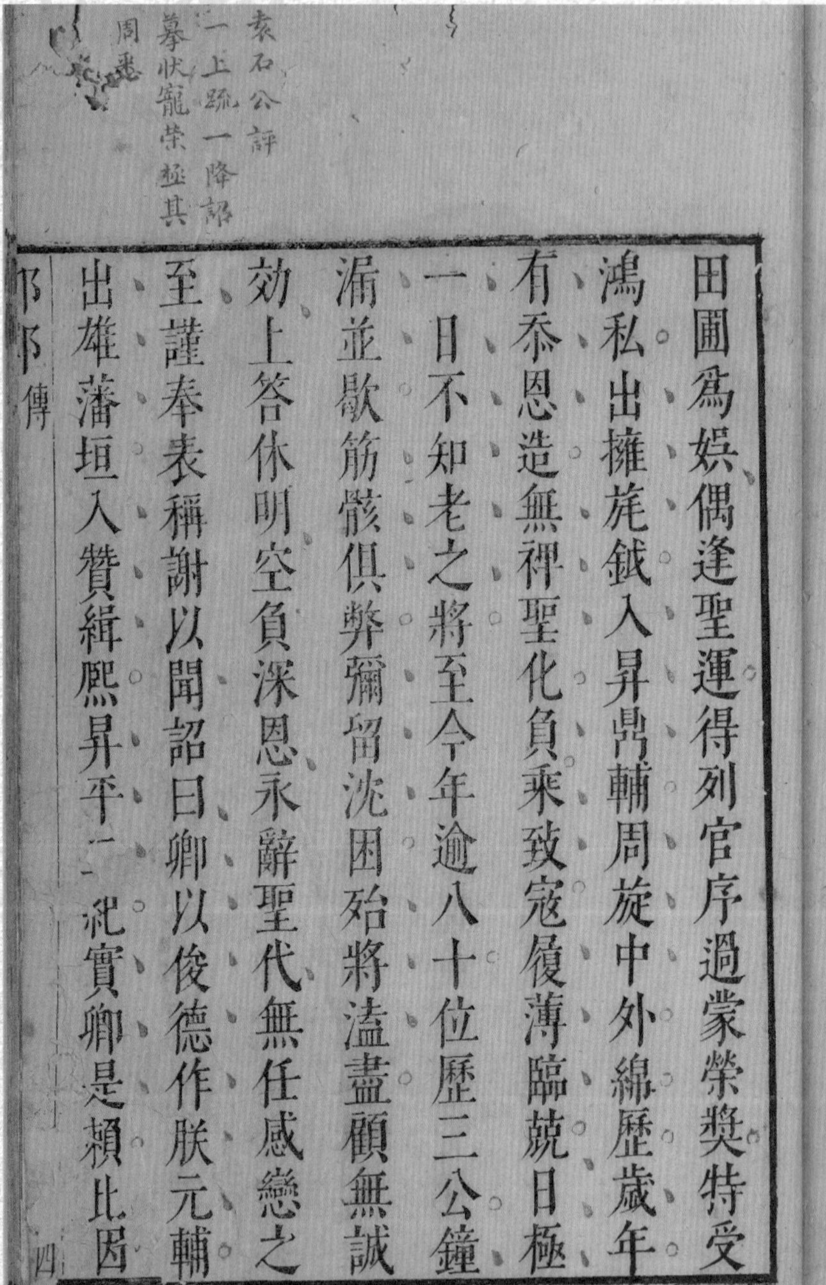
袁石公評
一上疏一降詔
摹狀寵榮極其
周悉

田圃爲娛偶逢聖運得列官序過蒙榮奬特受
鴻私出擁旄鉞入昇冑輔周旋中外綿歷歲年
有忝恩造無裨聖化負乘致寇履薄臨兢日極
一日不知老之將至今年逾八十位歷三公鐘
漏並歇筋骸俱弊彌留沈困殆將溘盡顧無誠
効上答休明空負深恩永辭聖代無任感戀之
至謹奉表稱謝以聞詔曰卿以俊德作朕元輔
出雄藩垣入贊緝熙昇平二紀實卿是賴比因

邯鄲傳　四

명대明代 전기傳奇 탕현조湯顯祖 1550~1616 《한단몽邯鄲夢》과 당대唐代 전기소설傳奇小說 심기제沈旣濟 750~800 〈침중기枕中記〉 브리티시컬럼비아대학교University of British Columbia 소장 ⓒ 書格Shuge

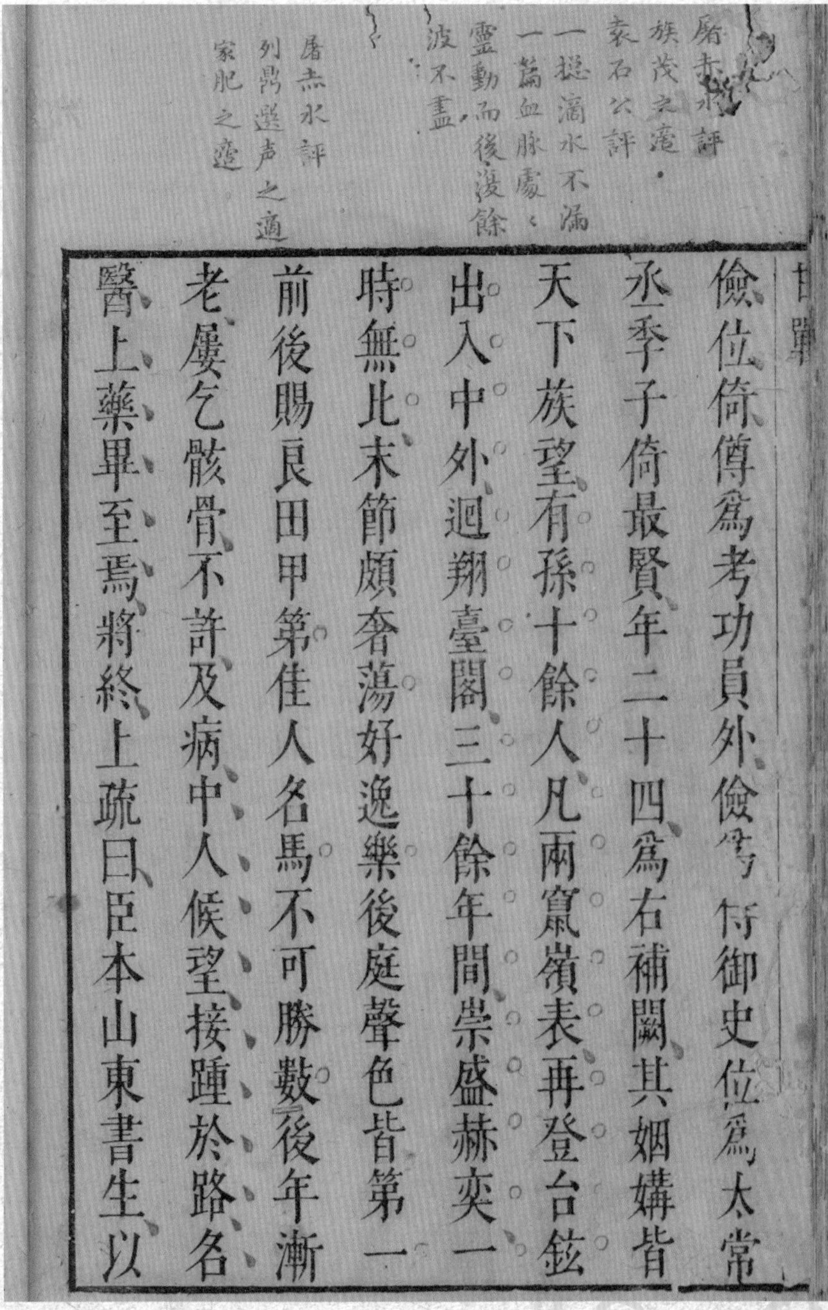

명대明代 전기傳奇 탕현조湯顯祖 1550~1616 《한단몽邯鄲夢》과 당대唐代 전기소설傳奇小說 심기제沈旣濟 750~800 〈침중기枕中記〉 브리티시컬럼비아대학교University of British Columbia 소장 © 書格Shuge

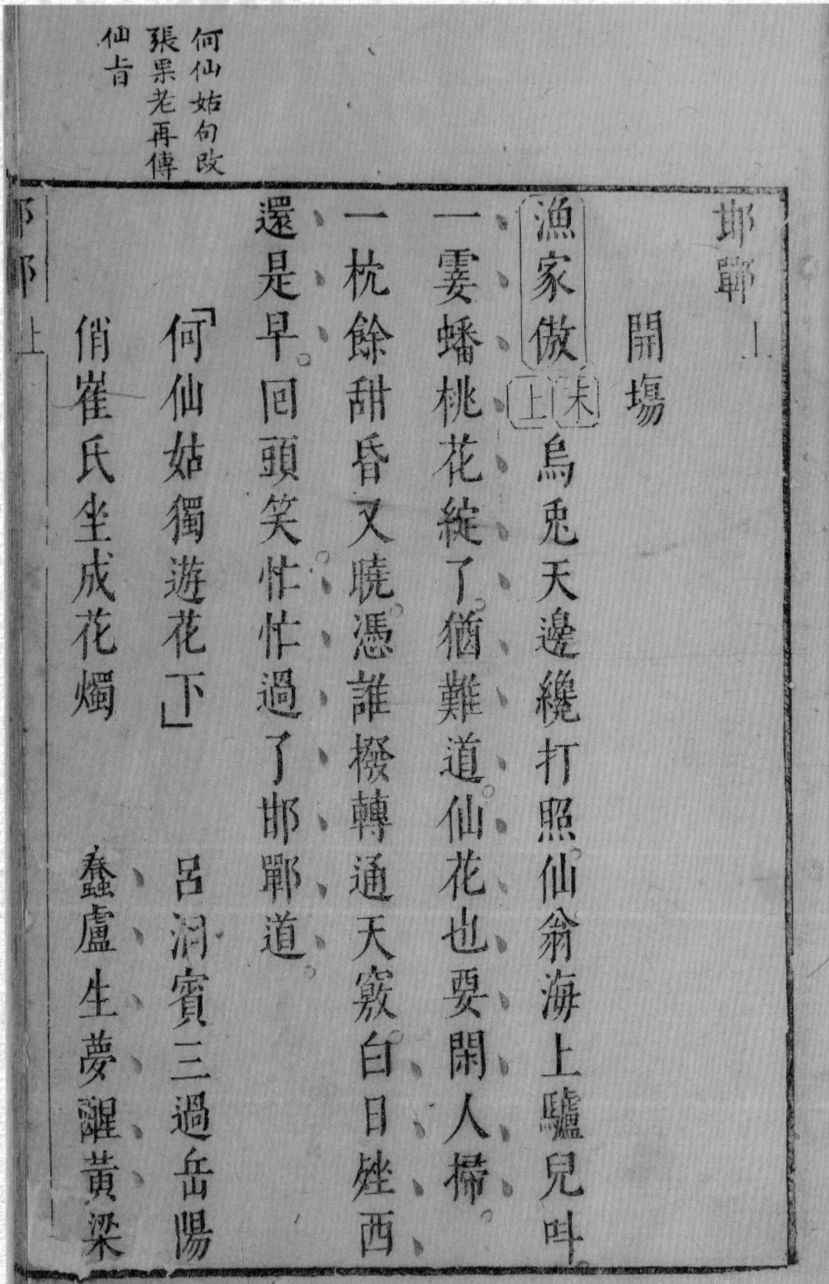
何仙姑句改
張果老再傳
仙旨

邯鄲 上

開場

漁家傲 末上 烏兎天邊纔打照仙翁海上驢兒叫

一霎蟠桃花綻了猶難道仙花也要閒人掃

一枕餘甜昏又曉憑誰撥轉通天竅白日矬西

還是早回頭笑忙忙過了邯鄲道

「何仙姑獨遊花下」 呂洞賓三過岳陽

俏崔氏坐成花燭 蠢盧生夢醒黃粱

邯鄲 上

명대明代 전기傳奇 탕현조湯顯祖 1550~1616《한단몽邯鄲夢》과 당대唐代 전기소설傳奇小說 심기제沈既濟 750~800 〈침중기枕中記〉 브리티시컬럼비아대학교University of British Columbia 소장 © 書格Shuge

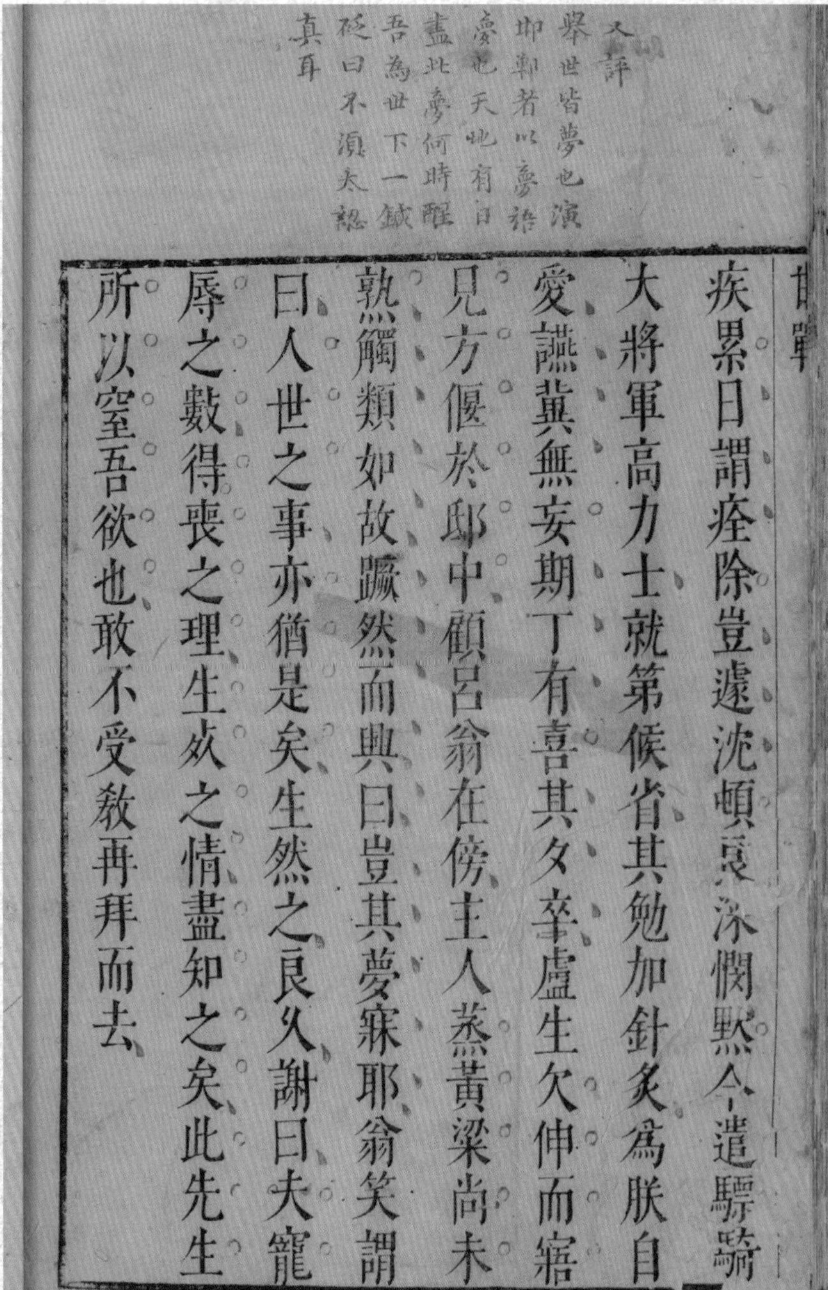
又評
舉世皆夢也演邯鄲者以夢語夢也天地有白盡此夢何時醒吾為世下一鍼砭曰不須太認真耳

疾累日謂痊除豈遽沈頓良深惘默今遣驃騎大將軍高力士就第候省其勉加針灸為朕自愛讌冀無妄期丁有喜其夕卒盧生欠伸而寤見方偃於邸中顧呂翁在傍主人蒸黃粱尚未熟觸類如故蹶然而興曰豈其夢寐耶翁笑謂曰人世之事亦猶是矣生然之良久謝曰夫寵辱之數得喪之理生死之情盡知之矣此先生所以窒吾欲也敢不受教再拜而去

명대明代 전기傳奇 탕현조湯顯祖 1550~1616 《한단몽邯鄲夢》과 당대唐代 전기소설傳奇小說 심기제沈旣濟 750~800 〈침중기枕中記〉 브리티시컬럼비아대학교University of British Columbia 소장 ⓒ 書格Shuge

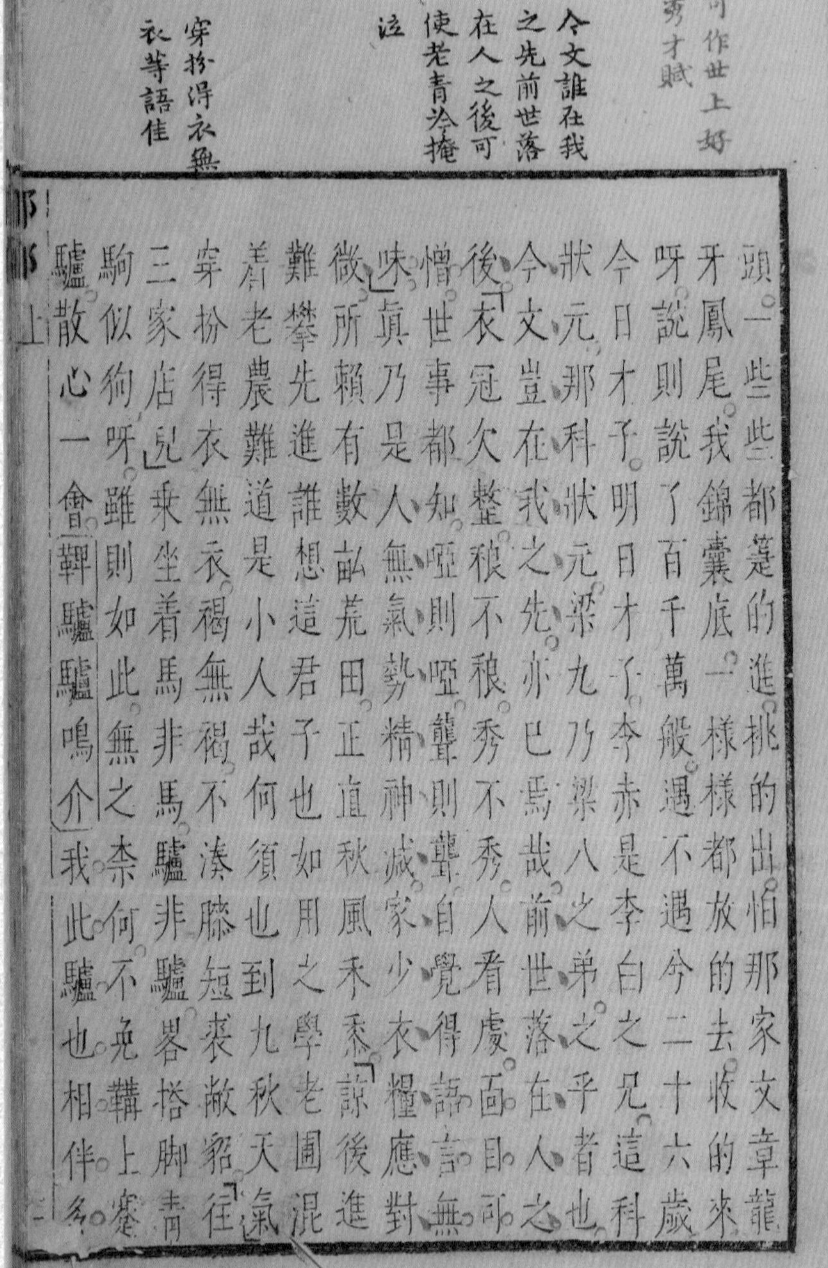

可作世上好秀才賦

今文誰在我之先前世落在人之後可使老青衿掩泣

穿扮得衣無衣等語佳

頭一些些都是的進挑的出怕那家文章龍牙鳳尾我錦囊底一樣樣都放的去收的來呀說則說了百千萬般遇不遇今二十六歲今日才子明日才子李赤是李白之兄這科狀元那科狀元梁九乃梁八之弟之乎者也今文豈在我之先亦巳焉哉前世落在人之後「衣冠欠整襪不襪秀不秀人看處面目可憎世事都知啞則啞聾則聾自覺得語言無味」真乃是人無氣勢精神減家少衣糧應對微所賴有數畝荒田正直秋風禾黍「諒後進難攀先進誰想這君子也如用之學老圃混着老農難道是小人哉何須也到九秋天氣」穿扮得衣無衣褐無褐不湊膝短裘敝貂往三家店兒乘坐着馬非馬驢非驢畧搭脚青駒似狗呀雖則如此無之柰何不免鞴上蹇驢散心一會鞭驢驢鳴介我此驢也相伴多

邯鄲 上

명대明代 전기傳奇 탕현조湯顯祖 1550~1616 《한단몽邯鄲夢》과 당대唐代 전기소설傳奇小說 심기제沈旣濟 750~800 〈침중기枕中記〉 브리티시컬럼비아대학교University of British Columbia 소장 © 書格Shuge

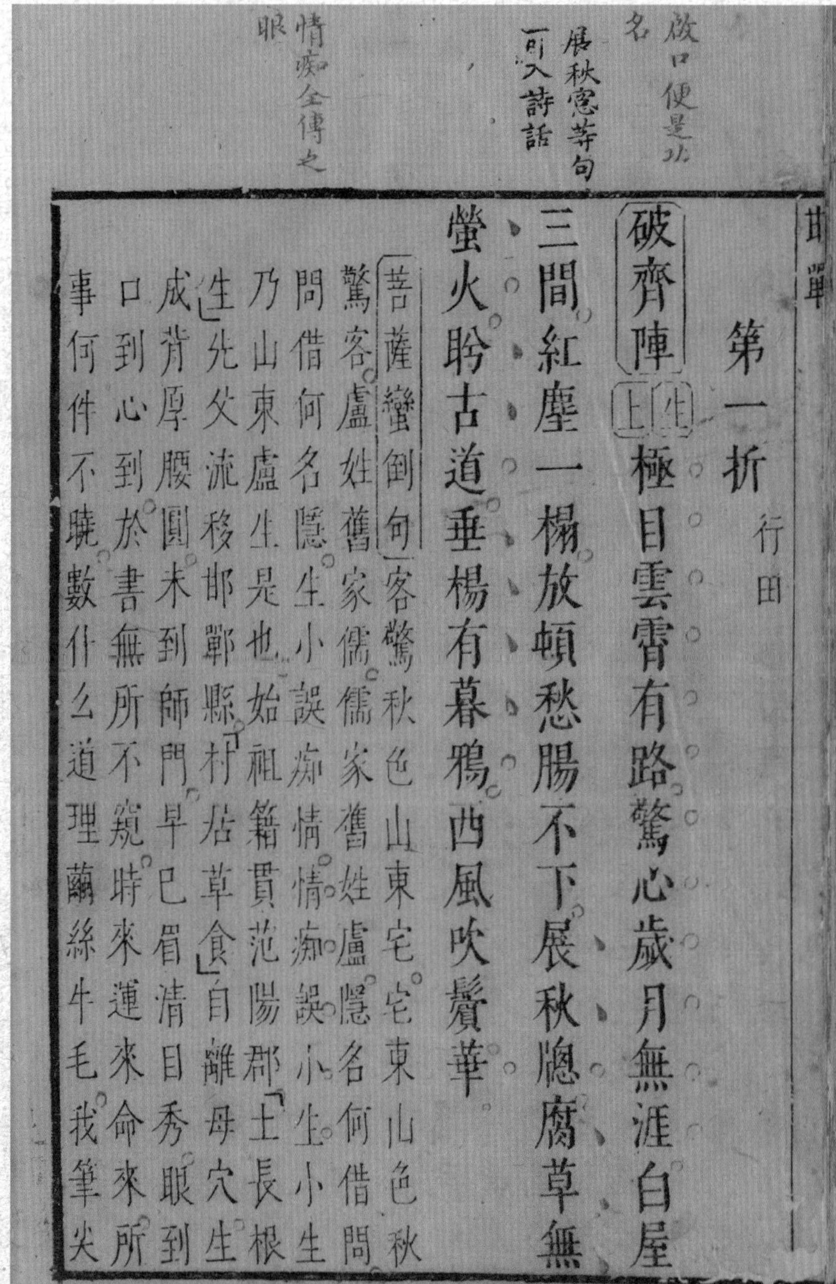

邯鄲

啟口便是功名

展秋牕等句可入詩話

情痴全傳之眼

第一折 行田

破齊陣【生上】極目雲霄有路驚心歲月無涯白屋三間紅塵一榻放頓愁腸不下展秋牕腐草無螢火盼古道垂楊有暮鴉西風吹鬢華

【菩薩蠻倒句】客驚秋色山東宅宅東山色秋驚客盧姓舊家儒儒家舊姓盧隱名何借問問借何名隱生小誤痴情情痴誤小生小生乃山東盧生是也始祖籍貫范陽郡「土長根生」先父流移邯鄲縣村居草食自離母穴生成背厚腰圓未到師門早已眉清目秀眼到口到心到於書無所不窺時來運來命來所事何件不曉數什么道理繭絲牛毛我筆尖

명대明代 전기傳奇 탕현조湯顯祖 1550~1616 《한단몽邯鄲夢》과 당대唐代 전기소설傳奇小說 심기제沈旣濟 750~800 〈침중기枕中記〉 브리티시컬럼비아대학교University of British Columbia 소장

송대宋代 마화지馬和之 1130~1170 《효경도책孝經圖冊》 국립고궁박물원國立故宮博物院 소장 © 書格Shuge

3장

계승繼承과 전환轉換:

《요재지이聊齋志異》에 대한 《성몽병언醒夢駢言》의 도덕관념道德觀念 약화弱化

| 1 | 들어가는 말入話: 작품의 내적 의미와 외적 관계를 시작으로

《성몽병언醒夢駢言》은 청대淸代에 문언문文言文으로 쓰인 포송령蒲松齡1640~1715의 《요재지이聊齋志異》 일부 작품을 화본소설話本小說 형식으로 재창작한 백화소설白話小說이다. 《성몽병언醒夢駢言》의 저자와 정확한 출간 연대는 단정하기 어려우나, 일반적으로 《요재지이聊齋志異》 이후 출간된 것으로 본다. 《성몽병언醒夢駢言》은 《요재지이聊齋志異》의 490여 편의 작품 중에서 효성孝誠과 우정友情, 의리義理와 신의信義, 예의禮儀와 도덕道德을 강조한 12편의 이야기를 선별하여 싣고 있다.[1] 《성몽병언醒夢駢言》의 전체적인 사상과 내용 부분을 개괄적으로 살펴보면, 원작의 형태에서 크게 벗어나거나 전혀 다른 모습으로 바뀌지 않았다. 내용적인 측면에서 기본적인 서사 형태를 유지하고 사상적인 측면에서는 현실주의 정신을 계승하고 있다.[2] 《성몽병언醒夢駢言》에 수록된 작품 모두 《요재지이聊齋志異》 중에서 사회규범, 윤리 도덕, 혼인 관계 등을 주요한 소재로 삼고 있는 작품을 취하고 있다. 《요재지이聊齋志異》의 주요한 구성 내용이라고 할 수 있는 환상

1 《요재지이聊齋志異》의 수많은 작품 중에서 12편을 선별한 이유에 대해서는 《성몽병언醒夢駢言》 작가의 문학적 관점과 《요재지이聊齋志異》 작가인 포송령蒲松齡의 문학적 가치관이 종합적으로 반영되었다고 볼 수 있다. 이 점에 대한 보다 자세한 논의는 張光興, 〈蒲松齡與中國的"孝"文化傳統〉, 《聊齋志異研究》, 1997年 第1期, 5쪽을 참고하기 바란다.

2 宋家庚, 〈一部根據《聊齋志異》故事改寫的評話小說集--《醒夢駢言》簡介〉, 《蒲松齡研究》, 2012年 第2期, 136쪽 참고.

적인 이상세계를 묘사하거나 이물異物이나 요괴妖怪, 귀신鬼神과의 만남과 갈등 같은 상상적인 내용은 보이지 않는다. 비록 12편의 작품에서 일부 비현실적 내용의 화소와 민간신앙의 색채가 보이지만, 대부분 전통사회의 이상적 도덕관과 윤리적 가치관인 '권선징악勸善懲惡', '선악유보善惡有報', '충의효제忠義孝悌', '인의예지仁義禮智'를 강조하는 과정에서 보조적으로 삽입되었을 뿐이다.[3] 화소의 단독 구성의 측면에서 본다면, 일부 내용에서 환상적인 면이 보이기는 하지만, 작품 전체에서 나타나는 서사의 흐름이나 내용의 전개에서 지극히 현실적이거나 실제적인 내용이 주를 이룬다고 할 수 있다. 이렇듯 《성몽병언醒夢駢言》의 작품이 현세적인 내용이 대부분을 이루다 보니, 주제의식 또한 이러한 측면에서 크게 벗어나지 않는다. 12편 작품의 내용 중에서 주요한 사상적 흐름과 관점이 사회 도덕, 전통윤리의 현현顯現이라고 한다면, 주제의식이 역시 '혼인婚姻과 운명運命의 결정決定', '우의友誼와 절의節義의 숭상崇尙', '권선勸善과 징악懲惡의 선양宣揚' 등의 전통적 도덕관념의 내용으로 압축될 수 있을 것이다.[4]

비록 《성몽병언醒夢駢言》이 《요재지이聊齋志異》를 재창작하는 과정 중에서 광범위한 부분에 걸쳐 전면적인 변화가 나타나는 것은 아니지만, 세부적인 부분에서는 여전히 서사 내용의 변화, 서사 형식과 서사 구조의 변용, 주제의식의 전환 등의 현상이 일어난다. 이러한 변화의 흐름은 원작을 재창작할 때에 필연적으로 출현하는 보편적 특징이기도 하다. 원작을 재창작하는 과정에서 내용과 형식의 변화도 나타나지만, 그러한 변화의 이면에 내재해 있는, 내용과 형식의 다름을 토대로 형성된 주제의식에 있어서도 '전환轉換'의 특징이 분명하게 드러난다. 이와 같은 미시적 변화와 그것에 내포된 다양한 관점은 거시적 변화와 그것을 기반으로 하는 포괄적 관점과 마찬가지로 해당 작품을 전면적이고 입체적으로 이해하는데 있어서 주요하게 작용한다. 서사 내용과 형식의 외형적인 대변화가 아니라 내재적인 미세한 변화와 그 차이를 인식하는 것이야말로 같지만 다른 작품을 더욱 깊이 이해하고 분석하는 기준이 된다고 할 수 있다.

만약 두 작품 간의 '변화變化' 과정을 살펴본다면, 외형적인 변화는 주로 문체와 어투, 인물과 배경, 사건과 서술의 가감加減 정도에 따라서 그 형태가 분명

3 雷丹, 〈論《醒夢駢言》中的神靈信仰〉, 《九江學院學報·社會科學版》, 2017年 第3期 참고.

4 宋家庚, 〈一部根據《聊齋志異》故事改寫的評話小說集--《醒夢駢言》簡介〉, 《蒲松齡研究》, 2012年 第2期, 138쪽 참고.

하게 드러나지만, 내재적인 변화는 작품 속 다양한 장면과 서사에 폭넓게 흩어져 있어서 나타나는 정도가 일정하지 않다. 이처럼 모호하거나 추상적으로 감추어진 주제의식은 작품을 개작할 때, 그 의도한 바를 어떠한 사상과 이념, 관점과 가치에 둘 것인가에 따라 전혀 다른 형태로 나타난다. 유사한 작품의 '같음'과 '다름'을 살펴보는 데에 있어서 작품 속 주제사상의 다름을 면밀히 파악하는 것은 서사 내용의 변화를 고찰하는 것 못지않게 중요한 의미를 지닌다. 두 작품 사이에 걸쳐있는 미묘한 주제의식의 차이를 밝혀내는 것은 개작의 작품을 단순히 원작을 모방했거나 답습한 정도의 아류작이 아니라, 하나의 또 다른 작품임을 인식하고 새로운 가치를 부여하는 것이라고 말할 수 있다. 실제로 재창작된 작품은 원작에서 볼 수 없는 다양한 특징을 내포하고 있다. 이처럼 주제의식은 원작이든 개작이든 해당 작품을 정의하고 해당 내용과 서술적 특징을 결정짓는 데 깊은 영향을 미친다. 작품을 재창작하는 과정에서 내용이나 서술 형식의 변화뿐만 아니라 주제의식의 전환도 일정 부분을 차지하며, 그러한 부분이 해당 작품의 문학적 특징을 결정하는 데 중요한 역할을 담당하기도 한다.

원작을 재창작하는 과정에서 주제의식이 강하고 약하게 바뀌거나 부분적 혹은 파격적으로 변화된 경우를 어렵지 않게 발견할 수 있다. 비록 주제의식이 변하는 과정에 있어서 정도의 차이는 있지만, 《성몽병언醒夢駢言》의 작품 대부분에서 변화가 일어나고 있다. 주로 주요 관점이나 시각이 어느 부분에 치중했는가에 따라 조금씩 다른 모습을 보여 주는데, 《성몽병언醒夢駢言》은 주제의식이 전체적으로 전혀 다르게 바뀌거나 확대된 경우보다는 어느 한쪽에 치우쳐 그 부분이 더욱더 강조되는 현상을 보이고 있다.

《요재지이聊齋志異》의 12편 작품에서 나타난 다양한 주제의식은 《성몽병언醒夢駢言》에 개작되어 실리면서 일련의 변화를 가져오게 된다. 바로 '약화弱化', '강화强化', '변환變換'의 현상이 그것이다. 이 세 가지 특징은 다시 몇 가지의 내용으로 집약되는데, '도덕관념의 약화弱化', '선악관념의 강화强化', '혼인관념의 변환變換'으로 구체화할 수 있다. 이 중에서 변화의 양상이 가장 복잡한 형태로 나타나는 주제의식은 바로 '도덕관념의 약화弱化'라고 할 수 있다. '도덕관념'은 당시의 사회과 문화, 정치와 사상, 문학과 예술의 요소가 서로 긴밀하게 맞닿아 있다. 그러므로 '도덕관념의 약화弱化'는 작품의 내적인 의미와 외부적 여러 요인이 직·간접적으로 반영되어 있다고 볼 수 있는데, 이러한 변화 양상을 살펴본다면 작가와 작품, 독자의 관계를 유기적으로 연결 지어 이해할 수 있을 뿐 아니라, 작품의 주제사상이 전환된 여러 현상과 그 속에 담겨있는 복합적 의미를 폭넓게 살펴볼 수 있을 것이다.

| 2 | 전통적 도덕관념의 '약화弱化': 현실적 통속이념으로의 전환轉換

《성몽병언醒夢騈言》에 나타난 주제의식의 변화 중에서 윤리적 도덕관념의 약화弱化 현상이 분명하게 드러난다. 이러한 현상은 전통사회에서 중요시되었던 도덕관념에 대한 일종의 변화로 볼 수 있는데, 원작인 《요재지이聊齋志異》보다 《성몽병언醒夢騈言》에서는 더욱 집중적으로 나타나고 있다.[5] 문언문文言文으로 쓰인 《요재지이聊齋志異》에는 전통사회의 이념이 고스란히 투영된 데 반해 백화문白話文으로 창작된 《성몽병언醒夢騈言》에는 통속성을 표방한 문체와

5 '도덕관념의 약화'에 대해 필자의 의견과 다른 견해를 가지고 있는 학자도 있는데, 蔣玉斌은 그의 저서 《《聊齋志異》的清代衍生作品研究》에서 《성몽병언醒夢騈言》을 비롯한 《요재지이聊齋志異》를 개편, 개작한 많은 작품에서 '도덕관념'이 오히려 강화되고 있다고 주장하고 있다. 그 원인을 외부적 요인과 내부적 요인으로 나누어 설명하고 있는데, 간단하게 살펴보면 다음과 같다. 외부적 요인으로는 청대清代 학술교류가 상당히 활발해지면서 '경세치용經世致用'과 '명도구세明道救世'의 사상 경향이 크게 흥성하게 되자, 《성몽병언醒夢騈言》에서도 이러한 사상적 흐름이 반영되었다. 또한, 당시 많은 금훼소설禁毁小說을 지정하여 도덕관념을 드러내는 작품 창작에 영향을 미쳤고, 문인들 역시 저술 과정에서 어쩔 수 없이 이러한 경향에 따를 수밖에 없다고 하였다. 내부적 요인으로는 송원宋元의 화본소설話本小說은 오락과 소비를 중요시하면서 대중성과 오락성을 적극적으로 보여 주고 있지만, 명대明代에 이르러 문인들이 대거 화본소설話本小說의 창작과 개편에 참여하면서 유교적 도덕교화 관념이 자연스럽게 강화되었다고 주장하고 있다. 필자는 이러한 논지에 대해 동의하는 부분도 있지만, 그렇지 않은 부분도 있다. 먼저, '현현顯現'과 '중시重視'의 개념은 다르다는 것이다. 즉, '드러내는 것'과 '강조하는 것'은 전혀 다른 의미를 지닌다. 청대清代 중·후기中·後期에 새롭게 창작 혹은 개편된 대부분의 소설 작품이 사회적 흐름에 따라 유교적 도덕관념이 어느 정도 드러나는 것은 사실이지만, 그렇다고 해서 모든 작품이 이러한 '도덕관념'을 옹호하고 적극적으로 선양하는 것은 아니라는 것이다. 사실 당시의 소설 작품을 살펴보면, 겉으로는 이러한 유교적 도덕관념을 드러내고 있지만, 작품의 구체적인 내용에서는 이러한 관념이 부분적으로 제시하는 정도에 불과하고, 오히려 다른 통속적인 사상과 내용이 더욱 부각되는 점을 쉽게 발견할 수 있다. 실제로 수많은 화본소설話本小說 저자의 서문序文이나 의론議論 등에서 유교적 도덕관념을 언급하거나 게재하고 있는 것을 확인할 수 있지만, 정작 작품 내용을 자세히 들여다보면, 이런 경향과 차이가 있음을 알 수 있다. 다음으로 '교화敎化'와 '통속通俗'의 조율이다. 즉, 두 사상을 어느 정도 융합하고 절충하면서 다른 사상으로의 이전移轉, 전변轉變, 변환變換을 보여 주는 것이다. 명청대明清代 화본소설話本小說의 창작과 개작에 문인들이 적극적으로 관여했기에 작품의 사상적인 측면에서 어느 정도 유교적 도덕관념을 제시하는 부분은 있으나, 그렇다고 해서 저자가 대중성과 통속성을 완전히 외면한 채 도덕관념만을 적극적으로 강조하지 않는다는 것이다. 《성몽병언醒夢騈言》에서는 이러한 유교적 도덕관념이 약화되거나 오히려 다른 통속적인 사상과 관념인 '권선징악勸善懲惡', '인과응보因果應報'와 같은 현세적 사상으로 전환되면서 현실적인 도덕적 가치관과 의미를 더욱 강조하는 특징을 보여 주고 있다. '도덕관념의 강화强化'에 대한 견해는 蔣玉斌, 《《聊齋志異》的清代衍生作品研究》, 中國社會科學出版社, 2012年 6月, 291-295쪽을 참고하기 바란다.

시대적 풍격이 사실적으로 드러나 있고, 주제의식 또한《요재지이聊齋志異》와는 다른 양상을 보이고 있다. 그 약화된 내용을 구체적으로 살펴보면, '보은, 보응정신의 약화弱化', '정절, 절의정신의 약화弱化', '용서, 감화정신의 약화弱化', '우애, 효도정신의 약화弱化' 등이다. 비록《요재지이聊齋志異》와《성몽병언醒夢駢言》이 동일한 시대인 청대淸代에 창작되었지만, 문학 형식[문체文體]이 이질화된 구조에서는 사상[주제主題]도 이와 비슷한 특징을 반영하고 있음을 적확하게 보여 주고 있다.

1) 보은, 보응정신의 약화弱化

《요재지이聊齋志異》의 작품이《성몽병언醒夢駢言》으로 개작되면서 주제의식에서도 '약화弱化' 현상이 다분히 나타나고 있는데, 이 중에서 분명히 드러나는 특징은 '보은, 보응정신의 약화弱化'이다. '보은報恩'은 은혜를 갚는다는 도의적 정신세계를 보여 주는 행위이고, '보응報應'은 선행과 악행의 원인과 결과에 따라 그것에 상응하는 대갚음의 행위가 일어나는 경우를 말한다. 이 주제의식의 약화 현상이 구체적으로 드러난 작품은《성몽병언醒夢駢言》제12회第十二回〈매백석신인시소기埋白石神人施小技 득황금호사진가성得黃金豪士振家聲〉이다.〈매백석신인시소기埋白石神人施小技 득황금호사진가성得黃金豪士振家聲〉은《요재지이聊齋志異》권3卷三〈궁몽필宮夢弼〉을 개작하였는데, 주제의식의 약화 현상을 자세히 살펴보기에 앞서, 우선 두 작품의 주요 내용을 진행순서에 따라 비교해보고자 한다.

구성	〈宮夢弼〉	비고
발단	1. 보정保定에 사는 유방화柳芳華는 부호富豪인 데다가 성격이 호탕하고 친구를 좋아함→궁몽필宮夢弼은 다른 식객과는 달리 유방화柳芳華에게 돈을 빌려달라고 하지 않음 2. 유방화柳芳華의 아들 유화柳和는 궁몽필宮夢弼과 돌멩이 파묻는 놀이를 즐김	
전개	3. 10여 년의 시간이 흐름→생활이 어려워진 유씨柳氏 가족→씀씀이가 헤픈 유화柳和 4. 유방화柳芳華의 죽음→궁몽필宮夢弼은 유화柳和 대신 사건으로 인한 고충을 해결해줌→궁몽필宮夢弼은 가끔 소매에서 기왓장을 꺼내 집안 귀퉁이에 던지곤 했음→궁몽필宮夢弼은 유화柳和에게 스스로 책임져야 한다고 충고함 5. 궁몽필宮夢弼이 집으로 돌아감→더욱 가난해진 유화柳和 6. 유방화柳芳華는 생전에 유화柳和와 황씨黃氏 딸과 혼약을 맺어 두었음→황씨黃氏는 유씨柳氏 일가一家가 가난해지자 혼약을 파기하려 함→유화柳和의 모친은 아들에게 황씨黃氏에게 가서 혼인 날짜를 받아오게 함→황씨黃氏는 1백 냥 은자를 마련해야 혼인을 허락한다고 함 7. 황씨黃氏의 집 맞은편에 사는 유劉노파는 유화柳和를 동정함→유화柳和의 모친은 아들에게 예전의 빈객들에게 사정을 이야기하여 돈을 마련하게 함→이사李四만 도와줌	

구성	〈宮夢弼〉	비고
절정	8. 황씨黃氏의 딸은 유화柳和와 혼인하고자 하는 뜻을 굽히지 않음 9. 도적들의 약탈로 인해 황씨黃氏 일가一家가 망함→3년의 시간 경과→황씨黃氏는 딸을 장사치에게 시집보낼 계략을 꾸밈→황씨黃氏의 딸은 보정保定으로 달아남→유씨柳氏 집에 도착한 황씨黃氏의 딸→유화柳和 모자母子의 감동→황씨黃氏의 딸은 유씨柳氏 일가一家의 가난함을 개의치 않음 10. 황씨黃氏의 딸은 집에서 은 덩어리를 발견함→다시 부자가 된 유화柳和→유화柳和는 궁몽필宮夢弼의 말에 따라 뜻을 세워 출세함→유화柳和는 유劉노파에게 은혜를 갚으러 감 11. 황씨黃氏는 집을 팔아 빌린 돈을 갚음→곤궁해진 황씨黃氏→유화柳和는 유劉노파와 함께 집으로 감→유劉노파와 황씨黃氏 딸의 만남→유劉노파는 유씨柳氏 일가一家에게 환대를 받음	
결말	12. 유劉노파는 황씨黃氏 일가一家에 가서 딸의 소식을 전함→딸의 집으로 간 황씨黃氏→부인은 황씨黃氏에게 음식과 은자를 주며 하룻밤을 지내고 떠나도록 배려함 13. 황씨黃氏를 발견한 유화柳和→황씨黃氏를 알아보지 못한 유화柳和는 그를 관가로 압송시킴→부인의 해명으로 인해 풀려난 황씨黃氏→황씨黃氏는 집으로 돌아간 후 아내에게 이 사실을 이야기함 14. 황씨黃氏의 처는 꽃장수로 가장하고 유劉노파와 함께 유화柳和의 집에 감→모녀母女의 재회→딸에게 사과하는 황씨黃氏의 처 15. 유화柳和는 장모를 보고 욕설을 퍼부음→유화柳和와 아내의 갈등→황씨黃氏 처는 집으로 돌아감→유화柳和는 아내 때문에 장인과 장모를 집으로 모셔옴→유화柳和의 사과→유화柳和는 장인과 장모에게 은자를 줌→노년을 풍족하게 보낸 황씨黃氏 부부 16. 이사씨異史氏: 은혜에 대한 보응 예찬, 황씨黃氏 딸의 지조 찬양, 수전노 이야기를 통해 재물에 대한 탐욕과 어리석음을 비판	

구성		〈埋白石神人施小技 得黃金豪士振家聲〉	비고
입화入話		1. 입화사入話詞: 쉽게 써버리는 재산 2. 입화설명入話說明: 부호의 집에 빌붙어 사는 식객에 대한 비판	
정화正話	발단	3. 보정保定府에 사는 방정화方正華의 아내 유씨柳氏, 아들 방구화方口禾→방정화方正華는 재물을 하찮게 여김→방정화方正華는 장관사張管師를 각별하게 대함	
	전개 1	4. 10여 년의 시간이 흐름→가난해진 방정화方正華→방정화方正華의 죽음→ 장례를 치러준 장관사張管師→집의 담 아래에 벽돌과 기와 조각을 던지는 장관사張管師 5. 장관사張管師는 집으로 돌아감→더욱 가난해진 유씨柳氏 모자母子 6. 당시일구唐詩一句: 황학은 한번 가더니 다시 돌아오지 않네. 7. 정화의론正話議論: 가난해진 모자母子	
	전개 2	8. 방구화方口禾는 왕원상王元尚의 딸 목고睦姑와 혼사가 정해져 있었음→왕원상王元尚과 아내 김씨金氏는 방씨方氏 일가一家의 가난함을 알고 조문하러 가지 않음→유씨柳氏는 아들을 왕씨王氏 집에 보냄 9. 왕씨王氏 집에 간 방구화方口禾 10. 왕원상王元尚은 1천 냥 은자를 준비하게 함→쫓겨난 방구화方口禾 11. 방구화方口禾는 맞은편 집의 고顧노파에게 사정을 말함→고顧노파가 여비를 줌 12. 유씨柳氏는 방구화方口禾에게 아버지 친구들에게 가서 빌려준 돈을 받게 함→은혜를 베풀지 않는 방정화方正華의 친구들 13. 정화시正話詩: 사람에게 사정을 이야기하는 것의 어려움 14. 방구화方口禾, 유씨柳氏의 고생	

구성		〈埋白石神人施小技 得黃金豪士振家聲〉	비고
정화正話	전개 3	15. 방구화方口禾와 혼인할 뜻을 굽히지 않는 목고睦姑 16. 강도가 쳐들어와 가난해진 왕씨王氏 일가一家 17. 2년의 세월이 흐름→왕원상王元尚은 딸을 광동廣東의 행상에게 팔아버림→보정保定으로 도망친 목고睦姑 18. 방씨方氏 집에 도착한 목고睦姑→목고睦姑는 방씨方氏 일가一家의 가난함을 개의치 않음	
	전개 4	19. 유씨柳氏는 장관사張管師가 버린 벽돌을 발견함→은자로 변한 벽돌 20. 발견한 은자로 다시 부자가 된 방씨方氏 일가一家 21. 공부하여 금의환향錦衣還鄕한 방구화方口禾 22. 부유해진 방구화方口禾를 다시 찾는 친구 무리들, 방구화方口禾는 무관심하게 그들을 대함 23. 방구화方口禾는 고顧노파에게 감사하러 감→작은 집으로 옮겨간 왕원상王元尚 부부→방구화方口禾와 고顧노파가 보정保定으로 감 24. 목고睦姑는 고顧노파에게 보정保定으로 온 사정과 그간의 일 등을 말함	
	전개 5	25. 고顧노파가 집으로 돌아감→왕씨王氏 집에 가서 목고睦姑의 행방을 알림→왕원상王元尚 부부의 말다툼 26. 왕원상王元尚이 보정保定으로 감→늙은 하녀는 왕원상王元尚에게 은자를 주며 돌아가라는 목고睦姑의 말을 전함 27. 왕원상王元尚은 술과 밥을 먹고 잠을 잠 28. 정화설명正話說明: 왕원상王元尚 부부가 올 것을 예상하고 목고睦姑를 살피던 방구화方口禾 29. 때마침 왕원상王元尚은 방구화方口禾에 발각되어 체포당했다가 풀려남→왕원상王元尚의 귀가	
	절정	30. 1천 냥 은자가 생긴 고顧노파는 아들의 혼처를 정해줌→고顧노파와 왕원상王元尚의 부인 김씨金氏가 방씨方氏 집으로 감 31. 김씨金氏가 꽃 파는 할멈으로 분장→목고睦姑와 김씨金氏의 재회 32. 김씨金氏에게 욕하는 방구화方口禾→목고睦姑는 모친인 김씨金氏와 고顧노파를 돌려보냄	
	결말	33. 목고睦姑는 자신의 부모를 모셔옴→불편함을 느낀 왕원상王元尚 부부는 다시 자신의 집으로 돌아감 34. 장인과 장모에게 은자를 보낸 방구화方口禾→방구화方口禾는 부유해지고 지위가 높아짐	
편미篇尾		35. 편미시篇尾詩: 재물을 모두 다 써버린 것에 대한 한탄	

〈매백석신인시소기埋白石神人施小技 득황금호사진가성得黃金豪士振家聲〉을 〈궁몽필宮夢弼〉과 비교해 보면, 줄거리에 있어서는 서술 순서와 내용이 상당히 비슷하다. 이 작품은 《성몽병언醒夢駢言》의 12편 중에서 원문인 《요재지이聊齋志異》의 줄거리와 거의 변화가 없는 작품 중의 하나이다. 다만 〈매백석신인시소기埋白石神人施小技 득황금호사진가성得黃金豪士振家聲〉은 〈궁몽필宮夢弼〉의 내용을 '부연敷衍'하거나 '첨가添加'하는 경우가 간혹 보이고, '변환變換'의 경우도 일부 나타나

고 있다.[6] 〈매백석신인시소기埋白石神人施小技 득황금호사진가성得黃金豪士振家聲〉에서 '부연敷衍'과 '첨가添加'가 나타나더라도 다른 작품처럼 대량의 화소가 추가로 덧붙여지지는 않았고, '변환變換'의 경우에도 변화의 폭이 그리 크지는 않다.

〈宮夢弼〉	〈埋白石神人施小技 得黃金豪士振家聲〉	비고
개과천선改過遷善, 고진감래苦盡甘來 지조를 지킨 여인의 정절 부각 은혜를 갚은 보은관념報恩觀念 강조 용서와 화해 사상을 구체적 제시	개과천선改過遷善, 고진감래苦盡甘來 지조를 지킨 여인의 정절 약화 은혜를 갚은 보은관념報恩觀念 모호 용서와 화해 사상 약화	

그 외의 특징으로는 〈매백석신인시소기埋白石神人施小技 득황금호사진가성得黃金豪士振家聲〉에서는 〈궁몽필宮夢弼〉보다 '숫자에 대한 강조'가 돋보인다. 예를 들면, 〈궁몽필宮夢弼〉에서는 황씨黃氏 일가一家가 도적들의 약탈로 인해 가세가 기울어 매우 궁핍해지고, 3년이 지나 황씨黃氏는 딸을 장사치에게 시집보내려 한다. 〈매백석신인시소기埋白石神人施小技 득황금호사진가성得黃金豪士振家聲〉에서는 왕씨王氏 집에 강도가 쳐들어와 물건을 다 빼앗아 가버리고, 2년이 지난 후에 왕원상王元尙은 딸을 광동廣東의 행상에게 팔아버리려고 한다. 두 작품의 줄거리 전개에서 시간의 흐름을 3년에서 2년으로 축소함으로써 서사 진행에 속도감을 부여하고 있다. 물론 이러한 '시간의 단축'이 구체적인 '내용의 압축'으로 이어지지는 않지만, 독자들에게 시간이 빠르게 흘러가는 느낌을 주어 분위기를 보다 긴박하게 조성하려는 의도를 보이고 있다. 또한 〈궁몽필宮夢弼〉에서는 황씨黃氏가 유화柳和에게 결혼 준비금으로 은자 1백 냥을 마련하게 하는데, 〈매백석신인시소기埋白石神人施小技 득황금호사진가성得黃金豪士振家聲〉에서는 왕원상王元尙이 방구화方口禾에게 결혼 준비금으로 은자 1천 냥을 요구한다. 이 이외에도 〈매백석신인시소기埋白石神人施小技 득황금호사진가성得黃金豪士振家聲〉에서는 수의 범위와 크기에 있어서 〈궁몽필宮夢弼〉보다 탄력적으로 운용되고 있는데, 이는 서사의 진행에 따라 시간과 수를 줄거리 전개에 맞게 효

6 '변환變換'은 '변화變化'의 하위 범주 혹은 '변화變化'의 제한된 부분에서의 현상이라고 할 수 있으며, 또한 '변화變化'의 복잡한 특징을 다양하게 드러내는 포괄적 현상이기도 하다. 소설 작품의 내용 변화 중에서 '변환變換'은 《성몽병언醒夢駢言》의 거의 모든 작품에서 보이며, 다른 변화의 특징보다 가장 폭넓게 나타난다. 하지만 〈매백석신인시소기埋白石神人施小技 득황금호사진가성得黃金豪士振家聲〉의 경우에는 변화의 폭이 크지 않아 '변환變換'의 특징이 집중적으로 나타나지는 않는다.

과적으로 전환하고 있음을 알 수 있다. 이처럼 두 작품의 표현에 있어서는 미묘한 차이를 보이지만, 두 작품 모두 '개과천선改過遷善'과 '고진감래苦盡甘來' 사상을 드러내는 데에는 변함이 없다. 다만 이러한 공통적인 주제의식을 제외하고는 각각 중점을 두고 강조하고자 하는 사상은 조금씩 다르다.

먼저 《요재지이聊齋志異》의 〈궁몽필宮夢弼〉은 지조를 지킨 황씨黃氏 딸의 절의節義를 적극적으로 부각시키고 있다. 이 점은 작품의 말미末尾에 있는 이사씨異史氏의 평론에도 분명히 드러난다.[7] 하지만 〈매백석신인시소기埋白石神人施小技 득황금호사진가성得黃金豪士振家聲〉에서는 목고睦姑가 부모의 잘못된 결정을 알고 자기 뜻을 굽히지 않는 과정에 관한 내용은 비교적 간략하게 묘사되어 있다.

다음으로 《요재지이聊齋志異》에서는 궁몽필宮夢弼이 유씨柳氏 집안을 일으켜 세우고 유화柳和를 바른길로 이끈 것은 유방화柳芳華로부터 은혜를 받았기 때문이라고 여기면서 그의 보은을 적극적으로 강조하고 있다. 반면에 〈매백석신인시소기埋白石神人施小技 득황금호사진가성得黃金豪士振家聲〉은 이러한 보은관념은 상당히 약화되면서 오히려 그의 초인적, 비현실적 능력을 보다 명확하게 드러내고 있다. 〈매백석신인시소기埋白石神人施小技 득황금호사진가성得黃金豪士振家聲〉에 등장하는 장관사張管師는 《요재지이聊齋志異》의 궁몽필宮夢弼이 우정을 지킨 '지우知友'이면서 속세의 인물로 묘사되는 것과 달리, 신선 혹은 선인에 가까운 인물로 '돌'을 '은자銀子'로 바꾸는 능력자로 묘사되고 있다. 비록 장관사張管師가 직접 자신이 '선인仙人'이라고 말을 하지 않았지만, 그의 기이한 언행은 물론이고 작품 속에서 등장하는 신기한 도술에 관련된 서술, 유씨柳氏 모자母子의 대화 등을 통해서 살펴볼 때, 그가 보통의 사람이 아님을 충분히 짐작할 수 있다.[8] 이러한 내용을 살펴보면, 《요재지이聊齋志異》에서 보이던 전통적인 보은관념은 신선사상에 의해 다소 희석되면서 장관사張管師의 개인적 선행

---

7 異史氏曰: "雍門泣後, 朱履杳然, 令人憤氣杜門, 不欲復交一客. 然良朋葬骨, 化石成金, 不可謂非慷慨好客之報也. 閨中人坐享高奉, 儼然如嬪嬙, 非貞異如黃卿, 孰克當此而無愧者乎? 造物之不妄降福澤也, 如是!"《聊齋志異》卷三〈宮夢弼〉

8 《요재지이聊齋志異》의 〈궁몽필宮夢弼〉에서 신선에 관련된 서술이 여러 차례 등장하는데, 차례대로 살펴보면 다음과 같다.

1. 不道張管師竟學了唐詩上一句道: "黃鶴一去不復返."
2. 方口禾對母親道: "孩兒想, 張叔叔定然是個仙人, 怕我們前日還是富翁心性, 錢財到手, 容易得完, 把來變作磚瓦, 如今才現出眞形來. 只可惜, 不能夠再見他一面!"
3. 柳氏也道: "仙人現過些形跡, 被人家覺著了, 只怕難得再來!"
4. 這多虧那神仙來做門客, 不但使他貧而復富, 又兼激他富而致貴, 可不勝似馮驩幾倍麼.

과 기행奇行을 강조하는 방향으로 나아갔고, 윤리적 가치관을 중요시하는 범속한 분위기는 신비롭거나 환상적 분위기를 조성하는 경향으로 변환되었다.

또한《요재지이聊齋志異》의〈궁몽필宮夢弼〉에서는 용서와 화해의 사상을 드러내는 것에 중점을 두고 있다. 유화柳和가 가난해지자 그를 업신여기고 자신의 딸과 결혼을 반대했던 황씨黃氏 부부는 나중에 부유해진 유화柳和에게 모욕을 당한다. 하지만 얼마 지나지 않아 유화柳和가 지난날 불손하게 대했던 자신의 잘못을 진심으로 사과하며 황씨黃氏 부부에게 은자를 주고 노후를 편안하게 지내도록 한다. 하지만〈매백석신인시소기埋白石神人施小技 득황금호사진가성得黃金豪士振家聲〉에는 방구화方口禾가 왕원상王元尙 부부가 지난날 자신을 가난하다고 모욕을 준 것에 대해 불만을 품고 있다가 이후 왕원상王元尙 부부 처지가 빈궁하게 되었을 때 과거 그들이 했던 행동과 똑같은 대갚음의 방식으로 모욕감을 주며 멸시한다. 하지만 목고睦姑의 불평과 질책에 비록 마음속으로는 못마땅하지만 어쩔 수 없이 왕원상王元尙 부부에게 덤덤하게 대하는데, 어느 정도 시간이 지나서야 비로소 화가 풀린다. 그렇다고 해도〈궁몽필宮夢弼〉의 유화柳和처럼 장인, 장모에 대한 진정한 용서와 서로 간의 극적인 화해는 일이 나지 않는다.〈매백석신인시소기埋白石神人施小技 득황금호사진가성得黃金豪士振家聲〉에서는 방구화方口禾와 왕원상王元尙 부부의 갈등에서〈궁몽필宮夢弼〉에서 보이는 양측의 원만한 해결과 타협보다는 부인[목고睦姑]에 의해 하는 수 없이 겉으로만 노부부를 용서하는 소극적 태도를 보이고 있다. 만약 '용서'와 '화해'의 주제사상을 드러내는 관점에서 살펴본다면,〈매백석신인시소기埋白石神人施小技 득황금호사진가성得黃金豪士振家聲〉은〈궁몽필宮夢弼〉에 비해서 확실히 그 정도가 약화되었다.

2) 정절, 절의정신의 약화弱化

전통사회의 도덕관념 중에서 중요한 부분을 차지하는 사상은 바로 '정절貞節', '절의節義', '도의道義' 등과 같이 '의義'와 직접 연계된 정신이라고 볼 수 있다. 이러한 전통적 가치관은 지식 계층뿐만 아니라, 일반 평민에 이르기까지 폭넓게 영향을 미쳤다. 이와 같은 사상은《요재지이聊齋志異》의 작품에서는 비교적 강화되었거나 명확하게 언급되고 있지만《성몽병언醒夢駢言》에서는 오히려 약화되었거나 축소된 경향을 보이고 있다.《성몽병언醒夢駢言》에서 '정절, 절의정신의 약화弱化' 특징이 구체적으로 나타난 작품으로는 제9회第九回〈천명매단구일미倩明媒但求一美 앙명판경득쌍주央冥判竟得雙姝〉, 제11회第十一回〈연신구산맹해서聯新句山盟海誓 영구사벽합주환詠舊詞璧合珠還〉, 제12회第十二回〈매백석신인시소기埋白石神人施小技 득황금호사진가성得黃金豪士振家聲〉 등이 있다. 이 중에서 '정절, 절의정신의 약화弱化' 현상이 가장 분명하면서도 명료하게 나타난 작품은 제11회第十一回〈연신구산맹해서聯新句山盟海誓 영구사벽합주환詠舊詞璧合珠還〉이다.

〈연신구산맹해서聯新句山盟海誓 영구사벽합주환詠舊詞璧合珠還〉은《요재지이聊齋志異》권3卷三〈경낭庚娘〉을 재창작한 작품이다. 두 작품의 주제의식 변화를 살펴보기에 앞서,〈경낭庚娘〉과〈연신구산맹해서聯新句山盟海誓 영구사벽합주환詠舊詞璧合珠還〉의 줄거리와 구성 방식을 진행순서에 따라 비교해 보고자 한다.

구성	〈庚娘〉	비고
발단	1. 김대용金大用과 우尤태수의 딸 경낭庚娘의 혼인→도적들이 난을 일으켜 김대용金大用은 식구들을 데리고 피난을 감 2. 광릉廣陵 사람 왕십팔王十八은 길 안내를 지원함→김대용金大用은 부인의 당부에 따르지 않고 같은 배를 타게 됨	
전개	3. 왕십팔王十八은 김대용金大用과 김대용金大用의 부모를 살해→경낭庚娘은 사건을 목격함→ 왕십팔王十八은 경낭庚娘에게 함께 금릉金陵에 가자고 함 4. 왕십팔王十八이 본처인 당씨唐氏를 살해 5. 왕십팔王十八과 경낭庚娘은 금릉金陵에 도착→왕십팔王十八은 모친에게 도중의 일을 말함→경낭庚娘은 술에 취한 왕십팔王十八을 살해함→경낭庚娘은 왕십팔王十八의 모친을 살해 →왕십팔王十八의 동생 왕십구王十九가 들어 옴→경낭庚娘의 죽음 6. 경낭庚娘의 편지 발견→백성들 모두가 그녀를 열녀라 생각하여 엄숙하게 장례를 치러 줌	
절정	7. 김대용金大用은 물에 빠져 회수淮水 가로 떠밀려 옴→윤尹노인은 김대용金大用을 구해 주고, 그가 머물기를 바람→김대용金大用은 당장 복수하고자 하는 결정을 미룸 8. 윤尹노인은 김대용金大用의 부모 시신을 찾아 장례를 치러 줌→왕십팔王十八의 처인 당씨唐氏가 구사일생으로 살아나 나타남→김대용金大用은 왕십팔王十八의 처와의 혼인을 사양함→왕십팔王十八의 처를 돌봐 주겠다고 한 윤尹노인 9. 왕십팔王十八의 처 당씨唐氏는 광릉廣陵으로 가려는 김대용金大用을 저지함→김대용金大用은 경낭庚娘이 원수를 죽였다는 소식을 들음→김대용金大用의 첩이 되고자 하는 당씨唐氏→원袁장군은 김대용金大用에게 기실記室이 되어달라고 부탁함→김대용金大用은 유격장군遊擊將軍에 제수됨→김대용金大用과 당씨唐氏의 혼인 10. 김대용金大用은 경낭庚娘의 묘를 정리하고자 당씨唐氏와 길을 떠남→김대용金大用과 경낭庚娘의 우연한 만남	
결말	11. 무덤에서 다시 살아난 경낭庚娘→도굴꾼의 권유에 따라 진강鎭江의 경耿부인에게 간 경낭庚娘→경낭庚娘을 수양딸로 삼은 경耿부인→경낭庚娘의 그간 일어난 일을 설명→경耿부인 가족과 김대용金大用 가족의 왕래 12. 이사씨異史氏: 여인의 정절은 남자의 기개와 비교해도 전혀 손색이 없음	

<table>
<tr><th colspan="2">구성</th><th>〈聯新句山盟海誓 詠舊詞璧合珠還〉</th><th>비고</th></tr>
<tr><td colspan="2">입화入話</td><td>1. 입화사入話詞: 전쟁으로 인해 헤어진 부부
2. 입화의론入話議論: 전란戰亂의 혼란→재앙을 내린 하늘</td><td></td></tr>
<tr><td rowspan="4">정화
正話</td><td>발단</td><td>3. 송대중宋大中의 부친은 송탁해宋倬諧, 모친은 옹씨翁氏→송대중宋大中과 사수재史秀才의 딸 신낭辛娘의 혼인, 부부 금실이 좋음→떠돌이 강도들이 활개를 쳐 피해가 만연하자, 혹시 도적떼로 인하여 자신들을 흩어지게 하면 어떻게 할 것인가라는 신낭辛娘의 물음에 글을 적은 송대중宋大中
4. 시詩의 첫째 구: 도의道義의 중시
5. 신낭辛娘의 글
6. 시詩의 둘째 구: 정절貞節의 중시
7. 부부가 다시 만나게 되는 중요한 단서가 되는 대구對句</td><td></td></tr>
<tr><td>전개
1</td><td>8. 떠돌이 강도를 피해 길을 떠난 송탁해宋倬諧 부부와 송대중宋大中 부부→서주徐州에 가서 배를 타기로 상의함
9. 양주揚州 사람 이십삼李十三은 배를 함께 탈 것을 제안함→송대중宋大中은 신낭辛娘의 반대를 무릅쓰고 같은 배를 타게 됨
10. 이십삼李十三은 신낭辛娘을 보고 나쁜 생각을 품음→이십삼李十三은 부인 왕씨王氏와 뒤쪽 선실로 감
11. 이십삼李十三은 송씨宋氏 가문의 부자父子와 옹씨翁氏를 살해→신낭辛娘이 사건을 목격함→이십삼李十三은 신낭辛娘에게 함께 남경南京으로 가자고 함
12. 이십삼李十三은 본처 왕씨王氏를 살해함</td><td></td></tr>
<tr><td>전개
2</td><td>13. 이십삼李十三과 신낭辛娘은 남경南京에 도착함→이십삼李十三은 모친 양씨楊氏에게 도중의 일을 말함
14. 신낭辛娘은 술에 취한 이십삼李十三을 살해함
15. 신낭辛娘은 이어서 이십삼李十三의 모친 양씨楊氏를 살해→신낭辛娘은 이십삼李十三의 동생 이십사李十四와 마주침
16. 신낭辛娘은 물에 뛰어들어 자결함→이십사李十四는 모친과 형의 시신을 발견함→남겨진 봉투를 발견함
17. 신낭辛娘의 유언
18. 사람들은 그녀의 정절과 기개를 찬탄함→신낭辛娘의 시신을 매장</td><td></td></tr>
<tr><td>전개
3</td><td>19. 송대중宋大中은 물속에 빠졌다가 겨우 살아나 회안淮安에 도착함→돈 많은 지역 유지인 진중문陳仲文은 송대중宋大中을 집에 남기려 함→송대중宋大中은 복수를 핑계로 사양함
20. 진중문陳仲文은 송대중宋大中 부모의 시신을 발견함→이십삼李十三의 본처 왕씨王氏는 물에 빠졌으나 살아나 송대중宋大中을 찾아옴→송대중宋大中은 왕씨王氏와의 혼인을 거절함→진중문陳仲文은 집에 왕씨王氏를 머물게 함→진중문陳仲文은 송대중宋大中 대신 그의 부모를 안장함
21. 송대중宋大中은 이십삼李十三에게 바로 달려가 복수하고자 함→진중문陳仲文은 이십삼李十三이 나중에 천벌을 받도록 내버려 두자고 함→주저하는 송대중宋大中
22. 정화의론正話議論: 명明나라 말엽에는 관부官府가 금전을 좋아하여 고소해도 억울함을 해결하기 어려웠음
23. 중이 되고자 하는 송대중宋大中→왕씨王氏는 송대중宋大中의 비첩婢妾이라도 되고자 함
24. 진중문陳仲文은 원부장군元副將軍과 술을 마심→원부장군元副將軍은 송대중宋大中의 인물됨을 보고 그를 데리고 하남河南으로 가고자 함
25. 왕씨王氏는 송대중宋大中의 아내가 되겠다는 생각을 끝까지 버리지 않음</td><td></td></tr>
</table>

구성		〈聯新句山盟海誓 詠舊詞璧合珠還〉	비고
정화正話	전개 4	26. 원부장군元副將軍을 따라 부임한 송대중宋大中→2년의 세월이 지남→송대중宋大中과 원부장군元副將軍은 떠돌이 강도들을 모두 전멸시킴→송대중宋大中은 회안淮安으로 다시 돌아옴 27. 진중문陳仲文의 계속되는 혼인 권유에 송대중宋大中은 왕씨王氏와 혼인 28. 정화의론正話議論: 왕씨王氏와 함께 신낭辛娘의 무덤에 간 송대중宋大中→이미 파헤쳐진 신낭辛娘의 묘	
	전개 5	29. 송대중宋大中과 신낭辛娘의 우연한 만남→그녀와 시의 대구對句를 읊은 송대중宋大中 30. 시詩의 첫째 구: 도의道義의 중시 31. 신낭辛娘의 회답 32. 시詩의 둘째 구: 정절貞節의 중시 33. 송대중宋大中은 신낭辛娘에게 그간 일어난 일을 말함 34. 정화설명正話說明: 영혼이 아직 흩어지지 않았던 신낭辛娘, 도굴꾼에 의해 관속에서 다시 살아남→신낭辛娘은 도굴꾼의 권유에 따라 진강성鎭江城의 장章부인에게 감 35. 신낭辛娘과 송대중宋大中은 서로 간에 있었던 일을 이야기함→왕씨王氏와 자매 관계를 맺은 신낭辛娘→장章부인은 송대중宋大中과 왕씨王氏에게 방을 내어 줌→송대중宋大中은 신낭辛娘, 왕씨王氏의 방을 왕래하며 부부의 연을 이어감	
	절정	36. 송대중宋大中, 왕씨王氏, 신낭辛娘이 회안淮安으로 돌아감→진중문陳仲文은 송대중宋大中에게 방을 내어 줌→송대중宋大中은 왕씨王氏에게 진중문陳仲文을 아버지로 여기도록 권함→송대중宋大中과 왕씨王氏는 진중문陳仲文과 그의 아내 호씨胡氏를 만남→송대중宋大中과 왕씨王氏의 혼사에 선물을 보낸 진중문陳仲文 37. 송대중宋大中은 뜻밖에 간사한 무리를 만나게 되어 관아에 그들의 죄상을 고발함	
	결말	38. 이후 송대중宋大中과 신낭辛娘의 죽음→왕씨王氏의 죽음→신낭辛娘의 두 아들과 왕씨王氏의 네 아들의 출생	
편미篇尾		39. 편미시篇尾詩: 사악한 사람과의 만남과 우연히 얻은 부인	

〈연신구산맹해서聯新句山盟海誓 영구사벽합주환詠舊詞璧合珠還〉의 줄거리를 살펴보면, 전반부는 〈경낭庚娘〉과 상당히 유사하다. 후반부는 전반부와는 달리, 일부 화소가 추가로 삽입되면서 내용의 변화가 크게 일어난다. 주제의식을 드러내는 부분에 있어서는 전체적으로 서로 비슷한 특징을 지니고 있는데, 다만 두 작품에서 공통으로 강조하는 주제사상에 있어서는 약간의 차이가 보인다. 이것은 주제의식을 표현하는 정도와 중요 관점을 드러내는 과정에서 생성된 '다름'에 기인한 것이라고 할 수 있다.

〈경낭庚娘〉과 〈연신구산맹해서聯新句山盟海誓 영구사벽합주환詠舊詞璧合珠還〉은 모두 여인의 절개와 지조, 절의를 어느 정도 강조하고 있다. 〈경낭庚娘〉에서는 여인의 정절과 의지를 분명하게 제시하고 있고 이것과 연계된 여인의 복수 행위와 의식을 더욱 부각시키고 있다. 또한, 이러한 복수를 실행하기 위해 조력의 방식으로 '하늘의 도움'을 은연중에 드러내고 있다. 〈연신구산맹해서聯新句山盟海誓 영구사벽합주환詠舊詞璧合珠還〉에서는 〈경낭庚娘〉과 마찬가지로 여인의 정절과 의지의 정신을 나타내는 요소로 '하늘의 도움'을 언급하고 있다. 하지만 작품 속에 드러난 '하늘의 도움'의 정도가 〈경낭庚娘〉에 비해서 미미하고, 오히려 악인에 대한 보다 확실한 징벌과 원만한 결말을 유도하는 특징이 두드러진다. 비록 두 작품에서 공통으로 보이는 주제사상은 상당히 비슷하지만, 이것을 발현하는 정도와 세부적인 내용에 있어서는 분명한 격차를 보이고 있다.

〈庚娘〉	〈聯新句山盟海誓 詠舊詞璧合珠還〉	비고
여인의 절개와 의지 강조 여인의 복수 행동과 의식 부각 여성의 기개가 남성보다 우월함을 찬양	여인의 절개와 의지 약화 악유악보惡有惡報, 권선징악勸善懲惡 강조 입신양명立身揚名의 원만한 결말 제시	

〈경낭庚娘〉에서는 여인의 절개와 의지를 나타내는 부분에 많은 편폭을 할애하고 있다. 구체적인 내용을 살펴보면, 경낭庚娘이 남편인 김대용金大用과 시부모를 강에 빠뜨려 죽인 왕십팔王十八에게 복수하기 위해 거짓으로 그를 안심시키고, 그가 방심한 순간에 칼로 여러 차례 찔러 죽인다. 자신도 죽음을 피할 수 없음을 알고 스스로 칼로 목을 찌르지만[첫 번째 죽음], 죽지 않자 다시 연못에 몸을 던져 결국 죽음을 택한다[두 번째 죽음]. 경낭庚娘은 죽고 난 다음 무덤에서 다시 살아나 도굴꾼에게 자신의 처지를 애원하고, 이후에 경耿부인의 딸로 새 인생을 살게 된다. 경낭庚娘이 원수를 갚기 위해 취한 복수 행위, 그리고 자신의 생명을 아까워하지 않고 절의를 지키려고 한 용기 있는 행동 등은 결국 절의를 지키려는 정신과 적극적인 실천 의지, 그것과 상응되는 강렬한 복수심이 서로 긴밀하게 작용했기 때문이다. 원수를 죽이고자 하는 강한 집념과 뼈에 사무친 분노는 절의와 기개의 정신을 보다 단련시키고 증폭시켰다고 할 수 있다. 물론 그녀가 무덤에서 다시 살아나는 기적은 그녀의 이러한 정신에 하늘이 감응하여 내려준 일종의 보상이라고 볼 수 있는데, 이러한 보상의 이면에는 작가의 사회현실의 부조리와 폐단에 대한 분노와 불만을 '사이복생死而復生'의 모티브를 통해 구체적으로 표출한 것일 수도 있다.[9] 비록 이러한 '하늘의 보상'은

9 潘晨, 〈《聊齋志異》中的死而復生現象探究〉, 《文教資料》, 2014年 第8期, 10쪽 참고.

주제의식의 발현에 있어서 '복수심'과의 직접적인 연관성은 적지만, '하늘의 도움'에 대한 서사를 일부 삽입한 것은 작품 속에서 여전히 그녀의 기개와 절의를 숭상하면서 한편으로는 허세와 명분만을 쫓는 거짓 영웅들을 경계하기 위해 활용된 서사적 장치라고 볼 수 있다. 그렇기 때문에 문미文尾에는 이사씨異史氏의 말을 빌려 이러한 사상적 경향을 더욱 분명하게 드러내고 있는 것이다.

> **이사씨異史氏는 말한다. "크고 많은 변화를 눈앞에 맞닥뜨려 보면, 음란한 이는 살아남고, 정절을 지킨 이는 죽게 된다. 산 이는 사람들이 눈을 치켜뜨며 분노하게 하고, 죽은 이는 사람들이 눈물을 훔치게 만든다. 그녀가 놀라지 않고 웃으면서 이야기를 나누다가 제 손으로 직접 원수를 베어 죽인 것에 대해, 천고 이래로 강직하다는 대장부 중에서 그녀와 이름을 같이 할 이가 얼마나 되겠는가! 그 누가 여인이어서 언운彦雲[왕릉王凌]과 같은 영웅과 견줄 수 없다고 하겠는가?[10]**

〈연신구산맹해서聯新句山盟海誓 영구사벽합주환詠舊詞璧合珠還〉에는 〈경낭庚娘〉에서 나타난 여인의 절개와 의지는 오히려 약화된 모습을 보이고 있다. 반면에 악인에 대한 '처벌'은 더욱 강하게 언급되면서 결말에 이르러 '해피 엔드happy end'식의 원만한 갈등 해결 과정을 분명하게 보여 주고 있다. 〈경낭庚娘〉에서 나타나는 여인의 절개節槪와 절의節義에 대한 주제사상이 〈연신구산맹해서聯新句山盟海誓 영구사벽합주환詠舊詞璧合珠還〉에서는 오히려 선악 행위에 대한 분명한 보상報償과 처벌處罰로 전환되는 양상을 띠고 있으며, 이러한 경향에 따라 '권선勸善'과 '징악懲惡' 관념이 보다 적극적으로 제시되고 있다. 〈연신구산맹해서聯新句山盟海誓 영구사벽합주환詠舊詞璧合珠還〉의 중·후반부부터는 송대중宋大中이 목숨을 건진 이야기, 이십삼李十三의 부인 왕씨王氏와의 만남과 결혼, 신낭辛娘의 부활과 이십삼李十三과의 재회 과정 등을 상세히 묘사하고 있다. 특히 전반부에 신낭辛娘이 이십삼李十三을 살해함으로써 신낭辛娘의 복수를 마무리 짓지 않고, 그 이후에 송대중宋大中이 사악한 무리들과 다시 맞닥뜨리는 설정을 통하여 이십삼李十三과 한패인 그들에 대한 보다 확실하고 분명한 처벌을 보여 준다. 사실 송대중宋大中이 이후에 다시 만난 뱃사공과 선원은 이전에 이십삼李十三을 도와서 송대중宋大中과 그의 부모를 물속에 빠트려 죽인 무리이다. 이들

10 異史氏曰: "大變當前, 淫者生之, 貞者死焉. 生者裂人眦, 死者雪人涕耳. 至如談笑不驚, 手刃仇讐, 千古烈丈夫中, 豈多匹儔哉! 誰謂女子, 遂不可比蹤彦雲也？"《聊齋志異》卷三〈庚娘〉

은 이십삼李十三과 흉계를 꾸미고 송대중宋大中 일행을 해치고 신낭辛娘을 가로채려고 하였다. 이들에 대한 화소는 전반부에 잠깐 나오는데, 그냥 무심코 지나치지 않고 마지막 부분에 다시 등장시켜 내용의 연관성을 처음부터 끝까지 유기적으로 이어가고 있다. 또한, 이들의 죄상에 대한 엄격한 처단으로 자신이 저지른 악행은 처벌 시기만 다를 뿐이지 결코 없앨 수 없다는 암시를 보여 주면서 '악유악보惡有惡報'의 주제사상을 강조하고 있다. 작품 내용에서는 그들과 우연한 만남과 죄상의 발각, 강도와 살인에 대한 엄중한 심판 등의 화소를 삽입하면서 '권선징악勸善懲惡의 선양宣揚'이라는 의미를 일관되게 내세우고 있다.

> **어느 날 그[송대중宋大中]는 회안淮安에서 진강鎮江으로 가게 되었는데, 양주성揚州城 밖에 배를 정박했다. 이웃 배를 살펴보니, 뜻밖에 바로 재작년 서주徐州에서 배에 탔었던 자들이었다. 사공과 선원은 한 명도 바뀌지 않았다. 그는 곧바로 살며시 관아에 가서 이 사실을 알렸다. 사람을 보내어 잡아들여 그들 중에서 한 명도 도망치지 못했고, 모두 끌려가 사형 판결을 받았다.**[11]

작품 속 이러한 묘사를 보면, 〈연신구산맹해서聯新句山盟海誓 영구사벽합주환詠舊詞壁合珠還〉은 〈경낭庚娘〉보다도 악인에 대한 징벌과 심판, 정의에 대한 회복과 찬양, 절의에 대한 실현과 제고의 과정을 구체적으로 보여 줄 뿐만 아니라, 그것에 따른 분명한 가치관과 의식 체계를 드러내고 있음을 알 수 있다. 작품의 마지막 부분에는 송대중宋大中의 출세와 신낭辛娘과 왕씨王氏와의 행복한 생활, 후손들의 번성 등의 이야기로 전체적인 내용을 마무리하고 있는데, 이 부분은 〈경낭庚娘〉에는 없는 부분이기도 하다. 〈연신구산맹해서聯新句山盟海誓 영구사벽합주환詠舊詞壁合珠還〉의 중·후반부에 〈경낭庚娘〉에는 없는 대량의 화소들이 첨가되었으며, 〈경낭庚娘〉의 다른 내용 또한 〈연신구산맹해서聯新句山盟海誓 영구사벽합주환詠舊詞壁合珠還〉의 서사 진행 과정에 따라 대폭 수정되었다.

이와 같이 두 작품의 주제사상을 비교해 보면, 〈경낭庚娘〉에서는 개인 즉 여성의 절의와 정절을 강조하였고, 그 과정에서 악인에 대한 복수심 및 강건한 기개를 적극적으로 부각시켰다. 하지만 〈연신구산맹해서聯新句山盟海誓 영구사벽

11 一日從淮安 到鎮江, 在揚州城外泊船, 見隔壁那只船, 竟就是前年在徐州坐的, 舵公水手不曾更換一個, 便悄地去報了官, 遣人來也一個也沒有走脫, 都拿去問成死罪.《醒夢駢言》第十一回〈聯新句山盟海誓 詠舊詞壁合珠還〉

합주환詠舊詞璧合珠還〉에서는 다양하고 변화된 화소를 삽입하여 여인의 절개와 굳은 의지를 드러내기보다는 '권선勸善'과 '징악懲惡'을 강조하고 있다. 또한 '응보應報'라는 큰 흐름 속에서 다양한 이야기를 배치하고 있으며, 선악의 분명한 결말과 원활한 사건의 해결을 상세히 묘사하고 있다. 일반적으로 중국 고전소설의 주제의식이 개인의 '복수復讐'와 '설원雪冤'에 비교적 초점이 맞추어져 있다면, 〈연신구산맹해서聯新句山盟海誓 영구사벽합주환詠舊詞璧合珠還〉에서는 이런 부분보다는 선악에 대한 분명한 '단죄斷罪'와 '실현實現' 등에 상대적으로 집중하고 있음을 알 수 있다. 또한, 재창작 과정에서 '원만한 해결'을 갈망하는 독자의 심리적 요구와 '권선징악勸善懲惡'을 의식적으로 강조하려는 저자의 전형적 인식이 서로 맞물려 주제의식에 그대로 반영된 것으로 보인다. 이처럼 〈경낭庚娘〉에서는 다양한 주제의식을 드러낼 수 있는 화소를 배제하고 개인의 정절과 기개를 강조하였다면, 〈연신구산맹해서聯新句山盟海誓 영구사벽합주환詠舊詞璧合珠還〉에서는 정절, 절의정신이 약화되면서 오히려 사회정의의 실현과 이념, '권선징악勸善懲惡'과 '인과응보因果應報' 정신을 강화했다고 할 수 있다.

3) 용서, 감화정신의 약화弱化

《요재지이聊齋志異》에서 《성몽병언醒夢駢言》으로 개작된 작품들을 살펴보면, 《요재지이聊齋志異》에 비해 《성몽병언醒夢駢言》에서 악인惡人에 대한 용서容恕와 포용包容, 감화感化와 계도啓導의 주제의식이 상당히 약화된 것을 발견할 수 있다. 《성몽병언醒夢駢言》에서 이와 같은 특징을 보이는 작품으로는 제5회第五回 〈영흉염기릉유나逞兇焰欺凌柔懦 양화기감화완잔釀和氣感化頑殘〉, 제7회第七回〈우현식훼사난범遇賢媳虺蛇難犯 조한부랑패감련遭悍婦狼狽堪憐〉, 제8회第八回〈시귀역수지생파施鬼蜮隨地生波 장신령전재위복仗神靈轉災爲福〉 등이 있다. 이 중에서 '용서와 감화정신의 약화' 현상이 분명하게 드러나는 작품은 제7회第七回〈우현식훼사난범遇賢媳虺蛇難犯 조한부랑패감련遭悍婦狼狽堪憐〉이다.

《성몽병언醒夢駢言》제7회第七回〈우현식훼사난범遇賢媳虺蛇難犯 조한부랑패감련遭悍婦狼狽堪憐〉은 《요재지이聊齋志異》권10卷十〈산호珊瑚〉를 개작한 것이다. 먼저, 〈산호珊瑚〉와 〈우현식훼사난범遇賢媳虺蛇難犯 조한부랑패감련遭悍婦狼狽堪憐〉의 주요 내용과 구성 방식을 진행순서에 따라 살펴보면 다음과 같다.

구성	〈珊瑚〉	비고
발단	1. 안대성安大成와 그의 아우 이성二成→부친 안효렴安孝廉의 사망 2. 어머니 심씨沈氏는 대성大成의 처[큰며느리] 산호珊瑚를 학대 3. 대성大成이 병이 남→심씨沈氏는 산호珊瑚가 음란하다고 모함함	
전개	4. 큰며느리에 대한 화를 풀지 않는 심씨沈氏→대성大成은 할멈에게 산호珊瑚를 친정으로 바래다주게 함 5. 산호珊瑚의 자해→할멈은 산호珊瑚를 대성大成의 숙모 왕씨王氏의 집으로 데려감→할멈은 대성大成에게 이 일을 보고함→대성大成은 할멈에게 비밀을 지켜달라고 당부함 6. 대성大成은 왕씨王氏 집에 가 산호珊瑚를 쫓아내 달라고 요구함→산호珊瑚의 오열→물러난 대성大成 7. 심씨沈氏가 왕씨王氏 집으로 따지러 감→심씨沈氏와 왕씨王氏의 다툼→산호珊瑚는 다른 곳으로 옮겨 가고자 함 8. 산호珊瑚는 심씨沈氏의 언니 우于부인의 집으로 가서 지냄→산호珊瑚는 두 오빠의 재가再嫁 제안을 따르지 않음 9. 이성二成과 장고臧姑의 혼인→장고臧姑를 두려워하는 심씨沈氏와 어느 편도 들지 못하는 이성二成→심씨沈氏를 대신하여 집안일을 처리하는 장고臧姑 10. 심씨沈氏가 화가 나 병이 남→대성大成의 병간호→대성大成은 우于부인에게 심씨沈氏 간호를 부탁하기로 함 11. 우于부인에게 하소연하는 대성大成→산호珊瑚의 눈을 피해 집으로 돌아감 12. 우于부인이 심씨沈氏 집으로 감→우于부인의 집에서 음식을 보내옴→심씨沈氏는 산호珊瑚에게 모질게 대한 것을 후회함 13. 심씨沈氏의 병이 회복됨→우于부인은 대성大成과 상의하여 이성二成을 분가시키게 함→대성大成이 전답을 이성二成에게 넘겨주겠다고 하니 장고臧姑는 재산을 가르는 분서를 작성하게 함→우于부인이 집으로 돌아감 14. 심씨沈氏가 우于부인 집으로 감→우于부인은 심씨沈氏에게 음식을 보낸 이가 산호珊瑚임을 밝힘→심씨沈氏와 산호珊瑚의 재회	
절정	15. 심씨沈氏와 산호珊瑚의 귀가→장고臧姑 가족과 산호珊瑚 가족의 갈등 16. 장고臧姑의 학대로 인한 여종의 자살→구속된 장고臧姑→이성二成이 밭을 저당 잡아 돈을 빌리고 나서야 장고臧姑가 석방됨 17. 이성二成은 임任노인에게 전답을 팔아버림→대성大成은 계약서에 서명하러 임任노인의 집으로 감→안효렴安孝廉의 혼령이 임任노인에게 빙의하여 배롱나무 아래에 금전이 있음을 알려줌 18. 장고臧姑와 심씨沈氏가 파보았을 때는 벽돌과 기왓장뿐이었으나 산호珊瑚가 파보니 은덩이가 있었음→대성大成은 이성二成과 공평하게 나눔 19. 이성二成과 장고臧姑가 받은 은덩이를 확인하니 기왓장과 자갈이었음→대성大成은 이성二成에게 자신의 돈을 줌→이성二成은 빚을 갚음→채권자는 다시 가짜 돈이라며 고발하겠다고 함→이성二成은 땅문서를 채권자들에게 돌려줌 20. 대성大成은 모자라는 액수를 채워 채권자에게 가져감→채권자는 진짜 은임을 확인하고 대성大成에게 땅문서를 돌려줌 21. 장고臧姑 부부는 대성大成의 집에 가 행패를 부림→산호珊瑚는 이성二成에게 땅문서를 넘겨줌→이성二成의 꿈에 부친 안효렴安孝廉이 나타나 그를 꾸짖음→이성二成의 첫째 아들 죽음→이성二成의 둘째 아들 죽음→장고臧姑는 땅문서를 산호珊瑚의 방에 가져다 놓음→장고臧姑의 행실이 바뀜	
결말	22. 심씨沈氏의 죽음→장고臧姑는 아이를 열 번 낳았지만 하나도 살아남지 못해 대성大成의 아들을 양자로 들임→이성二成 부부는 천수를 누리고 죽음→대성大成의 세 아들 중 두 명이 진사進士가 됨→사람들은 대성大成의 효성과 우애를 칭송함 23. 이사씨異史氏: 개과천선改過遷善한 장고臧姑와 심씨沈氏의 이야기를 통해 하늘의 용서와 포용을 나타냄	

구성		〈遇賢媳虺蛇難犯 遭悍婦狼狽堪憐〉	비고
입화入話		1. 입화사入話詞: 고생을 겪는 아픔 2. 입화의론入話議論: 아들과 며느리에 대한 차별 대우	
정화正話	발단	3. 이석문李石文과 아내 황씨黃氏는 성대成大, 성이成二 형제를 낳음→성대成大와 순아順兒의 혼인→황씨黃氏의 며느리 학대 4. 황씨黃氏는 순아順兒를 모함함→모친의 뜻에 따르는 성대成大	
	전개 1	5. 황씨黃氏는 자신의 말을 듣지 않는 순아順兒에게 화를 냄→성대成大는 장씨張氏 아주머니에게 아내를 친정으로 돌려보내도록 함 6. 장씨張氏 아주머니는 물에 뛰어들어 죽으려 하는 순아順兒를 성대成大의 숙모인 진씨陳氏가 있는 상수주上水洲로 보냄 7. 장씨張氏 아주머니는 성대成大에게 소식을 전함→성대成大는 장씨張氏 아주머니에게 이 일을 발설하지 말도록 당부함 8. 황씨黃氏에게 거짓말을 들킨 장씨張氏 아주머니→황씨黃氏가 직접 진씨陳氏 집으로 감 9. 황씨黃氏와 진씨陳氏의 다툼→순아順兒는 시어머니인 황씨黃氏의 언니가 사는 십가촌十家村으로 가고자 함 10. 순아順兒는 부친 호옥여胡玉如의 재가 제안을 따르지 않음	
	전개 2	11. 성이成二와 왕발연汪勃然의 딸 여고戾姑의 혼인 12. 성이成二와 여고戾姑의 갈등 13. 황씨黃氏는 화가 난 여고戾姑를 타이름 14. 여고戾姑를 두려워하는 황씨黃氏와 여고戾姑에게 맞서지 못하는 성대成大 15. 여고戾姑에 의해 어쩌지 못하는 집안사람들	
	전개 3	16. 황씨黃氏가 병이 남→성대成大는 이모 장莊부인이 있는 십가촌十家村으로 감 17. 장莊부인에게 하소연하는 성대成大→순아順兒를 피해 나간 성대成大→성대成大는 모친에게 순아順兒가 장씨莊氏 일가一家에 있음을 알리지 않음 18. 장莊부인이 황씨黃氏 집으로 가서 돌봄→여고戾姑가 부실한 음식을 차림→장莊부인의 집에서 진수성찬을 보내옴 19. 황씨黃氏의 건강을 회복→장莊부인은 황씨黃氏가 순아順兒에 대한 태도가 바뀐 것을 알게 됨 20. 황씨黃氏의 병이 완쾌됨→성대成大가 홀로 모친을 부양함→장莊부인이 집으로 돌아감	
	전개 4	21. 황씨黃氏는 십가촌十家村으로 감→장莊부인은 황씨黃氏에게 먹을 것을 보낸 이가 순아順兒였음을 밝힘→황씨黃氏와 순아順兒의 재회→성대成大와 순아順兒의 재회 22. 여고戾姑과 순아順兒의 갈등→여고戾姑의 학대로 인한 계집종의 자살→ 관부官府로 잡혀간 여고戾姑→성이成二가 부호 증어전曾於田에게 토지를 저당 잡히고 나서야 여고戾姑는 집으로 돌아오게 됨 23. 증씨曾氏 일가一家의 빚 독촉→성대成大는 성이成二에게 도움을 줌→이석문李石文의 혼이 증어전曾於田의 몸에 빙의해서 나무 아래에 은자가 있음을 알려줌	
	절정	24. 순아順兒와 성대成大는 은자를 집에 가져와서 성이成二 부부와 공평하게 나눔→여고戾姑가 열어보니 벽돌과 기왓장뿐이었음→성대成大는 성이成二에게 자신의 은자를 줌 25. 증씨曾氏 일가一家는 밭의 저당물로 가짜 은자를 받았음을 알게 됨→성대成大가 증씨曾氏 일가一家에 가서 밭을 되찾음→증어전曾於田은 진짜 은임을 확인하고 나서야 성대成大에게 땅문서를 돌려줌 26. 성대成大는 땅문서를 성이成二에게 줌→성이成二의 꿈에 부친 이석문李石文이 나와 성이成二 부부를 크게 꾸짖음→성이成二의 첫째 아들이 죽음→성이成二의 둘째 아들이 죽음→성이成二의 꿈 이야기를 듣고 비로소 땅문서를 되돌려 받은 성대成大	

구성		〈遇賢媳虺蛇難犯 遭悍婦狼狽堪憐〉	비고
정화正話	결말	27. 여고戾姑의 참회→황씨黃氏의 죽음→성대成大는 아우를 도움→성대成大의 세 아들이 관직에 나아감	
편미篇尾		28. 편미시篇尾詩: 인과응보因果應報	

〈산호珊瑚〉와 〈우현식훼사난범遇賢媳虺蛇難犯 조한부랑패감련遭悍婦狼狽堪憐〉은 줄거리 전개 과정에서의 일부 차이점과 특정한 부분에서의 묘사를 제외하고는 고부간과 며느리 간의 갈등과 화해, 응보를 다루고 있다. 〈우현식훼사난범遇賢媳虺蛇難犯 조한부랑패감련遭悍婦狼狽堪憐〉은 원작의 내용을 충실하게 반영하면서 비슷한 서사의 구성과 범위 안에서 일부분을 개작한 것으로 보인다.[12] 두 작품의 내용 비교에서 벗어나 주제의식의 표현 측면에서 살펴보면, 두 작품에서 나타내고자 하는 사상이나 의식이 전체적으로는 크게 다르지 않지만, 일부에서 어느 정도 차이가 나타난다. 〈산호珊瑚〉에서는 고부간의 갈등 해소와 원만한 해결, 며느리 간의 용서와 포용의 의미를 강조하고 있지만, 〈우현식훼사난범遇賢媳虺蛇難犯 조한부랑패감련遭悍婦狼狽堪憐〉에서는 이러한 주제의식이 상당히 미미한데, 고부간의 화해 및 며느리 간의 갈등과 이해는 '선악유보善惡應報'라는 선명한 주제사상에 희석되면서 오히려 '권선징악勸善懲惡'과 '인과응보因果應報' 사상이 중요하게 부각되고 있다.

〈珊瑚〉	〈遇賢媳虺蛇難犯 遭悍婦狼狽堪憐〉	비고
고부간의 갈등과 해소 현부賢婦와 악부惡婦[한부悍婦]의 화해와 용서 잘못에 대한 반성과 후회: 개과천선改過遷善 사상 농후 인과응보因果應報 사상 강조	고부간의 갈등과 해소 약화 현부賢婦와 악부惡婦[한부悍婦]의 화해와 용서는 미미함 개과천선改過遷善 사상 옅음 선악善惡에 대한 응보應報 강조: 순아順兒에 대한 확실한 보응 현실적이고 원만한 해결	

두 작품에서 나타나는 주제의식을 크게 두 부분으로 나누어 살펴보면, 첫째, 화해의 과정과 소통, 잘못을 뉘우치는 정도에 관한 것이고, 둘째, 화해의 대가 혹은 그 결과로 이루어진 보응의 측면이다. 먼저, 첫 번째 부분에서는 〈산호

12 원작의 일부 내용을 더하고 빼는 부분은 원작을 개작할 때에 필연적으로 동반되는 현상인데, 독자의 문학적 수준과 당시의 사회 문화적 환경, 출판 상황과 긴밀하게 연계되어 있어서 《성몽병언醒夢騈言》에서는 《요재지이聊齋志異》의 기본 줄거리를 바탕으로 일정 부분의 내용을 가감하는 경우가 빈번하게 나타나고 있다.

珊瑚〉는 고부간의 갈등과 해소, 며느리 간의 화해와 용서에 묘사의 초점을 두고 있다. 〈산호珊瑚〉는 전반적으로 '인과응보因果應報' 사상을 드러내고 있지만, 여전히 현부賢婦에 대한 보응報應을 강조하고 있다. 특히 시어머니인 심씨沈氏와 둘째 며느리인 장고臧姑의 '개과천선改過遷善'은 이 작품이 결국 도덕적 윤리의식을 강조하면서 원만한 해결을 종용하는 서사적 특징을 가지고 있음을 방증하는 것이다. 산호珊瑚에게 횡포를 일삼았던 시어머니 심씨沈氏도 결국 산호珊瑚의 선행과 효성에 감동하여 과거의 언행을 깊이 뉘우치게 되는데, 작품에서는 이 부분을 상당히 중요하게 다루고 있다.

> 심씨沈氏는 놀라면서 말하였다. "무슨 말씀이세요?" "산호珊瑚가 이곳에 기거한 지도 오래되었다네. 자네에게 공양한 음식은 모두 그 애가 밤새워 베를 짜서 번 돈으로 보낸 것이라네." 심씨沈氏는 그 이야기를 듣고서 눈물이 하염없이 흘러내렸다. "내가 무슨 면목으로 내 며느리를 보겠습니까!" 우于부인이 이어서 산호珊瑚를 불렀다. 산호珊瑚는 눈물을 머금고 나와 땅에 엎드렸다. 심씨沈氏는 부끄럽기도 하고 침통하기도 하여 스스로 자신을 때렸다. 우于부인이 애써 말리자 비로소 멈췄다. 그리하여 시어머니와 며느리는 처음과 같이 사이좋은 사이로 되돌아갔다.[13]

심씨沈氏의 회개에 대한 이러한 묘사 방식은 이성二成 부부의 예에서도 비슷하게 나타난다. 돌아가신 아버지인 안효렴安孝廉이 이성二成의 꿈속에서 나타나 그들의 잘못을 꾸짖은 것을 장고臧姑에게 이야기할 때만 해도 그녀는 이 사실을 절대 믿지 않았다. 하지만 그녀의 첫째 아들과 둘째 아들이 연이어 죽자 비로소 겁을 먹고 땅문서를 산호珊瑚의 방에 가져다 놓는다. 이후 장고臧姑의 행실은 이전과는 완전히 달라졌다.

> 봄이 거의 다 지나 밭에는 잡초가 우거지고 황폐해져 농사를 지을 수 없었다. 대성大成은 그래도 어쩔 수 없이 씨를 뿌리고 땅을 일구었다. 장고臧姑는 이때부터 행동을 고쳐서 효자[대성大成]와 같이 아침저녁으로 시어머니를 잘 섬겼고, 동서[산호珊瑚]를 공경하는 것도 역시 이와 같았다. 반년이 지나 시어머니가 병으로 죽었다. 장고臧姑는 몹시 슬피 울며 물 한 모금도 입에 대지 않았다. 사람들에게 "시어머니가 일찍 세상을 떠난 것은 내가 그분을 모시지 못하도록 한 것입니다. 이것은 하늘이 나 스스로 속죄하도록 허

13 沈驚曰: "如何?" 曰: "珊瑚寄此久矣. 向之所供, 皆渠夜績之所貽也." 沈聞之, 泣數行下, 曰: "我何以見吾婦矣!" 媼乃呼珊瑚. 瑚瑚含涕而出, 伏地下. 母慚痛自撻, 媼力勸始止, 遂為姑媳如初.《聊齋志異》卷十〈珊瑚〉

락하지 않은 것입니다!"라고 말했다. 장고臧姑는 열 번이나 아이를 낳았지만 모두 죽어서 결국 형의 아들을 양자로 삼았다. 이성二成 부부는 모두 천수를 다하고 죽었다. 대성大成은 아들 둘을 두었는데, 모두 진사進士가 되었다. 사람들은 그의 효성과 우애에 대한 보답이라고 여겼다.[14]

이성二成 부부가 잘못을 뉘우치고 난 다음 각자 천수를 누리는 것으로 작품의 내용을 갈무리하고 있다. 이처럼 심씨沈氏와 이성二成 부부의 잘못과 반성 그리고 보응의 결과가 엄중하게 나타나거나 그 결과에 따른 징벌을 분명하게 실현되기보다는 비교적 관대하고 포용적인 시각으로 이들의 잘못을 용서하고 있다. 〈우현식훼사난범遇賢媳虺蛇難犯 조한부랑패감련遭悍婦狼狽堪憐〉에서는 〈산호珊瑚〉와 마찬가지로 고부간의 갈등과 해소, 현부賢婦와 악부惡婦[한부悍婦]의 충돌과 화해, 악부惡婦의 개과천선改過遷善 등을 그려내고 있지만, 그 강도에 있어서는 〈산호珊瑚〉에 비해 상당히 약하다.

황씨黃氏가 장莊부인의 말을 듣고서 비로소 조금 깨달으며 말했다. "제가 지난번에 언니의 말을 듣지 않았어요. 후회해도 이미 늦었지요! 지난번에 그 애를 내쫓아버렸을 때, 그 애가 상담湘潭으로 돌아가려고 하지 않으면서, 상수주上水洲의 친척 집으로 숨어 지냈죠. 저는 또 가서 한바탕 소란을 피웠어요. 지나고 보니 이미 여러 해가 되었네요. 그 애가 재가했는지 모르겠어요?" 장莊부인은 그녀가 조금이나마 마음을 돌린 것을 보고, 마음속으로 몰래 기뻐하며 말했다. "내가 동생 대신 사람에게 부탁해서 한번 알아보지!"……황씨黃氏는 바로 그제야 자신의 잘못을 스스로 깨닫고는 얼굴이 눈물로 범벅이 되도록 울면서 말했다. "이 동생[저]은 줄곧 눈뜬장님처럼 살았어요. 지금 와서 무슨 면목으로 제 며느리를 보겠어요?" 장씨莊氏는 바로 가서 순아順兒를 불러서 나오게 했다. 순아順兒는 한껏 눈물을 머금고 땅에 엎드려 절했다. 황씨黃氏가 보고서 바로 가 순아順兒의 머리를 받쳐 들고 크게 울었고, 순아順兒도 울었다. 장씨莊氏의 온 집안사람들이 그 장면을 보고 모두 울기 시작했다. 황씨黃氏는 또 주먹을 쥐고서 자신을 제멋대로 마구 때리며 말했다. "저 같은 사람은 차라리 일찍 죽는 편이 나았어요. 그랬다면, 이 애가 그렇게 힘들게 고생하지는 않았을 거예요!" 순아順兒와 장莊부인이 애써 타이르자 비로소 멈추었다. 곧 사람을 시켜 집에 가서 성대成大를 불러오게 했다. 황씨黃氏는 그에게 자신을 대신해서 며느리에게 감사하게 했다. 부부 두 사람도 한차례 목 놓아 울었다.[15]

14 春將盡, 田蕪穢不耕, 生不得已, 種治之. 臧姑自此改行, 定省如孝子, 敬嫂亦至. 半年母病卒. 臧姑哭之慟, 勺水不入口. 向人曰: "姑早死, 使我不得事, 是天不許我自贖也!" 有十胎皆不存, 遂以兄子為子. 夫妻皆壽終. 生養二子, 皆舉進士. 人以為孝友之報云.《聊齋志異》卷十〈珊瑚〉

15 黃氏見說, 方才有些省悟, 道: "我前番不曾聽得姊姊說話, 悔之已晚! 前番出他, 他不肯回湘潭, 躲在上水

> 여고戾姑는 이로부터 자신이 저지른 그동안의 잘못을 깨닫고 마음속으로 뼈저리게 후회했다. 그녀의 시어머니가 있는 그곳에 가서 머리를 조아리고 사죄했다. 매일 이른 아침에 순아順兒와 함께 누가 먼저라 할 것 없이 황씨黃氏의 방에 가서 문안 인사를 드렸고, 또한 성대成大와 순아順兒를 매우 존경했다.……성대成大의 세 아들은 모두 진사進士가 되었고, 고관이 되었으며 부모에게 관직과 높은 지위를 주었다. 성이成二의 어린 아들은 비록 어떤 뛰어난 재능은 없었지만, 곧바로 대를 이을 수 있었다.[16]

〈우현식훼사난범遇賢媳虺蛇難犯 조한부랑패감련遭悍婦狼狽堪憐〉에서 황씨黃氏와 여고戾姑의 뉘우침과 그 과정을 〈산호珊瑚〉의 심씨沈氏와 장고臧姑의 경우와 비교하면, 그 정도가 이미 매우 약화되었음을 알 수 있다. 잘못을 뉘우치는 장면도 〈산호珊瑚〉보다 간략하게 언급되어 있는데, 오히려 성대成大 부부의 선행으로 인해 받은 응보가 보다 더 선명하게 그려지고 있다.

이처럼 두 작품은 주제사상을 드러내는 데에 있어서 갈등묘사의 '농도濃度'와 서술과정의 '경중輕重'에서 어느 정도 차이를 보인다. 〈산호珊瑚〉는 고부간의 갈등과 화합의 과정에 상당히 많은 편폭을 할애하고 그 의의를 강조하고 있는 데 반해, 〈우현식훼사난범遇賢媳虺蛇難犯 조한부랑패감련遭悍婦狼狽堪憐〉은 시어머니 황씨黃氏와 둘째 며느리 여고戾姑의 반성과 회한의 과정이 축소되었고, 오히려 선행에 대한 확실한 보응이 보다 분명하게 드러나고 있다.

두 작품에서 나타나고 있는 주제사상을 비교해 보면, 〈우현식훼사난범遇賢媳虺蛇難犯 조한부랑패감련遭悍婦狼狽堪憐〉은 〈산호珊瑚〉에 비해 독자가 쉽게 수용할 수 있는 현실적인 사상 경향을 보여 주고 있고, 이해 가능한 원만한 결말과 대중적 의식을 담고 있다. 이러한 현상은 《요재지이聊齋志異》를 통해 나타난 윤리 도덕의 회복, 악인에 대한 용서와 감화, 개과천선改過遷善의 이상적 동향보다는 일반 대중과의 소통에 능동적이면서 시류에 편승하는 의식을 보다 적극적으로 반

洲族裏人家, 我又去鬧了一場. 過來已有多年, 不知道他改嫁了未曾?" 莊媪見他有些回心轉意, 心中暗喜, 便道: "容我替妹子托人去打聽看."……黃氏當下方才自知不是, 淚流滿面道: "妹子一向有眼無珠, 如今有何面目見我媳婦?" 莊氏便去喚順兒出來, 順兒一包眼淚, 拜伏在地. 黃氏見了, 去捧住順兒的頭大哭, 順兒也哭, 莊家合宅的人見了, 都哭起來. 黃氏又握著拳頭自己亂打, 道: "我這樣人, 倒不如早些死了, 也省他吃那多少的苦!" 順兒和莊媪力勸, 方才住了. 立刻叫人回家喚成大來, 黃氏叫他代自己拜謝媳婦, 夫妻兩個又是一番痛哭.《醒夢駢言》第七回〈遇賢媳虺蛇難犯 遭悍婦狼狽堪憐〉

16 戾姑從此省得自家一向的不是, 心中悔恨, 到他婆婆那裏叩頭陪罪; 每日清晨與順兒不先不後在黃氏房內問安, 又十分敬重成大和順兒.……成大三個兒子都成進士, 為顯官, 榮封父母. 那成二的小兒子, 雖沒什麼好處, 也便傳了種.《醒夢駢言》第七回〈遇賢媳虺蛇難犯 遭悍婦狼狽堪憐〉

영했다고 할 수 있다. 당시 독자들이 요구하는 사상적 경향과 사회 문화적 의식 세계를 다각적으로 보여 주고 있는 것이다. 이것은《요재지이聊齋志異》의 작품에서 나타나는 윤리 도덕과 악인에 대한 감화보다는《성몽병언醒夢駢言》에서 보이는 선악 판결에 대한 확실하고 분명한 결말과 이와 관련된 내용이 독자들에게 더욱 흥미를 불러일으켰다고 할 수 있다. 선악에 대한 분명한 가치관, 상벌에 대한 확실한 신념을 제시하는 것은 당시 일반 대중에게 작품을 쉽게 이해하도록 하는 데에 중요하게 작용했을 것이다. 이러한 주제의식의 변화는 당시의 독자에게 작품의 내용과 의미를 보다 적극적으로 수용할 수 있도록 해주었는데,〈우현식훼사난범遇賢媳虺蛇難犯 조한부랑패감련遭悍婦狼狽堪憐〉에서는〈산호珊瑚〉에서 보이는 반성과 후회, 갈등과 해소, 화해와 용서보다는 오히려 선악에 대한 확실한 처벌과 응징이 뚜렷하게 나타날 수 있도록 주제의식을 전환한 것이다.

앞에서 예를 든〈우현식훼사난범遇賢媳虺蛇難犯 조한부랑패감련遭悍婦狼狽堪憐〉 이외에도《성몽병언醒夢駢言》에서는 악인에 대한 용서와 관용이 상당히 약화된 작품이 보이는데, 제8회第八回〈시귀역수지생파施鬼蜮隨地生波 장신령전재위복仗神靈轉災爲福〉이 그러하다.〈시귀역수지생파施鬼蜮隨地生波 장신령전재위복仗神靈轉災爲福〉은《요재지이聊齋志異》권10卷十〈구대낭仇大娘〉을 화본소설話本小說로 개작한 작품이다. 이 작품을 원작인〈구대낭仇大娘〉과 비교해보면, 내용에 있어서 일부 '부연敷衍'과 '축소縮小' 현상이 보이지만 전체적으로는 원작과 거의 유사한 줄거리를 가지고 있다. 두 작품의 전체적인 내용과 구성 방식을 진행순서에 따라 살펴보면 다음과 같다.

구성	〈仇大娘〉	비고
발단	1. 포로로 끌려간 구중仇仲과 다시 얻은 부인 소씨邵氏→두 아들 복福, 녹祿 출생 → 구중仇仲의 숙부 구상렴仇尙廉은 몰래 소씨邵氏를 세력가에게 팔아버림 2. 위명魏名은 소씨邵氏에 대한 유언비어를 퍼뜨림→세력가는 소씨邵氏를 사는 일을 중단함 3. 소씨邵氏가 병이 남→구복仇福과 강기첨姜屺瞻 수재의 딸 강씨姜氏의 혼인→위명魏名은 구복仇福에게 분가를 권함 4. 강씨姜氏와 소씨邵氏가 구복仇福을 꾸짖음→위명魏名의 회유로 인한 구복仇福의 도박→구복仇福의 분가→노름빚을 진 구복仇福 5. 조염라趙閻羅는 구복仇福에게 돈을 빌려줌→돈을 다 써버린 구복仇福은 아내를 조염라趙閻羅에게 넘김→위명魏名은 강姜수재에게 소식을 알림→강姜수재의 소송→구복仇福의 도주 6. 조염라趙閻羅의 집에 간 강씨姜氏→강씨姜氏의 자해→현령縣令이 사건을 맡아 조염라趙閻羅에게 곤장을 때리게 하자 조염라趙閻羅가 죽음 7. 강姜수재의 소송으로 구복仇福의 행실을 알게 된 소씨邵氏→소씨邵氏의 병세가 악화됨	

구성	〈仇大娘〉	비고
전개	8. 위명魏名은 구씨仇氏 가문을 해코지하고자 구중仇仲의 딸 대낭大娘을 친정으로 오게 함→대낭大娘은 작은아들과 함께 친정에 옴→대낭大娘의 분노 9. 대낭大娘은 구복仇福이 노름빚이 지도록 한 도박단 고발→군수의 처벌→대낭大娘은 아들을 돌려보냄 10. 대낭大娘은 어머니와 아우를 돌봄→위명魏名의 방해로 구록仇祿의 혼인이 어렵게 됨 11. 청명절清明節에 구록仇祿과 위명魏名은 범공자範公子의 정원에 감→위명魏名은 구록仇祿을 속여 범공자範公子의 안채에 들어가게 함→범공자範公子는 시냇물에 뛰어든 구록仇祿을 구하고 산해진미山海珍味를 권함→범공자範公子는 구록仇祿을 시험하여 악곡樂曲에 대구를 맞춰달라고 함→꿈속에서 예시한 사윗감과 같은 사람이라고 기뻐하는 범공자範公子 12. 범공자範公子는 구록仇祿에게 자신의 딸 혜낭蕙娘과 혼인할 것을 권함→구록仇祿은 귀가하여 모친에게 자초지종을 이야기함 13. 대낭大娘이 혼사를 수락하여 구록仇祿은 데릴사위가 됨→수재에 합격한 구록仇祿→구록仇祿은 자신에 대한 처가의 대접이 소홀해져 혜낭蕙娘과 같이 집으로 돌아옴 14. 위명魏名은 구록仇祿을 질투하여 그가 팔기군八旗軍에서 도망친 자와 결탁하여 그들의 돈을 감춰주었다고 모함함→구록仇祿은 변방으로 유배되어 군대에 충원됨	
절정	15. 구복仇福, 구록仇祿 형제의 우연한 재회 16. 구중仇仲, 구록仇祿 부자父子의 우연한 만남 17. 구중仇仲은 장군에게 아들이 모함당한 일을 보고함→친왕親王은 구록仇祿의 누명을 벗겨줌→구록仇祿의 귀향 18. 구복仇福의 귀향→대낭大娘의 꾸지람→대낭大娘은 구복仇福에게 모질게 대함→대낭大娘은 구복仇福이 개과천선한 것을 알게 되자 계모인 소씨邵氏와 상의하여 강씨姜氏를 데려오려고 함 19. 대낭大娘은 구복仇福을 강씨姜氏의 집에 데려가 사죄하게 함→강씨姜氏 가족은 구복仇福을 꾸짖음→대낭大娘은 강씨姜氏를 데리고 옴→대낭大娘은 자신의 집으로 돌아갈 뜻을 밝힘 20. 구록仇祿의 누명이 벗겨져 토지와 가옥을 돌려받음→위명魏名은 몰래 구록仇祿의 집으로 가 불이 옮겨 붙도록 함→구록仇祿의 집이 불에 모두 다 타버림 21. 구록仇祿의 귀가→구록仇祿은 혜낭蕙娘이 개가하지 않은 것을 듣고 처가로 감→구록仇祿 부부의 귀가→불탄 집을 수리하는 중에 은자를 발견함→새로 집을 지음	
결말	22. 온 가족이 한자리에 모임→친정 식구들과 함께 살게 된 대낭大娘→구복仇福, 구록仇祿은 대낭大娘의 집을 증축해 줌 23. 위명魏名의 참회→위명魏名이 보낸 예물인 닭과 양이 오히려 재난을 초래함→형제는 위명魏名의 호의가 악의가 된 것을 탄식함→구씨仇氏 일가一家는 위명魏名을 돌봄으로써 원수를 덕으로 갚음 24. 이사씨異史氏: 천의天意는 인의人意와 달라 선한 사람을 해코지하려고 하지만 오히려 자신이 벌을 받게 됨	

구성		〈施鬼蜮隨地生波 仗神靈轉災爲福〉	비고
입화入話		1. 입화사入話詞: 인과응보因果應報 2. 입화의론入話議論: 표리부동表裏不同의 잔인한 마음	
정화正話	발단	3. 우목중尤牧仲 수재와 본처 진씨陳氏→딸 영고英姑 출생→진씨陳氏의 사망→우목중尤牧仲은 조씨曹氏를 후처로 맞음→두 아들 상심上心, 차심次心 출생→번왕藩王의 영접 때문에 강서江西로 가게 된 우목중尤牧仲→반란이 일어남 4. 정화시正話詩: 고향을 떠남 5. 우목중尤牧仲은 차관差官에게 대신 싸우기를 간청함→조정은 왕수인王守仁에게 강서江西를 평정하게 함→여관 주인이 우목중尤牧仲을 고발함→왕수인王守仁은 우목중尤牧仲을 산서山西 대동大同으로 보냄	

구성		〈施鬼蜮隨地生波 仗神靈轉災爲福〉	비고
정화 正話	전개 1	6. 우목중尤牧仲이 사망했다는 소문이 퍼짐→우목중尤牧仲의 아우 우미신尤未申은 몰래 형수를 술집 주인에게 팔아버림→위치지韋恥之는 조씨曹氏에 대한 유언비어를 퍼뜨림→술집 주인이 원하지 않게 됨 7. 조씨曹氏가 병이 남→상심上心과 강추암江秋巖 수재의 딸 강씨江氏의 혼인 8. 위치지韋恥之는 상심上心에게 분가를 권함→강씨江氏의 분가 반대와 조씨曹氏의 꾸짖음→위치지韋恥之의 유혹으로 인한 상심上心이 도박에 빠짐 9. 상심上心의 계속되는 도박→도적 양세염라陽世閻羅는 상심上心에게 돈을 갚도록 협박함→상심上心은 강씨江氏의 부친이 병에 걸렸다고 그녀를 속임→상심上心에 의해 양세염라陽世閻羅 집에 가게 된 강씨江氏→강씨江氏의 아버지 강추암江秋巖의 고발→상심上心의 행방 묘연 10. 양세염라陽世閻羅의 집에 간 강씨江氏→강씨江氏의 자해→태야太爺에 의한 양세염라陽世閻羅의 죽음 11. 조씨曹氏의 병세 악화	
	전개 2	12. 조주潮州로 시집간 영고英姑→위치지韋恥之는 우씨尤氏 가문을 해코지하고자 영고英姑를 친정으로 오게 함→영고英姑는 아들과 함께 친정에 옴→영고英姑의 분노 13. 영고英姑는 도박단을 고소→지부知府의 처벌→영고英姑는 아들을 돌려보내고 계모와 차심次心을 돌봄→위치지韋恥之의 방해로 차심次心의 혼사가 어려워짐	
	전개 3	14. 청명절淸明節에 차심次心과 위치지韋恥之는 만공자萬公子의 정원으로 들어감→위치지韋恥之는 차심次心을 속여 만공자萬公子의 침실로 들어가게 함 15. 정화사正話詞: 나무와 꽃의 아름다운 정경 16. 만공자萬公子는 도망치다가 못에 뛰어든 차심次心을 구함→만공자萬公子는 차심次心에게 대구를 읊게 함 17. 정화시正話詩: 한밤 중 이경 반 18. 이어서 시를 읊는 차심次心 19. 정화시正話詩: 음력 8월의 중추절 20. 만공자萬公子는 해학사解學士가 부활했다고 크게 기뻐함 21. 만공자萬公子의 딸 교낭巧娘의 꿈에서 어떤 이가 말하길 물에 빠진 해학사解學士가 그녀의 남편이 될 것이라 말함→차심次心을 마음에 들어하는 만공자萬公子 22. 만공자萬公子는 차심次心에게 자신의 딸과 혼인할 것을 권함→차심次心의 귀가 23. 영고英姑는 차심次心을 데릴사위로 보냄→생원生員이 된 차심次心→차심次心은 모친을 모시기 위해 교낭巧娘과 집으로 돌아옴	
	전개 4	24. 위치지韋恥之 아내의 외삼촌 호도胡徒가 번우현番禺縣의 현윤縣尹이 됨→위치지韋恥之는 호지현胡知縣에게 차심次心이 강도 무리의 장물아비라 모함함→만공자萬公子는 사위 대신 사실을 밝힘→호지현胡知縣은 차심次心을 변방으로 보냄 25. 상심上心, 차심次心 형제의 우연한 재회 26. 상심上心의 귀향 27. 영고英姑는 조씨曹氏와 상의하여 강씨江氏에게 돌아오기를 부탁함 28. 영고英姑는 상심上心과 함께 강추암江秋巖 집에 가고, 같이 간 상심上心은 강씨江氏에게 잘못을 빌도록 함 29. 강씨江氏가 우씨尤氏 가문으로 돌아옴→영고英姑는 자신의 집으로 돌아가고자 함 30. 산서山西로 가 군인이 된 차심次心→우목중尤牧仲과 차심次心 부자父子의 우연한 만남 31. 조정에서는 차심次心의 죄를 용서하고 관직을 회복시킴→차심次心은 부친과 이별 후 귀향함→부친의 소식을 전함	

구성		〈施鬼蜮隨地生波 仗神靈轉災爲福〉	비고
정화正話	전개 5	32. 위치지韋恥之는 몰래 차심次心의 방에 불을 지름→교낭巧娘과 외가에 있었던 차심次心→불에 탄 집을 공사하는 중에 금과 은을 발견함→새로 집을 지음→온 가족이 한자리에 모임	
	절정	33. 광주廣州 사람이 된 영고英姑 34. 위치지韋恥之는 우씨尤氏 집안사람들에게 아부하고자 함 35. 위치지韋恥之를 원망하지 않는 우씨尤氏 부자父子 36. 위치지韋恥之에게 불만을 품은 강추암江秋巖, 만공자萬公子는 그를 찾아감→산으로 위치지韋恥之를 불러내어 잔인하게 죽임	
	결말	37. 우목중尤牧仲과 조씨曹氏의 죽음→집안의 부귀영화富貴榮華를 이룸, 부자가 된 영고英姑	
편미篇尾		38. 편미시篇尾詩: 하늘에서 내려지는 재앙	

두 작품의 전체적인 내용에서는 별다른 차이가 없이 모두 집안을 일으켜 세운 여장부를 적극적으로 드러내고 있다. 비록 두 작품 모두 '권선징악勸善懲惡' 주제를 공통으로 제시하고 있지만, 이러한 의식을 구체적으로 구현하는 과정에 있어서는 사뭇 다른 양상을 보인다.

〈仇大娘〉	〈施鬼蜮隨地生波 仗神靈轉災爲福〉	비고
개과천선改過遷善 집안을 일으켜 세운 여장부 찬양 덕성과 인품 강조: 원수를 은혜로 갚음 인물 간 갈등의 원만한 해결	권선징악勸善懲惡, 인과응보因果應報 집안을 일으켜 세운 여장부 찬양 악인에 대한 철저한 응징 집안의 부귀영화富貴榮華와 행복	

〈구대낭仇大娘〉에서는 '개과천선改過遷善'의 주제를 강조하고 있고, 〈시귀역수지생파施鬼蜮隨地生波 장신령전재위복仗神靈轉災爲福〉에서는 '권선징악勸善懲惡'과 '인과응보因果應報' 사상에 치중하고 있다. 〈구대낭仇大娘〉에서는 원수를 은혜로 갚는 과정을 통해 주인공의 덕성과 인품을 찬양하고 있는 점이 눈에 띈다. 〈시귀역수지생파施鬼蜮隨地生波 장신령전재위복仗神靈轉災爲福〉에서는 악인을 용서하고 이해하는 주인공의 덕성과 인품을 긍정적으로 제시하고 있지만, 서술과정에서는 이와 같은 부분이 상당히 옅어졌고, 보조인물의 과격한 행동을 통해서 악인에 대한 강력한 응징이 오히려 크게 부각되고 있다. 작품의 결말에 있어서도 〈구대낭仇大娘〉은 인물 간 갈등의 해결에 초점을 두고 서술이 진행되고 있는 반면에, 〈시귀역수지생파施鬼蜮隨地生波 장신령전재위복仗神靈轉災爲福〉은 인

물 간의 갈등보다는 주요인물의 행복, 즉 화목한 가정과 가문의 번성을 중점적으로 그려내고 있다. 이처럼 두 작품은 비슷한 줄거리와 전개 방식을 가지고 있지만, 주제의식의 발현에 있어서는 서로 다른 형태를 보인다.

〈구대낭仇大娘〉에서는 '개과천선改過遷善'의 주제사상뿐만 아니라 구대낭仇大娘을 비롯한 주요인물의 덕성과 인품을 동시에 부각시키고 있는데, 구씨仇氏 일가一家의 선행을 통해서 악인을 교화시키고 수용하는 과정을 주요하게 다루고 있다. 구씨仇氏 일가一家의 인품이 악인을 감화시켜 자신의 악행을 후회하고 개선하는 내용이 작품의 도입부에서 결말에 이르기까지 지속해서 언급되고 있다. 사실 도입부와 결말부의 묘사 내용과 의미가 모두 악인의 '개과천선改過遷善' 과정에 있다고 보아도 무방하다. 특히 작품의 결말에는 이러한 특징이 더욱 분명하게 나타난다.

> 위명魏名은 구씨仇氏 일가一家에게 10여 년 동안 계략을 꾸며 음해하였지만, 해를 입히기는커녕 오히려 복을 더하게 되어 스스로 자신의 행동을 부끄러워하며 깊이 뉘우치게 되었다. 또한, 구씨仇氏 일가一家의 부유함을 부러워하며 서로 사이좋게 지내려고 마음먹고서 구중仇仲의 금의환향을 축하한다는 핑계로 선물을 마련하여 보냈다.……형제는 모두 그 물건이 불길하다고 말했다. 이후 부친의 생신이 되었을 때, 위명魏名은 다시 양 한 마리를 끌고 와 선물로 주었다. 거절했지만 어쩌지 못하고 양을 받아서 정원의 나무에 매어두었다. 그날 밤에 한 아이종이 하인에게 두들겨 맞고서는 화를 참지 못해 나무 아래로 달려가 양을 매어두었던 밧줄을 풀어서 스스로 목을 매달아 죽었다. 형제는 탄식하며 말하였다. "그가 복을 주려고 한 일이 되레 해를 주는 것만 못하구나!" 이로부터 위명魏名은 비록 정성을 다하고 호의를 베풀었지만, 끝내 아주 조그만 선물조차도 받지 않고 오히려 후하게 대접하여 보냈을 뿐이었다. 후에 위명魏名은 늙어 곤궁해져 거지가 되었는데, 구씨仇氏 일가一家는 매번 입을 것과 먹을 것을 베풀어 악행을 덕으로 보답하였다.[17]

위명魏名은 오랫동안 구씨仇氏 일가一家 사람들을 못마땅하게 여겨 온갖 모함으로 해코지를 했지만, 오히려 구씨仇氏 집안을 더욱 번성하게 했다. 그는 스스로 깊이 반성하며 지난날의 악행을 후회하면서 구씨仇氏 일가一家 사람들과

17 魏自計十餘年, 禍之而益福之, 深自愧悔. 又仰其富, 思交歡之, 因以賀仲階進, 備物而往.……兄弟皆謂其物不祥. 後值父壽, 魏復饋牽羊. 卻之不得, 繫羊庭樹. 夜有僮被僕毆, 忿趨樹下, 解羊索自經死. 兄弟嘆曰: "其福之不如其禍之也!" 自是魏雖殷勤, 竟不敢受其寸縷, 寧厚酬之而已. 後魏老, 貧而作丐, 每周以布粟而德報之.《聊齋志異》卷十〈仇大娘〉

잘 지내보려는 마음에 닭과 양을 선물로 보냈지만, 그것으로 인해 오히려 구씨仇氏 집에 불이 나고 소송에 걸리는 사건이 발생하게 되었다. 구씨仇氏 형제는 이후로 그에게서 조그만 선물조차도 받지 않았지만, 답례는 후하게 했다. 후에 위명魏名이 늙어 가난해지자 구씨仇氏 형제는 그를 정성껏 돌봐주었다. 구씨仇氏 형제의 이러한 선행으로 위명魏名은 지난날 자신의 잘못을 깊이 뉘우치는데, 악행에 대한 강력한 처벌보다는 오히려 용서와 관용을 베풂으로써 악인의 '개과천선改過遷善'을 이끌어낸다.

〈시귀역수지생파施鬼蜮隨地生波 장신령전재위복仗神靈轉災爲福〉에서 우씨尤氏 부자父子는 위치지韋恥之의 해코지를 원망하였지만, 차마 직접 복수하려 들지는 않았다. 오히려 강추암江秋巖[우상심尤上心의 장인]과 만공자萬公子[우차심尤次心의 장인]가 적극적으로 이야기에 개입하여 위치지韋恥之를 잔혹하게 응징한다.

> 우씨尤氏 부자父子는 비록 과거 여러 해 동안, 이런저런 일들이 모두 그가 몰래 저지른 일이라는 것을 알았지만, 그런 재앙들은 모두 복으로 바뀌었기에 도리어 그를 원망하지 않았다.……강추암江秋巖은 만공자萬公子에게 냉소를 띠며 말했다. "저놈이 이렇게 말하는 것을 보면, 해마다 시험을 볼 때마다 얼마나 많은 사람을 해치고, 얼마나 많은 사람과 원한을 맺었는지 모르겠습니다!" 그리고 위치지韋恥之를 가리키며 말했다. "나는 네 심장이 어떻게 생겼는지 한번 봐 봐야겠다!" 바로 그의 옷을 풀어 젖히고 칼을 잡아서 앞가슴부터 아랫배 아래까지 길게 쭉 찢었다. 그의 오장육부五臟六腑를 파내 나무 위에 걸었다. 두 사람은 각자 자신의 집으로 돌아갔다. 이틀이 지나, 어떤 이가 산에 들어가게 되었는데 머리가 없고 가슴이 파헤쳐진 시체 하나를 보았다. 원래 그 머리 또한 어떤 야생 짐승에게 물려갔는지 모른다. 이것이 바로 악인의 결말이다.[18]

〈구대낭仇大娘〉과 〈시귀역수지생파施鬼蜮隨地生波 장신령전재위복仗神靈轉災爲福〉에서 악인에 대한 용서와 화해의 정도를 비교하면, 〈시귀역수지생파施鬼蜮隨地生波 장신령전재위복仗神靈轉災爲福〉에서 위치지韋恥之에 대한 우씨尤氏 부자父

18 尤家父子, 雖曉得歷年這些事故, 都是他作祟, 卻因那禍都化了福, 倒也不去恨他,……江秋巖對萬公子冷笑道: "依他這般說, 年常考試, 不知害多少人家, 結多少冤家哩!" 指著韋恥之道: "我且看你心肝怎樣的!" 便隔著他衣服, 把刀從他胸前直破到小肚下, 挖出那五臟六腑, 來掛在樹上了 ; 兩個自取路回家. 過兩日, 有人入山, 見一個沒頭剖腹死屍, 原來那頭又不知被什麼野獸咬了去, 這是惡人的結局.《醒夢駢言》第八回〈施鬼蜮隨地生波 仗神靈轉災爲福〉

子의 용서는 〈구대낭仇大娘〉에서 위명魏名에 대한 구씨仇氏 형제의 관용에는 훨씬 미치지 못한다. 〈구대낭仇大娘〉의 구씨仇氏 형제는 마음속으로 그를 용서했을 뿐만 아니라, 실제로 위명魏名이 곤궁하게 되자 직접 나서서 그를 정성껏 보살폈다. 〈시귀역수지생파施鬼蜮隨地生波 장신령전재위복仗神靈轉災爲福〉에서 우씨尤氏 부자父子는 마음속으로만 위치지韋恥之를 용서했을 뿐, 적극적으로 나서서 그를 도와주지는 않았다. 다만 그와 다시 이런저런 사건에 엮이지 않도록 회피할 뿐이었다. 작가[서술자]는 오히려 의외의 인물을 등장시켜 그들에게 위치지韋恥之에게 혹독한 처벌을 가하도록 안배하였다.[19]

두 작품에서의 결말을 살펴보면, 〈시귀역수지생파施鬼蜮隨地生波 장신령전재위복仗神靈轉災爲福〉이 악인에 대한 용서와 관용의 묘사가 〈구대낭仇大娘〉에 비해 상당히 축소된 것을 알 수 있고, 〈시귀역수지생파施鬼蜮隨地生波 장신령전재위복仗神靈轉災爲福〉이 〈구대낭仇大娘〉에 비해서 '권선징악勸善懲惡'과 '인과응보因果應報' 사상이 보다 더 강화된 점을 발견할 수 있다. 작품 후반부의 평론에 있어서도 〈구대낭仇大娘〉에서는 이사씨異史氏가 의론議論을 통해 선한 사람을 해코지하려고 하였지만, 오히려 스스로 빌을 받게 되는 것을 풍자했다면, 〈시귀역수지생파施鬼蜮隨地生波 장신령전재위복仗神靈轉災爲福〉에서는 편미시篇尾詩를 통해 하늘에서 내려지는 '재앙災殃'과 '자멸自滅'을 부각시키고 있다. 〈시귀역수지생파施鬼蜮隨地生波 장신령전재위복仗神靈轉災爲福〉에서 착한 이는 복을 받고, 악한 이는 결국 벌을 받게 되는 당위성을 다시 한번 강조하고 있는 셈이다. 주제사상을 표현하는 데에 있어서는 주요인물의 '인내忍耐'와 '포용包容'으로 악인을 용서하는 전통적 도덕정신을 선양하기보다는 명확한 선악관념과 그에 따른 실제적인 '포상褒賞'과 '정죄定罪'를 통해 선과 악에 대한 분명한 기준과 실행을 보여 주고 있다. 이처럼 선인과 악인에 대한 확실한 내용은 당시 독자들에게 더욱 명료한 결말로 제시되면서 주제사상을 분명하게 드러내는 데에 중요한 역할을 담당한다. 이러한 서술적 의도와 계획을 통해 작품의 서사 내용과 의미를 보다 구체적으로 독자들에게 전달하고 있는 것이다.

〈구대낭仇大娘〉과 〈시귀역수지생파施鬼蜮隨地生波 장신령전재위복仗神靈轉災爲福〉의 비교에서 나타나는 주제의식의 변화와 마찬가지로 《요재지이聊齋志異

19 Patrick Hanan 著, 王青平·曾虹 譯, 《中國短篇小說》, 臺北: 國立編譯館, 1997年, 262쪽 참고.

》권11卷十一〈증우우曾友于〉와 《성몽병언醒夢駢言》제5회第五回〈영흉염기릉유나逞兇焰欺凌柔懦 양화기감화완잔釀和氣感化頑殘〉에서도 이와 유사한 특징이 보인다. 〈증우우曾友于〉와 〈영흉염기릉유나逞兇焰欺凌柔懦 양화기감화완잔釀和氣感化頑殘〉을 비교해 보면, 서사 내용에서 약간의 변화가 생기지만 기본 줄거리 얼개는 매우 비슷하다. 주제사상에 있어서도 서로 비슷한 경향을 보여 주고 있는데, 이러한 특징은 작품의 후반부에서 집중적으로 나타나고 있다. 두 작품 모두 겉으로는 형제간의 화해와 용서, 그리고 효성에 대한 보답을 자세하게 다루고 있지만, 내적으로는 두 작품에서 강조하는 주제사상과 그 정도가 조금씩 다르다는 것을 알 수 있다.

〈曾友于〉	〈逞兇焰欺凌柔懦 釀和氣感化頑殘〉	비고
개과천선改過遷善의 주제 강조 악인[친척]에 대한 용서와 관용 잘못에 대한 반성과 후회: 도덕적 감화 선유선보善有善報 사상의 부각	개과천선改過遷善의 주제 약화 형제간 우애에 대한 응보 강조	

〈증우우曾友于〉는 주로 나쁜 행실을 보인 형제에 대한 용서와 화해의 내용을 강조하고 있는데, 특히 이복형제에 대해 그들의 잘못된 행동에 대한 반성과 후회를 비교적 구체적으로 드러내고 있다. 〈영흉염기릉유나逞兇焰欺凌柔懦 양화기감화완잔釀和氣感化頑殘〉에서는 형제간 갈등과 반목에 대한 이해와 관용의 내용이 전혀 없지는 않지만, 그것보다는 평백平白의 우애에 대한 보상과 집안의 성공을 보다 크게 부각시키고 있다. 〈증우우曾友于〉에서는 악인에 대한 용서가 작품의 주제사상과 연계되어 증우우曾友于의 인품에 이복형제들이 도덕적으로 감화되면서 그들이 참회하는 내용이 주요한 부분을 이룬다.

증우우曾友于는 증충曾忠을 머무르게 하면서 낮에는 같이 식사를 하고, 밤에는 같이 잠을 잤다. 증충曾忠은 부끄러워 고개를 들지 못하였다. 그는 증우우曾友于 집에서 10여 일을 머물렀는데, 삼촌과 조카가 함께 지내는 모습이 마치 아버지와 아들이 함께 지내는 것과 같고, 이복형제들도 친형제와 같이 지내는 것을 보고서 처연하게 눈물을 흘리며 말하였다. "이전의 내가 사람 같지 않았음을 지금에서야 비로소 알겠구나!" 증우우曾友于는 그가 후회하는 것을 보고 기뻐하며, 서로 맞대고 슬퍼하였다.……온 집안의 식구들이 증우우曾友于에게 눈물을 흘리며 감격하면서 다시 돌아와 달라고 간청했다. 증우우

> 曾友于는 이에 형제들과 향을 피우며 잡생각을 버리고 스스로 잘못을 고쳐 새롭게 출발하도록 맹세하게 한 다음 집을 옮겨서 본가로 돌아왔다. 계조繼祖는 숙부를 따르려 하며 본가로 돌아가려고 하지 않았다. 증효曾孝는 증우우曾友于에게 말하였다. "내가 부덕해서 집안을 빛낼 아들을 두는 것은 무리라네. 아우가 가르치는 일에 능숙하니, 잠시만 친아들처럼 삼아서 가르쳐 주게나. 계조繼祖가 벼슬길에 조금이라도 진전이 있으면 그때 돌려보내 주게나." 증우우曾友于는 증효曾孝의 의견에 따랐다.[20]

〈증우우曾友于〉의 묘사와는 달리, 〈영흉염기릉유나逞兇焰欺凌柔懦 양화기감화완잔釀和氣感化頑殘〉에는 이러한 부분이 상대적으로 약화되었다. 〈영흉염기릉유나逞兇焰欺凌柔懦 양화기감화완잔釀和氣感化頑殘〉에서는 평백平白의 이복형제들과 조카가 그의 인품에 탄복하여 과거의 잘못을 크게 뉘우치고 바른길로 들어서는 부분이 축소되었다. 오히려 서술자의 시각이 평백平白의 보상에 관한 내용에 집중되면서 그의 입신양명과 자손들의 출세와 성공이 보다 비중 있게 다뤄지고 있다.

> 평신平身은 잠시나마 여기서 지내라는 평백平白의 말에 따라 삼박만三泊灣에 머물렀다. 평백平白은 낮에는 그와 함께 같은 식탁에서 음식을 먹었고, 밤에는 그와 함께 같은 침상에서 잠을 잤는데, 매우 다정하게 대하였다. 입선立善과 두 형제가 비록 어미는 다를지라도 서로 화목하게 지내는 것을 보고 자신과 같지 않음을 생각하니 자신도 모르게 눈물이 나왔다. "오늘에서야 그동안 내가 사람이 아니었음을 비로소 알겠구나!" 평백平白은 그가 참회하는 것을 보고 마음속으로 매우 기뻤고, 자신도 그와 함께 눈물을 흘렸다.……이후 평백平白은 회시會試[복시覆試]에서 진사進士가 되었고, 전시殿試를 치른 후에 지현知縣으로 선발되었다. 스스로 백성을 다스리는 능력이 평범하다는 것을 알아, 가르치는 관직으로 바꿔 달라고 부탁하였다. 입선立善은 다시 두 번의 과거를 치르고 진사進士가 되어 한림원翰林院에 들어가게 되었다. 자손들의 과거 시험이 끊이지 않았으며, 모두 다 평백平白이라는 한 가지에서 시작된 것이었다. 이것이 바로 평백平白이 효도와 우애를 다한 보답이었다.[21]

20 曾友于乃留之, 晝與同餐, 夜與共寢. 忠頗感愧. 居十餘日, 見其叔姪如父子, 兄弟如同胞, 悽然下淚曰: "今始知從前非人也." 友于喜其悔悟, 相對酸惻.……舉家泣感友于, 求其復歸. 友于乃與兄弟焚香約誓, 俾各滌慮自新, 遂移家還. 祖從叔不願歸其家. 孝乃謂友于曰: "我不德, 不應有亢宗之子 ; 弟又善教, 俾姑為汝子. 有寸進時, 可賜還也." 友于從之.《聊齋志異》卷十一〈曾友于〉

21 平身便依言住在三泊灣. 平白日裡和他共桌而食, 夜裡與他同榻而眠, 十分友愛. 又見立善與個兩兄弟是前後母的, 都一團和氣, 全不似自己那般樣子, 不覺感動, 垂下淚來, 道: "今日才曉得一向竟不是人了." 平白見他悔悟, 心中甚喜, 也陪他落了幾滴淚.……後來, 平白會試中進士, 殿試後挑選了知縣, 自知吏才平

이처럼 〈영흉염기릉유나逞兇焰欺凌柔懦 양화기감화완잔釀和氣感化頑殘〉에는 평백平白의 인품이 고아하고 우애가 뛰어난 심성에 대한 보답과 성공을 집중적으로 나타내고 있다. 이러한 부분은 〈증우우曾友于〉에서 강조한 내용과 상당히 대조를 이룬다. 〈증우우曾友于〉에서는 사회적 도덕관념을 강조하고 원만한 해결을 위한 내용이 서사의 중심을 이루고 있다. 인물 간의 갈등을 해소하는 방식으로 '이해理解'와 '포용包容', '용서容恕'와 '감화感化'의 방식과 같은 이상적인 도덕관념을 강조하고자 하는 경향이 분명히 드러난다. 하지만 〈영흉염기릉유나逞兇焰欺凌柔懦 양화기감화완잔釀和氣感化頑殘〉은 도덕적 관념을 지나치게 강조하기보다는 현실적인 보답과 그 결과를 충실하게 표현하고 있다. 형제간의 분쟁과 갈등을 해소하는 방식이 양자가 서로 화해하면서 어느 한쪽이 잘못을 뉘우치는 '이해와 수용의 방식'에서 오히려 선을 행한 자에 대한 보다 구체적인 보응과 성공을 강조하는 '보상과 칭찬의 방식'으로 전환되었다고 할 수 있다.

4) 우애, 효도정신의 약화弱化

《요재지이聊齋志異》를 《성몽병언醒夢駢言》으로 개작하는 과정에서 '효성孝誠'과 '우애友愛'의 약화 현상이 자주 나타난다. '효성孝誠'과 '우애友愛'는 인륜의 여러 덕목 가운데 가장 중요한 도덕적 가치로 여겨진다. 《성몽병언醒夢駢言》에서도 효성孝誠과 우애友愛의 정신을 직·간접적으로 드러내는 작품이 적지 않다. 이러한 윤리적 사상을 적극적으로 나타낸 작품으로는 제2회第二回〈조세란지척포란려遭世亂咫尺抛鸞侶 성가경천애취안행成家慶天涯娶雁行〉와 제5회第五回〈영흉염기릉유나逞兇焰欺凌柔懦 양화기감화완잔釀和氣感化頑殘〉 등이 있다. 또한, 이와 같은 관념이 작품의 주제사상을 부각시키는 과정에서 매개의 역할을 담당하는 작품으로는 제4회第四回〈투부교상고액妒婦巧償苦厄 숙희대향영화淑姬大享榮華〉, 제7회第七回〈우현식훼사난범遇賢媳虺蛇難犯 조한부랑패감련遭悍婦狼狽堪憐〉 등이 있다. 비록 《성몽병언醒夢駢言》에서 효성과 우애의 정신을 단독적으로 강조하는 작품은 다른 주제사상을 내세운 작품보다는 많지 않지만, 오히려 다양한 작품에 폭넓게 분포되어 있고 작품의 전반적인 내용에도 깊이 관여하면서 주제의식을 부

常, 求改了教. 立善再下二科, 點入翰林. 子孫科甲連綿, 卻都發那平白的一支, 這便是孝友的報.《醒夢駢言》第五回〈逞兇焰欺凌柔懦 釀和氣感化頑殘〉

각시키는 데 중요한 작용을 하고 있다.

《성몽병언醒夢騈言》에서 효성과 우애정신의 약화 현상이 가장 뚜렷하게 나타나는 작품으로는 제2회第二回〈조세란지척포란려遭世亂咫尺拋鸞侶 성가경천애취안행成家慶天涯娶雁行〉이다. 〈조세란지척포란려遭世亂咫尺拋鸞侶 성가경천애취안행成家慶天涯娶雁行〉은《요재지이聊齋志異》권2卷二〈장성張誠〉을 개작한 것이다. 〈장성張誠〉에서는 장씨張氏 형제의 효성과 우애를 강조하면서 전체적으로 '고진감래苦盡甘來'의 주제사상을 담고 있다. 하지만〈조세란지척포란려遭世亂咫尺拋鸞侶 성가경천애취안행成家慶天涯娶雁行〉에서는 이러한 효성과 우애의 관념은 상당히 옅어지고, 오히려 '권선징악勸善懲惡'과 '운명결정運命決定' 사상이 짙어지는 특징을 보인다. 〈조세란지척포란려遭世亂咫尺拋鸞侶 성가경천애취안행成家慶天涯娶雁行〉은 원작인 〈장성張誠〉에 비해서 내용의 '부연敷衍'과 '첨가添加'의 현상이 다수 보이고, '삭제削除'와 '간략簡略'의 현상은 보이지 않는다. 전체적인 내용은 〈장성張誠〉과 비슷하며, 일부 줄거리 진행 과정에서 원작에서 누락되었거나 간단한 묘사로 대체했던 부분에서 서사의 보충이 일어나고 있다. 먼저 두 작품의 내용과 구성 방식을 진행순서에 따라 비교해 보면 다음과 같다.

구성	〈張誠〉	비고
발단	1. 장씨張氏의 출신 배경→장씨張氏의 처가 청淸나라 군대에 납치당함→예豫지방[하남河南]에서 살게 됨	
전개	2. 장씨張氏와 두 번째 처의 아들 장눌張訥 출생→장씨張氏와 세 번째 처 우씨牛氏의 아들 장성張誠 출생→우씨牛氏의 장눌張訥과 장성張誠에 대한 차별대우 3. 우씨牛氏는 장눌張訥이 땔나무를 적게 해왔다고 타박하며 굶김 4. 장성張誠은 이웃집 아주머니의 도움으로 장눌張訥에게 밀가루 떡을 해 줌 5. 장눌張訥이 나무하는 것을 돕는 장성張誠 6. 장성張誠은 서당 선생의 꾸지람에도 불구하고 형을 계속해서 도움 7. 두 형제가 산에서 땔나무를 하다가 호랑이가 장성張誠을 물고 감→장눌張訥은 장성張誠이 죽었다는 생각에 죄책감으로 도끼로 자신의 목을 찍음 8. 우씨牛氏가 장눌張訥을 심하게 질책하고 그가 죽도록 내버려 둠→장눌張訥의 사망 9. 박수무당과 만남→저승으로의 감 10. 박수무당과 같이 동생을 찾으러 다님 11. 보살님의 등장→장눌張訥의 상처를 치유 12. 장눌張訥의 부활→부친에게 동생을 찾으러 갈 뜻을 밝힘 13. 장성張誠을 찾으러 다님→금릉金陵에 다다름	
절정	14. 장눌張訥은 장성張誠을 찾기 위해 온갖 고생을 하다가 우연히 장성張誠을 만남 15. 작가의 개입: 장성張誠은 호랑이에게 물려간 후 우연히 장별가張別駕에게 발견되어 그의 양아들이 됨 16. 장별가張別駕는 장눌張訥의 가족에 대해서 조사함 17. 태太부인의 등장→장별가張別駕는 태太부인이 낳은 아들임→태太부인, 장별가張別駕, 장눌張訥, 장성張誠의 재회→장별가張別駕는 가족들과 고향에 돌아가고자 함	

구성	〈張誠〉	비고
결말	18. 장씨張氏의 가족들과의 재회→장성張誠의 모친 우씨牛氏가 이미 죽었음을 알게 됨→장별가張別駕는 두 아우를 가르침→집안의 번성 19. 이사씨異史氏: 장성張誠이 형인 장눌張訥을 돕는 장면, 호랑이가 장성張誠을 물어가는 장면, 형제가 서로 만나는 장면, 온 집안 식구가 함께 모이는 장면은 슬픔과 기쁨이 교차하여 저절로 눈물이 나는 감동적인 부분임	

구성		〈遭世亂咫尺拋鸞侶 成家慶天涯聚雁行〉	비고
입화入話		1. 입화入話詩: 잔혹한 전쟁이 일어나 백성들은 곤궁해짐 2. 입화설명入話說明: 살벌한 전쟁으로 인한 백성의 고통	
정화正話	발단	3. 장항약張恒若[장덕張德]의 출신 배경[부父: 장환지張煥之, 모母: 임씨任氏] 설명→서회덕徐懷德이 자신의 생질녀인 양씨羊氏와의 혼인을 권유함 4. 장항약張恒若과 양씨羊氏의 혼인, 양씨羊氏의 임신	
	전개1	5. 연燕군대의 침입→자허집子虛集으로 피난을 감 6. 부부의 생이별 7. 정화시正話詩: 전란戰亂시대의 고통 8. 양씨羊氏를 찾지 못함→이전에 장사하던 하남河南으로 감 9. 강유재康有才와의 만남 10. 장항약張恒若은 학생들에게 글을 가르치며 생활함 11. 마대성馬大成의 딸 마씨馬氏와 두 번째 혼인, 아들 장등張登의 출생과 마씨馬氏의 사망	
	전개2	12. 강유재康有才의 재혼 권유 13. 우씨牛氏와의 세 번째 혼인→아들 장균張勻의 출생→우씨牛氏의 장등張登 학대 14. 우씨牛氏는 장등張登을 종처럼 부림 15. 학대의 지속→장항약張恒若과 우씨牛氏의 다툼→우씨牛氏의 자살 시도	
	전개3	16. 10년의 세월이 지남→우씨牛氏의 장등張登과 장균張勻에 대한 차별대우 17. 우씨牛氏는 장등張登이 땔나무를 적게 해왔다는 핑계로 밥을 주지 않음 18. 장균張勻은 임씨林氏 아주머니로부터 밀가루 전병과 불씨를 받아와 장등張登에게 전병을 만들어 줌 19. 장균張勻은 장등張登을 돕다가 손에 상처를 입음 20. 장등張登은 서당 선생에게 장균張勻이 자신을 도우러 오지 못하게 당부함 21. 장균張勻은 매일 장등張登의 일을 도움	
	전개4	22. 장균張勻이 호랑이에게 물려감 23. 장항약張恒若와 우씨牛氏가 상황을 알게 되고, 우씨牛氏가 장등張登을 해치고자 함 24. 장등張登의 죽음	
	전개5	25. 주무상走無常과의 만남을 통한 자신이 죽은 것을 알게 됨→장균張勻이 아직 죽지 않음을 알게 됨→주무상走無常과 함께 장균張勻을 찾으러 다님 26. 보살菩薩의 등장과 장등張登의 상처 치료 27. 장등張登의 부활 28. 우씨牛氏가 장등張登이 다시 살아난 것을 알게 되고, 장항약張恒若이 우씨牛氏를 피해 도망감 29. 우씨牛氏의 죽음	

구성		〈遭世亂咫尺拋鸞侶 成家慶天涯娶雁行〉	비고
정화正話	전개6	30. 장등張登은 장균張勻을 찾으러 감 31. 남경南京에 이름→장등張登과 장균張勻의 우연한 재회 32. 장균張勻은 호랑이에게 물려간 후 천호千戶의 양아들이 된 일을 설함 33. 천호千戶는 장등張登 가족에 대해서 물어봄	
	절정	34. 양씨羊氏의 등장→천호千戶는 양씨羊氏가 낳은 아들임→양씨羊氏, 천호千戶, 장등張登, 장균張勻의 만남 35. 천호千戶는 온 가족을 데리고 하남河南으로 감	
	결말	36. 장항약張恒若과의 재회→장균張勻의 모친 우씨牛氏의 죽음을 알게 됨 37. 천호千戶의 지원으로 집안이 부유해짐, 천호千戶의 아들이 출생함	
편미篇尾		38. 장항약張恒若과 양씨羊氏의 죽음 39. 편미시篇尾詩: 어려움을 겪은 뒤에 오는 행복	

〈장성張誠〉와 〈조세란지척포란려遭世亂咫尺拋鸞侶 성가경천애취안행成家慶天涯娶雁行〉의 줄거리는 서로 비슷하고, 모두 '고진감래苦盡甘來'의 내용과 윤리 도덕적 가치관을 구체적으로 제시하고 있다. 주제의식에 있어서는 일부 강조하는 바가 다른데, 〈장성張誠〉에는 '의좋은 형제애'와 '부모에 대한 효성'을 적극적으로 드러내고 있지만, 〈조세란지척포란려遭世亂咫尺拋鸞侶 성가경천애취안행成家慶天涯娶雁行〉에서는 형제간의 우애보다는 '선인善人'과 '악인惡人'에 대한 명확한 상벌과 그 기저에 내재해 있는 '권선징악勸善懲惡' 관념을 크게 부각시키고 있다. 이 점은 작품에서 나타난 주제사상을 비교해보면 보다 분명해진다.

〈張誠〉	〈遭世亂咫尺拋鸞侶 成家慶天涯娶雁行〉	비고
고진감래苦盡甘來 형제간의 우애와 부모에 대한 효성 강조 권선징악 관념 미비 유교적 개인의 도덕 윤리정신 강조	고진감래苦盡甘來 형제간의 우애와 부모에 대한 효성 약화 권선징악 관념 강화 현실의 사회적 도덕정신 강조	

〈장성張誠〉을 〈조세란지척포란려遭世亂咫尺拋鸞侶 성가경천애취안행成家慶天涯娶雁行〉으로 재창작 과정에서는 문체의 변화뿐만 아니라 주제의식에 있어서도 일부 변화가 나타난다. 두 작품 모두 형제간의 우애와 효도의 가치관을 어느 정도 표현하고 있지만, 구현된 정도에 있어서는 확실히 차이를 보인다. 〈장성張誠〉에서는 우애와 효성을 상당히 긍정적으로 보고 그 의미를 지나칠 정도로 확대하여 강조하고 있다. 이것은 개인적인 윤리의식과 깊은 관련이 있다고 할 수 있는데, 이러한 윤리의식은 서술자[저자]의 도덕관념에 대한 가치관에서

비롯된 것이라고 볼 수 있다. 작품 속의 서술자는 이사씨異史氏를 통해 장씨張氏 형제에 대한 동정과 그들의 우애에 감화된 정념적情念的 정서를 적극적으로 표현하고 있다. 이사씨異史氏는 평론評論에서 장눌張訥과 장성張誠의 우애와 효성, 형제의 고난과 비애, 가족의 만남으로 행복한 결말에 이르는 과정을 보고 스스로 다섯 차례나 눈물을 흘렸음을 고백하고 있다.

> 이사씨異史氏는 말한다. "나는 이 이야기를 끝까지 듣고 무릇 눈물을 수차례 흘렸다. 열 살 남짓한 어린아이가 도끼로 나무를 하면서 형을 도울 때, 감개무량하여 말했다. "왕람王覽을 다시 보게 되는구나!" 이리하여 한 번 눈물을 흘렸다. 호랑이가 장성張誠을 물어가는 장면에서는 나도 모르게 미친 듯이 크게 외쳤다. "하늘의 도리가 어찌 이와 같이 혼란스럽단 말인가!" 이리하여 눈물을 한 번 더 흘렸다. 형제가 갑자기 만나는 장면에서는 기뻐서 다시 눈물을 흘렸다. 이야기가 전환되어 형이 한 명 더 늘고 또 슬픔 한 자락이 더해지면서 별가別駕의 처지를 생각해서 울었다. 온 집안이 한자리에 모이고 뜻밖의 놀라움과 생각지도 못한 기쁨으로 눈물이 흐르는 것을 어쩌지 못했는데, 바로 장張노인으로 인해 흘린 것이었다. 후세에 나와 같이 울기를 잘하는 사람이 또 있을지 모르겠구나!"[22]

이사씨異史氏의 이러한 개인적 감상과 평론評論은 전통적 도덕관념을 선양하고 전형적인 교화 작용을 강조한 것처럼 보인다.[23] 이 점은 작품 자체에 내재해 있는 여러 내용과 의미를 왜곡하거나 일부 정형화된 관념으로 다양한 함의를 일반화시키는 단점을 가지고 있기도 하다. 그럼에도 불구하고 서술자가 직접 작품의 서술에 개입하여 전통적 사상에 기반을 둔 개인적 가치관을 강조하는 데에 있어서는 오히려 작품 속 이야기보다 더 큰 효과를 가진다.

반면에 〈조세란지척포란려遭世亂咫尺抛鸞侶 성가경천애취안행成家慶天涯聚雁行〉은 개인적 가치관의 강조보다는 사회적이고 현세적인 도덕관념이 오히려 집중적으로 조명되고 있는데, '고진감래苦盡甘來'와 '권선징악勸善懲惡'의 관념이 그러하다. '고진감래苦盡甘來'는 일종의 윤리적 도덕정신의 행동을 통해 사

22 異史氏曰: "余聽此事至終, 涕凡數墮: 十餘歲童子, 斧薪助兄, 慨然曰: "王覽固再見乎!" 於是一墮. 至虎銜誠去, 不禁狂呼曰: "天道憒憒如此!" 於是一墮. 及兄弟猝遇, 則喜而亦墮；轉增一兄, 又益一悲, 則為別駕墮. 一門團圞, 驚出不意, 喜出不意, 無從之涕, 則為翁墮也. 不知後世, 亦有善涕如某者乎？"《聊齋志異》卷二〈張誠〉

23 劉尚雲, 〈《聊齋志異》"異史氏曰" 敘事藝術論略〉, 《山東師範大學學報·社會科學版》, 2009年 第6期, 96쪽 참고.

회적으로 받은 합당한 대가를 강조한 것이고, '권선징악勸善懲惡'은 선과 악에 대한 명확한 구분과 결과를 중시하여 '권계勸誡'와 '교화敎化'를 부각시킨 것이다. '고진감래苦盡甘來'가 대상 안에서의 의식과 가치관이 밖으로 향하여 구체적으로 보상을 받는 것이라면, '권선징악勸善懲惡'은 사회적 통념과 선악의 관념이 개인의 의지와 가치관에 투영되어 선행과 악행의 실행으로 발현하는 것이라고 볼 수 있다.

'우애'와 '효성'의 강조에서 '고진감래苦盡甘來'와 '권선징악勸善懲惡'의 강화로 주제의식이 변화하는 이러한 과정은 원작을 개작하는 과정 중에서 이미 이상적 윤리 도덕의 관념이 현실화, 대중화로 전환되었음을 보여 주는 것이다. 만약 〈장성張誠〉의 주제의식이 전통적 윤리의식을 바탕에 둔 지식인의 엘리트 정신이나 일부 전통적 도덕 덕목을 강조한 사대부의 가치관에 몰입한 것이라면, 〈조세란지척포란려遭世亂咫尺抛鸞侶 성가경천애취안행成家慶天涯娶雁行〉은 이러한 개인의 윤리 도덕적 가치관 혹은 전통적 윤리 가치관에서 크게 벗어나, 보다 세속적이고 현실적인 도덕 가치관의 확립과 출현을 보여 준다고 할 수 있다. 특히 〈장성張誠〉에서 장성張誠이 친모의 죽음을 알게 되는 장면과 〈조세란지척포란려遭世亂咫尺抛鸞侶 성가경천애취안행成家慶天涯娶雁行〉에서 우씨牛氏의 죽음을 언급한 장면에서 이러한 차이는 더욱 현저하게 나타난다.

> 장성張誠은 어머니가 보이지 않은 것을 보고 묻고서는 비로소 이미 돌아가신 것을 알게 되었다. 숨이 끊어질 듯 목 놓아 울부짖다가 한 식경이 지나서야 다시 깨어났다. 별가別駕는 금전을 내어 누각을 짓고 선생을 모셔다가 두 아우를 가르쳤다. 말은 마구간에서 뛰어오르고, 집안에는 사람들 소리로 떠들썩하니 확연히 대갓집 풍모를 갖추었다.[24]

〈장성張誠〉에서는 장성張誠이 집으로 돌아와 아버지와 재회했을 때, 비로소 어머니 우씨牛氏가 이미 죽었음을 알게 된다. 이때 장성張誠은 통곡하면서 혼절했다가 다시 깨어난다. 이처럼 장성張誠의 어머니 우씨牛氏가 비록 자신만을 편애하고 아버지와 이복형인 장눌張訥에게 모질게 대했고 많은 악행을 저질렀지만, 장성張誠은 어머니에 대한 효성은 여전히 지극하다. 〈장성張誠〉에서는 장성

24 誠不見母, 問之, 方知已死, 號嘶氣絕, 食頃始蘇. 별가別駕出資, 建樓閣 ; 延師教兩弟 ; 馬騰於槽, 人喧於室, 居然大家矣.《聊齋志異》卷二〈張誠〉

張誠이 우씨牛氏가 죽었다는 소식을 전해 들었을 뿐 어떤 이유로 세상을 떠났는지 그 과정에 대한 구체적인 서술은 보이지 않는다. 이것은 〈장성張誠〉에서 중점을 두고 있는 부분이 선을 행하거나 악인을 처벌하는 데에 있지 않고, 효성이 지극한 장성張誠을 집중적으로 드러내면서 윤리적 도덕정신을 강조하는 데에 있기 때문이다. 즉 장성張誠의 어머니인 우씨牛氏의 죽음보다도 그 소식을 듣고 애통해하는 장성張誠의 태도를 더욱 두드러지게 하기 위한 서사적 의도라고 볼 수 있다. 이것은 〈조세란지척포란려遭世亂咫尺抛鸞侶 성가경천애취안행成家慶天涯娶雁行〉에서 장균張勻의 어머니 우씨牛氏가 병으로 인해 처량하게 죽게 되는 과정과 70세가 다 된 장항약張恒若이 혼자 쓸쓸히 지내는 고충을 자세하게 언급하는 것과는 분명한 차이를 보인다.

> 주변의 이웃 사람들은 그녀의 집이 며칠 동안이나 문이 열리지 않은 것을 보고, 모두 이상한 일이라고 말했다. 장항약張恒若이 숨어 있는 곳을 알고 있는 이가 바로 이 소식을 전했다. 장항약張恒若은 마음속으로 곰곰이 생각했다. "이 무지막지한 여자가 집에서 어떤 나쁜 마음을 먹고 죽게 내버려 둬서는 안 되지! 이번만큼은 돌아가야겠구나!" 바로 친구와 작별하고, 자신의 집 문에 와서 문을 두드렸을 때, 안에서는 인기척이라곤 하나도 없어서 더욱 의구심이 일어났다. 이웃에게 사다리를 빌려서 한 젊은이에게 담을 넘어 들어가도록 부탁하였다. 빗장을 빼고서야 비로소 자신이 들어갈 수 있었다. 방에 가보았을 때, 우씨牛氏가 침상에 앓아누워 있는 것을 보고, 말이 나오지 않았다. 장항약張恒若은 10여 년간 부부의 정을 생각하여 의원을 불러서 그녀를 진찰하게 했다. 의원은 말하였다. "칠정七情으로 인하여 병을 얻은 것입니다. 얻은 병이 위중하여 손쓸 방법이 없습니다." 장항약張恒若도 어찌 해 볼 도리가 없었다. 다음날까지 시간을 끌더니 우씨牛氏는 과연 목숨이 다하였다. 장항약張恒若은 관을 사서 잘 납관하여 밖으로 내갔다. 이 우씨牛氏는 평소에 비록 사납고 흉악해서 자주 남편과 크게 다투었지만, 결국 죽음에 이르게 되었다. 장항약張恒若은 나이가 일흔이 다 된 노인이라 홀로 집에 있게 되었고, 그 처지가 더욱 처량했다.[25]

25 左右鄉鄰見他家好幾日不開門, 都道詫異. 有知道張恒若躲處的, 便去通信. 張恒若心中忖道: "不要這潑婦在家尋了什麼短見! 這卻要回去的." 便別了那朋友, 走到自家門首, 去敲那門時, 裏面聲息俱無, 越發疑心. 向鄰家借條梯子, 央個後生逾墻而入, 拔下門閂, 方才自己進去, 到房內看時, 見牛氏臥病在床, 話都說不出的了. 張恒若念他十多年夫妻之情, 去請一位醫家看他. 醫家說: "系七情所傷, 受得病深, 沒救的了." 張恒若也無可奈何. 挨到明日, 牛氏果然命絕, 張恒若買副棺木盛斂停當, 即便拿了出去. 這牛氏平日雖是兇悍, 常和丈夫吵鬧, 到得死了, 張恒若七十來歲的人, 獨自一個在家, 又淒涼不過.《醒夢駢言》第二回〈遭世亂咫尺抛鸞侶 成家慶天涯娶雁行〉

또한, 작품의 대단원을 간단하게만 언급하면서 전체적인 내용을 마무리한 〈장성張誠〉과는 달리, 〈조세란지척포란려遭世亂咫尺抛鸞侶 성가경천애취안행成家慶天涯娶雁行〉에서는 결말을 상당히 구체적으로 묘사하고 있는데, 이 부분 역시 두 작품에서 보이는 극명한 차이점이라고 할 수 있다.

> 이후 장항약張恒若은 아흔여덟 살까지 살았는데, 양씨羊氏는 그 해에 나이가 아흔이었다. 같은 날 병 없이 세상을 떠났다. 세 아들과 많은 손자, 증손자, 모두 한 사람 한 사람 보는 앞에서 숨을 거두었다. 이전에 서로 헤어져 떨어졌던 시절을 더듬어 생각해 보면 뜻밖에도 이러한 날도 있는 것이다. 이것은 다음의 구절과 딱 맞아떨어진다네. 한 차례 뼈를 에는 추위가 아니라면, 어찌 매화 향기가 코를 찌르겠는가![26]

〈조세란지척포란려遭世亂咫尺抛鸞侶 성가경천애취안행成家慶天涯娶雁行〉에서는 장등張登과 장균張勻의 우애와 효성을 예찬하는 것처럼 보이지만, 그것보다는 '권선징악勸善懲惡'의 관념과 도덕정신을 보다 더 칭송하고 있다고 할 수 있다. 그래서 장균張勻의 어머니 우씨牛氏가 죽은 이후의 일, 온 가족의 재회와 '해피 엔드'를 이룬 화목한 결말을 집중적으로 보여 주고 있다.

〈조세란지척포란려遭世亂咫尺抛鸞侶 성가경천애취안행成家慶天涯娶雁行〉은 원작인 〈장성張誠〉보다는 전통적 도덕관념이 상당히 약화되었고, 반면에 실제적이면서 현실적인 가치관이 직접 반영되어, '권선勸善'과 '징악懲惡'의 관념이 명확하게 드러나고 있다. 이것은 작품이 재창작을 진행하면서 내용뿐만 아니라, 주제의식에 있어서 보다 현실적인 관념으로 전환되어 주제사상을 보다 대중적으로 변화시켰다고 볼 수 있다. 〈장성張誠〉이 전통적 도덕규범을 강조한 윤리의식과 사회적 교화에 대한 인식의 한 단면을 보여 주고 있다면, 〈조세란지척포란려遭世亂咫尺抛鸞侶 성가경천애취안행成家慶天涯娶雁行〉은 대중적 의식과 현세적 이념에 대한 현실주의적 가치관을 구체적으로 드러내고 있다. 이처럼 두 작품 사이의 주제의식은 강조하는 바가 다르고 그 내용에 있어서도 분명한 차이를 보인다. 이것은 작품의 개편 과정에서 전형적인 서술 내용의 변화뿐만 아니라, 특정한 주제의식에 있어서도 선택적인 조율이 필연적으로 수반된다는 것

26 後來, 張恒若活到九十八歲, 羊氏那年九十, 同日無疾而死. 三個兒子和許多孫子, 曾孫, 一個個都在面前送終. 追想從前那段分離乖隔, 是再不料有這日的. 這就喚做: 不是一番寒徹骨, 怎得梅花撲鼻香!《醒夢騈言》第二回〈遭世亂咫尺抛鸞侶 成家慶天涯娶雁行〉

을 증명하는 것이기도 하다.

백화문白話文 소설의 대표적인 장르는 '화본소설話本小說'이라고 볼 수 있는데, 화본소설話本小說의 언어와 형식적 측면에서의 중요한 특징으로는 바로 '통속성'과 '생동감'이라고 할 수 있다.[27] 이러한 특징은 비단 언어와 형식적 측면뿐 아니라 작품의 내용과 사상적 측면에서도 다르지 않다. 〈조세란지척포란려遭世亂咫尺拋鸞侶 성가경천애취안행成家慶天涯娶雁行〉이 화본소설話本小說로 재창작된 작품이기에 작품의 내용은 반드시 '현실성'과 '통속성'을 포함하고 있으며, 생활과 직접적인 연관성이 있는 주제의 삽입이 필요하다. 무엇보다 일반 대중이 작품의 주제의식과 작품에 내재한 사상적 관념을 쉽게 수용할 수 있도록 '현세적現世的' 가치관을 적극적으로 반영하는 것이 절실히 요구되는 것이다. 그렇기에 문언문文言文 소설에서 백화문白話文 소설로 개편될 때, 전체 작품의 내용과 주제의식을 작품의 현실 세태에 맞게 탄력적이고 유기적으로 조절하는 것은 필수적인 과정이라고 할 수 있다.

| 3 | 나오는 말篇尾

이상으로《요재지이聊齋志異》에서《성몽병언醒夢駢言》으로 개작되는 과정에서 나타난 '주제의식'의 변화를 고찰하였다.《성몽병언醒夢駢言》은 백화문白話文 문체의 특징과 영향, 시대적 풍격과 흐름과 맞물려 주제사상이《요재지이聊齋志異》와는 사뭇 다른 양상을 보인다. 그중에서 '도덕관념의 약화弱化' 현상이 분명하게 나타나고 있는데, 구체적인 내용을 살펴보면, '보응, 보은정신의 약화弱化', '정절, 절의정신의 약화弱化', '용서, 감화정신의 약화弱化', '우애, 효도정신의 약화弱化' 등으로 구분할 수 있다.

《요재지이聊齋志異》와《성몽병언醒夢駢言》에서 공통으로 보이는 '도덕관념'의 주제의식을 비교해보면, 먼저, '자아'와 '타자'의 관점에서《요재지이聊齋志異》에서는 자아 이념의 실현, 즉, 개인의 복수와 징벌, 정절과 기개, 의지와 실천과 같은 내용과 의미가 중심을 이루는 데 반해,《성몽병언醒夢駢言》에서는 개인의식의 투영보다는 타자와의 관계와 의미에 좀 더 큰 비중을 두고 있다. 즉, 사

27 李軍鋒, 〈試論宋元話本小說對《聊齋志異》的影響〉,《西昌學院學報·社會科學版》, 2010年 3月, 46쪽 참고.

회정의의 실현과 이념, '권선징악勸善懲惡'과 '인과응보因果應報'를 강조하는 방향으로 재편성되고 있다.

다음으로 '이상'과 '현실'의 관점에서 《성몽병언醒夢駢言》은 《요재지이聊齋志異》의 작품보다 다양하고 변화된 화소를 가지고 있으며, 《요재지이聊齋志異》에 비해 전체적으로 현실적이고 구체적인 결말을 포함하고 있다. 이것은 《성몽병언醒夢駢言》이 《요재지이聊齋志異》보다 일반 대중과의 소통에 더욱 능동적이고, 시류적時流的인 의식을 적극적으로 반영했다고 할 수 있다. 그렇기에 《요재지이聊齋志異》의 작품에서 보이는 윤리 도덕과 악인에 대한 감화보다는 오히려 선악 판결에 대한 확실하고 분명한 실행을 제시하고 있어 독자의 반응을 직접 보여 주고 있다.

이와 같이 도덕관념의 주제의식이 서로 다르게 나타나는 현상은 주로 두 작품 사이에서 생성된 의미와 내용의 미세한 격차뿐만 아니라, 저자의 문학에 대한 관념과 가치관의 차이에서도 기인한다. 하지만 무엇보다도 작품을 수용하는 독자층의 인식이 달라짐에 따라 주제의식도 자연스럽게 그것에 따라 바뀐 것이 가장 주요한 원인으로 작용한다. 이상적 도덕관념에서 벗어나 실리적이고 현실적인 가치관으로 전향되는 이러한 흐름은 당시의 일반 독자들의 작품에 대한 관심과 사회적 도덕관념의 변화 추이를 살펴보는데 중요한 단서를 제공한다.

《성몽병언醒夢駢言》의 저자는 귀신鬼神과 환술幻術이 대부분을 차지하는 《요재지이聊齋志異》의 490여 편 작품 중에서 지극히 요괴妖怪나 이물異物 등 환상적 대상과 관련이 적은 12편 작품을 선별하고, 이 작품들에서 보이는 '이상적 도덕관념'을 다시 '현실적 사회 관념'으로, 또한 이 관념을 당시 독자들이 충분히 이해하고 수용할 수 있는 사상적 범위 안에서 녹여내고 있다. 이 과정에서 일반적인 전통적 도덕관념이 옅어지고 약화되면서 다양한 사회적 관념으로 분화되고 전이되는 현상이 나타나고 있다. 물론 이러한 경향은 소설 작품이 문언문文言文에서 백화문白話文으로 재창작 되는 과정에서 어느 정도 생성되는 현상이기도 하지만, 일반적으로 예상할 수 있는 변화의 정도를 훨씬 상회하고 있다. 이러한 점은 당시 사회의 도덕관념이 어떻게 변하는지의 추세를 보여 줄 뿐만 아니라 독자층이 요구하는 사상과 그 사상을 기초로 소설 작품을 어떻게 다시 재현해 내었는가를 분명하게 보여 준다. 이처럼 '도덕관념'의 변화에는 작품의 내적인 의미와 외부적 여러 요인이 직·간접적으로 관여하고 있음을 알 수 있는데, 이와 같은 특징은 작가와 작품, 독자의 관계를 유기적으로 연결지어 이해할 수 있고, 또한 작품의 주제 변화의 양상과 의미를 다양하게 살펴볼 수 있는 중요한 자료라고 할 수 있다.

4장

선악善惡과 상벌賞罰

《요재지이聊齋志異》에 대한

《성몽병언醒夢駢言》의 선악관념善惡觀念 강화强化

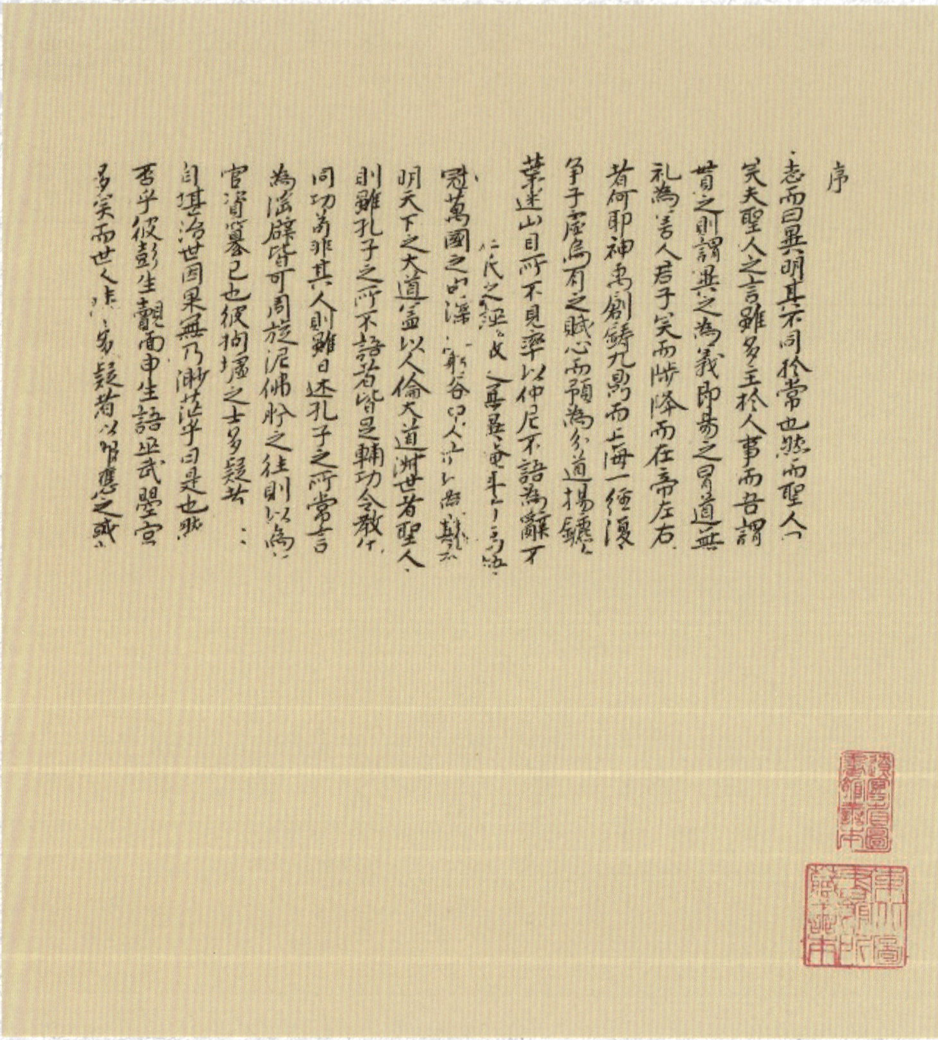

《중화재조선본中華再造善本》 중 《요재지이聊齋志異》 고본稿本 중국국가도서관출판사中國國家圖書館出版社 ⓒ wikipedia

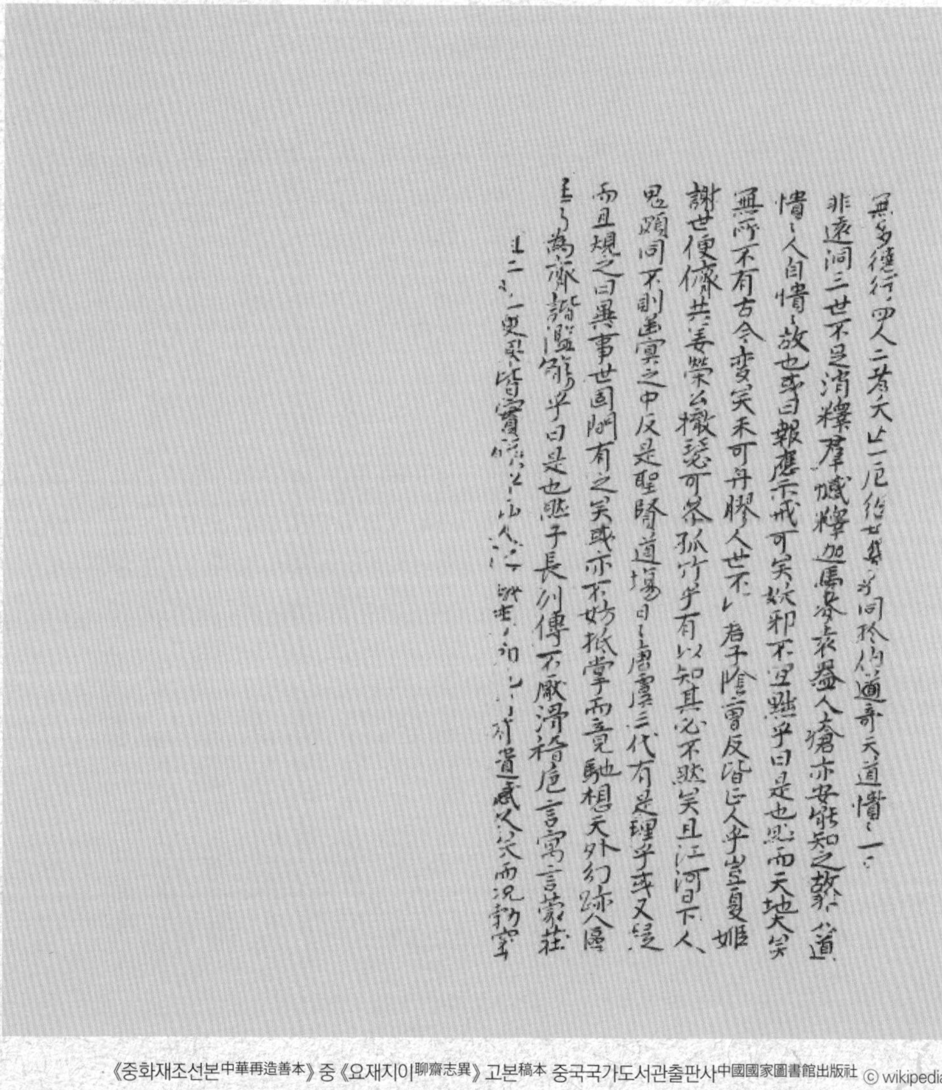

《중화재조선본中華再造善本》 중 《요재지이聊齋志異》 고본稿本 중국국가도서관출판사中國國家圖書館出版社 ⓒ wikipedia

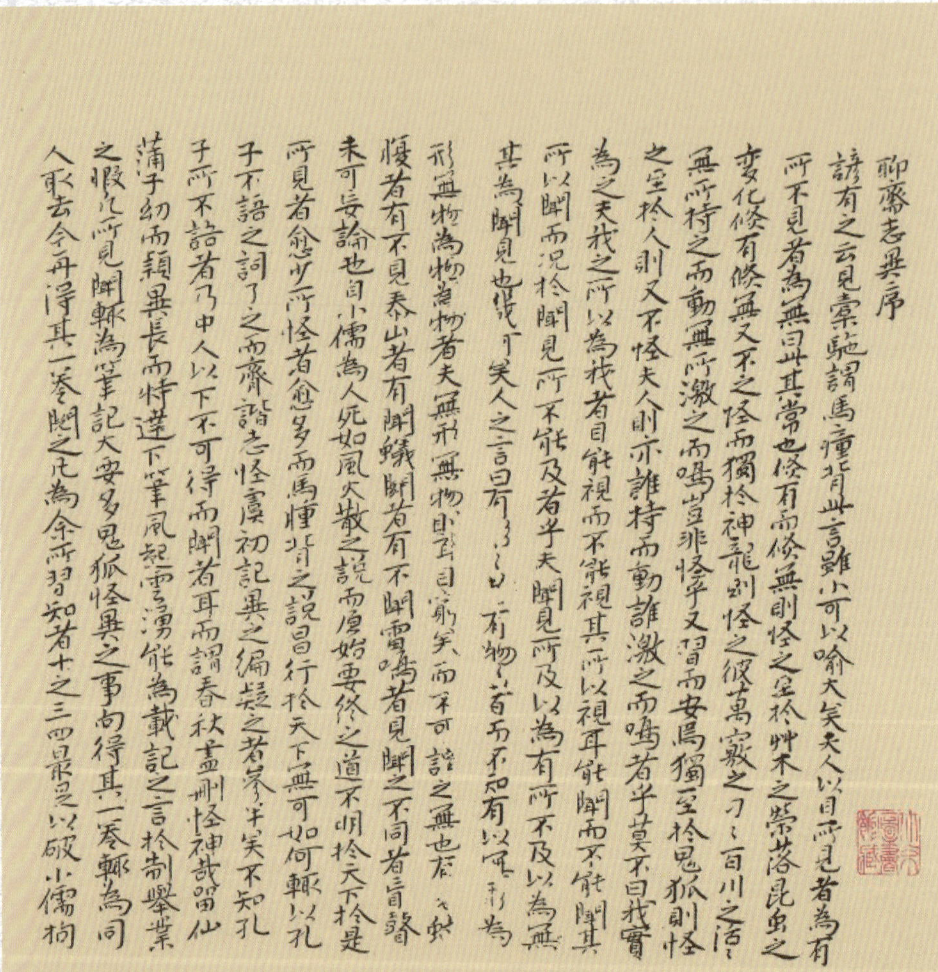

聊齋志異序

諺有之云見槖駝謂馬腫背此言雖小可以喻大矣夫人以目所見者為有
所不見者為無曰此其常也倏有而倏無則怪之至於艸木之榮落昆虫之
变化倏有倏無又不之怪而獨於神龍則怪之彼萬竅之刁刁百川之活活
無所持之而動無所激之而鳴豈非怪乎又習而安焉獨至於鬼狐則怪
之至於人則又不怪夫人則亦誰持而動誰激之而鳴者乎莫不曰我實
為之夫我之所以為我者目能視而不能視其所以視耳能聞而不能聞其
所以聞而況於聞見所不能及者乎夫聞見所及以為有所不及以為無
其為聞見也幾何矣人之言曰有有形形者有物物者而不知有以無形為
形無物為物者夫無形無物則耳目窮矣而不可謂之無也有見蚊睫
者有不見泰山者有聞蟻鬥者有不聞雷鳴者見聞之不同者盲瞽
未可妄論也自小儒為人死如風火散之說而原始要終之道不明於天下於是
所見者愈少所怪者愈多而馬腫背之說昌行於天下無可如何輒以孔
子不語之詞了之而齋諧志怪虞初記異之編疑之者參半矣不知孔
子所不語者乃中人以下不可得而聞者耳而謂春秋盡刪怪神哉留仙
蒲子幼而穎異長而特達下筆風起雲湧能為載記之言於制舉業
之暇凡所見聞輒為筆記大要多鬼狐怪異之事向得其一卷輒為同
人取去今再得其一卷閱之凡為余所習知者十之三四最足以破小儒拘

《중화재조선본中華再造善本》 중 《요재지이聊齋志異》 고본稿本 중국국가도서관출판사中國國家圖書館出版社 © wikipedia

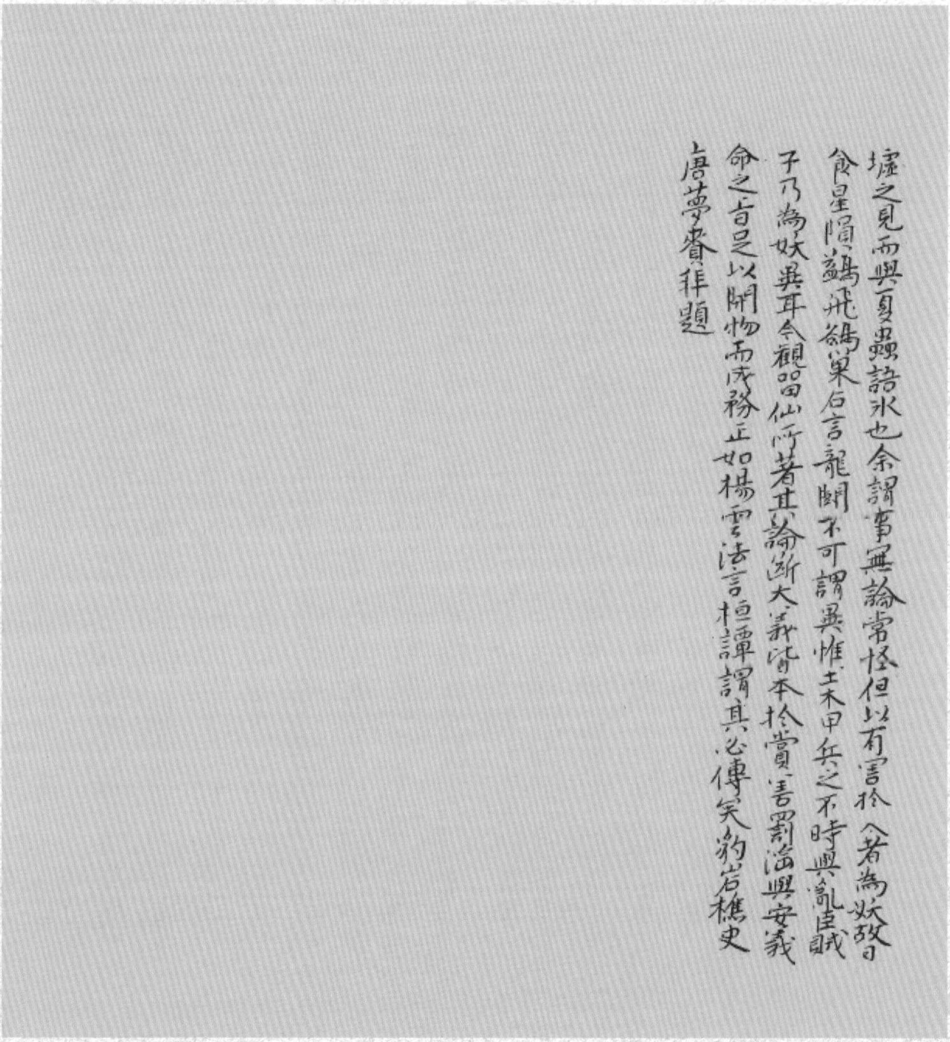
墟之見而與夏蟲語氷也余謂事無論常怪但以有害於人者為妖故日
食星隕鷁飛鵒巢石言龍鬬不可謂異惟土木甲兵之不時與亂臣賊
子乃為妖異耳今觀留仙所著其論斷大義皆本於賞善罰淫與安義
命之旨足以開物而成務正如楊雲法言桓譚謂其必傳矣豹岩樵史
唐夢賚拜題

《중화재조선본中華再造善本》 중 《요재지이聊齋志異》 고본稿本 중국국가도서관출판사中國國家圖書館出版社 ⓒ wikipedia

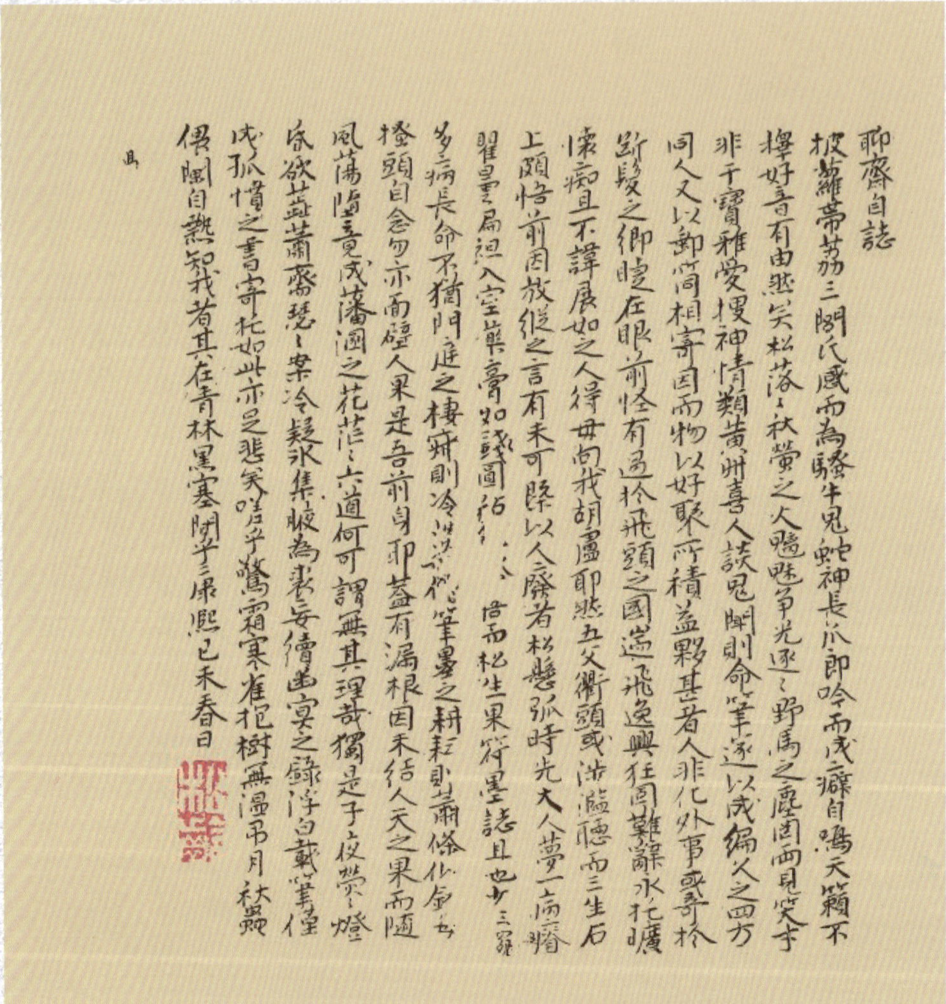

聊齋自誌

披蘿帶荔三閭氏感而為騷牛鬼蛇神長爪郎吟而成癖自鳴天籟不擇好音有由然矣松落落秋螢之火魑魅爭光逐逐野馬之塵罔兩見笑才非干寶雅愛搜神情類黃州喜人談鬼聞則命筆遂以成編久之四方同人又以郵筒相寄因而物以好聚所積益夥甚者人非化外事或奇於斷髮之鄉睫在眼前怪有過於飛頭之國遄飛逸興狂固難辭永託曠懷痴且不諱展如之人得毋向我胡盧耶然五父衢頭或涉濫聽而三生石上頗悟前因放縱之言有未可概以人廢者

松懸弧時先大人夢一病瘠瞿曇偏袒入室藥膏如錢圓粘乳際寤而松生果符墨誌且也少羸多病長命不猶門庭之淒寂則冷淡如僧筆墨之耕耘則蕭條似缽每搔頭自念勿亦面壁人果是吾前身耶蓋有漏根因未結人天之果而隨風蕩墮竟成藩溷之花茫茫六道何可謂無其理哉獨是子夜熒熒燈昏欲蕊蕭齋瑟瑟案冷疑冰集腋為裘妄續幽冥之錄浮白載筆僅成孤憤之書寄託如此亦足悲矣嗟乎驚霜寒雀抱樹無溫吊月秋蟲偎闌自熱知我者其在青林黑塞間乎康熙己未春日

《중화재조선본中華再造善本》 중 《요재지이聊齋志異》 고본稿本 중국국가도서관출판사中國國家圖書館出版社 © wikipedia

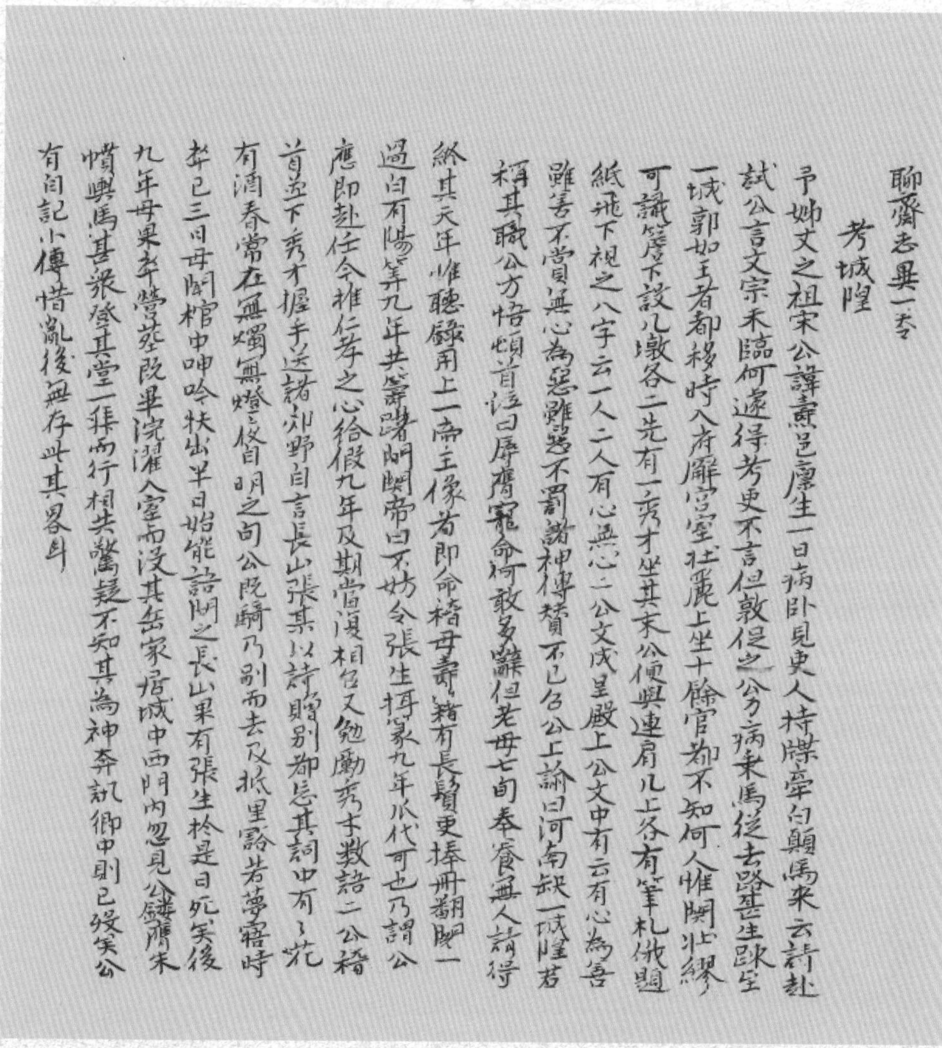
聊齋志異一卷
考城隍
予姊丈之祖宋公諱燾邑廩生一日病臥見吏人持牒牽白顛馬來云請赴
試公言文宗未臨何遽得考吏不言但敦促之公力病乘馬從去路甚生疏至
一城郭如王者都移時入府廨宮室壯麗上坐十餘官都不知何人惟關壯繆
可識簷下設几墩各二先有一秀才坐其末公便與連肩几上各有筆札俄題
紙飛下視之八字云一人二人有心無心二公文成呈殿上公文中有云有心為善
雖善不賞無心為惡雖惡不罰諸神傳贊不已召公上諭曰河南缺一城隍君
稱其職公方悟頓首泣曰辱膺寵命何敢多辭但老母七旬奉養無人請得
終其天年惟聽錄用上一帝王像者即命稽母壽籍有長鬚吏捧冊翻閱一
過白有陽算九年共躊躇間關帝曰不妨令張生攝篆九年瓜代可也乃謂公
應即赴任今推仁孝之心給假九年及期當復相召又勉勵秀才數語二公稽
首並下秀才握手送諸郊野自言長山張某以詩贈別都忘其詞中有有花
有酒春常在無燭無燈夜自明之句公既騎乃別而去及抵里豁若夢寤時
卒已三日母聞棺中呻吟扶出半日始能語問之長山果有張生於是日死矣後
九年母果卒營葬既畢浣濯入室而沒其岳家居城中西門內忽見公鏤膺朱
幩輿馬甚眾登其堂一拜而行相共驚疑不知其為神奔訊鄉中則已歿矣公
有自記小傳惜亂後無存此其略耳

《중화재조선본中華再造善本》 중 《요재지이聊齋志異》 고본稿本 중국국가도서관출판사中國國家圖書館出版社 ⓒ wikipedia

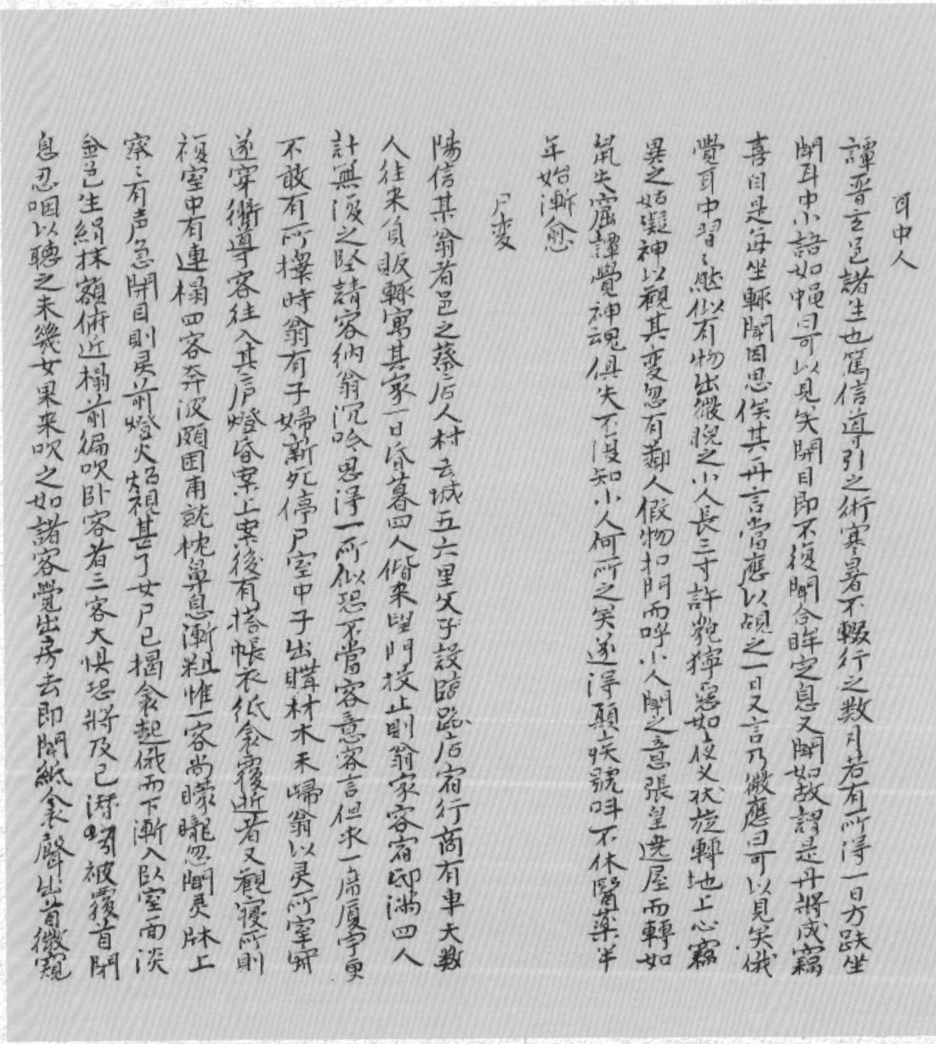

耳中人

譚晉玄邑諸生也篤信導引之術寒暑不輟行之數月若有所得一日方趺坐聞耳中小語如蠅曰可以見矣開目即不復聞合眸定息又聞如故謂是丹將成竊喜自是每坐輒聞因思俟其再言當應以覘之一日又言乃微應曰可以見矣俄覺耳中習習然似有物出微睨之小人長三寸許貌獰惡如夜叉狀旋轉地上心竊異之姑凝神以觀其變忽有鄰人假物扣門而呼小人聞之意張皇繞屋而轉如鼠失窟譚覺神魂俱失不復知小人何所之矣遂得顛疾號叫不休醫藥半年始漸愈

尸變

陽信某翁者邑之蔡店人村去城五六里父子設臨路店宿行商有車夫數人往來負販輒寓其家一日昏暮四人偕來望門投止則翁家客宿邸滿四人計無復之堅請容納翁沉吟思得一所似恐不當客意客言但求一席廈宇更不敢有所擇時翁有子婦新死停尸室中子出購材木未歸翁以靈所室寂遂穿衢導客往入其廬燈昏案上案後有搭帳衣紙衾覆逝者又觀寢所則複室中有連榻四客奔波頗困甫就枕鼻息漸粗惟一客尚朦朧忽聞靈牀上察察有聲急開目則靈前燈火照視甚了女尸已揭衾起俄而下漸入臥室面淡金色生絹抹額俯近榻前遍吹臥客者三客大懼恐將及己潛引被覆首閉息忍咽以聽之未幾女果來吹之如諸客覺出房去即聞紙衾聲出首微窺

《중화재조선본中華再造善本》 중 《요재지이聊齋志異》 고본稿本 중국국가도서관출판사中國國家圖書館出版社 © wikipedia

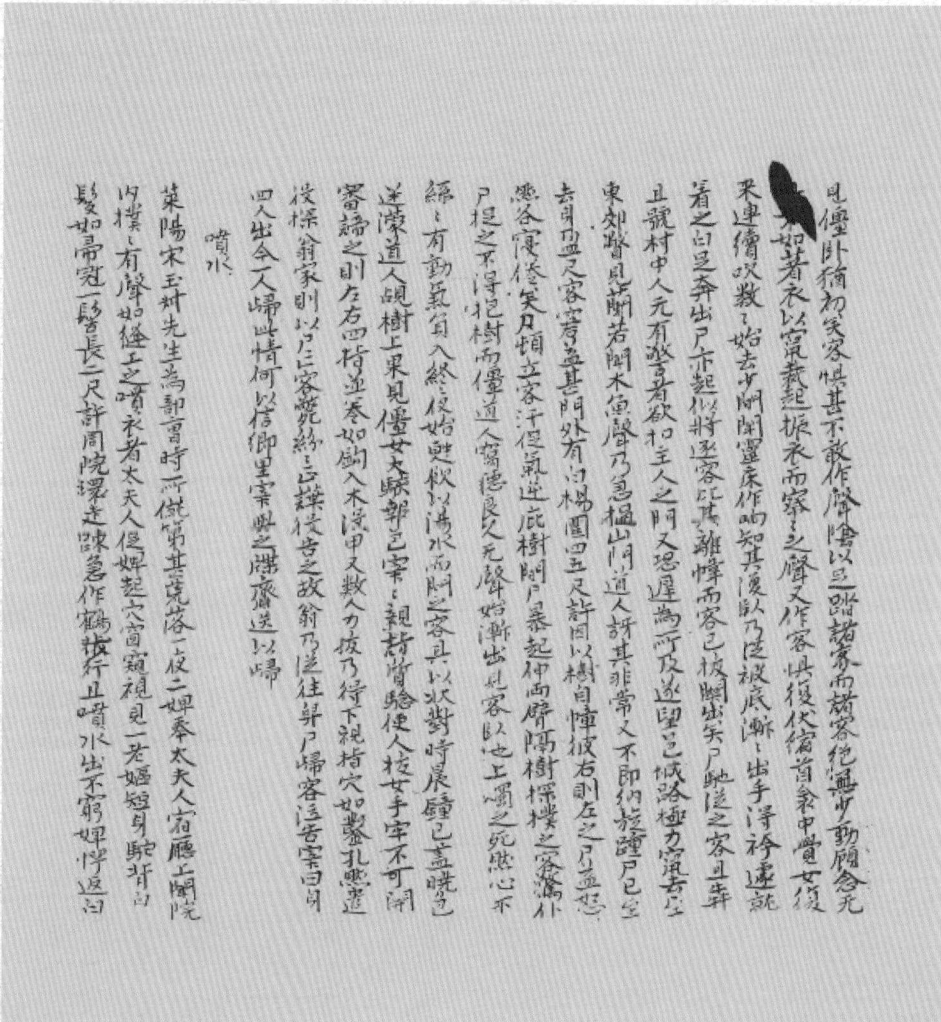
見僵臥猶初矣客惧甚不敢作聲陰以足踏諸客而諸客絕無少動顧念無
計如著衣以竄裁起振衣而察察之聲又作客惧復伏縮首衾中覺女復
來連續吹數數始去少間聞靈床作響知其復臥乃從被底漸漸出手得袴遽就
着之白足奔出尸亦起似將逐客比其離幃而客已拔關出矣尸馳從之客且奔
且號村中人無有警者欲扣主人之門又恐遲為所及遂望邑城路極力竄去至
東郊瞥見蘭若聞木魚聲乃急撾山門道人訝其非常又不即納旋踵尸已至
去身尺許客窘益甚門外有白楊圍四五尺許因以樹自幛彼右則左之尸益怒
然各寖倦矣尸頓立客汗促氣逆庇樹間尸暴起伸兩臂隔樹探撲之客驚仆
尸捉之不得抱樹而僵道人竊聽良久無聲始漸出見客臥地上燭之死然心下
絲絲有動氣負入終夜始甦飲以湯水而問之客具以狀對時晨鐘已盡曉色
迷濛道人覘樹上果見僵女大駭報邑宰宰親詣質驗使人拔女手牢不可開
審諦之則左右四指並卷如鉤入木沒甲又數人力拔乃得下視指穴如鑿孔然遣
役探翁家則以尸亡客斃紛紛正譁役告之故翁乃從往舁尸歸客泣告宰曰身
四人出今一人歸此情何以信鄉里宰與之牒齎送以歸
噴水
萊陽宋玉叔先生為部曹時所僦第甚荒落一夜二婢奉太夫人宿廳上聞院
內撲撲有聲如縫工之噴衣者太夫人促婢起穴窗窺視見一老嫗短身駝背白
髮如帚冠一髻長二尺許周院環走踔急作鶴步行且噴水出不窮婢愕返白

《중화재조선본中華再造善本》 중 《요재지이聊齋志異》 고본稿本 중국국가도서관출판사中國國家圖書館出版社 ⓒ wikipedia

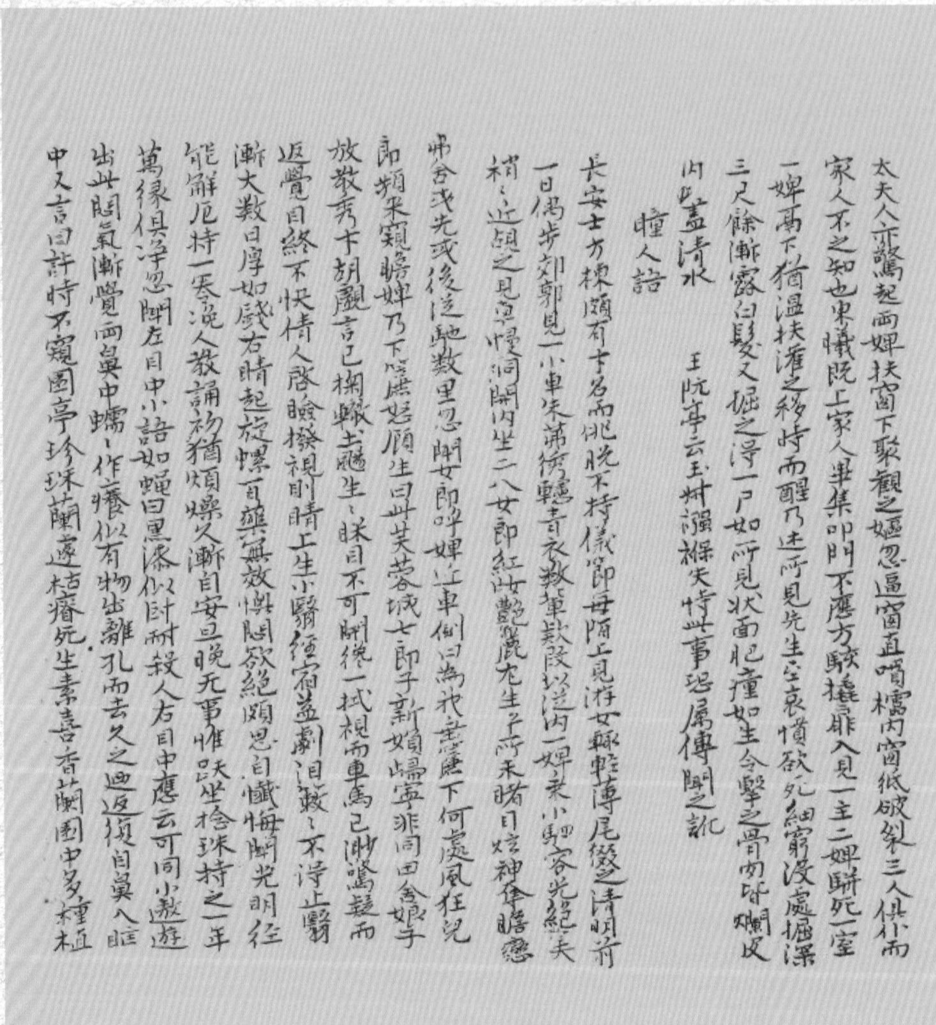

太夫人亦驚起兩婢扶窗下聚觀之嫗忽逼窗直噴櫺內窗紙破裂三人俱仆而
家人不之知也東曦既上家人畢集叩門不應方駭撬扉入見一主二婢駢死一室
一婢鬲下猶溫扶灌之移時而醒乃述所見先生至哀憤欲死細窮沒處掘深
三尺餘漸露白髮又掘之得一尸如所見狀面肥擁如生令擊之骨肉皆爛皮
內盡清水

王阮亭云玉叔襁褓失恃此事恐屬傳聞之訛

瞳人語

長安士方棟頗有才名而佻脫不持儀節每陌上見游女輒輕薄尾綴之清明前
一日偶步郊郭見一小車朱茀繡幰青衣數輩款段以從內一婢乘小駟容光絕美
稍々近覘之見車幔洞開內坐二八女郎紅妝艷麗尤生平所未睹目炫神奪瞻戀
弗舍或先或後從馳數里忽聞女郎呼婢近車側曰為我垂簾下何處風狂兒
郎頻來窺瞻婢乃下簾怒顧生曰此芙蓉城七郎子新婦歸寧非同田舍娘子
放教秀才胡覷言已掬轍土颺生々眯目不可開才一拭視而車馬已渺驚疑而
返覺目終不快倩人啟瞼撥視則睛上生小翳經宿益劇淚簌々不得止翳
漸大數日厚如錢右睛起旋螺百藥無效懊悶欲絕頗思自懺悔聞光明經
能解厄持一卷浼人教誦初猶煩躁久漸自安旦晚無事惟趺坐捻珠持之一年
萬緣俱淨忽聞左目中小語如蠅曰黑漆似叵耐殺人右目中應云可同小遨遊
出此悶氣漸覺兩鼻中蠕々作癢似有物出離孔而去久之乃返復自鼻入眶
中又言曰許時不窺園亭珍珠蘭遽枯瘠死生素喜香蘭園中多種植

《중화재조선본中華再造善本》 중 《요재지이聊齋志異》 고본稿本 중국국가도서관출판사中國國家圖書館出版社 ⓒ wikipedia

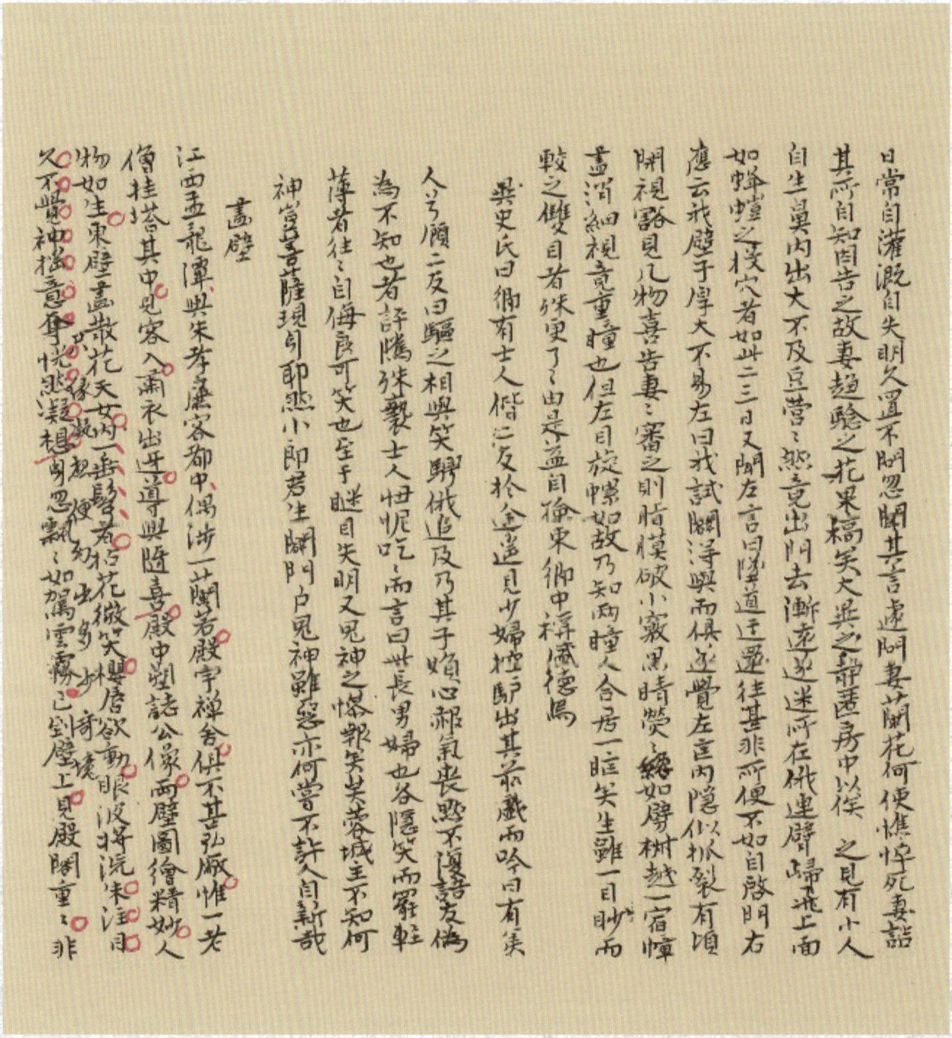
日常自灌溉自失明久置不問忽聞其言遽問妻蘭花何使憔悴死妻詰
其所自知因告之故妻趨驗之花果槁矣大異之靜匿房中以俟之見有小人
自生鼻內出大不及豆營營然竟出門去漸遠遂迷所在俄連臂歸飛上面
如蜂蟻之投穴者如此二三日又聞左言曰隧道迂還往甚非所便不如自啟門右
應云我壁子厚大不易左曰我試闢得與而俱遂覺左眶內隱似抓裂有頃
開視豁見几物喜告妻妻審之則脂膜破小竅黑睛熒熒纔如劈椒越一宿幛
盡消細視竟重瞳也但左目旋螺如故乃知兩瞳人合居一眶矣生雖一目眇而
較之雙目者殊更了了由是益自檢束鄉中稱盛德焉
異史氏曰鄉有士人偕二友於途遙見少婦控驢出其前戲而吟曰有美
人兮顧二友曰驅之相與笑騁俄追及乃其子婦心赧氣喪默不復語友偽
為不知也者評騭殊褻士人忸怩吃吃而言曰此長男婦也各隱笑而罷輕
薄者往往自侮良可笑也至於眯目失明又鬼神之慘報矣芙蓉城主不知何
神豈菩薩現身耶然小郎君生闢門戶鬼神雖惡亦何嘗不許人自新哉
畫壁
江西孟龍潭與朱孝廉客都中偶涉一蘭若殿宇禪舍俱不甚弘敞惟一老
僧掛搭其中見客入肅衣出迓導與隨喜殿中塑誌公像兩壁圖繪精妙人
物如生東壁畫散花天女內一垂髫者拈花微笑櫻唇欲動眼波將流朱注目
久不覺神搖意奪恍然凝想身忽飄飄如駕雲霧已到壁上見殿閣重重非

《중화재조선본中華再造善本》 중 《요재지이聊齋志異》 고본稿本 중국국가도서관출판사中國國家圖書館出版社 ⓒ wikipedia

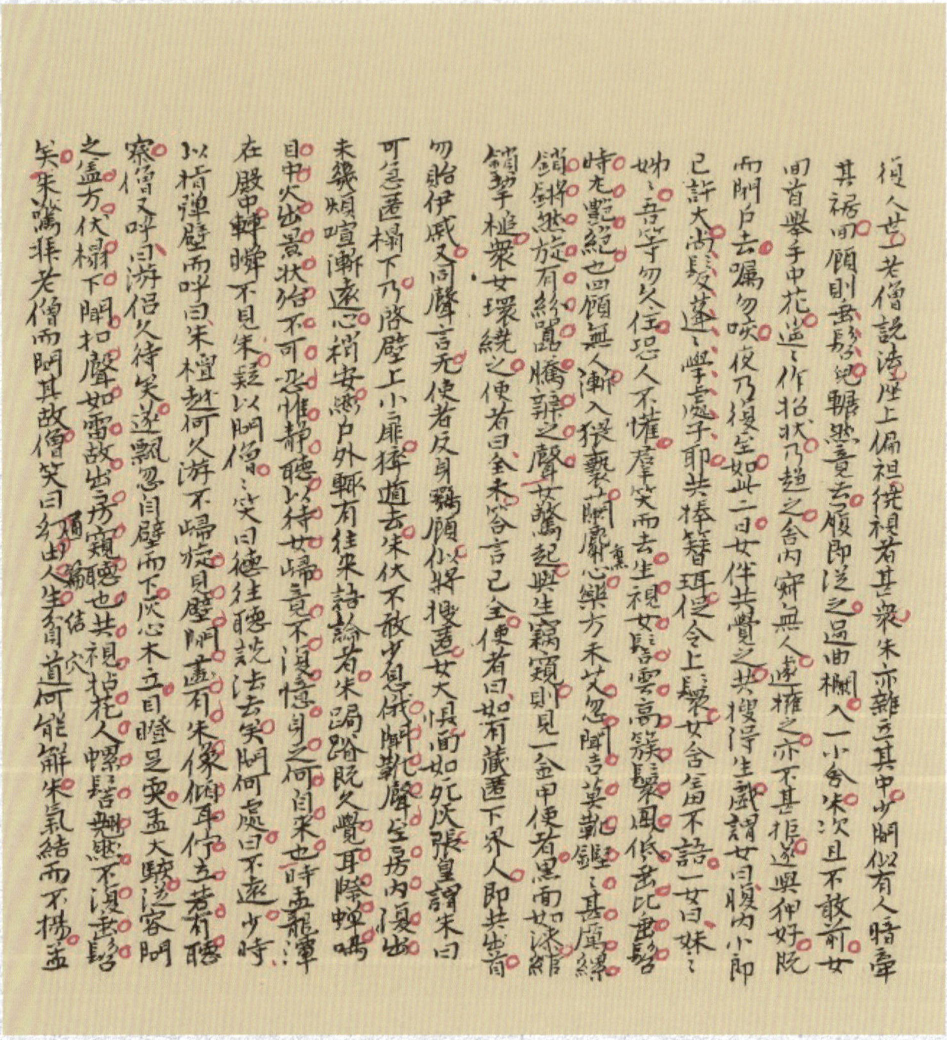

復人世一老僧說法座上偏袒繞視者甚眾朱亦雜立其中少間似有人暗牽
其裾回顧則垂髫兒囅然竟去履即從之過曲欄入一小舍朱次且不敢前女
回首舉手中花遙遙作招狀乃趨之舍內寂無人遽擁之亦不甚拒遂與狎好既
而閉戶去囑勿咳夜乃復至如此二日女伴共覺之共搜得生戲謂女曰腹內小郎
已許大尚髮蓬蓬學處子耶共捧簪珥促令上鬟女含羞不語一女曰妹妹
姊姊吾等勿久住恐人不歡群笑而去生視女髻雲高簇鬟鳳低垂比垂髫
時尤豔絕也四顧無人漸入猥褻蘭麝熏心樂方未艾忽聞吉莫靴鏗鏗甚厲縲
鎖鏘然旋有紛囂騰辨之聲女驚起與生竊窺則見一金甲使者黑面如漆綰
鎖挈槌眾女環繞之使者曰全未答言已全使者曰如有藏匿下界人即共出首
勿貽伊戚又同聲言無使者反身鶚顧似將搜匿女大懼面如死灰張皇謂朱曰
可急匿榻下乃啟壁上小扉猝遁去朱伏不敢少息俄聞靴聲至房內復出
未幾煩喧漸遠心稍安然戶外輒有往來語論者朱局蹐既久覺耳際蟬鳴
目中火出景狀殆不可忍惟靜聽以待女歸竟不復憶身之何自來也時孟龍潭
在殿中轉瞬不見朱疑以問僧僧笑曰往聽說法去矣問何處曰不遠少時
以指彈壁而呼曰朱檀越何久遊不歸旋見壁間畫有朱像傾耳佇立若有聽
察僧又呼曰遊侶久待矣遂飄忽自壁而下灰心木立目瞪足耎孟大駭從容問
之蓋方伏榻下聞扣聲如雷故出房窺聽也共視拈花人螺髻翹然不復垂髫
矣朱驚拜老僧而問其故僧笑曰幻由人生貧道何能解朱氣結而不揚孟

《중화재조선본中華再造善本》 중 《요재지이聊齋志異》 고본稿本 중국국가도서관출판사中國國家圖書館出版社 ⓒ wikipedia

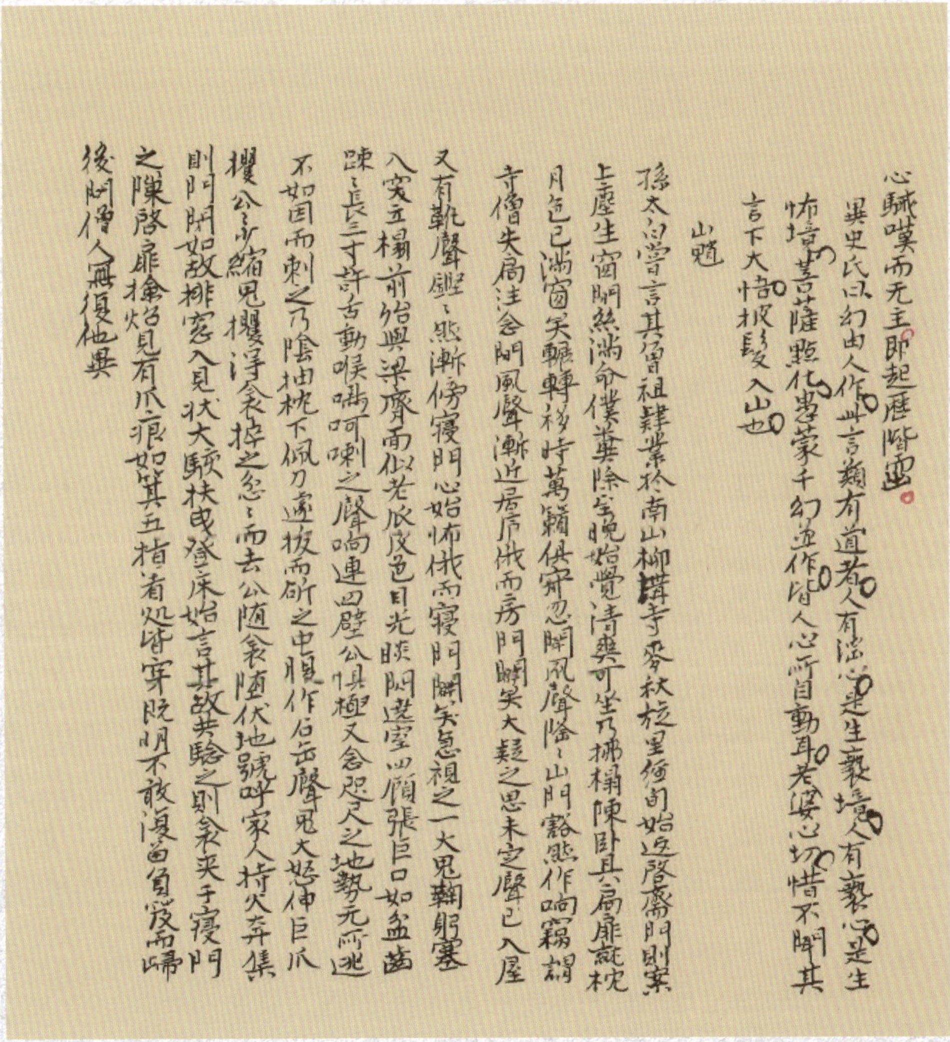
心駭嘆而无主，即起歷階而出。
異史氏曰：幻由人作，此言類有道者。人有淫心，是生褻境；人有褻心，是生怖境。菩薩點化愚蒙，千幻並作，皆人心所自動耳。老婆心切，惜不聞其言下大悟，披髮入山也。

山魈

孫太白嘗言：其曾祖肄業於南山柳溝寺。麥秋旋里，經旬始返。啟齋門，則案上塵生，窗間絲滿。命僕糞除，至晚始覺清爽可坐。乃拂榻陳卧具，扃扉就枕，月色已滿窗矣。輾轉移時，萬籟俱寂。忽聞風聲隆隆，山門豁然作響。竊謂寺僧失扃。注念間，風聲漸近居廬，俄而房門闢矣。大疑之。思未定，聲已入屋；又有靴聲鏗鏗然，漸傍寢門。心始怖。俄而寢門闢矣。急視之，一大鬼鞠躬塞入，突立榻前，殆與梁齊。面似老瓜皮色；目光睒閃，繞室四顧；張巨口如盆，齒疏疏長三寸許；舌動喉鳴，呵喇之聲，響連四壁。公懼極；又念咫尺之地，勢无所逃，不如因而刺之。乃陰抽枕下佩刀，遽拔而斫之，中腹，作石缶聲。鬼大怒，伸巨爪攫公。公少縮。鬼攫得衾，捽之，忿忿而去。公隨衾墮，伏地號呼。家人持火奔集，則門閉如故，排窗入，見狀，大駭。扶曳登床，始言其故。共驗之，則衾夾于寢門之隙。啟扉檢照，見有爪痕如箕，五指着處皆穿。既明，不敢復留，負笈而歸。後問僧人，無復他異。

《중화재조선본中華再造善本》 중 《요재지이聊齋志異》 고본稿本 중국국가도서관출판사中國國家圖書館出版社 ⓒ wikipedia

夏史紀大禹巡狩見罪人下車問而泣之左右曰罪人不順道君王何為痛之王曰堯舜之人皆以堯舜之心為心我為君百姓各以其心為心是以痛之

解夏史上記大禹巡行諸侯之國路上遇見一起犯罪的人心中不忍便下車來問其犯罪之由因而傷痛垂泣左右的人問說這犯罪之人所為不順道理正當加以刑罰君王何故痛惜他禹說我想堯舜為君之時能以德化人天下的人都體著堯舜的心為心守禮安分自不犯刑法今我為君不能以德化人這百姓每各以其心為心不順道理所以犯罪是犯罪者雖是百姓其實由我之不德有以致之故我所以傷痛者不是痛那犯罪之人蓋痛我德衰於堯舜耳夫禹不以罪人為可惡而以不德自傷如此則所以增修其德而期於無刑者無所不至矣

청대清代 심진린沈振麟 19세기 《제감도설帝鑑圖說》 중 〈하거읍죄下車泣罪〉 국립고궁박물원國立故宮博物院 소장 © 書格Shuge

虞史紀舜父瞽叟娶後妻生象父頑母嚚象
傲常欲殺舜舜避逃克諧以孝瞽叟亦允若
帝求賢德可以遜位羣臣舉舜帝亦聞之於
是以二女妻舜舜以德率二女皆執婦道

解虞史上記大舜的父是箇瞽目人他前
妻生的兒子就是大舜舜母故了瞽叟又
娶一箇後妻生的兒子叫做象那瞽叟愚
頑不知道理後妻嚚惡不賢象又凶狠無
狀他三箇人時嘗商量著要殺舜舜知道
了設法躲避然後得免然終不敢怨其父
母只盡自家的孝道久之感化得一家人
都和睦瞽叟見他這等孝順也相信歡喜
了所以人都稱他為孝子當時帝堯要求
賢德的人可遜以帝位者羣臣都薦舉他
比先帝堯已知大舜善處父母兄弟是箇
聖人但不知他處夫婦之間何如於是名
舜去把兩箇女兒都嫁與他為妻舜又能
以德化率這二女在他父母前都盡做媳
婦的道理堯因此遂禪以帝位自古聖賢
皆以孝行為本然父母慈愛而子孝順尚
不為難獨舜父母不慈而終能感化所以
當時以為難能而萬世稱為大孝也

청대清代 심진린沈振麟19세기 《제감도설帝鑑圖說》 중 〈효덕승문孝德升聞〉 국립고궁박물원國立故宮博物院 소장 © 書格Shuge

唐史紀太宗親錄繫囚見應死者憫之縱使歸家期以來秋來就死仍勅天下死囚皆縱遣至期來詣京師至是九月去歲所縱天下死囚凡三百九十人無人督帥皆如期自詣朝堂無一人亡匿者上皆赦之

解唐史上記太宗嘗親自審錄罪囚見那該死的囚犯心裏憐憫不忍殺他都放他回家看父母妻子限到明年秋間着他自來就死因此又勅令法司將天下死囚也都暫放還家亦限至明年秋裏自來赴京及至次年秋間前時所放的罪囚共三百九十人都感太宗不殺之恩不要人催督帥領箇箇都照依期限齊到朝堂聽候處決沒一箇逃亡隱匿下的太宗見這些囚犯依期就死終不忍殺盡皆赦之夫死者人之所甚懼而犯死之人必天下之惡人也人君一施恩德遂能感激至此使其死且不避則人之易感者可知而凡可報君之德者必無所不用其情矣然則人君之治天下其必以恩德為務哉

청대清代 심진린沈振麟 19세기 《제감도설帝鑑圖說》 중 〈종수귀옥縱囚歸獄〉 국립고궁박물원國立故宮博物院 소장 © 書格Shuge

4장

선악善惡과 상벌賞罰 :

《요재지이聊齋志異》에 대한 《성몽병언醒夢駢言》의 선악관념善惡觀念 강화强化

| 1 | 들어가는 말入話 : 선악善惡과 상벌賞罰의 인식을 시작으로

《요재지이聊齋志異》에 대한 《성몽병언醒夢駢言》의 재창작 과정에서 작품의 내용이나 형식, 서술 체계와 구성 방식, 표현 기교나 주제의식에서 변화가 분명하게 보이는데, 작품의 개별적 측면이 아니라, 전체적인 측면에서 살펴보면 확실하게 드러나는 부분이 바로 '주제의 다름'이라고 할 수 있다. 작품의 서사 내용과 서술 형식이 바뀜에 따라 주제사상에서의 변화도 자연스럽게 생겨난다. 원작을 재창작하는 과정에서 발현되는 주제의 '다름'은 정도의 차이는 있지만, 대체로 변화의 현상에 따라 세 가지로 구분할 수 있다. 주제의식의 변화에는 '약화弱化', '강화强化', '변환變換'의 특징이 나타난다.

'약화弱化'는 원작에 강하게 내포되었던 주제의식이 희미해지는 현상을 말한다. 주로 원작에서 크게 부각되었던 주제사상은 사라지고, 반면에 다른 주제사상이 상대적으로 강하게 제기되거나 분명하게 드러나는 현상이다. 예를 들면, 《요재지이聊齋志異》 작품에서 강조되었던 '충효보은忠孝報恩', '우의우애友誼友愛', '신의정절信義貞節'과 같은 전통윤리 관념은 《성몽병언醒夢駢言》의 작품에서는 약해지거나 사라지고 오히려 '개인적 주체의식'이나 '세속적 욕망 실현', '이해적 관계 중시'가 좀 더 분명하게 드러난다.

'강화强化'는 원작의 주제의식이 더욱 강하게 발현되고 구체적으로 나타나는 현상을 말한다. 예를 들면, 《요재지이聊齋志異》의 작품에서는 선인善人과 악인惡人에 대한 보상報償과 징벌懲罰이 보이지만, 그 정도가 미비한데, 이것은 중국 고전소설에서 주로 추구하는 이상적 주제인 '통합統合'과 '포용包容'의 가치관에 기인한 것이라고 볼 수 있다. 하지만《성몽병언醒夢駢言》의 작품에서는 이러한 선인善人과 악인惡人에 대한 '권선勸善'과 '징악懲惡'의 처리가 보다 분명하고, 그것에 따른 '보상補償'과 '처벌處罰'도 적극적으로 나타남으로써 선악善惡에 대한 구분과 상벌賞罰의 인식을 보다 명확하게 강조하고 있다. 이것은 중국 고전소설에서 보이는 주제 구현 방식과는 다른, 새롭게 등장한 독자의 가치관에 들어맞으면서 기존의 전통윤리에 대한 일종의 '거부拒否'와 '회의懷疑'의 관점을 보여 주는 것이라고 할 수 있다.

'변환變換'은 유사한 주제사상의 범위 내에서 기존의 주제의식이 새로운 주제의식으로 전환되는 현상을 말한다. 원작에 드러났던 주제사상이 옅어지거나 모호해지면서 이러한 주제사상이 다른 주제사상으로 옮겨지거나 혹은 다른 유관한 주제사상으로 대체되는 현상을 말한다. 예를 들어, 작품 속에 자주 보이는 결혼관에 대한 변화를 살펴보면,《요재지이聊齋志異》작품의 경우에는 결혼에 대한 '숙명론宿命論', '결정론決定論'이 주요하게 나타나고 있지만, 개작된《성몽병언醒夢駢言》에서는 전통적 결혼관보다는 '자기주도', '자아실현'의 개인적 결혼관이 오히려 돋보인다고 할 수 있다.

이 세 가지 주제의식의 변화는《요재지이聊齋志異》에서《성몽병언醒夢駢言》으로 재창작되는 과정에서 몇 가지의 내용으로 집약되는데, '이상적 도덕관념의 약화弱化', '현세적 선악관념의 강화强化', '혼인운명론과 결혼 의지의 변환變換' 등이라고 할 수 있다. 이처럼 다양한 주제의식의 변화 중에서 가장 분명하게 나타나는 부분은 바로 '선악관념'의 변화이다. '선악관념'은 당시의 정치와 사상, 문화와 경제, 문학과 예술의 요소와 긴밀하게 이어져 있기에 작품의 주제를 효과적으로 드러내는 데에 중요한 작용을 하고 있다. 그뿐만 아니라 '선악관념'은 작가와 작품, 독자의 관계를 시대와 사회, 문화와 연결 지어 이해할 수 있는 중요한 자료를 제공하기 때문에 작품의 주제 변화의 양상과 그 의미를 종합적으로 살펴보기에 매우 유용하다. 이와 같은 연구를 통해 서로 다른 작품의 비교에서 보이는 지나치게 한쪽으로 치우치는 편협함이나 양쪽 모두를 겉도는 모호함에서 벗어나, 변화의 과정과 그 추이를 가장 구체적이면서도 전면적으로 살펴볼 수 있다. 따라서《성몽병언醒夢駢言》이《요재지이聊齋志異》를 어떻게 재창작했는지에 대한 연구는 당시 사회 전체의 예술과 문학의 경향과 흐름, 시대에 따른 변화의 모델과 양상을 확실하면서도 폭넓게 살펴볼 수 있는 중요한 계기가 될 것이다.

| 2 | 선악관념의 강화强化: 전통적 가치관에서 대중적 가치관으로

중국 고전소설에서 백화문白話文으로 창작된 화본소설話本小說은 일반적으로 통속성과 오락성을 가지고 있고 대중의 다양한 요구와 예술적 흥미를 작품에 적극적으로 반영하고 있다.[1] 화본소설話本小說 작품을 창작한 작가는 일부를 제외하고는 대부분 지방의 하급 관리나 시정의 문인들이다. 이들의 의식 속에는 대중의 오락적 희구에 영합하면서 실리적 이익을 추구하고자 하는 현실적 인식이 있는 반면에, 대중을 권계勸誡하고 교화教化해야 하는 필연적 당위성과 사회적 책임감을 동시에 가지고 있다.[2] 그래서 노신魯迅은 《중국소설사략中國小說史略》에서 "내 생각으로 그것을 미루어 보건대, 통속적인 글이 흥성하게 된 데에는 마땅히 두 가지에서 비롯되었던 듯하다. 하나는 오락娛樂을 위해서이고, 다른 하나는 권선勸善을 위한 것이었다."[3]라고 말했고, 명明의 송대宋代 시인소설市人小說을 모방한 소설에 대한 설명에서도 "교훈으로 타이르는 글들이 연이어 걸쳐있어서 마치 주객이 전도된 듯하다."라고 하였다.[4] 즉 화본소설話本小說은 대중적인 요구를 충분히 반영하면서도 그 속에는 대부분 교화적 서술 구조와 확실한 교훈이나 설법을 강조하는 전통적 도덕관념을 내포하고 있다는 것이다.[5] 이처럼 백화문白話文 소설 작품에는 대중의 오락적 기대에 철저하게 편승하면서도 또 다른 한편으로는 의식적이든 무의식적이든 문학 작품으로 대중을 계도하거나 교화하고자 하는 사상이 어느 정도 내포되어 있다. 이렇게 소설 작품

1 陳文新, 〈從宋元話本到《聊齋志異》-論講唱文學對文言小說滲透〉, 《學術交流》, 2010年 7月, 185쪽 참고.

2 張振軍은 그의 저서 《傳統小說與中國文化》에서 '중국소설이 교화적 작용에 집중해야만, 비로소 유교 문화의 체제 안에서 일정한 지위를 차지할 수 있다. 바꾸어 말하면, 소설의 교화 작용을 중시하고 강조하는 것은 지극히 당연한 것이다.'라고 주장한 바 있다. 자세한 내용은 張振軍, 《傳統小說與中國文化》, 廣西師範大學出版社, 1996年, 65쪽을 참고하기 바란다.

3 以意度之, 則俗文之興, 當由二端, 一爲娛心, 一爲勸善. 魯迅, 《中國小說史略》, 臺北: 風雲時代出版社, 1992年, 133-134쪽 참고.

4 誥誡連篇, 喧而奪主. 魯迅, 《中國小說史略》, 臺北: 風雲時代出版社, 1992年, 249쪽 참고.

5 王恒展, 〈淺論《聊齋志異》與話本小說的關係〉, 《蒲松齡研究》, 1997年 第2期, 39쪽 참고.

으로 대중을 교화하고자 하는 가치관은 독자의 입장에서도 결코 부정적이거나 비판적으로 받아들여진 것은 아니다. 과거의 수많은 소설 작품 가운데에서 '권선징악勸善懲惡'이나 '인과응보因果應報', '개과천선改過遷善'이나 '고진감래苦盡甘來'와 같은 상투적이면서도 전형적인 주제를 다루는 작품을 이후에도 계속해서 내용과 사상을 그대로 답습踏襲하거나, 혹은 독자의 흥미에 맞게 속작續作하고, 개작한 작품을 대거 생산한 것은 바로 이 점을 방증하는 것이라고 할 수 있겠다.

원작을 계승하는 과정을 고찰하는 데에 있어서 주목해야 할 부분은 작품 간의 상호 비교를 기초로 한 '외연外延'과 '내재內在'의 변화라고 말할 수 있다. '외연적外延的 변화變化'는 '이전 작품의 서사 내용과 서술 형식을 어떻게 유지하고 변화시켰는가?' 하는 점이고, '내재적內在的 변화變化'는 '이러한 요소가 바뀜에 따라 주제사상에는 어떠한 변화가 일어나는가?' 하는 점이다. 이것은《요재지이聊齋志異》에 대한《성몽병언醒夢駢言》의 개작을 살펴보는 데에 있어서도 결코 예외가 아니다. 원작을 개작하는 과정에서 분명하게 나타나는 제 현상은 모두 '통속화通俗化'의 기저에 바탕을 두고 있고, 이 원칙은 서민 대중을 대상으로 한다는 점을 주요한 요지로 삼는다.[6] 그렇기에《성몽병언醒夢駢言》의 줄거리와 서사의 통속화는《요재지이聊齋志異》를 재창작하는 과정에서 필연적으로 수반되는 현상이고, 작품 간의 비교에서 '외연적外延的'으로 발현되는 구체적인 특징이라고 볼 수 있다.

이와는 다르게 작품의 '내재적內在的'으로도 적지 않은 변화가 일어나는데, 바로 '주제의식의 변화'이다. 작품의 줄거리와 서사가 바뀜에 따라 그 속에 포함된 사회적 규범과 의의, 전통적 윤리의식, 도덕적 가치관 등도 따라서 조율되는데, 이것은 이러한 내적 의미가 작품의 줄거리 전개나 서사 방식과 상당히 밀접하게 연관이 있기 때문이다. 구체적으로 원작을 개작하는 과정을 살펴보면, 서술 내용의 '첨가添加'와 '삭제削除' 혹은 '변환變換', 서사 방식의 '약서略敍'와 '포서鋪敍' 혹은 '직서直敍'[7]에 따라 주제의식의 '은현隱現', '강약强弱', '전이轉移'가 자연스럽게 나타나고 있다.《성몽병언醒夢駢言》에서도 내용과 서사 형식

6 劉富偉,〈從文言文心到俗話俗情–論話本小說對《聊齋志異》的語體變更〉,《齊魯學刊》, 2017年 第4期 참고.

7 화본소설話本小說의 서사 방식에서 '약서略敍', '포서鋪敍', '직서直敍' 등에 대한 자세한 내용은 金明求,《宋元話本小說"入話"之敍事研究》, 臺北: 大安出版社, 2009年, 198-199쪽 ; 李忠明,《中國古代小說的主題與敍事結構》, 安徽文藝出版社, 2000年, 165-166쪽을 참고하기 바란다.

이 변함에 따라 주제사상에서도 분명한 차이가 보이는데, 이 가운데에서 명확하게 드러나는 부분은 바로 '선악관념을 어떻게 인식하고 그것을 작품에 어떻게 반영하였는가?'이다.

《성몽병언醒夢駢言》에서는 전통시기 중국 대중들의 소박한 생활과 정신세계를 다각적으로 투영하고 있는 '관념'을 적극적으로 운용하고 있다. 이 과정에서 '전통'이라는 기층문화를 바탕으로 하는 숙명론적 세계관이나 화복순환적禍福循環的 가치관, 종교 신앙적 인생관, 윤리 규범적 도덕관과 같은 '전통적 가치관'은 오히려 약화되었고, 선악과 상벌이 분명한 도덕관념, 현실 생활의 만족을 추구하는 현세주의적 행복관념, 화복순환禍福循環에 바탕을 둔 인생 가치관 등, '대중적 가치관'은 오히려 더욱 강조되었다.[8] 만약 작품을 창작하는 과정에서 대중적 가치관과 전통적 가치관이 충돌한다면, 전통적인 문학 작품에서는 '대중적 가치관'보다 '전통적 가치관'에 치중하여 기술하였다. 이러한 현상은 작가 대부분이 문학에 대한 가치관을 전통적 윤리 도덕의 구현에 집중하고 있기 때문인데, 이것은 작가의 신분과 지위, 그리고 문학적 소양의 유무 등과도 연관이 깊다. 화본소설話本小說의 작가 대부분이 하층의 평민은 아니었기에 대중적 가치관보다는 전통적 가치관을 발현하는 것에 의식적 혹은 무의식적으로 추종하고 있다. 실제로 《성몽병언醒夢駢言》에서 시사詩詞의 어휘語彙와 전고典故, 문장文章의 비유比喩와 상징象徵 등을 통해 '문인화文人化'의 색채가 비교적 짙은 점을 쉽게 발견할 수 있다.[9] 하지만 때로는 '명분名分'과 '도덕道德'을 강조하는 '전통적 가치관'과 '실리實利'와 '소통疏通'을 강조하는 '대중적 가치관'이 전면적으로 충돌하는 것을 피할 수 없다. 작품을 통해 추구하는 이상적 가치와 대중이 요구하는 실제적 목적 사이에서 어느 한쪽만을 택할 수 없는 작가만의 '딜레마dilemma'가 존재하는 것이다. 작가는 자연스럽게 이 두 가지 가치관에서 '공통분모'를 찾게 되는데, 전통적 가치관을 어느 정도 답습하면서도 대중적 가치관에서 크게 벗어나지 않는 절충된 관점을 탐색하게 된다. 이것이 바로 '권선징악勸善懲惡'과 '인과응보因果應報'로 대표되는 '선악관념'이다.[10]

---

8 중국 전통시기 '전통적 가치관'에 대한 내용과 의미에 대해서는 박미애, 〈《太平廣記》 未來豫知譚에 나타난 중국 전통시기의 가치관념〉, 《한문고전연구》 26권, 2013년 6월, 231-265쪽을 참고하기 바란다.

9 蔣玉斌, 《《聊齋志異》的淸代衍生作品硏究》, 中國社會科學出版社, 2012年 6月, 282쪽 참고.

10 중국 전통시기 민간에서는 선善과 악惡, 인因과 연緣, 죄罪와 벌罰 등의 도덕적 가치 관념이 나타나는데, 이러한 관념은 크게 유교儒敎의 '도덕윤리道德倫理', 불교佛敎의 '인과응보因果應報', 도교道敎의 '적선적덕積善積德'

이러한 '선악관념'은 전통적 가치관에 어긋나지 않으면서 동시에 대중적 지지와 공감을 얻을 수 있다.

《요재지이聊齋志異》의 작품을《성몽병언醒夢駢言》으로 개작하는 과정에서 나타나는 주제의식의 변화 중에서 가장 분명하게 나타나는 것은 '대중적 가치관'을 내포한 '권선징악勸善懲惡'과 '인과응보因果應報'이다. 이러한 현상은《요재지이聊齋志異》의 작품에서 전통적 가치관을 강조하는 과정에서 드러났던 일부 '선악관념'을《성몽병언醒夢駢言》에서는 보다 집중적으로 이끌어내고 있다고 볼 수 있다. 이것은 '전통적 가치관'과 '대중적 가치관'이 서로 연계된 체계에서 '전통적 가치관'의 의미가 침체되거나 약화됨에 따라, 오히려 '대중적 가치관'의 의미가 구체적으로 드러나거나 강화되는 것이다.

| 3 | 대중적 가치관에서의 선악관념善惡觀念: 〈투부교상고액妒婦巧償苦厄 숙희대향영화淑姬大享榮華〉와 〈종좌도일시실족從左道一時失足 납충언립각회두納忠言立刻回頭〉

《성몽병언醒夢駢言》에서는 '대중적 가치관'의 상승에 기초한 '선악관념'이 구체적으로 드러난 작품을 어렵지 않게 찾아볼 수 있는데,[11] 예를 들면, 제4회第四回〈투부교상고액妒婦巧償苦厄 숙희대향영화淑姬大享榮華〉, 제8회第八回〈시귀역수지생파施鬼蜮隨地生波 장신령전재위복仗神靈轉災爲福〉, 제9회第九回〈천명매단구일미倩明媒但求一美 앙명판경득쌍주央冥判竟得雙姝〉, 제10회第十回〈종좌도일시실족從左道一時失足 납충언립각회두納忠言立刻回頭〉, 제11회第十一回〈연신구산맹해서聯新句山盟海誓 영구사벽합주환詠舊詞璧合珠還〉 등이 있다. 이 중에서 제4회第四回〈투부교상고액妒婦巧償苦厄 숙희대향영화淑姬大享榮華〉와 제10회第十回〈종좌도일시실족從左道一時失足 납충언립각회두納忠言立刻回頭〉의 주제의식의 변화 과정을 살

으로 나눠진다. 이 세 가지 관념은 모두 '권선징악勸善懲惡'과 '인과응보因果應報'의 '선악관념'을 기본으로 삼고 있다. 전통시기 '선악관념'에 대한 내용은 박미애, 〈《太平廣記》 未來豫知譚에 나타난 중국 전통시기의 가치관념〉,《한문고전연구》 26권, 2013년 6월, 241-244쪽 참고하기 바란다.

11 '선악관념'은 작품 속에서 '권선징악勸善懲惡'과 '인과응보因果應報' 관념으로 강조되는데, 이 중에서 '인과응보因果應報' 관념은《요재지이聊齋志異》보다《성몽병언醒夢駢言》에서 더욱 강화되는 특징을 보여 주고 있다. 이와 관련된 내용은 方兆平, 〈略論《醒夢駢言》對《聊齋志異》的改編〉,《語文學刊》, 2008年 第2期, 96쪽을 참고하기 바란다.

펴보면, '선악관념'이 집중적으로 강조되고 있음을 발견할 수 있다.[12]

먼저, 《요재지이聊齋志異》권11卷十一〈대남大男〉과 《성몽병언醒夢駢言》제4회第四回〈투부교상고액妒婦巧償苦厄 숙희대향영화淑姬大享榮華〉의 세부 내용과 구성 방식을 진행순서에 따라 살펴보면 다음과 같다.

구성	〈大男〉	비고
발단	1. 해성렬奚成列의 처와 첩 하소용何昭容 소개→처의 죽음→신씨申氏를 후처로 맞아들임→질투심이 강한 신씨申氏의 하씨何氏 학대→해성렬奚成列의 가출 2. 하씨何氏의 대남大男 출산→신씨申氏는 하씨何氏를 미워함 3. 대남大男의 총명함	
전개	4. 대남大男은 모친에게 부친이 없는 이유를 물음→하씨何氏는 대답을 피함 5. 대남大男의 반복된 질문→집안의 속사정을 알게 된 대남大男 6. 사라진 대남大男 7. 대남大男은 길에서 만난 전씨錢氏에 의해 절에 팔려감→절의 장로는 대남大男이 절을 떠날 수 있도록 도움을 줌 8. 대남大男은 장수재蔣秀才를 만나 노주瀘州로 감→대남大男은 다시 부친을 찾으러 복건福建으로 길을 떠남 9. 대남大男은 포목상 2명에게 짐을 강탈당함→진陳노인의 집에 가서 지내게 됨 10. 신씨申氏는 하씨何氏를 중경重慶의 상인에게 팔아버림→하씨何氏의 자해→중경重慶 상인은 그녀를 염정鹽亭 상인에게 팔아버림→하씨何氏의 반복된 자해→염정鹽亭 상인은 그녀에게 장사꾼 친구에게 시집갈 것을 제안함	
절정	11. 염정鹽亭 상인은 바로 그녀[하씨何氏]의 전남편인 해성렬奚成列이었음→해성렬奚成列은 하씨何氏를 처의 신분으로 높여줌→하씨何氏는 해성렬奚成列에게 첩을 들일 것을 권함→하씨何氏를 첩이라고 미워했던 신씨申氏가 오히려 첩으로 들어옴 12. 서술자의 개입: 신씨申氏가 오빠인 신포申苞의 집으로 감→신씨申氏는 보녕保寧의 한 상인에게 팔려감→보녕保寧의 상인은 신씨申氏를 다시 다른 사람[해성렬奚成列]의 첩으로 팔아버림 13. 하씨何氏와 신씨申氏는 신분이 바뀌었고, 신씨申氏는 마지못해 하씨何氏에게 처의 예를 갖추어 절을 함→해성렬奚成列은 신씨申氏에게 하씨何氏의 시중을 들게 함	

12 《요재지이聊齋志異》에서 《성몽병언醒夢駢言》으로 개작되는 과정에서 내용의 변화와 더불어 주제의식에 있어서도 차이를 보이는데, 이 중에서 '선악관념'의 변화가 가장 뚜렷하다. 특히 제4회第四回〈투부교상고액妒婦巧償苦厄 숙희대향영화淑姬大享榮華〉, 제8회第八回〈시귀역수지생파施鬼蜮隨地生波 장신령전재위복仗神靈轉災爲福〉, 제9회第九回〈천명매단구일미倩明媒但求一美 앙명판경득쌍주央冥判竟得雙姝〉, 제10회第十回〈종좌도일시실족從左道一時失足 납충언립각회두納忠言立刻回頭〉, 제11회第十一回〈연신구산맹해서聯新句山盟海誓 영구사벽합주환詠舊詞璧合珠還〉 등에서 《요재지이聊齋志異》와는 다르게 '선악관념'이 강조되고 있다. 본 글에서는 '선악관념'의 변화가 가장 분명하고 구체적으로 나타나고 있는 제4회第四回〈투부교상고액妒婦巧償苦厄 숙희대향영화淑姬大享榮華〉와 제10회第十回〈종좌도일시실족從左道一時失足 납충언립각회두納忠言立刻回頭〉를 중심으로 논의를 전개하고자 한다.

구성	〈大男〉	비고
결말	14. 해성렬奚成列과 마을 사람의 다툼→진사종陳嗣宗 현령縣令은 그 마을 사람을 책망하고 내쫓음→현령縣令이 해성렬奚成列의 집에 찾아옴→그 현령縣令이 바로 대남大男이었음 15. 대남大男은 지난날 고향에 돌아와 보니 두 어머니가 개가한 것을 알게 됨→대남大男은 진陳노인의 만류와 점괘로 인해 벼슬을 버리지 못했음→대남大男은 부친과 재회하고 그에게 고향으로 같이 돌아가기를 권함 16. 해성렬奚成列의 귀향→신포申苞는 여동생 신씨申氏를 본처로서의 신분 회복을 두고 해성렬奚成列을 고발함→관리는 신포申苞에게 곤장을 때리고 잘못을 꾸짖음→하씨何氏와 신씨申氏의 신분과 명분이 더욱 굳어지고, 두 사람은 서로를 존중하게 됨 17. 이사씨異史氏: 해성렬奚成列이 효자와 어진 아내가 있었기에 남은 인생을 평안하고 부귀를 누릴 수 있었음	

구성		〈妒婦巧償苦厄 淑姬大享榮華〉	비고
입화入話		1. 입화사入話詞: 여사女史는 영원히 그 이름을 후세에 남김 2. 입화의론入話議論: 남성의 의기義氣에 대해 평론→어질지 않은 부인에 대한 논평	
정화正話	발단	3. 유대성俞大成과 그의 아내 진씨陳氏의 소개→혜란蕙蘭을 첩으로 들임→진씨陳氏의 죽음 4. 손씨孫氏를 후처로 맞이함 5. 포악한 손씨孫氏가 혜란蕙蘭을 질투함 6. 손씨孫氏는 남편 유대성俞大成이 혜란蕙蘭과 말하는 것조차도 허락하지 않음	
	전개 1	7. 반년의 시간이 지남→유대성俞大成은 시험을 치름→혜란蕙蘭의 아들 출산 8. 유대성俞大成과 손씨孫氏의 다툼 9. 손씨孫氏의 가족들이 몰려와 행패를 부림→유대성俞大成의 도망→혜란蕙蘭은 손씨孫氏에게 사죄함	
	전개 2	10. 유대성俞大成이 하남河南으로 길을 떠남 11. 혜란蕙蘭의 유대성俞大成에 대한 걱정→혜란蕙蘭의 아들 출산→손씨孫氏가 혜란蕙蘭의 아들을 죽이려고 계략을 꾸밈 12. 손씨孫氏는 혜란蕙蘭의 아들을 변기에 거꾸로 세워 죽이려 하지만 실패함→손씨孫氏는 마지못해 혜란蕙蘭 모자母子에게 밥과 약간의 돈을 주어 생계를 이어가게 함	
	전개 3	13. 혜란蕙蘭은 아들 이름을 대남大男이라고 지음→대남大男은 공부하고자 하는 의지가 대단함 14. 혜란蕙蘭은 고씨高氏 아주머니에게 대남大男을 학당으로 데려가게 함→대남大男의 총명함 15. 영민한 대남大男 16. 대남大男은 모친에게 부친이 없는 이유를 물음	
	전개 4	17. 2년의 세월 경과→대남大男이 부친의 부재 이유를 다시 물음 18. 부친을 찾으러 길을 떠난 대남大男 19. 손씨孫氏는 혜란蕙蘭을 억지로 재가시키려고 하지만 혜란蕙蘭은 혼인을 거부함→손씨孫氏는 부친 손구화孫九和와 상의함→손구화孫九和는 혜란蕙蘭을 가원외賈員外에게 재가再嫁시키기로 함 20. 가원외賈員外의 집에 끌려간 혜란蕙蘭→혜란蕙蘭의 자해 21. 가원외賈員外는 혜란蕙蘭에게 하남河南의 포목상에게 갈 것을 권함 22. 가원외賈員外와 혜란蕙蘭은 하남河南으로 가고, 혜란蕙蘭을 포목상에게 소개함	

구성		〈妒婦巧償苦厄 淑姬大享榮華〉	비고
정화正話	절정	23. 정화설명正話說明: 그 포목상이 바로 유대성俞大成임 24. 유대성俞大成은 대남大男이 자신을 찾으러 길을 떠난 것을 알게 됨→아들을 찾기 위해 벽보를 붙임 25. 혜란蕙蘭은 유대성俞大成에게 첩을 얻을 것을 권함→유대성俞大成은 지인에게 첩을 구해달라고 부탁함 26. 과거 유대성俞大成의 후처였던 손씨孫氏가 첩으로 들어옴 27. 정화설명正話說明: 손씨孫氏가 첩으로 들어오게 된 내력을 이야기함[손씨孫氏는 친정으로 돌아감→손씨孫氏와 중경重慶의 객상客商의 혼인→하남河南의 객상客商에게 손씨孫氏를 팔아버림] 28. 손씨孫氏는 마지못해 혜란蕙蘭에게 고개를 숙임 29. 유대성俞大成은 손씨孫氏에게 혜란蕙蘭의 시중을 들게 함 30. 유대성俞大成은 지난날의 악행을 들어 손씨孫氏를 일부러 차갑게 대하고 고생시킴	
	결말	31. 5, 6년의 세월이 지남→유대성俞大成과 불량배의 소송→성이 진陳인 순안巡按은 불량배를 압송해 감 32. 순인巡按이 유대성俞大成의 집으로 찾아옴→순안巡按이 바로 집을 나간 후 유괴당하여 절에 팔린 대남大男이었음[당시 사천四川의 객상客商 진홍범陳洪範을 만나 성도成都로 감→대남大男의 과거 급제→하남河南의 순안巡按으로 부임]→세 사람의 재회 33. 대남大男의 출생지 정정을 부탁함→황제는 성을 '진陳'과 '유俞'를 사용하도록 허락하고, '효장孝章'의 이름을 하사함 34. 진홍범陳洪範이 하남河南으로 감→진홍범陳洪範은 딸 취화翠花를 대남大男과 혼인시키고자 함 35. 대남大男과 취화翠花의 혼인 36. 유씨俞氏 가족들이 산서山西로 감 37. 유대성俞大成 부자父子는 진우량陳又良[서당 선생]에게 사례함→온 가족이 함께 상경, 재상宰相이 된 대남大男→대남大男의 사직과 귀향→유대성俞大成과 혜란蕙蘭의 죽음→대남大男은 5남 3녀를 둠→손씨孫氏는 대남大男이 상경한 지 2달 만에 고통스럽게 죽음	
편미篇尾		38. 편미시篇尾詩: 포악한 부인을 들인 가정의 파탄과 곤경	

《성몽병언醒夢駢言》제4회第四回〈투부교상고액妒婦巧償苦厄 숙희대향영화淑姬大享榮華〉는 《요재지이聊齋志異》권11卷十一〈대남大男〉을 개작한 것이다. 〈투부교상고액妒婦巧償苦厄 숙희대향영화淑姬大享榮華〉에는 〈대남大男〉보다 첨가된 내용도 있지만, 원작과 비교해서 일부 내용이 축소된 경우도 나타난다. 인명이나 사건의 발생 순서도 조금씩 다르게 배치하고 있다. 전체적인 줄거리에 있어서는 두 작품의 주요 내용과 얼개는 크게 다르지 않다. 하지만 주제의식을 드러내는 부분에서는 분명한 차이를 보인다. 〈대남大男〉의 주제의식에는 '선과 악의 조화'와 '원만한 해결'을 강조하고자 하는 경향을 보인다. 이에 반해, 〈투부교상고액妒婦巧償苦厄 숙희대향영화淑姬大享榮華〉는 '선악의 구분'이 분명하고 그에 따른 '현세의 보상과 징벌'이 아주 선명하게 제시되고 있다.[13] 즉 '선악관념'을 구

13 方兆平, 〈略論《醒夢駢言》對《聊齋志異》的改編〉, 《語文學刊》, 2008年 第2期, 96쪽 참고.

현하는 데에 있어서 두 작품은 이미 확실한 차이를 보이는데, 두 작품의 주제의식을 구체적으로 비교해보면 이러한 특징은 더욱 분명해진다.

〈大男〉	〈妒婦巧償苦厄 淑姬大享榮華〉	비고
어진 첩에 대한 찬양 운명의 당위성 제시 효성에 대한 강조 선악의 융합 [처첩의 갈등과 화해, 악인에 대한 질책]	어진 첩의 절의 포악한 여인의 악행과 몰락 효성의 적극적 선양 선악에 대한 분명한 포상과 징벌 [처첩의 갈등과 해결, 악인의 파멸]	

〈대남大男〉은 주제사상을 드러내는 과정에 있어서 '선善과 악惡의 화해'를 집중적으로 보여 주고 있다. 도입 부분에서 신씨申氏는 후처로 들어와 첩인 하씨何氏를 핍박하지만, 결말 부분에서는 신씨申氏의 지위가 바뀌어 후처에서 첩으로 되어 다시 집안으로 들어온다. 이 과정에서 첩과 후처 간의 갈등은 극에 달해 신씨申氏에게 박해를 당했던 하씨何氏의 복수가 곧바로 전개될 수 있었음에도 하씨何氏는 신씨申氏를 용서한다. 또한, 신씨申氏의 지위 회복을 위해 일부러 해성렬奚成列과 소송을 걸었던 신포申苞는 과거의 죄행[하씨何氏를 핍박함, 하씨何氏를 강제로 팔아넘김, 신씨申氏를 팔아버림]에 비해 비교적 가벼운 형벌, 즉 '곤장'과 '훈계'로 치죄를 대신하고 있다. 첩이였던 하씨何氏를 핍박하면서 상인에게 팔아버렸던 신씨申氏와 그녀의 오빠인 신포申苞의 악행에 대한 징벌로서는 그 정도가 상당히 미약한데, 여느 소설 작품에서 보이는 것처럼 과격하고 잔인한 처벌은 보이지 않는다. 오히려 그들을 이해하는 태도를 보이는데, 특히 신씨申氏를 자신의 가족으로 다시 받아들여 서로 간의 갈등과 충돌을 순리적으로 해결하고 있다. 어떤 면에서는 오히려 선과 악의 대상이 적극적으로 화해하면서 선악의 원만한 조화가 이루어졌다고 말할 수 있겠다. 처첩 간의 갈등과 투기를 누구보다도 잘 아는 해성렬奚成列조차도 신씨申氏의 과거 잘못을 하나씩 들추어내어 그녀를 응징하는 대신, 그녀를 큰 마님으로 대하게 하면서 가족 간의 화합을 적극적으로 유도하고 있다.

> 이로부터 [두 여인의] 명분名分은 더욱 굳어졌다. 그리하여 신씨申氏는 하씨何氏를 동생으로 여겼고, 하씨何氏는 그녀를 언니로 여겼다. 입을 옷과 먹을 음식은 모두 혼자서 독차지하지 않았다. 신씨申氏는 처음에는 하씨何氏의 복수를 두려워했지만, 이제는 자신의 행동을 더욱 부끄러워했다. 해성렬奚成列도 신씨申氏의 지난 잘못을 잊고서 집 안팎으

로 모두 그녀를 큰 마님으로 부르도록 했다. 하지만 고명誥命은 받지 못하도록 했다. 이사씨異史氏는 말한다. 중생들의 처지가 뒤바뀌는 것이 참으로 불가사의한 일이니, 이 얼마나 대단한 조물주의 기교란 말인가? 해성렬奚成列은 처와 첩 사이에서 스스로 위신을 세울 수 없었다면, 일개 보잘것없는 사람이었을 뿐이었을 것이다. 만약 효성스러운 아들과 어진 아내가 없었다면, 어찌 이와 같은 기이한 만남으로 평생토록 편안하게 부귀영화를 누릴 수 있었겠는가?[14]

〈대남大男〉에서는 하씨何氏의 어짐과 인자함을 구체적으로 드러내면서 자신을 핍박했던 신씨申氏와의 타협과 화해를 보여 주고 있다. 비록 이러한 결과가 하씨何氏의 성품으로 인해 일어난 일이기도 하지만, 신씨申氏의 반성과 후회도 일부 작용하고 있다고 할 수 있다. 하씨何氏의 배려로 신씨申氏는 하씨何氏의 시중을 들지 않았고, 부림을 당하지도 않았다. 신씨申氏는 처음에는 하씨何氏의 보복이 두려웠으나 하씨何氏가 지난날 자신의 악행에 대해서 더는 언급하지 않을뿐더러 도리어 자신을 잘 대해주자, 신씨申氏도 하씨何氏에 대한 두려움과 경계심에서 벗어나 자신의 잘못을 깊이 뉘우치면서 둘은 서로 사이좋게 지내게 되었다. 해성렬奚成列도 신씨申氏가 저지른 옛날의 잘못을 깊이 따지지 않고, 하씨何氏와 신씨申氏의 화해에 기뻐하며 집안을 화목하게 이끌어가는 것으로 이야기를 갈음하고 있다. 이사씨異史氏는 이러한 가족 간의 화목함이 모두 효자의 효심과 현부의 어짊에서 비롯되었다고 강조하고 있는데, 서술자의 시각에 있어서도 선악의 분명하고 극명한 대립을 내세우는 것보다는 온화하고 행복한 결말을 지향하는 부분에 보다 더 치중하고 있음을 알 수 있다.

이와는 다르게 〈투부교상고액妒婦巧償苦厄 숙희대향영화淑姬大享榮華〉에서는 선악의 대립이 화해의 분위기로 전환되는 것이 아니라 오히려 더욱 치열한 대결로 이어지고 있다. 작품에서는 후처인 손씨孫氏의 포악함이 극에 달하고 그녀의 악행을 분명하게 보여 주는 데 치중하고 있다. 또한, 혜란蕙蘭과 손씨孫氏의 첨예한 대립 과정에서 손씨孫氏의 분노와 억울함으로 인해 스스로 화병을 일으켜 죽게 하면서 〈대남大男〉에서 보여 주는 '극적인 화해'와는 다른 '처참한 자멸'로 처리하고 있다.

14 由此名分益定, 而申妹何, 何姊之. 衣服飮食, 悉不自私. 申初懼其復仇, 今益愧悔. 奚亦忘其舊惡, 俾內外皆呼以太母, 但誥命不及耳. 異史氏曰: 顚倒衆生, 不可思議, 何造物之巧也! 奚生不能自立於妻妾之間, 一碌碌庸人耳. 苟非孝子賢母, 烏能有此奇合, 坐享富貴以終身哉!"《聊齋志異》卷十一〈大男〉

> 손씨孫氏는 그[유대성兪大成]와 함께 경성으로 갔다. 1년이 채 안 되어 등에 종기가 나기 시작했다. 침대에서 2달 동안 고통으로 고함치다가 비로소 세상을 떠났다. 유효장兪孝章은 서모의 죽음에 예를 다해 장례를 치를 것을 생각하였지만, 유대성兪大成이 결국 허락하지 않아, 부득이하게 납관納棺하여 발인發靷하였다. 이 이야기는 정말로 다음과 같은 말이 딱 들어맞는다. 사나운 여인은 사람마다 모두 불길하다고 여기고, 총애하는 첩은 사람마다 모두 활짝 웃게 만드네.[15]

작품의 서술과정에서 손씨孫氏의 악행에 대한 보다 분명한 처벌이 필요한데, 서술자는 그녀를 법으로 다스리는 방식[법치法治]을 피하고 천의와 운명에 의해 그녀 스스로 생을 마감하는 방식[천치天治]을 취하고 있다. 그녀의 죽음은 결국 하늘이 내린 징벌임과 동시에 그녀 스스로가 자초한 셈이다. 그녀는 죽음에 대해서도 결코 순응하지 않았다. 유대성兪大成 부자父子가 북경北京에 온 지 1년이 채 되지 않은 시점에 손씨孫氏는 등에 피부병이 나기 시작했다. 그녀는 고통 속에서 울부짖으며 몸부림치다가 결국 절명한다. 작품 내용에는 그녀가 구체적으로 어떤 병을 앓았는지 말하고 있지는 않지만, 분명한 것은 상당한 동증과 절망을 동반한 것임이 틀림없다는 것이다. 또한, 이 병의 발병 위치가 신체의 앞부분이 아니라, 뒷부분으로 설정한 것도 자신의 힘으로 어찌할 수 없을뿐더러 병을 순조롭게 치료하거나 독성을 제거하는 데 있어서 불가항력적이라는 점을 더욱 강조한 것이라고 볼 수 있다. 그래서 작품에서는 그녀의 발병 자체보다는 발병 이후의 참을 수 없는 고통을 보다 집중적으로 부각시키고 있다.

그녀는 이러한 치명적인 고통 속에서도 지난날 악행에 대한 반성과 후회는 전혀 하지 않는다. 오히려 아픔 그 자체에 대한 억울함과 격분의 감정을 극적으로 분출한다. 이처럼 고통스럽게 생을 마감하는 방식은 징벌의 방식만 다를 뿐이지 현실에서의 가혹한 처벌과 크게 다르지 않다. 그녀 자신을 고통스럽게 죽임으로써 줄거리를 종결하는 부분은 분명 〈대남大男〉에서 보이는 '반성'과 '화해'의 묘사와는 확실히 다른 면을 보여 준다. 이처럼 〈대남大男〉의 '선악화합善惡和合' 주제사상과는 다르게 〈투부교상고액妒婦巧償苦厄 숙희대향영화淑姬

15 那孫氏同進京去, 不上一年, 生起個發背來, 在牀上喊叫了兩個寬月才死. 俞孝章思量把庶母禮來送終, 俞大成必竟不許, 便只得把來將就殯殮. 這回書眞乃令: 悍婦人人都喪氣, 寵姬個個盡開顏.《醒夢駢言》第四回〈妒婦巧償苦厄 淑姬大享榮華〉

大享榮華〉에서는 선악의 구별과 대립이 더욱 뚜렷하게 나타난다. 즉 선과 악이 화해하는 방식[사실은 악이 선에 동화되는 방식]과는 달리 선과 악이 강렬하게 대치되면서 나중에는 어느 한쪽이 파국에 이르는 과정을 통해 '선악유별善惡有別' 주제사상이 더욱 강화되고 있음을 보여 주고 있다. 이러한 특징은 손씨孫氏가 악행을 저지르는 과정에서 절대적인 조력자 역할을 했던 그녀 아버지인 손구화孫九和의 몰락沒落과 폐가廢家의 과정을 통해서도 분명하게 드러난다.

> 또한, 들리는 바로는 손구화孫九和가 딸을 재가시킨 후, 어느 날 밤인지 모르겠지만 누군가가 그의 집으로 가서 일가족 모두를 죽여 버렸다고 했다. 집안 재산을 수습하니 아무것도 없었다. 사람들은 모두 그를 책망했고, 누구도 관부官府에 사건을 고해서 진상을 밝히려고 하지 않았다. 유대성俞大成은 이 사실을 알고서 내당으로 들어가 혜란蕙蘭에게 알려주니, 크게 웃으며 말했다. "이런 날도 있군요. 당신과 제가 비로소 한숨 돌릴 수 있겠군요!" 문득 보니 손씨孫氏가 옆에서 손뼉을 치면서 기뻐하며 말했다. "제 손에 1천 냥의 은자가 떨어질 수 있겠군요. 역시 하늘의 응보입니다!" 유대성俞大成이 혜란蕙蘭에게 말했다. "참으로 이러한 말이 내뱉다니, 정말로 그 아버지에 그 딸이로구나!"[16]

손씨孫氏의 아버지인 손구화孫九和는 손씨孫氏의 악행을 방조했을 뿐만 아니라 오히려 적극적으로 도와주었다. 손구화孫九和의 결말은 자신을 포함한 집안 식구들이 몰살당하면서 재산을 모두 강탈당하고, 죽고 난 뒤에도 아무도 그의 억울함을 풀어주지 못한다는 면에서 그에 대한 철저한 징벌을 엿볼 수 있다. 〈대남大男〉에서는 신포申苞[신씨申氏의 오빠]가 관부官府에 가서 여동생의 본처 신분을 되찾기 위해 소송을 벌이지만, 관리는 오히려 신포申苞에게 곤장을 때리고 꾸짖어서 내쫓는다. 〈투부교상고액妒婦巧償苦厄 숙희대향영화淑姬大享榮華〉에서 손구화孫九和의 철저한 몰락과는 다르게 〈대남大男〉에서는 신포申苞에 대한 처벌이 상당히 완화되었음을 알 수 있다. 이처럼 두 작품이 '선악관념'을 구현하는 과정에서 서사 관점과 표현 방식에서의 차이를 분명하게 보여 주고 있다. 만약 두 작품에서 보이는 '첩과 후처의 화해와 대립', '악인에 대한 징벌의

16 又聞得孫九和改嫁了女兒之後, 不知那個夜裏去把他一門殺盡, 家財收拾一空, 眾人個個怪他, 也沒誰到官審究. 俞大成曉得了, 走入內去與蕙蘭說知, 哈哈地笑道: "也有這日, 才消得你我那口氣哩!" 只見孫氏在旁拍手快活道: "謀落了我千把銀子, 也是天報!" 俞大成對蕙蘭道: "虧他也說得出這話, 眞個是有其父必有其女了!"《醒夢駢言》第四回〈妒婦巧償苦厄 淑姬大享榮華〉

과정'을 '선악관념'의 '융합融合'과 '대립對立' 등의 시각으로 살펴본다면, 〈대남大男〉에서는 선과 악의 '융합融合'을 본격적으로 지향하고 있고, 〈투부교상고액妒婦巧償苦厄 숙희대향영화淑姬大享榮華〉는 오히려 선과 악을 따로 분리하여 양자의 '대립對立'과 '불화不和'를 부추기고 있다. '권선징악勸善懲惡'의 주제사상을 드러내는 데 있어서는 〈대남大男〉보다는 〈투부교상고액妒婦巧償苦厄 숙희대향영화淑姬大享榮華〉가 훨씬 구체적이면서 분명하고, '선악善惡'의 구분과 강도가 보다 더 강화되고 있음을 알 수 있다.

이처럼 《요재지이聊齋志異》의 〈대남大男〉과 《성몽병언醒夢駢言》의 〈투부교상고액妒婦巧償苦厄 숙희대향영화淑姬大享榮華〉의 비교에서 알 수 있듯이 문언소설文言小說에서 화본소설話本小說로 개작하면서 내용의 변화와 더불어 주제의식의 변화가 자연스럽게 일어나게 되는데, 그중에서 '선악관념'을 강조한 경우가 빈번하게 나타난다. 이것은 소설 작품이 문언문文言文에서 백화문白話文으로 개작되면서 일반 대중이 더 쉽게 수용하고 이해할 수 있는 제재와 주제가 요구되고,[17] 이들의 심리적 기대와 취향에 부합된다고 여겨지는 '선악관념'이 의도적으로 강화되면서 주제사상에 크게 영향을 끼치게 되기 때문이라고 할 수 있다. 이렇듯 현실 사회의 진실한 배경과 실제적 사상을 바탕으로 복원된 풍속과 세태, 정서와 감정, 도덕과 사상은 강렬한 감화력과 흡인력을 발휘하여 대중을 더욱더 작품에 몰입하도록 만든다.

〈투부교상고액妒婦巧償苦厄 숙희대향영화淑姬大享榮華〉는 중국의 전통적 이념을 강조한 소설 작품에서 추구하는 원만한 해결과 화합의 이상적인 결말을 제시하는 것이 아니라, 악행에 대한 철저한 배상과 징벌을 통해서 일반 대중의 보상 심리를 자극하고 현실 세태에 대한 불만을 적극적으로 반영한다고 할 수 있다. 이러한 '선악관념'의 발현은 어쩌면 '현실 세계에서는 결코 이루어질 수 없는' 상황을 우회적으로 빗대는 것일 수도 있다. 현실에서 일어날 수 없는 일을 작품을 통해서 실현하고, 그러한 이야기를 통해서 심리적 위안을 얻고자 하는 대중의 의식이 구체화된 셈이다. 작가 역시 이러한 점을 간과하지 않고, 작품의 주제의식을 일반 대중이 보다 더 쉽게 받아들일 수 있도록 그 정도를 조절하는 책략을 보여 주는 것이라고 할 수 있다.

17 劉富偉, 〈從馳騁幻域到描繪世情--論話本小說對《聊齋志異》的題材選擇〉, 《明淸小說硏究》, 2010年 第3期, 125쪽 참고.

이와 같이 선과 악의 관념을 명확하게 강조한 작품으로는 〈투부교상고액妒婦巧償苦厄 숙희대향영화淑姬大享榮華〉이외에도 《성몽병언醒夢駢言》제10회第十回〈종좌도일시실족從左道一時失足 납충언립각회두納忠言立刻回頭〉가 있다. 〈종좌도일시실족從左道一時失足 납충언립각회두納忠言立刻回頭〉는 《요재지이聊齋志異》권3卷三〈소이小二〉를 백화문白話文으로 개작하였는데, 원작인 〈소이小二〉와 〈종좌도일시실족從左道一時失足 납충언립각회두納忠言立刻回頭〉의 내용을 비교해보면 많은 부분에서 원작과 다르다는 것을 알 수 있다. 우선 겉으로 드러나는 편폭에 있어서는 5배 이상의 차이가 난다. 〈소이小二〉는 1,800여 자이고, 〈종좌도일시실족從左道一時失足 납충언립각회두納忠言立刻回頭〉는 9,200여 자이다.[18] 이러한 차이는 문언문文言文과 백화문白話文의 문체 변환變換에서 나타나는 본질적인 차이에서도 기인하지만, 무엇보다도 작품의 다양한 이야기 전개 과정에서 많은 '변용變容'[19]이 일어났기 때문이다. 실제로 원작의 내용에 대해 '부연敷衍', '확대擴大', '첨가添加' 등의 현상이 빈번하게 나타나고 있는데, 이러한 점으로 미루어 보건대 원작을 개작하면서 내용을 전면적으로 수정했다고 볼 수 있겠다. 주제의식을 드러내는 데에 있어서도 내용 변화와 마찬가지로 다양한 관념이 정도에 따라 조금씩 다르게 나타나는데, 특히 '선악관념'을 드러내는 데에 있어서는 이러한 차이는 더욱 분명하다. 두 작품의 주제의식의 다름과 격차를 살펴보기에 앞서 먼저 두 작품의 전체적인 내용과 구성 방식을 진행순서에 따라 살펴보면 다음과 같다.

구성	〈小二〉	비고
발단	1. 부처님을 믿는 조왕趙旺 부부→조왕趙旺 부부는 아들 장춘長春, 딸 소이小二가 있음→소이小二에게 연정을 품고 있던 동창 정자맥丁紫陌은 모친에게 소이小二에 대한 연정을 비춤→조왕趙旺의 혼인 반대 2. 백련교白蓮敎를 믿게 된 조왕趙旺→서홍유徐鴻儒의 반란, 반란군에 가담한 조왕趙旺 일가一家→서홍유徐鴻儒에게 도술을 배운 소이小二 3. 소이小二를 잊지 못해 서홍유徐鴻儒의 군대에 가담한 정자맥丁紫陌[정생丁生]→정생丁生과 소이小二의 재회→정생丁生은 소이小二에게 함께 도망갈 것을 권함→소이小二 부모의 반대→소이小二와 정생丁生은 종이연을 타고 길을 떠남	

18 劉富偉, 〈從馳騁幻域到描繪世情--論話本小說對《聊齋志異》的題材選擇〉, 《明淸小說研究》, 2010年 第3期, 118쪽 참고.

19 원작인 《요재지이聊齋志異》를 기준으로 다른 작품의 내용을 살펴보면, 다양한 특징이 나타나기도 하지만 대체로 '부연敷衍', '축소縮小', '확대擴大', '변환變換', '첨가添加', '삭제削除' 등의 '변용變容' 현상이 주로 보인다. '변용變容'은 원작의 내용을 다르게 바꾸는 '다름'의 특징을 기초로 한다.

구성	〈小二〉	비고
전개	4. 생활고에 힘들어하는 소이小二와 정생丁生→수수께끼 놀이를 하는 두 사람→소이小二는 강도 집단의 우두머리인 이웃 옹씨翁氏에게 1천 냥을 빌리자고 말함→소이小二는 저승사자의 모습을 만들고 닭장을 덮음→소이小二와 정생丁生의 벌주罰酒 놀이→닭장에 많은 돈이 생김 5. 옹씨翁氏 집안에서 일하는 할멈이 정생丁生의 집에 와 옹씨翁氏가 판관判官에게 1천 냥을 바친 일을 알림→부유해진 정생丁生의 집안→정생丁生의 집을 약탈하러 온 무뢰한들→도적들을 꾸짖고 풀어준 소이小二	
절정	6. 체포된 서홍유徐鴻儒, 주살을 당한 조왕趙旺 부부와 아들 일가족→오빠 장춘長春의 아들을 데리고 온 정생丁生→정승조丁承祧라는 이름을 지어줌→마을 사람들은 이들이 백련교도의 친척과 후손임을 눈치챔 7. 소이小二는 종이연을 만들어 메뚜기 떼로 인한 농작물 피해를 면함→마을 사람들은 그들이 서홍유徐鴻儒의 잔당이라 고발함→정생丁生은 현령縣令에게 뇌물을 주고 풀려남→그 지방을 떠난 소이小二와 정생丁生	
결말	8. 이재에 밝아 재물을 잘 모으고 경영하는 소이小二→유리공장을 세운 소이小二→늘어난 재산→종들을 엄격하게 관리하는 소이小二 9. 소이小二로 인해 마을에 무뢰배가 없어짐→가뭄이 들어 소이小二가 주문을 외우니 비가 내림→소이小二를 신으로 받드는 사람들→소이小二의 선견으로 기근에서 살아남 10. 이사씨異史氏: 정생丁生과의 만남에서 한마디 깨우침이 소이小二에게 큰 영향을 주게 됨	

구성		〈從左道一時失足 納忠言立刻回頭〉	비고
입화入話		1. 입화시入話詩1: 훌륭한 여호걸 2. 입화의론入話議論1: 천수天壽를 다하지 못한 영웅호걸과 지도자를 지킨 평범한 사람 3. 입화시入話詩2: 모든 사물은 본분에 따라 결말이 정해짐 4. 입화의론入話議論2: 여성 중의 범대부範大夫	
정화正話	발단	5. 하남河南 사람 조전사曹全士의 아내 전씨田氏, 아들 영복永福, 딸 진고珍姑→진고珍姑의 동창 왕자함王子函은 모친 심씨沈氏에게 진고珍姑와 혼사를 말함→조전사曹全士의 혼사 반대 6. 왕자함王子函과 진고珍姑의 밀회→조전사曹全士의 의심으로 더 이상 만나지 못하는 두 사람	
	전개 1	7. 남편 林公子임공자를 잃은 산동山東의 당새아唐賽兒→두 여도사는 당새아唐賽兒에게 도술을 전수함→산동山東을 점령→당새아唐賽兒의 하남河南 침탈→당새아唐賽兒 군대를 따르는 것이 낫다고 판단한 조전사曹全士와 영복永福 8. 왕자함王子函과 심씨沈氏의 피난→심씨沈氏의 사망→모친의 장례를 마치고 진고珍姑를 찾으러 산동山東에 간 왕자함王子函 9. 조주曹州에 이르러 반란군[당새아唐賽兒 군대]에게 사로잡힌 왕자함王子函→거짓으로 투항하여 온 것이라고 둘러댐 10. 하남河南에서부터 진군해 온 관병→관병에 의해 대패한 반란군→싸우다 죽는 것이 낫겠다고 판단한 왕자함王子函은 반란군의 장수에게 자기 생각을 말함 11. 성城 밖으로 나가 당새아唐賽兒를 찾아가는 왕자함王子函 12. 왕자함王子函은 당새아唐賽兒에게 조주曹州가 포위당한 상황을 보고함→당새아唐賽兒는 조주曹州를 어떻게 구하지를 상의함	

구성		〈從左道一時失足 納忠言立刻回頭〉	비고
정화 正話	전개 2	13. 진고珍姑를 보살피고 있던 당새아唐賽兒→진고珍姑와 왕자함王子函의 재회 14. 진고珍姑는 왕자함王子函에게 관군을 물리치는 공로를 세워 관직 받기를 권함→부친을 만나러 간 진고珍姑 15. 진고珍姑는 부모가 관군官軍에 투항하도록 설득함→마음을 돌리지 않는 진고珍姑의 부모 16. 왕자함王子函과 당새아唐賽兒가 있는 곳으로 간 진고珍姑 17. 조주曹州의 포위를 돌파한 방법을 말하지 않는 왕자함王子函 18. 진고珍姑은 왕자함王子函의 청혼을 거절함 19. 진고珍姑는 왕자함王子函에게 비녀와 귀고리를 주며 돈으로 바꾸게 함 20. 진고珍姑는 왕자함王子函에게 이웃 홍씨洪氏 집에 가서 은자 1천 냥을 빌리게 함→진고珍姑는 판관判官 모양을 잘라 놓고 왕자함王子函과 벌주 놀이를 하는 중에 은자 1천 냥이 생겨남 21. 홍씨洪氏 집의 할멈은 동악東嶽 판관判官이 홍씨洪氏로부터 은자 1천 냥을 받고 죄를 없애준 일을 말함	
	전개 3	22. 당새아唐賽兒는 진고珍姑를 걱정함→관군官軍은 당새아唐賽兒의 군대를 물리침→당새아唐賽兒와 조전사曹全士 부부의 죽음 23. 진고珍姑와 왕자함王子函은 종이학을 타고 포대蒲臺로 날아감→진고珍姑는 부모의 시신을 보게 됨→시신을 화장하고 난 뒤 유골을 안고 청주青州로 돌아감→가는 도중에 발견한 영복永福의 시신을 묻고 장례를 치러줌 24. 진고珍姑는 부모의 유골을 안장함→진고珍姑는 혼인을 다시 거절함→결국 왕자함王子函은 진고珍姑와 결혼함 25. 이웃들의 왕자함王子函 부부를 질투함→진고珍姑는 종이학으로 메뚜기를 없앰→이웃 사람이 관가에 알림→부부는 관리에게 은자를 보내 체포를 피함→부부는 토지를 팔고 왕자함王子函의 외삼촌 심자성沈子成이 있는 귀덕부歸德府로 떠남	
	절정	26. 왕자함王子函은 심자성沈子成에게 지난 일을 설명함→심자성沈子成은 그들을 위해 집을 구해줌→진고珍姑는 유리공장을 열었고 곧 부유해짐	
	결말	27. 매년 청명절清明節에 왕씨王氏 집안의 무덤에 제를 지내는 부부→조전사曹全士 부부의 묘에 가서 추모함→하남河南으로 돌아옴 28. 세 아들 출생→왕자함王子函 부부는 천수를 누리고 죽음	
편미篇尾		29. 편미시篇尾詩: 한 여인이 돌아와 시신을 거두어 장례를 치름	

전체적으로 두 작품 간의 내용 변화는 주로 후반부에서 집중적으로 보이고 있는데, '부연敷衍', '첨가添加', '삭제削除' 현상이 서로 교차하며 나타나고 있다. 《요재지이聊齋志異》의 〈소이小二〉에 비해서 《성몽병언醒夢駢言》의 〈종좌도일시실족從左道一時失足 납충언립각회두納忠言立刻回頭〉는 사건의 발생에 대한 추가적 설명과 이후의 내용을 부연하는 방식으로 서술을 진행하고 있다. 〈소이小二〉에서 과감하게 생략되었던 부분에 대해서도 부수적인 설명을 첨가하거나 일부 묘사의 삽입으로 누락된 내용을 보충하고 있다. 이러한 보완적 서술 방식으로 인하여 간략하게 표현했던 사건과 내용에 작은 사건과 화소를 덧붙여 배치하

면서 줄거리 전후 전개가 더욱 논리적으로 바뀌었다. 이러한 변화로 인해 사건의 발단 원인뿐만 아니라 전개 과정과 후속의 결과를 독자가 무난하게 이해할 수 있게 되었다.

〈종좌도일시실족從左道一時失足 납충언립각회두納忠言立刻回頭〉에서는 〈소이小二〉에서 간단하게 묘사되었던 부분에 있어서 어느 정도의 편폭을 할애하여 내용을 보충하고 있는데, 이러한 현상은 결말 부분에서 더욱 뚜렷하게 나타난다. 〈종좌도일시실족從左道一時失足 납충언립각회두納忠言立刻回頭〉에서는 〈소이小二〉에는 없는 주인공의 성공과 자손에 대한 이야기를 기술하고 있다. 이러한 '부연敷衍'과 '첨가添加'의 내용은 문언소설文言小說에서 백화소설白話小說로 개작된 대부분 작품에서 보이는 현상이기는 하지만, 〈종좌도일시실족從左道一時失足 납충언립각회두納忠言立刻回頭〉에서는 이러한 특징이 더욱 명확하다. 내용의 변화는 주제의식의 변화에도 크게 영향을 미치는데, 〈소이小二〉와 〈종좌도일시실족從左道一時失足 납충언립각회두納忠言立刻回頭〉의 주제의식에서 서로 분명한 차이를 보인다. 특히 '선악관념'을 선양하는 과정에서 이러한 격차는 더욱 극명하게 나타나는데, 두 작품의 주제의식을 살펴보면 이러한 특징을 정확하게 알 수 있다.

〈小二〉	〈從左道一時失足 納忠言立刻回頭〉	비고
공익公益, 공도公道의 실현 뛰어난 여인의 재능을 부각 이웃에 대한 구제와 구휼救恤정신 선양宣揚 개과천선改過遷善 강조 악인에 대한 포용과 용서	개인의 행복과 개성 강조 선과 악의 분별 징악懲惡과 응보應報 강조: 선악유보善惡有報	

두 작품의 주제의식을 비교해보면 두 작품이 표명하고자 하는 의미가 각각 다름을 알 수 있는데, 〈소이小二〉는 '공도公道', '권고勸告', '고덕高德' 등의 상징과 의미를 부각시키고 있다. 전체적인 줄거리가 '해피 엔드happy end'와 '원만한 해결'로 끝나기 때문에 주제의식은 여전히 전통적 도덕관념을 강조하는 전형적인 사상의 테두리를 벗어나지 못하고 있다. 주제의식의 표현에 있어서도 이러한 영향으로 인해 두 부분으로 나뉘어 집중적으로 조명되고 있는데, 하나는 '악인에 대한 용서容恕와 포용包容'이고, 다른 하나는 '대중을 구하는 영웅 행위의 선양宣揚'이다. 이 중에서 더욱더 중점을 두고 있는 것이 바로 영웅의 숭고한

정신과 비범한 능력의 발현이라고 볼 수 있다. 작품의 후반부로 갈수록 영웅적 행위에 대한 의도적인 언급이 두드러지는데, 소이小二의 재난을 예비한 통찰력과 백성에 대한 구휼救恤 정신뿐만 아니라, 이웃에 대한 애민哀愍 정신이 뚜렷하게 드러난다. 소이小二는 처음에는 반란군에 가담하여 관군과 대적하였지만, 나중에 정생丁生의 권고로 '정도正道'로 돌아서게 되는데, 이 과정에서 반란군의 힘없고 유약한 소녀에서 굳세고 당찬 여장부로 거듭나게 되는 것이다. 〈소이小二〉의 주제는 비록 '천선遷善'이나 '용서容恕'의 관념이 근간을 이루고 있지만, 나라와 백성을 구하는 기개 있는 여인과 더불어 이 여인에게 큰 영향을 끼친 정신적 은인을 강조하는 방향으로 초점이 맞추어져 있다.

> 매년 가을이 되면, 농사일을 거들지 못하는 마을의 아이들에게 돈을 주어 씀바귀나 엉겅퀴를 캐오게 하였다. 거의 20년을 모으니, 캐온 나물이 집안을 가득 채우게 되었다. 사람들은 속으로 몰래 그녀를 비웃었다. 때마침 산동성山東省에 대기근이 일어나 사람들이 서로 잡아먹는 지경에 이르렀다. 이에 그녀는 나물과 잡곡을 내어 굶주린 사람들을 부양했다. 가까운 마을 사람들은 그녀에게 의지하여 모두 살아남았고, 다른 곳으로 유랑을 떠난 사람은 없었다. 이사씨異史氏는 말한다. "소이의 행동은 아마도 하늘이 내려준 것이고, 인간의 힘으로 이루어 낸 것은 아니다. 만약 말 한마디의 깨달음이 없었다면 그들과 나란히 죽은 지 오래되었을 것이다. 이 일을 통해 세상에는 특출한 재능을 품고 있으면서도 도적의 무리에 잘못 들어가 죽는 이가 응당 적잖은 것을 볼 수 있다. 함께 도술을 배웠던 여섯 명 중에서 이와 같은 이가 없다는 것을 누가 알겠는가? 정생丁生과 같이 행한 사람이 없었음을 한스러워할 따름이다."[20]

이사씨異史氏의 평론評論에서는 소이小二의 뛰어난 수완과 능력을 찬양하면서도 그녀가 정생丁生의 계도를 받지 않았다면 지금의 업적을 이룰 수 없었을 것이라고 말한다. 정생丁生이 소이小二를 일깨운 점과 소이가 정생丁生을 따르고 정신적 은인으로 삼은 점을 이야기하면서, 세상 사람들에게 진정한 스승을 만나지 못한 유감을 잘 드러내고 있다. 즉 소이小二는 능력이 뛰어나고 도술을 배워 백성을 이롭게 한 여인이었지만 결국 정생丁生과 같은 현명한 이가 그녀

20 每秋日, 村中童子不能耕作者, 授以錢, 使采荼薊, 幾二十年, 積滿樓屋. 人竊非笑之. 會山左大饑, 人相食；女乃出菜, 雜粟贍饑者, 近村賴以全活, 無逃亡焉. 異史氏曰: "二所為, 殆天授, 非人力也. 然非一言之悟, 騈死已久. 由是觀之, 世抱非常之才, 而誤入匪僻以死者, 當亦不少. 焉知同學六人中, 遂無其人乎？ 使人恨不為丁生耳."《聊齋志異》卷三〈小二〉

의 의로움을 계발하지 못했다면 한낮 도적 무리에 가담하여 그 말로가 비참했을 것이라는 의미를 담고 있다. 물론 이러한 견해는 용속한 전통적 관념을 그대로 보여 줄 뿐만 아니라 작품의 사상적 가치를 오히려 약화시키고 있다.[21] 그렇지만 정형화된 저자의 서술적 관점에서 벗어나 전적으로 한 여인의 잠재된 능력과 극대화된 발휘 과정에서 살펴본다면, 그녀의 선행과 악인에 대한 처벌, 심지어 위기관리 능력에 있어서 일반 여인과 사뭇 달랐음을 직접적으로 보여주고 있다. 전체적으로 악인에 대한 징벌이나 선악의 이원화二元化를 강조하는 사상은 비교적 미미하고, 오히려 소이小二라는 영웅적 인물에 대한 초인적 행위에 집중되어 그녀의 뛰어난 능력과 발현, 그것에 따른 보상에 더 큰 의미를 부여하고 있다.

이와는 달리, 〈종좌도일시실족從左道一時失足 납충언립각회두納忠言立刻回頭〉는 영웅적 인물 개인의 행복과 개성을 강조하면서도 선과 악의 구분에 대해 분명하면서도 확고한 의지를 보인다. 특히 '징악懲惡'과 '응보應報'를 강조하고 있는데, 먼저 '징악懲惡'의 경우를 살펴보면, 이웃인 홍씨洪氏 집안사람들은 마적馬賊이었고, 왕자함王子函은 여비를 그에게 꾸려고 하였지만, 빌리지 못하지 진고珍姑는 도술을 부려 그를 속이고 은자 1천 냥을 받아온다. 또한, 그녀 부부의 성공을 질투한 옛 이웃이 그녀를 관아에 고발하여 체포당했지만, 은자를 주어 풀려나게 된다. 이후에 그 이웃은 화재로 재산과 가족을 모두 잃게 된다. '응보應報'에 대한 내용으로는 매년 청명절淸明節에 왕자함王子函은 잊지 않고 왕씨王氏 집안의 무덤과 조전사曹全士 부부의 무덤에 가서 제사를 지낸다. 이러한 정성과 효성으로 인해 세 아들은 성공하게 되고 부부는 천수를 누린다.

> 매년 청명절淸明節 즈음에 집안일을 심대성沈大成에게 맡기고, 부부 두 사람은 함께 고성현考城縣에 가서 왕씨王氏 집안의 무덤에 성묘를 했다. 또 곧장 청주靑州의 조씨曹氏 노부부의 무덤에 가서 절을 하고 제사를 지냈다. 1년 후, 청주靑州에서의 소제와 제사를 마치고, 원래 살았던 지방으로 돌아왔다. 그때가 지나고도 맑은 날이 오래가 몹시 건조했다. 문득 그의 집을 질투했던 옛 이웃집에 마침 화재를 난 것을 보았다. 남녀 모두가 크게 목 놓아 울부짖고, 어수선함이 걷잡을 수 없었다.……부부 두 사람은 길을 가는 내내 이야기로 웃음꽃을 피우며 하남河南으로 돌아왔다. 후에 세 아들을 낳았고, 모두 가

21 劉尚雲, 〈《聊齋志異》"異史氏曰"敘事藝術論略〉, 《山東師範大學學報·社會科學版》, 2009年 第6期, 95쪽 참고.

업을 지킬 수 있었다. 왕자함王子函 부부는 각각 천수天壽를 다하고 죽었다. 그해 도적의 소굴에서 도망쳐 나온 일 역시 많은 이들이 알게 되었다. 비록 그녀가 부모를 내버린 것을 불만스럽게 생각하는 사람도 있었지만, 다행히 이참에 그곳에 가 머무르면서 부모의 장례를 치러주었다.[22]

진고珍姑에 대한 묘사는 소이小二에 비해서 도술과 이재에 밝은 능력, 경영經營과 구휼救恤의 행동이 상당히 축소된 것을 알 수 있다. 즉 백성을 위기에서 구하려는 애민哀愍 정신, 특출한 경영과 인적 관리 능력, 경제적 이익을 이끌어내는 비범한 능력이 비교적 간략하게 묘사되었거나 혹은 삭제되었다. 반면에 진고珍姑 개인의 욕구와 행동에 대한 묘사는 오히려 두드러지면서 '영웅적 행위'보다는 '개인적 행복'을 중점적으로 드러내고 있다. 이와 동시에 '선善'과 '악惡', '징악懲惡'과 '응보應報'에 대한 분명한 결말을 제시하고 있다. 선악의 구분과 그것에 따른 보다 확실한 결말은 통속소설에서 흔히 보이는 일반적인 특징인데, 〈종좌도일시실족從左道一時失足 납충언립각회두納忠言立刻回頭〉에서는 이러한 경향이 더욱 명료하게 나타난다.

〈종좌도일시실족從左道一時失足 납충언립각회두納忠言立刻回頭〉에서는 진고珍姑[소이小二]의 영웅적 능력과 행동에 대한 묘사를 대량 삭제하고 오히려 진고珍姑를 평범함에 가까운 여성 형상으로 표현하고 있다. 그녀의 내면적 상태와 한 개인으로서의 인생 역정, 그 과정에서의 '징악懲惡'과 '응보應報'를 좀 더 비중 있게 다루고 있다. 이러한 인물 묘사에서의 차이에 따라 〈소이小二〉에서 모호하게 나타나고 있는 선과 악의 구별이 오히려 〈종좌도일시실족從左道一時失足 납충언립각회두納忠言立刻回頭〉에서는 분명하게 드러나고 있고, 선행과 악행에 대한 보다 명확한 '보응報應'도 이루어지고 있다. 선과 악의 분명한 구분이 작품의 내용과 직접 연계되면서 결말 역시 모호하고 간단하게 마무리 짓는 것이 아니라, 선행과 악행에 대한 분명한 결과로 주제의식으로의 귀결을 이끌어낸다. 만약 문언문文言文인 〈소이小二〉가 당시 지식인의 창작의식이나 전통적 사

22 每年淸明時節, 把家務托了給沈大成, 夫妻兩個同到考城縣上了王家的墳, 又直去靑州曹老夫妻墓上拜奠. 一年, 在靑州祭掃畢了, 回來向日住的地方, 經過那時, 晴得久了, 乾燥異常, 只見那些妒忌他家的舊鄰舍, 正遇著火災, 男啼女哭, 亂個不住.……夫妻兩個一路說說笑笑回到河南. 後來, 生下三個兒子, 都能守家業, 王子函夫妻俱各壽終. 當年從賊巢中逃走一事, 也頗有人知道, 雖是嫌他舍得抛卻父母, 卻也虧這一走, 留得身體來收葬他父母.《醒夢駢言》第十回〈從左道一時失足 納忠言立刻回頭〉

상의 한 축을 강화하고자 하는 위에서 아래로의 '교화教化'와 '선양宣揚'에 충실했다면, 백화문白話文인 〈종좌도일시실족從左道一時失足 납충언립각회두納忠言立刻回頭〉는 보다 서민적인 내용과 주제로 전환되어 아래에서 위로의 '전달傳達'과 '변환變換'을 중시했음을 구체적으로 보여 주고 있다. 그리하여 작품의 내용뿐만 아니라 주제사상에 있어서도 독자가 쉽게 이해하고 그 의미를 적극적으로 수용할 수 있도록 바뀌었다. 선과 악의 관념 역시 모호하게 결합되면서 야기된 불분명해진 의미에서 보다 확실하게 정의되면서 선악의 이원화二元化를 더욱 강조하는 경향으로 나아가게 되었다.

| 4 | 나오는 말篇尾

앞에서 살펴본 바와 같이, 《요재지이聊齋志異》와 《성몽병언醒夢駢言》의 주제의식의 변화에서 '선악관념'은 분명한 차이를 보이고 있다. 앞에서 설명한 《성몽병언醒夢駢言》제4회第四回〈투부교상고액妒婦巧償苦厄 숙희대향영화淑姬大享榮華〉와 제10회第十回〈종좌도일시실족從左道一時失足 납충언립각회두納忠言立刻回頭〉이외에도 제8회第八回〈시귀역수지생파施鬼蜮隨地生波 장신령전재위복仗神靈轉災爲福〉, 제9회第九回〈천명매단구일미倩明媒但求一美 앙명판경득쌍주央冥判竟得雙姝〉, 제11회第十一回〈연신구산맹해서聯新句山盟海誓 영구사벽합수환詠舊詞璧合珠還〉 등의 작품에서도 원작인 《요재지이聊齋志異》에서보다 '선악관념'이 보다 강화되었고, 그것에 따른 결말의 내용과 주제의식에 있어서도 《요재지이聊齋志異》와 다르게 나타나고 있다. 원작인 《요재지이聊齋志異》에서의 모호하거나 구체적으로 드러나지 않았던 '선악관념'은 백화문白話文인 《성몽병언醒夢駢言》으로 개작되면서 더욱 명료해졌다. 현실 사회 속에서 '시장성市場性'과 '교화성教化性'을 동시에 염두에 둔 작가의 입장에서 생각해 볼 때, 전통적 지식인의 추상적 관념이나 윤리적 이념이 아닌, 보다 현실 생활에 적합한 이념, 즉 실생활과 밀접한 관련이 있는 관념을 자연스럽게 반영할 수밖에 없다. 이것은 전통적 윤리의식을 약화시킨다는 것보다는 현실의 대중적 요구에 보다 더 적합하게 변화한 것이라고 말할 수 있겠다. 그렇기 때문에 현실에서 결코 이루어질 수 없는, 현실 생활과의 간극이 항상 존재하는 공허한 이념의 외침이 아니라, 오히려 현실에 직접 투영하면서도 몸소 체험하거나 인식하는 관념으로 전향하는 것이 대중의 적극적 이해와 수용을 충분히 이끌어낼 수 있기 때문이다. 그러므로 저자는 비록 원작을 개작하는 과정에서 원작의 기본 줄거리에 근간을 두고 본 이야기에서 크게 벗어나려 하지는 않지만, 구체적인 주제의식을 드러내는 데에 있어서는 변화를 보이는 것이다. 이것은 현실 사회 속의 대중적 관심과 요구에 맞게 표현하고자 하는 관점을 적절하게 조절하면서 작품의 주제를 전환하고자 하는 작가의 의도를 충분히 반영한 것이라고 볼 수 있다. 이러한 과정은 '도덕관념의 현실화'라고 할 수 있는데, 주제의 이해와 수용에 집중하여 대중과의 '정합성整合性'에 치중했다고 할 수 있겠다.

원작을 개작하는 저자는 현실 속의 대중적 요구에 부합하고 대중의 생각과 이해방식을 적극적으로 수용하는데, 줄거리를 독자의 요구에 맞게 첨삭을 진행하고, 더불어 주제의식을 드러내는 데에 있어서도 표현의 정도를 조절한다. 이러한 개작의 과정은 내용의 변화에서도 뚜렷하게 나타나지만, 그것 못지않게 주제의식을 드러내는 데에 있어서도 분명한 차이를 보인다. 이처럼 주제의식의 변화는 '같지만 다른' 작품을 만들어내는 재창작의 과정에서 어떻게 '관념'을 설계하고 적용하는지를 자세하게 보여 주고 있다. 주제의식의 변화는 내용의 변화와 더불어 원작과 개작 사이의 간극을 어느 정도 유지하면서 상호 긴밀하게 연관된 특징을 다각적으로 보여 준다. 이것은 두 작품 사이의 의미를 서로 투영하면서 구분 짓는 과정을 폭넓게 살펴볼 수 있는 중요한 부분이라고 할 수 있다. 이러한 분석 과정을 통해서 작가, 작품, 독자와의 관계뿐만 아니라, 당시 사회와 문화가 서로 어떻게 연계되어 있고, 서로 어떻게 반응하고 소통하는지를 심층적으로 살펴볼 수 있다. 그런 의미에서 《성몽병언醒夢駢言》의 '선악관념' 주제의식 변화에 대한 분석은 당시 사회의 전반적인 예술과 문학 경향과 시대에 따른 변화 양상을 확실하면서도 심도 있게 살펴볼 수 있으며, 더불어 소설 작품의 내용 변화를 비롯한 문학에 대한 인식과 이해의 과정을 다양한 부분에서 고찰할 방법을 제시한다고 할 수 있다.

5장

의지意志와 선택選擇

《요재지이聊齋志異》에 대한

《성몽병언醒夢騈言》의 혼인관념婚姻觀念 변환變換

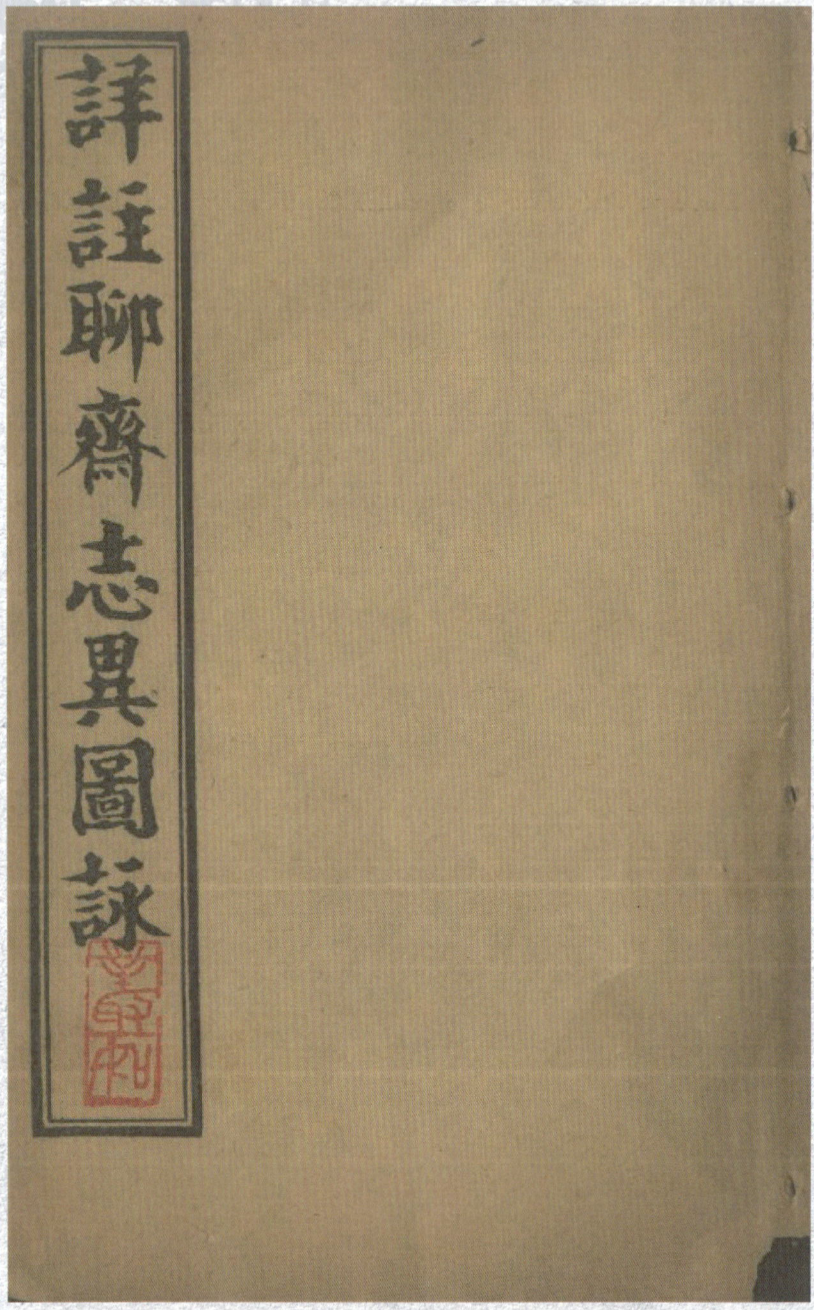

민국民國 시기 1915 《상주요재지이도영詳註聊齋志異圖詠》 © wikimedia

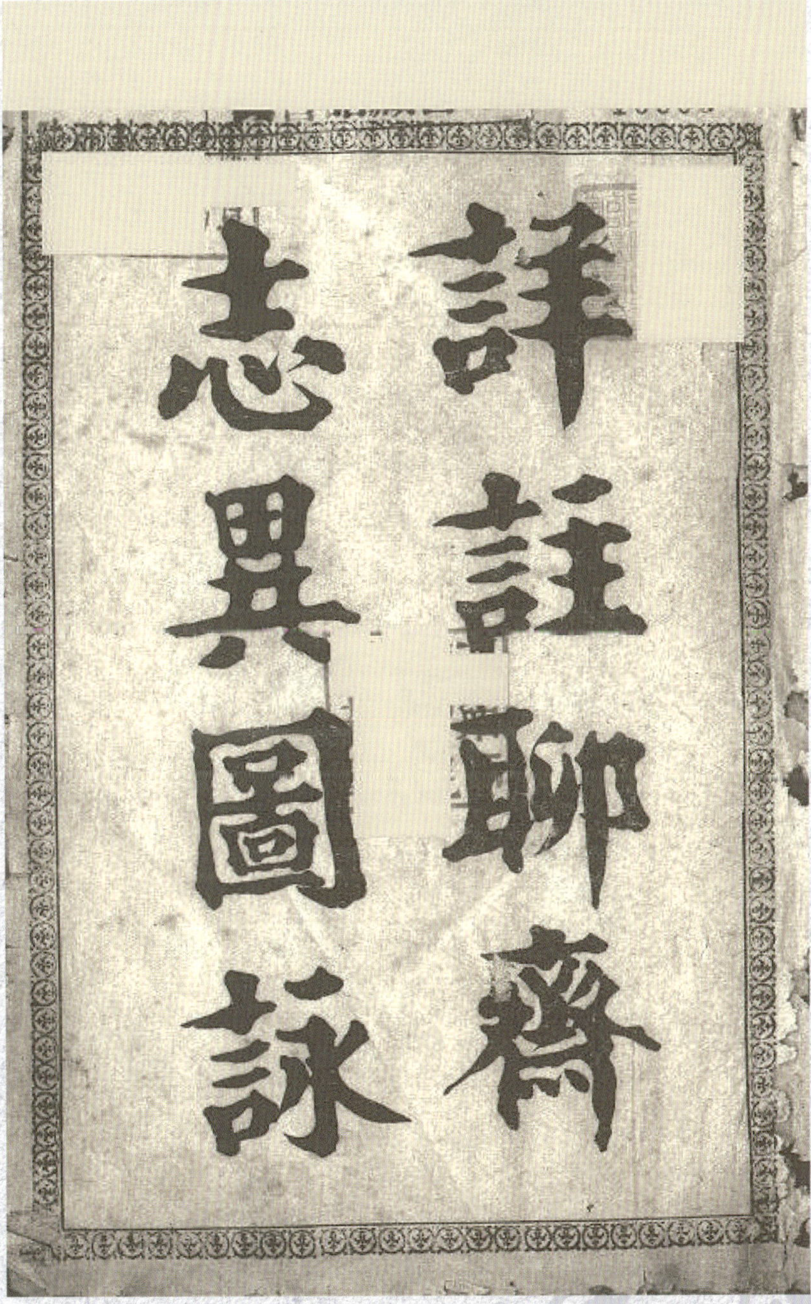

민국民國 시기 1915《상주요재지이도영詳註聊齋志異圖詠》© wikimedia

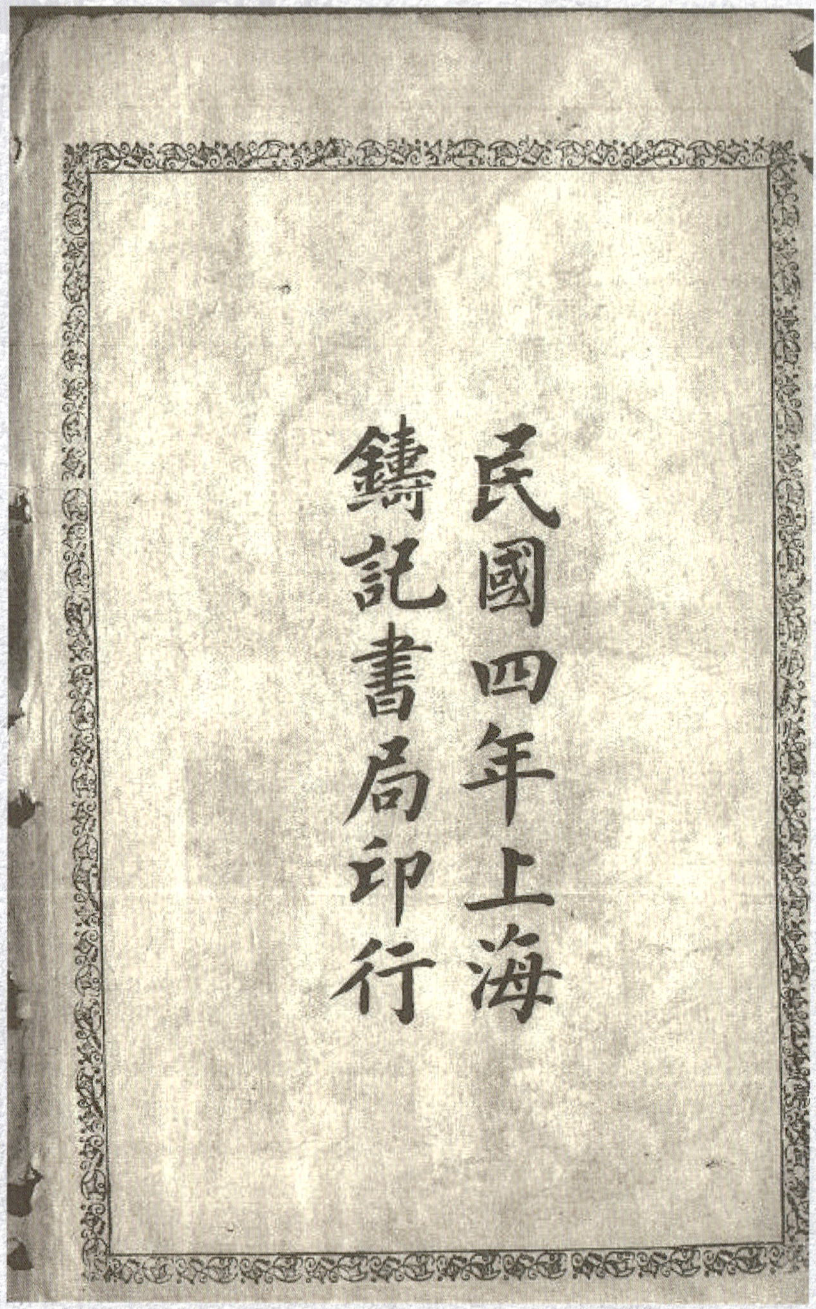

民國四年上海
鑄記書局印行

민국民國 시기 1915《상주요재지이도영詳註聊齋志異圖詠》© wikimedia

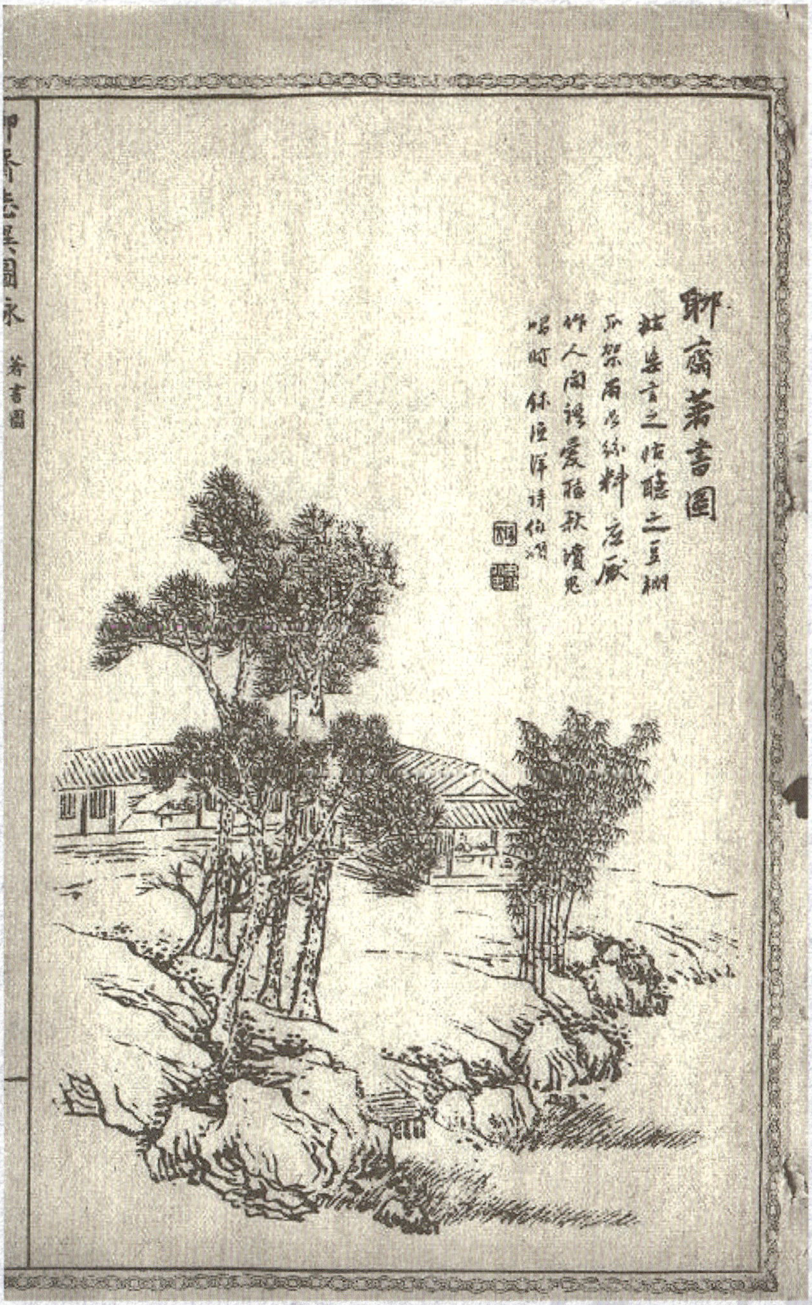

민국民國 시기 1915《상주요재지이도영詳註聊齋志異圖詠》© wikimedia

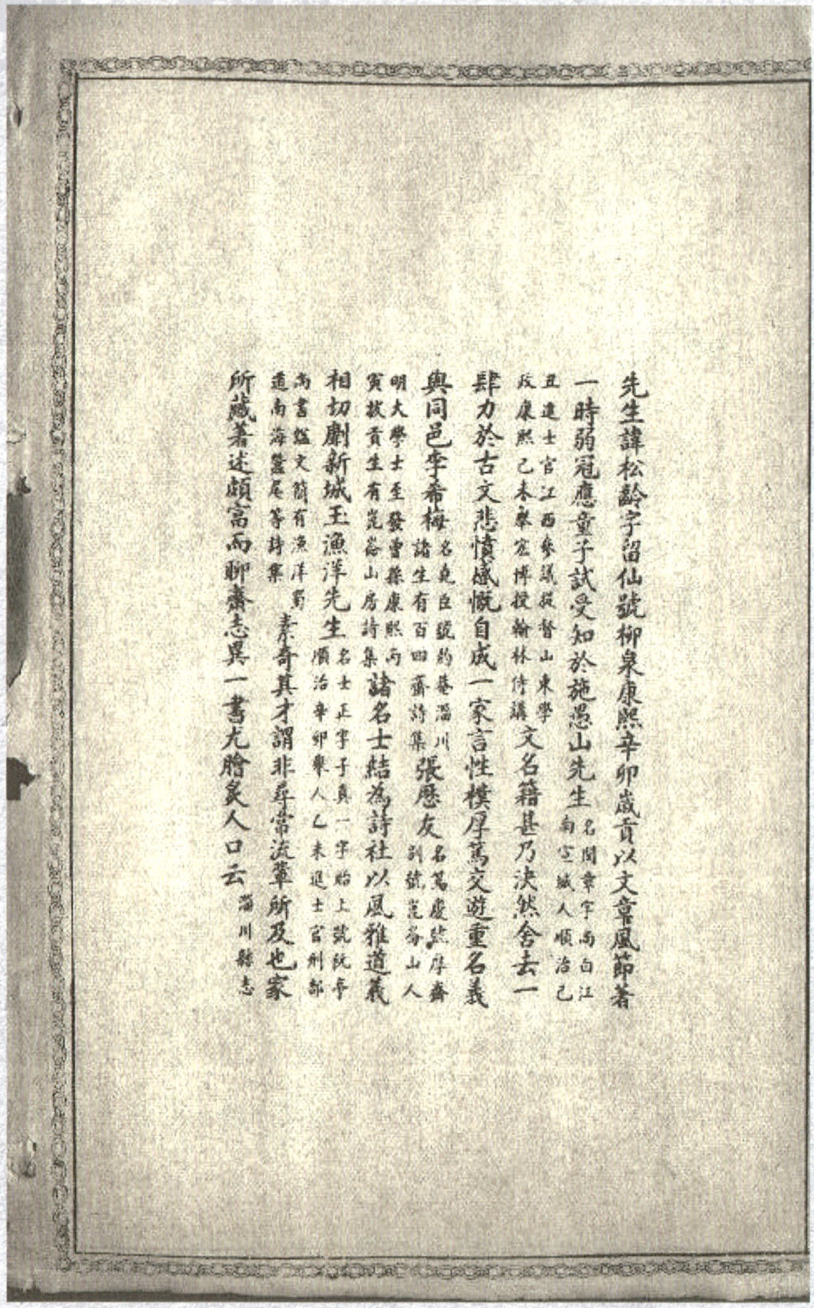
先生諱松齡字留仙號柳泉康熙辛卯歲貢以文章風節著一時弱冠應童子試受知於施愚山先生 名閏章字尚白江南宣城人順治己丑進士官江西參議提督山東學政康熙己未舉宏博授翰林侍講 文名籍甚乃決然舍去一肆力於古文悲憤感慨自成一家言性樸厚篤交遊重名義與同邑李希梅 名堯臣號約菴淄川諸生有百四齋詩集 張歷友 名篤慶號厚齋別號崑崙山人明大學士至發曾孫康熙丙寅拔貢生有崑崙山房詩集 諸名士結為詩社以風雅道義相切劘新城王漁洋先生 名士正字子真一字貽上號阮亭順治辛卯舉人乙未進士官刑部尚書諡文簡有漁洋蜀道南海蠶尾等詩集 素奇其才謂非尋常流輩所及也家所藏著述頗富而聊齋志異一書尤膾炙人口云 淄川縣志

민국民國 시기 1915《상주요재지이도영詳註聊齋志異圖詠》ⓒ wikimedia

민국民國 시기 1915《상주요재지이도영詳註聊齋志異圖詠》© wikimedia

민국民國 시기 1915《상주요재지이도영詳註聊齋志異圖詠》© wikimedia

민국民國 시기 1915 《상주요재지이도영詳註聊齋志異圖詠》 © wikimedia

민국民國 시기 1915《상주요재지이도영詳註聊齋志異圖詠》© wikimedia

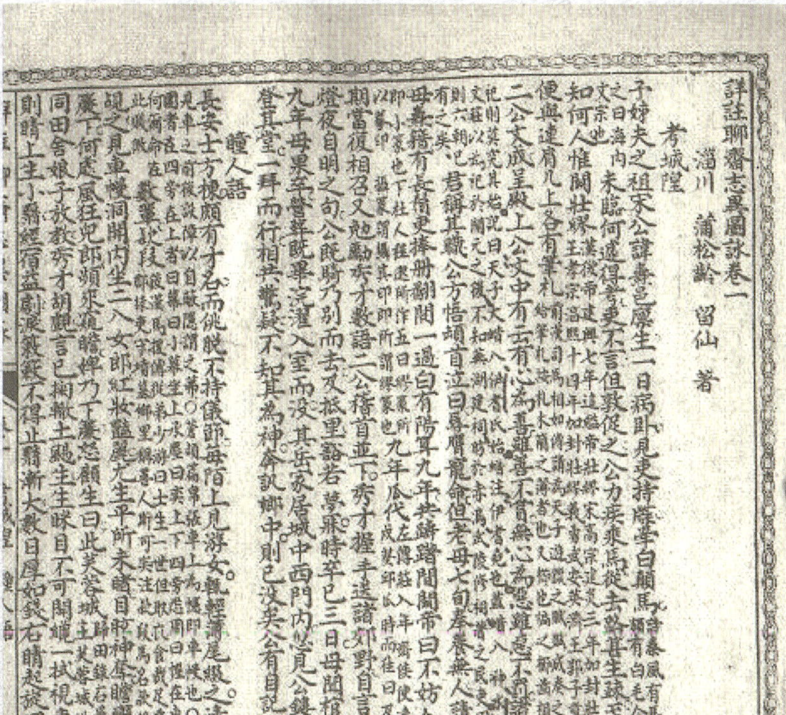

詳註聊齋志異圖詠卷一

淄川 蒲松齡 留仙 著

文登 呂湛恩 叔清 註

考城隍

予姊夫之祖宋公諱燾邑廩生一日病臥見吏持牒牽白顛馬來云請赴試公言文宗未臨何遽得考吏不言但敦促之公力疾乘馬從去路甚生疏至一城郭如王者都移時入府廨宮室壯麗上坐十餘官都不知何人惟關壯繆可識簷下設几墩各二先有一秀才坐其末公便與連肩几上各有筆札俄題紙飛下視之八字云一人二人有心無心二公文成呈殿上公文中有云有心為善雖善不賞無心為惡雖惡不罰諸神傳贊不已召公上諭河南缺一城隍君稱其職公方悟頓首泣曰辱膺寵命何敢多辭但老母七旬奉養無人請得終其天年惟聽錄用上一帝王像者卽命稽母壽籍有長鬚吏捧冊翻閱一過白有陽算九年共躊躇間關帝曰不妨令張生攝篆九年瓜代可也乃謂公應卽赴任今推仁孝之心給假九年及期當復相召又勉勵秀才數語二公稽首並下秀才握手送諸郊野自言長山張某以詩贈別都忘其詞中有有花有酒春常在無燭無燈夜自明之句公既騎乃別而去及抵里豁若夢寤時卒已三日母聞棺中呻吟扶出半日始能語問之長山果有張生於是日死矣後九年母果卒營葬既畢浣濯入室而沒其岳家居城中西門內忽見公鏤膺朱幩輿馬甚眾登其堂一拜而行相共驚疑不知其為神奔訊鄉中則已沒矣公有自記小傳惜亂後無存此其畧耳

瞳人語

長安士方棟頗有才名而佻脫不持儀節每陌上見游女輒輕薄尾綴之清明前一日偶步郊郭見一小車朱茀繡幰青衣數輩款段以從內一婢乘小駟容色絕美稍稍近覷見車幔洞開內坐二八女郎紅妝豔麗尤生平所未睹目眩神奪瞻戀弗舍或先或後從馳數里忽聞女郎呼婢近車側曰為我垂簾下何處風狂兒郎頻來窺瞻婢乃下簾怒顧生曰此芙蓉城七郎子新婦歸寧非同田舍娘子放教秀才胡覷言已掬轍土颺生生眯目不可開一拭視車馬已渺驚疑而返覺目終不快倩人啟瞼撥視則睛上生小翳經宿益劇淚簌簌不得止翳漸大數日厚如錢右睛起旋螺百藥無效懊悶欲絕頗思自懺悔

민국民國 시기 1915《상주요재지이도영詳註聊齋志異圖詠》ⓒ wikimedia

청대清代 비단욱費丹旭 1764~1845 《풍월추성風月秋聲》[《서상기西廂記》 묘사]
프랑스국립도서관Bibliothèque nationale de France 소장 ⓒ 書格Shuge

청대淸代 비단욱費丹旭 1764~1845《풍월추성風月秋聲》[《서상기西廂記》 묘사]
프랑스국립도서관Bibliothèque nationale de France 소장 © 書格Shuge

5장

의지意志와 선택選擇 :

《요재지이聊齋志異》에 대한 《성몽병언醒夢駢言》의 혼인관념婚姻觀念 변환變換

| 1 | 들어가는 말入話 : 작품 속 인물의 내적 변화와 반응을 중심으로

《성몽병언醒夢駢言》은 청대淸代 문언소설文言小說인 《요재지이聊齋志異》중에서 12편을 화본소설話本小說로 재창작한 소설집이다.[1] 《요재지이聊齋志異》의 일부 작품을 개작하여 싣고 있는 《성몽병언醒夢駢言》은 저자가 누구인지 분명하게 알 수가 없다. 출간 연대 또한 언제인지 정확하게 알려지지 않았지만, 여러 자료를 통해 고찰해 보면 대략 청대淸代 건륭乾隆1796 이후로 보인다. 두 작품의 출간 연대를 비교하면 《요재지이聊齋志異》는 청대淸代 초기初期에 출간된 것으로 보이고, 《성몽병언醒夢駢言》은 청대淸代 중·후기中·後期에 완성되었다고 할 수 있다. 두 작품에 대한 비교 연구는 여러 부분에서 다양하게 이루어지고 있는데, 작품 내용의 답습踏襲과 변화變化는 물론이고, 작품의 출간 선후 및 《성몽병언醒夢駢言》 저자에 대한 탐색, 작품의 저술 환경과 시대적 학풍의 비교, 저작 태도와 가치관의 대비 등, 두 작품의 형식과 내용 및 창작과 저술에 있어서 유사성과 차별성, 연관과 전승의 관계, 환경의 변천과 반영 등을 살펴보는 연구를

1 《성몽병언醒夢駢言》에 《요재지이聊齋志異》의 490여 편의 작품 중에서 특별히 12편만을 선별하여 재창작한 이유가 무엇인지 정확한 고찰은 어렵지만, 《성몽병언醒夢駢言》의 작가는 《요재지이聊齋志異》의 기이하고 신비한 이야기보다, 현실적인 내용을 보다 더 관심을 가진 것으로 보인다. 그 이유는 12편의 작품이 모두 귀신이나 요괴와 연관이 없는 지극히 인정적인 면과 도덕적인 면을 그려내고 있기 때문이다. 《성몽병언醒夢駢言》의 작가는 《요재지이聊齋志異》의 기이하고 괴이한 내용을 긍정하면서도 지극히 일상적인 내용을 통해 전통적 관념에 대한 자신의 생각을 드러내고 있는 듯하다.

진행해 왔다. 이 중에서 두 작품의 원본에 직접 기초하면서 작품과 작가, 독자의 인식과 반응이 응축되어 나타난 부분은 바로 '주제의식의 변화'라고 볼 수 있다. 이러한 주제의식의 변화는 두 작품 사이의 내적인 내용과 외적인 표현 형식뿐만 아니라 작가의 저작 태도와 독자의 다양한 요구를 동시에 살펴볼 수 있기에 주요한 의미를 지닌다.

《요재지이聊齋志異》와《성몽병언醒夢駢言》을 서로 맞대어 살펴보는 과정에서 서사 내용과 서술 구조, 표현 방식과 수사 기교의 같음과 다름이 빈번하게 나타나는데, 주제의식과 의미에 있어서도 크고 작은 변화가 일어난다. 주제의식의 변화에는 크게 세 가지 특징이 두드러지는데, 바로 '약화弱化', '강화强化', '변환變換' 현상이다.《성몽병언醒夢駢言》의 작품을 통해서 이러한 현상을 구체적으로 살펴보면, '도덕관념의 약화弱化', '선악관념의 강화强化', '혼인관념의 변환變換'이라고 할 수 있다.

'도덕관념'은 전통 사회의 이상적 도덕관과 윤리적 가치관인 '선악유보善惡有報', '충의효제忠義孝悌', '인의예지仁義禮智' 등의 사상을 강조하는 것을 말하는데, 당시의 사회과 문화, 정치와 사상, 문학과 예술의 요소가 서로 긴밀히게 맞닿아 있다. '선악관념'은 선善과 악惡, 인因과 연緣, 죄罪와 벌罰 등의 도덕적인 가치관이 주축을 이루며, '권선징악勸善懲惡'과 '인과응보因果應報'를 기본으로 삼고 있는 사상을 말한다. 이러한 관념은 유교의 '도덕윤리道德倫理', 불교의 '인과응보因果應報', 도교의 '적선적덕積善積德'으로 나뉘며,[2] 전통적 가치관을 내포하고 있으면서 동시에 대중적 지지와 공감을 얻을 수 있다.

'도덕관념'이나 '선악관념'은 대부분 '전체와 개인', '자신과 타인', '사회와 관계' 등 개인과 사회, 혹은 시대와 작가 등과 밀접하게 관련이 있다. 즉 시대와 사회적 가치의 정반합正反合, 작가의 의식적 투영과 강조, 독자의 선별적 수용과 반응 등 모두 사회와 시대, 작가와 긴밀하게 반응하고 있는 셈이다. '선악관념'은 사회와 시대의 변천에 따라 전통적 가치관에서 대중적 가치관으로 변화하는 '시대성時代性'의 특징이 강하고, '도덕관념'은 고전적 가치관과 현실적 가치관의 대립과 변환의 '통속성通俗性'의 특징이 주로 나타난다. 이러한 주제의식 가운데 '혼인관념'은 개인의 내적인 경향에 보다 더 치중하는 '개인성個人性'

2 박미애, 〈《太平廣記》未來豫知譚에 나타난 중국 전통시기의 가치관념〉,《한문고전연구》26권, 2013年 6月, 241-244쪽 참고.

의 양상을 띤다. 물론 혼인관념의 변환 역시 사회와 시대, 전통과 통속, 작가와 출판의 영향을 전혀 받지 않는 것은 아니지만, '선악관념'이나 '도덕관념'보다는 그 정도가 약하다고 할 수 있다. 혼인관념은 작중 인물의 외적인 경향보다는 내적인 변화에 중점을 두고 있고, 그러한 특징이 나타나는 과정 역시 인물과 인물 사이의 관계와 반응을 통해서 드러난다. 그러므로 혼인관념의 변환은 '선악관념'과 '도덕관념'의 변화에서 나타나는 '사회성社會性'보다는 '개인성個人性'을 보다 분명하게 보여 주는 변화 현상이라고 할 수 있겠다.

'혼인관념의 변환變換'은《성몽병언醒夢駢言》의 주제의식의 변화 경향을 보여 주는 것으로 상당히 중요한 의미를 지닌다. 이러한 변화는 어떤 특정한 이념이나 가치관이 강화되거나 약화되는 '우열優劣'과 '상하上下' 관계를 드러내는 것이 아니라, 단지 '바뀜'과 '다름'의 정도를 의미 있게 때로는 유효하게 나타낸다. 대개 무슨 이념이나 가치관이 강화되거나 약화된다는 것은 이미 기준이 된 설정이나 단계를 가지고 있다는 것을 전제로 한다. 그러한 기준에 따라 부족하거나 혹은 지나칠 때 비로소 '강화强化'와 '약화弱化'의 특징을 보인다고 한다. 결국, 이 두 가지 이념은 하나의 기준이 되거나 표본이 되는 수준이 정해져 있고, 그 지점의 척도를 가지고 서로 비교하면서 변화의 과정을 '높낮이' 혹은 '세기'로 가늠하는 것이다. 그러므로 주제의식의 강화와 약화는 일직선 위의 양 끝이 모두 유동적으로 변화하는 것이 아니라, 이미 한 끝의 A지점[A spot]은 정해져 있고, 나머지 B지점[B spot]이 변동하거나 혹은 그 반대의 경우로 서로의 간격이 벌어지면서 그 두 지점의 격차를 살펴보는 것이다. 즉 이미 정해진 지점을 두고서 다른 한쪽의 이동 변화를 살펴본다는 의미이다.

하지만 '혼인관념의 변환變換'은 이와 다르다. '변환變換'은 어떤 고정된 지점이 있는 것이 아니라 양 지점이 서로 상대적으로 움직이고 그 간격을 탄력적으로 조절한다. 즉 두 지점은 미리 정해진 축 위에 있는 것이 아니어서 언제든지 이동 가능하며 서로의 격차도 상황에 따라 쉽게 바뀐다는 것이다.

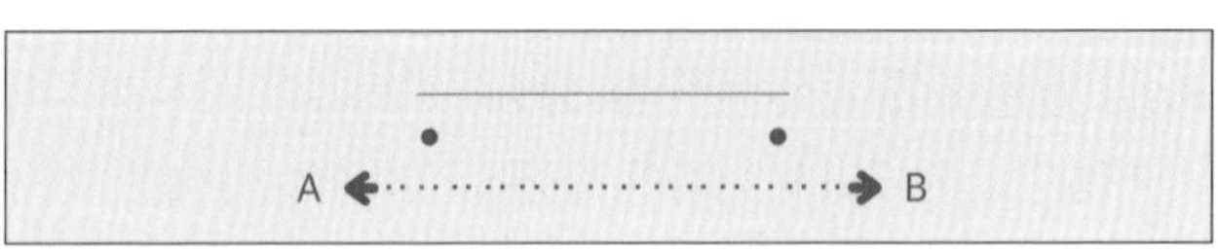

이처럼《성몽병언醒夢駢言》에서 '혼인관념의 변환變換'은 두 지점이 유동적

이라는 시각을 기준으로 작품의 주제의식 변화를 '바뀜'과 '다름'을 상대적으로 비교하는 과정이라고 볼 수 있겠다. 작품 속 인물과 그들의 개인적 가치관을 살펴보는 데에 있어서는 다른 어떤 변화의 과정보다도 직접적이면서도 적확하게 그 '다름'을 보여 준다고 말할 수 있다. 또한 '혼인관념의 변환變換'은 작품의 주제의식 변화 중에서 개인 즉 인물과 가장 밀접하게 연계된 특징을 가지고 있다고 보아도 무방하다. 이와 같은 연구 주제는 사회와 시대의 변화를 토대로 한 다른 관념보다는 개인에게 보다 집중되고 있고, 개인과 개인의 관계를 통해서 그 특징을 분명하게 드러내기 때문에 인물의 개인적 특징과 내면적 가치관을 보다 더 자세하게 살펴볼 수 있다. 이러한 특징은 작품의 인물을 연구하는 데 있어서 개인을 중심으로 '전체와 개인', '자신과 타인', '사회와 관계' 등에 대해서도 다양한 양상으로 확장하여 폭넓게 살펴볼 수 있는 중요한 요소이기도 하다.

| 2 | 혼인운명론의 변화變化: '의지意志'와 '선택選擇'

중국 고전소설은 송원宋元시기로부터 명청明淸 시기에 이를수록 전통적인 혼인관념을 초월하여 개인적 의지를 보다 강조하는 경향을 보이는데, 대개 작품의 전반부에는 혼인에 대한 정해진 운명과 자유의지의 갈등을 집중적으로 드러내고, 후반부에는 애정 남녀의 과감한 도전과 응전으로 행복한 결실을 맺는 이야기로 마무리되고 있다. 비록 혼인에 대한 개인적 의지의 추구에 있어서 기본적으로 전통적인 혼인관념이 내재해 있지만, 상대와 결합을 이루는 과정에서 '천명天命'과 '인력人力' 중에서 어느 부분을 좀 더 구체적이고 집중적으로 드러나는가에 따라 그 경향이 나눠진다.

명청明淸 시기 소설 작품을 살펴보면 한편으로는 전통적인 혼인관념을 언급하면서, 다른 한편으로는 개인적 혼인 의지를 강조하는 측면으로 흘러가는 현상을 쉽게 엿볼 수 있다. 무릇 시대가 변하면 작품 속에 담긴 사회와 문화적 함의도 달라지는데, 변화된 특징을 작품에 오롯이 반영하면서 이전의 혼인관념과는 다른 주제의식을 보이는 작품이 자주 등장한다. 비슷한 시기의 작품이라고 하더라도 서사 내용과 구성 방식, 서술 형태와 표현 형식, 문체 종류나 수사 기교 등에 따라 다른 양상을 보이기도 한다. 이처럼 혼인관념에 있어서 개인적이며 개방적인 특징은 이후로 갈수록 더욱 짙어지는데, 혼인에 대한 자유의지 사상은

《요재지이聊齋志異》에서보다 《성몽병언醒夢駢言》에서 더욱 선명하게 나타난다.

1) '전통적 이념理念'과 '개인적 이상理想'

남녀 간의 애정을 주요 소재로 하는 전통소설 작품에서는 애정 실현의 성공 여부를 자연스레 혼인이나 혹은 혼인과 유사한 결속을 통해 전개하고 있다. 작품 속에서 그려지는 혼인은 종종 육체적 결합이나 정신적 감응, 몽환적 접촉, 혹은 이상세계로의 동행 등 다양한 형태로 나타나고 있다. 이러한 소재의 소설 작품에서 사상적 근원을 이루는 부분은 애정과 혼인에 대한 '전통적 관념'이라고 해도 무방하다. 거의 모든 작품이 이러한 주제를 집중적으로 조명하고 있는데, 《요재지이聊齋志異》와 《성몽병언醒夢駢言》도 예외가 아니다. 두 작품집 모두 남녀 간의 애정 실현을 주제로 하고 있으며 혼인에 대한 '천명론天命論'과 '숙명론宿命論'을 정도의 차이는 있지만, 일정 부분 제시하고 있다. 전통적인 혼인관념에는 '천명론天命論' 혹은 '숙명론宿命論'과 같은 '혼인운명론婚姻運命論'이 깊이 자리 잡고 있는데, 남녀가 서로 맺어지는 것은 이미 하늘의 뜻으로 정해져 있다고 여기는 '인연천정因緣天定'의 사상이 바탕을 이룬다. 이러한 점은 《요재지이聊齋志異》뿐만 아니라 후에 출간된 《성몽병언醒夢駢言》에서도 분명하게 볼 수 있다. 《성몽병언醒夢駢言》제1회第一回〈가필정홍사숙계공문假必正紅絲夙系空門 위묘상백수영수학사僞妙常白首永隨學士〉의 '입화入話'를 살펴보면 이러한 점이 잘 드러나 있다.

> 500년 전부터 혼인의 연분緣分은 원앙첩鴛鴦帖에 미리 정해져 있다네. 온전히 사람 마음 가는 대로 용모로 아름다움과 추함을 판단하는데, 그 수를 헤아리기가 어렵구나. 현명한 아내는 종종 어리석은 남편과 부부가 되어 잠들고, 아름다운 남자는 언제나 못생긴 아내를 껴안고 눕는다네. 하물며 이러할진대 부부가 모두 아름다운 꽃송이 같다면, 더더욱 좋은 연분緣分이 아니겠는가! / 지체가 높은 이가 지체가 낮은 이를 만나면, 화를 만나기가 어렵고, 부유한 이가 가난한 이를 만나면, 잘못을 저지르지 않는다네. 어찌 되었건, 모두 월하노인月下老人이 연분緣分을 성사시킨다네. 부모가 설령 그렇지 않은 마음이 있다고 해도, 자식은 모두 조금도 미워하지 않는다네. 이러할진대 어찌 하늘의 조화를 거슬러 분노를 불러일으키겠는가?[3]

3 五百年前, 預定下, 姻緣喜簿；任從他, 貌判妍媸, 難逃其數. 巧妻常伴拙夫眠, 美漢慣摟醜婦臥, 何況是,

> 혼인의 연분緣分은 지금까지 줄곧 500년 전에 이미 정해졌다고 한다. 부부의 인연이 아니면, 억지로 엮을 수 없다. 만약 혼인의 연분緣分이 이어지면, 다시는 그것을 떼어 놓을 수 없다. 다만 가문의 높고 낮음의 차이가 매우 심하거나, 세상살이에 원한이 있을 뿐이다. 일단 월하노인月下老人이 부부의 인연을 맺어주면, 굽이굽이 우여곡절을 거쳐도 결국 한곳으로 모여지게 된다. 이것을 가리켜 혼인의 연분緣分, 혼인의 인연이라고 하는데, 우연히 일어나는 것이 아니다.[4]

위의 두 인용문은 〈가필정홍사숙계공문假必正紅絲夙系空門 위묘상백수영수학사僞妙常白首永隨學士〉의 '입화시入話詩'와 '입화의론入話議論'이다. 〈가필정홍사숙계공문假必正紅絲夙系空門 위묘상백수영수학사僞妙常白首永隨學士〉는 《성몽병언醒夢駢言》의 12편 작품 중에서 가장 앞에 있으며, 이 작품의 도입부에 있는 '입화시入話詩'와 '입화의론入話議論'에서는 혼인관념의 전통적 인식을 그대로 제시하고 있다. 이러한 견해는 작가[서술자]의 혼인관념에 대한 다양한 시각 중의 하나로 볼 수 있는데,[5] 혼인에 대한 '전통적 관념'과 '개인적 이상' 사이 갈등과 조절의 과정을 묘사하는 데에 있어서는 어느 정도 차이를 보인다. 이렇듯 두 관점에서 종종 다른 견해가 나타나는 것은 작품 속에서 '전통적 관념'과 '개인적 이상'이 서로 모순되게 첨예하게 대립하거나 혹은 양쪽 중에서 어느 한쪽의 특징에만 편향되어 서술하기보다는 작품의 주제의식에 따라 그 지향하는 바를 달리하고 서술 의도에 따라 그 정도를 적절하게 조율하기에 생기는 현상이라고 할 수 있다. 즉 《성몽병언醒夢駢言》의 작품에는 상반된 주제의식이 동시에 내재해 있으며, 서술 내용과 방식에 따라 어느 한쪽에 집중되어 기우는 경향을 보이고 있다.

《성몽병언醒夢駢言》의 작품에서는 전통적인 혼인관념이 근간을 이루면서, 남녀가 사랑을 추구하는 과정에서 이미 정해진 혼인을 거부하고 자신의 의지와 노력으로 사랑을 쟁취하는 내용을 좀 더 중요하게 부각시키고 있다. 이러한

一樣好花枝, 愈不錯. / 貴逢賤, 難云禍, 富逢貧, 非由誤；總歸是月老, 作成緣故. 高堂縱有不然心, 子女都毫無憎惡, 又何若, 去違拗天工, 生嗔怒.《醒夢駢言》第一回〈假必正紅絲夙系空門 僞妙常白首永隨學士〉

4 姻緣一事, 從來說是五百年前預定. 不是姻緣, 勉強撮合不來；果系姻緣, 也再分他不開. 盡有門戶高低懸絕的, 並世有冤仇的, 一經月老把赤繩系定, 便曲曲彎彎要走攏來. 這叫做: 姻緣, 姻緣, 事非偶然!《醒夢駢言》第一回〈假必正紅絲夙系空門 僞妙常白首永隨學士〉

5 작품에 대한 작가의 다양한 시각의 출현은 '통속소설'의 저술 특징상 전통적인 관점을 일관되게 주장하기보다는 여러 의견을 수용하면서 시대와 사회 현상을 투영하고, 작가와 독자의 사상 경향에 따라 작품 내의 반영 여부와 강도를 탄력적으로 조절하고 있다고 볼 수 있다.

작품에서는 자유연애 사상을 강조하면서 그들의 정신세계와 의지를 매우 긍정적으로 평가한다. 소위 사랑에 대한 '천명주정天命注定'과 '인력추구人力追求'의 두 관념이 서로 공존하는 가운데 '인력추구人力追求'의 정신을 더욱 집중적으로 드러내고 있는 것이다.

《성몽병언醒夢駢言》에서는 남녀 혼인의 이상적 결합이 반드시 운명에 의해서만 정해지는 것은 아니고, 스스로 사랑을 이루고자 하는 노력도 필요하다고 강조하고 있다.[6] 《성몽병언醒夢駢言》제3회第三回〈태수재지성구우呆秀才志誠求偶 초가인감격허신俏佳人感激許身〉의 '입화시入話詩'에는 남녀 혼인의 성공에는 단지 '천명天命'에 순응하기보다는 '인사人事'가 무엇보다도 중요하다는 것을 말하고 있다.

> 겉으로 흠모하는 감정은 부질없게도 사람에 따라 바뀌지만, 진심으로 간구하는 마음은 천지의 소용돌이 같은 변화도 돌이킬 수 있다네. 다만 이렇게 낙심하는 마음을 잡고만 있지 않다면, 온갖 명성이 충만하게 이르게 될 것이라네. / 반드시 다른 이의 마음이 나와 같은 것은 아니지만, 언제나 한 치밖에 안 되는 마음에 기대어 중매한다네. 정성스럽고 순수한 마음은 박정한 사람도 감동하게 하는데, 설마 미인이라면 [상대의] 마음이 바뀌지 않겠는가?[7]

작품의 첫 도입부 '입화시入話詩'에서 '진심으로 간구하는 마음은 천지의 소용돌이 같은 변화도 돌이킬 수 있고', '정성스럽고 순수한 마음은 박정한 사람도 감동하게 하네.'는 개인의 의지와 인정에 의해[인정사리人情事理] 이미 운명으로 정해진 상황[명중주정命中注定]을 충분히 되돌릴 수 있고[가만천회可挽天回], 개인의 순수한 마음과 노력[정침이구精忱以求]은 제대로 상대의 마음을 돌이킬 힘을 가지고 있음[회심전의回心轉意]을 말하고 있다. 이처럼 《성몽병언醒夢駢言》은 《요재지이聊齋志異》보다 혼인관념에 있어서 개인의 자유의지를 보다 더 강조하고 있는데, 자유연애에 대한 '개인의지의 발현'이라는 측면에서 살펴보면, 《성몽병언醒夢駢言》은 《요재지이聊齋志異》보다 두 가지 현상이 두드러진다.

6 郭小麗, 《《醒夢駢言》考論》, 南京大學 碩士學位論文, 2013年 5月, 22쪽 참고.

7 "浮慕空隨人轉, 誠求可挽天回, 但教不把此心灰, 中得名成實遂. / 未必他心是我, 總憑方寸為媒, 精忱感鐵石來, 難道玉人不改?"《醒夢駢言》第三回〈呆秀才志誠求偶 俏佳人感激許身〉

첫째는 여주인공의 적극적인 애정추구로 남주인공을 감화시키는 경우이고,[8] 다음으로, 남녀 주인공 모두 서로에 대한 애정과 감응을 애틋하게 드러낸 경우이다.[9] 이 두 가지 특징은 제각기 이전 시대의 소설 작품에서도 나타나는 현상이며 남녀 모두 자유연애를 추구하는 과정에서 종종 두드러지는 부분이기도 하다. 하지만 비슷한 시기에 문체를 달리하여 재창작된 작품의 경우에는 두 가지 특징이 동시에 발현되는 것은 매우 드문 현상이다. 비록《요재지이聊齋志異》와《성몽병언醒夢駢言》이 동일한 시대에 창작되었다고는 하지만 혼인관념에 대한 서술 방향과 표현 정도, 남녀애정 묘사의 특징과 의미는 사뭇 다르다고 할 수 있다.

2) 혼인관념의 변환變換: '혼인실천婚姻實踐'과 '혼인감응婚姻感應'

《성몽병언醒夢駢言》 작품에서 '혼인관념 변환變換'을 살펴보기에 앞서 '혼인婚姻'에 대한 어원적 의미와 그 속에 내포된 함의에 대해서 자세히 고찰할 필요가 있다. '혼인婚姻'이라는 글자의 어원을 살펴보면, 글자 자체가 가지는 본래의 뜻뿐만 아니라 확장, 파생, 상징, 대체의 의미까지 포함하면 상당히 다양한 의미를 담고 있다. 각 연구 분야와 여러 학자의 관점에 따라 정의되는 방식과 포함하는 범위가 조금씩 다르지만 대체로 아래와 같은 의의를 지니고 있다.

'혼婚'은《설문해자說文解字》에서 다음과 같이 기록하고 있다. '혼婚은 부가婦家이다.《주례周禮》에 따르면 혼시昏時에 아내를 맞이했다. 부인은 음陰이기 때문에 이에 혼婚이라 하였다. 여女와 혼昏으로 이루어졌으며 혼昏이 소리이다.'[10] '여女'는 갑골문에는 한 여자가 무릎을 꿇고 앉아 두 손을 얌전하게 가슴 앞에 놓은 모양이다. '혼昏'은 갑골문에는 사람이 두 팔을 반쯤 들어 올리고 서 있고, 팔뚝 아래까지 해가 지고 있는 모습을 표현했다. 즉, 낮과 밤이 교차하는 저녁의 황혼을 가리킨다고 할 수 있다. 그러므로 '혼婚'은 '날이 어두워졌을 때 남자

8 여주인공의 염모艶慕로 인해 남주인공이 훈염薰染되는 내용은 이전의 소설 작품에서 간혹 보이기는 하지만 그 수가 많지 않을뿐더러, 대부분 남성을 향한 여성의 일방적인 사랑을 드러내는 경우가 많았다.《성몽병언醒夢駢言》에서 여주인공의 적극적인 애정추구를 보이는 대표적인 작품으로는 제1회第一回〈가필정홍사숙계공문假必正紅絲夙系空門 위묘상백수영수학사僞妙常白首永隨學士〉, 제6회第六回〈위부명얼유기작違父命孽由己作 대자가복자천래代姊嫁福自天來〉가 있다.

9 주요 작품으로는 제3회第三回〈태수재지성구우呆秀才志誠求偶 초가인감격허신俏佳人感激許身〉, 제9회第九回〈천명매단구일미倩明媒但求一美 앙명판경득쌍주央冥判竟得雙姝〉가 있다.

10 《說文解字》〈女部〉: "婚, 婦家也.《禮》娶婦以昏時. 婦人陰也, 故曰婚. 從女從昏, 昏亦聲." 漢·許愼撰, 淸·段玉裁注, 民國·魯實先正補,《說文解字注 附》, 臺北: 黎明文化事業股份有限公司, 1985年, 620쪽 참고.

가 여자의 집으로 가서 장가를 든다.'라고 해석할 수 있겠다.[11] 실제로 중국 고대의 혼인은 주로 해 질 녘이나 밤에 이루어진 것을 보면 이러한 풍습을 알 수 있다.[12] '혼姻'은 '인因'과 같은 의미로, 여女와 인因이 합쳐진 글자이다. '인因'은 사방을 둘러싼 둘레[구口]에 사람이 팔 벌리고[대大] 있다는 데서 '인하다', '말미암는다', '의지하다'로 쓰이고 있다. 즉, '여자가 남자로 말미암아 부부로 맺어지게 된다.'라고 풀이할 수 있겠다. 그렇기 때문에 '혼婚'과 '인姻'의 두 글자는 모두 결혼의 시간과 주체, 풍습과 문화 등을 구체적으로 제시하고 있다.

'혼婚'과 '인姻'에는 결혼과 관련된 이상적 가치와 윤리, 구체적 의식과 예의뿐만 아니라 '운명'이나 '인연', '음양'이나 '오행'과 같은 추상적 관념도 동시에 포함하고 있다. 이러한 고대의 '인사人事', 특히 '혼인婚姻'에 관련하여 그 상징적 의미와 윤리, 남녀의 태도와 자세, 부부의 역할과 기능을 가장 적절하게 기술한 저서는 바로《주역周易》이라고 할 수 있다.[13]

《주역周易》은 가장 오래된 유교 경전이면서 인생 철학이 응축된 철학서로 64괘卦로 구성되어 있다. 이 64괘는 다시 30괘와 34괘로 나누어 상편上篇과 하편下篇으로 구분된다. 상편은 '천도天道'를 설명한 것으로 건괘乾卦와 곤괘坤卦로부터 시작한다. 이에 반해 하편은 '인륜人倫'을 언급한 것이므로 남녀가 만나 부부가 되어 가정을 이루는 함괘咸卦와 항괘恒卦로부터 시작한다. 이것은 '인사人事'에서 무엇보다 중요한 것이 바로 남녀가 짝을 지어 후손을 남기는 '혼인婚姻'이라는 점을 보여 주는 것인데, 실제로 이 두 괘는《주역周易》에서 남녀男女에서부터 시작하여, 군신君臣, 대상對象, 세계世界로 '공감共感' 윤리를 확장하는 데 가장 중요한 괘로 여겨지고 있다.[14]《주역周易》에서 혼인과 관련된 괘는 '함괘咸卦', '항괘恒卦', '점괘漸卦', '귀매괘歸妹卦'이다. 이 중에서 혼인의 의미와 직

11 위의 글, 620쪽 참고.

12 이인경, 〈혼인과 관련된 漢字에 투사된 고대 중국의 혼인 풍속〉,《中國學研究》第73輯, 2015年 8月, 92-93쪽 참고.

13 필자는 본 글에서 '혼인실천婚姻實踐'과 '혼인감응婚姻感應'의 의미와 내용을 심도 있게 살펴보기 위해《주역周易》의 '혼인괘婚姻卦'라고 일컫는 '함괘咸卦'와 '항괘恒卦'의 이론과 의의를 운용하였다. 지금까지의 소설 작품 속 '혼인婚姻'에 대한 연구는 다방면에 걸쳐 많은 이론이 적용되었지만, 동양의 인생 철학서라고 할 수 있는《주역周易》의 '혼인괘婚姻卦'를 이론적 토대로 사용한 경우는 전혀 없었다. 이에 필자는 처음으로《주역周易》의 '함괘咸卦'와 '항괘恒卦'를 통해서 기존의 표면적이거나 제한적 현상에만 치우쳤던 '혼인婚姻' 주제 연구에서 좀 더 나아가 보다 근원적이면서도 사상적으로 깊이 있는 논의를 진행하고자 한다.

14 조우진, 〈공감에 대한 역학적 고찰-함괘咸卦를 중심으로〉,《孔子學》제37호, 2019年 2月, 27쪽 참고.

접적인 연관이 있는 괘는 '함괘咸卦'와 '항괘恒卦'라고 할 수 있다.

'함괘咸卦'는 《주역周易》 64괘 중 31번째의 괘명卦名이며, 하편의 첫 번째 괘이다. 《주역周易》에는 '함咸은 형통함이니 절조節操가 있고 마음이 곧아야 이롭고, 여자를 취하면 길하다.'라고 기록되어 있다.[15] '함咸'은 일반적으로 '모두[개皆]'라는 의미를 지니고, 고대에 '감感'과 통용된 문자로서 《주역周易》에서는 '감응感應'을 뜻한다.[16] 함괘咸卦는 소녀少女인 태괘兌卦와 소남少男인 간괘艮卦로서 구성되어 있으며, 6효爻가 모두 하괘下卦와 상괘上卦가 짝을 이루는 정응正應 관계인데, 젊은 남녀 사이의 강렬한 '교감交感'을 상징한다.[17]

'항괘恒卦'는 《주역周易》 64괘 중 32번째에 있는 괘명卦名이며, 하편의 두 번째 괘이다. 《주역周易》에는 '항恒은 형통하여 허물이 없는 것이고 바르게 함이 이로우니, 돌아갈 바가 있으니 유익하다.'라고 기록되어 있다.[18] '항恒'은 '상常', '구久' 등과 같은 뜻으로 '항구 불변함'을 의미한다.[19] 항괘恒卦는 장남長男을 상징하는 진괘震卦와 장녀長女를 상징하는 손괘巽卦로 구성되어 성숙한 남녀 간의 도리, 즉 부부의 법도에 관하여 설명하고 있다. 부부관계에서는 일시적인 감정보다 변하지 않는 '항덕恒德'과 윤리가 무엇보다 중요하며 그러한 관계를 지속하는 바를 핵심적으로 다루고 있다.[20]

《주역周易》의 '함괘咸卦'와 '항괘恒卦'를 '감응철학感應哲學[The Resonance

15 咸, 亨, 利貞, 取女吉. 郭建勳注譯, 黃俊郎校閱, 《新譯易經讀本》, 臺北: 三民書局, 2007年, 243쪽 참고.

16 〈단전彖傳〉에서 말한다. '함咸'은 교감이다. 음습한 기운은 부드러워 위로 향하고, 양성의 기운은 강하여 아래로 향한다. 음양의 두 기운이 교감하고 서로 소통하니, 멈추면서도 기뻐하는 것이 어린 남자가 몸을 낮추어 어린 여자를 구하는 것과 같다. 이로 인해 모든 일이 형통하고 마음을 곧바르게 하는 것이 이로우니 여자를 취하는 것이 길하다.〈彖〉曰: 咸, 感也. 柔上而剛下, 二氣感應以相與, 止而說, 男下女, 是以亨, 利貞, 取女吉也. 郭建勳注譯, 黃俊郎校閱, 《新譯易經讀本》, 臺北: 三民書局, 2007年, 244-245쪽 참고.

17 젊은 남녀는 서로 감응되기 쉽고, 또한 그래야만 새로운 생명을 탄생시킬 수가 있다. 이것이 《주역周易》 상편上篇이 천지天地를 상징하는 건괘乾卦, 곤괘坤卦로 시작하는 것에 대응하여, 하편下篇이 남녀 관계를 상징하는 함괘咸卦, 항괘恒卦로 시작하는 이유이기도 하다. '함괘咸卦'의 '교감交感'에 대한 자세한 내용은 고윤숙, 〈《周易》 感應哲學 연구〉, 성균관대학교 석사학위논문, 2020년 4월, 55-56쪽을 참고하기 바란다.

18 恒, 亨, 无咎, 利貞, 利有攸往. 郭建勳注譯, 黃俊郎校閱, 《新譯易經讀本》, 臺北: 三民書局, 2007年, 250-251쪽 참고.

19 〈단전彖傳〉에서 말한다. '항恒'은 유구함이다. 강하고 단단한 기운이 위에 있고, 음하고 부드러운 기운은 아래에 있으니, 우레와 바람이 항상 서로 더불어 교통하고 순응하면서 변화하니, 음양의 기운이 서로 응하니 항구한 것이다. 그렇기에 괘사卦辭에서 말하길, '항恒'은 형통하여 허물이 없는 것이고 바르게 함이 이로우니, 오래도록 그 도道[정도正道]를 유지해야 함이니라.〈彖〉曰: 恒, 久也. 剛上而柔下, 雷風相與, 巽而動, 剛柔皆應, 恒. 恒, 亨, 无咎, 利貞, 久於其道也. 郭建勳注譯, 黃俊郎校閱, 《新譯易經讀本》, 臺北: 三民書局, 2007年, 251-252쪽 참고.

20 박종혁, 〈《周易》 恒卦의 意味와 象徵〉, 《中國學論叢》 第30輯, 2014年 2月, 6쪽 참고.

Philosophy]'의 시각으로 살펴본다면, '함괘咸卦'가 청춘남녀인 소남少男과 소녀少女의 만남과 혼인, 교통交通과 반응의 이치를 밝힌 것이고, '항괘恒卦'는 성숙한 남녀로 여겨지는 장남長男과 장녀長女의 소통과 교감, 의례와 윤리를 강조한 것이라고 할 수 있다. 그러나 대상을 굳이 소남少男과 소녀少女, 장남長男과 장녀長女에 두지 않더라도 '함괘咸卦'는 첫 만남에서 혼인, 혼인 후 해로偕老까지의 과정에서 '남녀상열男女相悅'의 구체적 행위와 정사情事를 표현한 것으로 이해할 수 있고, '항괘恒卦'는 남녀 사이에 이루어진 굳건한 믿음과 애정, 감응과 정서, 그리고 규율과 도의를 설명한 것이라고 볼 수 있다.

《요재지이聊齋志異》와《성몽병언醒夢駢言》의 주제의식 변화 가운데 혼인관념의 변환은 다른 주제의식의 변화보다는 겉으로 드러나는 현상이 뚜렷하지 않지만, 내재적으로는 여전히 다양한 양상을 포함하고 있다. 두 작품의 혼인관념의 변화 과정에는 분명하게 나타나는 두 가지 특징이 있는데, 바로 '혼인실천婚姻實踐[Marriage activism]'과 '혼인감응婚姻感應[Marriage commissarism]'이다. '혼인실천'과 '혼인감응' 현상을《주역周易》의 '혼인괘婚姻卦'와 비교한다면, '혼인실천'은 청춘남녀 간의 육체적 교접, 정신적 소통을 무엇보다도 중요시하는 '함괘咸卦'와 밀접한 연관이 있다. '혼인감응'은 남녀 간의 변하지 않는 유구한 감정과 심성, 규율과 역할을 강조하는 '항괘恒卦'와 긴밀한 관련이 있다.[21]

'혼인실천'과 '혼인감응'은 모두 혼인의 자유의지에 반한 '혼인운명론婚姻運命論[Marriage fatalism]'의 변화를 공통으로 포함하고 있다. 다만 '혼인실천'의 경우는 혼인에 대한 구체적인 노력과 행위에 집중하여 드러나고 있고, '혼인감응'의 경우는 혼인에 대한 항구적인 관계와 교감을 중심으로 발현되고 있다. '혼인운명론'을 비롯한 '혼인실천'과 '혼인감응'의 상호 관계를 그림으로 나타내면 다음과 같다.

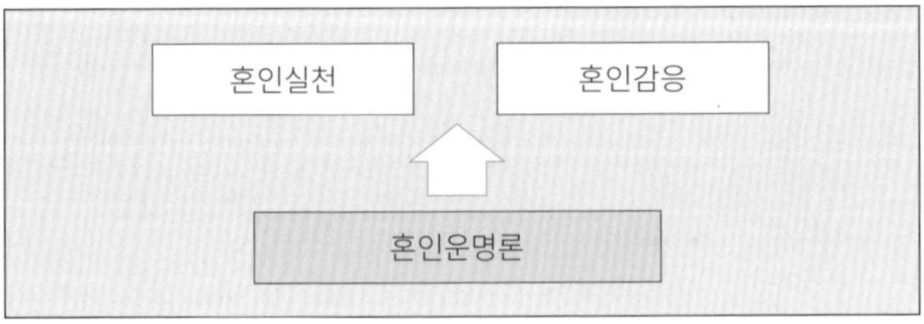

21 문학에서의 '감응感應'의 본뜻은 '어떤 느낌을 받아 마음이 따라 움직이는 것'을 의미한다. 때로는 이 의미

'혼인운명론'은 정해진 혼인 운명에 대한 무의식적 순종과 맹목적인 추종을 보여 주는 것으로 '혼인운명론'의 변화에는 이러한 전통 관념으로부터 철저한 거부와 반항정신, 스스로 선택한 혼인에 대한 무한한 긍정과 자유정신을 함축하고 있다. 이러한 '혼인운명론'의 변화에는 개인의 '자율의지'가 무엇보다는 크게 작용한다. '혼인실천'과 '혼인감응'의 중심축은 모두 이러한 '자율의지'에 기초한다. '혼인실천'은 주요인물의 혼인에 대한 구체적인 노력과 경험을 강조하는데, 운명적으로 짝지어진 혼인 상대에 대해서 숙명처럼 받아들여 자신의 희망을 포기하는 것이 아니라, 적극적으로 자신의 운명을 개척하려고 노력하거나 그러한 실천을 극명하게 드러내는 것을 말한다. '혼인감응'은 혼인을 이루고자 하는 개인의 노력과 경험도 중요하지만, 진실한 마음을 담아 상대를 감응시켜 결국 이상적 혼인을 이끌어내는 것을 말한다.

이 두 가지는 혼인관념은 기본적으로 '혼인운명론'의 관념을 일정 부분 거부하는 인식을 바탕으로 하고 있으며, 혼인관념을 드러내는 방식과 중점을 어디에 두느냐에 따라 조금씩 다르게 나타난다고 할 수 있다. 이처럼 중국의 전통적 가치관에 기반을 둔 혼인관념은 《요재지이聊齋志異》와 《성몽병언醒夢駢言》에 있어 그 관념을 표현하는 과정에서 어느 정도 격차를 보인다. 두 작품의 이러한 틈은 각 작품이 추구하는 혼인 관련 의식의 흐름과 추진하는 의도의 다름과도 관련이 깊지만, 문언문文言文과 백화문白話文에 기초한 표현 형식의 차별성과 서사 내용의 이질성, 주제 관념의 다양성과 가치 표현의 의미성과도 깊은 관련이 있다.

《요재지이聊齋志異》가 《성몽병언醒夢駢言》으로 재창작되는 과정에서 분명히 드러나는 차이점은 작품의 문체 변화이다. 《요재지이聊齋志異》는 '문언문文言文'

의 주체와 대상을 어느 한 부분으로 한정하여, 하늘이나 신령에게 정성이 통하여 그 결과로 나타나는 현상이나 결과를 말하기도 한다. 본 글에서 말하는 '혼인감응'은 일반적인 고전문학 작품에서 말하는 내용과는 다른 뜻을 지닌다. '감응感應'이 '인간의 행동과 결과가 하늘의 뜻과 서로 소통하거나 예정되어서 만들어진다는 것'이라고 보는 견해와는 달리, 《주역周易》의 '함괘咸卦'에서 말하는 '함咸[감感]'과 '항괘恒卦'에서 말하는 '항恒'의 의미와 같이, '음陰과 양陽, 즉 남녀 간의 육체적, 정신적 원활한 소통'을 뜻한다고 할 수 있다. '감응感應'이라는 본뜻을 양쪽의 균형적 '교류交流'나 '상통相通'의 의미에 둔다면, 반드시 하늘이나 신령과 같은 비현실적인 존재로 인해 주도적으로 이루어지는 '감응感應'과는 분명히 다르다고 할 수 있다. 본 글에서의 말하는 '감응感應'은 주체와 대상이 '천상계天上界'와 '인간계人間界'가 구분되어 서로 호응하는 현상이 아니라, 인간계人間界에서 이성 간의 '교통交通', 특히 '정신적 교감'에 중점을 두고 서로 반응하는 현상을 일컫는다. 이에 관한 자세한 내용은 郭建勳注譯, 黃俊郎校閱, 《新譯易經讀本》, 臺北: 三民書局, 2007年, 250-251쪽 ; 조우진, 〈공감에 대한 역학적 고찰-함괘咸卦를 중심으로〉, 《孔子學》 제37호, 2019年 2月, 27쪽 ; 고윤숙, 《《周易》 感應哲學 연구》, 성균관대학교 석사학위논문, 2020년 4월, 55-56쪽을 참고하기 바란다.

으로 쓰였고, 《성몽병언醒夢騈言》은 '백화문白話文'으로 기록되었다. 이러한 표현 형식의 다름은 두 작품의 가장 이질적인 차이점이라고 할 수 있다. 서사 내용의 변화는 비록 표현 형식의 다름에는 미치지 못하지만, 여전히 같음과 다름의 특징을 표면적으로 드러내고 있다. 이처럼 두 작품의 표현 형식과 내용의 변화는 구체적이면서도 객관적인 예시를 통해서 분명하게 구분되고 차별화된다. 하지만 서사 전개와 구조, 내용과 표현 속에 깊게 감추어진 주제의식은 겉으로 잘 나타나지 않는다. 특히 두 작품의 형식과 내용 변화가 분명할수록 오히려 이러한 부분은 다른 부분의 변화에 크게 가려져 쉽게 지나쳐 버린다. 주제의식의 전환은 서사 내용으로 깊이 들어가 주인공의 의식 세계와 작품을 통해 투영된 작가의 관점을 자세히 관찰해야지만 파악할 수 있는 부분이다. 두 작품의 서사와 인물, 주제의식을 깊이 이해하기 위해서는 무엇보다도 그 변화의 경향을 자세히 살펴보는 과정이 분명히 필요하다. 또한, 이러한 변화는 바로 당시 사회적 가치관의 재현과 변천을 어느 정도 가늠할 수 있는 척도로 작용하면서 결혼 가치관에 대한 일종의 시대적 흐름을 엿볼 수 있다. 그렇기에 '혼인관념의 변환變換' 주제는 당시의 결혼관에 대한 변화와 대중의 인식 차이에 대해서 다각적으로 살펴볼 수 있는 중요한 자료임은 틀림없다.

《요재지이聊齋志異》와 《성몽병언醒夢騈言》의 주제의식 변화에서 '혼인관념의 변환變換'은 '결혼'과 '이념'이라는 보편적인 의미의 '날줄'과 시대와 사회, 작품과 인물, 독자와 대중이라는 대상과 묘사를 통해 구현하는 '씨줄'을 통해서 혼인관념에 대한 '전환'과 '다름'을 폭넓게 고찰할 수 있다. 그뿐만 아니라 혼인관념을 중심으로 주위를 에두르고 있는 다양한 서사 내용과 의미의 차이를 심도 있게 비교할 수 있는 중요한 기준점을 제시하기도 한다.

이처럼 《요재지이聊齋志異》와 《성몽병언醒夢騈言》에서의 '혼인관념의 변환變換'은 두 작품이 같지만 다르게 보이게 하는 속성이면서, 또한 각각을 더욱 개성 있게 드러내는 특징이기도 하다. 그러므로 이러한 주제 변화를 살펴보는 것은 작품 속 인물의 정해진 운명運命[Fatalism]과 자유의지自由意志[Free will] 앞에서 끊임없이 갈등하고 방황하는 의식 체계를 살피고, 더불어 시대에 따른 혼인에 대한 다양한 사고의 변화를 읽을 수 있는 장점이 있기도 하다. '혼인관념의 변환變換' 주제는 《요재지이聊齋志異》와 《성몽병언醒夢騈言》에 등장하는 인물과 의식의 관념을 통해서 작품 속에 녹아있는 사상과 의미의 다양한 양상을 고찰할 수 있을뿐더러 주제의식의 전환을 통해서 두 작품의 내용과 주제에 대한 보다 직접적인 이해를 진행할 수 있다. 주요인물의 내면적 통찰을 통해서 대상 작품과 현실 사회의 관계, 사회적 관점의 투영과 실현이라는 현상을 서로 어떻게 유기적으로 관련지을 것인가 하는 방면에서도 이러한 주제의식의 변화는 작품을 폭넓게 이해하는 데 어느 정도 방향을 제시할 수 있을 것이다.

| 3 | 혼인에 대한 노력과 행동: '혼인실천婚姻實踐'

《성몽병언醒夢駢言》에서 혼인 관련 내용을 직·간접적으로 포함하고 있는 작품은 적지 않은데, 그중에서 혼인으로 인한 정신적 혼란과 회복, 가족 간의 반목과 화합의 과정을 직접 보여 주고 작품으로는 제1회第一回〈가필정홍사숙계공문假必正紅絲夙系空門 위묘상백수영수학사僞妙常白首永隨學士〉, 제3회第三回〈태수재지성구우呆秀才志誠求偶 초가인감격허신俏佳人感激許身〉, 제6회第六回〈위부명얼유기작違父命孽由己作 대자가복자천래代姊嫁福自天來〉, 제9회第九回〈천명매단구일미倩明媒但求一美 앙명판경득쌍주央冥判竟得雙姝〉 등이 있다.[22] 이 중에서 '혼인운명론'에 대한 적극적인 변화를 보여 주고 있는 작품은 제1회第一回〈가필정홍사숙계공문假必正紅絲夙系空門 위묘상백수영수학사僞妙常白首永隨學士〉와 제6회第六回〈위부명얼유기작違父命孽由己作 대자가복자천래代姊嫁福自天來〉이나. 이 두 작품은 모두 '혼인운명론'의 변화 중에서 혼인 의지의 구체적인 행동과 실천을 강조하고 있다. 특히 여주인공의 적극적인 애정추구로 인해 남주인공이 감화되는 내용은 매우 특색 있는 부분이기도 하다.

먼저 제1회第一回〈가필정홍사숙계공문假必正紅絲夙系空門 위묘상백수영수학

22 《요재지이聊齋志異》를 화본소설話本小說로 재창작한 《성몽병언醒夢駢言》[《산정이기합전刪定二奇合傳》포함]의 작품 중에서 '혼인관념의 변환變換' 현상이 뚜렷하게 나타나는 작품을 살펴보면 다음과 같다.

《聊齋志異》		《醒夢駢言》		《刪定二奇合傳》	
卷十一	〈陳雲棲〉	第一回	〈假必正紅絲夙系空門 僞妙常白首永隨學士〉		
卷二	〈阿寶〉	第三回	〈呆秀才志誠求偶 俏佳人感激許身〉		
卷四	〈姊妹易嫁〉	第六回	〈違父命孽由己作 代姊嫁福自天來〉	第三十六回	〈毛尙書小妹換大姊〉
卷三	〈連城〉	第九回	〈倩明媒但求一美 央冥判竟得雙姝〉		
4 篇		4 篇		1 篇	

사僞妙常白首永隨學士〉를 살펴보면, 이 작품은 《요재지이聊齋志異》의 권11卷十一 〈진운서陳雲棲〉를 개작하였다. 《요재지이聊齋志異》의 〈진운서陳雲棲〉와 《성몽병언醒夢駢言》의 〈가필정홍사숙계공문假必正紅絲夙系空門 위묘상백수영수학사僞妙常白首永隨學士〉의 전체적인 줄거리와 구성 방식을 진행순서에 따라 살펴보면 다음과 같다.

구성	〈陳雲棲〉	비고
발단	1. 진육생眞毓生의 출신 배경 설명 2. 진육생眞毓生는 황강黃岡에 있는 외할머니 집으로 감 3. 여조암呂祖庵 방문 4. 진운서陳雲棲와의 만남 5. 4명의 여도사 만남→진운서陳雲棲와의 재회를 희망함	
전개	6. 진육생眞毓生가 여조암呂祖庵을 재방문함→여도사들의 음식 대접 7. 여도사들이 술을 강권함→진육생眞毓生을 만나러 나오지 않는 진운서陳雲棲 8. 진육생眞毓生의 진운서陳雲棲에 대한 그리움 9. 진육생眞毓生가 여조암呂祖庵을 다시 방문함 10. 진육생眞毓生과 진운서陳雲棲의 혼인 약속 11. 진육생眞毓生은 부친의 병환으로 인한 집으로 돌아옴 12. 진효렴眞孝廉의 죽음→장臧부인의 혼인 권유를 거절함→진육생眞毓生은 황강黃岡으로 다시 길을 떠남 13. 사방으로 흩어진 여도사들→진육생眞毓生이 집으로 돌아옴 14. 진육생眞毓生은 모친에게 거짓말을 함 15. 친정에 간 장臧부인은 아들의 거짓말을 의심함 16. 여관에서 우연히 장臧부인과 진운서陳雲棲가 만남. 진운서陳雲棲는 장臧부인이 진육생眞毓生[반생潘生]과 동향[이릉夷陵]인 것을 알고 반생潘生을 대신 찾아서 자신의 거처[왕도성王道成의 집]를 전해주도록 부탁함 17. 진육생眞毓生은 모친에게 사실을 고함 18. 진육생眞毓生이 왕도성王道成을 찾아갔지만 진운서陳雲棲는 돌아오지 않음→진육생眞毓生이 병을 얻음 19. 장臧부인은 모친의 장례를 치르고 돌아오는 길에 들른 경씨京氏의 집에서 한 소녀를 만남 20. 소녀는 왕씨王氏의 딸로 경씨京氏 남편의 생질임 21. 장臧부인은 소녀를 데리고 함께 집으로 돌아옴 22. 장臧부인은 진육생眞毓生과 소녀를 서로 인사를 하게 함 23. 장臧부인은 소녀가 지난날 여관에서 반씨潘氏를 수소문했던 여인임을 알게 됨 24. 진운서陳雲棲는 반생潘生이 진육생眞毓生임을 비로소 알게 됨→진육생眞毓生과 진운서陳雲棲의 혼인 25. 서술자의 개입: 진육생眞毓生과 진운서陳雲棲는 헤어진 이후 각자 겪었던 일들에 대해 설명함	
절정	26. 진육생眞毓生과 진운서陳雲棲의 화해 27. 경씨京氏 집으로 가는 길에 배에서 만난 성운면盛雲眠 28. 진운서陳雲棲는 성운면盛雲眠을 자신의 언니로 가장하여 장臧부인에게 의탁하고자 함 29. 장臧부인은 성운면盛雲眠이 여도사였다는 사실을 모른 채, 그녀를 두 번째 며느리로 들이고자 함 30. 장臧부인은 아들과 성운면盛雲眠을 혼인시킴 31. 성운면盛雲眠은 장臧부인을 봉양하면서 집안을 잘 다스리기로 다짐함	

구성	〈陳雲棲〉	비고
결말	32. 성운면盛雲眠이 온 후 살림이 정돈되고 안정을 찾음 33. 진운서陳雲棲는 이후 성운면盛雲眠과 자신이 본래 여도사임을 밝혔고, 장臧부인은 정해진 운명에서 도망칠 수 없음을 믿게 됨→아들의 부귀공명을 더는 바라지 않음 34. 성운면盛雲眠은 딸 하나, 아들 하나를 낳고, 진운서陳雲棲는 딸 하나, 아들 셋을 낳음→장臧부인은 80여 세까지 살다가 죽음→성운면盛雲眠이 낳은 장남이 거인擧人이 됨	

구성		〈假必正紅絲夙系空門 僞妙常白首永隨學士〉	비고
입화入話		1. 입화시入話詩: 혼인의 연분緣分은 미리 정해짐 2. 입화의론入話議論: 혼인의 인연은 이미 오래전부터 정해져 있음	
정화正話	발단	3. 증학심曾學深의 출신 배경[부: 증건길曾乾吉, 모: 장莊부인] 4. 증학심曾學深은 황주黃州에 있는 외조모 집을 방문함 5. 장씨莊氏 가족에 대한 서술 [외조부: 장배영莊培榮, 외조모: 어씨於氏노부인, 외삼촌: 장덕음莊德音] 6. 증학심曾學深은 장씨莊氏 집에서 요양함	
	전개 1	7. 증학심曾學深은 관음암觀音庵에 대해서 알게 됨 8. 관음암觀音庵으로 감 9. 비구니 진취운陳翠雲에 대한 묘사 10. 증학심曾學深은 성을 반潘이라 속임 11. 진취운陳翠雲과 재회를 희망함 12. 외조모에게 관음암觀音庵에 다녀온 사실은 숨김	
	전개 2	13. 관음암觀音庵을 다시 방문함 14. 백취송白翠松과 양취백梁翠柏이 증학심曾學深에게 술을 강권함 15. 외조모 집으로 돌아감 16. 진취운陳翠雲에 대한 그리움 17. 성취암盛翠巖에게 진취운陳翠雲과의 재회를 부탁함 18. 절의가 굳은 진취운陳翠雲과 혼인을 약속함 19. 외조모 집으로 돌아감 20. 증학심曾學深의 부친 증건길曾乾吉의 죽음 21. 증학심曾學深은 진취운陳翠雲에 대해 걱정함 22. 장莊부인이 아들에게 혼인을 권유함→증학심曾學深은 혼인을 거부함	
	전개 3	23. 증학심曾學深은 황주黃州를 다시 방문함 24. 다른 절에 간 성취암盛翠巖과 진취운陳翠雲 25. 성의 북쪽으로 길을 떠남 26. 진취운陳翠雲을 찾지 못하여 외조모의 집으로 다시 돌아옴 27. 고향 무창武昌으로 돌아감 28. 집에 돌아와 장莊부인에게 거짓말을 함 29. 장莊부인은 친정으로 가고자 함 30. 장莊부인은 아들의 거짓말을 알게 됨	

구성		〈假必正紅絲夙系空門 僞妙常白首永隨學士〉	비고
정화正話	전개 4	31. 장莊부인은 관음암觀音庵을 방문하게 됨 32. 돌아오는 길에 진취운陳翠雲과 만남 33. 진취운陳翠雲은 증학심曾學深과 만나지 못해 안타까워함 34. 진취운陳翠雲은 장莊부인에게 반潘을 찾아 자신의 소식을 전해 달라고 부탁함 35. 장莊부인이 집으로 돌아옴	
	전개 5	36. 장莊부인은 아들이 반수재潘秀才임을 알게 됨 37. 장莊부인은 혼인은 이미 운명으로 정해져 있음을 깨닫게 됨 38. 증학심曾學深이 관음암觀音庵을 찾아감 39. 정화설명正話說明: 진취운陳翠雲의 외숙모인 장씨莊氏와 왕도성王道成의 다툼 40. 증학심曾學深이 집으로 돌아옴 41. 증학심曾學深이 병을 얻음	
	절정	42. 증학심曾學深의 병과 외조모인 어씨於氏노부인의 건강이 악화됨 43. 어씨於氏노부인의 죽음 44. 장莊부인의 가족이 우연히 장씨莊氏의 집에 이르게 됨 45. 진취운陳翠雲이 마침 장씨莊氏의 집에 있었음 46. 장莊부인과 진취운陳翠雲의 만남 47. 진취운陳翠雲은 장莊부인이 반랑潘郎[증학심曾學深]의 모친임을 알게 됨 48. 장莊부인과 증학심曾學深의 외삼촌인 장덕음莊德音이 집으로 돌아옴 49. 증학심曾學深이 건강을 회복함	
	결말	50. 장莊부인은 아들의 혼인 날짜를 정함 51. 증학심曾學深과 진취운陳翠雲의 혼인	
편미篇尾		52. 증학심曾學深은 과거에 합격하였고 3남 1녀를 낳음	

〈진운서陳雲棲〉와 〈가필정홍사숙계공문假必正紅絲夙系空門 위묘상백수영수학사僞妙常白首永隨學士〉를 비교해 보면, 서사 내용에 있어서 '부연敷衍', '확대擴大', '변환變換' 등의 특징이 간헐적으로 나타나기는 하지만, 전체적인 줄거리에는 큰 변화가 없다. 주제의식에 있어서도 그러한데, 전혀 다른 사상이나 관점을 강조하거나 두드러지게 드러나지는 않는다. 다만 서술 시각을 어떤 과정과 방향에 중점을 두느냐에 따라 주제의식에서 일부 변화를 보인다. 두 작품에서 드러난 주제의식을 구체적으로 살펴보면 다음과 같다.

〈陳雲棲〉	〈假必正紅絲夙系空門 僞妙常白首永隨學士〉	비고
거스를 수 없는 '혼인운명론婚姻運命論'의 인식 남녀의 자유연애 사상: 일부이처一夫二妻 남녀와 부모 간의 정혼 갈등	500년 전부터 정해진 혼인 운명: '혼인운명론婚姻運命論'의 인식 남녀의 자유연애 사상: 일부이처一夫二妻 혼인: 정해진 운명∠개인의 노력, 의지, 실천	

두 작품의 주제의식을 비교하면, 모두 '혼인운명론'을 드러내고 있다. 〈진운서陳雲棲〉는 혼인에 대한 숙명론을 다루면서 부모와의 정혼 갈등을 중점적으로 나타내고 있고, 〈가필정홍사숙계공문假必正紅絲夙系空門 위묘상백수영수학사僞妙常白首永隨學士〉는 남녀의 자유연애 사상과 혼인에 대한 운명론을 동시에 기술하고 있지만, '혼인운명론'보다는 사랑을 획득하는 데 있어서 개인의 노력과 의지가 무엇보다도 중요하다는 점에 중점을 두고 있다. 즉 스스로 사랑을 이루려는 실천과 정해진 운명에 맞서 그 사랑을 획득하려는 자유의지가 주요하다고 보는 것이다.

〈진운서陳雲棲〉에는 비록 《요재지이聊齋志異》의 다른 작품에서 흔히 보이는 이사씨異史氏의 견해가 나타나 있지 않지만, 혼인에 대해 이미 정해진 운명은 바꾸기 힘들다고 거듭 강조하고 있다. 도입 부분에서 진육생眞毓生의 출신 배경을 설명하는 과정과 결말 부분에서 성운면盛雲眠이 장臧부인에게 자신의 출신을 말하는 과정을 통해서도 이러한 점이 충분히 드러난다.

> 진육생眞毓生은 초楚 지역의 이릉夷陵 사람으로 효렴孝廉의 아들이다. 그는 글을 잘 쓰고 풍채와 용모가 뛰어나 약관에 이름을 널리 떨쳤다. 어렸을 때 관상쟁이가 이렇게 말했다. "훗날 반드시 여도사를 아내로 맞이하게 될 것입니다." 그의 부모는 모두 우스갯소리로 여겼다. 하지만 그것으로 인해서인지 혼사를 논의하기만 하면 상대의 조건이 낮거나 혹은 높아 혼인이 늘 성사되지 않았다.[23]

> 성운면盛雲眠은 돈이 들어오고 나가는 것을 관장하고 매번 장부에 기록하여 장臧부인에게 보고했다. 장臧부인이 의아해하며 말했다. "너희들은 매번 어려서 고아가 되었다고 말하곤 하는데, 글을 쓰고, 거문고를 연주하고, 바둑을 둘 줄 아니, 도대체 누가 가르쳐주었단 말이냐?" 진운서陳雲棲가 웃으며 사실대로 아뢰었다. 장臧부인도 웃으며 말하였다. "내가 처음에는 도사 며느리 하나를 얻으려 하지 않았다가 지금은 뜻밖에도 둘을 얻었구나." 갑자기 아들이 어렸을 때 점쳤던 일을 기억해내고, 정해진 운명에서 도망칠 수 없다는 것을 비로소 믿게 되었다.[24]

첫 번째 인용문은 〈진운서陳雲棲〉의 도입 부분으로 미래의 배필에 대한 점

23 眞毓生, 楚夷陵人, 孝廉之子. 能文, 美豐姿, 弱冠知名. 兒時, 相者曰: "後當娶女道士為妻." 父母共以為笑. 而為之論婚, 低昂苦不能就.《聊齋志異》卷十一〈陳雲棲〉

24 盛司出納, 每記籍報母. 母疑曰: "兒輩常言幼孤, 作字彈棋, 誰教之？" 女笑以實告. 母亦笑曰: "我初不欲為兒娶一道士, 今竟得兩矣." 忽憶童時所卜, 始信定數不可逃也.《聊齋志異》卷十一〈陳雲棲〉

쟁이의 예언이고, 두 번째 인용문은 결말 부분으로 장臧부인이 혼인운명론을 인정하는 부분이다. 이 두 인용문을 통해 혼인에 대한 전통적 관념이 어떠한지 구체적으로 보여 주고 있다. 〈가필정홍사숙계공문假必正紅絲夙系空門 위묘상백수영수학사僞妙常白首永隨學士〉에는 도입부에서는 〈진운서陳雲棲〉와 마찬가지로 혼인에 대해 정해진 운명을 언급하고 있지만, 증학심曾學深과 진취운陳翠雲이 결혼에 이르는 과정에서 증학심曾學深이 진취운陳翠雲을 찾고자 하는 노력과 실천이 〈진운서陳雲棲〉의 내용보다 더 중요하게 묘사되고 있다. 이러한 점은 〈진운서陳雲棲〉에서 나타나 있지 않은 증학심曾學深의 불안한 심리상태와 위중한 신체 손상을 묘사하는 부분을 통해서도 잘 알 수 있다. 증학심曾學深이 진취운陳翠雲을 찾지 못하게 되자, 심리적 고통이 심해지면서 나중에는 육체의 병으로 이어지고, 심지어 생명이 위태로운 지경까지 이르게 된다. 물론 〈진운서陳雲棲〉에서 진육생眞毓生이 진운서陳雲棲을 찾아가는 과정에서도 좌절과 비통을 어느 정도 느낄 수 있지만,[25] 〈가필정홍사숙계공문假必正紅絲夙系空門 위묘상백수영수학사僞妙常白首永隨學士〉의 증학심曾學深이 진취운陳翠雲을 찾는 과정에서 나타나는 슬픔과 비애보다는 상당히 미약하다고 볼 수 있다.

〈가필정홍사숙계공문假必正紅絲夙系空門 위묘상백수영수학사僞妙常白首永隨學士〉는 〈진운서陳雲棲〉에서 나타나는 혼인에 대한 운명적 의미를 강조하는 것에서 주인공의 결혼에 대한 노력과 실천, 그 과정에서의 좌절과 고통을 보다 적극적으로 그리고 있다.

> **증학심曾學深은 사정을 다 듣고서 보살 할미와 이별하고 산문을 걸어 나왔다. 배가 정박해있는 곳에 도착해서는 아경阿慶에게 짐을 옮기게 하고 잠시 쉴 수 있는 여관을 찾아보게 하였다. 아경阿慶에게 말하였다. "너는 짐을 지키고 있거라. 나는 바로 외조모 댁에 갈 수가 없구나. 다른 일이 있어 그 일을 처리하고 오마!" 여관 문을 나서고는 단지 성**

25 황강黃岡에 이르자 암자로 찾아갔다. 하지만 안뜰과 가옥은 황량하여 이전의 풍경과는 사뭇 달랐다. 천천히 안으로 들어가니, 단지 늙은 비구니가 부뚜막에서 밥을 짓고 있었다. 암자가 이렇게 된 연유를 물으니, 비구니가 대답하였다. "재작년에 늙은 도사가 죽고, 사운四雲은 모두 뿔뿔이 흩어졌습니다." 그는 다시 물었다. "어디로 갔는지요?" 그녀는 대답했다. "운심雲深과 운동雲棟은 불량배를 쫓아서 갔고, 운서雲棲는 일전에 들은 바로는 황강黃岡의 북쪽 어디쯤 살고 있다고 하고, 운면雲眠의 소식은 알지 못합니다." 진육생眞毓生은 이 말을 듣고 슬퍼하며 탄식했다. 그는 수레를 준비하게 하여 바로 성의 북쪽에 도달하였다. 암자를 지나칠 때마다 곧바로 물어보았으나, 전혀 종적을 찾을 수 없었다.至黃, 詣庵中, 則院宇荒涼, 大異疇昔. 漸入之, 惟一老尼炊灶下, 因就問. 尼曰: "前年老道士死, '四雲'星散矣." 問: "何之？" 曰: "雲深,雲棟, 從惡少去；向聞雲棲寓居郡北；雲眠消息不知也." 生聞之悲歎. 命駕即詣郡北, 遇觀輒詢, 並少蹤跡.《聊齋志異》卷十一〈陳雲棲〉

의 북쪽으로 발길을 돌렸다. 암자에 이르러서 여기저기 물어보기 시작했다. 연거푸 여러 날이 지났어도 한 가닥 전해들은 소식조차 없었다. 증학심曾學深은 눈물이 주룩주룩 흐르는 것을 참을 수 없었다. 그러고는 마음속으로 생각했다. '그녀는 이미 나와 평생을 함께하기로 약속했는데, 이 보살 할미가 있는 곳에 전갈 하나 남기지 않아 내가 어찌 그녀의 행방을 알겠는가? 설마 마음이 다소 변한 것은 아닐까?' 또다시 생각했다. '내가 지난날 그녀의 말을 들어보면, 주관이 있는 여인이었는데, 어찌 하늘에 대고 맹세를 하고서는 다시 마음을 바꾼단 말인가?' 마음속의 의혹이 끊이지 않았다. 어쩔 수 없이 여관으로 돌아와 아경阿慶에게 짐을 짊어지게 하고서 외조모 댁으로 갔다.[26]

[장莊부인은] 문 앞에 도착하자마자 아경阿慶을 보고서 물었다. "도련님의 병세는 좀 나아졌느냐?" 아경阿慶은 눈살을 찌푸리며 대답했다. "요 이틀은 매우 위독했습니다. 때마침 여기에 마님께서 돌아오셨으니, 결정을 내리기가 쉽겠습니다!" 부인이 그 이야기를 듣고, 황급히 아들 방으로 걸어갔다. 십여 일을 집을 떠나 있다가 아들을 보니, 점점 더 심하게 야위었고, 외모 역시 조금은 변하였다. [그는] 모친이 돌아온 것을 보았으나 한마디 말도 내뱉지 못하고 그저 두 눈에서 눈물만 흘러내렸다. 장莊부인이 이 광경을 보고서 마음이 매우 조급해져 눈물을 머금고 말했다. "아들아, 진취운陳翠雲을 드디어 찾았단다. 그런데 네 병은 어떻게 하면 좋단 말이냐?" 늘 하는 말이지만, 마음의 병은 여전히 마음의 약으로 치료해야 한다. 정말 순식간에 기이한 일이 벌어졌다. 단지 '진취운陳翠雲을 찾았다.'는 한 마디가 병자의 귀에 들어가는 순간, 마치 선약仙藥을 먹은 듯 눈이 보고 있는 앞에서 밝아졌다. 입안의 순수한 진액이 갑자기 생기를 얻은 듯 한마디 말을 꺼냈다. "어머니, 정말인가요?" 그러자 시중들던 집안사람들 모두가 말하였다. "잘됐군요! 이미 사흘 동안 입을 연 적이 없었는데, 오늘 이 기쁜 소식을 듣고서는 바로 조금이나마 생생해졌네요!" 부인이 말하였다. "어미가 되어서 설마 너를 속이겠느냐?"[27]

26 曾學深見說, 別了佛婆, 走出山門, 來到停船的地方, 叫阿慶搬起行李, 尋個飯店歇下. 對阿慶道: "你看守著行李, 我不能夠就到莊家, 另有事情去辦了來!" 走出店門, 竟往城北, 逢著庵觀便行打聽. 一連數日, 並無一絲影響. 曾學深忍不住眼淚紛紛, 心中想道: "他既和我訂了終身, 怎麼不留個口信在佛婆處, 好令我知他下落？ 莫不是有些翻悔了？" 卻又想道: "我前日聽他言語, 是個有主意的人, 那有對天立誓過了, 卻又變卦的理？" 心中疑惑不決. 沒奈何回到飯店裡, 叫阿慶挑了行李往莊家去.《醒夢駢言》第一回〈假必正紅絲夙系空門 僞妙常白首永隨學士〉

27 一到門首, 見了阿慶, 便問: "大相公病勢輕些麼？" 阿慶攢了眉頭答道: "這兩日十分垂危, 正在這裡望夫人回來, 好作主張!" 夫人見說, 忙走到兒子房中去. 十來日不在家, 看他時, 越發瘦的不堪, 形也有些變了. 見母親回來, 也說不出一句話, 只垂下兩行的淚. 莊夫人見這光景, 好生著急, 便含淚對他道: "兒啊, 陳翠雲倒尋見了, 你這病卻怎麼處？" 從來說, 心病還須心藥醫, 可霎作怪, 只這陳翠雲尋見了一句, 追到病人耳朵裡, 就如吃了仙丹, 眼睛面前一亮, 口內精液頓生, 便說得出句話道: "母親, 果然麼？" 當下伏侍的家人都道: "好了! 已經三日不曾開口, 今日得了這喜信, 便有些生動了!" 夫人道: "做娘的難道騙你？"《醒夢駢言》第一回〈假必正紅絲夙系空門 僞妙常白首永隨學士〉

이처럼 〈진운서陳雲棲〉와 〈가필정홍사숙계공문假必正紅絲夙系空門 위묘상백수영수학사僞妙常白首永隨學士〉는 '혼인관념'에 대한 서로 다른 경향을 보여 주고 있다. 〈진운서陳雲棲〉에는 거스를 수 없는 혼인운명론에 대한 인정과 수용이 의식의 중요한 부분을 차지하고 있다면, 〈가필정홍사숙계공문假必正紅絲夙系空門 위묘상백수영수학사僞妙常白首永隨學士〉에는 비록 남녀의 결혼이 이미 운명처럼 정해져 있다고 하더라도 그 운명에 순응하며 기회가 오기를 기다리는 것이 아니라, 혼인을 이루기 위해 개인의 노력과 의지를 적극적으로 보여 준다. 비록 혼인에 이르기까지의 과정에서 서로 간의 이별과 슬픔, 애석함과 비통함이 동반한다고 하여도 그것을 충분히 감내하며 사랑의 실천을 이어가는 모습을 생동감 있게 그리고 있다. 이처럼 〈진운서陳雲棲〉와 〈가필정홍사숙계공문假必正紅絲夙系空門 위묘상백수영수학사僞妙常白首永隨學士〉는 비슷한 줄거리를 가지고 있지만 서로 강조하는 바가 다르며, 그러한 방향에 따라 서사 내용도 조금씩 다르게 흘러가고 있음을 어렵지 않게 발견할 수 있다.

〈진운서陳雲棲〉와 〈가필정홍사숙계공문假必正紅絲夙系空門 위묘상백수영수학사僞妙常白首永隨學士〉의 비교에서 나타나는 현상과 마찬가지로 〈자매역가姊妹易嫁〉와 〈위부명얼유기작違父命孽由己作 대자가복자천래代姊嫁福自天來〉의 경우에서도 비슷한 특징을 보인다. 《성몽병언醒夢駢言》제6회第六回〈위부명얼유기작違父命孽由己作 대자가복자천래代姊嫁福自天來〉은 《요재지이聊齋志異》권4卷四〈자매역가姊妹易嫁〉를 개작한 것이다. 《요재지이聊齋志異》의 〈자매역가姊妹易嫁〉와 《성몽병언醒夢駢言》의 〈위부명얼유기작違父命孽由己作 대자가복자천래代姊嫁福自天來〉의 전체적인 줄거리와 구성 방식을 진행순서에 따라 살펴보면 다음과 같다.

구성	〈姊妹易嫁〉	비고
발단	1. 모공毛公의 출신 배경 설명 2. 장씨張氏의 꿈과 선친의 이장移葬 3. 모공毛公 아버지의 죽음과 장례	
전개1	4. 장씨張氏의 선견지명先見之明→모공毛公과 큰딸의 결혼 약속 5. 큰딸의 원망 6. 모공毛公의 결혼→큰딸의 혼인 거부→둘째 딸과의 혼인 7. 둘째 딸의 외모와 성격 8. 모공毛公의 과거 시험→여관 주인의 환대[예지몽豫知夢]→과거에 합격한다면 아내[둘째 딸]를 바꾸려는 생각을 가짐→과거의 낙방 9. 3년 뒤 과거 시험→모공毛公 과거 낙방에 대한 여관 주인의 설명→모공毛公의 반성→과거 급제→아내의 외모 변화	

구성	〈姊妹易嫁〉	비고
전개2	10. 큰딸은 득의양양→가세가 기울어짐→방탕한 남편의 죽음→출가하여 중이 됨	
절정	11. 모공毛公이 재상이 되어 아내와 함께 귀향→큰딸[비구니比丘尼]에게 비단 속에 돈을 감추어 보냄→큰딸은 그 속마음을 알지 못하고 선물이 적다고 여겨 되돌려 줌 12. 모공毛公은 감추어준 돈을 찾지 못하고 오히려 되돌려 주는 큰딸의 어리석음을 비웃고 그녀의 박복한 운명을 탓함	
결말	13. 여관 주인의 누명→모공毛公이 힘을 써서 풀려남 14. 이사씨異史氏: 운명에 대한 불예측성, 공도公道에 대한 불만	

구성		〈違父命孽由己作 代姊嫁福自天來〉	비고
입화入話		1. 입화入話詩: 운명과 관상 2. 입화의론入話議論: 개인의 행복과 불행은 미리 운명으로 정해져 있음. 그 운명은 인품[행동과 성격]을 통해서 알 수 있음	
정화正話	발단	3. 장유성張維城의 출신 내력 4. 장유성張維城 부모의 이장移葬 과정[아들 보아保兒의 죽음, 큰딸 월영月英, 부인 방씨方氏의 발병과 치료] 5. 왕각로王閣老[왕흥아王興兒]의 출신 배경[증조부: 왕작선王作先, 조부: 왕선승王善承] 6. 왕각로王閣老 부친[왕우신王又新]의 죽음과 장례	
	전개1	7. 장유성張維城의 큰딸[월영月英]과 왕흥아王興兒의 약혼 8. 왕흥아王興兒와의 약혼에 대한 큰딸[월영月英]의 원망 9. 왕흥아王興兒의 결혼→월영月英의 혼인 거부→둘째 딸[월화月華]과의 혼인 10. 월화月華의 외모와 성격→왕흥아王興兒의 감격 11. 왕흥아王興兒의 과거 시험→여관 주인의 환대[관제關帝의 예지몽豫知夢]→자만심이 가득 차 있고, 출세 후 월화月華를 바꾸려는 생각을 가짐 12. 왕흥아王興兒의 발병[다리에 종기가 나서 한동안 움직이지 못함]→병이 나아서 과거 방문을 보러 감→과거에 낙방함 13. 월영月英의 결혼과 부의 과시 14. 1년 뒤 과거 시험→왕흥아王興兒의 낙방에 대한 여관 주인의 설명→왕흥아王興兒가 관제묘關帝廟에 가서 반성과 기도→과거 급제 15. 금의환향錦衣還鄉→관제關帝의 도움으로 아내의 외모 변화/월영月英 부부 화재로 인해 집안이 몰락함, 장유성張維城 집에 의탁함 16. 왕흥아王興兒의 진사進士 합격→한림원翰林院 관리 17. 큰 사위[왕자희汪自喜] 도박으로 인한 재산 탕진→장유성張維城의 막내아들[수아壽兒]과 방탕한 생활→수아壽兒의 결혼, 아내[가씨可氏]의 월영月英 구박	
	전개2	18. 장유성張維城 부부의 죽음→왕자희汪自喜[큰 사위] 도박, 이후 죽음→월영月英은 의지할 곳이 없어서 출가함	
	절정	19. 왕각로王閣老[왕흥아王興兒]의 성공: 재상이 됨 20. 왕각로王閣老는 사직하고 귀향 21. 여관 주인의 누명→왕각로王閣老가 힘을 써서 풀려남 22. 여제자를 통해 비단 속에 돈을 감추어 월영月英에게 줌→월영月英은 비단 선물에 실망하고 되돌려 줌→월영月英의 어리석음을 비웃으며, 비단 속의 돈을 끄집어내어 보이고 절반만 보내줌 23. 왕각로王閣老는 월영月英의 박복한 운명을 한탄함	

구성		〈違父命孽由己作 代姊嫁福自天來〉	비고
정화 正話	결말	24. 왕각로王閣老 부부는 백년해로하고, 자손들은 모두 고관이 됨	
편미篇尾		25. 편미시篇尾詩: 월영月英의 인품	

두 작품의 주제의식을 비교하면, 〈자매역가姊妹易嫁〉와 〈위부명얼유기작違父命孽由己作 대자가복자천래代姊嫁福自天來〉에서 공통으로 운명론에 대한 인정과 수용의 관점이 보인다. 하지만 중점을 두는 정도에서는 각기 다른데, 〈자매역가姊妹易嫁〉가 혼인婚姻과 부富에 대한 운명론을 전면적으로 드러내고 있다면, 〈위부명얼유기작違父命孽由己作 대자가복자천래代姊嫁福自天來〉에서는 이러한 운명론을 인정하면서 무엇보다도 개인의 인품과 덕성이 정해진 운명보다 더 주요하다는 점을 강조하고 있다. 이와 관련하여 〈자매역가姊妹易嫁〉의 내용을 먼저 살펴보면 다음과 같다.

> 당시 마을에 장씨張氏 성을 가진 세족이 살고 있었는데, 어느 날 동산東山의 남쪽으로 새로 묘지를 옮겼다. 어떤 이가 그 옆을 지나가다가 무덤 속에서 크게 꾸짖는 소리를 들었다. "너희들은 속히 떠나거라! 귀인이 계신 곳에 함부로 오래 머물지 마라!" 장씨張氏는 이 말을 들었지만 역시 깊이 믿지는 않았다. 얼마 안 있어 꿈속에서도 빈번하게 나타나 경고하였다. "너희 집안의 묏자리는 본래 모공毛公 어르신의 안식처인데, 어찌하여 이곳을 오랫동안 차지하고 있단 말이냐?" 이로부터 집안에서는 누차 불길한 일들이 나타났다. 사람들이 무덤을 옮기는 것이 좋다고 권고하자, 장씨張氏는 이에 무덤을 옮겼다. 어느 날 상국相國의 아버지가 가축을 방목하러 가다가 장씨張氏네 옛 무덤을 지나가게 되었다. 그는 갑자기 소나기를 만나 폐허가 된 무덤구덩이로 몸을 피했다. 뒤이어 비는 더욱 거세지면서 세찬 빗물이 구덩이 안으로 몰아쳤다. 굉음을 내며 고인 물이 무너지면서 한꺼번에 구덩이 안으로 쏟아져서 그는 바로 물에 잠겨 죽고 말았다. 상국相國은 당시에 아직 어린아이였다. 어머니는 친히 장씨張氏를 찾아가 아이의 아버지를 묻도록 아주 가까운 거리에 있는 땅을 청하였다. 장씨張氏는 그들의 성씨姓氏를 묻고서는 아주 기이하다고 생각했다. 물에 빠져 죽은 곳에 가서 직접 살펴보니, 흡사 관이 놓일 자리와 같아서 더욱 놀랐다. 그리하여 상국相國의 아버지를 장씨張氏의 옛 무덤에 매장하게 하였고, 또한 그 아이를 데려오도록 하였다. 장례가 끝나자, 어머니는 아이와 함께 장씨張氏를 찾아와 감사 인사를 했다.[28]

28 時邑世族張姓, 有新阡在東山之陽. 或經其側, 聞墓中叱咤聲曰: "若等速避去, 勿久混貴人宅!" 張聞, 亦未

장씨張氏는 여러 차례 꿈속에서 조상의 유택은 본래 모공毛公의 묏자리가 될 곳이기 때문에 빨리 이장移葬해야 한다는 얘기를 듣게 된다. 집안에 여러 가지 불길한 일이 일어나자, 장씨張氏는 다시 조상의 묘지를 다른 곳으로 옮긴다. 실제로 얼마 지나지 않아 옛 무덤 터에 모씨毛氏 아저씨가 폭우로 익사하게 된다. 장씨張氏는 이 사실을 알고 기이하게 생각하고 조상의 옛 무덤 터에 모씨毛氏를 매장하도록 허락한다. 이 모든 것이 미리 그의 꿈속에서 나타나 경고하는 예지몽豫知夢과 일치하면서 그는 점차 이 사실을 믿게 된다. 장씨張氏의 예견을 통해서 모씨毛氏 가족은 비록 현재는 가난하고 보잘것없는 집안이지만, 이후 크게 성공할 것임을 추측할 수 있고, 더불어 모씨毛氏 집안과 장씨張氏 집안이 인연으로 서로 이어질 것을 어느 정도 예상할 수 있다.

〈위부명얼유기작違父命孽由己作 대자가복자천래代姊嫁福自天來〉의 '혼인관념'은 〈자매역가姊妹易嫁〉의 일방적인 '운명론'과는 다른 양상을 보인다. 특히 '입화의론入話議論'에 나타나 있는 '명命'과 '상相'에 대한 의론은 작가[서술자]의 '운명론'에 대한 일정한 관점을 엿볼 수 있는데,[29] 운명이라는 어쩔 수 없는 힘과 개인의 인품을 어떻게 서로 연관 지을 것인가에 대한 논의를 제기하고 있다. 그뿐만 아니라 개인의 행동과 실천은 운명의 당위성을 더욱 공고히 하며, 심지어 운명보다 선행할 수도 있음을 주장하고 있다. 결국 '입화의론入話議論'에서 중점을 두고 말하고자 하는 것은 개인의 행복과 불행의 운명은 미리 정해져 있기도 하지만, 선한 행동과 인품이 바탕이 되어 있지 않으면 행운의 복을 타고났다고 할지라도 그 복을 얻을 수는 없다는 것이다. 행복을 이루는지 아닌지는 여전히 개인의 인품에 의해 결정된다는 뜻을 내포하고 있다. 인생 행복의 가장

深信. 既又頻得夢警曰: "汝家墓地, 本是毛公佳城, 何得久假此？" 由是家數不利. 客勸徙葬吉, 張乃徙焉. 一日, 相國父牧, 出張家故墓, 猝遇雨, 匿身廢壙中. 已而雨益甚, 潦水奔穴, 崩淘灌注, 遂溺以死. 相國時尚孩童. 母自詣張, 丐咫尺地, 掩兒父. 張問其姓氏, 大異之. 往視溺死所, 儼然置棺處, 更駭. 乃使就故壙窆焉. 且令攜若兒來. 葬已, 母偕兒詣張謝.《聊齋志異》卷四〈姊妹易嫁〉

29 사람들이 부귀富貴와 복택福澤을 주요하게 여기는데, 비록 이것이 '명命'이라고 하지만, 또한 사람들의 사람됨됨이를 통해서도 볼 수 있다. 만약 이 사람의 복택福澤이 두터우면, 필경 기상氣像과 도량度量이 관대하고, 만약 복이 없는 사람은 필경 소견이 좁아서 눈앞에 있는 것만 알고, 그다음의 것을 미루어 짐작하지 못한다. 이것이 바로 사람의 '상相'이다. 관상을 보는 이는 단지 얼굴에 나타난 기색氣色만 보아도 길흉화복吉凶禍福을 단정할 수 있다. 만약 다시 그 사람의 평상시 성정性情과 행동行動을 하나하나 살펴보면, '명命' 역시 다시 계산할 필요가 없다.人主富貴福澤, 雖說是命, 卻也在這個人的做人上看得出. 若是這個人福澤厚的, 必竟氣量寬大；若是沒福的人, 必竟小見, 但曉得眼面前, 不能猜到後來. 這就是一個人的相. 那相面的, 只看得臉上氣色, 還要斷出那吉凶禍福來, 若再把那個人平日性情動作逐一看去, 命也不必算了.《醒夢騈言》第六回〈違父命孽由己作 代姊嫁福自天來〉

중심을 이루는 혼인의 성공은 정해진 운명과 더불어 혼인에 대한 개인의 자유의지와 노력이 어떠한가에 따라 달라진다고 할 수 있다. 〈위부명얼유기작違父命孽由己作 대자가복자천래代姊嫁福自天來〉에서는 '혼인운명론'을 지나치게 강조하기보다는 혼인에 대한 개인의 노력과 의지를 보다 더 부각시키고 있다. 비록 둘째 딸의 인품이 첫째 딸과 비교할 수 없이 뛰어나다고 할지라도 그러한 성품을 실제 행동으로 옮기는 것은 순전히 개인의 의지와 결단에 달려있다는 것이다. 결국, 운명으로 정해진 혼인 상대라고 할지라도 그 혼인을 원만하고 성공적으로 이끄는 것은 여전히 결혼에 대한 강한 믿음과 적극적인 노력이 크게 작용한다고 할 수 있다.

《성몽병언醒夢駢言》에서 혼인에 대한 주제를 나타내고 있는 작품은 대부분 '혼인운명론'에 대한 관점을 분명하게 보여 준다. 고대 중국사회에서 좋은 배필을 찾아 후손을 남긴다는 것은 인생의 가장 중요한 일이기에 소설 작품에서 '혼인'과 '운명'에 관한 이러한 전통 사회의 인식을 적극적으로 반영한다는 것은 아마도 당연한 일일 것이다. 이러한 경향은 '문언문文言文'으로 쓰인 《요재지이聊齋志異》와 《요재지이聊齋志異》를 '백화문白話文'으로 개작한 《성몽병언醒夢駢言》의 경우에서도 마찬가지이다. 이 두 작품에서 등장하는 대부분의 혼인은 운명과 의지의 갈등과 대립이 복잡하게 엮인 경우가 많다. 이 부분은 중국 전통사회에서 혼인에 대한 중요성과 운명에 대한 절대성을 구체적으로 보여 주고 있는데, 한편으로는 혼인의 성공을 이루기 위해 순종할 수밖에 없는 심정과 다른 한편으로는 혼인의 실패에서 오는 두려움을 무릅쓰고 의지에 따르고자 하는 상반된 심리를 적절히 작품에 투영한 것이기도 하다. 비록 두 작품에 있어 모두 '혼인'과 '운명'의 관점을 내포하고 있지만, 작품의 주제가 지향하는 바에서는 서로 다른 특징을 보인다.

《성몽병언醒夢駢言》은 《요재지이聊齋志異》와 마찬가지로 '혼인운명론'을 기초로 하고 있는데, 이러한 이유는 원작인 《요재지이聊齋志異》의 줄거리를 답습하는 과정에서 비록 원작보다 '통속화通俗化', '대중화大衆化'가 폭넓게 진행된다고 하더라도 원작의 기본 내용 속에 포함된 전통적 관념에서 완전히 벗어나기 힘들기 때문이다. 비록 두 작품이 '혼인운명론'을 부각시키는 과정에서 '강함'과 '약함'이라는 정도의 차이는 있지만 모두 '혼인운명론'을 일정 부분 드러내고 있다. 하지만 《성몽병언醒夢駢言》의 혼인관념이 《요재지이聊齋志異》와 다른 점은 다만 그것을 표현하는 과정에서 운명론보다 개인의 노력과 자유의지에 좀 더 큰 비중을 두고 있다는 점이다. 정해진 운명에 따라 개인 의지와 무관하게 혼인이 맺어지고 개인의 행복 여부가 정해지는 것이 아니라, '운명'이라는 유대와 관계 위에 자신의 자각과 실천이 더 중요하게 작용한다는 것을 분명하게 보여 주고 있다.

| 4 | 혼인에 대한 소통과 교감: '혼인감응婚姻感應'

《성몽병언醒夢駢言》의 작품 중에서 《요재지이聊齋志異》에 비해 혼인에 대한 구체적 행동과 실천을 보여 주는 '혼인실천婚姻實踐'의 특징뿐만 아니라, 혼인에 대한 남녀 간의 진정한 소통과 반응을 강조한 '혼인감응婚姻感應' 현상도 분명하게 나타난다. '혼인실천'이 혼인관념에 있어서 밖으로 드러나는 노력과 행동의 양상이 중심을 이루고 있다면, '혼인감응'은 안으로 응축된 감정과 의식의 변화에 치중한다고 볼 수 있겠다. 이러한 '혼인감응'이 내포된 《성몽병언醒夢駢言》의 작품은 원작인 《요재지이聊齋志異》 작품의 주제의식과는 확연한 차이를 보인다. '혼인감응'의 주제의식 변화를 구체적으로 보여 주는 작품으로는 제3회第三回〈태수재지성구우呆秀才志誠求偶 초가인감격허신俏佳人感激許身〉과 제9회第九回〈천명매단구일미倩明媒但求一美 앙명판경득쌍주央冥判竟得雙姝〉가 있다. 이 두 작품은 모두 이상적 결합을 이루기 위한 서로의 다양한 정서와 교감에 중점을 두고 묘사하고 있다. 특히 남녀 주인공 모두가 애정에 대한 진심과 의지를 드러내는 내용이 강조되고 있는데, 이는 어느 한쪽의 적극적인 애정추구에서 기인하는 한 방향의 특징이 아니라, 상호 긴밀한 관계와 호응이 주요하게 작용하는 쌍방향의 특징을 강하게 드러내고 있다.

먼저, 《성몽병언醒夢駢言》제3회第三回〈태수재지성구우呆秀才志誠求偶 초가인감격허신俏佳人感激許身〉을 살펴보면, 이 작품은 《요재지이聊齋志異》권2卷二〈아보阿寶〉를 개작한 것이다. 《요재지이聊齋志異》의 〈아보阿寶〉와 《성몽병언醒夢駢言》의 〈태수재지성구우呆秀才志誠求偶 초가인감격허신俏佳人感激許身〉의 전체적인 줄거리와 구성 방식을 진행순서에 따라 살펴보면 다음과 같다.

구성	〈阿寶〉	비고
발단	1. 손자초孫子楚의 신체 특징과 인간적인 면을 묘사 2. 장사를 하는 노인의 딸 아보阿寶→노인은 손자초孫子楚의 가난에 불만을 품음 3. 아보阿寶는 손자초孫子楚가 손가락[육손]을 자르면 혼인하겠다는 조건을 제시함 4. 노파는 아보阿寶의 말을 전달함→손자초孫子楚는 손가락을 절단→노파의 손자초孫子楚의 진심을 알게 됨→노파는 아보阿寶에게 소식을 전달→아보阿寶는 그가 바보스러움을 없애면 혼인하겠다고 다시 말을 바꿈	
전개	5. 손자초孫子楚는 청명절淸明節에 친구들과 들판으로 놀러감→나무 아래서 쉬고 있는 아보阿寶를 발견→친구들이 아보阿寶의 생김새를 품평→넋이 나간 채 서 있는 손자초孫子楚→친구의 도움으로 손자초孫子楚는 귀가함 6. 혼을 잃은 손자초孫子楚→몽롱한 채로 아보阿寶의 집에 있다고 대답함 7. 손자초孫子楚의 혼이 아보阿寶를 따라갔던 것임→아보阿寶는 이러한 사실을 가족에게 말하기 어려웠음→손자초孫子楚의 식구들은 아보阿寶의 집에 사람을 보내 혼을 불러가게 해달라고 부탁함 8. 아보阿寶의 방에서 무당이 손자초孫子楚의 혼을 불러들임	
절정	9. 수월사水月寺에서 다시 만난 손자초孫子楚와 아보阿寶 10. 손자초孫子楚의 병이 재발함→손자초孫子楚의 혼이 앵무새에게 붙어 아보阿寶의 처소로 날아감 11. 아보阿寶는 손자초孫子楚의 죽음을 알게 됨→그가 다시 사람으로 된다면 그를 따를 것을 맹세함 12. 앵무새가 아보阿寶의 신발을 물고 날아감→아보阿寶는 할멈을 보냄→앵무새에 붙었던 손자초孫子楚의 혼이 돌아옴→손자초孫子楚는 할멈에게 자신의 말을 아보阿寶에게 전하도록 부탁함 13. 할멈은 아보阿寶에게 손자초孫子楚의 말을 전함→아보阿寶 부모의 혼인 허락→손자초孫子楚의 건강 회복 14. 손자초孫子楚와 아보阿寶의 혼인→아보阿寶는 집안일을 잘 꾸림 15. 3년의 세월이 흐름→손자초孫子楚의 사망→아보阿寶의 자살 시도→손자초孫子楚의 부활 16. 염라대왕閻羅大王은 아보阿寶의 절개와 깊은 사랑에 감동하여 손자초孫子楚를 다시 살려준 것임	
결말	17. 손자초孫子楚의 건강 회복→대비大比 시험 급제→진사進士 급제→황제는 손자초孫子楚 부부에게 상을 내림 18. 이사씨異史氏: 손자초孫子楚의 총명함과 세상의 열 가지 어리석음에 대해 말함	

구성		〈呆秀才誌誠求偶 俏佳人感激許身〉	비고
입화入話		1. 입화시入話詩: 정성의 가치 2. 입화의론入話議論: 진실한 마음의 중요성	
정화正話	발단	3. 손인孫寅의 신체 특징과 인간됨을 묘사	
	전개 1	4. 친구 위용정魏用情이 유대전劉大全의 딸 주저珠姐와의 혼인을 권함 5. 정화설명正話說明: 손인孫寅의 빈곤한 가정환경과 위용정魏用情의 간사함 6. 장張노파[매파媒婆]에게 중매를 부탁함 7. 소개비를 마련 8. 친구 전탁성錢琢成으로부터 3냥을 받음 9. 장張노파가 성城 안으로 들어감	

구성		〈呆秀才誌誠求偶 俏佳人感激許身〉	비고
정화 正話	전개 2	10. 유대전劉大全은 딸과 손인孫寅의 혼인을 단번에 거절함 11. 주저珠姐는 손인孫寅이 손가락을 자르면 혼인하겠다는 조건을 제시함 12. 장張노파는 유씨劉氏 집안사람들의 말을 손인孫寅에게 전달함 13. 손인孫寅이 자신의 손가락 하나를 자름	
	전개 3	14. 장張노파가 손인孫寅의 결심을 보게 됨 15. 장張노파는 주저珠姐에게 소식을 전달함→주저珠姐는 그가 바보스러움을 없애면 혼인하겠다고 말을 바꿈 16. 장張노파가 주저珠姐의 말을 다시 손인孫寅에게 전달함	
	전개 4	17. 친구들의 비웃음→청명절清明節에 친구들과 호구사虎丘寺로 놀러감→유안인劉安人, 주저珠姐도 절에 오게 됨 18. 주저珠姐에 대한 묘사 19. 유안인劉安人 모녀의 분향 20. 멍하게 있는 손인孫寅→손인孫寅의 귀가 21. 막선생莫先生이 손인孫寅을 진찰함 22. 사람들은 손인孫寅의 혼이 유씨劉氏 집안에 있다고 생각하고 손복孫福을 보냄 23. 정화설명正話說明: 손인孫寅의 혼이 주저珠姐를 따라 감→주저珠姐는 이 사실을 가족들에게 말하기 어려웠음	
	전개 5	24. 유씨劉氏 집안에서 여도사가 손인孫寅의 혼을 불러들임→주저珠姐는 더는 그를 만나지 못하게 됨 25. 주저珠姐가 장張노파에게 손인孫寅의 소식을 물음→장張노파는 그의 혼이 따라간 것이라 알려줌	
	전개 6	26. 손인孫寅의 병이 재발함 27. 손인孫寅의 혼이 앵무새에게 붙어 주저珠姐의 방으로 날아감 28. 주저珠姐는 장張노파를 통해 손인孫寅의 죽음을 알게 됨→만약 그의 혼이 돌아온다면 그를 따르리라 맹세함→앵무새가 자수 신을 물고 날아감	
	절정	29. 앵무새에 붙었던 손인孫寅의 혼이 돌아옴 30. 장張노파에게 중매를 부탁함 31. 장張노파는 주저珠姐에게 손인孫寅의 혼이 돌아온 소식을 전함 32. 유대전劉大全 부부가 손인孫寅과 주저珠姐의 혼인을 허락 33. 손인孫寅의 건강 회복	
	결말	34. 손인孫寅과 주저珠姐의 혼인 35. 손인孫寅과 주저珠姐의 과거 회상 36. 주저珠姐가 손인孫寅을 지원함 37. 손인孫寅의 금의환향錦衣還鄕 38. 명망 있는 집안을 이룸	
편미篇尾		39. 편미시篇尾詩: 영혼의 육체 이탈은 우연히 일어난 일이 아님	

〈아보阿寶〉와 〈태수재지성구우呆秀才志誠求偶 초가인감격허신俏佳人感激許身〉의 기본적인 줄거리는 상당히 유사하지만, 혼인에 대한 관점을 드러내는 데에 있어서는 일정한 차이를 보인다. 〈아보阿寶〉에서는 손자초孫子楚와 아보阿寶의 결혼 과정이 손자초孫子楚의 노력과 의지에 집중되어 묘사되고 있다. 손자초孫

子楚는 아보阿寶와 결혼하기 위하여 자신의 육손[여섯 번째 손가락]을 자르고, 죽어서도 그녀와 함께 있는 것을 포기하지 않고 세 차례나 부활한다. 먼저, 영혼의 이탈[첫 번째 부활]→앵무새에게 혼을 기탁[두 번째 부활]→병으로 죽음에서 다시 살아남[세 번째 부활]의 순서로 이루어진다. 손자초孫子楚가 아보阿寶와 결혼하고자 하는 강한 집념에 무단한 노력이 더해졌다고 볼 수 있겠다. 그의 행동이 때로는 무모하거나 어리석기까지 하지만 그녀를 향한 이러한 조건 없는 행위와 과감한 행동은 결국 아보阿寶와의 사랑을 얻게 되고 혼인이라는 결실을 보게 된다.

〈태수재지성구우呆秀才志誠求偶 초가인감격허신俏佳人感激許身〉에서 손인孫寅은 주저珠姐와 결혼하기 위해서 육손[여섯 번째 손가락]을 자르고 난 다음, 영혼의 이탈[첫 번째 부활]→앵무새에게 혼을 기탁[두 번째 부활]으로 두 차례의 죽음에서 살아나는데, 〈아보阿寶〉의 세 차례 부활보다 적게 일어난다. 이러한 현상은 표면적으로는 남주인공의 부활한 횟수가 줄어든 경우인데, 문언문文言文 소설을 백화문白話文으로 풀어쓴 문체적 특성과 독자의 흥미 유발을 강조하는 화본소설話本小說의 특성을 충분히 고려한다고 하더라도 이는 상당히 특이한 현상이라고 볼 수 있다. 이것은 다른 한 편으로는 남주인공의 구체적인 행위와 적극적인 행동보다는 오히려 인물 간의 심리적 감응이 보다 더 중요하다는 것을 보여 주는 것이기도 하다. 작품의 서술적 시각이 부활의 횟수를 늘리는 것보다 서로가 어떻게 교감을 나눌 것인가에 집중했다는 것을 방증하는 것이다.

혼인관념을 나타내는 부분에 있어서도 손인孫寅은 〈아보阿寶〉의 손자초孫子楚보다 겉으로 드러나는 방식에서는 축소되고, 오히려 심리적 반응과 소통의 방식에 중점을 두는 경향으로 바뀌었음을 알 수 있다. 이러한 점은 손인孫寅의 내적 갈등을 드러내는 데에 있어서 더욱 확연하게 나타난다. 손인孫寅은 손자초孫子楚가 일방적으로 아보阿寶에게 집착하는 애정 방식과는 다르게 주저珠姐에 대해 첫 번째 좌절을 겪은 후 그녀와의 혼인에 대해 회의적 태도를 보인다. 이것은 오직 일편단심으로 그녀와 혼인하고자 하는 〈아보阿寶〉의 손자초孫子楚와는 상당히 다른 면이라고 볼 수 있다. 주저珠姐와의 혼인에 대한 손인孫寅의 의심과 주저하는 마음을 작품에 삽입함으로써 사랑에 대한 그들의 감정적인 대립과 인간적인 갈등을 진실하게 보여 주고 있다. 이처럼 주저珠姐에 대한 손인孫寅의 애정과 분노의 복잡한 심정을 원작에 추가한 것은 이상적인 혼인을 이루기 위해서는 서로 간의 교감과 포용이 절실히 요구되며, 진심으로 서로를 이해하는 과정이 분명히 필요하다는 것을 인식한 서술적 안배라고 여겨진다.

> 손인孫寅은 고통을 참고서 장씨張氏 할멈 집 문 앞에서 제대로 쪼그리고 앉아있지도 못하고, 눈이 빠지게 한나절 이상을 기다렸다. 진심으로 일이 성사되었다고 생각했다는데, 이 말을 듣고 나니, 저도 모르게 회의가 들기 시작했다. "그녀는 내가 가난한 것을 싫어해서 기꺼이 원하지 않는다면 그만두면 될 것을, 도리어 나를 속여서 이런 고통을 안겨주다니. 또 그 무슨 바보 끼를 없애야 한다고 말하는구나! 내가 언제 바보 같은 적이 있었단 말인가? 아무래도 그녀가 시집오고 싶어 하지 않는 탓을 나에게 떠넘기려고 하는구나. 내 생각에 그 주저珠姐 역시 꼭 인간 세상에 없는 천상의 절세미인이라고도 할 수 없으니, 내가 그녀와 혼인을 못 하는 것 역시 그냥 대수롭지 않은 일이야!" 그는 화가 잔뜩 나서 식식거리며 손복孫福의 어깨에 몸을 기대어 걸어서 돌아갔다.……손인孫寅은 자신이 그녀에게 놀림거리가 된 것을 알게 된 데다가, 주저珠姐때문에 한 차례 [신체적] 고통도 당했기에 마침 어떤 모습을 한 선녀가 이렇게 사람을 무시하는지 한번 보기나 하자고 생각했다. 곧바로 친구들과 함께 가마를 따라서 다시 절 안으로 들어갔다. 불당에 도착하자 집안 부녀자들이 누구를 부축하여 가마에서 내리는데, 앞쪽의 가마 안에는 유씨劉氏 집안의 마님이었고, 뒤쪽의 가마에는 과연 주저珠姐였다.[30]

손인孫寅은 주저珠姐과 이루어지지 못한 혼인에 좌절하게 되면서 자신의 어리석은 행동, 즉 신체적 희생인 '단지斷指'에 대한 심한 회의감이 들게 된다. 이러한 감정은 점차 비틀어지고 확대되어 나중에는 주저珠姐에 대한 강한 원망으로 치닫는다. 주저珠姐에 대한 불만은 우연히 호구사虎丘寺에서 그녀의 행차를 보고 난 후, 시새움과 호기심으로 치환되어 그녀를 직접 보러 가는 행동으로 옮긴다. 직접 그녀를 보고 난 다음, 그의 생각은 완전히 바뀌었고 주저珠姐와의 혼인을 진심으로 바라게 된다. 손인孫寅이 주저珠姐를 본 이후, 작품에서는 두 사

30 孫寅是熬著痛在張家門首, 不蹲不坐, 眼巴巴等了大半天. 滿心道是事體成功的, 聽了這話不由不惱起來, 道: "他嫌我窮, 不肯就罷了, 卻騙我受了那般疼痛. 又說要除什麼呆氣! 我何曾呆來？ 總是他不肯嫁我的推頭. 我想: 那珠姐也未必是什麼天上有人間沒的絕色, 我就不到也平常!" 氣忿忿靠著孫福的肩頭走了回去.……孫寅知道是取笑他, 卻因受了珠姐一場苦, 也正想看看是何等樣一個仙子, 卻這般欺負人, 便同眾人跟著轎子再回寺裡. 來到了佛殿上, 家人婦攙扶出轎, 前面轎內是劉安人, 後頭的果是珠姐.《醒夢駢言》第三回〈呆秀才志誠求偶 俏佳人感激許身〉

람이 진실한 마음에 서로 반응하고 감화를 일으키는 일련의 과정을 중요하게 묘사하고 있다. 줄거리 진행 과정에서 주저珠姐과의 혼인에 대한 손인孫寅의 심리적 모순과 혼란, 손인孫寅에 대한 주저珠姐의 거부와 무관심이 사랑을 이루려고 하는 결심으로 전향되는 과정 등이 매우 분명하면서도 구체적으로 드러나 있다. 만약 〈아보阿寶〉에서 손자초孫子楚의 일방적인 노력과 의지에 아보阿寶가 반응하고 결국 서로가 혼인에 이르는 과정을 집중적으로 묘사했다면, 〈태수재지성구우呆秀才志誠求偶 초가인감격허신俏佳人感激許身〉에서는 손인孫寅과 주저珠姐가 서로 진실한 관계를 이루어나가는 과정과 그 속에서의 심리 변화에 보다 더 집중적으로 그리고 있다.

이어서, 《성몽병언醒夢駢言》제9회第九回〈천명매단구일미倩明媒但求一美 앙명판경득쌍주央冥判竟得雙姝〉도 〈태수재지성구우呆秀才志誠求偶 초가인감격허신俏佳人感激許身〉과 마찬가지로 '혼인감응'의 주제의식 변화를 분명하게 보여 주고 있다. 〈태수재지성구우呆秀才志誠求偶 초가인감격허신俏佳人感激許身〉의 손인孫寅이 '단지斷指'를 구애에 대한 지극한 열정으로 나타내는 것처럼 〈천명매단구일미倩明媒但求一美 앙명판경득쌍주央冥判竟得雙姝〉의 요수지姚壽之는 '단흉육斷胸肉'을 통해서 자기희생의 열의를 적극적으로 드러내고 있다. '단지斷指'와 '단흉육斷胸肉'은 비록 극도의 육체의 고통을 수반하는 잔인한 행동이지만 자신의 사랑을 이루기 위해서는 이런 비상식적인 행위를 거리낌 없이 감행하면서 치명적인 고통도 기꺼이 감내하고 있다.

사랑을 이루기 위한 헌신의 정신이 잘 드러난 〈천명매단구일미倩明媒但求一美 앙명판경득쌍주央冥判竟得雙姝〉는 《요재지이聊齋志異》권3卷三〈연성連城〉을 개작한 것이다. 《요재지이聊齋志異》의 〈연성連城〉과 《성몽병언醒夢駢言》의 〈천명매단구일미倩明媒但求一美 앙명판경득쌍주央冥判竟得雙姝〉의 전체적인 줄거리와 구성 방식을 진행순서에 따라 살펴보면 다음과 같다.

구성	〈連城〉	비고
발단	1. 남 돕는 일을 좋아하는 교생喬生→죽은 고생顧生의 처자를 보살피고, 고을의 군수의 영구靈柩를 자기 재산을 팔아 고향으로 옮겨줌 2. 사효렴史孝廉의 딸 연성連城→사효렴史孝廉은 딸의 자수刺繡를 통해 사위를 정하고자 함→교생喬生의 작시作詩→사효렴史孝廉의 반대→연성連城은 할멈을 통해 교생喬生의 학비를 보태어 줌→연성連城을 그리워하는 교생喬生	

구성	〈連城〉	비고
전개	3. 연성連城과 왕화성王化成의 정혼定婚→연성連城이 병이 남→탁발승은 연성連城이 남자의 가슴살을 약으로 먹어야 낫는다고 말함→왕화성王化成은 자신의 살 베어 내는 것을 거절함→사효렴史孝廉은 살을 베어 내는 이에게 딸을 시집보낼 것이라 함 4. 교생喬生은 연성連城의 병을 치료함→왕화성王化成은 사효렴史孝廉을 관아에 고발하려고 함→사효렴史孝廉은 교생喬生에게 돈을 주고 혼인 약속을 무마시키려고 함→화가 나 돌아간 교생喬生→연성連城은 할멈을 통해 교생喬生을 위로함→교생喬生은 자신을 향해 한 번만 웃어달라는 말을 전함 5. 교생喬生과 연성連城의 우연한 만남→연성連城의 죽음→교생喬生의 죽음	
절정	6. 교생喬生은 죽은 후 저승의 관청에 도착함→고생顧生을 만나 인간 세상으로 돌아가라는 충고를 따르지 않고 연성連城이 있는 곳으로 감→한 소녀와 함께 있는 연성連城 7. 연성連城과 교생喬生의 재회→흰옷 입은 소녀는 사태수史太守의 딸 빈낭賓娘 임→고생顧生은 교생喬生, 연성連城이 같은 지방에서 태어날 수 있도록 도와줌→빈낭賓娘은 연성連城을 따라 자신도 되살아나도록 부탁함 8. 할멈 두 명[혼령]과 따로 간 빈낭賓娘→교생喬生의 집으로 간 교생喬生과 연성連城→교생喬生의 부활→교생喬生은 사효렴史孝廉의 집에 사람을 보내 연성連城의 시체를 자신의 집으로 보내달라고 함→연성連城의 부활→연성連城은 교생喬生의 집에서 지내고자 함	
결말	9. 왕화성王化成의 소장訴狀 제출→뇌물을 받은 관리는 연성連城이 왕화성王化成에게 돌아가야 한다고 판결함→연성連城의 자살 시도→연성連城을 되돌려 보낸 왕화성王化成 10. 딸 빈낭賓娘을 데리고 교생喬生의 집으로 찾아온 사태수史太守→교생喬生에게 시집간 빈낭賓娘→교생喬生과 연성連城, 빈낭賓娘이 모두 한집안에서 살게 됨 11. 이사씨異史氏: 자신의 마음을 알아주는 이를 위해 목숨을 기꺼이 바치는 행위를 찬양-연성連城을 위해 목숨을 바친 교생喬生의 의로움을 칭찬	

구성		〈倩明媒但求壹美 央冥判竟得雙姝〉	비고
입화入話		1. 입화시入話詩: 사람을 놀라게 한 애정시 2. 입화의론入話議論: 본보기로 삼을 바가 못 되는 사람과 망령과의 혼인 이야기 3. 요수지姚壽之 수재의 인품→친구 정약의丁約宜의 장사를 지내고 그의 아내를 도움	
정화 正話	발단	4. 시효립施孝立과 아내 윤씨尹氏→딸 연낭蓮娘 출생→시효립施孝立은 딸이 손수건에 수놓은 것의 제목을 알아맞히는 것으로 사위를 정하고자 함 5. 매파媒婆가 요수지姚壽之 집으로 감→요수지姚壽之의 작시作詩 6. 정화시正話詩: 자수刺繡의 모습 형용 7. 요수지姚壽之의 시詩 칭찬 8. 정화시正話詩: 자수刺繡의 모습 형용	
	전개 1	9. 요수지姚壽之의 시를 가지고 시씨施氏 집으로 간 매파媒婆 10. 요수지姚壽之의 글이 운치가 있다고 생각하는 연낭蓮娘 11. 시효립施孝立의 혼인 반대 12. 매파媒婆가 시효립施孝立에게 사주단자를 청하러 왔으나, 요수지姚壽之가 빈궁하다는 이유로 혼사를 거절함 13. 연낭蓮娘은 매파媒婆를 통해 자신의 부친이 원래 사위를 고를 뜻이 없었다고 요수지姚壽之에게 전하게 함 14. 시효립施孝立의 계속되는 반대→시효립施孝立은 딸을 황화지黃化之의 아들 황유성黃有成에게 시집가는 것을 허락함	

구성		〈倩明媒但求壹美 央冥判竟得雙殊〉	비고
정화正話	전개 2	15. 연낭蓮娘이 병이 남 16. 화상和尚은 연낭蓮娘이 남자의 가슴살을 먹어야 낫는다고 말함→황유성黃有成은 자신의 살을 베어내는 것을 거절함→시효립施孝立은 살을 베어내는 이에게 딸을 시집보낼 것이라 함 17. 요수지姚壽之는 연낭蓮娘의 병을 치료함→황씨黃氏 사람들이 시효립施孝立을 고소하려고 함→시효립施孝立은 요수지姚壽之에게 은자를 주며 다른 이와 혼인하도록 권유함→화가 나 돌아간 요수지姚壽之→연낭蓮娘은 편지를 이씨李氏 아주머니를 통해 요수지姚壽之에게 보냄 18. 이씨李氏 아주머니의 편지 전달 19. 정화사正話詞: 은혜에 감사하다는 편지글 20. 답신을 쓴 요수지姚壽之 21. 정화사正話詞: 자신을 향해 웃어달라고 부탁하는 글 22. 이씨李氏 아주머니는 연낭蓮娘에게 답신을 전달함 23. 편지로 만난 연낭蓮娘과 요수지姚壽之→연낭蓮娘의 죽음→요수지姚壽之의 죽음→정약의丁約宜의 아내가 장례를 치러줌	
	전개 3	24. 요수지姚壽之는 자신의 죽은 것을 알게 됨→요수지姚壽之는 돌아가라는 정약의丁約宜의 말을 듣지 않고 연낭蓮娘이 있는 곳으로 감→흰옷을 입은 소녀와 함께 있는 연낭蓮娘 25. 연낭蓮娘과 요수지姚壽之의 재회→흰옷을 입은 소녀는 태수太守의 딸 빙낭冰娘임→정약의丁約宜는 요수지姚壽之, 연낭蓮娘이 되살아나 혼인하도록 도와줌→요수지姚壽之, 연낭蓮娘, 빙낭冰娘은 다시 이승으로 돌아감	
	전개 4	26. 할멈을 따라서 간 빙낭冰娘 27. 연낭蓮娘과 요수지姚壽之는 요수지姚壽之의 집에 가기로 함 28. 요수지姚壽之의 부활 29. 요수지姚壽之는 시효립施孝立에게 연낭蓮娘의 육신肉身을 자신의 집으로 가져오게 함→연낭蓮娘의 부활→요수지姚壽之와 연낭蓮娘의 혼인 30. 혼인 생활을 누림 31. 황유성黃有成이 시효립施孝立를 고소함→평지현平知縣은 황유성黃有成을 질책함	
	전개 5	32. 시효립施孝立은 요수지姚壽之의 집에 혼수를 보냄→황유성黃有成의 계속되는 고소→평지현平知縣은 판결을 뒤집으려 하지 않음 33. 탐욕스러운 전지현錢知縣의 부임→황유성黃有成의 소장訴狀 제출→전지현錢知縣은 연낭蓮娘을 황유성黃有成에게 돌려보내라고 판결함	
	절정	34. 빙낭冰娘의 부친인 시유법施有法 태수太守는 요수지姚壽之 집에 찾아와 딸 빙낭冰娘을 시집보내고자 함 35. 시효립施孝立은 시태수施太守에게 현縣에 가서 통사정하기를 부탁함→시태수施太守는 빙낭冰娘의 하녀를 연낭蓮娘을 대신하여 시집보냄 36. 관리가 요씨姚氏 집으로 사람을 요구하러 옴→요수지姚壽之는 그녀가 시씨施氏 집으로 이미 돌아갔다고 하고 그곳에서 찾게 함→시효립施孝立은 관리에게 요수지姚壽之의 박정함[거짓]을 황유성黃有成에게 알리게 함→하녀를 연낭蓮娘이라 생각하고 아내를 얻었다고 기뻐하는 황유성黃有成→황유성黃有成의 죽음→하녀는 재산을 가지고 달아남 37. 요수지姚壽之와 두 아내[연낭蓮娘, 빙낭冰娘]는 행복하게 지냄	
	결말	38. 요수지姚壽之은 한림翰林에 들어가 호광湖廣 총독總督이 됨→요수지姚壽之는 탐욕스러운 전지현錢知縣을 질책하고 규탄함→요수지姚壽之 부부의 무병장수와 자손의 번성	
편미篇尾		39. 편미시篇尾詩: 한 남편과 두 아내	

〈천명매단구일미倩明媒但求一美 앙명판경득쌍주央冥判竟得雙姝〉를 〈연성連城〉

과 비교해보면, 서사 내용에 있어서 '첨가添加', '삭제削除'뿐만 아니라, '부연敷衍', '변환變換' 등의 특징이 나타나고 있는데, 원문인 〈연성連城〉에 비해 〈천명매단구일미倩明媒但求一美 앙명판경득쌍주央冥判竟得雙姝〉의 전개4 일부[31]와 전개5, 절정과 결말에 대량으로 내용이 첨가되었다. 전체적으로 〈천명매단구일미倩明媒但求一美 앙명판경득쌍주央冥判竟得雙姝〉는 〈연성連城〉과 비교해서 전반부는 내용이 매우 비슷하고, 중반부부터 조금씩 변하다가 후반부에 이르러서는 서사 내용이 확연히 달라진다. 후반부에는 원문과 비교하면 '첨가添加' 현상이 대폭 증가하고 있는데, 이러한 경향은 주제의식을 드러내는 데에 있어서도 일정 부분 영향을 주어, 두 작품은 주제사상의 표현에 있어서 어느 정도 차이를 보인다.

〈連城〉	〈倩明媒但求一美 央冥判竟得雙姝〉	비고
스스로를 희생하여 이룬 사랑 자신을 알아주는 '의로움' 강조 권선징악勸善懲惡 관념 모호	죽음도 두려워하지 않는 사랑 혼인을 위한 실천 의지 부각 두 인물 간의 감응과 교감 강조 권선징악勸善懲惡, 인과응보因果應報 관념의 구체화	

두 작품의 주제의식을 비교하면, 죽음도 두려워하지 않는 사랑을 예찬하는 태도는 비슷하나, 구체적인 사상을 드러내는 데에 있어서는 약간의 차이를 보인다. 〈연성連城〉에서는 자신을 희생하여 이룬 사랑을 묘사하면서 그 사랑을 이루는 과정에서 남녀의 '의로움'을 집중적으로 드러내고 있다. 이러한 점은 작품의 편미篇尾에 등장하는 이사씨異史氏의 말을 통해서도 분명히 알 수 있다. 개인의 사랑을 이루는 과정에서의 '의義'를 중점적 다루고 있어서 '권선징악勸善懲惡'이나 '인과응보因果應報' 관념은 상대적으로 모호한 편이다. 〈천명매단구일미倩明媒但求一美 앙명판경득쌍주央冥判竟得雙姝〉에서는 〈연성連城〉과 마찬가지로 죽음을 극복하여 이룬 사랑을 찬양하는 점은 같지만, '권선징악勸善懲惡'과 '인과응보因果應報' 관념이 〈연성連城〉에서보다 더 강하게 드러나고 있다. 그러나 무엇보다도 두 작품에서 분명한 차이를 보이는 부분은 혼인을 이루는 과정에서 나타난다. 〈연성連城〉은 혼인을 위한 '과감한 희생'을 보다 더 강조하고 있고, 서술적 관점이 죽음도 서슴지 않는 행동을 직접 보여 주는 데 치중하고 있다. 그러나 〈천명매단구일미倩明媒但求一美 앙명판경득쌍주央冥判竟得雙姝〉에서는 혼인에 대한 '실천의 의지'가 자신의 희생보다 더욱 중요하게 여겨지고 있으며, 혼인 과정에서 두 인물 간의 감응과 교감에 서술적 초점이 적확하게 맞추어져 있다.

먼저 요수지姚壽之가 연낭蓮娘에게 청혼하는 과정을 살펴보면, 원작인 〈연성連城〉에서는 연성連城이 교생喬生을 사모하여 아버지인 사효렴史孝廉에게 그에 대해서 칭찬하지만 사효렴史孝廉은 교생喬生이 가난하다는 이유로 싫어한다. 연성連城은 아버지의 마음을 돌릴 수가 없어서 그냥 마음속으로 교생喬生을 좋아하기만 할 뿐이다. 교생喬生도 연성連城을 그리워하는 마음이 깊어져 그저 실성한 사람처럼 지낼 뿐이었다.[31] 〈천명매단구일미倩明媒但求一美 앙명판경득쌍주央冥判竟得雙姝〉에서는 요수지姚壽之가 매파媒婆를 통해 연낭蓮娘의 아버지인 시효립施孝立에게 사주단자四柱單子를 건네주게 되는데, 이때 시효립施孝立은 요수지姚壽之가 가난하다는 이유로 혼인을 거절한다. 연낭蓮娘은 매파媒婆를 통해서 요수지姚壽之에게 자신의 부친은 사위를 고를 뜻이 없었다고 하면서 자신과의 결혼을 체념하도록 종용한다. 하지만 요수지姚壽之는 여기에서 그만두지 않고, 끈기 있게 여러 차례 매파媒婆를 통해 연낭蓮娘과의 혼인을 청한다. 혼인하지 못하는 현실의 상황은 더욱 절망스럽고 괴롭지만, 매파媒婆의 왕래 횟수가 증가할수록, 아버지의 반대 횟수가 늘어날수록 오히려 그들 사이의 사랑하는 감정과 배려는 더욱 두터워지고 서로에 대한 이해와 연민은 더욱 깊어졌다.

> **요수지姚壽之는 혼사가 뜻대로 되지 않은 것을 보고 마음속으로 울적했는데, 어찌 이 몇십 냥의 은자에 마음이 가 있었겠는가? 그렇지만 그녀가 준 것이기에 바로 받아서 책상자 안에 넣어 두고, 탄식하며 말하였다. "연낭蓮娘은 뜻밖에도 나의 여성 지기知己로구나!" 이로부터 갈수록 그녀를 더욱 사모하게 되었고, 책조차도 무심하게 읽어 나갔다. 또 몇 차례 달리 매파媒婆에게 간청하여 시씨施氏 집안에 가서 청혼했지만, 시효립施孝立은 단지 그가 가난뱅이라는 것이 싫어서 딸과의 혼인을 허락하지 않았다. 얼마간의 시간이 흐른 뒤 연낭蓮娘을 이곳[사천四川 성도成都]의 보통 부잣집인 황화지黃化之의 아들인 황유성黃有成에게 시집보내기로 약속했다는 소식을 들었다. 요수지姚壽之는 비로소 그녀와 맺어지는 것을 단념했다. 그렇지만 꿈속에서는 여전히 마음에 두고서 애를 태웠다.**[32]

31 교생喬生은 연성連城을 그리워하는 감정이 기울수록 더욱 보고 싶은 마음이 생겨서 마치 굶주린 사람이 먹을 것만을 생각하는 것과 같았다. 머지않아 연성連城은 염상鹽商의 아들 왕화성王化成의 청혼을 받아들이게 되었다. 교생喬生은 그제야 희망을 버리게 되었다. 하지만 마치 꿈속에서 혼령이 되어 그녀와 함께 있는 것 같았다.[生]傾懷結想, 如飢思啖. 無何, 女許字於鹺賈之子王化成, 生始絶望, 然夢魂中猶佩戴之.《聊齋志異》卷三〈連城〉

32 姚壽之見親事不成, 心中納悶, 那裡把這幾十兩銀子在意？ 卻因是佳人贈的, 便收來藏在書箱內, 歎口氣道: "蓮娘倒是我一個女知己了!" 從此越發想慕, 書也無心去讀. 又幾次另央媒人去施家求親, 施孝立只是嫌窮, 不肯把女兒與他. 過了幾時, 聽見說將蓮娘許了本城一個一般富戶, 黃化之的兒子黃有成, 姚壽之方

요수지姚壽之와 연낭蓮娘이 죽고 난 다음 혼령으로 저승에서 만나 다시 이승으로 돌아오게 되는데, 이 장면에 있어서 〈연성連城〉에서는 연성連城과 교생喬生이 아직 부활하기도 전에 두 사람은 교생喬生의 집에서 부부의 기쁨을 사흘 동안 누리게 된다. 하지만 〈천명매단구일미倩明媒但求一美 앙명판경득쌍주央冥判竟得雙姝〉에서는 연낭蓮娘과 요수지姚壽之가 요수지姚壽之의 집으로 같이 가기로 상의하는 부분은 비슷하지만, 그 후 연낭蓮娘과 요수지姚壽之가 '운우지락雲雨之樂'을 누리는 부분은 모두 삭제되었다. 두 사람의 육신肉身이 다시 살아나서 부부가 된 후에 비로소 혼인의 즐거움을 누리게 된다.

> 두 사람은 서로 부축하여 곁채로 들어갔다. 잠시 동안 묵묵히 마음을 진정시키고 있는데, 연성連城이 웃으며 말했다. "당신은 저를 미워하나요?" 교생喬生은 놀라 그 까닭을 물었다. 연성連城은 부끄러워하며 말했다. "만약 일이 제대로 이루어지지 않는다면, 당신에게 무거운 부담을 줄까 봐 두려워요." 교생喬生은 기뻐하였다. 서로 좋아하고 사모하면서 사랑의 즐거움을 극진하게 누렸다. 이렇게 결단을 내리지 못하고 망설이면서 재빨리 환생하지 못한 까닭에 곁채에 머무른 지 사흘이나 지나버렸다.[33]

> 두 사람의 혼령은 집에 도착했다. 요수지姚壽之는 먼저 연낭蓮娘을 사랑채에 머무르게 하고 자신은 중당中堂으로 걸어 들어갔다. 원래 그가 죽은 뒤 이틀이 지나고 난 다음 정약의丁約宜의 부인이 사람을 불러서 가슴을 만져보게 하였는데 아직 온기가 남아 있었다. 그래서 아직 입관하지 않았다. 마침 혼이 이르자마자 바로 살아난 것이다. 집안 사람들이 크게 기뻐했다. 요수지姚壽之가 몸을 일으켜 앉으며 말했다. "나는 시씨施氏 집에 가야겠습니다!"[34]

〈천명매단구일미倩明媒但求一美 앙명판경득쌍주央冥判竟得雙姝〉에서는 〈연성連城〉보다 두 사람 간의 사랑과 결혼에 대한 정신적 교감과 소통을 어떻게 연결 짓고 또 유지하는가를 보다 중요하게 다루고 있다. 혼령이 되어 이승에서 못다 한 서로 간의 기쁨을 잠시나마 누리기보다는 여전히 서로가 반응하면서 정신적 유대를 지속해서 강화하는 부분을 강조하고 있다. 이후 그들이 육신을 회복하여

才死了這條心, 那睡夢裡頭, 卻還時常牽掛著.《醒夢駢言》第九回〈倩明媒但求一美 央冥判竟得雙姝〉

33 相將入側廂中. 默定少時, 連城笑曰: "君憎妾耶?" 生驚問其故. 赧然曰: "恐事不諧, 重負君矣. 請先以鬼報也."生喜, 極盡懽戀. 因徘徊不敢遽生, 寄廂中者三日.《聊齋志異》卷三〈連城〉

34 兩個到了家中, 姚壽之先去安頓蓮娘在耳房裡, 自己走入中堂. 原來他死了兩日, 丁約宜娘子叫人摸他心頭, 卻還熱的, 因此, 未曾入棺. 當下魂兒一到, 便活了轉來, 家中大喜. 姚壽之坐起身就說: "我要施家去!"《醒夢駢言》第九回〈倩明媒但求一美 央冥判竟得雙姝〉

부활한 후에 비로소 육체의 만남과 교환交歡의 기쁨을 나누게 된다. 〈연성連城〉에 비해서 〈천명매단구일미倩明媒但求一美 앙명판경득쌍주央冥判竟得雙姝〉는 사랑을 이루는 과정에서 육체적인 접촉보다는 정신적인 교류를 끌어내는 것에 서술적 시각이 집중되어 있다. 이 점은 서로에 대한 두터운 신뢰와 무한한 감정의 깊이를 보여 준다고 할 수 있는데, 서로 간의 사랑이 농후해질수록 혼인에 대한 의지는 더욱 강렬해지고, 정신적 관계는 더욱 단단하게 이어져 있음을 알 수 있다.

| 5 | 나오는 말篇尾

《요재지이聊齋志異》의 작품을 《성몽병언醒夢駢言》로 개작하는 과정에서 형식과 내용, 그리고 주제의식에 있어서 크고 작은 변화가 일어난다. 이 중에서 단연 두드러지는 것이 바로 주제의식의 변화이다. 주제의식의 변화 가운데 '혼인관념의 변환變換'은 《성몽병언醒夢駢言》의 주제의식의 변화 유형을 구체적으로 보여 주는 것으로 상당히 중요한 의미를 지닌다. 이러한 변화는 어떤 이념이나 가치관이 강화되거나 약화되는 '우열優劣'과 '상하上下'의 특징을 드러내는 것이 아니라 '바뀜'과 '다름'의 정도를 나타내기 때문에, 주제 연구에 있어서 경직된 관찰 태도의 한계점을 보완할 수 있고, 또한 동등한 위치에서 변화의 양상을 다각적으로 고찰할 수 있는 장점을 지닌다.

'혼인관념'의 주제의식에 변화에는 '혼인실천婚姻實踐'과 '혼인감응婚姻感應'의 특징이 분명하게 나타난다. 이러한 특징을 중국의 철학서인 《주역周易》의 '혼인괘婚姻卦'와 쉽게 비교할 수 있다. '혼인실천婚姻實踐'은 청춘남녀 간의 육체적, 정신적 접촉과 교감을 무엇보다도 중요시하는 '함괘咸卦'와 밀접한 관련이 있고, '혼인감응婚姻感應'은 남녀 간의 변하지 않는 유구한 감정과 심성, 규율과 역할을 강조하는 '항괘恒卦'와 깊은 관련이 있다. 이러한 이론적 자료를 중심으로 작품 속의 혼인관념을 살펴보면, 혼인에 대한 정해진 운명과 자유의지 사이에서 끊임없이 갈등하고 방황하는 인물의 의식 체계를 살필 수 있고, 더불어 시대에 따라 다양한 프리즘으로 투사되는 혼인관념의 변화를 읽을 수 있다.

《요재지이聊齋志異》의 혼인관념은 천명天命으로 강하게 엮여있다는 '운명론運命論'에 중점을 두고 있고, 《성몽병언醒夢駢言》의 경우에도 이러한 특징을 일부 유지하고 있다. 그 이유는 원작인 《요재지이聊齋志異》의 줄거리를 가져오는 과정에서 비록 원작보다 '통속화通俗化', '대중화大衆化'가 폭넓게 진행된다고 하더라도 기본적으로 원작에 내포된 '혼인운명론婚姻運命論'을 완전히 벗어나기 힘들기 때문이다. 다만 《성몽병언醒夢駢言》의 혼인관념이 《요재지이聊齋志異》와 조금 다른 점은 그것을 발현하는 과정에서 숙명론보다 개인의 노력과 자유의지에 좀 더 집중하고 있다는 점이다. 정해진 운명에 따라 개인 의지와 무관하게 혼사가 맺어지고 개인의 행복 여부가 정해지는 일방적인 남녀결연 방식이 아니라, 비록 '운명運命'이라는 구속과 관계 속에서 혼인이 이루어지고 있지만, 그 가운데에서 다방면의 노력과 실천이 중요하게 작용하는 '혼인실천婚姻實踐'의 태도가 있음을 분명하게 알 수 있다.

주제의식의 변화에는 혼인의 자유의지를 통한 적극적인 노력과 태도뿐만 아니라 혼인을 성취하기 위해 내적인 교감과 소통에 중심을 두고 의식의 변화를 드러내는 '혼인감응婚姻感應' 특징도 보인다. '혼인감응婚姻感應'은 안으로 내재한 감정과 반응의 적절한 표현이라고 볼 수 있는데, 이러한 특징이 분명하게 드러난 《성몽병언醒夢駢言》은 원작인 《요재지이聊齋志異》의 주제의식과는 확연한 차이를 보인다. 《성몽병언醒夢駢言》에는 혼인을 위해 노력하는 남녀 주인공 서로의 다양한 정서적 교감과 반응에 중점을 두고 서사를 진행하고 있는데, 어느 한쪽의 일방적인 애정추구에서 기인하는 단방향의 관점에서 벗어나 쌍방의 긴밀한 관계와 호응을 중요하게 여기는 양방향의 유대와 교류를 보여 주고 있다.

이와 같이 《요재지이聊齋志異》에서 《성몽병언醒夢駢言》로 개작되는 과정에서 '혼인실천婚姻實踐'과 '혼인감응婚姻感應'의 특징을 중심으로 주제의식의 차이를 살펴보았는데, '혼인관념의 변환變換'은 작품 속 인물과 그들의 개인적 가치관을 살펴보는 데에 있어서 다른 어떤 변화 과정보다도 직접적이면서도 정확하게 그 '다름'을 보여 주고 있다. 무엇보다도 '혼인관념의 변환變換'은 사회와 시대의 변화 현상을 근간으로 하는 다른 관념보다 개인과 개인의 관계를 통해서 그 특징이 집중적으로 드러나기 때문에 작품 속 인물의 개인적 속성과 내면적 가치관을 더욱더 자세하게 살펴볼 수 있다. 그뿐만 아니라 이러한 연구는 개인을 중심으로 '전체와 개인', '자신과 타인', '사회와 관계' 등으로 확대되어 다양한 양상을 폭넓게 살펴보는 과정에서도 필요한 부분이기도 하다.

浦 江 清

6장

창작創作과 재창작再創作

《요재지이聊齋志異》의 〈증우우曾友于〉 개작改作

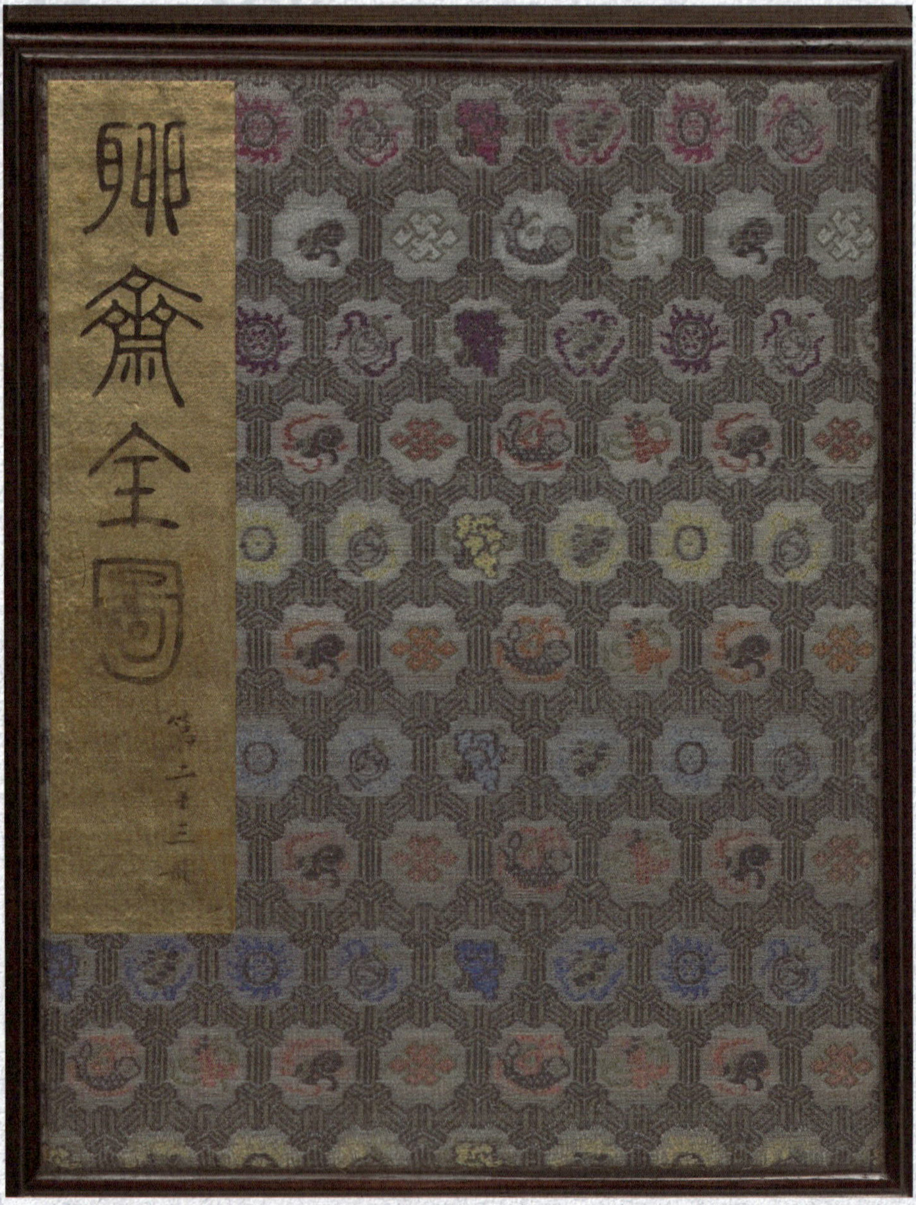

청대清代 작자 미상 《요재전도聊齋全圖》 중 〈증우우曾友于〉 ⓒ 오스트리아국립도서관österreichische Nationalbibliothek

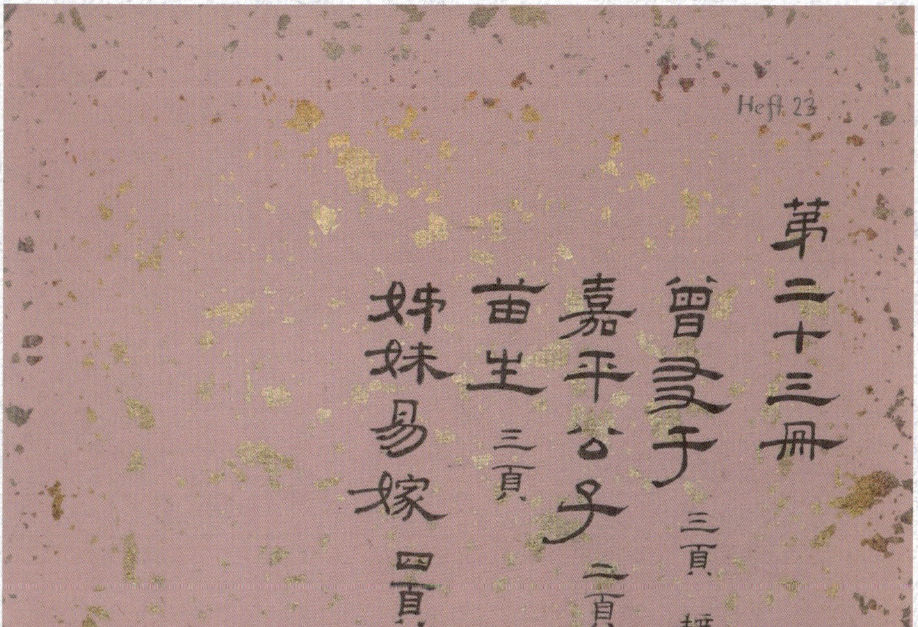

청대淸代 작자 미상 《요재전도聊齋全圖》 중 〈증우우曾友于〉 ⓒ 오스트리아국립도서관Österreichische Nationalbibliothek

청대清代 작자 미상 《요재전도聊齋全圖》 중 〈증우우曾友于〉

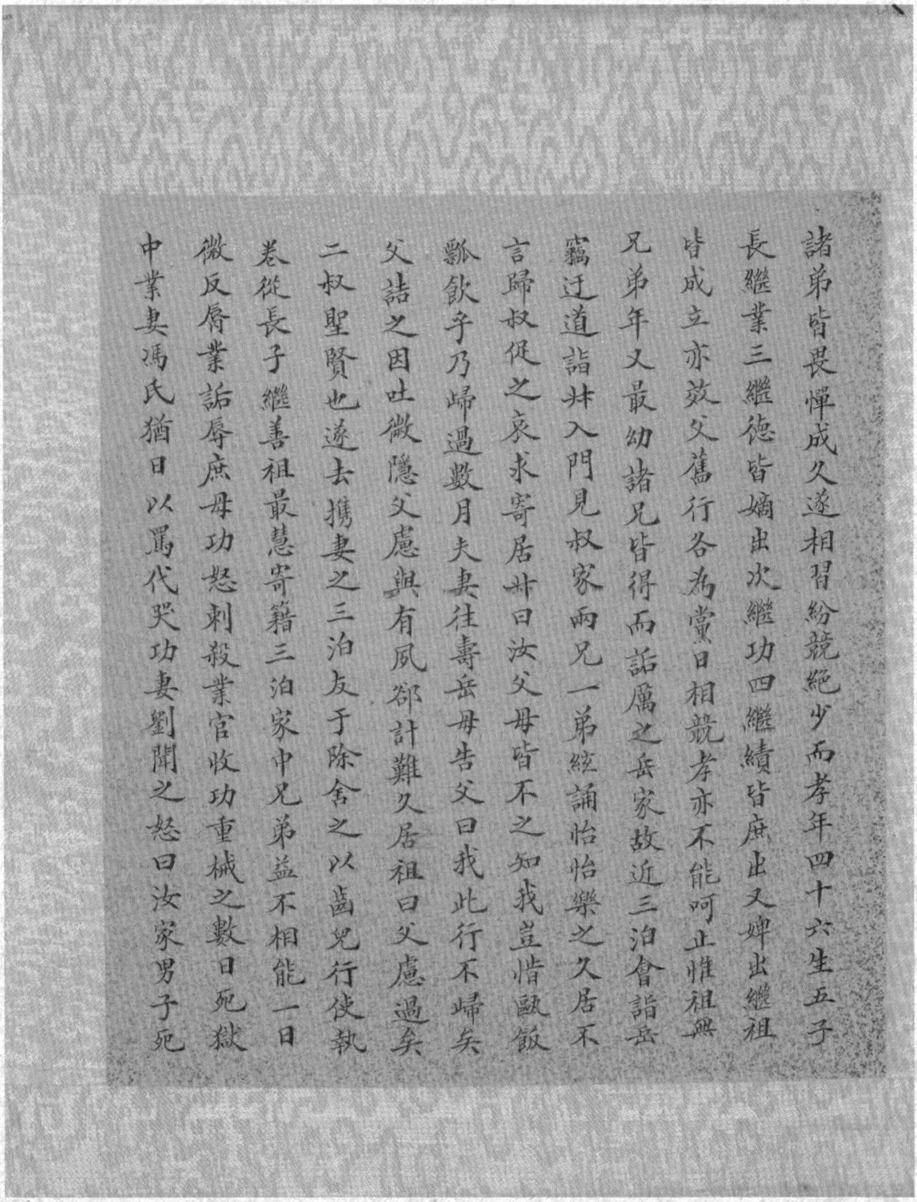
諸弟皆畏憚成久遂相習紛競絕少而孝年四十六生五子
長繼業三繼德皆嫡出次繼功四繼績皆庶出又婢出繼祖
皆成立亦效父舊行各為黨日相競孝亦不能呵止惟祖無
兄弟年又最幼諸兄皆得而詬厲之岳家故近三泊會詣岳
竊迂道詣卄入門見叔家兩兄一弟絃誦怡怡樂之久居不
言歸叔促之哀求寄居卄曰汝父母皆不之知我豈惜甌飯
瓢飲乎乃歸過數月夫妻往壽岳母告父曰我此行不歸矣
父詰之因吐微隱父慮與有夙郤計難久居祖曰父慮過矣
二叔聖賢也遂去攜妻之三泊友于除舍之以齒兒行使執
卷從長子繼善祖最慧寄籍三泊家中兄弟益不相能一日
微反脣業詬辱庶母功怒刺殺業官收功重械之數日死獄
中業妻馮氏猶日以罵代哭功妻劉聞之怒曰汝家男子死

청대清代 작자 미상 《요재전도聊齋全圖》 중 〈증우우曾友于〉 ⓒ 오스트리아국립도서관Österreichische Nationalbibliothek

청대清代 작자 미상 《요재전도聊齋全圖》 중 〈증우우曾友于〉 © 오스트리아국립도서관Österreichische Nationalbibliothek

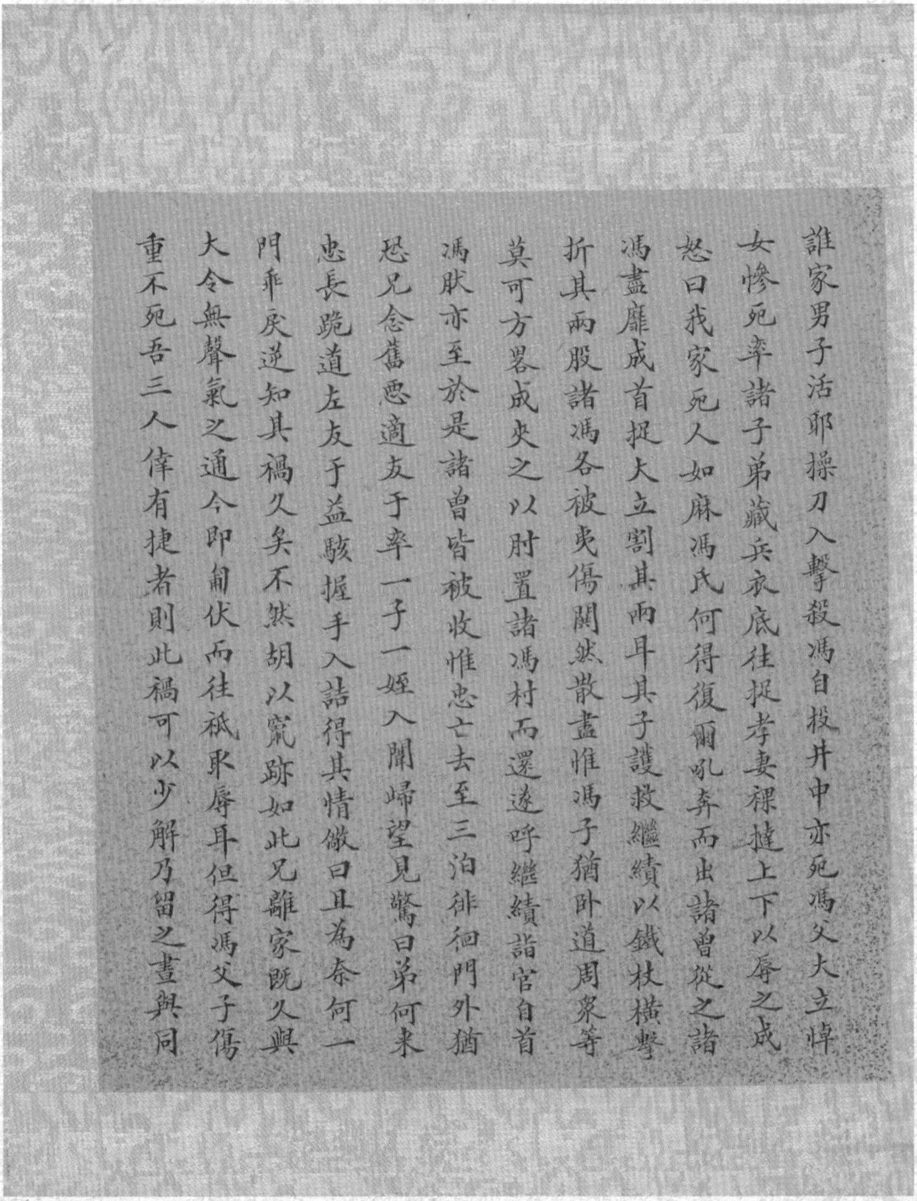

誰家男子活耶操刀入擊殺馮自投井中亦死馮父大立悼
女慘死率諸子弟藏兵衣底往捉孝妻裸撻上下以辱之成
怒曰我家死人如麻馮氏何得復爾吼奔而出諸曾從之諸
馮盡靡成首捉大立割其兩耳其子護救繼續以鐵杖橫擊
折其兩股諸馮各被夷傷鬨然散盡惟馮子猶卧道周衆等
莫可方畧成夾之以肘置諸馮村而還遂呼繼續詣官自首
馮肰亦至於是諸曾皆被收惟忠亡去至三泊徘徊門外猶
恐兄念舊惡適友于率一子一姪入闈歸望見驚曰弟何來
忠長跪道左友于益駭握手入詰得其情徵曰且為奈何一
門乖戾逆知其禍久矣不然胡以竄跡如此兄離家既久與
大令無聲氣之通今即匍伏而往祇取辱耳但得馮父子傷
重不死吾三人倖有捷者則此禍可以少解乃留之晝與同

청대清代 작자 미상 《요재전도聊齋全圖》 중 〈증우우曾友于〉 ⓒ 오스트리아국립도서관Österreichische Nationalbibliothek

청대清代 작자 미상 《요재전도聊齋全圖》 중 〈증우우曾友于〉 © 오스트리아국립도서관Österreichische Nationalbibliothek

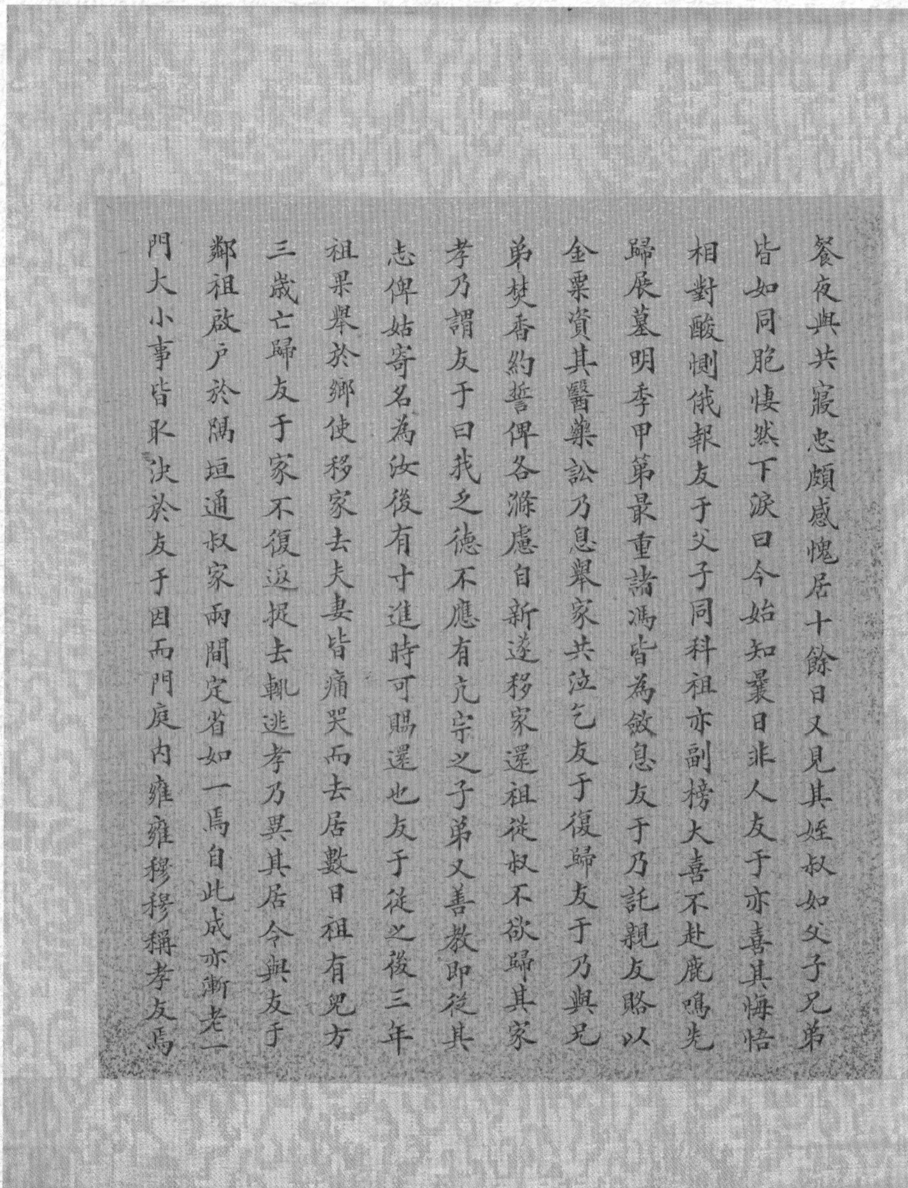
餐夜與共寢忠頗感愧居十餘日又見其姪叔如父子兄弟皆如同胞悽然下淚曰今始知曩日非人友于亦喜其悔悟相對酸惻俄報友于父子同科祖亦副榜大喜不赴鹿鳴先歸展墓明季甲第最重諸馮皆為斂息友于乃託親友賂以金粟資其醫藥訟乃息舉家共泣乞友于復歸友于乃與兄弟焚香約誓俾各滌慮自新遂移家還祖從叔不欲歸其家孝乃謂友于曰我乏德不應有亢宗之子弟又善教即從其志俾姑寄名為汝後有寸進時可賜還也友于從之後三年祖果舉於鄉使移家去夫妻皆痛哭而去居數日祖有兒方三歲亡歸友于家不復返捉去輒逃孝乃異其居令與友于鄰祖啟戶於隔垣通叔家兩間定省如一焉自此成亦漸老一門大小事皆取決於友于因而門庭內雍雍穆穆稱孝友焉

청대淸代 작자 미상 《요재전도聊齋全圖》 중 〈증우우曾友于〉 ⓒ 오스트리아국립도서관Österreichische Nationalbibliothek

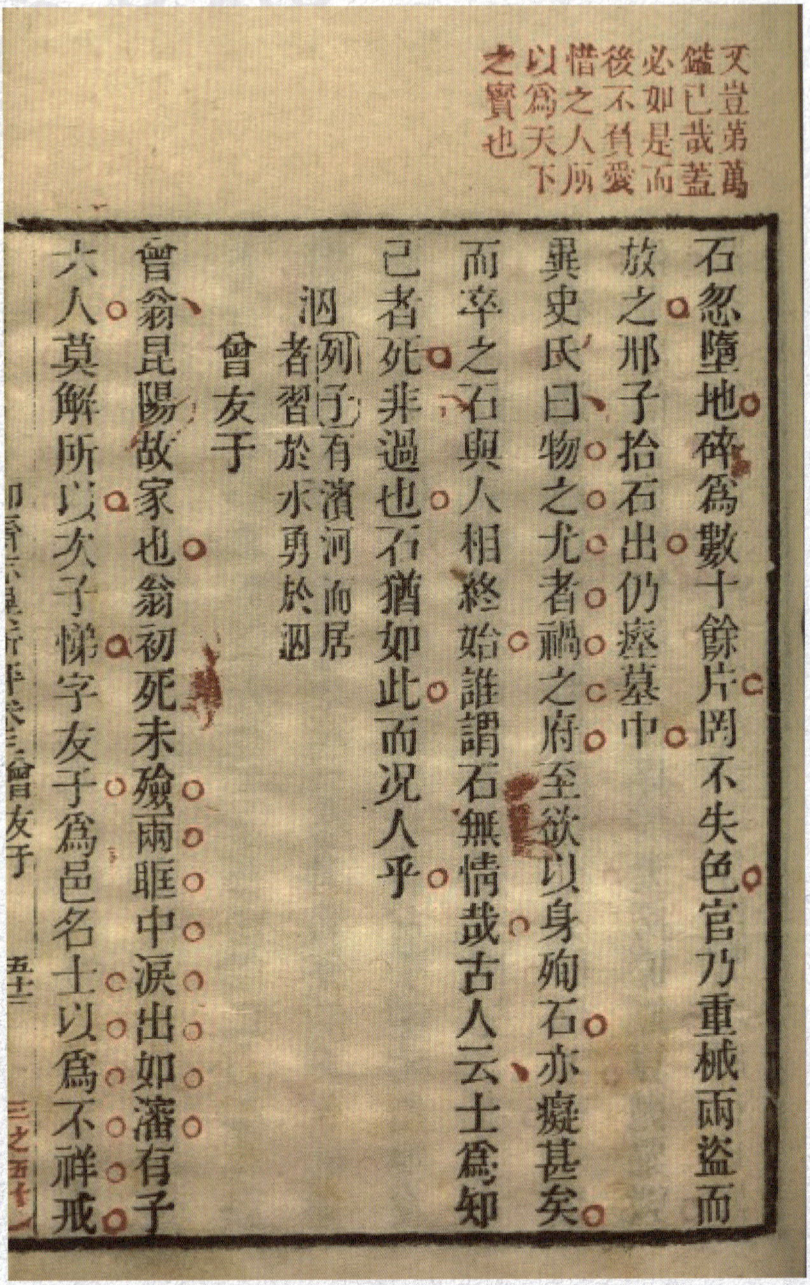
又豈第萬鑑已哉蓋必如是而後不負愛惜之人所以爲天下之實也

石忽墮地碎爲數十餘片罔不失色官乃重械兩盜而放之邢子拾石出仍瘞墓中

異史氏曰物之尤者禍之府至欲以身殉石亦癡甚矣而卒之石與人相終始誰謂石無情哉古人云士爲知己者死非過也石猶如此而況人乎

泅（列子）有濱河而居者習於水勇於泅

曾友于

曾翁昆陽故家也翁初死未殮兩眶中淚出如瀋有子六人莫解所以次子悌字友于爲邑名士以爲不祥戒

聊齋志異新評卷三 曾友于 五十二

청대清代 작자 미상 《요재지이신평聊齋志異新評》 중 〈증우우曾友于〉 ⓒ 미국의회도서관Library of Congress

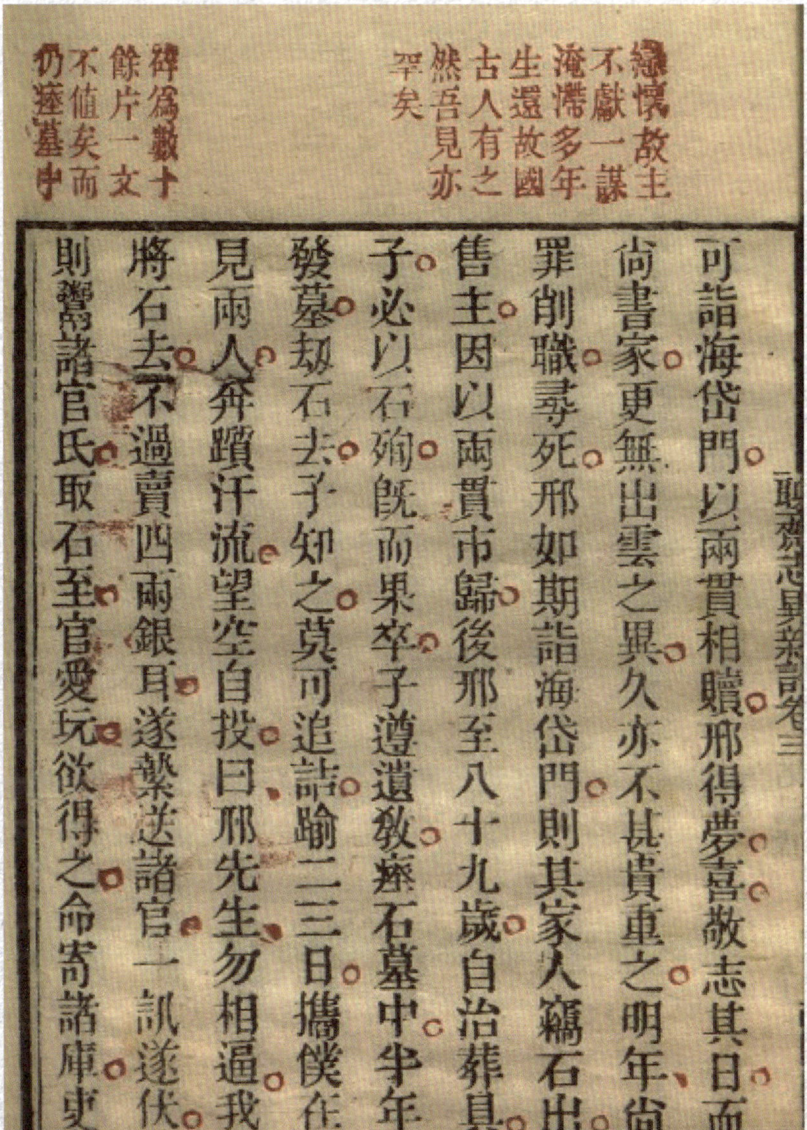

청대清代 작자 미상 《요재지이신평聊齋志異新評》 중 〈증우우曾友于〉 ⓒ 미국의회도서관Library of Congress

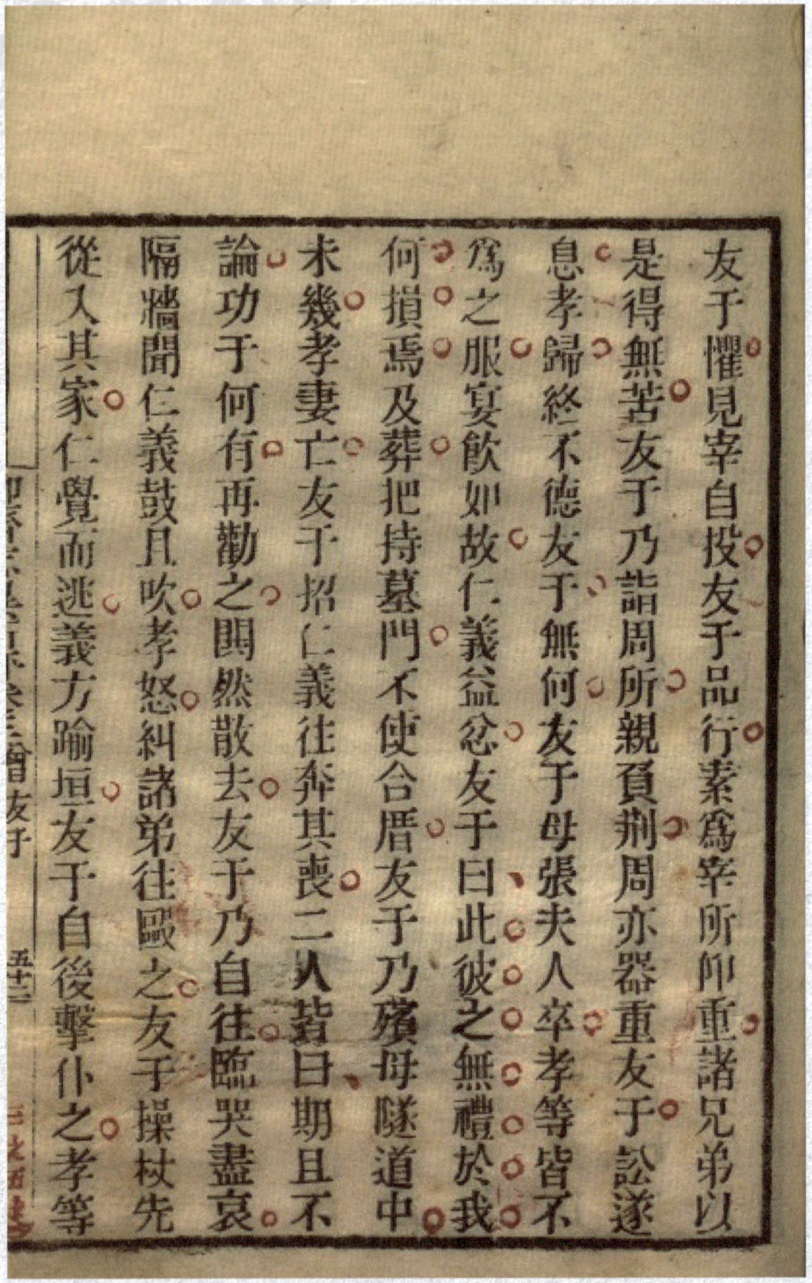

友于懼見宰自投友于品行素爲宰所仰重諸兄弟以是得無苦友于乃詣周所親負荆周亦器重友于訟遂息孝歸終不德友于無何友于母張夫人卒孝等皆不爲之服宴飲如故仁義益忿友于曰此彼之無禮於我何損焉及葬把持墓門不使合厝友于乃殯母隧道中未幾孝妻亡友于招仁義往奔其喪二人若曰期且不論功于何有再勸之鬨然散去友于乃自往臨哭盡哀隔牆聞仁義鼓且吹孝怒糾諸弟往毆之友于操杖先從入其家仁覺而逃義方踰垣友于自後擊仆之孝等

曾友于 五十三

청대清代 작자 미상 《요재지이신평聊齋志異新評》 중 〈증우우曾友于〉 ⓒ 미국의회도서관Library of Congress

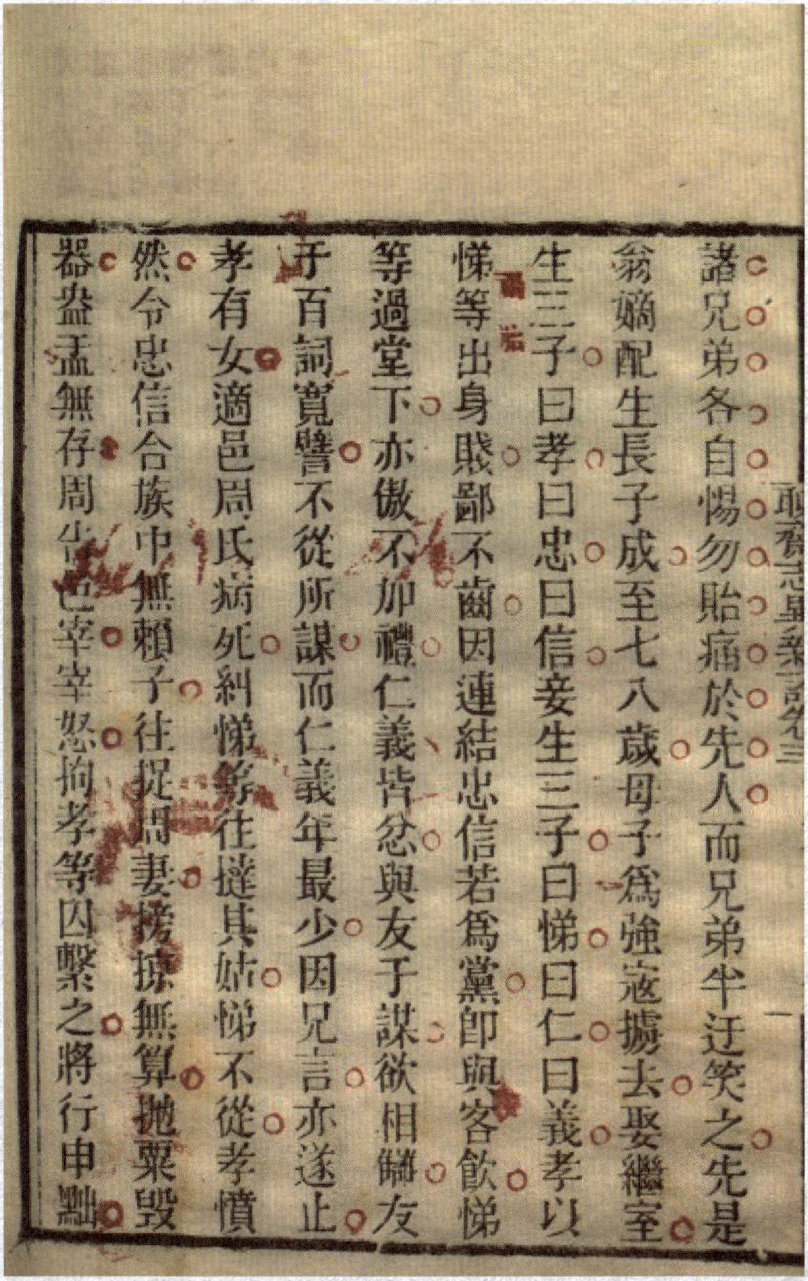

諸兄弟各自惕勿貽痛於先人而兄弟半迂笑之先是
翁嫡配生長子成至七八歲母子爲強寇擄去娶繼室
生三子曰孝曰忠曰信妾生三子曰悌曰仁曰義孝以
悌等出身賤鄙不齒因連結忠信若爲黨即與客飲悌
等過堂下亦傲不加禮仁義皆忿與友于謀欲相讎友
于百詞寬譬不從所謀而仁義年最少因兄言亦遂止
孝有女適邑周氏病死糾悌等往撻其姑悌不從孝憤
然令忠信合族中無賴子往捉周妻搒掠無算拋粟毀
器盎盂無存周告邑宰宰怒拘孝等囚繫之將行申黜

청대清代 작자 미상 《요재지이신평聊齋志異新評》 중 〈증우우曾友于〉 ⓒ 미국의회도서관Library of Congress

6장

창작創作과 재창작再創作 :

《요재지이聊齋志異》의 〈증우우曾友于〉 개작改作

| 1 | 들어가는 말入話: 서사 내용과 서사 구조의 변화를 중심으로

중국소설의 발전 과정에 있어서 황금기라고 할 수 있는 명청대明淸代 소설은 송원대宋元代뿐만 아니라 당대唐代 소설까지 대량으로 흡수하여 많은 '재창작再創作' 작품을 생산하였다. 명대明代 말엽부터 고조된 이러한 분위기는 당시 여러 사회적 원인으로 말미암아 더욱 강력한 추진력을 갖게 되었다. 명대明代부터 시작된 출판 인쇄술과 상업경제의 발전으로 인하여 문화적 수요가 증가하였고, 이에 따른 소설 독자층이 폭넓게 형성되었으며, 통속문화의 급속한 발전과 확대로 인해 재창작의 기풍은 더욱 성행하였다. 청대淸代에 이르러서는 독서인구가 급속히 증가하고 출판인쇄가 더욱 보편화됨에 따라 이전의 작품을 '이어 쓰는' 작품들이 대대적으로 늘어났다. 작품의 형식과 내용에 있어서도 작품의 수적 증가에 못지않게 상당한 수준에 이르렀다. 특히 대작大作을 계승하여 속작續作을 출간하는 것은 명청대明淸代 소설 창작의 주요한 특징 중의 하나가 되었다.[1] 예를 들면, 풍몽룡馮夢龍은 여소어余邵魚의 《열국지전列國志傳》를 참고하여 《신열국지전新列國志傳》를 지었고, 채원방蔡元放은 풍몽룡馮夢龍의 《신열국지전新列國志傳》에 첨삭을 가하고, 주석註釋과 평점評點을 달아 《동주열국지東周列國志》를 지었다. 진침陳忱의 《수호후전水滸後傳》과 유만춘兪萬春의 《결

1 한국중국소설학회 편, 《중국소설사의 이해》, 서울: 학고방, 2009년, 193쪽 참고.

수호전結水滸傳[탕구지蕩寇志]》은 시내암施耐庵의 《수호전水滸傳》을 이어서 창작하였다. 천화재자天花才子가 평評한 《후서유기後西遊記》, 난무蘭茂의 《속서유기續西遊記》, 동설董說의 《서유보西遊補》, 무명씨無名氏의 《천녀산화天女散花》 등은 모두 오승은吳承恩의 《서유기西遊記》에 영향을 받아 지어졌다. 장균張勻의 《옥교리玉嬌梨》, 정요항丁耀亢의 《속금병매續金瓶梅》와 《금옥몽金屋夢》, 무명씨無名氏의 《격렴화영隔簾花影》 등도 난릉소소생蘭陵笑笑生의 《금병매金瓶梅》의 영향을 받았다.[2] 대부분의 속작續作은 이전 작품의 줄거리를 잇거나, 서술과정이나 결말을 바꾸어 창작하였다. 간혹 이들 작품은 주제와 의미를 다른 방향으로 바꾸거나, 이야기를 확대, 새로운 인물형상을 등장시키기도 하였는데, 전체적으로 원작의 줄거리와 연관시키거나 작품의 중간 혹은 말미에 이어서 이야기를 진행하였다.

이러한 속작續作, 모작模作, 개작改作 등은 '재창작再創作'의 범위에 해당하는데, 문학에서의 '재창작再創作'은 전통을 계승하는 '모방'과 새로운 것을 만드는 '창작'이 서로 조화를 이루어 작품을 완성하는 것을 의미한다. 보다 구체적인 '재창작再創作' 개념을 이해하기 위해서는 전대의 문학예술에서 완전히 탈피한 새로운 창작 개념인 '순수창작'과 기존에 존재한 것은 개편하는 동시에 창작의 요소를 추가한 '재창작再創作'을 구분할 필요가 있다.[3] 그러나 이러한 '순수창작'과 '재창작再創作'의 개념을 명확하게 규정하기는 쉽지 않다. 특히 '재창작再創作'의 개념은 시대별, 지역별, 장르별로 다양한 정의로 인식되기 때문에 일방적으로 어느 한 부분에 치우쳐 이해하기는 힘들다. 비록 '재창작再創作'의 개념

2 한국중국소설학회 편, 《중국소설사의 이해》, 서울: 학고방, 2009년, 141-142쪽 ; 164-167쪽 ; 193-194쪽 ; 212-213쪽 참고.

3 이진우는 그의 석사학위논문 《唐 傳奇를 '재창작'한 《三言》의 '통속화'연구》에서 '재창작再創作'의 개념을 다음과 같이 정의하고 있다. "재창작이란 '이미 있는 것을 고치거나 새로운 방식을 써서 다시 만들어내는 것'이라는 재창조의 사전적 의미를 작품에 한정시킨 것으로, 작가가 자신의 사상과 독자의 요구, 시대적 변화 등의 내적·외적 요소들을 원작에 가미하여 새로운 작품으로 재구성하는 창작 방식을 지칭한다. 즉, 작가가 원작을 모방하는데 그치지 않고, 구성이나 내용에 추가, 삭제, 변형 등을 가하여 새롭게 창작하는 것을 의미한다. 단, 원작을 모방하지 않는 형식은 재창작이 아닌 창작이기 때문에 재창작에 있어 모방은 필수불가결한 요소라고 할 수 있다." 재창작의 정확한 범위를 밝혀내기 위해서는 전대의 문학예술을 완전히 탈피한 새로운 창작 개념인 '순수창작'과 기존에 존재하는 것을 모방하는 동시에 창작의 요소를 추가한 '재창작再創作' 그리고 창작의 요소가 가미되지 않은 '베끼기'만이 존재하는 '모방'의 개념을 파악하여 그 경계를 구분할 필요가 있다. '모방模倣'은 '답습踏襲'이 아닌 '발전發展'의 의미가 내포되어 있지만, '표절'은 원작과 후작의 내용과 형식상 별 차이가 없기 때문에 '답습踏襲'에 그친다. 따라서 '표절剽竊'은 재창작의 요소가 될 수 없고, '모방模倣'는 재창작의 요소로 인정된다. 이진우, 《唐 傳奇를 '재창작'한 《三言》의 '통속화'연구》, 명지대학교 석사학위논문, 2010년 2월, 15-20쪽 참고.

이 상당히 포괄적이고 복잡하지만, '재창작再創作'이라는 어휘에서 드러나듯이 '재再[중重]'에 좀 더 치중한다면, '속작續作'이나 '모작模作'보다는 '개작改作'이 '재창작再創作'의 의미에 좀 더 근접한다고 할 수 있다.

중국 고전소설에서 '재창작再創作'의 서사 형식은 주로 '속사續寫', '모사模寫[의사擬寫]', '중사重寫'로 나타난다. 이것은 '속작續作', '모작模作', '개작改作'을 구성하는 기본적인 특징이다. '속사續寫'는 어떤 작품에 다시 이어쓰기를 하는 것을 말하는데, '순속順續', '역속逆續', '절속截續', '연속連續' 등이 있다.[4] 일반적으로 원작의 말미나 서두 혹은 중간에 이어 쓰거나, 또는 원작의 구성에 따라 새로운 내용을 첨가하는 방식이라고 할 수 있다.[5] '모사模寫[의사擬寫]'는 원작의 줄거리와 내용이 완전히 일치하지 않으나, 비슷한 주제, 인물, 줄거리 구성을 안배해서 서술하는 방식을 말한다. 비록 유사한 내용과 구조로 되어 있다고 할지라도 원작의 구성과 모티브만 가져 왔을 뿐, 다른 작품이라고 할 수 있다. 중국 고전소설에서의 '모작模作'은 대부분 문체의 형식에는 변함이 없이 소재, 인물, 장소, 배경 등을 바꾸거나 모방하는 정도이다. '중사重寫'는 '다시 쓰기'를 말하는 것인데, 작가가 여러 문체를 사용하여 원본의 제재와 서술방식, 인물형상과 관계, 분위기, 어휘 등의 요소를 다시 서술하거나 변화시키는 것을 말한다.[6] 만약 '중사重寫'를 원작을 다시 쓰는 것으로 한정한다면,[7] '개작改作'의 특징

---

4 '순속順續', '역속逆續', '절속截續', '연속連續' 등, 속사續寫의 종류와 함의에 대한 자세한 내용은 李忠昌,《古代小說續書漫話》, 遼寧教育出版社, 1993年, 22-38쪽 참고.

5 李忠昌,《古代小說續書漫話》, 遼寧教育出版社, 1993年, 22쪽 참고.

6 所謂重寫, 指的是在各種動機作用下, 作家使用各種文體, 以復述, 變更原文本的題材, 敍述模式, 人物形象及其關係, 意境, 語辭等因素爲特徵所進行的一種文學創作. 重寫具有集接受, 創作, 傳播, 闡釋與投機于一體的複雜性質. 黃大宏,《唐代小說重寫研究》, 重慶出版社, 2004年, 79쪽 참고.

7 이진우는 그의 논문에서 '중사重寫'는 기본적으로 원작을 '다시 쓴다'는 의미가 있다고 하면서, 원작의 어떤 부분을 다시 쓸 것인지에 대한 범위는 한정되어 있지 않다고만 지적하고 있다. 따라서 '중사重寫'에는 재창작, 파생, 재서술[중술重述], 개작改作, 속사續寫, 방작倣作, 의작擬作, 축사縮寫, 확사擴寫 등이 포함하므로 '중사重寫'의 범위는 다른 '재창작再創作' 관련 용어보다 더욱더 포괄적이라고 주장하고 있다. 그러나 그는 '중사重寫'라는 개념에서 단지 '다시 쓴다'는 것에만 치중하여, 다른 구체적인 서술방식과 창작방식을 모두 아우른다고 본 듯하다. 그가 '중사重寫'의 정의를 '재창작再創作'을 포함하는 포괄적 개념으로 이해하고 있는 데 반해, 필자는 '재창작再創作'의 개념이 순수창작을 제외한 일체의 것을 포괄적인 상위개념이고, 하위개념에는 구체적인 창작방식인 '중사重寫'를 비롯하여 속사續寫, 모사模寫[의사擬寫], 축사縮寫, 확사擴寫 등이 있다고 본다. '중사重寫'는 비교적 외형적인 '다시 쓰기'에만 치중하여 사용하고 있는 것에 비해, '재창작再創作'은 이뿐만 아니라, 내용과 주제 등 내적인 부분을 다시 쓴다는 의미도 함께 가지고 있기 때문에 '재창작再創作'의 개념이 '중사重寫'보다 좀 더 포괄적이라고 할 수 있다. '중사重寫'에 대한 개념은 이진우,《唐 傳奇를 '재창작'한《三言》의 '통속화'연구》, 명지대학교 석사학위논문, 2010년 2월, 26-28쪽 참고.

이 더욱 분명하게 나타난다고 할 수 있다. '개작改作'은 이전의 작품을 다른 시각으로 서술한 작품을 말하는데, 원작의 내용과 구성을 그대로 이어 나가는 것이 아니라, 새롭게 줄거리를 재구성하는 것을 말한다. 주로 줄거리 변화와 더불어 원작의 인물을 다른 인물로 교체하거나, 서사 방식의 변화를 가져오거나, 줄거리의 '부연敷衍', '축소縮小', '확대擴大', '변환變換' 등의 현상이 나타난다. 비록 작품의 줄거리 진행과 인물형상, 서사 방식에서 변화가 생겨나지만, 중심이 되는 내용에는 변함이 없다. 전체적으로 원작의 범위에서 크게 벗어나지 않고 창작된 작품이라고 말할 수 있다.

중국 고전소설에서 이전의 작품을 바탕으로 내용을 각색하거나, 이어 쓴 작품, 영향을 받아 비슷한 내용과 구성으로 쓴 작품은 대량으로 출현하지만, 같은 작품을 문체[문언문文言文↔백화문白話文]를 바꾸어서 다시 쓴 작품은 전자에 비해 많지 않다. 명청대明清代의 작품이 간혹 문언문文言文으로 창작되었지만, 작품 대부분은 당시의 백화문白話文으로 쓰였다. 명청대明清代 소설은 고대의 민간전설, 당전기소설唐傳奇小說의 내용과 주제를 흡수하면서 원작과는 다른 문체[백화문白話文]로 기술되었는데, 이것은 고대 민간전설과 당전기소설唐傳奇小說은 당시의 주요 문체인 문언문文言文으로만 쓰였으며, 송원대宋元代 혹은 명청대明清代의 소설로의 재창작에는 자연히 주류 문체인 백화문白話文으로 쓰였기 때문이다. 예를 들면, 청대清代 옥산주인玉山主人의 《뇌봉탑기전雷峰塔奇傳》은 문언문文言文으로 쓰인 필기소설인 《백사전白蛇傳》을 근거로 하고 있고, 백화문白話文으로 쓴 〈서호삼탑기西湖三塔記〉와 《삼언三言》의 〈백낭자영진뇌봉탑白娘子永鎭雷峰塔〉의 고사를 개편하여 지은 것이 좋은 예이다.[8] 또한, 원작을 개작하면서 원작의 내용을 그대로 답습하지 않고, 어느 정도 다시 쓰기를 하였기 때문에 문체의 변화와 동시에 내용의 변화도 어느 정도 일어나게 되었다. 물론 이것은 창작된 시대와 저술환경이 달라서 나타나는 필연적인 결과라고 할 수 있다. 비록 일부 작품은 소재의 유사성에 기인하여 이야기를 확대, 발전시키면서, 문체를 바꾸는 경우가 생겨났지만, 이러한 경우를 제외하고 시간적 간극이 크지 않는 동시대에 출현한 작품을 문언문文言文에서 백화문白話文으로 재창작한 경우는 거의 없다.

8 한국중국소설학회 편, 《중국소설사의 이해》, 서울: 학고방, 2009년, 189-190쪽 참고.

작품을 개작할 때에 나타나는 문체 변화는 당전기소설唐傳奇小說과 《삼언三言》의 일부 작품의 전승 관계에서도 잘 알 수 있다.[9] 풍몽룡馮夢龍1574~1646은 《삼언三言》을 창작, 편집할 때에 당전기소설唐傳奇小說과 고대 전적典籍을 어느 정도 인용, 개작하여 화본소설話本小說로 바꾸었다. 문언문文言文에서 백화문白話文으로의 개작이라는 시각에서 본다면, 명대明代 《삼언三言》이 당전기소설唐

9 당전기唐傳記소설 중에서 《삼언三言》으로 '재창작再創作'된 작품과 이에 해당하는 《삼언三言》의 작품으로는 입화入話 9편, 정화正話 18편이 있다.

「표 1」 당전기소설唐傳奇小說을 '재창작再創作'한 《삼언三言》 입화入話 작품

唐傳奇	明代《三言》
《摭言》 〈裵度〉	《喩世明言》第9卷〈裴晉公義還原配〉 入話
	《醒世恒言》第18卷〈施潤澤灘闕遇友〉 入話1
《玉溪編事》 〈黃崇嘏〉	《喩世明言》第28卷〈李秀卿義結黃貞女〉 入話3
《甘澤謠》 〈圓觀〉	《喩世明言》第30卷〈明悟禪師趕五戒〉 入話
《玉泉子》 〈杜羔妻〉	《喩世明言》第35卷〈簡帖僧巧騙皇甫妻〉 入話
《本事詩》 〈崔護〉	《警世通言》第30卷〈金明池吳淸逢愛愛〉 入話
《三水小牘》 〈非煙傳〉	《警世通言》第38卷〈蔣淑眞刎頸鴛鴦會〉 入話
《異聞集》 〈李娃傳〉	《醒世恒言》第3卷〈賣油郎獨占花魁〉 入話
《博異記》 〈崔玄微〉	《醒世恒言》第4卷〈灌園叟晩逢仙女〉 入話
8편	9편

「표 2」 당전기소설唐傳奇小說을 '재창작再創作'한 《삼언三言》 정화正話 작품

唐傳奇	明代《三言》
《談賓錄》 〈馬周〉 《定命錄》 〈賣䭔媼〉	《喩世明言》第5卷〈窮馬周遭際賣䭔媼〉 正話
《玉堂閑話》 〈葛周〉	《喩世明言》第6卷〈葛令公生遣弄珠兒〉 正話
《紀聞》 〈吳保安〉	《喩世明言》第8卷〈吳保安棄家贖友〉 正話
《玉堂閑話》 〈裴度〉	《喩世明言》第9卷〈裴晉公義還原配〉 正話
《續江氏傳》 〈歐陽紇〉	《喩世明言》第20卷〈陳從善梅嶺失渾家〉 正話
《續玄怪錄》 〈張老〉	《喩世明言》第33卷〈張古老種瓜娶文女〉 正話
《朝野僉載》 〈榼頭師〉	《喩世明言》第37卷〈梁武帝累修歸極樂〉 正話
《松窗錄》 〈李龜年〉 《本事詩》 〈李白〉	《警世通言》第9卷〈李謫仙醉草嚇蠻書〉 正話
《原化記》 〈崔尉子〉	《警世通言》第11卷〈蘇知縣羅衫再合〉 正話
《博異志》 〈李黃〉	《警世通言》第28卷〈白娘子永鎭雷峰塔〉 正話
《廣異記》 〈勤自勵〉	《醒世恒言》第5卷〈大樹坡義虎送親〉 正話
《靈怪錄》 〈王生〉	《醒世恒言》第6卷〈小水灣天狐貽書〉 正話
《河東記》 〈獨孤遐叔〉	《醒世恒言》第25卷〈獨孤生歸途鬧夢〉 正話
《續玄怪錄》 〈薛偉〉	《醒世恒言》第26卷〈薛錄事魚服證仙〉 正話
《原化記》 〈義俠〉	《醒世恒言》第30卷〈李汧公窮邸遇俠客〉 正話
《續玄怪錄》 〈杜子春〉	《醒世恒言》第37卷〈杜子春三入長安〉 正話
《集異記》 〈李淸〉	《醒世恒言》第38卷〈李道人獨步雲門〉 正話
《摭言》 〈王勃〉	《醒世恒言》第40卷〈馬當神風送滕王閣〉 正話
20편	18편

당전기소설唐傳奇小說 《척언摭言》의 〈배도裵度〉가 재창작되어 《유세명언喩世明言》제9권第九卷〈배진공의환원배裴晉公義還原配〉의 입화入話와 《성세항언醒世恒言》제18권第十八卷〈시윤택탄궐우우施潤澤灘闕遇友〉의 입화入話1로 저술되었는데, 이 작품들은 서로 다르게 재창작되었다. 당전기소설唐傳記小說과 《삼언三言》의 전승 관계를 나타내는 「표 1」과 「표 2」는 黃大宏, 《唐代小說重寫硏究》, 重慶出版社, 2004年, 346-349쪽 ; 조영규, 〈《三言》故事의 淵源 및 影響考〉, 《中國學報》 第21輯, 1980년, 27-29쪽 ; 이진우, 《唐 傳奇를 '재창작'한 《三言》의 '통속화'연구》, 명지대학교 석사학위논문, 2010년 2월, 10-13쪽을 참고하였다.

傳奇小說을 모방한 것과 청대清代《성몽병언醒夢駢言》과《산정이기합전刪定二奇合傳》이《요재지이聊齋志異》를 모방한 것은 다른 의미를 지닌다. 당전기소설唐傳奇小說이《삼언三言》의 소재가 된 것은《삼언三言》을 창작, 편집할 때에 이전의 전적에서 소재를 취한 경우가 많고, 풍몽룡馮夢龍의 개인적인 문학관[창작과 재창작]이 보다 중요하게 작용하였기 때문이다. 또한, 당대唐代와 명대明代는 서로 상당한 시간적 틈이 존재하므로 같은 작품을 모작模作하거나 속작續作하는 것과는 달리, 다른 문체로 동시에 '재창작再創作'하는 것은 불가능하다. 명대明代 화본소설話本小說은 백화문白話文이 주류를 이루었기 때문에, 당전기소설唐傳奇小說 작품을 원용原用, 개작할 때는 자연적으로 당시의 백화문白話文으로 창작할 수밖에 없었다.

그러나 청대清代 문언소설文言小說인《요재지이聊齋志異》를 백화문白話文으로 재창작하는 것은 서로 다른 시대에서의 재창작과는 상당히 다르다. 일단 문체를 비교하면 문언문文言文에서 백화문白話文로 바뀌었고, 내용 역시 기존의 줄거리를 계승하면서, 세부적인 묘사와 인물, 사건을 다양하게 삽입하거나 과감하게 생략하였다. 당전기소설唐傳奇小說과《삼언三言》의 계승, 개작의 관계에서는 비교적 긴 역사적 간극이 존재하지만,《요재지이聊齋志異》와 그 화본소설話本小說 작품인《성몽병언醒夢駢言》,《산정이기합전刪定二奇合傳》은 동일한 시대에 재창작되었다. 당전기소설唐傳奇小說과《삼언三言》이 관계가 서로 다른 시대, 다른 문체, 다른 시각의 상관관계를 맺고 있다면, 동시대의 소설 창작 환경 속에서 동일한 작품을 다른 문체로 재창작한 과정은 중국소설사에 있어서 상당히 특별한 현상이라고 할 수 있다. 비록 일부 연구자들이 이러한 특징에 관해서 관심을 가지고 연구를 진행해왔지만, 대부분《성몽병언醒夢駢言》의 작품이《요재지이聊齋志異》에서 소재를 취하여 재창작한 부분에 중점을 두고 있고, 그 세부적인 내용에는 줄거리 전개, 소재의 운용, 주제사상의 상관관계를 밝히거나, 또는 인명의 변화, 판본 고증, 방언 자료 등을 고찰하는 정도에 그치고 있다.[10] 이

10 王恒展,〈淺論《聊齋志異》與話本小說的關係〉,《蒲松齡研究》, 1997年 第2期；陳泳超,〈《醒夢駢言》摹襲《聊齋志異》考〉,《明清小說研究》, 1997年 第3期；丁曉昌,〈試論《醒夢駢言》取材於《聊齋志異》〉,《南京師大學報》, 1999年 第3期；方兆平,〈略論《醒夢駢言》對《聊齋志異》的改編〉,《語文學刊》, 2008年 1月；鄒宗良,〈《醒夢駢言》與吳方言—兼論蒲松齡不是該書的作者〉,《蒲松齡研究》, 2009年 第2期；李軍鋒,〈試論宋元話本小說對《聊齋志異》的影響〉,《西昌學院學報·社會科學版》, 2010年3月；陳文新,〈從宋元話本到《聊齋志異》-論講唱文學對文言小說滲透〉,《學術交流》, 2010年 7月 참고.

러한 연구들은 어느 한 작품에 대해 세밀하고 체계적인 분석보다는 전체적인 개작상태에 대해서 집중하여 분석하고 있으며, 그 분석 또한 몇 가지 특징적인 부분에만 한정하고 있다. 한 작품에 대해서 집중적으로 분석한 연구는 현재까지 이루어지지 않고 있으며, 세 작품을 연계하여 분석한 연구는 전무하다. 비록 이러한 연구들이 《요재지이聊齋志異》의 '재창작再創作' 과정을 이해하는 데 일정 정도의 도움을 줄 수 있지만, 분석한 내용이 어느 한쪽으로만 치우쳐져 있어서 여전히 한계를 가진다. 이에 본 글에서는 중국소설사에서 보기 드문 현상인 동일한 시대에 창작된 세 작품을 통해 문언문文言文에서 백화문白話文으로 개작하는 과정을 비교함으로써 그 서사 내용과 묘사가 어떻게 다르게 나타나며, 그 속에서 다양하게 표현된 수사적 기교와 구조의 상관관계를 밝혀내고자 한다. 이러한 과정을 통해 세 작품의 창작 경향과 이에 대한 재창작을 서로 비교 고찰할 수 있으며, 그 속에서 어떤 차이와 변화가 있는지 살펴볼 수 있다.

본 글에서는《요재지이聊齋志異》의 〈증우우曾友于〉,《성몽병언醒夢駢言》의 〈영흉염기릉유나逞兇焰欺凌柔懦 양화기감화완잔釀和氣感化頑殘〉,《산정이기합전刪定二奇合傳》의 〈증효렴해개형제겁曾孝廉解開兄弟劫〉의 비교과정에서 서사 내용과 구조의 변화를 중심으로 살펴보고자 한다. 세 작품의 비교에는 이러한 점 이외에도 인물형상의 재창조, 언어 운용의 다양화, 주제구현의 방식, 서사 전략의 변화 등에 대한 문제도 제기될 수 있다. 그러나 서로 다른 작품의 비교연구에서 이러한 현상이 모두 구체적으로 나타나는 것은 아니며, 나타난다고 해도 일부분만 드러나는 경우도 많다. 필자가 연구하고자 하는 세 작품의 경우에서도 그러하다. 본 글에서 연구대상으로 삼은 세 작품에는 인물형상과 언어 운용의 변화가 일부분 드러나지만, 구체적인 변화가 나타나지 않으며, 주제를 구현하는 방식에 있어서는 비슷하게 진행되고 있다. 그러나 서사 내용과 구조의 변화는 다른 현상보다 비교적 분명하게 나타난다. 또한, 문언소설文言小說에서 백화소설白話小說로 재창작되는 과정에서는 나타날 수 있는 일반적인 패턴이나 양상 혹은 이전 시기 작품의 유사한 양상이나 타 작품 등과의 비교에서 보이는 공통적인 특징이 있다면, 이 세 작품의 차이가 분명해지고 그 속의 특수한 의미가 드러날 수 있다. 그러나 실제 연구에서는 이러한 특징을 도출해내기가 상당히 힘들다. 왜냐하면 문언소설文言小說에서 백화소설白話小說로 재창작되는 과정에서 작품서술의 환경, 사회문화적 배경, 작가의 창작관에 따라 작품마다 각각 다양한 특징이 나타나기 때문이다. 그러므로 몇 가지의 특징을 가지고 일반적으로 나타나는 공통적인 특징으로 여기기에는 많은 한계를 지닌다. 설령 이러한 특징을 공통적인 현상으로 여기고 실제 작품의 비교에 적용한다고 해도 수많은 예외의 경우가 나올 것이다. 이에 본 글에서는 〈증우우曾友于〉를 다른 두 작품으로 개작하는 과정에서 서사 내용과 구조 변화에 한정하여 어떠한 특징들이 나타나며, 작품 간에 어떠한 관계를 맺는지 고찰하고자 한다.

| 2 | 같지만 다른 세 작품: 《요재지이聊齋志異》의 〈증우우曾友于〉, 《성몽병언醒夢駢言》의 〈영흉염기릉유나逞兇焰欺凌柔懦 양화기감화완잔釀和氣感化頑殘〉, 《산정이기합전刪定二奇合傳》의 〈증효렴해개형제겁曾孝廉解開兄弟劫〉

《성몽병언醒夢駢言》과 《산정이기합전刪定二奇合傳》은 490여 편이 되는 《요재지이聊齋志異》 작품 중에서 귀신鬼神, 요괴妖怪, 이물異物 등 기괴한 소재를 제외하고 현실 생활의 소재를 다룬 일부 작품을 화본소설話本小說로 개작하였으며, 모두 강한 유교적 교훈성을 띠고 있다. 《성몽병언醒夢駢言》에는 《요재지이聊齋志異》의 12편 작품이 실려 있고, 《산정이기합전刪定二奇合傳》에는 2편이 실려 있다.[11]

《聊齋志異》		《醒夢駢言》		《刪定二奇合傳》	
卷十一	〈陳雲棲〉	第一回	〈假必正紅絲夙系空門 僞妙常白首永隨學士〉		
卷二	〈張誠〉	第二回	〈遭世亂咫尺抛鸞侶 成家慶天涯娶雁行〉		
卷二	〈阿寶〉	第三回	〈呆秀才志誠求偶 俏佳人感激許身〉		
卷十一	〈大男〉	第四回	〈妒婦巧償苦厄 淑姬大享榮華〉		
卷十一	〈曾友于〉	第五回	〈逞兇焰欺凌柔懦 釀和氣感化頑殘〉	第三十四回	〈曾孝廉解開兄弟劫〉

11 본 글에서는 《성몽병언醒夢駢言》의 12편 작품에서 《요재지이聊齋志異》와 《산정이기합전刪定二奇合傳》에 공통으로 실려 있는 〈증우우曾友于〉를 통해서 《요재지이聊齋志異》의 〈증우우曾友于〉가 구체적으로 어떻게 화본소설話本小說로 개작改作[중사重寫]되었는지 고찰하면서, 작품 간의 상호 연관 관계를 살펴보고자 한다.

《聊齋志異》		《醒夢駢言》		《刪定二奇合傳》	
卷四	〈姊妹易嫁〉	第六回	〈違父命孽由己作 代姊嫁福自天來〉	第三十六回	〈毛尙書小妹 換大姊〉
卷十	〈珊瑚〉	第七回	〈遇賢媳虺蛇難犯 遭悍婦狼狽堪憐〉		
卷十	〈仇大娘〉	第八回	〈施鬼蜮隨地生波 仗神靈轉災爲福〉		
卷三	〈連城〉	第九回	〈倩明媒但求一美 央冥判竟得雙姝〉		
卷三	〈小二〉	第十回	〈從左道一時失足 納忠言立刻回頭〉		
卷三	〈庚娘〉	第十一回	〈聯新句山盟海誓 詠舊詞璧合珠還〉		
卷三	〈宮夢弼〉	第十二回	〈埋白石神人施小技 得黃金豪士振家聲〉		
12 篇		12 篇		2 篇	

《요재지이聊齋志異》가 《성몽병언醒夢駢言》과 《산정이기합전刪定二奇合傳》으로 재창작되는 과정에서 여러 논의가 있을 수 있겠지만, 무엇보다 중요한 점은 《요재지이聊齋志異》에 수록된 490여 편의 작품 중에서 특별히 12편[《산정이기합전刪定二奇合傳》은 2편이나 《성몽병언醒夢駢言》과 중복됨]을 선별한 이유가 무엇인가 하는 것이다. 자료수집의 한계로 인해 정확한 원인을 알 수 없지만, 《성몽병언醒夢駢言》과 《산정이기합전刪定二奇合傳》의 작가는 《요재지이聊齋志異》의 기이하고 신비한 이야기보다, 현실적인 내용을 보다 더 중시한 것으로 보인다. 그것은 12편의 작품이 모두 귀신鬼神이나 요괴妖怪와 연관이 없는 지극히 인정적인 면과 도덕적인 면을 그려내고 있기 때문이다. 《요재지이聊齋志異》가 비록 귀신鬼神이나 요괴妖怪, 이물異物을 주요 제재로 하고 있지만, 《요재지이聊齋志異》의 모든 작품이 이러한 특징을 가지는 것은 아니다. 일부 작품은 세속世俗, 인정人情의 경향을 강하게 보여 주고 있는데, 《성몽병언醒夢駢言》과 《산정이기합전刪定二奇合傳》의 작가는 《요재지이聊齋志異》의 신기하고 괴이한 내용을 긍정하면서도 그것에만 빠지지 않고, 기괴한 이야기에 비해 지극히 일상적인 내용의 작품을 선별한 듯하다.

《요재지이聊齋志異》의 작품에서 현실적인 내용을 중심으로 재창작된 화본소설話本小說 중에서 〈증우우曾友于〉는 문언소설文言小說과 백화소설白話小說과의 비교연구에 있어서 중요한 자료이다. 먼저, 《성몽병언醒夢駢言》과 《산정이기합전刪定二奇合傳》에서 《요재지이聊齋志異》의 작품을 재창작하여 공통으로 싣고 있는 작품은 〈증우우曾友于〉와 〈자매역가姊妹易嫁〉이다. 이 중에서 비교적 '중사重寫'의 현상이 두드러진 것은 〈증우우曾友于〉이다. 〈증우우曾友于〉의 줄거리는 상당히 복잡하게 얽혀 있으며 다양하고 굴곡진 서사 구조로 되어 있다.. 〈증우우曾友于〉는 단순한 줄거리의 전개보다 여러 사건과 인물이 얼기설기 엮여있는 구조를 지니고 있으므로, 〈증우우曾友于〉가 어떤 방식으로 재창작했는지 구체적으로 살펴볼 수 있다. 또한 《요재지이聊齋志異》의 〈증우우曾友于〉는 《성몽병언醒夢駢言》과 《산정이기합전刪定二奇合傳》에 공통으로 실려 있으므로 화본소설話本小說로 개작하는 과정에서 《성몽병언醒夢駢言》과 《산정이기합전刪定二奇合傳》이 동일한 '텍스트Text'를 어떻게 '중사重寫'했는지도 효과적으로 비교할 수 있다.

둘째, 《요재지이聊齋志異》의 저자인 포송령蒲松齡1640~1715은 비록 귀신鬼神, 요괴妖怪의 소재를 자주 운용하였지만, 또한 스스로 효孝와 우애友愛를 중시한 문인이기도 하다. 그는 어려서부터 유교 교육을 철저하게 받아왔으며 황당무계하고 기이한 비현실적 현상을 믿는 한편, 동시에 유교의 현실적인 윤리 도덕을 강조하고 선양하는 상반된 문학관을 가지고 있다.[12] 《요재지이聊齋志異》의 작품은 비현실적인 내용이 주류를 이루지만, 기괴함의 이면에는 유교의 가치관이 충실하게 반영되어 있기도 하다 《요재지이聊齋志異》의 작품 중에서 〈증우우曾友于〉는 효孝와 우애友愛를 강조하는 현실적인 윤리 도덕을 구체적으로 보여주는 작품이다. 〈증우우曾友于〉를 화본소설話本小說로 재창작한 《성몽병언醒夢駢言》과 《산정이기합전刪定二奇合傳》의 작가 역시 《요재지이聊齋志異》에서 보여주는 현실적인 문학관을 이어받았으며, 현실적인 내용과 윤리 도덕을 강조하는 포송령蒲松齡의 창작관에서도 크게 벗어나지 않았다.

셋째, 화본소설話本小說로 재창작된 〈증우우曾友于〉는 인물의 심리 묘사가 매우 뛰어나다. 〈증우우曾友于〉는 사건 발생 위주로 진행되었지만, 《성몽병언醒夢駢言》과 《산정이기합전刪定二奇合傳》은 사건 진행 과정에서 누락된 인물 묘사, 장면 묘사, 내용 전개 등을 상당히 세밀하게 보여 주고 있다.

이와 같이 원작을 새롭게 재창작하면서 서술, 묘사, 내용을 더욱 심화, 발전

12 張光興, 〈蒲松齡與中國的"孝"文化傳統〉, 《聊齋志異研究》, 1997年第 1期, 5쪽 참고.

시키고 확대한 작품은 그리 많지 않다.《성몽병언醒夢駢言》의 12편 작품 중에서도 〈증우우曾友于〉는 다른 작품들에 비해서 이러한 특징이 더 구체적으로 나타나고 있다.《성몽병언醒夢駢言》이 〈증우우曾友于〉의 내용과 구성에 변화를 준 것과는 달리,《산정이기합전刪定二奇合傳》은 원작의 내용을 충실히 반영하면서 화본소설話本小說의 형식적인 특징을 강조하고 있어서《성몽병언醒夢駢言》과는 다른 방식으로 재창작하였다고 할 수 있다.《요재지이聊齋志異》의 〈증우우曾友于〉는 문언소설文言小說에서 백화소설白話小說로 개작한 대표적인 작품으로 〈증우우曾友于〉를 통해서 원작과 재창작 작품의 비교가 쉬우며, 재창작 과정에서 나타나는 다양한 변화와 특징을 자세히 고찰할 수 있다.

《요재지이聊齋志異》와《성몽병언醒夢駢言》,《산정이기합전刪定二奇合傳》은 모두 청대淸代에 출간되었는데, 일반적으로《요재지이聊齋志異》,《성몽병언醒夢駢言》,《산정이기합전刪定二奇合傳》의 순으로 출간되었다고 여겨진다. 간혹 일부 학자들이《성몽병언醒夢駢言》의 출간이《요재지이聊齋志異》보다 앞서며,《요재지이聊齋志異》가《성몽병언醒夢駢言》을 모방했다는 견해를 제기하고 있지만,[13] 여러 가지 문헌 자료와 줄거리 전개, 어휘 사용, 수사 기교 등을 살펴보면 이러한 주장은 설득력을 충분히 가지지 못한다. 저자의 서문, 방언의 인용, 출간된 자료 등 작품 외적인 요소뿐만 아니라, 서사 구조의 완정성, 수사 기교의 전문성, 언어 운용의 적합성 등 작품의 내적인 요소를 살펴본다면,《성몽병언醒夢駢言》이《요재지이聊齋志異》를 재창작했다고 보는 견해가 타당하다.《요재지이聊齋志異》와《산정이기합전刪定二奇合傳》의 출간 선후에 대해서는《요재지이聊齋志異》가《산정이기합전刪定二奇合傳》보다 먼저 출간된 점에는 큰 이견이 없는 듯하다.

이러한 시각은《성몽병언醒夢駢言》과《산정이기합전刪定二奇合傳》의 출간 선후의 문제에서도 있어서도 마찬가지이다.《성몽병언醒夢駢言》이《산정이기합전刪定二奇合傳》보다 출간 연대가 앞서고 있어서,《요재지이聊齋志異》와 연관시킨다면《산정이기합전刪定二奇合傳》이 앞의 두 작품집보다 시간상으로 뒤에 출간되었다고 할 수 있다. 그러므로《요재지이聊齋志異》가《성몽병언醒夢駢言》과《산정이기합전刪定二奇合傳》에 영향을 끼쳤고,《성몽병언醒夢駢言》과《산정이기합전刪定二奇合傳》은《요재지이聊齋志異》의 작품을 보다 다양하고 창조적으로 변화시

13 顧靑, 〈《醒夢駢言》二考〉, 《文學遺産》, 1997年 第6期, 93-95쪽 ; 陳泳超, 〈《醒夢駢言》摹襲《聊齋志異》考〉, 《明淸小說硏究》, 1997年 第3期, 175-177쪽 참고.

켰다고 할 수 있다. 《성몽병언醒夢駢言》과 《산정이기합전刪定二奇合傳》은 《요재지이聊齋志異》의 작품을 비슷하게 변화시킨 것뿐만 아니라, 그 나름대로 독특한 방식으로 원작과는 다른 느낌과 구조, 묘사, 서사 방식으로 재창작하였다. 이것은 원작을 변화시켜 다양하게 변화, 창작할 수 있다는 가능성을 보여 줌과 동시에 그 과정에서 문학 작품의 개작에서 나타나는 다양한 미학적 관점을 살펴볼 수 있다. 나아가 당시 독자들이 요구하는 작품의 경향과 내용이 실제로 작품에 어떻게 투영되고 반응했는지도 추측할 수 있다.

| 3 | 서사 형식과 줄거리의 변화: '문언文言'과 '화본話本'

《요재지이聊齋志異》의 〈증우우曾友于〉, 《성몽병언醒夢駢言》의 〈영흉염기릉유나逞兇焰欺凌柔懦 양화기감화완잔釀和氣感化頑殘〉, 《산정이기합전刪定二奇合傳》의 〈증효렴해개형제겁曾孝廉解開兄弟劫〉는 주제사상을 강조하는 점에 있어서 유사한 부분이 있지만, 문체를 비롯한 서술 구조와 경향에 있어서는 다른 양상을 보여 주고 있다. 먼저, 《요재지이聊齋志異》는 문언소설文言小說이므로 문언문文言文의 서사 형식을 가지고 있다. 압축된 서술, 간결한 묘사, 빠른 줄거리 진행을 보여 준다. 인물의 대화와 장면 및 상황묘사에서도 절제된 언어를 사용하여 간단하면서도 함축적인 내용을 전달하고 있다. 또한, 다른 문언소설文言小說과는 달리, 《요재지이聊齋志異》의 작품 말미에는 '이사씨왈異史氏曰'이라는 평어를 삽입하고 있어 작가의 개입을 선명하게 보여 주고 있다. 줄거리 진행에서는 발단[시작]→전개→절정[전환]→결말의 구조를 유지하고 있으며, 서사 기교에서는 인물의 등장과 장면의 전개에 따라 서술을 축약하거나 확장하는 것을 반복하고 있다. 〈증우우曾友于〉가 문언소설文言小說의 특징을 그대로 보여 주기 때문에 서사 기교는 백화소설白話小說에서 흔히 나타나는 '확대擴大'보다는 '축소縮小'의 특징이 강하게 나타난다. 비록 세 작품은 비슷한 줄거리 진행을 보이지만, 서술 구조는 조금씩 다른 양상을 보여 주고 있다. 먼저 《요재지이聊齋志異》 〈증우우曾友于〉의 전체적인 줄거리를 진행순서에 따라 살펴보면 다음과 같다.

구성	줄거리	비고
발단	1. 주요인물에 대한 서술[증옹曾翁], 인물들의 출신 내력[배경 설명] 2. 형제들의 출생 내력: 후처와 첩에게서 태어난 형제들이 서로 반목→형제들 간의 원한은 더욱 깊어짐	
전개	3. 증성曾成 등장: 첩에게서 태어난 형제들에게 조력자 등장 [약자의 입장에서 대등하거나 우세한 입장으로 전환, 힘의 대결에서 변화를 가져옴] 4 형제간의 갈등은 증효曾孝의 자식 간의 갈등에서 그대로 이어짐	
절정	5. 집안 내부의 갈등이 외부로 확대擴大→소송, 감옥에 갇힘	
결말	6. 증효曾孝, 증충曾忠이 후회하고 가족들은 화목하게 지냄 7 이사씨異史氏: 서술자의 개입	

〈증우우曾友于〉는 발단→전개→절정→결말의 서사 구조로 되어 있다.. 그러나 〈증우우曾友于〉를 화본소설話本小說로 개작한 《성몽병언醒夢駢言》의 〈영흉염기릉유나逞兇焰欺凌柔懦 양화기감화완잔釀和氣感化頑殘〉과 《산정이기합전刪定二奇合傳》의 〈증효렴해개형제겁曾孝廉解開兄弟劫〉은 〈증우우曾友于〉와는 달리 발단과 결말 사이에 입화入話→정화正話→편미篇尾의 서사 형식을 가지고 있다. 내용 전개에 있어서는 소설의 기본 형식인 발단[시작]→전개→절정[전환]→결말의 구조를 그대로 답습하고 있다. 〈영흉염기릉유나逞兇焰欺凌柔懦 양화기감화완잔釀和氣感化頑殘〉는 화본소설話本小說의 전형적인 서사 형식을 가지고 있다.

<table>
<tr><th colspan="2">구성</th><th>줄거리</th><th>비고</th></tr>
<tr><td colspan="2">입화入話</td><td>1. 입화시入話詩: 염노교念奴嬌
2. 입화의론入話議論: 형제간의 우애 강조</td><td></td></tr>
<tr><td rowspan="4">정화正話</td><td>발단</td><td>3. 등장인물 소개</td><td></td></tr>
<tr><td>전개</td><td>4. 형제간의 갈등
5. 갈등이 내부에서 외부로 확대
6. 산적에게 납치되었던 평성平成 등장
[새로운 인물의 등장, 이야기의 극적인 전개, 전환]
7. 형제간의 갈등이 자식들에게로 이어짐</td><td></td></tr>
<tr><td>절정</td><td>8. 형제들과 처들의 싸움에서 사돈 간의 싸움으로 상황이 바뀜</td><td></td></tr>
<tr><td>결말</td><td>9. 많은 일을 겪은 후에 형제들이 화목해짐</td><td></td></tr>
<tr><td>편미篇尾</td><td colspan="2">10. 편미시篇尾詩</td><td></td></tr>
</table>

《산정이기합전刪定二奇合傳》의 〈증효렴해개형제겁曾孝廉解開兄弟劫〉은 《성몽병언醒夢駢言》의 〈영흉염기릉유나逞兇焰欺凌柔懦 양화기감화완잔釀和氣感化頑殘〉

과 마찬가지로 화본소설話本小說의 기본적인 형식을 따르고 있지만, 세부적으로 다르게 각색 수정하였다. 특히 '입화入話'에 있어서는 '입화시入話詩', '입화의론入話議論', '입화고사入話故事', '결미시結尾詩'를 배치하고 있어, 〈영흉염기릉유나逞兇焰欺凌柔懦 양화기감화완잔釀和氣感化頑殘〉보다 '입화入話'에 보다 많은 내용과 편폭을 할애하고 있다. 입화入話가 차지하고 있는 편폭은 전체 이야기의 4분의 1에 해당한다. '정화正話'의 내용에서도 〈영흉염기릉유나逞兇焰欺凌柔懦 양화기감화완잔釀和氣感化頑殘〉가 인명人名을 바꾸고,[14] 원작에 없는 내용을 첨가

---

14 《산정이기합전刪定二奇合傳》의 〈증효렴해개형제겁曾孝廉解開兄弟劫〉은 《요재지이聊齋志異》의 〈증우우曾友于〉에 사용된 인명人名과 같지만, 《성몽병언醒夢駢言》의 〈영흉염기릉유나逞兇焰欺凌柔懦 양화기감화완잔釀和氣感化頑殘〉에서는 인물의 이름이 바뀌었다. 작중 인물의 관계를 증曾노인을 중심으로 살펴보면, 세 작품의 가족 관계가 모두 일치하지는 않음을 알 수 있다. 《요재지이聊齋志異》의 〈증우우曾友于〉와 《산정이기합전刪定二奇合傳》의 〈증효렴해개형제겁曾孝廉解開兄弟劫〉은 가족 관계가 동일하지만, 《성몽병언醒夢駢言》의 〈영흉염기릉유나逞兇焰欺凌柔懦 양화기감화완잔釀和氣感化頑殘〉에는 약간의 변화가 보인다. 특히 증효曾孝와 비녀婢女 사이에 낳은 계조繼祖의 등장은 《요재지이聊齋志異》의 〈증우우曾友于〉와 《산정이기합전刪定二奇合傳》의 〈증효렴해개형제겁曾孝廉解開兄弟劫〉에는 보이지만, 《성몽병언醒夢駢言》의 〈영흉염기릉유나逞兇焰欺凌柔懦 양화기감화완잔釀和氣感化頑殘〉에서는 삭제되었다. 세 작품의 인명을 비교하면 다음과 같다.

가족 관계	작 품		
	《聊齋志異》〈曾友于〉	《醒夢駢言》第五回〈逞兇焰欺凌柔懦 釀和氣感化頑殘〉	《刪定二奇合傳》第二十四回〈曾孝廉解開兄弟劫〉
본인	曾翁	平長髮	曾翁
처	본처	尤氏	본처
후치	후서	甘氏	후처
첩	첩실[張夫人]	張氏	첩실[張夫人]
子	曾成[실종]	平成[실종]	曾成[실종]
子	曾孝	平衣	曾孝
子	曾忠	平身	曾忠
子	曾信	平缶	曾信
子	曾悌[曾友于]	平白	曾悌[曾友于]
子	曾仁	平聿	曾仁
子	曾義	平婁	曾義
孫[曾孝의 子]	繼業	平立德	繼業
며느리[曾孝의 후처]	馮氏	王氏	馮氏
孫[曾孝의 子]	繼德	平立言	繼德
며느리[曾孝의 첩]	劉氏	全氏	劉氏
孫[曾孝의 子]	繼功	平立功	繼功
孫[曾孝의 子]	繼績	平立行	繼績
孫[曾孝의 子]	繼祖	×	繼祖

이상의 비교에서 알 수 있듯이, 《요재지이聊齋志異》의 〈증우우曾友于〉와 《산정이기합전刪定二奇合傳》의 〈증효렴해개형제겁曾孝廉解開兄弟劫〉의 인명人名과 인물의 등장은 일치한다. 그러나 《성몽병언醒夢駢言》의 〈영흉염기릉유나逞兇焰欺凌柔懦 양화기감화완잔釀和氣感化頑殘〉에서는 증曾노인 자손들과 며느리의 이름이 모두 바뀌었으며, 어떤 인물은 아예 사라지기도 하였다. 반면에 〈영흉염기릉유나逞兇焰欺凌柔懦 양화기감화완잔釀和氣感化頑殘〉에서는 〈증우우曾友于〉와 〈증효렴해개형제겁曾孝廉解開兄弟劫〉에서 모호했던 성명이 구체적으로 드

하거나 보다 세밀한 묘사를 하는 것에 비해서, 〈증효렴해개형제겁曾孝廉解開兄弟劫〉은 비교적 〈증우우曾友于〉 내용을 충실히 반영하고 있다.

구성		줄거리	비고
입화入話		1. 입화시入話詩 2. 입화의론入話議論: 입화시入話詩 해설 3. 입화고사入話故事1 4. 입화고사入話故事2 5. 결미시結尾詩: 의론議論+결미시結尾詩	형제간의 우애 강조
정화正話	발단	6. 등장인물 소개	
	전개	7. 형제간의 갈등 8. 갈등이 내부에서 외부로 확대 9. 산적에게 납치되었던 증성曾成 등장 [새로운 인물의 등장, 이야기의 극적인 전환] 10. 형제간의 갈등이 자식들에게로 이어짐	
정화正話	절정	11. 형제들과 처들의 싸움에서 사돈 간의 싸움으로 급전	
	결말	12. 많은 일을 겪은 후에 형제간의 우애가 두터워짐	
편미篇尾	13. 편미시篇尾詩		

이상의 서사 형식과 줄거리 진행을 살펴보면, 《요재지이聊齋志異》의 〈증우우曾友于〉, 《성몽병언醒夢駢言》의 〈영흉염기릉유나逞兇焰欺淩柔懦 양화기감화완잔釀和氣感化頑殘〉, 《산정이기합전刪定二奇合傳》의 〈증효렴해개형제겁曾孝廉解開兄弟劫〉의 서사 형식이 다르게 나타나며, 줄거리 진행에 있어서는 유사한 부분이 많지만, 어느 정도 차별된 점도 있음을 알 수 있다. 〈증우우曾友于〉는 문언소설文言小說의 형식에 맞게 절제된 묘사, 간결한 서사를 보이며, 〈영흉염기릉유나逞兇焰欺淩柔懦 양화기감화완잔釀和氣感化頑殘〉과 〈증효렴해개형제겁曾孝廉解開兄弟劫〉은 화본소설話本小說의 전형적인 서사 형식을 그대로 따르고 있다.

내용 전개에 있어서는 약간의 차이는 보이지만, 전체적인 줄거리 구조는 큰 차이가 나타나지 않는다. 다만, 〈증효렴해개형제겁曾孝廉解開兄弟劫〉이 '입화入話'의 구성과 편폭에 있어서 〈영흉염기릉유나逞兇焰欺淩柔懦 양화기감화완잔釀和氣感化頑殘〉보다 편폭이 확대되고, 내용이 다채로워졌다. 〈영흉염기릉유나逞兇焰

러나기도 하였다. 〈증효렴해개형제겁曾孝廉解開兄弟劫〉은 〈증우우曾友于〉를 화본소설話本小說로 재창작하는 과정에서 인물의 성명뿐만 아니라, 인물의 등장, 삭제 등을 동시에 진행하고 있다. 비록 등장인물의 구체적인 성명은 각기 다르지만, 그 성격과 특징은 일치한다.

欺凌柔懦 양화기감화완잔釀和氣感化頑殘〉에서는 '입화시入話詩'에 대한 해설이 없는 반면에, 〈증효렴해개형제겁曾孝廉解開兄弟劫〉에서는 '입화시入話詩'에 대한 해설이 자세히 나타나 있으며, '입화의론入話議論'은 두 작품에서 모두 나타나지만 〈영흉염기릉유나逞兇焰欺凌柔懦 양화기감화완잔釀和氣感化頑殘〉이 보다 구체적으로 자신의 견해를 드러내고 있다. 〈영흉염기릉유나逞兇焰欺凌柔懦 양화기감화완잔釀和氣感化頑殘〉에는 '입화고사入話故事'가 없지만, 〈증효렴해개형제겁曾孝廉解開兄弟劫〉은 '입화고사入話故事'가 2편이 있으며, 일반적인 화본소설話本小說의 서사 형식에서 '입화入話'가 차지하는 편폭의 범위를 훨씬 넘어서고 있다. 이 '입화고사入話故事'는 모두 '정화正話'와 직접 연관된 주제인 '우애友愛'를 강조하고 있다. 또한 '입화入話'의 끝부분에 '결미시結尾詩'와 연결해 '의론議論'을 삽입한 것은 〈영흉염기릉유나逞兇焰欺凌柔懦 양화기감화완잔釀和氣感化頑殘〉보다 '입화入話'부분에 더 치중한 것으로 보인다. 〈영흉염기릉유나逞兇焰欺凌柔懦 양화기감화완잔釀和氣感化頑殘〉와 〈증효렴해개형제겁曾孝廉解開兄弟劫〉은 모두 '편미시篇尾詩'로 마무리하고 있다.

| 4 | 서사 내용의 변화: '답습踏襲', '확대擴大', '제한制限'

《요재지이聊齋志異》의 〈증우우曾友于〉, 《성몽병언醒夢駢言》의 〈영흉염기릉유나逞兇焰欺凌柔懦 양화기감화완잔釀和氣感化頑殘〉, 《산정이기합전刪定二奇合傳》의 〈증효렴해개형제겁曾孝廉解開兄弟劫〉의 편폭을 살펴보면 상당한 차이를 보인다. 〈증우우曾友于〉의 전체 편폭은 2,439자이고, 〈영흉염기릉유나逞兇焰欺凌柔懦 양화기감화완잔釀和氣感化頑殘〉는 11,046자이다. 〈증효렴해개형제겁曾孝廉解開兄弟劫〉은 〈영흉염기릉유나逞兇焰欺凌柔懦 양화기감화완잔釀和氣感化頑殘〉보다 훨씬 적은 5,854자이다. 문언소설文言小說인 〈증우우曾友于〉보다 화본소설話本小說인 〈영흉염기릉유나逞兇焰欺凌柔懦 양화기감화완잔釀和氣感化頑殘〉과 〈증효렴해개형제겁曾孝廉解開兄弟劫〉의 편폭이 많이 늘어났는데, 특히 〈영흉염기릉유나逞兇焰欺凌柔懦 양화기감화완잔釀和氣感化頑殘〉은 〈증우우曾友于〉보다 4배나 증가하였다. 〈증효렴해개형제겁曾孝廉解開兄弟劫〉의 편폭은 〈증우우曾友于〉보다 2배 정도로 늘어났는데, 이 중에서 '입화入話'에 해당하는 부분이 1,427자로, 전체 분량의 4분의 1에 해당한다. '입화入話'부분을 제외하면 '정화正話'는 4,427자이므로

〈증우우曾友于〉의 1.8배가 된다.

문언소설文言小說에서 화본소설話本小說로 개작되면서 줄거리의 전개와 내용에 있어서 상당히 복잡해졌다. 줄거리 내용이 심화되거나 확대되었고, 인물 묘사가 더욱 세밀하고 다양해졌으며, 이야기 진행이 더 굴곡적으로 전개되었다. 비록 줄거리 구성과 내용에는 약간의 변화가 있지만, 전체적인 이야기의 골격은 그대로 유지하고 있다. 작품의 줄거리 진행과 세부적인 묘사에서는《요재지이聊齋志異》의 〈증우우曾友于〉와《성몽병언醒夢駢言》의 〈영흉염기릉유나逞兇焰欺凌柔懦 양화기감화완잔釀和氣感化頑殘〉,《산정이기합전刪定二奇合傳》의 〈증효렴해개형제겁曾孝廉解開兄弟劫〉이 상당히 다른 면을 보여 주고 있다. 이것은 압축된 서사를 특징으로 하는 문언소설文言小說과 서술과 수식을 중심으로 하는 화본소설話本小說의 특징에 기인한 것이라고 할 수 있다. 문언소설文言小說은 백화문白話文으로 창작된 화본소설話本小說에 비해 축약된 서사를 운용한다. 인물 묘사나 줄거리 진행에서는 '간서簡敘', 혹은 '약서略敘'의 서사 특징을 가지고 있기 때문에 서사는 줄거리 위주로 간략하게 진행하고 있으며, 개인의 심리 묘사와 행동, 언어 등을 구체적이고 세밀하게 표현하기에는 어느 정도 한계를 가진다. 이와는 달리 화본소설話本小說은 당시의 구어체로 창작되었기 때문에 '포서鋪敘'와 '상서詳敘'의 서사 특징을 가진다. 세부적인 줄거리 진행이나, 인물의 다양한 특징을 보다 자세하게 그려낼 수 있다.

《성몽병언醒夢駢言》의 〈영흉염기릉유나逞兇焰欺凌柔懦 양화기감화완잔釀和氣感化頑殘〉과《산정이기합전刪定二奇合傳》의 〈증효렴해개형제겁曾孝廉解開兄弟劫〉이《요재지이聊齋志異》의 〈증우우曾友于〉에 비해서 편폭이나, 내용 전개, 인물 묘사에 있어서 확대되고 세밀하게 진행되었지만, 어떻게 '답습踏襲', '확대擴大', 혹은 '제한制限'되었는지는 보다 자세한 분석이 필요하다.[15] 세 작품의 전체적인 편폭에 있어서는 〈영흉염기릉유나逞兇焰欺凌柔懦 양화기감화완잔釀和氣感化頑殘〉과 〈증효렴해개형제겁曾孝廉解開兄弟劫〉이 〈증우우曾友于〉보다 크게 늘었기 때문에, 〈증우우曾友于〉보다 많은 내용이 추가되었다고만 여겨지지만, 실제로 추

15 〈영흉염기릉유나逞兇焰欺凌柔懦 양화기감화완잔釀和氣感化頑殘〉과 〈증효렴해개형제겁曾孝廉解開兄弟劫〉의 '답습踏襲', '확대擴大', '제한制限'이 일어나는 원인과 그 의미에 대해서는 다양한 요인이 복합적으로 작용하고 있다. 하지만 이 두 작품에 대해서 원문을 제외하고는 저자 및 개작의 배경, 그 이유를 분명하게 알 수 없다. 본 글에서는 '답습踏襲', '확대擴大', '제한制限'이 왜 나타났는가에 대한 원인과 그 의미를 규명하는 것보다는 이러한 서사적 특징이 어떻게 변화되어 나타나는지를 중심으로 살펴보고자 한다.

가뿐만 아니라 '계승繼承', '축소縮小', '삭제削除'도 같이 진행되었다. 〈증우우曾友于〉를 원작으로 보았을 때, 〈영흉염기릉유나逞兇焰欺凌柔懦 양화기감화완잔釀和氣感化頑殘〉과 〈증효렴해개형제겁曾孝廉解開兄弟劫〉을 살펴보면, 원작보다 묘사가 더욱 세밀하고 다채로워졌다는 것을 알 수 있는데, 줄거리의 전개에 있어서 없던 내용을 새로 삽입하거나, 삭제하면서 전체적으로 '부연敷衍', '포서鋪敍'의 서사 기교를 운용하고 있다.

《요재지이聊齋志異》의 〈증우우曾友于〉를 중심으로 《성몽병언醒夢駢言》의 〈영흉염기릉유나逞兇焰欺凌柔懦 양화기감화완잔釀和氣感化頑殘〉, 《산정이기합전刪定二奇合傳》의 〈증효렴해개형제겁曾孝廉解開兄弟劫〉 간의 '답습踏襲[계승, 모방]', '확대擴大[심화, 확장]', '제한制限[삭제, 축소]'가 진행된 부분을 살펴보면 다음과 같다.[16]

敍事內容 답습踏襲[계승]: □ 확대擴大[심화]: ■ 제한制限[삭제]: □ X無 / ⊙多 / △簡	《聊齋志異》〈曾友于〉	《醒夢駢言》第五回〈逞凶焰欺凌柔懦釀和氣感化頑殘〉	《刪定二奇合傳》第二十四回〈曾孝廉解開兄弟劫〉	비고
* 입화入話 [입화시入話詩, 입화의론入話議論, 입화고사入話故事]	X無	⊙多	△簡	
1. 증曾노인의 입관, 증우우曾友于의 권계勸誡	O	O	O	
2. 증曾노인 일가一家의 구성[출생배경] 증성曾成 모자母子의 납치, 실종	O	O	O	
3. 증효曾孝 딸의 죽음으로 인한 주씨周氏 집안과의 불화 →증우우曾友于 형제가 증효曾孝 형제와의 동조를 거절하자, 증효曾孝 형제가 행패를 부림→증효曾孝 형제와 증우우曾友于 형제의 불화 가속	O	O	O	
4. 장張부인[증우우曾友于 어머니]의 죽음-증효曾孝 형제의 추태→증효曾孝 형제의 반대로 길가에 묻음	O	O	O	
5. 증효曾孝 아내의 죽음→증인曾仁과 증의曾義의 행패, 조문 방해→매질→증우우曾友于의 변호→소송 취하	O	O	O	
6. 증우우曾友于의 이사	O	O	O	
7. 증효曾孝형제들이 증우우曾友于 형제들을 멸시함→증효曾孝 형제 칼을 품고 다님	O	O	O	

16 《요재지이聊齋志異》의 〈증우우曾友于〉와 《산정이기합전刪定二奇合傳》의 〈증효렴해개형제겁曾孝廉解開兄弟劫〉에서는 인명이 동일하지만, 《성몽병언醒夢駢言》의 〈영흉염기릉유나逞兇焰欺凌柔懦 양화기감화완잔釀和氣感化頑殘〉에서는 몇몇 인물을 제외하고는 모두 바뀌었다. 비록 인명人名은 다를지라도 모두 동일한 인물을 가리킨다. 본 글에서는 서술의 편의상 《요재지이聊齋志異》의 〈증우우曾友于〉 인명으로 통일하여 서술하고자 한다.

敍事內容 답습踏襲[계승]: □ 확대擴大[심화]: ■ 제한制限[삭제]: □ X無 / ⊙多 / △簡	《聊齋志異》〈曾友于〉	《醒夢駢言》第五回〈逞凶焰𢤱欺凌柔懦 釀和氣感化頑殘〉	《刪定二奇合傳》第二十四回〈曾孝廉解開兄弟劫〉	비고
8. 증성曾成의 귀환→재산의 추렴→증성曾成과 증효曾孝 형제의 불화	O	O	O	
9. 장張부인 장례에 대한 증성曾成의 분노→이장移葬 주장	O	O	O	
10. 증성曾成의 증우우曾友于에 대한 존중	O	O	O	
11. 증성曾成과 증효曾孝의 대립→증우우曾友于 삼박三泊으로 이사	O	O	O	
12. 증성曾成 아들 형제들의 분란紛亂	O	O	O	
13. 증계조曾繼祖의 증우우曾友于 집 방문→머무르고자 함→증우우曾友于의 설득으로 돌아감	O	X	O	
14. 증계조曾繼祖는 삼박三泊의 증우우曾友于 집에 거주	O	X	O	
15. 증우우曾友于가 증충曾忠을 만남	X	X	O	
16. 계공繼功과 계업繼業의 싸움, 살인-며느리 간의 싸움, 살인	O	O	O	
17. 풍대립馮大立의 복수→증성曾成의 보복[사돈 간의 싸움으로 확대]	O	O	O	
18. 증충曾忠의 도망, 후회	O	O	O	
19. 증씨曾氏 일가一家와 풍씨馮氏 일가一家의 소송 취하	O	O	O	
20. 증우우曾友于가 고향으로 돌아옴	O	△簡	X	
21. 증효曾孝, 증우우曾友于 형제들의 화목→자손들의 과거 급제	O	O	O	
** 이사씨異史氏	⊙			
*** 편미시篇尾詩			⊙	

다음으로 '답습踏襲', '확대擴大', '제한制限'의 개념을 구체적으로 살펴보면, '답습踏襲'은 '계승'과 '모방'이라고 할 수 있으며, 주로《요재지이聊齋志異》의〈증우우曾友于〉내용을 그대로 전승하거나, 혹은 약간의 변화가 있더라도 기본적인 내용에는 큰 변화가 없이 유지하는 것을 말한다. 또한, 인물의 특징 묘사, 대화의 운용에 다소 변화가 있더라도, 전체적인 줄거리가 비슷하며, 사건 진행과 주제의 부각에서도 대체로 이전 작품의 경향을 그대로 이어받는 것을 가리킨다. 비록 서술의 진행에 있어서 인물에 대한 묘사가 많아지거나, 세부적인 줄거리가 첨가되거나, 혹은 새로운 인물과 대사가 간혹 삽입되기는 하지만, 약간의 세부

적 묘사와 서술시각을 제외하고는 전체적인 서술의 흐름에는 큰 변화가 없다.

'확대擴大'는 작품의 '외적인 확장'과 '내적인 심화'를 포함한다고 할 수 있으며, 편폭의 증가에 따라 없던 이야기를 넣거나, 새로운 인물을 등장시키거나, 혹은 간단한 장면을 추가로 삽입하는 것이다. '외적인 확장'은 편폭의 증가, 새로운 장면과 인물의 개입 등과 같은 외적인 확대를 말하고, 주제를 선명하게 강조하거나 인물의 언행을 구체적으로 표현하는 등, 보다 세밀한 묘사를 진행하는 것을 '내적인 심화'라고 한다. '내적인 심화'는 '답습踏襲'의 경우에도 간혹 보이는데, 그 정도가 미미하고 운용되는 범위가 제한적이다. '내적인 심화'는 어떤 인물에 대한 구체적인 묘사와 어떤 내용을 더욱 세밀하게 전개할 필요가 있을 때 사용되지만, 대부분 '외적인 확장'과 더불어 유기적으로 이루어진다. '확대擴大'는 현 상태를 유지하면서 변화를 주면서 깊이 있게 서사 기교를 운용하는 것이므로, 내용을 첨가하는 '외형적 확장'뿐만 아니라, 다양하고 생생한 묘사를 통해 '내적인 심화'를 지향하는 것이다.

'제한制限'은 '축소縮小'와 '삭제削除'의 특징을 포함하며, 원작의 내용을 간략하게 정리하거나, 혹은 생략하여 다른 내용으로 대체하는 것을 말한다. 문인소설文言小說에서 백화소설白話小說로의 개작에서는 '답습踏襲'이나 '확대擴大'에 비해 자주 나타나지는 않는다. 비록 작품 일부분이 '축소縮小', '삭제削除'되었다고 하더라도 전체 줄거리의 골격과 진행에 있어서는 큰 변화를 가져오지는 않는다.

1) 원작의 계승과 유지: '답습踏襲'

《요재지이聊齋志異》의 〈증우우曾友于〉를 개작하는 과정에서 '답습踏襲'은 〈증우우曾友于〉 내용을 그대로 계승하거나 유지하는 서사적 특징을 말한다. 먼저 《요재지이聊齋志異》의 〈증우우曾友于〉와 《성몽병언醒夢駢言》의 〈영흉염기릉유나逞兇焰欺凌柔懦 양화기감화완잔釀和氣感化頑殘〉을 비교하면, 내용 분량에 있어서 〈영흉염기릉유나逞兇焰欺凌柔懦 양화기감화완잔釀和氣感化頑殘〉이 보다 큰 편폭을 가지고 있다. 《요재지이聊齋志異》의 〈증우우曾友于〉의 내용을 계승한 경우는 대부분 줄거리가 비슷하거나 동일한 사건을 이야기하고 있다는 것인데, 여기서 문언소설文言小說에서 흔히 보이는 '약서略敍'와 화본소설話本小說의 기본적인 특징이라고 할 수 있는 '포서鋪敍'의 다름 이외에 주요 줄거리에 있어서는 별다른 차이를 보이지 않는다. 예를 들면, 《요재지이聊齋志異》의 〈증우우曾友于〉 도입 부분에서 증曾노인 본처와 아들의 납치, 실종, 증曾노인이 다시 후처를 들여 아들을 낳는 등 일련의 과정을 살펴보면, 〈증우우曾友于〉, 〈영흉염기릉유나遅兒焰欺凌柔懦 양화기감화완잔釀和氣感化頑殘〉, 〈증효렴해개형제겁曾孝廉解開兄弟劫〉 모두 비슷한 묘사 방식과 줄거리를 보여 주고 있다.

> 증曾노인은 생전에 본처에게서 큰아들 증성曾成을 낳았다. 증성曾成은 예닐곱 살 되던 해에 본처와 함께 도적에게 납치당하였다. 이어 후실을 들여 증효曾孝, 증충曾忠, 증신曾信 세 명의 아들을 낳았다. 또한, 첩실을 들여 증제曾悌, 증인曾仁, 증의曾義를 낳았다. 증효曾孝는 증제曾悌의 출신이 빈천하다 하여 무시하며 상대하지 않았으므로, 증충曾忠, 증신曾信과 무리를 지어 다녔다. 설령 손님과 술을 마실 때 증제曾悌의 형제들이 대청大廳 아래를 지나가더라도 거만하게 대하며 예를 갖추지 않았다. 증인曾仁과 증의曾義는 화가 나 증우우曾友于와 공모하여 복수하고자 하였다. 증우우曾友于는 좋은 말로 타이르고 공모에 동참하지 않았다. 증인曾仁과 증의曾義는 아직 나이가 어린 데다가 형이 타이르므로 곧 그만두었다.[17]

> 평장발平長髮은 본처 우씨尤氏에게서 아들을 낳았는데 평성平成이라고 하였다. 평성平成이 네 살 되던 어느 날 평장발平長髮이 외지로 출타하였는데, 그날 밤 산적 수백 명이 평씨平氏가 부자라는 소문을 듣고 집으로 쳐들어와 모든 물건을 약탈하였다. 당시 집안에는 장정 수십 명이 있었지만, 대적하지 못하고 모두 흩어져 도망가고 집안의 것들은 모두 강탈당하였다. 산적은 용모가 그런대로 괜찮은 우씨尤氏를 보고서는 바로 잡아 가버렸다.……그해에 감씨甘氏[후실]가 장씨張氏[첩실]보다 아들 한 명을 먼저 낳았다. 사람들은 그가 급하니까 [감씨甘氏에게서 자식이 없어 장씨張氏를 들이자] 감씨甘氏가 자식을 낳은 거라며 웃었다. 평장발平長髮은 아들의 이름을 평의平衣라고 지었다. 그 이듬해에 장씨張氏[첩실]가 아들을 낳았으며 이름을 평백平白이라고 지었다. 그 후에 감씨甘氏가 다시 아들 둘을 낳았고 이름을 각각 평신平身, 평부平缶이라고 지었다. 장씨張氏가 또 다시 아들 둘을 낳았는데 모두 평부平缶의 동생들이며, 평율平聿, 평루平婁라고 불렀다.[18]

---

17 先是, 翁嫡配生長子成, 至七八歲, 母子爲強寇擄去. 娶繼室, 生三子: 曰孝, 曰忠, 曰信. 妾生三子: 曰悌, 曰仁, 曰義. 孝以悌等出身賤, 鄙不齒, 因連結忠、信爲黨. 即與客飲, 悌等過堂下, 亦傲不爲禮, 仁, 義皆忿, 與友于謀, 欲相仇. 友于百詞寬譬, 不從所謀；而仁, 義最少, 因兄言, 亦遂止.《聊齋志異》卷十一〈曾友于〉

18 有個叫平長髮, 家財百萬. 娶妻尤氏, 生下一子, 名喚平成. 才得四歲. 一日, 平長髮出門去了, 那夜有山寇數百, 風聞富名, 前來打劫平家. 雖有幾十個家丁, 那裡抵敵, 都被趕散, 把家中所有, 盡數劫了. 又見尤氏有些姿色, 也便擄去.……甘氏那年倒就產了一男. 人家笑他著了急, 才生下的. 當下平長髮取名這兒子叫平衣. 到明年張氏也生一子, 取名平白. 後來甘氏又生二子, 一個叫平身, 一個叫平缶. 張氏也又產下兩子, 都是平缶的弟弟, 喚做平聿、平婁.《醒夢駢言》第五回〈遅兒焰欺凌柔懦 釀和氣感化頑殘〉

> 증曾노인은 본성이 소박하고 선한 사람이다. 본처 왕씨王氏에게서 증성曾成이라는 아들을 낳았다. 당시 흉년으로 도적이 도처에서 나타나 약탈을 일삼았다. 어느 날 증曾노인이 외지에 출타하여 밤이 되어서도 돌아오지 않자, 도적들이 갑자기 마을로 쳐들어와 증성曾成 모자母子를 잡아갔다. 다음 날 아침, 증曾노인이 집으로 돌아와서 이 사실을 알고 은자를 마련해서 모자母子를 데려오려고 백방으로 수소문하였다. 1백여 일 동안 사방으로 찾았지만, 찾을 수가 없었다. 증曾노인은 몹시 마음이 아팠지만, 따로 진씨陳氏를 후실로 맞아들여 대를 잇는 것 외에 다른 방도가 없었다. 그 이듬해 다시 장씨張氏를 첩실로 맞이하였다. 진씨陳氏는 증효曾孝, 증충曾忠, 증신曾信이라는 세 아들을 낳았고, 장씨張氏 역시 증제曾悌, 증인曾仁, 증의曾義이라는 세 아들을 낳았다.[19]

세 작품 모두 증曾노인 일가一家의 구성원에 대해서 다루고 있는데, 〈증우우曾友于〉는 증曾노인 본처의 실종, 증曾노인의 재혼, 아들의 출생을 비교적 간단하게 다루고 있다. 〈영흉염기릉유나逞兇焰欺凌柔懦 양화기감화완잔釀和氣感化頑殘〉과 〈증효렴해개형제겁曾孝廉解開兄弟劫〉도 기본적으로 〈증우우曾友于〉의 서술과 비슷하지만, 〈영흉염기릉유나逞兇焰欺凌柔懦 양화기감화완잔釀和氣感化頑殘〉은 〈증우우曾友于〉와 〈증효렴해개형제겁曾孝廉解開兄弟劫〉에서 간단하게 다루어졌던 증曾노인 본처의 납치 사건에 있어서 단지 결과만을 서술하지 않고, 증曾노인 본처가 도적에게 부탁하는 장면을 삽입하고 있다. 증曾노인 본처가 도적에게 납치당했을 때 아들 증성曾成을 살리기 위해서 도적에게 애걸하는 장면은 〈증우우曾友于〉와 〈증효렴해개형제겁曾孝廉解開兄弟劫〉에는 나타나지 않는다. 또한, 증曾노인이 다시 후처를 얻었지만, 자식을 낳지 못하자 다시 첩을 들이게 된다. 이후 후처가 바로 아들을 낳게 되는데, 이 사건에 대한 주변 사람들의 반응도 간단하지만 몇 마디로 간략하게 묘사하고 있다. 이러한 부분은 〈증우우曾友于〉와 〈증효렴해개형제겁曾孝廉解開兄弟劫〉에는 생략되어 있다. 비록 〈영흉염기릉유나逞兇焰欺凌柔懦 양화기감화완잔釀和氣感化頑殘〉이 〈증우우曾友于〉와 〈증효렴해개형제겁曾孝廉解開兄弟劫〉에 비해서 증曾노인 일가一家에 대한 사건을 서술하는 과정에서 더욱 생동적으로 그려내고 있지만, 이러한 부분이 전체 작품의 일부분에 불과하

19 曾翁爲人本樸好善, 嫁妻王氏, 生一子名成. 時值荒年, 賊寇四出劫搶. 那一日, 曾翁出外天晚未回, 賊寇陡然來到村內, 將曾成母子擄去. 次早, 曾翁回家, 欲待將銀取贖, 尋訪了白余日, 全無影響. 曾翁傷痛一回, 只得又另娶陳氏爲妻, 次年又娶一妾張氏. 陳氏生子三人, 名: 孝, 名: 忠, 名: 信 ; 張氏亦生子三人, 名: 悌, 名: 仁, 名: 義.《刪定二奇合傳》第三十四回〈曾孝廉解開兄弟劫〉

고, 편폭도 상당히 짧아서 사건을 추가로 삽입하거나 상세하게 부연하는 정도까지는 이르지 않는다.

이러한 답습의 서사 방식은 증효曾孝 형제와 증우우曾友于 형제간의 내홍內訌에 대한 묘사에서도 예외는 아니다. 구체적인 줄거리를 살펴보면, 증효曾孝에게는 딸이 있었는데, 같은 현縣의 주효사周孝思의 아들과 결혼했으나, 병으로 죽게 된다. 증효曾孝는 시어머니가 박해해서 그런 것이라 여겨 형제들을 모아 본때를 보여 주어야 한다고 여겼다. 이어서 그는 증우우曾友于와 그의 형제들[증인曾仁, 증의曾義]이 가담하도록 요구하였다. 그러나 증우우曾友于는 예의에 어긋난 일이라고 생각하고 가담하지 않자, 증효曾孝는 일단 장정들을 모아 주가周家로 가서 행패를 부린다. 주씨周氏 부자父子는 관가에 고소하고 현령縣令은 증효曾孝 일당들을 잡아 감옥에 가둔다. 증우우曾友于는 현령縣令에게 달려가 선처를 호소하고, 또한 주씨周氏에게 고소를 취하해 달라고 부탁하는데, 주씨周氏은 평소 증우우曾友于를 존경하던 터라 증효曾孝의 행패를 용서한다. 증우우曾友于의 이러한 화해의 노력으로 사건은 무마되었지만, 증효曾孝와 그의 형제들[증충曾忠, 증신曾信]은 오히려 증우우曾友于를 더욱 미워하며 멸시하였다.

이러한 형제들 간의 반목反目은 장張부인과 증효曾孝 처의 장례 사건을 두고 더욱 첨예하게 대립한다.[20] 증효曾孝를 비롯한 그의 형제들이 증우우曾友于와 그의 형제들을 멸시하고 모욕을 주자, 증우우曾友于의 동생들은 언제든지 증효曾孝와 그의 형제들을 죽일 각오로 칼을 지니고 다닌다.

20 증우우曾友于의 모친인 장張부인이 세상을 떠나자, 증우우曾友于와 그의 형제들은 비통해했지만, 증효曾孝와 그의 형제들은 술판을 벌이고 희희낙락거린다. 장張부인을 장례를 치르려고 부친의 무덤으로 가려고 하였으나, 첩인 장張부인을 증曾노인과 같이 무덤을 쓸 수 없다 하여, 하는 수없이 길가에 묻게 된다. 이 일은 증우우曾友于 형제들에게 마음의 상처를 남겼으며, 증효曾孝 형제들에게 복수하고자 하는 마음을 확고하게 만드는 계기가 되었다. 얼마 후 증효曾孝의 처가 병으로 죽자, 증인曾仁과 증의曾義는 상가 앞에서 악기를 연주하며 웃고 떠들었다. 증우우曾友于 형제들은 자신들을 쫓아 오는 증효曾孝 형제들을 피해 도망갔으나, 증의曾義가 붙잡히고 증효曾孝 형제들은 그를 흠씬 두들겨 패버린다. 증우우曾友于는 이 사실을 알고 달려가 몸으로 막으며 용서를 빌었지만, 증효曾孝는 더욱 크게 노하며 증우우曾友于까지도 때린다. 몰래 도망 나온 증인曾仁은 관가에 고소하고, 증효曾孝 형제들은 관가로 불려가게 된다. 증우우曾友于는 직접 출두하지 못하고 소송을 취하해 달라는 글을 현령縣令에게 보내고 현령縣令은 증효曾孝 형제들에게 훈계하고서 집으로 돌려보낸다. 증의曾義는 이후 점차 상처를 회복하였지만, 증효曾孝 형제들에 대한 원한은 더욱 깊어간다. 형제들 간의 싸움에 지친 증우우曾友于는 결국 식솔들을 데리고 삼박三泊으로 이사 간다. 증우우曾友于가 고향에 있을 때에는 증효曾孝와 그의 형제들이 증인曾仁, 증의曾義를 함부로 건드리지 못했지만, 증우우曾友于가 떠나자 증인曾仁, 증의曾義을 서출 출신이라고 더욱 업신여기고 멸시한다.

증인曾仁과 증의曾義는 나이가 어려서 언제나 고통을 당하였다. 형인 증우우曾友于에게 원망하면서 말하였다. "사람들은 모두 형제가 있는데, 유독 우리만 혼자군요!" 증우우曾友于는 대답하였다. "이 말은 마땅히 내가 할 말인데, 두 동생이 어찌 운운한단 말인가!" 증우우曾友于는 여러 차례 동생들을 타일렀지만 결국 듣지 않았다. 증우우曾友于는 마침내 빗장을 걸고 문을 닫고 처자식을 데리고 집에서 오십여 리 떨어진 곳에 거처를 마련하여 떠났는데, 서로의 소식을 알고자 하지 않았다. 증우우曾友于가 집에 있을 때는 증효曾孝 형제들이 비록 동생을 도와주지는 않았지만, 약간은 조심하고 꺼렸다. 증우우曾友于가 이미 떠나버렸으니 증효曾孝 형제들이 무리를 지어 항상 그 문 앞에서 욕하면서 이미 고인이 된 장張부인의 이름을 부르며 모욕하였다. 증인曾仁과 증의曾義는 대적할 수 없어서 단지 두문불출하며 틈을 타서 찔러 죽일 생각뿐이었다. 그들은 외출할 때 칼을 품고 다녔다.[21]

평율平聿, 평루平婁는 날마다 평백平白을 원망하며, 쓰지 말아야 할 소장을 현으로 보냈다. 평백平白은 여러 차례 타일렀지만, 둘은 이미 장성하여 기질이 당당한데 어찌 말을 들으려 하겠는가! 평의平衣의 형제들과의 원한은 더욱 깊어졌다. 날마다 서로 신경전을 벌이고 기력을 낭비하니, 평백平白이 날마다 이렇게 소란스럽게 떠드는 것을 듣는 것도 귀찮을 지경이었다. 이전에는 평의平衣에게 의지하여 참고 있었던 형제들조차도 이처럼 거칠고 완강하니, 마음속으로 썩 유쾌하지는 않았다. "여기서 살기는 힘드니, 차라리 다른 곳으로 이사를 하는 편이 낫겠구나."라고 말하고는 집에서 삼십 리나 떨어진 곳에 집을 사서 처자식을 데리고 날을 택하여 이주하였다.……[평율平聿, 평루平婁]는 각각 날이 선 칼을 사서 옷 속에 품고 다녔다. 그들을 찔러 죽이고자 했으나, 일이 쉽지 않아 날마다 고민하였다.[22]

증인曾仁과 증의曾義는 나이가 어리고 몸이 허약하여 항상 멸시를 당하고서 증우우曾友于에게 와서 하소연하였다. 증우우曾友于는 여러 차례 타이르면서 문을 걸고 공부에 매진하라고 하면서, 다른 형들에게 참고 양보하며 싸우지 말라고 하였다. 증인曾仁과 증의曾義는 그의 말을 듣지 않자, 증우우曾友于도 어떻게 할 방도가 없었다. 문을 걸어 잠그고 처자식을 데리고 오십여 리 떨어진 곳에 거처를 빌려 거주하였는데, 형제들의 소식을

21 仁, 義皆幼弱, 輒被敲楚. 怨友于曰: "人皆有兄弟, 我獨無!"友于曰: "此兩語, 我宜言之, 兩弟何云!"因苦勸之, 卒不聽. 友于遂扃戶, 攜妻子借寓他所, 離家五十餘里, 冀不相聞. 友于在家, 雖不助弟, 而孝等尚稍有顧忌；既去, 諸兄一不當, 輒叫罵其門, 辱侵母諱. 仁, 義度不能抗, 惟杜門思乘間刺殺之, 行則懷刃.《聊齋志異》卷十一〈曾友于〉

22 兩個[平聿, 平婁]日日埋怨平白, 不該寫那個稟貼縣裡去. 平白三翻四覆勸諭, 他兩個都已壯年, 氣性正大, 那裡肯聽, 和平衣那邊仇愈深. 日常淘神費氣, 平白耳朵那聒得厭煩了, 先前只耐著平衣等一邊, 如今兩個同母的兄弟, 又是這般倔強, 心中好生不快. 便道: "這裡難住, 不如搬到別處去罷." 就在離家三十里, 一個平同鎮上, 買所房子, 帶了妻兒, 擇日移居不表.……各買一口快利刀子, 藏在衣裳底下, 思量刺殺他們, 卻不得其便, 終日懊惱.《醒夢駢言》第五回〈逞兇焰欺凌柔懦 釀和氣感化頑殘〉

> 알고 싶어 하지 않았다. '창과 모가 불행히도 한 집안에서 다투니, 어질고 현명한 사람도 형제간의 싸움을 만류할 방법이 없구나!' 증우우曾友于가 집에 살 때는 증효曾孝 형제들이 증인曾仁과 증의曾義를 도와주지는 않았지만, 약간의 두려움을 가지고 있었다. 증우우曾友于가 떠나간 후에 증효曾孝 형제들은 더욱 방자해져 거리낄 것이 없어 말을 제멋대로 하였다. 증인曾仁과 증의曾義는 약간은 못마땅하였지만, 그들은 밤낮으로 집으로 몰려와 고함치고 욕하였는데, 심지어 이미 고인이 된 장張부인에 대해서도 모욕을 주었다. 증인曾仁과 증의曾義는 틈을 타서 증효曾孝를 찔러 죽이려고 날마다 칼을 지니고 다녔다.[23]

이 장면은 증우우曾友于의 증인曾仁, 증의曾義에 대한 권계勸戒, 증우우曾友于의 이주, 증인曾仁과 증의曾義의 증효曾孝에 대해 강한 원한과 보복의 감정을 묘사하고 있다. 이 부분은 증효曾孝 형제들의 주씨周氏 일가一家에서의 난동→증우우曾友于의 중재로 인한 소송 취하→장張부인의 상례喪禮에 대한 불손→증효曾孝 처의 상례喪禮에 대한 결례 등 일련의 사건 후에 나타나는데, 세 작품에 나타난 묘사와 줄거리 진행 및 편폭의 분량에서 거의 차이를 보이지 않는다. 〈증우우曾友于〉에 없던 새로운 인물이 〈영흉염기릉유나逞兇焰欺凌柔懦 양화기감화완잔釀和氣感化頑殘〉이나, 〈증효렴해개형제겁曾孝廉解開兄弟劫〉에 등장하지 않고 있으며, 인물 간의 심리, 행동에 대한 묘사가 특별히 늘어나지도 않으며, 다른 사건이나 내용이 추가로 삽입되지도 않는다. 앞서 전개되었던 일련의 사건 묘사에서의 편차와는 달리, 이 부분은 세 작품이 거의 비슷한 서사 구조와 줄거리를 가지고 있다.

세 작품의 편폭의 길이를 살펴보면, 증우우曾友于의 설득, 증우우曾友于의 이주, 증인曾仁과 증의曾義의 증효曾孝에 대한 원한을 묘사한 부분에서는 〈증우우曾友于〉가 146자이고, 〈영흉염기릉유나逞兇焰欺凌柔懦 양화기감화완잔釀和氣感化頑殘〉은 304자이며, 〈증효렴해개형제겁曾孝廉解開兄弟劫〉은 197자이다. 문언소설文言小說과 백화소설白話小說의 차이를 고려한다고 하더라도, 이 묘사한 부분에 있어서 세 작품의 차이는 거의 없다고 할 수 있다. 〈영흉염기릉유나逞兇焰欺凌柔懦 양화기감화완잔釀和氣感化頑殘〉이 〈증효렴해개형제겁曾孝廉解開兄弟劫〉보

23 仁、義二人年幼身弱, 常被欺凌, 到友于處訴苦. 友于再三苦勸, 教他閉門讀書, 須要忍讓諸兄, 不必相爭. 仁, 義不聽, 友于無計可施, 只得將門鎖閉, 攜了妻子去家五十余里, 借寓別村, 不相聞問. 正是: 戈矛不幸操同室, 賢俊無方挽鬩牆. 那友于在家, 雖不助仁, 義兩弟, 曾孝等還稍有些懼怕. 友于既去之後, 孝等肆無忌憚, 言語更橫, 仁, 義二弟稍不當意, 便日夜登門叫罵, 連庶母也辱罵在內. 仁, 義欲乘空刺殺曾孝, 白日帶刀而行.《刪定二奇合傳》第三十四回〈曾孝廉解開兄弟劫〉

다 글자 수가 많은 것은 〈영흉염기릉유나逞兇焰欺凌柔懦 양화기감화완잔釀和氣感化頑殘〉에서 증우우曾友于의 심리 묘사와 증우우曾友于의 대화가 삽입되었고, 줄거리의 서술이 좀 더 자세하게 이루어지고 있기 때문이다. 그러나 이것은 일부분에 불가하며, 전체적으로는 줄거리 묘사와 서사 진행에 있어서 여전히 큰 차이를 보이지 않는다.

이 이외에도 세 작품의 마지막 부분에 등장하는 증효曾孝 형제들과 증우우曾友于 형제들의 화해와 결합, 자손들의 과거 급제, 부귀영화를 누리는 장면 역시 세 작품에서 편폭과 서사 내용의 변화 없이 비슷하게 안배되어 있다.

> 갑자기 증우우曾友于 부자父子가 동시에 거인擧人에 합격하고 증계조曾繼祖가 부방副榜에 올랐다는 소식이 전해졌다. 크게 기뻐하며, 관에서 베푼 향응[녹명鹿鳴]에는 가지 않고, 먼저 조상의 무덤에 가서 제례를 드렸다. 명말明末에는 과갑科甲 출신의 인사를 중하게 여겼으므로 풍씨馮氏 집안은 그 위세에 눌려 풀이 죽었다. 증우우曾友于는 친척과 친구들을 통해 돈과 곡식을 건네주고 약값을 보태주었으므로 소송은 자연히 사그라들었다. 온 가족이 증우우曾友于에게 감격하며 울면서 그가 돌아오기를 간구하였다. 증우우曾友于와 형제들은 향을 사르며 나쁜 생각을 털어버리고 새 출발을 하자고 맹세하게 하고 바로 본가로 옮겼다.……그때 증성曾成은 이미 연로하여 집안의 모든 일은 증우우曾友于에 의해서 결정되었다. 이로부터 가정이 화목하여 효도와 우애가 있는 집안이라고 칭송받았다.[24]

> 모든 형제가 평백平白을 존경하였고, 그에게 본가로 돌아와 같이 살자고 부탁하였다. 평백平白은 여러 형제와 향을 사르며 맹세하였다. 이 이후로 각각 지난날의 잘못을 뉘우치고 새사람이 될 것을 약속하고서 본가로 옮겨와 비로소 같이 살게 되었다. 이로부터 형제들은 어떤 일이 있더라도 반드시 평백平白에게 먼저 의견을 구하였다. 평성平成은 갈수록 늙어가고 성격 또한 점차 온화하게 변하여 집안은 무사태평하였다. 모든 친, 외척 형제들이 마치 부모와 같이 감화를 받아 사이좋게 지내었다. 평백平白은 회시會試[복시覆試]에서 진사進士가 되었고, 전시殿試 후에 지현知縣으로 선발되었다.……이것이 바로 평백平白이 효도와 우애를 다한 보답이었다.[25]

24 俄報友于父子同科, 祖亦副榜. 大喜. 不赴鹿鳴, 先歸展墓. 明季科甲最重, 諸馮皆爲斂息. 友于乃託親友賂以金粟, 資其醫藥, 訟乃息. 舉家泣感友于, 求其復歸. 友于乃與兄弟焚香約誓, 俾各滌慮自新, 遂移家還.……時成漸老, 家事皆取決於友于. 從此門庭雍穆, 稱孝友焉.《聊齋志異》卷十一〈曾友于〉

25 衆弟兄都愛敬平白, 勸他仍來城裡同居. 平白與衆弟兄焚香立誓, 約今後各人改過自新, 方移家到城同住, 從此衆弟兄有甚事情, 必來請問平白. 平成漸漸年老, 氣性也漸和平, 合門無事. 倒連下一輩堂弟兄, 也都感化得像同父又同母的一般友愛. 後來平白會試中進士, 殿試後批選了知縣.……這便是孝友的報.《醒夢駢言》第五回〈逞兇焰欺凌柔懦 釀和氣感化頑殘〉

증효曾孝를 비롯한 형제들이 깊이 깨닫고 비로소 증우우曾友于에게 탄복하였다. 전 가족이 눈물로 증우우曾友于가 다시 본가로 돌아오기를 호소하였다. 증우우曾友于는 여러 형제와 향을 사르며 각각 지난날의 잘못을 뉘우치고 새롭게 시작하자고 맹세하였다. 모두가 그렇게 하기로하고, 증우우曾友于는 본가로 이주하였다.……이로부터 집안의 모든 일은 모두 증우우曾友于의 결정에 따랐다. 집안이 화목하고 서로 공경하였다. 후에 과거 급제가 이어지니 증우우曾友于 일가一家를 더욱 중하게 여겼다.[26]

이처럼《요재지이聊齋志異》의 〈증우우曾友于〉를 기준으로《성몽병언醒夢駢言》의 〈영흉염기릉유나逞兇焰欺凌柔懦 양화기감화완잔釀和氣感化頑殘〉과《산정이기합전刪定二奇合傳》의 〈증효렴해개형제겁曾孝廉解開兄弟劫〉이 모두 원작의 이야기를 그대로 따르고 있다. 이것은 〈영흉염기릉유나逞兇焰欺凌柔懦 양화기감화완잔釀和氣感化頑殘〉과 〈증효렴해개형제겁曾孝廉解開兄弟劫〉이 〈증우우曾友于〉를 기본으로 하여 개작한 작품이기 때문에, 서사 구조나 줄거리의 전개에서 크게 원작에서 벗어나지 못한 것이다. 특히 주제사상에 있어서는 〈증우우曾友于〉의 관점을 그대로 답습하고 있는데, 〈증우우曾友于〉에서는 '이사씨異史氏'의 말을 빌려 효성孝誠과 우애友愛를 강조하고 있으며,[27] 〈영흉염기릉유나逞兇焰欺凌柔懦 양화기감화완잔釀和氣感化頑殘〉의 맺음말에서도 자손들이 연이어 관직에 오르는 것이 증우우曾友于[평백平白]가 효도와 우애를 행한 보답이라고 말하고 있다.[28] 또한 〈증효렴해개형제겁曾孝廉解開兄弟劫〉의 '편미시篇尾詩'에서도 증우우曾友于의 성심誠心과 인내忍耐에 감화되어 한 집안이 만사형통萬事亨通의 길을 가게 되었다고 평하고 있다.[29] 비록 〈증우우曾友于〉, 〈영흉염기릉유나逞兇焰欺凌柔懦 양화기감화완잔釀和氣感化頑殘〉, 〈증효렴해개형제겁曾孝廉解開兄弟劫〉이 문체와 묘사 기법의 차이로 인하여 편폭이 상대적으로 늘어나고 서사의 강약이 조금씩 다르지만, 서사 구조와 내용, 인물형상의 강조와 주제의식의 부각은 대부분 〈증

26 曾孝等衆人醒悟, 才深服友于, 全家涕泣請友于複回. 友于先與諸兄弟焚香擧誓: 各人改過自新. 衆皆應允, 然後遷移而歸.……自此, 一門之事, 皆取決友于, 雍雍肅肅, 後來科甲相繼, 友于一脈更甚.《刪定二奇合傳》第三十四回〈曾孝廉解開兄弟劫〉

27 異史氏曰: "天下惟禽獸止知母而不知父, 奈何詩書之家, 往往蹈之也! 夫門內之行, 其漸漬子孫者, 直入骨髓.……孝雖不仁, 其報亦慘；而卒能自知乏德, 託子於弟, 宜其有操心慮患之子也."《聊齋志異》卷十一〈曾友于〉

28 子孫科甲連綿, 卻都發那平白的一支, 這便是孝友的報.《醒夢駢言》第五回〈逞兇焰欺凌柔懦 釀和氣感化頑殘〉

29 苦志誠心須久久, 一門感化步亨衢.《刪定二奇合傳》第三十四回〈曾孝廉解開兄弟劫〉

우우曾友于〉를 그대로 답습하고 있다.

2) 내용의 삽입과 확대擴大: '외적인 확장'과 '내적인 심화'

'확대擴大'는 《요재지이聊齋志異》의 〈증우우曾友于〉를 재창작하면서 원작에 없는 내용을 삽입하거나, 간략하게 묘사한 부분을 큰 폭으로 확장한 것을 말한다. '확대擴大'에는 '외적인 확장'과 '내적인 심화'가 있는데, '외적인 확장'은 주로 서사 편폭의 길이가 늘어나는 것을 가리키며, '내적인 심화'는 서사 구조와 내용에 있어서 보다 심화되는 것을 말한다. 일반적으로 문언소설文言小說에서 화본소설話本小說로 재창작되었을 때 편폭은 자연적으로 늘어나고, 서사 내용과 구조에 있어서도 더욱 복잡하고 세밀하게 전개된다. 〈증우우曾友于〉의 내용을 확대한 현상은 《산정이기합전刪定二奇合傳》의 〈증효렴해개형제겁曾孝廉解開兄弟劫〉보다 《성몽병언醒夢駢言》의 〈영흉염기릉유나逞兇焰欺凌柔懦 양화기감화완잔釀和氣感化頑殘〉에서 보다 폭넓게 나타나고 있다. 예를 들면, 〈증우우曾友于〉의 줄거리에서 일종의 극적인 전환점이라고 할 수 있는 부분이 증성曾成의 등장인데, 증성曾成의 귀환으로 인한 형제들 간의 불화를 묘사한 장면은 〈증우우曾友于〉보다 〈증효렴해개형제겁曾孝廉解開兄弟劫〉와 〈영흉염기릉유나逞兇焰欺凌柔懦 양화기감화완잔釀和氣感化頑殘〉이 보다 더 많은 편폭을 할애하고 있으며, 상당히 자세하고 구체적으로 다루고 있다.

> 어느 날, 도적에게 납치되었던 증성曾成이 홀연히 부인을 데리고 도망쳐서 본가로 돌아왔다. 형제들은 가산을 이미 오래전에 나누었으므로 3일을 모여 의논하였지만, 어떻게 처리해야 할지 알 수 없었다. 증성曾成과 증의曾義는 증성曾成이 돌아온 것을 몰래 기뻐하며, 가서 모셔와 머무르게 하였다. 증우우曾友于에게 달려가 이 사실을 알렸다. 증우우曾友于는 기뻐하며 집으로 돌아와 함께 전답과 집을 마련하여 증성曾成을 지내게 하였다. 다른 형들은 그들이 증성曾成의 환심을 사기 위해 그랬다며 화가 나서 집으로 달려와 욕을 하고 모욕을 주었다. 증성曾成은 오랫동안 도적떼 무리에서 지내서 사납고 거친 행동이 몸에 뱄다. 그는 매우 화내며 말하였다. "내가 돌아왔을 때 어느 한 놈이라도 기꺼이 거처를 마련해주지 않았는데, 다행히 동생 셋이 형제의 정을 생각해서 나에게 거처를 마련해주었다. 그런데 너희들이 또 그것을 책망하는 것을 보니, 분명 나를 내쫓을 속셈이구나!" 돌을 집어 증효曾孝에게 던졌고, 증효曾孝는 고꾸라졌다. 증성曾成과 증의曾義는 각각 장대를 들고 나와 증충曾忠과 증신曾信을 붙잡고는 무수한 매질을 가하였다. 증성曾

成은 이어서 현령縣令에게 고소장을 보내고, 현령縣令은 사람을 시켜 증우우曾友于에게 이 일을 어떻게 처리할지 도움을 청하였다. 증우우曾友于는 현령縣令에게 나아가 머리를 숙이고는 말이 없었다. 단지 눈물만 흘릴 뿐이었다.[30]

어느 날, 산적에게 납치되었던 평성平成이 처자식을 데리고 돌아왔다. 어머니인 우씨尤氏는 이미 명을 달리했고, 자신은 고향이 그리워 도망 나왔다고 했다. 그때 가족들이 모여 평성平成을 안전하게 정착시킬 방법을 궁리하였다. 평의平衣 등 세 형제는 모두 부친이 살아계실 때 재산을 이미 분배하였다는 이유로 재산을 다시 뱉어내려고 하지 않았다. 3일을 의논하였는데, 그동안 평성平成 식구들은 끼니조차 해결할 곳이 없었다.…… 문밖에서 소란스러운 소리가 들려와서 살펴보니, 평의平衣 등 세 형제가 아들과 조카들을 데리고 몰려와 욕을 하였다. "그가 이미 돌아왔으니, 어쩔 수 없이 그를 정착시킬 방법밖에 없다. 너희들이 좋은 사람 행세하려 하고, 또 우리와 상의를 하러 오지 않으니, 결국 남의 집 재산을 너희들끼리 나누고자 하는 것이 아니냐!" 평성平成은 산적 소굴에서 자라서 성격이 거친 데다가 힘 또한 세서 이 말을 듣자 크게 화를 내며 말하였다. "내가 고향으로 돌아왔을 때 끼니조차 해결할 수 없었다. 다행히도 이 세 아우가 형제의 정을 생각하여 각각 자신의 재산을 떼어내 나에게 주어서 내가 살아갈 수 있도록 해주었다. 그런데 네놈들이 몰려와서 무슨 헛소리를 지껄이는 것이냐!" 바로 호랑이같이 달려나가 평의平衣를 한 대 치자, 삼장三丈 거리만큼이나 멀리 나가떨어졌다.……현령縣令은 평백平白에게 이일을 어떻게 하면 좋을지 재차 물었다. 평백平白은 대답하였다. "현령縣令의 공정한 판단에 따르겠습니다."[31]

어느 날 한 남녀가 찾아와서 말하였다. 증성曾成 부부라고 하는 이들은 오래전에 도적에게 납치되어 기회를 틈타 도망 나왔다고 하였다. 증효曾孝와 증충曾忠, 증신曾信은 서로 논의하였다. "우리는 각각 재산의 한 부분을 서로 나눠 가지며 분가한 지 이미 오래되었습니다. 만약 그를 머무르게 한다면, 전답田畓과 가산家産까지도 한몫 가지려 할 텐

30 一日, 寇所掠長兄成, 忽攜婦亡歸. 諸兄弟以家久析, 聚謀三日, 竟無處可以置之. 仁, 義竊喜, 招去共養之. 往告友于. 友于喜, 歸, 共出田宅居成. 諸兄怒其市惠, 登門窘辱. 而成久在寇中, 習於威猛, 大怒曰: "我歸, 更無人肯置一屋；幸三弟念手足, 又罪責之. 是欲逐我耶!" 以石投孝, 孝仆. 仁, 義各以杖出, 捉忠, 信, 撻無數. 成乃訟宰, 宰又使人請教友于. 友于詣宰, 俛首不言, 但有流涕.《聊齋志異》卷十一〈曾友于〉

31 忽一日, 那被山寇擄掠去的平成, 領了妻兒回來, 說是尤氏已經身死, 他因思念故土, 在彼逃歸. 當下合族共商量個安頓他的方法. 平衣等三個都推稱, 父親在日, 已把家事分定, 不肯再嘔出來. 議了三日, 平成夫妻, 父子幾口兒, 飯都沒處吃.……只聽見門外喧嚷, 卻是平衣等三個, 同了子姪, 在那裡罵道: "他既歸來, 少不得有個安頓他法兒, 卻要你們做好人, 也不來和我們通商量, 竟自分他家產." 平成是在山寇窩里長大的, 氣性又粗, 臂力又大, 得了這話, 大怒道: "我歸到家中, 飯都沒有吃處, 幸得這三個兄弟, 念手足的情分, 各分自己財產來與我, 方得存活, 你們倒來放這樣屁麼!" 便虎一般趕出來, 把平衣一掌, 跌去足有三丈遠.……縣尹再四問他, 只答道: "聽從父台公斷."《醒夢駢言》第五回〈逞兇焰欺凌柔懦 釀和氣感化頑殘〉

데, 차라리 그를 몰아내어 머물지 못하게 하는 것이 어떻겠습니까?" 증성曾成은 크게 화가 나서 말하였다. "내가 지금 고향으로 돌아왔으나, 여러 형제 중 어떤 놈도 나를 머무르게 하지 않았다. 다행히 이 세 아우가 형제의 정을 생각하여 나에게 거처를 마련해 주었다. 그런데 너희들이 도리어 몰려와서 책망하고 욕을 하니, 이것은 분명히 나를 내쫓을 심산이로구나, 이 무슨 말도 안 되는 소리란 말이냐?"……현령縣令은 다시 증우우曾友于에게 여러 번 억지로 물으니, 증우우曾友于는 하는 수 없이 대답하였다. "공정한 판결을 바랄 뿐입니다."[32]

이 장면은 증성曾成의 귀환→증효曾孝 형제와 증우우曾友于 형제간의 불화→현령縣令의 중재의 과정을 묘사하고 있다.[33] 세 작품의 편폭을 비교하면 〈증우우曾友于〉가 210자이고 〈영흉염기릉유나逞兇焰欺凌柔懦 양화기감화완잔釀和氣感化頑殘〉은 664자이며, 〈증효렴해개형제겁曾孝廉解開兄弟劫〉은 295자이다. 편폭이 증가한 것만큼 세부적인 묘사나 서사의 전개에도 상당히 확대한 흔적이 보인다. 구체적인 내용을 살펴보면 다음과 같다.

먼저, 〈증우우曾友于〉에는 증성曾成의 귀환에 대한 간단한 언급만 있을 뿐, 구체적인 귀환 동기가 나타나 있지 않다. 그러나 〈영흉염기릉유나逞兇焰欺凌柔懦 양화기감화완잔釀和氣感化頑殘〉은 친모인 우씨尤氏가 세상을 떠나자, 고향이 그리워 몰래 도망 나왔다고 그 귀향 동기를 밝히고 있다. 〈증효렴해개형제겁曾孝廉解開兄弟劫〉에서도 증성曾成 부부가 틈을 타서 몰래 도망 나왔다고 말하고 있다.

둘째, 증효曾孝 형제들이 증성曾成의 귀환에 대해서 달갑게 여기지 않고 내쫓는 장면인데, 〈증우우曾友于〉에서는 증효曾孝 형제들이 3일 동안 상의했지만, 어떻게 해야 할지 결정하지 못했다고 간략하게 서술하고 있다. 그러나 〈영흉염

32 忽一日, 一男一女到門, 自言: 是曾成夫婦上年被賊擄去, 聽其指使乘空逃回的. 曾孝與忠, 信商量到: "我們分爨已久, 各占一股, 若是留他住下, 連田業他也要占一股；不如辭了他, 就說無處可以居住罷!" 曾成大怒道: "我今回來, 諸弟等無一人相留, 幸三弟念手足之情, 置屋居住, 你等反來責罵, 是明明將我逐出了, 是何道理？"……官又苦苦逼問, 友于道: "但求公審."《刪定二奇合傳》第三十四回〈曾孝廉解開兄弟劫〉

33 구체적인 내용을 살펴보면, 어렸을 때 산적에게 납치되어 모두 죽었다고 여겼던 증성曾成이 살아서 돌아온다. 증효曾孝는 재산 일부분을 나눠줄 것을 두려워서 그들을 내쫓는다. 이 사실을 안 증인曾仁과 증의曾義는 그동안 증효曾孝 형제들에게 핍박과 멸시를 당하였던 중에 든든한 후원자가 생겼다고 여기면서 증성曾成을 후하게 대접한다. 또한, 그들은 증우우曾友于에게 알리고 증우우曾友于와 상의하여 전답田畓을 마련해서 증성曾成의 정착을 돕는다. 그러나 이것을 알고 화가 난 증효曾孝는 증우우曾友于 형제들에게 강한 분노를 드러내면서 증우우曾友于 형제들을 괴롭히려고 한다. 그러자 증성曾成은 증효曾孝에게 주먹을 휘두르고, 증인曾仁과 증의曾義도 같이 거들어 증효曾孝 형제들을 때린다. 증성曾成이 소송을 걸자 현령縣令은 형제들의 재산을 각각 추렴하여 증성曾成에게 나누어주라고 판결한다.

기릉유나逞兇焰欺凌柔懦 양화기감화완잔釀和氣感化頑殘〉과 〈증효렴해개형제겁曾孝廉解開兄弟劫〉에서는 증효曾孝 형제들은 이미 가산家産을 나누어 분가했으므로 다시 선뜻 재물을 추렴할 생각이 없는 심리를 상세히 묘사하고 있다.

셋째, 〈증우우曾友于〉에는 인물 대화의 운용이 상당히 제한적이어서 단지 증성曾成이 화가 나서 한 말과 현령縣令의 물음에 증우우曾友于가 답한 간단한 대화만 언급하고 있다.[34] 그러나 〈영흉염기릉유나逞兇焰欺凌柔懦 양화기감화완잔釀和氣感化頑殘〉에서는 증효曾孝 형제들의 불만이 쌍방의 대화로 구체적으로 나타나 있고, 증성曾成이 내뱉은 말도 〈증우우曾友于〉보다 약간 긴 편폭을 가지고 있다.[35] 〈증효렴해개형제겁曾孝廉解開兄弟劫〉에서는 증효曾孝 형제들이 증성曾成의 귀향을 어떻게 처리할 것인가에 대해 상의하는 장면이 대화로 묘사되어 있고, 증성曾成의 분노가 분명하게 드러나고 있다.[36]

넷째, 〈영흉염기릉유나逞兇焰欺凌柔懦 양화기감화완잔釀和氣感化頑殘〉과 〈증효렴해개형제겁曾孝廉解開兄弟劫〉은 〈증우우曾友于〉보다 세부적 서술을 진행하고 있다. 예를 들면, 증성曾成의 성격에 대해서 〈증우우曾友于〉에는 별다른 언급이 없지만, 〈영흉염기릉유나逞兇焰欺凌柔懦 양화기감화완잔釀和氣感化頑殘〉에서는 증성曾成이 '산적 무리에서 자라서 성격이 포악하고 거침이 없고, 힘 또한 장사라서 증효曾孝를 발로 내 쳐버리는데, 비록 증충曾忠과 증신曾信이 함께 달려들었으나, 그 힘에 당하지 못하였다.'라고 기술하고 있다.[37] 이러한 묘사는 〈증효렴해개형제겁曾孝廉解開兄弟劫〉에서도 마찬가지다.[38] 이뿐만 아니라, 증성曾成이 스스로 관가官家에 자수하고 현령縣令이 증우우曾友于를 불러 이 일의 처리를 의논

34 大怒曰: "我歸, 更無人肯置一屋 ; 幸三弟念手足, 又罪責之. 是欲逐我耶!"……宰問之, [曾友于]曰: "惟求公斷."《聊齋志異》卷十一〈曾友于〉

35 平衣等三個, 同了子姪, 在那裡罵道: "他既歸來, 少不得有個安頓他法兒, 卻要你們做好人, 也不來和我們通商量, 竟自分他家產." 平成是在山寇窩里長大的, 氣性又粗, 臂力又大, 得了這話, 大怒道: "我歸到家中, 飯都沒有吃處, 幸得這三個兄弟, 念手足的情分, 各分自己財產來與我, 方得存活, 他們倒來放這屁麼!"《醒夢駢言》第五回〈逞兇焰欺凌柔懦 釀和氣感化頑殘〉

36 曾孝與忠, 信商量到: "我們分爨已久, 各占一股, 若是留他住下, 連田業他也要占一股 ; 不如辭了他, 就說無處可以居住罷!"《刪定二奇合傳》第三十四回〈曾孝廉解開兄弟劫〉

37 平成是在山寇窩里長成的, 氣性又粗, 臂力又在, 得了這話,……便虎一般趕出來, 把平衣一掌, 跌去足有三丈遠. 平身, 平缶, 和那些子姪一擁上前, 思量扳倒平成. 怎當他水牛般氣力, 把手一掠, 一個個倒在地上.《醒夢駢言》第五回〈逞兇焰欺凌柔懦 釀和氣感化頑殘〉

38 曾成大怒道: "我今回來, 諸弟等無一人相留, 幸三弟念手足之情, 置屋居住, 你等反來責罵, 是明明將我逐出了, 是何道理?" 原來, 曾成在賊盜中習成勇猛, 說罷就抓石塊打去, 曾孝撲地, 仁, 義又執杖與忠, 信相鬥, 將二人撻背無數.《刪定二奇合傳》第三十四回〈曾孝廉解開兄弟劫〉

하는 부분, 현령縣令이 증효曾孝, 증우우曾友于 형제들에게 각각 재산 일부분을 증성曾成에게 주도록 결정하는 부분, 증우우曾友于가 증효曾孝는 재산을 적게 추렴하도록 현령縣令에게 부탁하나 현령縣令은 따르지 않는 부분 등이 〈증우우曾友于〉에는 간략하게 언급되어 있거나 아예 나타나 있지 않다.

증효曾孝의 아들 형제간의 다툼과 반목反目의 과정도 〈증우우曾友于〉보다는 〈영흉염기릉유나逞兇焰欺凌柔懦 양화기감화완잔釀和氣感化頑殘〉과 〈증효렴해개형제겁曾孝廉解開兄弟劫〉에서 보다 상세히 다루어지고 있다. 세 작품에 등장하는 증효曾孝의 아들 이름과 사건의 전후 진행에 있어서 비록 약간의 차이를 가지지만, 전체적으로 동일한 줄거리 전개를 보인다. 증효曾孝의 아들 형제간의 불화와 갈등의 과정을 살펴보면, 증효曾孝에게는 본처 소생인 계업繼業과 계덕繼德, 후처 소생인 계공繼功, 계적繼績, 비녀婢女 소생인 계조繼祖, 모두 다섯 명의 아들이 있는데[〈영흉염기릉유나逞兇焰欺凌柔懦 양화기감화완잔釀和氣感化頑殘〉에는 계조繼祖가 등장하지 않는다.], 그들은 아버지 형제들이 그러한 것처럼 자신들도 파당派黨을 지어 매번 싸움질을 일삼았다. 그중에서 계조繼祖는 어머니가 같은 형제들이 없어서 어려 형에게 항상 업신여김을 당하였다.[39] 본처 소생인 계업繼業과 후처 소생인 계공繼功은 서로 미워하다가 우연한 사건으로 인해 계공繼功이 계업繼業을 죽이게 된다. 계공繼功은 감옥에서 고문을 당하다가 죽게 되고, 계공繼功의 처 유씨劉氏[김씨金氏]는 계업繼業의 처 풍씨馮氏의 욕설을 참지 못하고 그녀를 찔러 죽이고 자신도 자살하고 만다. 이에 증효曾孝 아들과 며느리들 간의 싸움은 가문家門 간의 싸움으로 번져서 풍대립馮大立이 장정들을 데리고 와서 행패를 부리고, 증성曾成이 다시 복수하는 등, 증씨曾氏 집안과 풍씨馮氏 집안의 소송으로 크게 확대된다.

> **증효曾孝는 나이 46세에 아들 다섯을 두었다. 본처와는 큰아들 계업繼業과 셋째 아들 계덕繼德이 있었고, 서출 출생으로 둘째 아들 계공繼功과 넷째 아들 계적繼績이 있었다. 또한, 계집종과의 사이에 계조繼祖를 낳았다. 모두 결혼하여 일가一家를 이루었다. 아버지가 이전부터 행한 나쁜 습성을 본받아 각각 당을 지어 날마다 서로 싸움질을 일삼았**

39 《성몽병언醒夢駢言》의 〈영흉염기릉유나逞兇焰欺凌柔懦 양화기감화완잔釀和氣感化頑殘〉에는 증계조曾繼祖가 등장하지 않으므로, 《요재지이聊齋志異》의 〈증우우曾友于〉와 《산정이기합전刪定二奇合傳》의 〈증효렴해개형제겁曾孝廉解開兄弟劫〉에서 증계조曾繼祖가 증우우曾友于 집을 방문하고 화목한 집안 분위기에 감화되어 아버지 증효曾孝의 허락을 얻어 정착하게 되고, 이후 생원生員에 합격하는 과정은 모두 생략되었다.

다. 증효曾孝도 꾸짖어 저지할 수도 없었다. 단지 계조繼祖만 형제가 없고 나이가 가장 어려 여러 형에게 멸시를 당하고 미움을 받았다.……증씨曾氏 집안사람들도 그를 따랐다. 풍씨馮氏 집안사람들이 모두 쓰러졌다. 증성曾成은 먼저 풍대립馮大立을 잡아 두 귀를 잘라 버렸다. 그의 아들이 아버지를 구하러 달려왔으나, 계업繼業과 계적繼績이 쇠몽둥이를 들고 옆에서 후려쳐서 두 다리를 부러뜨렸다. 풍씨馮氏 집안사람들은 모두 상처를 입고 소리를 지르며 흩어졌다. 단지 풍씨馮氏의 아들만 길가에 뻗어 있었다. 증성曾成은 그를 겨드랑이 끼고서 바로 풍씨馮氏 마을까지 끌어다 놓고 돌아왔다. 이어서 계적繼績을 불러 관가에 가서 자수하였다. 풍씨馮氏의 고소장도 도달하였고, 증씨曾氏 형제는 바로 감옥에 갇히게 되었다.[40]

평의平衣는 네 아들을 두었다. 큰아들은 입덕立德이라고 하고 셋째 아들은 입언立言이라고 하는데, 모두 본처인 왕씨土氏의 소생이었다. 둘째 아들은 입공立功이라고 하고 넷째 아들은 입행立行이라고 하는데 모두 첩실인 전씨全氏의 소생이었다. 이 네 명의 형제는 이전 세대의 나쁜 습성을 배워서 입덕立德과 입언立言이 한 무리를 이루고, 입공立功과 입행立行이 또 한 무리를 이루어 날마다 집안에서 다투었다. 평의平衣는 여러 차례 서로 사이좋게 지내야 한다고 타이르면서, "비록 너희 형제들은 한 어미에게서 난 자식들은 아니지만, 모두 내 아들들이다. 이처럼 서로 당을 지어 싸움을 일삼는 짓은 그만두어라!" 이 네 명이 어디 들으려 하겠는가!……평씨平氏 집안사람들이 용맹하게 쫓아갔다. 평성平成은 친히 마대립馬大立을 붙잡은 다음 작은 칼을 꺼내서 그의 두 귀를 자르고 놓아주었다. 그의 아들 마봉언馬奉言이 달려와 구하려 하였지만, 오히려 입행立行의 일격에 두 다리가 부러져 땅바닥에 나뒹굴었다. 평성平成 등은 이미 일이 뜻대로 되자 바로 집으로 돌아갔다. 마씨馬氏 집안사람들은 그들이 멀리 간 것을 보고 나서야 비로소 돌아왔다. 다리가 부러진 마봉언馬奉言을 부축해서 집으로 돌아갔다. 사람을 관가官家로 보내서 밤새도록 억울함을 외치게 하였다. 현령縣令은 들어보니 또 평씨平氏 집안일이라 골치가 아팠다. 바로 관원을 보내 평씨平氏 형제들을 관가로 잡아들이게 하였다.[41]

---

40 孝年四十六, 生五子: 長繼業, 三繼德, 嫡出；次繼功, 四繼績, 庶出；又婢生繼祖. 皆成立. 效父舊行, 各為黨, 日相競, 孝亦不能呵止. 惟祖無兄弟, 年又最幼, 諸兄皆得而詬厲之.……諸曾從之, 諸馮盡靡. 成首捉大立, 割其兩耳. 其子護救, 繼, 績以鐵杖橫擊, 折其兩股. 諸馮各被夷傷, 鬨然盡散. 惟馮子猶臥道周. 成夾之以肘, 置諸馮村而還. 遂呼績詣官自首. 馮狀亦至. 於是諸曾被收.《聊齋志異》卷十一〈曾友于〉

41 平衣有四個兒子, 長的叫立德, 三的叫立言, 都是正室王氏所生；第二個叫立功, 第四個叫立行, 乃側氏全氏所出. 這弟兄四人, 也學了上輩的傳頭, 立德和立言做一路, 立功和立行做一路, 終年在家吵鬧. 平衣幾番勸他們要和氣, 說道: "你們雖不是一母産下, 但都是我兒子, 休這般分門戶的鬪." 四人那裡肯聽.……平家的人奮勇去追. 平成親手捉住馬大立, 便拔出小刀, 把他割去兩隻耳朵, 放他回家. 他兒子馬奉言來救, 却被立行一棒打去, 打斷了兩隻腿, 倒在地上. 平成等見已得了便宜, 也便回家. 馬家的人見他們去遠了, 方才轉來, 扛了那斷腳的歸家. 連夜打發人到縣裡叫喊. 縣尹聽得又是平家的事, 好不著惱, 立刻出差, 把諸平捉拿到官.《醒夢駢言》第五回〈逞兇焰欺凌柔懦 釀和氣感化頑殘〉

> 증효曾孝는 다섯 명의 아들을 두었는데, 큰아들은 계업繼業이라고 하고 셋째 아들은 계덕繼德이라고 하며 모두 정실 소생이다. 둘째 아들은 계공繼功이라고 하며 넷째 아들은 계적繼績이라고 하며 첩실에서 난 자식이었다. 또 계집종 사이에서도 난 아들이 있었는데 계조繼祖라고 하였다. 이들은 각각 장성하여 일가一家를 이루었다. 그들은 아버지의 행태를 보고 크게 영향을 받은지라, 그대로 따라 행동하였다. 정실과 첩실 소생이 각각 당을 지어 날마다 서로 다투었다. 소란이 끊이지 않았고, 증효曾孝는 다툼을 그만두게 할 여력이 없었다.……형제들은 몽둥이를 들고 따라갔다. 풍씨馮氏 집안사람들은 도망쳤다. 증성曾成은 친히 풍대립馮大立을 잡아 그의 두 귀를 잘라버렸다. 계적繼績은 손에 쇠뭉치를 들고 풍씨馮氏의 다리를 부러뜨리자, 그가 길옆에 꼬꾸라졌다. 증성曾成은 그를 겨드랑이에 끼고서 풍씨馮氏 마을로 가서 내팽개쳤다. 계적繼績에게 관가官家에 알리게 하였고, 풍씨馮氏 집안도 고소장을 갖추어 관가官家로 보냈다.[42]

이 장면은 증효曾孝의 아들 형제들 간의 불화, 살인 사건으로 인하여, 나중에는 사돈지간의 싸움으로 파급되는 과정을 그려내고 있다.[43] 세 작품의 편폭을 살펴보면, 〈증우우曾友于〉는 534자, 〈영흉염기릉유나逞兇焰欺凌柔懦 양화기감화완잔釀和氣感化頑殘〉은 3,298자, 〈증효렴해개형제겁曾孝廉解開兄弟劫〉 1,043자이다. 〈영흉염기릉유나逞兇焰欺凌柔懦 양화기감화완잔釀和氣感化頑殘〉은 〈증우우曾友于〉의 약 6배에 해당하고, 〈증효렴해개형제겁曾孝廉解開兄弟劫〉은 2배에 해당한다. 〈증우우曾友于〉가 문언문文言文으로 창작되었다는 것을 고려하더라도, 〈영흉염기릉유나逞兇焰欺凌柔懦 양화기감화완잔釀和氣感化頑殘〉이 원작의 많

42 且說, 曾孝生五個兒子: 長名: 繼業, 三名: 繼德, 正妻所出 ; 次名: 繼功, 四名: 繼績, 娶妾所出 ; 又收婢生子名: 繼祖. 各各長成, 見得父親所爲, 習染既深, 效法而行. 也是嫡庶各爲一黨, 逐日爭長論短, 吵鬧不休, 曾孝不能禁止.……兄弟輩執杖相從, 馮姓子侄跑逃. 曾成手捉大立, 將他兩耳割下. 繼績手拿鐵杖, 又打傷馮氏兩股, 倒在路旁, 曾成用肘夾起, 跑到馮氏村內, 方才丟下. 隨命繼績告官, 馮家也具狀投縣.《刪定二奇合傳》第三十四回〈曾孝廉解開兄弟劫〉

43 《요재지이聊齋志異》의 〈증우우曾友于〉, 《성몽병언醒夢駢言》의 〈영흉염기릉유나逞兇焰欺凌柔懦 양화기감화완잔釀和氣感化頑殘〉, 《산정이기합전刪定二奇合傳》의 〈증효렴해개형제겁曾孝廉解開兄弟劫〉의 세부적인 묘사와 서술 순서에는 약간의 차이를 보이지만, 대체로 다음과 같은 줄거리를 가지고 있다. 1. 증효曾孝 아들들 간의 불화, 증계조曾繼祖의 이탈: ① 증효曾孝 아들들 간의 불화→② 증계조曾繼祖의 처가 방문→③ 증우우曾友于의 집 방문→④ 증우우曾友于 집안이 화목함을 보고 계속 머무르고자 함→⑤ 증우우曾友于의 권고로 집으로 돌아감→⑥ 증계조曾繼祖 부부는 장모의 환갑잔치 참가를 핑계로 다시 증우우曾友于에게 옴 ; 2. 증효曾孝 아들 형제들 간의 살인: ① 증계업曾繼業과 증계공曾繼功의 불화로 증계공曾繼功이 증계업曾繼業을 죽임→② 관가에서 증계공曾繼功을 잡아서 고문을 가하고, 결국 감옥에서 죽음→③ 증계공曾繼功의 처 유씨劉氏는 증계업曾繼業의 처 풍씨馮氏를 찔러 죽이고 자신도 자살함 ; 3. 형제들 간의 불화가 외부로 확대: ① 풍씨馮氏의 아버지 풍대립馮大立은 딸의 죽음을 슬퍼하다가, 일족一族을 이끌고 증씨曾氏 집으로 가서 행패를 부림→② 증성曾成은 화가 나서 집안사람들을 데리고 풍씨馮氏 사람들을 때려눕힘[풍대립馮大立의 두 귀를 자름]→③ 증계적曾繼績과 함께 관가官家에 가서 풍씨馮氏와 소송을 벌이고, 증씨曾氏 일가一家는 감옥에 갇힘

은 부분을 확대하였음을 알 수 있다. 더구나 〈영흉염기릉유나逞兇焰欺凌柔懦 양화기감화완잔釀和氣感化頑殘〉에는 〈증우우曾友于〉와 〈증효렴해개형제겁曾孝廉解開兄弟劫〉에 묘사된 증계조曾繼祖에 대한 부분이 삭제되었는데, 만약 〈증우우曾友于〉에서 이 부분을 제외하고 산정한다면 실제로는 6배가 훨씬 넘을 것이다.

서사의 확대에는 편폭의 길이뿐만 아니라, 서사 내용에 있어서도 뚜렷하다. 먼저 〈증우우曾友于〉의 서사 내용을 간단히 살펴보면, 증효曾孝 아들 간의 불화→증계조曾繼祖의 증우우曾友于 집 방문, 정착, 생원生員 통과→증효曾孝 아들 형제들 간의 살인→풍대립馮大立과의 싸움, 소송의 구조로 되어 있다.. 〈영흉염기릉유나逞兇焰欺凌柔懦 양화기감화완잔釀和氣感化頑殘〉은 증효曾孝 아들 간의 불화, 살인→증충曾忠이 증우우曾友于에게 도움을 요청→증효曾孝 아들 계업繼業의 사망→증우우曾友于의 위로 방문→며느리들 간의 싸움, 살인, 자살→풍대립馮大立과의 싸움, 소송의 순서로 진행되고 있다. 〈증효렴해개형제겁曾孝廉解開兄弟劫〉은 〈증우우曾友于〉와 〈영흉염기릉유나逞兇焰欺凌柔懦 양화기감화완잔釀和氣感化頑殘〉과 마찬가지로 첫 부분에는 증효曾孝 아들 간의 불화로 시작하고, 이어서 증계조曾繼祖의 증우우曾友于 집 방문, 정착→증충曾忠의 연락, 도움 요청→증효曾孝 아들 형제, 며느리 간의 싸움, 살인→풍대립馮大立의 행패, 증성曾成의 복수, 증씨曾氏 집안과 풍씨馮氏 집안의 소송으로 전개된다.

서사 구조에 있어서도 어느 정도 차이를 보이는데, 〈증우우曾友于〉와 〈증효렴해개형제겁曾孝廉解開兄弟劫〉은 증효曾孝 아들 형제와 며느리들의 싸움, 살인 및 풍대립馮大立과의 대립 등 일련의 과정을 증우우曾友于에게 도움을 청하러 간 증충曾忠이 그간의 자초지종을 말하는 구조로 되어 있다.. 반면에 〈영흉염기릉유나逞兇焰欺凌柔懦 양화기감화완잔釀和氣感化頑殘〉은 사건에서 사건으로 자연스럽게 이어지는 구조로 되어있으며, 시간 순서에 따라 기술하고 있다. 그렇기 때문에 〈증우우曾友于〉와 〈증효렴해개형제겁曾孝廉解開兄弟劫〉에서는 증충曾忠이 증우우曾友于에게 도움을 요청하는 것이 먼저 일어나고, 서술 시점이 다시 과거로 회귀하여 사건의 전모를 증우우曾友于에게 말하는 순서로 되어있지만, 〈영흉염기릉유나逞兇焰欺凌柔懦 양화기감화완잔釀和氣感化頑殘〉은 현재 진행 구조로 되어있어서, 증충曾忠이 증우우曾友于에게 도움을 청하는 장면이 중간에 삽입되어 있다. 이처럼 〈증우우曾友于〉, 〈증효렴해개형제겁曾孝廉解開兄弟劫〉, 〈영흉염기릉유나逞兇焰欺凌柔懦 양화기감화완잔釀和氣感化頑殘〉은 서술자의 서술 시점이 각각 다르게 나타나고 있으며, 〈영흉염기릉유나逞兇焰欺凌柔懦 양화기감화완잔釀和氣感化頑殘〉은 〈증우우曾友于〉와 〈증효렴해개형제겁曾孝廉解開兄弟劫〉에 비해서 훨씬 복잡한 서사 기교를 운용하고 있다.

이와 같이 《요재지이聊齋志異》의 〈증우우曾友于〉의 서사 내용이 크게 확대되고 묘사가 세밀하게 전개된 작품은 《성몽병언醒夢駢言》의 〈영흉염기릉유나逞兇焰欺凌柔懦 양화기감화완잔釀和氣感化頑殘〉이라고 할 수 있다. 전체적으로 〈영흉염기릉유나逞兇焰欺凌柔懦 양화기감화완잔釀和氣感化頑殘〉은 〈증우우曾友于〉의 사건 전개를 그대로 따르는 것이 아니라, 내용 전개에 어느 정도 변화를 주면서 원작에 없는 복잡하고 다각적인 서사 기교를 활용하고 있다. 《산정이기합전刪定二奇合傳》의 〈증효렴해개형제겁曾孝廉解開兄弟劫〉은 〈증우우曾友于〉의 줄거리 구조를 대부분 그대로 가져오면서, 인물과 사건에 대한 세부적인 묘사를 진행하고 있다. 비록 서사 구조를 확정하고, 내용을 확대하는 측면에서는 〈영흉염기릉유나逞兇焰欺凌柔懦 양화기감화완잔釀和氣感化頑殘〉보다 미흡하지만, 그 나름대로 발전된 서사 기교를 보여 주고 있다.

3) 서사 내용의 제한制限: '축소縮小'과 '삭제削除'

'제한制限'는 《요재지이聊齋志異》권11卷十一〈증우우曾友于〉를 개작하면서 원작의 내용을 간단하게 서술하거나 복잡하게 얽혀 있는 서사 구조를 간략하게 제시하는 경우이며, 혹은 원작의 어떤 인물, 사건, 서사 등을 삭제하는 것을 말한다. 이러한 현상은 《성몽병언醒夢駢言》제5회第五回〈영흉염기릉유나逞兇焰欺凌柔懦 양화기감화완잔釀和氣感化頑殘〉에서도 간혹 보이지만, 주로 《산정이기합전刪定二奇合傳》제34회第三十四回〈증효렴해개형제겁曾孝廉解開兄弟劫〉에서 나타난다. 서사 내용을 축소하는 것은 '포서鋪敍'의 기법이 작품의 줄거리 진행에 있어 중요한 작용을 하지 못하기 때문이기도 한데, 서사의 길이뿐만 아니라 구체적인 내용까지도 축소하고 있으며, 심지어 어떤 내용은 아예 삭제하기도 한다. 〈영흉염기릉유나逞兇焰欺凌柔懦 양화기감화완잔釀和氣感化頑殘〉과 〈증효렴해개형제겁曾孝廉解開兄弟劫〉 모두가 〈증우우曾友于〉보다 축소된 경우는 나타나지 않는다. 〈영흉염기릉유나逞兇焰欺凌柔懦 양화기감화완잔釀和氣感化頑殘〉과 〈증효렴해개형제겁曾孝廉解開兄弟劫〉 중에서 어느 한 작품이 축소가 일어나면 나머지 다른 작품은 확대가 일어나서 축소와 확대가 서로 교차하며 나타나고 있다.

먼저 〈영흉염기릉유나逞兇焰欺凌柔懦 양화기감화완잔釀和氣感化頑殘〉이 축소되고 〈증효렴해개형제겁曾孝廉解開兄弟劫〉이 확대된 것을 살펴보면, 〈증우우曾友于〉의 마지막 부분에 증우우曾友于가 증충曾忠과 증효曾孝가 화해하는 장면이 대조적으로 묘사되고 있는데, 이 부분은 〈증우우曾友于〉에서는 전체에 대비하여 비교적 상세히 서술되어 있지만, 〈영흉염기릉유나逞兇焰欺凌柔懦 양화기감화완잔釀和氣感化頑殘〉에는 상당히 간단히 묘사되어 있다. 〈증효렴해개형제겁曾孝廉解開兄弟劫〉는 〈증우우曾友于〉와 〈영흉염기릉유나逞兇焰欺凌柔懦 양화기감화완잔釀和氣感化頑殘〉에 비해 큰 편폭을 할애하고 있지만, 작품의 전체 편폭에 비해서는 여전히 간략하게 기술된 편이다.

> 증우우曾友于는 증충曾忠을 머무르게 하면서 낮에는 같이 식사를 하고, 밤에는 같이 잠을 잤다. 증충曾忠은 부끄러워 고개를 들지 못하였다. 그는 증우우曾友于 집에서 10여 일을 머물렀는데, 삼촌과 조카가 함께 지내는 모습이 마치 아버지와 아들이 함께 지내는 것과 같고, 이복형제들도 친형제와 같이 지내는 것을 보고서 처연하게 눈물을 흘리며 말하였다. "이전의 내가 사람 같지 않았음을 지금에서야 비로소 알겠구나!" 증우우曾友于는 그가 후회하는 것을 보고 기뻐하며, 서로 맞대고 슬퍼하였다. / 계조繼祖는 숙부를 따르지만, 본가本家로 돌아가려고 하지 않았다. 증효曾孝는 증우우曾友于에게 말하였다. "내가 부덕해서 집안을 빛낼 아들을 두는 것은 무리라네. 아우가 가르치는 일에 능숙하니, 잠시만 친아들처럼 삼아서 가르쳐 주게나. 계조繼祖가 벼슬길에 조금이라도 진전이 있으면 그때 돌려보내 주게나." 증우우曾友于는 증효曾孝의 의견에 따랐다.[44]

> 평신平身은 잠깐 여기서 지내라는 평백平白의 말에 따라 삼박만三泊灣에 머물렀다. 평백平白은 낮에는 그와 함께 같은 식탁에서 음식을 먹었고, 밤에는 그와 함께 같은 침상에서 잠을 잤는데, 매우 다정하게 대하였다. 입선立善과 두 형제가 비록 어미는 다를지라도 서로 화목하게 지내는 것을 보고 자신과 같지 않음을 생각하니 자신도 모르게 눈물이 나왔다. "오늘에서야 그동안 내가 사람이 아니었음을 비로소 알겠구나!" 평백平白은 그가 참회하는 것을 보고 마음속으로 매우 기뻤고, 자신도 그와 함께 눈물을 흘렸다. / 모든 형제가 평백平白을 존경하였고, 그에게 본가로 돌아와 같이 살자고 부탁하였다. 평백平白은 여러 형제와 향을 사르며 맹세하였다. 이 이후로 각각 지난날의 잘못을 뉘우치고 새

44 [曾友于] 乃留之, 晝與同餐, 夜與共寢. 忠頗感愧. 居十餘日, 見其叔姪如父子, 兄弟如同胞, 悽然下淚曰: "今始知從前非人也." 友于喜其悔悟, 相對酸惻. / 孝乃謂友于曰: "我不德, 不應有亢宗之子；弟又善教, 俾姑為汝子. 有寸進時, 可賜還也." 友于從之.《聊齋志異》卷十一〈曾友于〉

> 사람이 될 것을 약속하고서 본가本家로 옮겨와 비로소 같이 살게 되었다.[45]

> 증충曾忠은 증우우曾友于의 집에서 머무르게 되었는데, 낮에는 같이 식사를 하고 밤에는 같은 자리에서 잠을 청하였다. 지난날의 시기와 원망은 전혀 개의치 않았다. 증충曾忠은 본래 증우우曾友于가 이전의 일들을 염두에 두고 있을까 두려워서, 어떻게 대해야 할지 몰랐다. 한편으로는 부끄럽기도 하고 감사하기도 하면서 십여 일을 계속 머물렀다. 숙부와 조카가 마치 친부자親父子와 형제처럼 대하며 친형제보다 더 정이 돈독한 것을 보고 크게 깨우쳤다. "오늘에서야 비로소 내가 사람 구실도 못했음을 알겠구나! 형제와 숙부와 조카가 이렇게 화목하게 지내야 하거늘!" 말을 마치자 처연하게 눈물을 흘렸다. 증우우曾友于는 이 말을 듣고 기뻐하였다. "아우가 만약 지난 말의 잘못을 뉘우친다면 그만인 것을, 가슴 아파할 필요가 있겠는가?" 이로부터 오륜五輪의 도리道理를 매일같이 그와 더불어 해석하며 강론하니 증충曾忠도 깊이 감복하였다. / 증효曾孝는 증우우曾友于에게 눈물을 보이며 말하였다. "내 평생 성격이 삐뚤어져 은덕恩德을 저버린 것이 참으로 많으니, 어찌 자손들이 벼슬과 명망이 높기를 바라겠는가? 아우는 도량이 크고 넓으니, 자식과 조카를 잘 가르치리라고 생각하네. 차라리 그 뜻을 따라서 자네에게 보내어 아들로 삼는 편이 낳겠네. 벼슬에 어느 정도 진전이 있고 난 뒤에 돌려보내 주게나. 그렇게 되면 나의 죄과를 덮는 셈이라 저승에 가서라도 조상 볼 낯이 있다네. 아우! 거절하지 말게나!"[46]

형제간의 화해 장면이 〈증우우曾友于〉의 전체 편폭에 있어서 차지하는 비율과 〈영흉염기릉유나逞兇焰欺凌柔懦 양화기감화완잔釀和氣感化頑殘〉과 〈증효렴해개형제겁曾孝廉解開兄弟劫〉의 전체 편폭에서 차지하는 비율을 살펴보면, 〈증우우曾友于〉가 보다 높은 점유율을 나타내고 있다.[47] 〈증우우曾友于〉에는 형제들과 증

---

45 平身便依言住在三泊灣. 平白日裡和他共桌而食, 夜裡與他同榻而眠, 十分友愛. 又見立善與個兩兄弟是前後母的, 都一團和氣, 全不似自己那般樣子, 不覺感動, 垂下淚來, 道: "今日才曉得一向竟不是人了."平白見他悔悟, 心中甚喜, 也陪他落了幾滴淚. / 眾弟兄都愛敬平白, 勸他仍來城裡同居. 平白與眾弟兄焚香立誓, 約今後各人改過自新, 方移家到城同住.《醒夢駢言》第五回〈逞兇焰欺凌柔懦 釀和氣感化頑殘〉

46 逐留忠住下, 日則同席吃飯, 夜則同屋共寢, 向日嫌怨, 毫不在意. 曾忠原恐兄長記懷, 不料如此相待, 又羞又感, 連住十餘日. 又見他叔侄猶如父子弟兄, 勝過同胞, 恍然大悟, 道: "今日才曉得我輩全不象人, 兄弟叔侄才是這樣相處的." 說罷, 淒然淚下. 友于聞言, 喜道: "兄弟果然知悔, 便是一般樣了, 何必傷感？"自此, 便將五倫道理, 每日與他講解數遍, 曾忠甚是帖服. / 曾孝向友于流淚道: "我生平性情乖謬, 損德不少, 如何望子孫顯達？賢弟寬宏度量, 善教子侄, 不如從其志願, 寄與賢弟爲子. 待有進步, 然後賜還, 蓋我之愆, 我好見先人於地下. 賢弟勿辭!"《刪定二奇合傳》第三十四回〈曾孝廉解開兄弟劫〉

47 증우우曾友于 형제간의 화해 장면이 작품 전체에서 차지하는 비율을 살펴보면, 《요재지이聊齋志異》의 〈증우우曾友于〉는 전체 글자 수 2,439자에서 161자로 6.6%이며, 《성몽병언醒夢駢言》의 〈영흉염기릉유나逞兇焰欺凌柔懦 양화기감화완잔釀和氣感化頑殘〉은 전체 글자 수 11,046자에서 165자로 1.5%이다. 《산정이기합전刪定二奇

우우曾友于가 화합하는 장면이 있는데, 이 부분은 증우우曾友于와 증충曾忠, 증효曾孝의 화해로 나뉜다. 증충曾忠은 송사訟事를 피해 증우우曾友于가 있는 삼박만三泊灣으로 도피한다. 그곳에서 형제간에 우애 있고 가족이 화목하게 지내는 것을 보고 후회하고 증우우曾友于와 극적인 화해를 이룬다. 증효曾孝는 자신의 아들인 증계조曾繼祖가 집으로 돌아가려고 하지 않자, 증우우曾友于에게 부탁하면서, 자신의 부덕함을 뉘우친다. 〈영흉염기릉유나逞兇焰欺凌柔懦 양화기감화완잔釀和氣感化頑殘〉에는 증계조曾繼祖가 다시 고향으로 돌아와서 안착하는 장면, 증계조曾繼祖의 아들이 증효曾孝의 집에서 나와 증우우曾友于의 집으로 도망가는 장면이 모두 삭제되었다. 형제간의 화합 장면에서는 증충曾忠과의 화해가 묘사되어 있을 뿐, 다른 형제와의 화합은 구체적으로 나타나 있지 않다. 특히 증효曾孝와의 화해는 더욱 축소되어 형제들 간의 맹세를 통해 증우우曾友于에 대한 악감惡感의 해소를 간접적으로 표현하고 있을 뿐이다. 〈증효렴해개형제겁曾孝廉解開兄弟劫〉은 형제간의 화해를 묘사한 장면에 세 작품 중에서 가장 큰 편폭을 할애하고 있는데, 〈증우우曾友于〉에서처럼 크게 증충曾忠과 증효曾孝와의 화해로 나뉘고 있다. 증우우曾友于가 증충曾忠과 화해한 부분은 170자이고, 증효曾孝와의 화해는 128자이다. 증충曾忠과 증효曾孝의 후회와 반성을 하는 장면에서는 〈증우우曾友于〉보다 직접 대화를 많이 삽입하고 있어, 전체적으로 편폭이 증가하였다. 이러한 대화의 삽입으로 작품의 현장감이 상승하면서 마음속 후회의 감정이 더욱 분명하게 드러나고 있다.

다음으로, 〈영흉염기릉유나逞兇焰欺凌柔懦 양화기감화완잔釀和氣感化頑殘〉 서사 내용이 증가하고 〈증효렴해개형제겁曾孝廉解開兄弟劫〉이 축소된 경우를 살펴보면, 〈증효렴해개형제겁曾孝廉解開兄弟劫〉은 〈영흉염기릉유나逞兇焰欺凌柔懦 양화기감화완잔釀和氣感化頑殘〉과는 달리, 〈증우우曾友于〉의 서사 내용을 유지하거나, 축소 혹은 삭제한 부분이 많다. 특히 축소된 장면이 많은데, 이 중에서 가장 구체적으로 나타난 부분은 증효曾孝가 아내의 장례를 치를 때, 자신의 친형제들과 증우우曾友于 형제들의 갈등과 대립을 묘사한 장면이다.

> **증효曾孝의 처가 병으로 죽자, 증우우曾友于는 증인曾仁, 증의曾義와 함께 문상하러 가려고 하였다. 증인曾仁과 증의曾義는 "어머니가 돌아가셨을 때, 큰 형님들께서는 백일 동**

合傳》의 〈증효렴해개형제겁曾孝廉解開兄弟劫〉은 전체 글자 수 5,854자에서 298자로 5.1%이다.

> 안 상복을 입고 상례를 받들어야 함에도 상복을 입지 않았습니다. 큰 형수님이 돌아가셨다고 해도 우리는 대공大功 9개월의 복상服喪 기간만 지키면 되는 것이지, 꼭 영전에 가서 슬피 울어야 한단 말입니까?"라고 하였다. 증우우曾友于는 타일렀다. "아우 등이 스스로 가서 상례를 다하게나. 비록 외부 사람이 그에 대해서 이렇다 저렇다 말이 많지만, 그와 같이 행동할 필요가 있겠는가?" 증인曾仁과 증의曾義는 냉소를 지으며, 각자 흩어졌다. 증우우曾友于는 혼자서 영전에 가서 슬피 울며 상례를 다하였다. 다음 날, 담 밖에서 증인曾仁과 증의曾義가 악기를 연주하며 즐겁게 떠드는 것이 들렸다. 마치 지난날 증효曾孝의 행동과 같았다. 증효曾孝는 크게 화가 나서, 뭇매를 때리려고 여러 형제를 이끌고 나갔다. 증우우曾友于 역시 지팡이를 들고 따라나섰다. 증인曾仁은 형들이 달려 나오는 기세가 심상치 않음을 느끼고 틈을 타서 먼저 도망쳤다.……증효曾孝는 이때 크게 화가 나서 고함지르며 증우우曾友于를 때렸다. 증충曾忠과 증신曾信도 증효曾孝와 함께 덤벼들며 주먹과 몽둥이로 마구 때렸다. 고함을 지르는 소리가 사방에 진동하여 이웃 마을에까지 이르렀다. 증우우曾友于가 다친 것을 보자 사람들이 급하게 달려와 말리고 증우우曾友于를 부축하여 집으로 돌아갔다. 증우우曾友于는 형의 처소로 가서 용서를 빌었다. 증효曾孝는 노기怒氣가 충천하여 바로 내쫓아버리자, 증우우曾友于는 집으로 돌아와서 치료하였다. 증의曾義의 부상이 더욱 심해지자, 증인曾仁은 고소장을 관가에 제출하였다. 현령縣令은 재빨리 증효曾孝, 증충曾忠, 증신曾信을 잡아들여 증우우曾友于와 심문하려고 하였다. 증우우曾友于는 얼굴을 다쳐서 채 낫지 않아 관가에 갈 수가 없었다. 단지 청원서를 보내어 송사訟事를 중지해 달라고 부탁하였다. 현령縣令은 증우우曾友于의 의견을 듣고서 송사를 중지하였다.[48]

위의 인용한 부분은 증효曾孝 형제들과 증우우曾友于 형제들의 갈등과 대립을 구체적으로 나타내고 있는데, 증효曾孝 형제들과 증우우曾友于 형제들의 원한과 복수가 지속해서 반복되고 있음을 보여 주고 있다.[49] 세 작품 모두 동일한

---

48 曾孝的妻子病故, 友于邀仁, 義兩弟前往奔喪, 仁, 義道: "母親去世, 大哥們是百日期服, 尚且不來成服. 大嫂死了, 我們不過九個月大功, 爲何定要哀臨？" 友于道: "賢弟等自去盡禮, 自有外人議論他, 何必與他一樣？" 仁, 義冷笑一聲, 各自散去. 友于隧自往柩前, 哀哭盡禮. 次日, 隔牆聞聽仁, 義二人吹彈歡笑, 也象曾孝前日一般. 曾孝大怒, 率領諸弟前往爭毆, 友于也是持杖和從, 曾仁見得諸兄來勢不好, 乘勢先逃.……曾孝此時咆烋大怒, 就打友于, 忠, 信也幫助上來拳杖交下, 喊聲震動, 鄰里俱到, 見得友于受傷, 急忙大家解勸, 扶友于回去, 友于隨到兄處請罪, 曾孝怒氣衝衝, 即時逐出, 友于才回家調理. 曾義受傷更重, 曾仁呈告在縣, 縣官票拘, 曾孝並忠, 信諸人隨命友于質審. 此時, 友于面目損傷尚未全愈, 不能到堂, 只作稟狀一紙, 哀求息訟, 縣官聽了友于, 批准息案.《刪定二奇合傳》第三十四回〈曾孝廉解開兄弟劫〉

49 증효曾孝 딸의 죽음을 주씨周氏 집안에다가 책임을 돌리고, 보복하고자 형제들을 가담을 권하지만, 증우우曾友于 형제들은 반대하고 그 일에 앙심을 품은 증효曾孝 형제들은 증우우曾友于의 어머니 장張부인의 상례에 악기를 연주하고 노래를 부른다. 이에 증효曾孝의 아우인 증인曾仁과 증의曾義도 같은 방법으로 증효曾孝 아내의 장례에서 결례한다. 이에 화가 난 증효曾孝 형제들이 증우우曾友于와 증의曾義에게 매질을 가하고, 이어

줄거리를 가지고 있는데,[50] 〈증우우曾友于〉는 문언소설文言小說이기 때문에 대화가 비교적 적고, 〈증효렴해개형제겁曾孝廉解開兄弟劫〉은 화본소설話本小說이므로 대화가 자주 운용되고 있다. 〈증효렴해개형제겁曾孝廉解開兄弟劫〉에서는 증인曾仁과 증의曾義가 증우우曾友于의 설득에 거절하는 부분, 증우우曾友于가 증의曾義의 매질을 막으며 증효曾孝에게 용서를 구하는 장면에서 대화가 운용되었다. 편폭의 길이에서는 〈증우우曾友于〉가 312자이고, 〈증효렴해개형제겁曾孝廉解開兄弟劫〉이 455자이다. 〈증우우曾友于〉는 전체 편폭[2,439자]에서 이 장면 묘사가 차지하는 비율은 약 13%이다. 〈증효렴해개형제겁曾孝廉解開兄弟劫〉 전체 편폭[5,854자]에서 이 장면이 차지하는 비율이 약 8%이다. 전체 편폭의 길이와 부분 묘사 편폭의 길이를 비교하면 〈증효렴해개형제겁曾孝廉解開兄弟劫〉이 〈증우우曾友于〉보다 축소되었다. 게다가 〈증효렴해개형제겁曾孝廉解開兄弟劫〉은 '입화入話' 부분이 전체의 4분의 1에 해당하므로 '입화入話'를 제외한 분량에서 위 장면이 차지하는 비율은 더욱 낮다고 할 수 있다. 비록 전체적인 줄거리의 진행과 서술 구조는 어느 정도 일치하지만, 인물의 대화, 세부적 묘사, 서사 기법의 운용에 있어서는 약간의 차이를 보인다.

이 이외에도 풍대립馮大立과 증성曾成이 서로 대립하며 보복을 하는 장면에서도 〈증효렴해개형제겁曾孝廉解開兄弟劫〉은 〈증우우曾友于〉보다 상당히 축소되었다. 이 과정을 자세히 살펴보면, 계업繼業과 계공繼功의 다툼으로 계업繼業은 죽고, 계공繼功도 감옥에서 고문으로 인해 죽게 된다. 계업繼業의 처 풍씨馮氏는 계공繼功의 처에게 분풀이하고, 계공繼功의 처는 칼로 풍씨馮氏를 찔러 죽이고 자신도 자결한다. 풍씨馮氏의 아버지 풍대립馮大立은 딸을 잃은 슬픔에 수십여 장정들을 거느리고 증씨曾氏 집안으로 달려가 행패를 부린다. 증성曾成과 형제들이 몽둥이를 들고 달려드니, 풍씨馮氏 집안사람들은 모두 도망간다. 증성曾成

서 증의曾義가 관가에 고소하고 증우우曾友于는 소송을 취하한다.

50 증효曾孝의 처가 병으로 죽자 증우우曾友于는 증인曾仁, 증의曾義 형제들에게 문상問喪을 가자고 설득하였으나, 두 동생은 거절하였다. 다음날 증인曾仁과 증의曾義는 상갓집 앞에서 악기를 연주하며 웃고 떠드는데, 이전의 증효曾孝 형제들이 장張부인의 장례에서 했던 행동과 같았다. 이에 화가 난 증효曾孝 형제들은 증인曾仁과 증의曾義를 좇고, 담을 넘어 도망가려고 했던 증의曾義를 붙잡아 흠씬 두들겨 팬다. 증우우曾友于는 이 사실을 알고 달려가 막으며 용서를 호소했지만, 증효曾孝는 더욱 화를 내며 증우우曾友于에게 조차 매질을 하였다. 도망간 증인曾仁은 관가에 고소하고 증효曾孝 형제들은 관가로 불려갔다. 현령縣令은 증우우曾友于를 불러내어 질의하려고 하였으나, 그는 상처가 낫지 않아 출두하지 못하였다. 증우우曾友于는 현령縣令에게 단지 소장訴狀을 취하해 달라는 글을 보내었고 소송은 취하되었다.

은 풍대립馮大立을 잡아서 양쪽 귀를 자르고, 풍씨馮氏 집안과 증씨曾氏 집안은 서로 고소를 하게 된다.

〈증우우曾友于〉에서 이 장면에 대한 묘사는 모두 301자이고,[51] 〈영흉염기릉유나逞兇焰欺凌柔懦 양화기감화완잔釀和氣感化頑殘〉은 732자이며, 〈증효렴해개형제겁曾孝廉解開兄弟劫〉은 190자이다.[52] 〈증우우曾友于〉에 비해서 〈증효렴해개형제겁曾孝廉解開兄弟劫〉의 편폭이 상당히 짧다. 내용 전개에 있어서도 〈증우우曾友于〉에서는 인물의 특징과 사건의 진행 과정이 비교적 상세하게 제시됐지만, 〈증효렴해개형제겁曾孝廉解開兄弟劫〉에서는 이 과정은 상당히 간략하게 언급되었고, 사건의 결과에만 치중하여 기술하고 있다. 물론 〈영흉염기릉유나逞兇焰欺凌柔懦 양화기감화완잔釀和氣感化頑殘〉은 이 두 작품보다 상당히 많은 편폭을 할애하고 있어서 인물 묘사와 사건 전개에 있어서 보다 더 세밀하다고 말할 수 있다.

'삭제削除'는 《요재지이聊齋志異》권11卷十一〈증우우曾友于〉를 재창작하는 과정에서 줄거리 일부분이나 인물, 배경, 사건 등을 생략된 경우를 말한다. 《요재지이聊齋志異》권11卷十一〈증우우曾友于〉의 도입 부분, 즉 증曾노인의 죽음과 장례를 치르는 장면을 살펴보면, 〈증우우曾友于〉에는 증曾노인의 죽음, 증曾노인의 입관, 증우우曾友于의 권계勸誡가 간략하게 묘사되어 있다. 그러나 〈영흉염기릉유나逞兇焰欺凌柔懦 양화기감화완잔釀和氣感化頑殘〉에는 이 부분이 생략되었으며, 〈증효렴해개형제겁曾孝廉解開兄弟劫〉에서는 이 장면이 몇 단락 뒤로 물러나 있다. 이 장면은 증曾노인의 죽음에 대한 증우우曾友于의 사람됨을 어느 정도 엿볼 수 있는 중요한 부분에 해당한다. 그러나 〈영흉염기릉유나逞兇焰欺凌柔懦 양화기감화완잔釀和氣感化頑殘〉에는 이 부분을 과감하게 생략하고, 형제들과의 불화와 그 조율하는 과정을 통해 그의 인간성을 부각시키고 있다.

---

51 馮父大立, 悼女死慘, 率諸子弟, 藏兵衣底, 往捉孝妻, 裸撻道上以辱之. 成怒曰: "我家死人如麻, 馮氏何得復爾!" 吼奔而出. 諸曾從之, 諸馮盡靡. 成首捉大立, 割其兩耳. 其子護救, 繼, 續以鐵杖橫擊, 折其兩股. 諸馮各被夷傷, 鬨然盡散. 惟馮子猶臥道周. 成夾之以肘, 置諸馮村而還. 遂呼績詣官自首. 馮狀亦至. 於是諸曾被收. 惟忠亡去, 至三泊, 徘徊門外. 適友于率一子一姪鄉試歸, 見忠, 驚曰: "弟何來？" 忠未語先淚, 長跪道左. 友于握手曳入, 詰得其情, 大驚曰: "似此奈何! 然一門乖戾, 逆知奇禍久矣；不然, 我何以竄蹟至此. 但我離家久, 與大令無聲氣之通, 今即蒲伏而往, 徒取辱耳. 但得馮父子傷重不死, 吾三人中倖有捷者, 則此禍或可少解."《聊齋志異》卷十一〈曾友于〉

52 馮氏之父, 名叫大立, 痛女兒慘死, 率領數十人來捉曾孝妻子, 脫去衣服痛打, 上下凌辱, 無所不至. 家人報與曾成, 曾成大怒道: "我家死人如麻, 馮姓何得如此欺負？" 虎吼而出,……縣票飛下, 曾氏弟兄收禁管押, 惟有曾忠一人, 獨逃至此.《刪定二奇合傳》第三十四回〈曾孝廉解開兄弟劫〉

> 증曾노인은 곤양昆陽에 터를 잡고 대대로 벼슬한 인사다. 증曾노인이 죽고 염을 하기 전에 두 눈의 언저리에서 눈물을 주룩주룩 흘렸다. 그에게는 여섯 명의 아들이 있었지만, 아무도 그 뜻을 알지 못하였다. 이름이 증제曾悌이고 자字가 우우友于인 둘째 아들은 마을의 명사였는데, 이 일이 불길하다고 여겨 형제들 모두가 자중하라고 하면서 돌아가신 분에게 폐를 끼치지 말자고 권계勸誡하였다. 그러나 형제들 절반은 고루하다면서 그를 비웃었다.[53]

> 평장발平長髮은 아들들이 서로 미워하는 것을 보고 자신이 아직 살아 있을 때 일찌감치 가업家業을 나누어 주었다. 몇 년이 지나서 평장발平長髮은 죽었다.[54]

> 증曾노인이 병으로 죽고 아직 염을 하지 않았을 때 갑자기 눈언저리에서 눈물이 계속해서 흘러내렸다. 집 안팎의 사람들은 그 이유를 알지 못했다. 증우우曾友于는 매우 놀라며, "이 일은 아주 불길하니 앞으로 집안에 꼭 의외의 화가 미칠 것이다. 나를 비롯한 여러 형제는 반드시 조심하고 삼가야 할 것이다. 모두가 도리를 다한다면, 고인의 원망과 미움으로 인해 화가 미치는 것을 모면할 수 있을 것이다." 여러 사람은 그것을 믿지 않았고, 오히려 그 말이 고지식하다고 비웃었다.[55]

증曾노인에 관한 묘사는 세 작품 모두 비슷하게 나타나고 있다. 구체적으로 살펴보면, 증曾노인이 병고로 죽고 입관하기 전 눈물을 흘렸는데, 아들들은 그 뜻을 이해하지 못하였다. 단지 증우우曾友于만이 증曾노인의 눈물을 보고 불길하다고 여겨, 형제들에게 앞으로 언행에 특별히 조심할 것을 권고하였다. 그러나 형제들은 그의 말을 듣지 않았다. 〈영흉염기릉유나逞兇焰欺凌柔懦 양화기감화완잔釀和氣感化頑殘〉에서는 이 장면에 대한 서술을 단지 '장발신사長髮身死[평장발平長髮[증옹曾翁]이 죽었다]'는 말로 대신하고 있다. 증曾노인의 사람됨과 증우우曾友于의 인간성을 어느 정도 알 수 있는 이 장면은 비록 〈증우우曾友于〉와 〈증효렴해개형제겁曾孝廉解開兄弟劫〉에서 차지하는 분량이 많지 않지만, 작품의 도입 부분에 삽입되어 앞으로의 사건 진행의 복선 역할뿐만 아니라, 인물의 특

53 曾翁, 昆陽故家也. 翁初死未殮, 兩眶中淚出如瀋, 有子六, 莫解所以. 次子悌, 字友于, 邑名士, 以爲不祥, 戒諸兄弟各自惕, 勿貽痛於先人；而兄弟半迂笑之.《聊齋志異》卷十一〈曾友于〉

54 平長髮見兒子們不合睦, 便乘自己未死, 早早把家業劃定. 過了幾年, 長髮身死.《醒夢駢言》第五回〈逞兇焰欺凌柔懦釀和氣感化頑殘〉

55 曾翁病故, 尙未棺殮, 忽然眼眶中流淚不止, 內外人等莫測其故. 友于大驚道: "此事大不吉祥, 將來家中必有奇禍, 我等兄弟須要小心謹愼, 各人盡道, 以免先人怨恫降禍." 不少衆人不信, 反笑其言迂闊.《刪定二奇合傳》第三十四回〈曾孝廉解開兄弟劫〉

징을 어느 정도 추측할 수 있는 중요한 역할을 담당하고 있다. 그러나 〈영흉염기릉유나逞兇焰欺凌柔懦 양화기감화완잔釀和氣感化頑殘〉에서는 이 부분이 삭제되고 서술의 시각을 형제들 간의 대립과정에 집중되고 있다.

이러한 예는 다른 부분에서도 찾아볼 수 있다. 예를 들면, 증계조曾繼祖가 처가에 갔다가 증우우曾友于의 집을 방문하게 되고, 증우우曾友于 집안의 형제간에 우애가 깊고 서로 아끼고 사랑하는 모습을 보고 돌아가지 않겠다고 한다. 그는 증우우曾友于의 설득으로 겨우 집으로 돌아갔다가 다시 증우우曾友于 집으로 돌아온다. 〈증우우曾友于〉는 이 장면의 전개 과정이 모두 기록되어 있지만, 〈영흉염기릉유나逞兇焰欺凌柔懦 양화기감화완잔釀和氣感化頑殘〉은 이 부분이 아예 삭제되었다. 〈증효렴해개형제겁曾孝廉解開兄弟劫〉에서는 인물의 대화와 심리묘사를 다각적으로 운용하여 사건 전개뿐만 아니라 그 속의 포함된 인물형상의 심리까지도 상세히 그려내고 있다.

> [증계조曾繼祖]처가妻家는 삼박三泊에 가까웠으므로, 처가를 방문하고 길을 돌아서 숙부[증우우曾友于]집에 이르렀다. 집안에 들어서자, 숙부집의 두 형과 아우가 거문고를 타고 시를 읊으며 서로 즐겁게 지내고 있었다. 증계조曾繼祖는 오랫동안 머무르면서 돌아가려고 하지 않았다. 숙부가 재촉하자, 더 머무르게 해달라고 애원하였다. 숙부는 타이르면서 말하였다. "너의 부모가 모두 모르고 계신다. 내가 음식이 아까워서 그러겠느냐?" 증계조曾繼祖는 집으로 돌아갔다. 수개월이 지난 뒤, 아버지[증효曾孝]에게 말하였다. "저는 이번에 가면 돌아오지 않을 것입니다." 아버지가 따지며 묻자, 자신의 숨은 뜻을 털어놓았다. 아버지[증효曾孝]는 숙부[증우우曾友于]와 오래전부터 다툼이 있었음을 염려하면서 오랫동안 머무르기는 힘들 것으로 예측했다. 증계조曾繼祖는 "아버지의 염려는 지나치십니다. 숙부는 성현입니다." 그는 처를 데리고 삼박三泊으로 가 버렸다.[56]

> 증계조曾繼祖는 처가가 삼박三泊 근처에 있었기 때문에 하루는 처가로부터 돌아와서 숙부를 만나기 위해 길을 에돌아 증우우曾友于의 집에 도착하였다. 집안에 들어가 서로 인사를 하고 같이 공부하는 두 형과 아우를 보았다. 그들은 서로 예의와 법도로 다하며, 화목하고 사이좋게 지내면서 다투는 법이 없었다. 그는 마음속으로 대단히 부러웠다.……증계조曾繼祖는 숙부의 권고를 지나칠 수 없어서 집으로 돌아왔고 다시 수개월

56 [繼祖]岳家近三泊, 會詣岳, 迂道詣叔. 入門, 見叔家兩兄一弟, 絃誦怡怡, 樂之, 久居不言歸. 叔促之, 哀求寄居. 叔曰: "汝父母皆不知, 我豈惜甌飯瓢飲乎!" 乃歸. 過數月, 夫妻往壽岳母. 告父曰: "兒此行不歸矣." 父詰之, 因吐微隱. 父慮與叔有夙隙, 計難久居. 祖曰: "父慮過矣. 二叔, 聖賢也." 遂去, 攜妻之三泊.《聊齋志異》卷十一〈曾友于〉

이 흘렀다. 증계조曾繼祖 부부는 처가의 생신 축하연에 가기 위하여 잠시 부모님께 이별을 고하였다. "저는 이번에는 돌아오지 않고 삼박三泊에 살 것입니다." 이전에 숙부 집에서 지내면서 부러웠던 일을 모두 이야기했다. 증효曾孝는 두 눈썹을 찡그리며 말하였다. "이번 일은 아마 힘들 것 같구나. 너의 숙부가 지난날 본가本家에 있을 때, 나와 수차례 원한을 품었단다. 서로 간의 원망이 깊으니, 아마 네가 오랫동안 머무르기는 힘들 것 같구나." "아버지의 걱정이 지나치십니다. 숙부는 정말로 성현입니다. 제가 머무르는 것을 절대로 싫어하지 않을 겁니다. 아버지께서 바로 허락지 않으신다고 해도 제가 오늘 이렇게 말씀드렸으니, 언젠가는 달아날 것입니다."[57]

이뿐만 아니라, 이후 증계조曾繼祖가 다시 고향으로 돌아와서 안착하는 장면, 증계조曾繼祖의 아들이 증효曾孝의 집에서 도망 나와 증우우曾友于의 집으로 가는 장면은 〈증우우曾友于〉에서는 비교적 상세히 다루고 있지만, 〈증효렴해개형제겁曾孝廉解開兄弟劫〉에서는 간략하게 묘사하고 있고, 〈영흉염기릉유나逞兇焰欺凌柔懦 양화기감화완잔釀和氣感化頑殘〉에서는 이 부분이 삭제되었다.

| 5 | 나오는 말篇尾

《성몽병언醒夢駢言》제5회第五回〈영흉염기릉유나逞兇焰欺凌柔懦 양화기감화완잔釀和氣感化頑殘〉과 《산정이기합전刪定二奇合傳》제34회第三十四回〈증효렴해개형제겁曾孝廉解開兄弟劫〉은 《요재지이聊齋志異》권11卷十一〈증우우曾友于〉와 다른 분명한 특징을 보여 주고 있다. 〈증우우曾友于〉는 서사 구조에 있어서 문아한 표현이 주를 이루고, 작품의 말미에는 구체적인 평론을 첨가함으로써 저자가 작품에 직접 개입하고 있다. 반면에 화본소설話本小說인 〈영흉염기릉유나逞兇焰欺凌柔懦 양화기감화완잔釀和氣感化頑殘〉과 〈증효렴해개형제겁曾孝廉解開兄弟劫〉은 '입화入話', '정화正話', '편미篇尾'의 전형적인 화본소설話本小說 형식을 따르고 있고, '입화入話'의 편폭에 있어서 약간의 차이점을 보인다. '입화시入話詩' 해설의

57 [繼祖]因妻家與三泊相近, 一日, 從岳父家回來, 紆轉路途到友于處, 看視叔父, 入門相見, 見得二位兄長, 一個幼弟同堂讀書, 循循禮讓, 恰恰和順, 從不爭競一句, 心中甚是羡慕.……繼祖不敢違拗, 回家又過了數月, 夫妻要往岳家慶壽, 臨行辭父母道: "兒此番不回來了, 要在三泊居住." 因將前日在叔父處欣慕的話, 說了一遍. 曾孝蹙著雙眉道: "此事恐行不得, 爾叔父上年在家. 我與他屢次結怨, 彼此有仇, 恐爾不能久居." 繼祖道: "父親慮之太過. 二叔眞聖賢也, 兒往, 決無猜嫌. 父即不允, 兒今日說過, 終久是要逃去的."《刪定二奇合傳》第三十四回〈曾孝廉解開兄弟劫〉

생략과 삽입, '입화의론入話議論' 서술의 강약, '입화고사入話故事'의 유무가 각각 다르게 나타나고 있으며, '정화正話'는 줄거리의 진행이 주를 이루고, 문미에는 모두 '편미시篇尾詩'로 종결하고 있다.

서사 내용에 있어서의 '답습踏襲', '확대擴大', '제한制限'는《요재지이聊齋志異》권11卷十一〈증우우曾友于〉가 이후 어떻게 변화하고 발전하며, 화본소설話本小說로 재창조되었는지를 구체적으로 보여 주고 있다.《성몽병언醒夢駢言》제5회第五回〈영흉염기릉유나逞兇焰欺凌柔懦 양화기감화완잔釀和氣感化頑殘〉은 전체적으로《요재지이聊齋志異》의 〈증우우曾友于〉를 답습하거나 축소하기보다는 확대한 경향이 강하고,《산정이기합전删定二奇合傳》제34회第三十四回〈증효렴해개형제겁曾孝廉解開兄弟劫〉은 확대한 경향보다는 답습과 축소한 경향이 두드러진다.《성몽병언醒夢駢言》제5회第五回〈영흉염기릉유나逞兇焰欺凌柔懦 양화기감화완잔釀和氣感化頑殘〉은 문언소설文言小說인《요재지이聊齋志異》권11卷十一〈증우우曾友于〉를 화본소설話本小說의 형식과 단편소설의 짜임새를 가지고 재구성하였으며, 복잡한 사건 전개, 인물의 내·외적 묘사, 다양한 수사기교 등을 운용하여 더욱 생동감 있게 묘사하고 있다. 반면에《산정이기합전删定二奇合傳》의 〈증효렴해개형제겁曾孝廉解開兄弟劫〉은 원작의 내용과 구조를 그대로 따르고 있으며, 내용을 더욱 확대擴大하여 새로운 사건이나, 인물을 삽입하기보다는《요재지이聊齋志異》의 〈증우우曾友于〉의 내용을 답습하거나, 혹은《요재지이聊齋志異》의 〈증우우曾友于〉에서 불필요하다고 여겨지는 부분을 삭제하였다. 그러므로 〈증효렴해개형제겁曾孝廉解開兄弟劫〉은 서사 내용의 전개에 있어서 〈영흉염기릉유나逞兇焰欺凌柔懦 양화기감화완잔釀和氣感化頑殘〉보다는 〈증우우曾友于〉를 충실히 계승하고 있으므로, 〈영흉염기릉유나逞兇焰欺凌柔懦 양화기감화완잔釀和氣感化頑殘〉보다 더욱 〈증우우曾友于〉에 근접한 작품이라고 할 수 있다. 작품의 형식에 있어서도 〈영흉염기릉유나逞兇焰欺凌柔懦 양화기감화완잔釀和氣感化頑殘〉보다 화본소설話本小說의 전형적인 구조를 충실히 반영하고 있으므로, 〈증우우曾友于〉의 내용을 확대하고 유사한 형식으로 다름을 추구했던 〈영흉염기릉유나逞兇焰欺凌柔懦 양화기감화완잔釀和氣感化頑殘〉과는 따른 특징을 가지고 있다.

7장

원용原用과 변용變用

《요재지이聊齋志異》의 〈자매역가姊妹易嫁〉 개작改作

청대清代 작자 미상 《요재전도聊齋全圖》 중 〈자매역가姊妹易嫁〉 ⓒ 오스트리아국립도서관Österreichische Nationalbibliothek

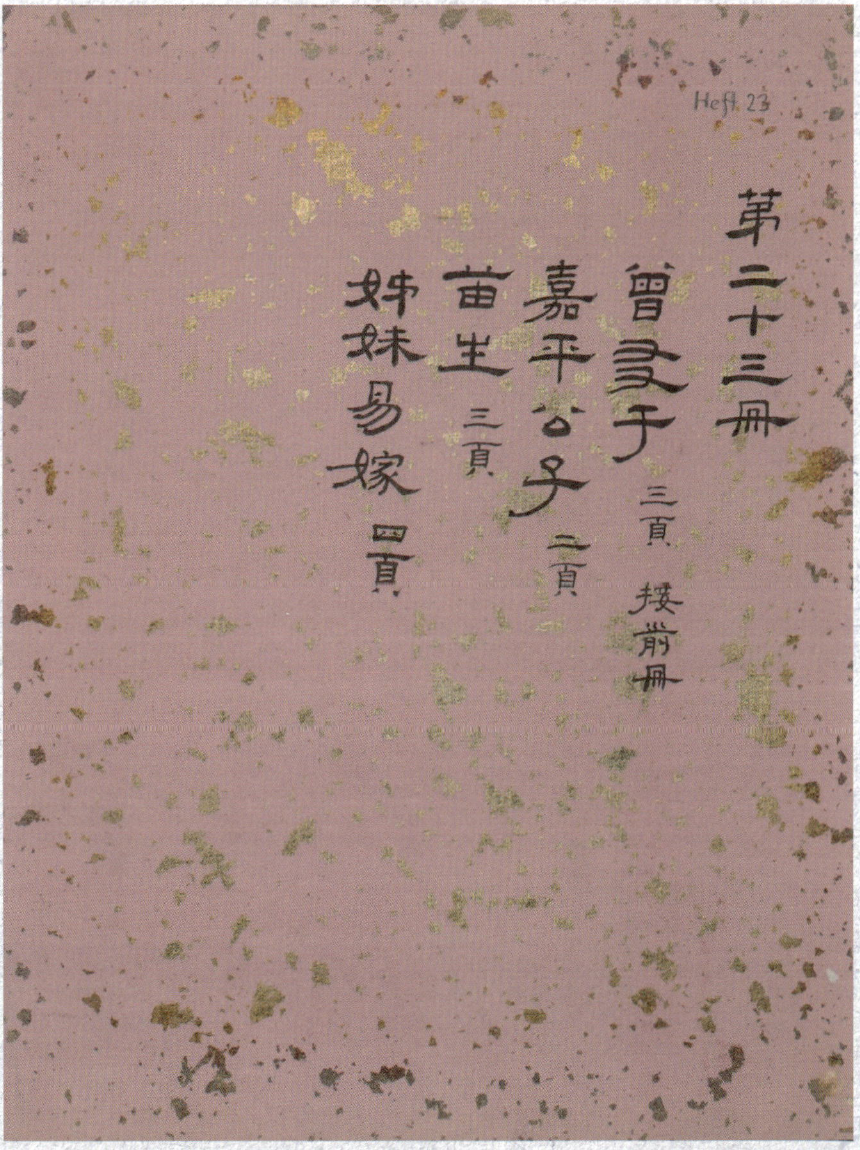

청대清代 작자 미상 《요재전도聊齋全圖》 중 〈자매역가姊妹易嫁〉 ⓒ 오스트리아국립도서관Österreichische Nationalbibliothek

청대清代 작자 미상 《요재전도聊齋全圖》 중 〈자매역가姊妹易嫁〉 © 오스트리아국립도서관Österreichische Nationalbibliothek

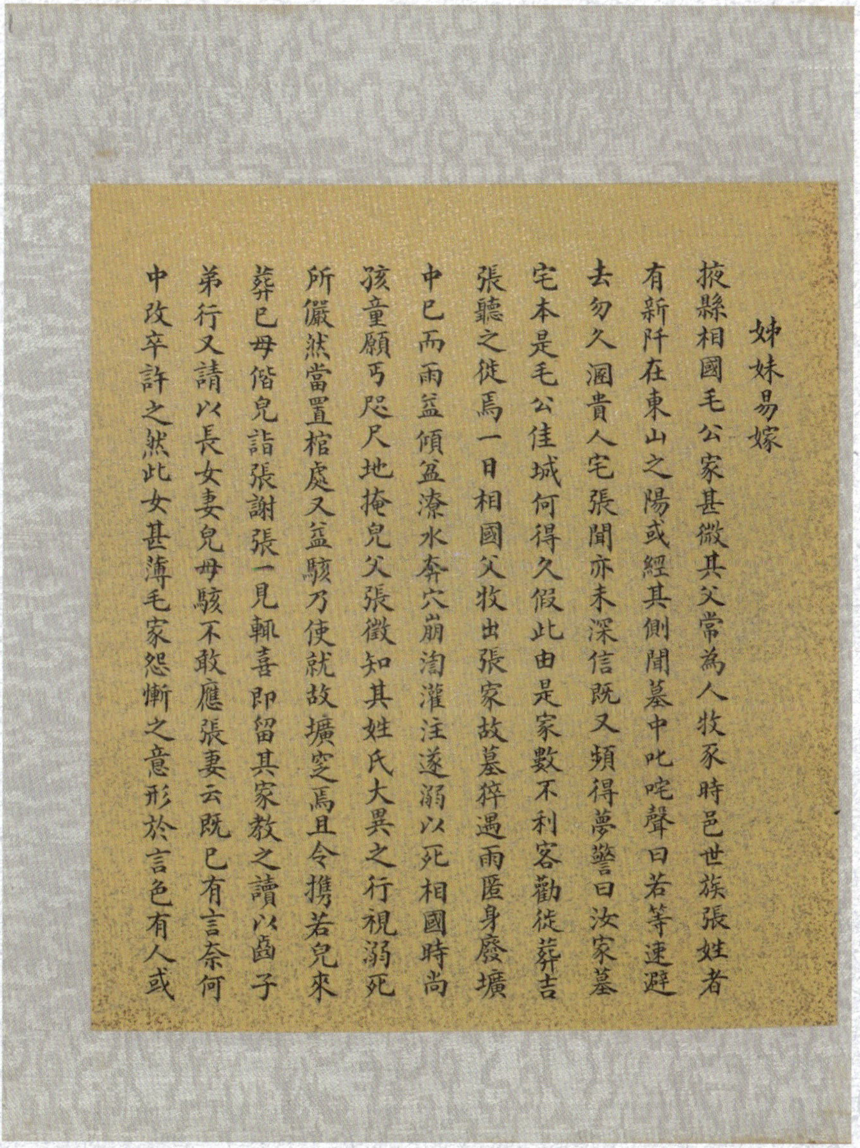

姊妹易嫁

掖縣相國毛公家甚微其父常為人牧豕時邑世族張姓者有新阡在東山之陽或經其側聞墓中叱咤聲曰若等速避去勿久溷貴人宅張聞亦未深信既又頻得夢警曰汝家墓宅本是毛公佳城何得久假此由是家數不利客勸徙葬吉張聽之徙焉一日相國父牧出張家故墓猝遇雨匿身廢壙中已而雨益傾盆潦水奔穴崩渹灌注遂溺以死相國時尚孩童願丐咫尺地掩兒父張徵知其姓氏大異之行視溺死所儼然當置棺處又益駭乃使就故壙窆焉且令攜若兒來葬已母偕兒詣張謝張一見輒喜即留其家教之讀以齒子弟行又請以長女妻兒母駭不敢應張妻云既已有言奈何中改卒許之然此女甚薄毛家怨慚之意形於言色有人或

청대清代 작자 미상 《요재전도聊齋全圖》 중 〈자매역가姊妹易嫁〉 © 오스트리아국립도서관Österreichische Nationalbibliothek

청대清代 작자 미상 《요재전도聊齋全圖》 중 〈자매역가姊妹易嫁〉 ⓒ 오스트리아국립도서관Österreichische Nationalbibliothek

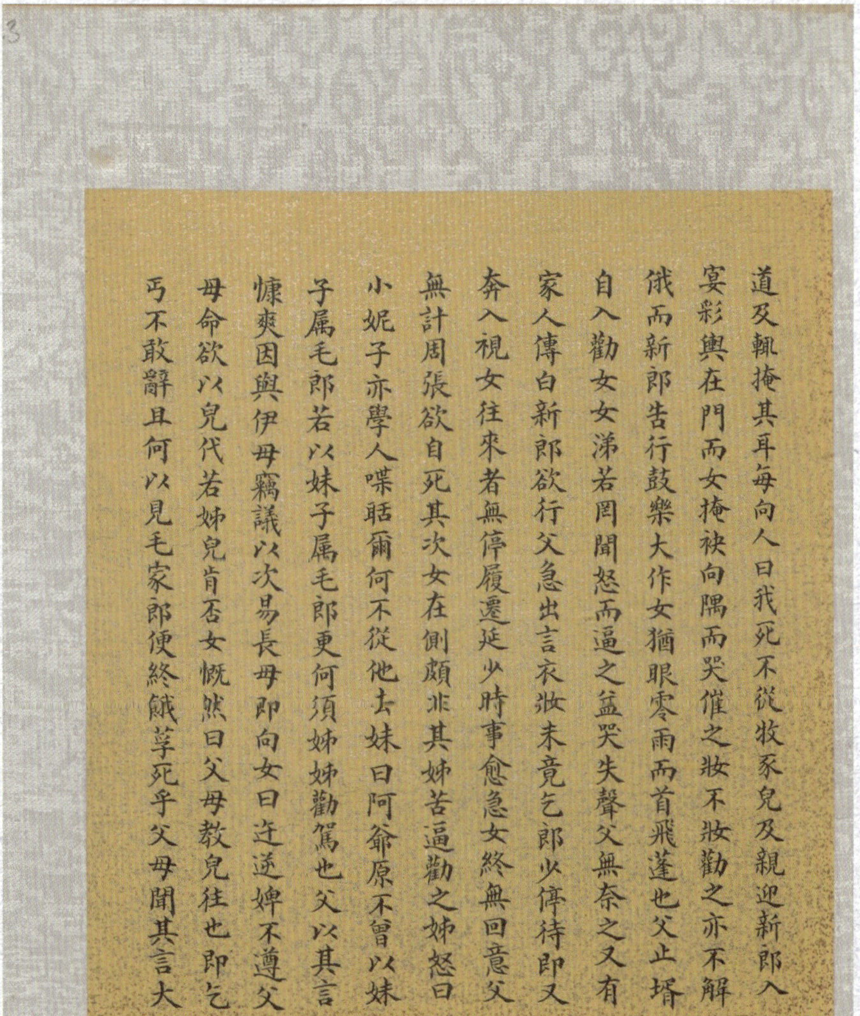

道及輒掩其耳每向人曰我死不從牧豕兒及親迎新郎入宴彩輿在門而女掩袂向隅而哭催之妝不妝勸之亦不解儀而新郎告行鼓樂大作女猶眼零雨而首飛蓬也父止壻自入勸女女涕若罔聞怒而逼之益哭失聲父無奈之又有家人傳白新郎欲行父急出言衣妝未竟乞郎少停待郎又奔入視女往來者無停履遷延少時事愈急女終無回意父無計周張欲自死其次女在側頗非其姊苦逼勸之姊怒曰小妮子亦學人喋聒爾何不從他去妹曰阿爺原不曾以妹子屬毛郎若以妹子屬毛郎更何須姊姊勸駕也父以其言慷爽因與伊母竊議以次易長母即向女曰迕逆婢不遵父母命欲以兒代若姊兒肯否女慨然曰父母教兒往也即乞丐不敢辭且何以見毛家郎便終餓莩死乎父母聞其言大

청대清代 작자 미상 《요재전도聊齋全圖》 중 〈자매역가姊妹易嫁〉 ⓒ 오스트리아국립도서관Österreichische Nationalbibliothek

청대清代 작자 미상 《요재전도聊齋全圖》 중 〈자매역가姊妹易嫁〉 ⓒ 오스트리아국립도서관Österreichische Nationalbibliothek

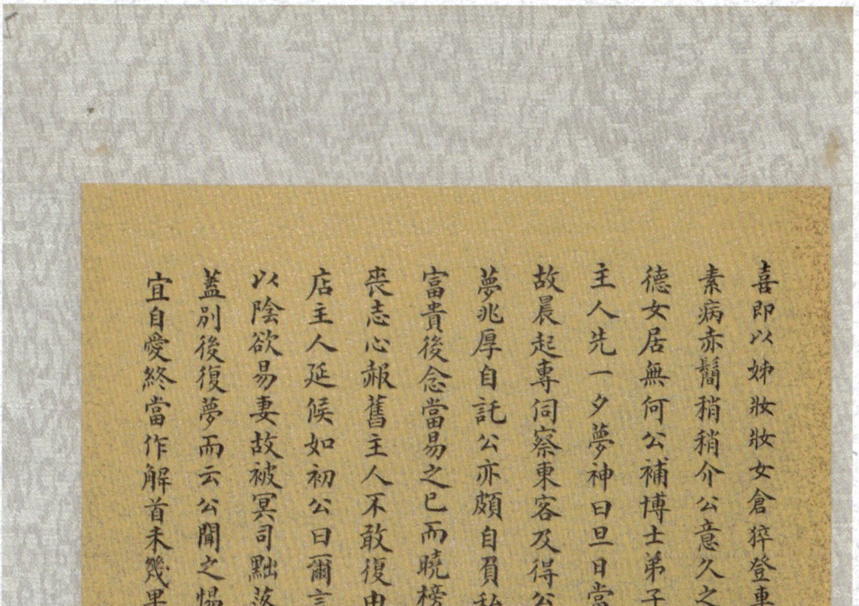

喜郎以姊妝妝女倉猝登車而去入門夫婦雅敦好逑然女
素病赤鬝稍稍介公意久之漸知易嫁之說由是益以知己
德女居無何公補博士弟子入秋闈應試道經王舍人店店
主人先一夕夢神曰旦日當有毛解元來後且脫汝於厄以
故晨起專伺察東客及得公甚喜供具殊豐善不索直特以
夢兆厚自託公亦頗自負私以細君髮鬑鬑慮爲顯者笑
富貴後念當易之已而曉榜既揭竟落孫山咨嗟蹇步懊惋
喪志心赧舊主人不敢復由王舍以他道歸後三年再赴試
店主人延候如初公曰爾言初不驗殊慚祇奉主人曰秀才
以陰欲易妻故被冥司黜落豈妖夢不足以踐公愕而問故
蓋別後復夢而云公聞之惕然悔懼木立若偶主人謂秀才
宜自愛終當作解首未幾果舉賢書第一人夫人髮亦尋長

청대清代 작자 미상 《요재전도聊齋全圖》 중 〈자매역가姊妹易嫁〉 ⓒ 오스트리아국립도서관Österreichische Nationalbibliothek

청대清代 작자 미상《요재전도聊齋全圖》중〈자매역가姊妹易嫁〉ⓒ 오스트리아국립도서관Österreichische Nationalbibliothek

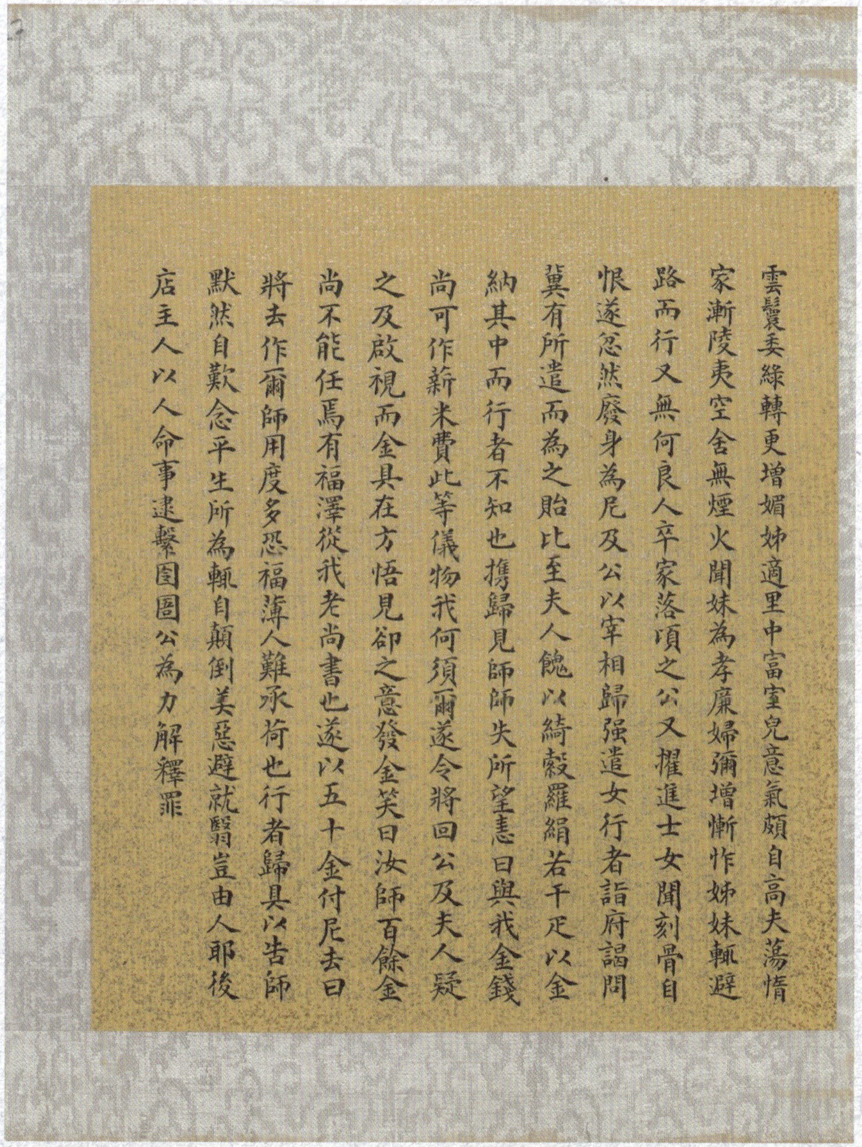

雲鬟委綠轉更增媚姊適里中富室兒意氣頗自高夫蕩惰
家漸陵夷空舍無煙火聞妹為孝廉婦彌增慚怍姊妹輒避
路而行又無何良人卒家落頃之公又擢進士女聞刻骨自
恨遂忿然廢身為尼及公以宰相歸強遣女行者詣府謁問
冀有所遺而為之貽比至夫人餽以綺縠羅絹若干疋以金
納其中而行者不知也攜歸見師師失所望恚曰與我金錢
尚可作薪米費此等儀物我何須爾遂令將回公及夫人疑
之及啟視而金具在方悟見卻之意發金笑曰汝師百餘金
尚不能任焉有福澤從我老尚書也遂以五十金付尼去曰
將去作爾師用度多恐福薄人難承荷也行者歸具以告師
默然自歎念平生所為輒自顛倒美惡避就翳豈由人耶後
店主人以人命事逮繫囹圄公為力解釋罪

청대清代 작자 미상 《요재전도聊齋全圖》 중 〈자매역가姊妹易嫁〉

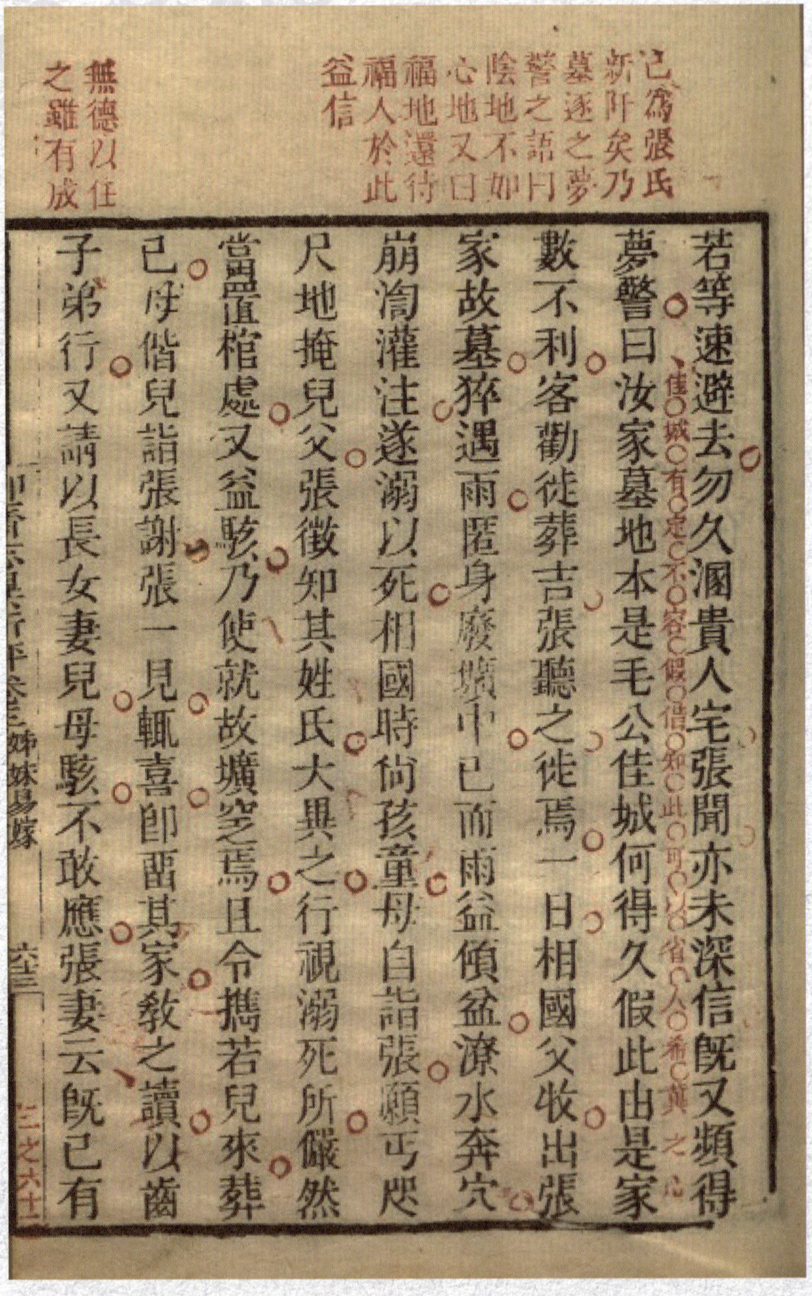

已爲張氏新阡矣乃墓逐之夢警之語曰陰地不如心地又曰福地還待福人於此益信

無德以任之雖有成

若等速避去勿久溷貴人宅張聞亦未深信旣又頻得夢警曰汝家墓地本是毛公佳城何得久假此由是家數不利客勸徙葬吉張聽之徙焉一日相國父牧出張家故墓猝遇雨匿身廢壙中已而雨益傾盆潦水奔穴崩淯灌注遂溺以死相國時尙孩童母自詣張顧丐咫尺地掩兒父張徵知其姓氏大異之行視溺死所儼然當置棺處又益駭乃使就故壙窆焉且令攜若兒來葬已母偕兒詣張謝張一見輒喜即留其家教之讀以齒子弟行又請以長女妻兒母駭不敢應張妻云旣已有

佳城有是不容假借知此可以省人希冀之心

聊齋志異新評 卷三 姊妹易嫁

청대清代 작자 미상 《요재지이신평聊齋志異新評》 중 〈자매역가姊妹易嫁〉 ⓒ 미국의회도서관Library of Congress

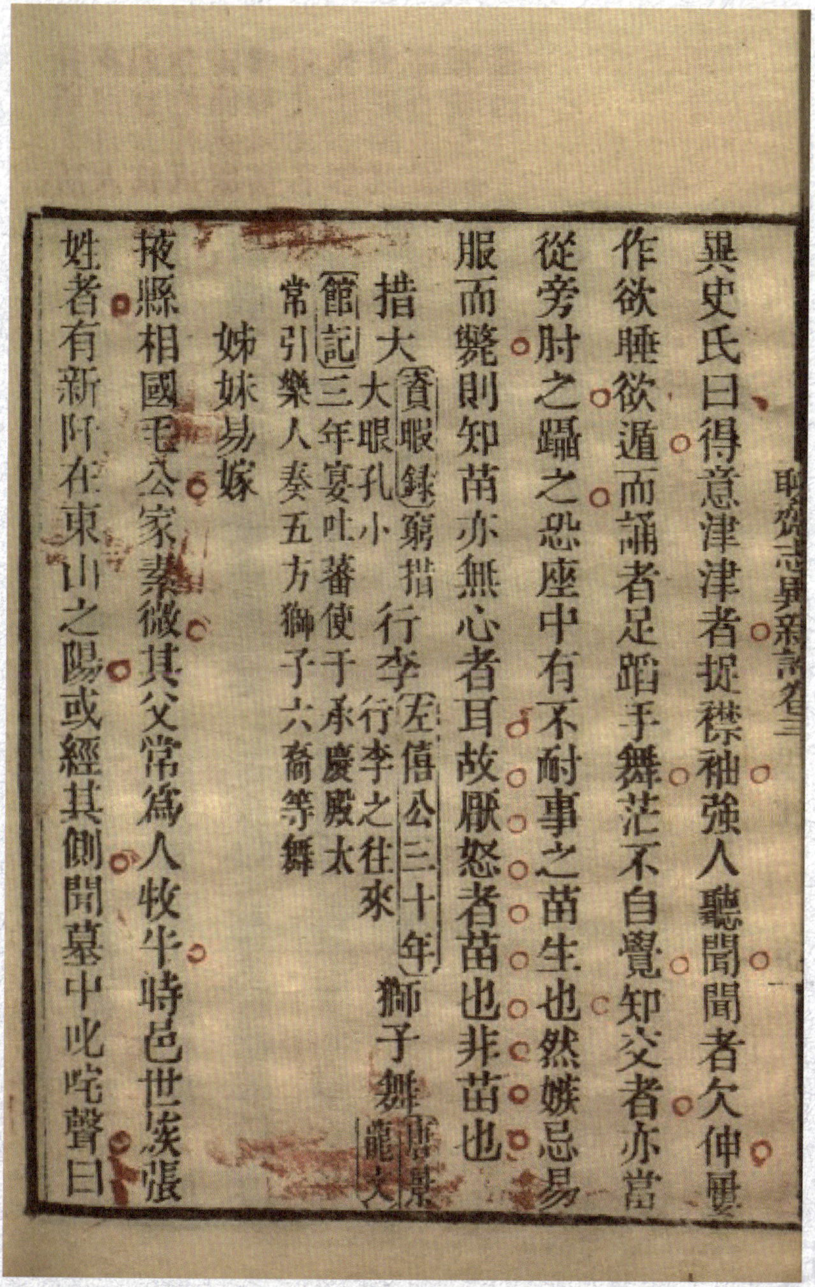

聊齋志異新評卷三

異史氏曰得意津津者捉襟袖強人聽聞聞者欠伸屢作欲睡欲遁而誦者足蹈手舞茫不自覺知交者亦當從旁肘之躡之恐座中有不耐事之苗生也然嫉忌易服而斃則知苗亦無心者耳故厭怒者苗也非苗也

措大【賓暇錄】窮措大眼孔小 行李【左僖公三十年】行李之往來 獅子舞【唐景龍文館記】三年宴吐蕃使于承慶殿太常引樂人奏五方獅子六裔等舞

姊妹易嫁

掖縣相國毛公家素微其父常爲人牧牛時邑世族張姓者有新阡在東山之陽或經其側聞墓中叱咤聲曰

청대清代 작자 미상 《요재지이신평聊齋志異新評》 중 〈자매역가姊妹易嫁〉 ⓒ 미국의회도서관Library of Congress

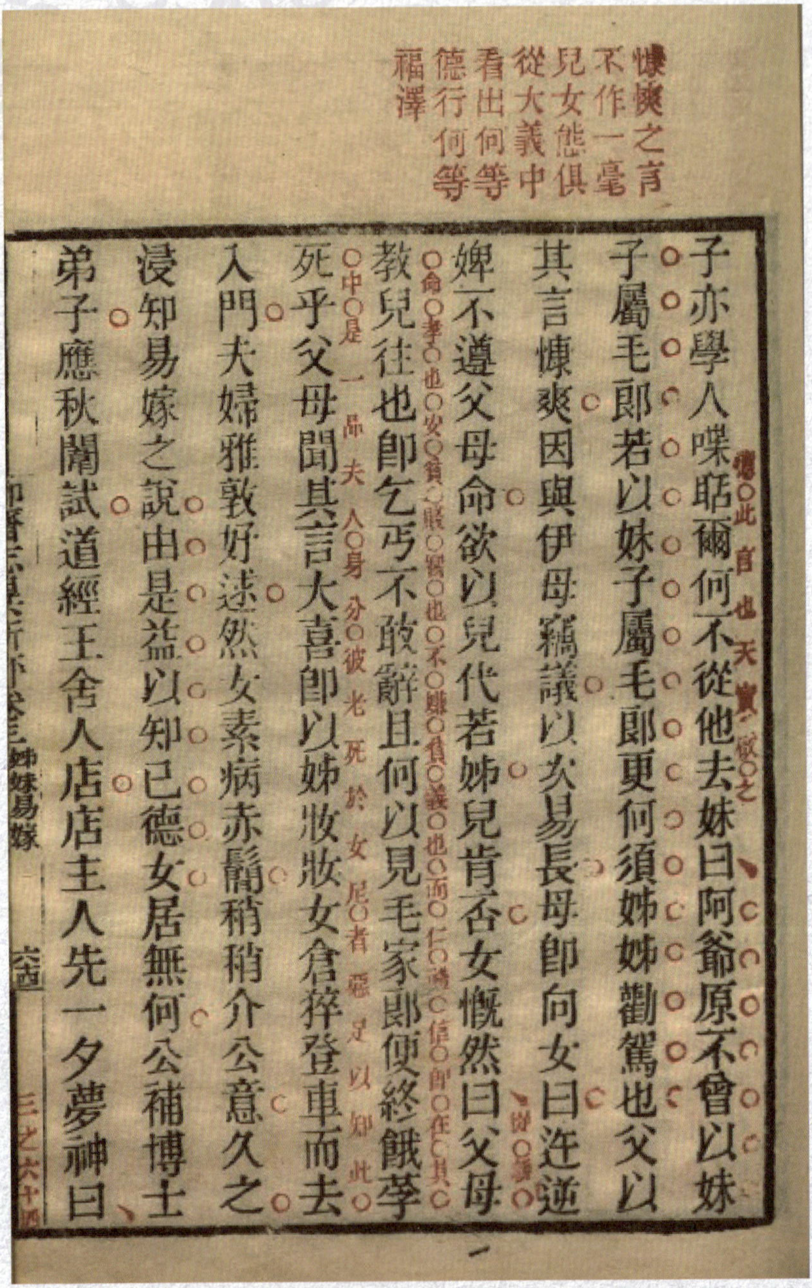

慷爽之言不作一毫兒女態俱從大義中看出何等德行何等福澤

子亦學人喋聒爾何不從他去妹曰阿爺原不曾以妹子屬毛郎若以妹子屬毛郎更何須姊姊勸駕也父以其言慷爽因與伊母竊議以女易長母即向女曰迕逆婢不遵父母命欲以兒代若姊兒肯否女慨然曰父母教兒往也即乞丐不敢辭且何以見毛家郎便終餓莩死乎父母聞其言大喜即以姊妝妝女倉猝登車而去入門夫婦雅敦好逑然女素病赤鬝稍稍介公意久之寢知易嫁之說由是益以知己德女居無何公補博士弟子應秋闈試道經王舍人店店主人先一夕夢神曰

청대淸代 작자 미상 《요재지이신평聊齋志異新評》 중 〈자매역가姊妹易嫁〉 ⓒ 미국의회도서관Library of Congress

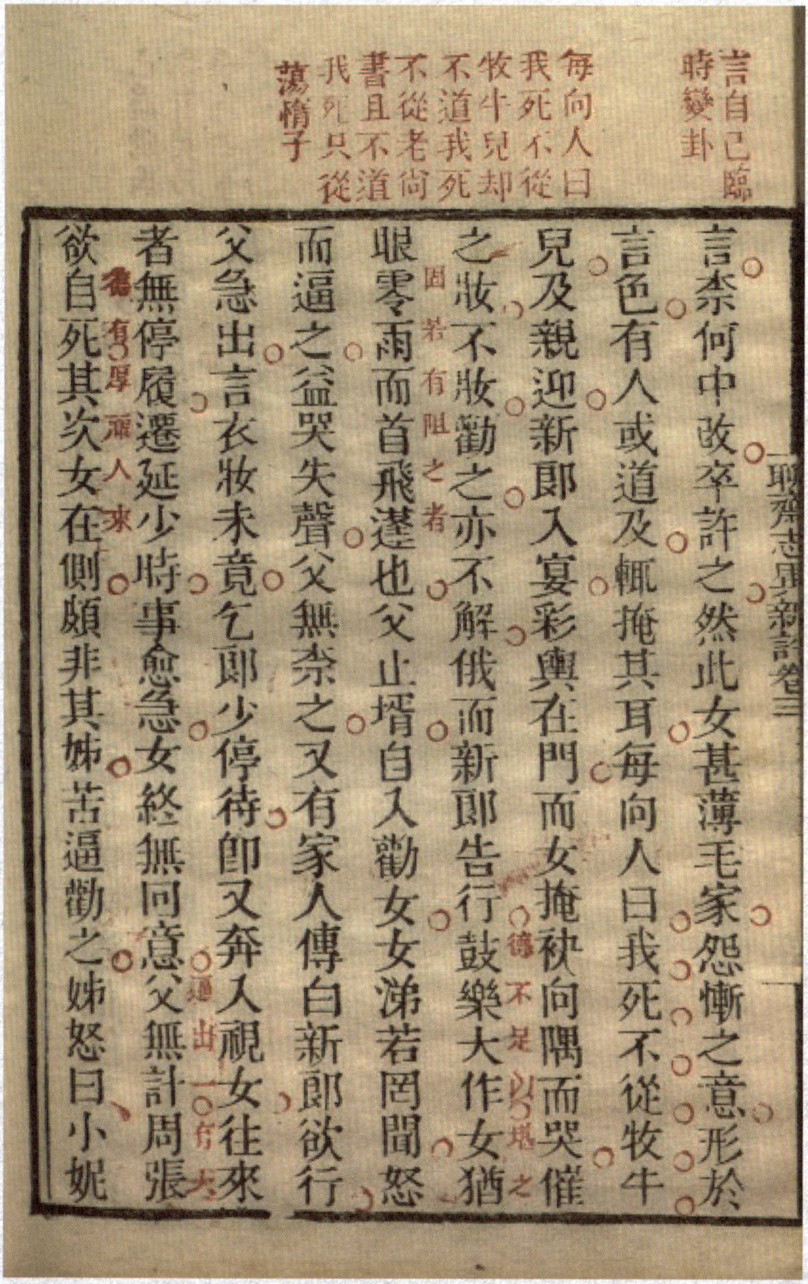
言自己臨時變卦

每向人曰我死不從牧牛兒却不道我死不從老尙書且不道我死只從
蕩情子

聊齋志異新評卷三

言奈何中敢卒許之然此女甚薄毛家怨慚之意形於言色有人或道及輒掩其耳每向人曰我死不從牧牛兒及親迎新郎入宴彩輿在門而女掩袂向隅而哭催之妝不妝勸之亦不解俄而新郎告行鼓樂大作女猶眼零雨而首飛蓬也父止壻自入勸女女涕若罔聞怒而逼之益哭失聲父無奈之又有家人傳白新郎欲行父急出言衣妝未竟乞郎少停待郎又奔入視女往來者無停履遷延少時事愈急女終無同意父無計周張欲自死其次女在側頗非其姊苦逼勸之姊怒曰小妮

傳不足以堪之
固若有阻之者
通出一有大
偏有厚顔人來

청대清代 작자 미상 《요재지이신평聊齋志異新評》 중 〈자매역가姊妹易嫁〉 ⓒ 미국의회도서관Library of Congress

7장

원용原用과 변용變用 :

《요재지이聊齋志異》의 〈자매역가姊妹易嫁〉 개작改作

| 1 | 들어가는 말入話: 서사 형식과 내용, 주제의식의 변화를 중심으로

중국소설의 흐름에서 이전의 작품으로부터 일부 소재를 취하거나 혹은 내용과 구조를 모방하여 유사한 작품을 창작하거나, 또는 새롭게 작품을 구성하는 개편의 과정은 흔히 보이는 현상 중의 하나이다. 특히 송원대宋元代에 이르러 이러한 공정은 더욱 폭넓게 이루어지는데, 출판된 독서물뿐만 아니라, 이야기꾼에 의해서 구연이 된 설창說唱, 다양한 잡기雜技와 연계되어 연행된 공연예술, 화려하고 다채로운 회화작품에 이르기까지 광범위하게 나타난다. 이러한 과정의 출현은 수공업 경제의 발전과 출판 인쇄술의 발달로 인하여 경제활동이 활성화되면서, 그에 따른 독자층의 문화적 수요가 증가하고 소설 작품에 대한 인식이 제고되었기 때문이다. 일정한 장소에서 행하여졌던 설화나 공연 등은 일부 혹은 전체를 선택하여 여러 차례의 첨삭添削과 변용變用의 과정을 거쳐 희곡 극본이나 화본소설話本小說 형태로 출판되었는데, 특히 공연의 제약성을 가지지 않는 화본소설話本小說은 이전의 시대보다 더 분명하고 강화된 '통속성通俗性'과 '오락성娛樂性'을 가지게 되었다. 이에 작가는 소설 작품을 개작할 때는 독자의 욕구에 보다 적극적으로 부합하는 요소를 염두에 두었으며, 이러한 특징을 작품에 직접 반영하게 되었다. 원작에 대한 작품성과 의미를 견지해야 한다는 고정된 틀에서 벗어났을 때, 작품에 대한 '변용變用'의 활동은 더욱 두드러진다. 이러한 현상은 명청대明清代에 이르러서도 계속되었는데, 특히 청대

淸代에는 송원대宋元代뿐만 아니라, 심지어 당대唐代의 소설 작품까지 받아들여 대량의 개작 작품을 생산하였다.

청대淸代에 이르러 이전의 소설 작품을 모방하거나 개작한 작품이 상당히 많이 출현하였는데, 이 중에서 주목할 만한 현상 중의 하나가《요재지이聊齋志異》의 개작이다.《요재지이聊齋志異》는 청대淸代 포송령蒲松齡1640~1715이 저자이며, 귀신鬼神, 요괴妖怪, 연애戀愛, 인정人情, 세속世俗 등과 관련된 490여 편의 이야기가 실려 있다.《요재지이聊齋志異》는 모두 문언문文言文으로 기록되어 있으며, 개작된 작품은 문언문文言文이 아니라, 백화문白話文으로 쓰여 있는데,《성몽병언醒夢駢言》,《산정이기합전刪定二奇合傳》,《속화경담俗話傾談》에 실려 있다.《성몽병언醒夢駢言》은《성세기언醒世奇言》이라고도 하며, 총 12회回로 '국휴주인菊畦主人'이 편찬하였고,《요재지이聊齋志異》 작품 중에서 현실 생활을 다룬 12편의 작품을 개작하여 싣고 있다.《산정이기합전刪定二奇合傳》은 '지향관거사芝香館居士'가 편찬하여 40회回로 구성되어 있으며,《유세명언喩世明言》 4편,《경세통언警世通言》 5편,《성세항언醒世恒言》 7편,《초각박안경기初刻拍案驚奇》 20편,《이각박안경기二刻拍案驚奇》 2편을 그대로 수록하고 있고,《요재지이聊齋志異》 2편은 백화문白話文으로 개작하여 싣고 있다.[1] 이 이외에도《속화경담俗話傾談》에 1편,《속화경담이집俗話傾談二集》에 1편,[2]《제춘대躋春臺》에 1편[3] 등,《요재지이聊齋志異》의 작품을 화본소설話本小說로 개작한 작품은 모두 17편에 이른다.[4]

1 程國賦,〈三言二拍選本與原作的比較研究〉,《明淸小說研究》, 2004年 第2期, 179-180쪽.

2 《속화경담俗話傾談》은 청대淸代 소빈유邵彬儒이 저술한 광동廣東 방언方言 소설이다. 동치同治 9년年1870 광동방간본廣東坊刊本[북경도서관北京圖書館 소장]을 가장 이른 판본으로 본다. 상권上卷, 하권下卷 합해서 11개의 고사가 실려 있고, 이집二集에도 이권二卷 7개의 고사, 모두 18개의 고사가 수록되어 있다. 이 중에서《요재지이聊齋志異》의 작품을 개편한 작품은 2작품인데,《속화경담俗話傾談》의 〈횡문시橫紋柴〉[《요재지이聊齋志異》의 〈산호珊瑚〉]와《속화경담이집俗話傾談二集》의 〈호수재好秀才〉[《요재지이聊齋志異》의 〈증우우曾友于〉]이다.《속화경담俗話傾談》의 〈횡문시橫紋柴〉와《요재지이聊齋志異》의 〈산호珊瑚〉의 비교는 吳燕娜,〈《俗話傾談》中的"橫紋柴"與《聊齋志異》中的"珊瑚"之比較〉,《蒲松齡研究》, 1995年 3期를 참고하기 바란다.

3 《제춘대躋春臺》은 청말淸末 유성삼劉省三의 저작이며, 4권四卷 40편四十篇의 고사로 이루어져 있다. 1권一卷 원부元部에 실려 있는 〈실신랑失新郎〉은《요재지이聊齋志異》의 〈신랑新郎〉과 〈소취小翠〉의 내용을 종합하여 하나의 이야기로 개편한 것이다. 청대淸代 가장 후기에 이루어진 작품이며, 천각川刻[사천판각四川板刻]의 가장 대표적인 백화단편소설白話短篇小說로 여겨지고 있다. 출간 연대는 광서光緖 기해己亥1899가 가장 이른 시기로 보고 있다.《제춘대躋春臺》에 대한 출간과 판본에 관한 내용은 歐陽代發,《話本小說史》, 武漢出版社, 1994年, 484쪽 ; 蔣宗福,〈《躋春臺》三種整理本勘誤擧例〉,《方言》, 2005年 第1期, 87쪽 ; 李停停, 劉世仁,〈《躋春臺》研究現狀及展望〉,《四川文理學院學報》, 2013年 第4期, 489쪽을 참고하기 바란다.

4 劉富偉,《〈聊齋誌異〉文本改編研究--以白話小說和說唱藝術爲中心》, 華東師範大學 博士學位論文, 2007年 5月, 11-12쪽 참고.

《요재지이聊齋志異》와 《성몽병언醒夢駢言》의 출간 선후에 있어서는 다소 이견異見가 있지만, 일반적으로 《요재지이聊齋志異》가 먼저 출간된 것으로 보고 있으며, 《성몽병언醒夢駢言》을 그 이후로 판단하고 있다. 《성몽병언醒夢駢言》과 《산정이기합전刪定二奇合傳》의 출간 선후는 큰 이견異見 없이 《성몽병언醒夢駢言》이 《산정이기합전刪定二奇合傳》보다 앞서는 것으로 여겨지고 있다. 그러므로 세 작품은 모두 청대淸代에 출판되었으며, 《요재지이聊齋志異》→《성몽병언醒夢駢言》→《산정이기합전刪定二奇合傳》의 순서로 출간되었다고 본다. 《속화경담俗話傾談》, 《속화경담이집俗話傾談二集》, 《제춘대躋春臺》는 청대淸代의 가장 후기에 출간된 것으로 보이는데, 특히 《제춘대躋春臺》가 가장 늦게 출간된 것으로 보인다.

이전의 작품을 개편하는 경우는 일부 소재를 가져오는 것 이외에 '재창작再創作'에 가까운 경우에는 대부분 원래 작품의 문체를 답습하는 경우가 많다. 그러나 《요재지이聊齋志異》의 개편은 이와는 다르게 동일한 작품을 문체의 변형[문언문文言文→백화문白話文]을 거쳐 다시 쓰이게 된 경우인데, 이것은 중국 소설사에 있어서 상당히 보기 드문 현상이다. 일반적으로 원작을 개작하는 경우에 원작과 개작 사이에는 일정 정도 시간적 격차가 존재한다. 이것은 원작이 출간되고 난 다음 개작이 이루어지기 때문인데, 이러한 시간의 간극은 한 시대 또는 그보다 더 긴 틈을 가지기도 한다. 명대明代의 소설은 송원대宋元代의 소설, 혹은 그 이전인 당대唐代의 소설을 모방하거나 개작한 경우가 많고, 청대淸代의 소설은 명대明代, 혹은 그 이전의 소설 작품을 개작한 경우가 자주 나타난다. 물론 청대淸代에 출간된 《요재지이聊齋志異》의 개편은 이 이후의 시기와 해당 작품을 살펴보아야 하겠지만, 당唐, 송宋, 명明, 청대淸代와 같이 시대와 전통의 흐름을 계승하지 못하고 갑자기 근대로 접어들게 되면서 소설 작품에 대한 개편이 제대로 이루어지지 않았다고 하더라도, 상당히 근접한 시간을 두고, 동일한 시대적 배경 아래 개편이 이루어진 것은 여전히 특별한 현상이라고 할 수 있다. 또한 《요재지이聊齋志異》의 일부 작품을 개작하는 과정에서 서사 형식과 구조를 조정할 뿐만 아니라, 서사 내용 또한 '부연敷衍', '첨가添加', '삭제削除'에 있어서 변화를 보이며, 심지어는 주제의식을 다루는 데 있어서도 그 강조점이 다르게 나타난다. 그러므로 동시대에 개편되었음에도 서술 문체와 서술 유형, 서사 형식과 서사 구조, 작품 내용과 주제의식이 각기 다르게 개작된 경우는 매우 주목할 만한 현상이라고 볼 수 있다.

《요재지이聊齋志異》의 여러 작품 중에서 이러한 현상이 나타나는 대표적인 작품은 〈자매역가姊妹易嫁〉이다.[5] 〈자매역가姊妹易嫁〉는 《요재지이聊齋志異》의 490여 편 중의 한 작품으로 상당히 독특한 소재를 다루고 있는데, 특이한 내용과 함께 다양한 주제의식을 함축하고 있다. '동생이 언니를 대신하여 시집간다.'라는 인과응보因果應報와 숙명론宿命論, 도덕성道德性과 권선징악勸善懲惡, 철학적 관념의 규범화規範化 등의 관점을 내포하고 있으며, 결혼제도結婚制度의 악습惡習, 부귀富貴와 빈천貧賤에 대한 왜곡된 시각, 허욕虛慾과 문벌門閥을 쫓는 세태世態에 대한 비평도 가하고 있어서 독자들에게 친밀하면서도 특별한 감흥을 불러일으키고 있다.[6] 줄거리 전개에 있어서는 여러 차례의 의외의 사건을 통해서 이야기를 더욱 곡절하게 진행하고 있고, 독자에게 일종의 자극적 희열과 통쾌함을 부여하여 더욱 작품에 몰입하게 만든다.[7] 〈자매역가姊妹易嫁〉는 인생에 있어서 가장 신중하게 숙고해야 할 일이라고 할 수 있는 '혼인'에 대해 자매가 서로 뒤바뀐 것을 주요 내용으로 삼고 있는데, 이러한 일은 전통사회에서 흔히 볼 수 있는 경우가 아니며, 당연히 소설 작품에서도 그리 쉽게 나타나는 소

5 〈자매역가姊妹易嫁〉의 내용은 실제 명明 모기毛紀[1463-1545]의 혼인사건을 다룬 것이다. 모기毛紀는 자가 유지維之이며, 산동山東 액현掖縣 사람이다. 명明 헌종憲宗 성화成化 22년年1486 향시鄕試에 급제하고, 그 이듬해 진사進士에 급제하였다. 관직이 호부상서戶部尙書와 무영전대학사武英殿大學士에 이르렀다. 《명사明史》 권卷190에 그의 전傳이 있다. 명明 모기毛紀의 혼인 사건에서 유래했다는 견해와는 달리 민간에서 전승되고 있는 뱀 신랑 이야기[사랑고사蛇郞故事]에서 유래하였다고 보는 견해도 있다. 〈자매역가姊妹易嫁〉의 유래와 이와 관련된 내용은 淸 孫擴圖의 《聊齋誌異[三會本]·姊妹易嫁》의 附錄과 附考 ; 蒲松齡著, 任篤行輯校, 《聊齋志異》, 齊魯書社, 2000年, 769쪽 ; 叢琛, 〈《姊妹易嫁》本事考證〉, 《齊魯學刊》, 1986年 第3期 ; 井玉貴, 〈婚姻喜劇與寒士心態--漫話《姊妹易嫁》〉, 《文史知識》, 2014年 第11期 ; 王晶紅, 〈解析《聊齋志異》中的"異類婚"口承敘事原型〉, 《上海大學學報·社會科學版》, 2006年 5月을 참고하기 바란다.

6 한국문학에서도 이와 유사한 작품이 있는데, 오영진이 1943년 《국민문학》에 일문日文 시나리오로 발표한 〈맹진사댁 경사〉이다. 이 작품은 1956년 희곡戲曲 〈시집가는 날〉로 개작되었고, 1958년 영화로 만들어졌다. 이 작품이 범국민적인 공감대를 구축할 수 있었던 요인은 구 결혼제도의 폐습弊習, 양반들의 허욕虛慾, 권선징악勸善懲惡 등과 같은 평범한 주제 설정과 널리 알려진 설화說話의 모티브 차용借用에서 오는 친밀감에 있다고 본다. 〈맹진사댁 경사〉에 대한 보다 자세한 내용과 '바꿔치기 혼인' 모티브의 유래와 전승은 윤일수, 〈"맹진사댁 경사"에 나타난 바꿔치기 혼인 설화의 계승 양상〉, 《語文硏究》 24集, 1996년을 참고하기 바란다.

7 《요재지이聊齋志異》의 490여 편의 이야기 중에서 〈자매역가姊妹易嫁〉가 여러 차례 화본소설話本小說로 재창작된 주요한 이유를 본격적으로 고찰한 연구는 아직 보이지 않는다. 필자가 생각하기에 출판 환경과 사회 배경, 문화 사조의 흐름 등의 외적인 영향을 제외하고, 오직 작품의 내적인 요인에서 살펴본다면, 소재의 '기이함'과 주제의 '풍자성', 내용의 '통속성'과 인물의 '친밀성'에서 찾을 수 있을 것이다. 〈자매역가姊妹易嫁〉가 '문언문文言文'이 아니라 '백화문白話文'으로 개작된 것에는 바로 이러한 특징이 주요하게 작용하였고, '교화敎化'와 '흥미興味'를 동시에 충족시켜주면서 독자에게 작품 속에 내포된 의미를 보다 적극적으로 전달하여 일종의 '희열喜悅'과 '쾌감快感'을 쉽게 끌어냈기 때문이라고 판단된다.

재는 아니다.[8] 이 작품은 동생이 언니 대신에 결혼하는 과정을 보여 주고 있을 뿐만 아니라, 바뀐 이후의 과정, 즉 언니의 몰락과 동생의 성공을 적절하게 비교하여 보여 줌으로써 줄거리에 대한 흥미를 더욱 높이고 있다.

〈자매역가姊妹易嫁〉가 분명 이러한 특징으로 인하여 많은 독자의 관심을 끌어낸 것은 사실이지만, 본 글에서 중점을 두고자 하는 것은 단순히 〈자매역가姊妹易嫁〉의 내용에만 천착하여 분석하는 것을 넘어서서 이 작품이 이후의 작품에 어떻게 받아들여지면서 개편되었는지를 자세히 살펴보는 것이다. 비록 《요재지이聊齋志異》의 많은 작품이 이후에 소설이나 희곡 등으로 개편되고 각색되었지만, 동일한 시대적 배경에서 '문언문文言文'에서 '백화문白話文'으로 개작된 예는 거의 없다. 그런 의미에서 《요재지이聊齋志異》의 〈자매역가姊妹易嫁〉를 《성몽병언醒夢駢言》의 〈위부명얼유기작違父命孽由己作 대자가복자천래代姊嫁福自天來〉와 《산정이기합전刪定二奇合傳》의 〈모상서소매환대자毛尙書小妹換大姊〉로 재창작의 과정은 상당히 중요한 의미를 지닌다.[9] 그러므로 《성몽병언醒夢駢言》과 《산정이기합전刪定二奇合傳》에 공통으로 개작되어 실려 있는 〈자매역가姊妹易嫁〉는 《요재지이聊齋志異》권11卷十一〈증우우曾友于〉 못지않게 작품의 개작 과정에서의 변화 양상을 세밀히 보여 주는 중요한 자료라고 할 수 있다.[10] 이에 《요재지이聊齋志異》의 〈자매역가姊妹易嫁〉가 《성몽병언醒夢駢言》제6회第六回〈위부명얼유기

8 중국 고전소설에서 서로 상대가 바뀌어 결혼하는 작품이 간혹 등장하기는 하지만, 이러한 경우는 남녀[혹은 가문]가 우여곡절을 겪은 뒤 서로 맞바꾸어[교환] 결혼한 경우이며, 대부분 행복한 결말로 마무리 짓고 있다. 하지만 〈자매역가姊妹易嫁〉는 동일한 성性[자매]에서 이루어지며, 상호 교환 과정이 아니라 대체하는 과정이며, 행복한 결말[동생의 경우]과 불행한 운명[언니의 경우]이 동시에 나타나는 것이 다르다.

9 《요재지이聊齋志異》의 12편의 작품을 화본소설話本小說로 재창작한 《성몽병언醒夢駢言》은 이 시기 문언소설文言小說에서 백화소설白話小說로의 개작 과정을 보여 주는 상당히 중요한 자료이다. 또한 《산정이기합전刪定二奇合傳》과 같이 다른 저명한 화본소설話本小說 38편을 그대로 싣고 있으면서, 동시에 《요재지이聊齋志異》의 작품을 화본소설話本小說로 개작한 2편을 싣고 있다는 것도 독특한 의미를 지니고 있다.

10 《요재지이聊齋志異》의 작품이 화본소설話本小說로 개작되어, 《성몽병언醒夢駢言》과 《산정이기합전刪定二奇合傳》에 공통으로 실려 있는 작품은 〈증우우曾友于〉와 〈자매역가姊妹易嫁〉이다. 〈증우우曾友于〉는 《속화경담이집俗話傾談二集》에도 개편되어 실려 있다. 본 글에서는 《요재지이聊齋志異》의 〈자매역가姊妹易嫁〉가 구체적으로 어떻게 화본소설話本小說로 개작되었는지 고찰하면서, 서사 형식과 구조, 서사 내용, 주제의식에서의 변화와 연관 관계를 살펴보고자 한다. 다음은 《요재지이聊齋志異》의 작품이 화본소설話本小說로 개작되어, 《성몽병언醒夢駢言》, 《산정이기합전刪定二奇合傳》, 《속화경담이집俗話傾談二集》에 실려 있는 작품명을 나타낸 것이다.

《聊齋志異》		《醒夢駢言》		《刪定二奇合傳》		《俗話傾談二集》
卷十一	〈曾友于〉	第五回	〈逞兇焰欺凌柔懦 醲和氣感化頑殘〉	第三十四回	〈曾孝廉解開兄弟劫〉	〈好秀才〉
卷四	〈姊妹易嫁〉	第六回	〈違父命孽由己作 代姊嫁福自天來〉	第三十六回	〈毛尙書小妹換大姊〉	×

작違父命孽由己作 대자가복자천래代姊嫁福自天來〉와 《산정이기합전刪定二奇合傳》제36회第三十六回〈모상서소매환대자毛尚書小妹換大姊〉로 어떻게 개작되었는지를 살펴보는 것은 원작에 대한 '수용受容', '모방模倣', '답습踏襲'을 보여 주는 '원용原用'의 개념과 '전환轉換', '변화變化', '이탈離脫'의 개념을 담고 있는 '변용變用'의 의미를 살펴볼 수 있는 주요한 과정이라고 할 수 있다.[11]

〈자매역가姊妹易嫁〉는 현실세계에서 일어나기 힘든 귀신이나 요괴의 이야기에서 주로 나타나는 '괴이한[괴怪]' 내용이 아닌, 현실의 세계에서 나타날 수 있는 '신기한[기奇]' 내용을 다루고 있다. 그렇기 때문에 《요재지이聊齋志異》의 다른 작품과는 달리, 이 작품은 현실적인 배경 아래 특수한 사건을 연계한 작품으로 볼 수 있는데, 작품 내용의 굴곡과 반전이 교묘하게 배치되어 있으며, 그 과정에서 전통적인 인과응보因果應報 관념과 숙명론宿命論을 적절하게 제시하고 있다. 또한, 그 소재와 구성이 참신하고 구조가 치밀하게 엮여있어 많은 독자에게 더욱 수준 높은 재미를 제공하고 있다. 이러한 점은 〈자매역가姊妹易嫁〉를 개작한 여러 장르의 작품을 살펴보더라도 쉽게 추측할 수 있다. 이러한 특징으로 인해 〈자매역가姊妹易嫁〉는 이후 여극呂劇, 천극川劇, 곤극昆劇, 월극越劇 등 희곡戲曲으로 개편되었거나 혹은 이것에 중요한 소재를 제공하였다. 이러한 희곡戲曲으로의 개편 과정에 관한 연구는 상당히 활발하게 이어져 오고 있는 데 반해,[12] 화본소설話本小說로 개편된 작품에 관한 연구는 그다지 많지 않다. 비록 일부 연구자들이 《요재지이聊齋志異》의 화본소설話本小說로의 변

---

11 '원용原用'과 '변용變用'은 일반적으로 사용하고 있는 '원용援用'과 '변용變容'의 개념과는 매우 다르다. '원용援用'은 '자기의 주장이나 학설을 뒷받침하기 위하여 문헌이나 관례 따위를 끌어다 쓰는 것'을 말하며 '인용引用'과 유사한 의미를 가진다. '변용變容'은 '사물의 모습이나 형태가 바뀌거나, 또는 그 바뀐 모습이나 형태를 일컫는 것'으로 주로 '변형變形'의 의미를 지니고 있다. 본 글에서 사용하고 있는 '원용原用'과 '변용變用'의 개념은 '변화變化', '운용運用', '창작創作'의 특징에 기초한다. '변화變化'는 원작과 개작의 다름을 보여 주는 것이고, '운용運用'은 진행 과정의 '움직임'을 구체적으로 드러내는 것이고, '창작創作'은 창조의 의미를 제시하는 것이라고 할 수 있다. 단순히 이전의 작품을 인용하거나 외형적 변형의 차원을 넘어서, 옛것을 답습하거나 그것을 바탕으로 새롭게 바꾸고 운용하는 창작의 속성을 동시에 지닌다고 할 수 있다.

12 구체적인 연구논문을 살펴보면 다음과 같다. 李公綽, 〈只緣舊譜翻新聲--關于呂劇《姊妹易嫁》的改編〉, 《人民戲劇》, 1979年 第4期 ; 隋武, 〈對《姊妹出嫁》的一點異議〉, 《上海戲劇》, 1981年 第2期 ; 叢琛, 〈《姊妹易嫁》本事考證〉, 《齊魯學刊》, 1986年 第3期 ; 鞏武威, 〈論舞台劇聊齋戲的改編〉, 《蒲松齡研究》, 1996年 第3期 ; 王富聰, 〈改編《聊齋》戲評二則〉, 《蒲松齡研究》, 1997年 第1期 ; 杜建華, 〈《聊齋志異》轉化爲戲曲的十種方式--以傳統川劇爲例〉, 《戲劇中央戲劇學院學報》, 2003年 第1期 ; 廖全京, 〈在戲劇與文學之間尋找精神張力--《聊齋志異》與川劇聊齋戲》簡評〉, 《四川戲劇》, 2004年 第5期 ; 唐雪薇, 〈鑽入聊齋戲十年成大作--杜建華《〈聊齋志異〉與川劇聊齋戲》問世〉, 《學子》, 2004年 第9期 ; 方兆平, 〈試論呂劇《姊妹易嫁》對同名小說的改編〉, 《安徽文學》, 2012年 第1期 등.

용變用에 대해서 관심을 가지고 연구를 진행해왔지만, 대부분《성몽병언醒夢駢言》과의 비교를 중심으로 이루어졌다. 주로 양자의 단순 대조나《요재지이聊齋志異》의 재창작한 부분에 중점을 두고 줄거리 전개와 주제의식의 연관성을 살펴보거나, 혹은 판본이나 방언 자료를 통하여 저자의 진위眞僞와 지역적 특징을 고찰하는 정도에 그치고 있다.[13] 또한《성몽병언醒夢駢言》에 대한 단독적인 연구라 할지라도《요재지이聊齋志異》와의 긴밀한 연관성에 착안하여 개편改編의 특징을 살펴보기보다는《성몽병언醒夢駢言》의 판본과 저술 과정, 주제사상, 서사 기교 등을 중심으로 다루고 있을 따름이다.[14] 물론 이러한 연구 과정의 일부는 양자를 비교, 분석하는 과정이 수반되기는 하지만, 전체적인 작품[12편 작품]에 대한 종합적인 기술에 치우쳐 있어, 그 내용이 대부분 단순하고 개괄적이라고 할 수 있다. 이러한 연구들은 어떤 한 작품에 대한 자세하고 체계적인 분석보다는 원작에 대한 개괄적 조사에 치중한 것이 사실이다. 그리하여 함께 개작된 작품을 일괄하여 몇 가지 특징적인 부분에 대한 논의를 중심으로 살펴보거나, 혹은 양자의 연관성보다는 작품집에 대한 단독적인 내용을 중심으로 고찰한 것이 대부분이다. 비록 작품의 전체적인 내용과 형식, 개작의 상태는 알 수 있지만, 각 작품이 구체적으로 어떠한 변화를 보이는지에 대한 체계적인 분석은 여전히 미흡하다. 그렇기 때문에 '원용原用'과 '변용變用'의 개념으로 하나의 작품이 어떻게 유사한 작품으로 개작되었는지, 그 과정에서 어떠한 '수용受容'과 '변용變容'이 일어났는지에 대해서 세밀하게 분석한 연구는 현재까지 이루어지지 않고 있다. 더욱이《요재지이聊齋志異》와《성몽병언醒夢駢言》,《산정이기합전刪定二奇合傳》세 작품을 연결 지어 진행한 연구

---

13 王恒展, 〈淺論《聊齋志異》與話本小說的關係〉,《蒲松齡研究》, 1997年 第2期；陳泳超, 〈《醒夢駢言》摹襲《聊齋志異》考〉,《明清小說研究》, 1997年 第3期；丁曉昌, 〈試論《醒夢駢言》取材於《聊齋志異》〉,《南京師大學報》, 1999年 第3期；徐文軍, 〈守朴翁是不是蒲松齡--《醒夢駢言》作家初探〉,《蒲松齡研究》, 2005年 第4期；方兆平, 〈略論《醒夢駢言》對《聊齋志異》的改編〉,《語文學刊》, 2008年 1月；鄒宗良, 〈《醒夢駢言》與吳方言--兼論蒲松齡不是該書的作者〉,《蒲松齡研究》, 2009年 第2期；李軍鋒, 〈試論宋元話本小說對《聊齋志異》的影響〉,《西昌學院學報·社會科學版》, 2010年 3月；陳文新, 〈從宋元話本到《聊齋志異》--論講唱文學對文言小說滲透〉,《學術交流》, 2010年 7月；褚半農, 〈亦談《醒夢骈言》與吳方言--兼論蒲松齡不可能是該書作者〉,《蒲松齡研究》, 2010年 第3期 참고.

14 梁衛華,《〈醒夢駢言〉研究》, 北京師範大學 碩士學位論文, 2007年 5月；郭小麗,《〈醒夢駢言〉考論》, 南京大學 碩士學位論文, 2013年 5月；燕斌,《〈醒世奇言〉代詞研究》, 曲阜師範大學 碩士學位論文, 2012年 5月；宋家庚, 〈一部根據《聊齋志異》故事改寫的評話小說集--《醒夢駢言》簡介〉,《蒲松齡研究》, 2012年 第2期 참고.

는 전혀 없다고 할 수 있다.[15]

이에 본 글에서는《요재지이聊齋志異》의 〈자매역가姊妹易嫁〉와 이를 개작한《성몽병언醒夢駢言》제6회第六回〈위부명얼유기작違父命孽由己作 대자가복자천래代姊嫁福自天來〉와《산정이기합전刪定二奇合傳》제36회第三十六回〈모상서소매환대자毛尙書小妹換大姊〉를 중요한 연구대상[16]으로 삼아 동일한 시대의 문언문文言文 소설 작품이 어떻게 백화문白話文 소설 작품으로 개작되었는지 살펴보고, 이 과정에서 작품의 서사 형식과 서사 구조, 서사 내용 그리고 주제의식이 어떻게 '원용原用'되고 '변용變用'되어 나타나고 있는지 자세히 고찰하려고 한다. 이러한 과정은 단순히 작품의 변화를 살펴보는 것에 끝나지 않고, 작품 간의 관계와 연관성을 밝히는 데 도움이 될 것이다. 또한, 원작을 개작하는 과정에서 '작가', '작품', '독자' 간의 연계와 호응, 독자의 작품에 대한 인식과 요구, 그리고 당시 소설 작품의 개작 경향과 흐름 등의 정도를 어느 정도 가늠할 수 있다. 이것은 소설사의 발전 과정에서 문체와 내용의 전환을 통해 작품이 어떻게 재탄생하는지 구체적으로 살펴보는 데 도움을 주며, 그 속에 포함된 작품에 관한 내용과 의식, 수용과 거부의 반응 등 다방면에 걸쳐 그 진행 과정과 변화 형태를 폭넓게 고찰할 수 있는 계기가 될 것이다.

15 劉富偉의 〈《聊齋志異》文本改編研究--以白話小說和說唱藝術爲中心〉은《요재지이聊齋志異》의 개편改編과 후대後代 문학 작품에 대한 영향과 변용을 체계적으로 연구한 저작이다. 이 학위논문은 전체가 상하편上下篇으로 나누어져 있고, 상편上篇과 하편下篇은 각각 3장으로 구성되어 있다. 필자의 연구와 직접 관련이 있는 부분은 상편上篇의 제1장이라고 할 수 있다. 그는 이 학위논문의 1장에서《요재지이聊齋志異》의 제재와 내용, 형식과 서사 기교, 언어와 사상 등이 어떻게 수용되고 변화하였는지 다방면에 걸쳐 폭넓게 고찰하고 있다. 대체로 전체적인 변화 양상이나 윤곽에 초점을 맞추어 기술하고 있으며, 중요한 몇몇 작품을 중심으로 자신의 주장을 전개하고 있다. 그러다 보니 깊이 있게 다루어야 할 작품이나 현상에 대해서 간과하고, 작품 간의 유기성과 연계성에 대해서도 소홀히 기술한 부분이 나타난다. 물론 연구대상이 많고 범위가 넓어서 다룰 내용이 많다 보니 필연적으로 나타나는 문제점이라고 할 수 있다. 비록 이 학위논문이《요재지이聊齋志異》의 '수용受容'과 '변용變容'에 대해 다양한 시각으로 분석한 점은 인정되지만, 개개의 작품에 대한 심도 있는 고찰은 여전히 미흡하다고 볼 수 있다. 특히 세 작품을 연계하여 직접적이고 세밀하게 분석한 경우는 일부 작품에만 한정되어 있고, 기술한 내용 역시 비교적 간단하다. 하지만 필자는 세 작품의 '원용原用'과 '변용變用'과정을 자세히 검토하는 것은 작품의 수용과 변화 과정을 이해하고 밝히는 데 상당히 중요한 부분이라고 생각한다. 이런 점에서 보면, 세 작품을 연계하여 자세하게 고찰한 연구는 국외에는 거의 보이지 않고 있으며, 국내에서도 필자가 진행한 연구가 유일하다고 할 수 있다. 劉富偉, 〈《聊齋志異》文本改編研究--以白話小說和說唱藝術爲中心〉, 華東師範大學 博士論文, 2007年 5月 참고.

16 《요재지이聊齋志異》의 〈자매역가姊妹易嫁〉,《성몽병언醒夢駢言》제6회第六回〈위부명얼유기작違父命孽由己作 대자가복자천래代姊嫁福自天來〉,《산정이기합전刪定二奇合傳》제36회第三十六回〈모상서소매환대자毛尙書小妹換大姊〉의 원문은 古本小說集成編委會編,《古本小說集成》, 上海古籍出版社, 1990年；關德棟 輯校,《聊齋志異話本集》, 齊魯書社, 1991年을 참고하였다.

| 2 | 서사 형식과 서사 구조의 변화

《요재지이聊齋志異》의 〈자매역가姊妹易嫁〉를 원형으로 하여 《성몽병언醒夢駢言》제6회第六回〈위부명얼유기작違父命孽由己作 대자가복자천래代姊嫁福自天來〉와 《산정이기합전删定二奇合傳》제36회第三十六回〈모상서소매환대자毛尚書小妹換大姊〉를 살펴보면, 서사 형식과 서사 구조의 변화를 살펴볼 수 있다.[17] 이러한

17 〈자매역가姊妹易嫁〉와 〈위부명얼유기작違父命孽由己作 대자가복자천래代姊嫁福自天來〉, 〈모상서소매환대자毛尚書小妹換大姊〉를 비교하면, 서사 형식이나 서사 구조에서도 변화가 보이지만, 인명人名에 있어서도 어느 정도 차이를 보인다. 세 작품의 인명人名을 비교하면 다음과 같다.

인물	작품		
	《聊齋志異》 〈姊妹易嫁〉	《醒夢駢言》 第六回 〈違父命孽由己作 代姊嫁福自天來〉	《删定二奇合傳》 第三十六回 〈毛尚書小妹換大姊〉
張家	張氏	張士先[張氏의 父]	×
	×	于氏[張氏의 母]	×
	張氏	張維城	張翁
	張氏 부인	方氏[妻]	×
	첫째 딸	月英	玉英
	×	汪自喜[月英의 夫]	邱氏[玉英의 夫]
	둘째 딸	月華	玉貞
	×	保兒[요절]	×
	×	壽兒	×
	×	阿琴[壽兒의 妻	×
毛家	×	王作先[曾祖父]	×
	×	王善承[祖父]	×
	×	高氏[祖母]	×
	毛公의 父	王又新[父]	毛德輶
	毛公의 母	山氏[母]	×
	毛公	王興兒	毛敏
기타	여관 주인	여관 주인	여관 주인[王舍人]
	×	×	여관 주인의 子
	×	董先生 [王興兒의 선생]	×
	神	關帝	靈官

세 작품 중에서 〈위부명얼유기작違父命孽由己作 대자가복자천래代姊嫁福自天來〉에서 인명人名이 많이 달라지고 새로운 인물이 많이 등장한다. 모씨毛氏 가문에 있어서는 주인공인 모공毛公은 왕흥아王興兒로 바뀌었고, 왕흥아王興兒 조부모인 왕선승王善承과 고씨高氏, 증조부인 왕작선王作先이 새롭게 등장한다. 장씨張氏 집안에 있어서는 큰딸을 월영月英, 둘째 딸을 월화月華이라고 하고, 월영月英의 남편을 왕자희汪自喜라고 한다. 장유성張維城의 아들 보아保兒가 새롭게 등장하면서 병으로 요절하고, 이어서 수아壽兒가 태어나고 이후에 왕자희汪自喜와 투합하여 방탕한 생활을 한다. 수아壽兒의 부인인 아금阿琴[가씨可氏 집안의 女]이 등장하고, 아금阿琴은 월영月英과 갈등구조를 이룬다. 〈모상서소매환대자毛尚書小妹換大姊〉에는 〈자매역가姊妹易嫁〉의 인물 구성을 거의 답습하고 있어서 큰 변화는 보이지 않지만, 인명人名에 있어서 약간의 변동이 보인다. 모공毛公의 아버지를 모덕유毛德輶라고 하고, 큰딸을 옥영玉英, 둘째 딸을 옥정玉貞, 옥영玉英의 남편을 구씨邱氏라고 한다. 새롭게 등장하는 인물은 여관 주인의 아들인데, 아버지[여관 주인]의 누명을 벗겨내기 위하여 모민毛敏을 찾아간다. 기타인물 중에서는 여관 주인의 꿈을 통해 미래를 계시하는 역할로는 〈자매역가姊妹易嫁〉에서는 '신神', 〈위부명얼유기작違父命孽由己作 대자가복자천래代姊嫁福自天來〉는 '관제關帝', 〈모상서소매환대자毛尚書小妹換大姊〉에서는 '영관靈官'이 등장한다.

변화는 문언소설文言小說과 백화소설白話小說[화본소설話本小說]의 차이점에서 기인하며 문체의 차이에 따라 서사 형식과 서사 구조의 다름으로 나타난다.

1) 서사 형식의 다름

서사 형식의 다름으로 작품을 분류하면, 〈자매역가姊妹易嫁〉는 문언문文言文으로 쓰여 있으며, 전통적 사전적 기술형태를 드러내고 있다. 이것은 문언문文言文으로 쓰여 있는 점이 가장 주요하게 작용하기 때문인데, 특히 문미文尾에 '이사씨왈異史氏曰'이라고 하는 서술자의 직접적인 개입을 통해서도 이러한 특징을 잘 알 수 있다.

〈위부명얼유기작違父命孽由己作 대자가복자천래代姊嫁福自天來〉와 〈모상서소매환대자毛尙書小妹換大姊〉는 백화문白話文으로 쓰여 있으며 화본소설話本小說의 전형적 형태를 보인다. 일반적인 화본소설話本小說 형식은 '입화入話'→'정화正話'→'편미篇尾'로 구성되어 있는데, 이 두 작품은 모두 이러한 형식을 따르고 있다. 화본소설話本小說의 형식을 구체적으로 살펴보면, '입화入話는 본 이야기에 들어가기 전에 본 이야기와 유사하거나 혹은 그렇지 않은 이야기로 작품의 분위기를 조성하거나 독자[관객]의 주의를 집중시키기 위하여 안배된 것이다. 본 이야기인 '정화正話'는 실제로 서술하고자 하는 작품 내용을 말하며, '편미篇尾'는 작품의 결말 혹은 종결에 해당하는데, 주로 '시詩'와 '사詞', 혹은 간단한 '의론議論'으로 작품의 내용을 마무리 짓는다. 여기에는 서술자의 의견을 '시詩'나 '사詞'에 빗대어 표현하기도 하고, 단순히 작품의 내용을 정리하는 방식으로 종결을 짓기도 하며, 혹은 이 두 가지 내용을 복합적으로 결합하여 드러내기도 한다.

'입화入話는 다시 '입화시入話詩', '입화의론入話議論', '입화고사入話故事', '결미시結尾詩' 등으로 세분된다. 전통적인 화본소설話本小說은 이러한 형식이 대체로 잘 지켜지고 있는데, 〈위부명얼유기작違父命孽由己作 대자가복자천래代姊嫁福自天來〉는 '입화고사入話故事', '결미시結尾詩'가 없이, '입화시入話詩, '입화의론入話議論만 있고, 이 중에서 '입화의론入話議論이 강조되어 기술되고 있다. 〈모상서소매환대자毛尙書小妹換大姊〉는 네 가지 모두 다 갖추어져 있다.

〈자매역가姊妹易嫁〉와 〈위부명얼유기작違父命孽由己作 대자가복자천래代姊嫁福自天來〉, 〈모상서소매환대자毛尙書小妹換大姊〉의 가장 큰 차이점은 '문언문文言

文'과 '백화문白話文'이라는 문체상의 특징을 제외하고, 작품의 도입부와 결말 부분의 형식에서의 차이라 할 수 있다. 도입 부분에는 '입화入話가 나타나는가가 관건이 되며, 결말 부분에는 서술자의 개입 정도로 양자가 구별된다. 특히 '이사씨왈異史氏曰'과 같은 서술자의 평론이 삽입되었는가, 아니면 '시詩'와 '사詞의 형태로 기록되었는가가 분명한 차이점을 이룬다. 결말 부분은 서술자가 관여하는 정도와 표현 양식만 다를 뿐, 모두 서술자가 개입한다는 공통점을 가지고 있다. 먼저, 세 작품의 '도입부'를 비교해보면 서사 형식의 차이점을 분명하게 알 수 있다.

> 액현掖縣 사람인 상국相國 모공毛公은 집안이 가난하였으며, 그의 아버지는 소치기였다. 장씨張氏는 그 마을의 귀족이었고, 동산東山의 남쪽에 새로 묏자리를 옮겼다.[18]

> 들쑥날쑥한 지면은 끝까지 의지하기 어렵고, 부귀와 빈천함은 마치 바퀴가 돌아가는 것과 같네. 지금은 쑥으로 엮어 만든 문을 달고 새끼로 지도리를 맨 가난한 사람도, 이후에는 금마문金馬門과 옥당전玉堂殿[한림원翰林院을 비유]에 거하게 되나니.[19]

> 가지는 담장의 동쪽에 있고, 꽃은 서쪽에 있네. 무리에서 나와 땅에 떨어지니, 바람 따라 이리저리 날리네. 가지에 꽃이 없어도 때가 되면 여전히 다시 피어나나니, 만약 꽃이 가지에서 떨어진다면 다시 가지에 붙기 힘들다네.[20]

위의 세 인용문을 살펴보면, 〈자매역가姉妹易嫁〉의 첫 부분은 주인공인 모공毛公의 출신 배경, 장씨張氏의 부유한 환경과 사건의 발단[이장移葬]에 대해서 설명하고 있다. 중국 고전소설에서 서두에 흔히 나타나는 인물의 배경 설명과 출신 내력, 시간 혹은 공간을 제시하는 경향과 일치한다. 〈위부명얼유기작違父命孽由己作 대자가복자천래代姊嫁福自天來〉는 '입화시入話詩'가 등장하고 운명과 관상에 관한 내용을 담고 있다. 부귀富貴와 빈천貧賤은 마치 수레바퀴와 같이 언제든지 바뀔 수 있다는 점을 강조하면서 지금 미천하고 하찮은 일을 하

18 掖縣相國毛公, 家素微. 其父常爲人牧牛. 時邑世族張姓, 有新阡在東山之陽.《聊齋志異》卷四〈姊妹易嫁〉

19 參差境地盡難憑, 貴賤窮通似轉輪. 此日蓬樞繩戶子, 他年金馬玉堂人.《醒夢駢言》第六回〈違父命孽由己作 代姊嫁福自天來〉

20 枝在墻東花在西, 自叢落地任風吹. 枝無花時還在發, 花若離枝難上枝.《刪定二奇合傳》第三十六回〈毛尙書小妹換大姊〉

는 사람도 나중에는 높은 벼슬과 영화를 누릴 수 있음을 언급하고 있다. '입화시入話詩' 다음에는 '입화의론入話議論'이 등장하는데, '입화의론入話議論'은 개인의 '부귀영화富貴榮華'는 운명에 미리 정해져 있기도 하지만 사람 됨됨이를 통해서 알아볼 수 있음을 기술하고 있다. 또한, 부귀한 자와 빈궁한 이는 서로 다른 운명을 가지고 있으므로 아무리 노력해도 그 틀에서 벗어나기 힘들다는 견해를 강조하고 있다. 〈모상서소매환대자毛尙書小妹換大姊〉는 '입화시入話詩에는 '기부사棄婦詞'를 인용하고 있는데, '지아비를 따름[종부從夫]'를 부인의 도리라고 여기며, 가지를 '남편', 가지에 핀 꽃을 '부인'으로 비유하고 있다. '입화의론入話議論'은 가지와 꽃의 비유를 설명하면서 부인이 도를 다하여 지아비를 섬겨야 함을 주장하고 있다.

그다음에는 '입화고사入話故事'가 있는데, 한무제漢武帝 때 승상을 지낸 주매신朱買臣의 고사로 유명한 '복수난수覆水難收[엎지른 물은 다시 담을 수 없다는 말로, 한 번 저지른 일은 어찌할 수 없다는 의미]' 고사를 인용하고 있다. 이어서 '결미시結尾詩'에는 두 수의 시詩가 인용되어 있는데, 하나는 '복수난수覆水難收' 고사를 종결한 내용이고, 다른 하나는 '기빈중부欺貧重富[가난한 것을 싫이하고 부귀를 좋아하는 것]'에 대한 세태를 묘사한 것이다. 이상으로 세 작품의 도입 부분을 비교하여 고찰하면, 〈위부명얼유기작違父命孽由己作 대자가복자천래代姊嫁福自天來〉아 〈모상서소매환대자毛尙書小妹換大姊〉는 화본소설話本小說로서 비슷한 서사 형식을 가지고 있지만, 〈자매역가姊妹易嫁〉는 도입부에 바로 본 이야기가 진행되고 있으므로 이 세 작품의 서사 형식은 다르다고 할 수 있다.

2) 서사 구조의 다름: '전치前置', '분리分離', '도치倒置'

세 작품의 줄거리를 살펴보면, 이야기의 전개 방식이 유사하고, 구성이 발단[시작]→전개1, 전개2[전환]→절정→결말의 구조로 비슷하게 나타나고 있지만, 각 구성별 세부 내용의 순서와 진행, 구성 간 '화소'의 설정과 이동 등이 다르게 그려진다. 세 작품의 각 구성별 내용을 살펴보면 다음과 같다.

「표 1」〈자매역가姊妹易嫁〉의 구성과 내용

구성	〈姊妹易嫁〉	비고
발단	1. 모공毛公의 출신 배경 설명 2. 장씨張氏의 꿈과 선친의 이장移葬 3. 모공毛公 아버지의 죽음과 장례	
전개1	4. 장씨張氏의 선견지명先見之明→큰딸과 결혼 약속 5. 큰딸의 원망 6. 모공毛公의 결혼→큰딸의 혼인 거부→둘째 딸과의 혼인 7. 둘째 딸의 외모와 성격 8. 모공毛公의 과거 시험→여관 주인의 환대[예지몽豫知夢]→자만심과 처[둘째 딸]를 바꾸려는 생각을 가짐→과거의 낙방 9. 3년 뒤 과거 시험→여관 주인의 설명→모공毛公의 반성→과거 급제→아내의 외모 변화	
전개2	10. 큰딸은 득의양양得意揚揚→가세가 기울어짐→방탕한 남편의 죽음→출가하여 중이 됨	
절정	11. 모공毛公 부부가 재상이 되어 귀향→큰딸에게 비단 속에 돈을 감추어서 줌→큰딸은 그 속마음을 알지 못하고 선물이 마음에 들지 않아 되돌려 줌 12. 모공毛公은 큰딸의 박복한 운명을 조소	
결말	13. 여관 주인의 누명→모공毛公이 힘을 써서 풀려남 14. 이사씨異史氏: 서술자의 개입	

「표 2」〈위부명얼유기작違父命孽由己作 대자가복자천래代姊嫁福自天來〉의 구성과 내용

구성		〈違父命孽由己作 代姊嫁福自天來〉	비고
입화入話		1. 입화시入話詩: 운명과 관상 2. 입화의론入話議論: 개인의 행복과 불행의 운명은 미리 정해져 있기도 하지만 인품[행동과 성격]을 통해서도 알 수 있음	
정화 正話	발단	3. 장유성張維城의 출신내력 4. 장유성張維城 부모의 이장移葬과정[아들 보아保兒의 죽음, 큰딸 월영月英, 부인 방씨方氏의 발병과 치료] 5. 왕각로王閣老[왕흥아王興兒]의 출신 배경[증조부: 왕작선王作先, 조부: 왕선승王善承] 6. 왕각로王閣老 부친[왕우신王又新]의 죽음과 장례	
	전개1	7. 장유성張維城의 큰딸[월영月英]과 왕흥아王興兒의 약혼 8. 큰딸[월영月英]의 원망 9. 왕흥아王興兒의 결혼→월영月英의 혼인 거부→둘째 딸[월화月華]과의 혼인 10. 월화月華의 외모와 성격→왕흥아王興兒의 감격 11. 왕흥아王興兒의 과거 시험→여관 주인의 환대[관제關帝가 예지몽豫知夢에 출현]→자만심과 월화月華를 바꾸려는 생각을 가짐 12. 왕흥아王興兒의 발병[다리에 종기가 나서 한동안 움직이지 못함]→병이 나아서 방문을 보러 감→낙방 13. 월영月英의 결혼과 부를 과시함 14. 1년 뒤 과거 시험→여관 주인의 설명→왕흥아王興兒가 관제묘關帝廟에 가서 반성과 기도→과거 급제 15. 금의환향錦衣還鄕→관제關帝의 도움으로 아내의 외모 변화/월영月英 부부 화재로 인한 몰락, 장유성張維城 집에 의탁 16. 왕흥아王興兒의 진사進士 합격→한림원翰林院 관리 17. 큰 사위[왕자희汪自喜] 도박으로 인한 몰락→장유성張維城의 막내아들[수아壽兒]과 방탕한 생활→수아壽兒의 결혼, 아내[가씨可氏]의 월영月英 구박	

구성		〈違父命孽由己作 代姊嫁福自天來〉	비고
정화 正話	전개2	18. 장유성張維城 부부의 죽음-왕자희汪自喜[큰 사위] 도박, 죽음-월영月英의 몰락, 출가出家	
	절정	19. 왕각로王閣老의 성공: 재상이 됨 20. 왕각로王閣老가 사직하고 귀향 21. 여관 주인의 누명→왕각로王閣老가 힘을 써서 풀려남 22. 여제자를 통해 비단 속에 돈을 감추어 월영月英에게 줌→월영月英은 비단 선물에 실망하고 되돌려 줌→비단 속의 돈을 끄집어내어 보이고 절반만 보내줌 23. 왕각로王閣老는 월영月英의 박복한 운명을 조소	
	결말	24. 왕각로王閣老 부부는 백년해로하고, 자손들은 모두 고관이 됨	
편미 篇尾		25. 편미시篇尾詩: 월영月英의 인품	

「표 3」〈모상서소매환대자毛尚書小妹換大姊〉의 구성과 내용

구성		〈毛尚書小妹換大姊〉	비고
입화入話		1. 입화시入話詩: 기부사棄婦詞, 부인의 도리 2. 입화의론入話議論: 부인의 덕망 3. 입화고사入話故事: 복수난수覆水難收 고사, 한무제漢武帝 때 승상 주매신朱買臣 4. 결미시結尾詩1: 복수난수覆水難收 고사에 대한 종결 결미시結尾詩2: 모부혐빈慕富嫌貧[가난한 것을 싫어하고 부귀를 좋아하는 것]이 세태	
정화 正話	발단	5 모민毛敏의 아버지 모덕유毛德輸의 출신 내력 6. 모민毛敏의 아버지 모덕유毛德輸의 죽음과 장례 7. 장옹張翁 선친의 이장移葬 과정	
	전개1	8. 장옹張翁의 큰딸[옥영玉英]과 모민毛敏의 약혼 9. 큰딸[옥영玉英]의 원망 10. 모민毛敏의 결혼→옥영玉英의 혼인 거부→둘째 딸[옥정玉貞]과의 혼인 11. 옥영玉英과 구씨邱氏의 혼인→구씨邱氏 집안의 몰락 12. 모민毛敏의 향시鄕試 급제-옥영玉英의 분노와 후회 13. 옥정玉貞의 외모와 인품→모민毛敏의 감복 14. 모민毛敏의 과거 시험→여관 주인의 환대[예지몽豫知夢에 영관靈官 출현]→자만심과 옥정玉貞을 바꾸려는 생각을 가짐→과거 낙방 15. 3년 뒤 과거 시험→여관 주인의 설명→모민毛敏의 반성→과거 급제→한림원翰林院 편수編修를 제수除授	
	전개2	16. 옥영玉英의 몰락, 남편의 죽음, 옥영玉英의 출가出家	
	절정	17. 모민毛敏의 성공→사직하고 고향으로 돌아옴→장옹張翁 부부의 죽음→2명의 아들은 모민毛敏의 도움으로 수재 합격 18. 여제자를 통해 비단 속에 돈을 감추어 옥영玉英에게 줌→월영月英은 비단 선물에 실망하고 되돌려 줌→비단 속의 돈을 끄집어내어 보이고 절반만 보내줌 19. 옥영玉英의 후회와 한탄→병이 들어 죽음 20. 왕각로王閣老는 월영月英의 박복한 운명을 조소	
	결말	21. 여관 주인의 누명→모민毛敏의 도움으로 풀려남	
편미 篇尾		22. 편미시篇尾詩: 효도孝道의 권계勸誡, 하늘의 도道	

위의 표를 살펴보면, 〈위부명얼유기작違父命孽由己作 대자가복자천래代姊嫁福自天來〉와 〈모상서소매환대자毛尙書小妹換大姊〉의 각 구성에 따라 배치가 조금씩 다름을 알 수 있는데, 먼저 전체적인 줄거리 순서와 진행상의 변화를 살펴보면, '전치前置[앞으로 이동하는 현상]'와 '분리分離[나누어 배치되는 현상]'의 현상이 나타난다.

먼저 '전치前置'의 경우를 살펴보면, 둘째 딸의 외모와 성격에 대한 장면과 모공毛公이 그녀의 인품을 알고 탄복하는 장면인데, 〈자매역가姊妹易嫁〉에서는 전개1에 해당하며, 순서는 '모공毛公의 결혼→큰딸의 혼인거부→둘째 딸과의 혼인'→'둘째 딸의 외모와 성격'→'모공毛公의 과거 시험→여관 주인의 환대[예지몽豫知夢]→자만심과 처[둘째 딸]를 바꾸려는 생각을 가짐→과거의 낙방'의 순서로 진행된다. 즉 모공毛公이 둘째 딸과 결혼하는 장면 이후에 바로 둘째 딸의 외모와 인품에 대한 묘사가 나타난다. 〈위부명얼유기작違父命孽由己作 대자가복자천래代姊嫁福自天來〉에서도 〈자매역가姊妹易嫁〉와 마찬가지로 전개1에 해당하며, '왕흥아王興兒의 결혼→월영月英의 혼인거부→둘째 딸[월화月華]과의 혼인'→'월화月華의 외모와 성격→왕흥아王興兒의 감복'→'왕흥아王興兒의 과거 시험→여관 주인의 환대[예지몽豫知夢에 관제關帝 출현]→자만심과 월화月華를 바꾸려는 생각을 가짐'의 순서로 진행되고 있다. 하지만 〈모상서소매환대자毛尙書小妹換大姊〉는 둘째 딸[옥정玉貞]의 외모와 인품에 대한 묘사가 전개1에 해당하지만, 순서에 있어서 모민毛敏과의 결혼 이후 바로 나타나지 않는다. 즉, '모민毛敏의 결혼→옥영玉英의 혼인 거부→둘째 딸[옥정玉貞]과의 혼인'→'옥영玉英과 구씨邱氏의 혼인→구씨邱氏 집안의 몰락'→'모민毛敏의 향시鄕試 급제→옥영玉英의 분노와 후회'→'옥정玉貞의 외모와 인품→모민毛敏의 감격'→'모민毛敏의 과거 시험→여관 주인의 환대[예지몽豫知夢에 영관靈官 출현]→자만심과 옥정玉貞을 바꾸려는 생각을 가짐→과거 낙방'의 순서로 진행되고 있다. 옥영玉英과 구씨邱氏의 혼인, 모민毛敏의 향시鄕試 급제 관련 내용이 다른 작품과는 달리 전치前置되어 있다.

순서와 진행상 변화에서 '분리分離'의 특징이 나타나기도 하는데, 큰딸은 부잣집에 시집가서 의기양양했지만, 남편이 방탕하고 게을러 점차 가세가 기울어지는 것을 묘사한 부분이다. 〈자매역가姊妹易嫁〉에서는 전개2에 해당하며, '큰딸[언니]의 득의양양→가세가 기울어짐→방탕한 남편의 죽음→출가出家하여 중이 됨'의 순서로 연속되어 묘사하고 있다. 〈위부명얼유기작違父命孽由己作 대자가복자천래代姊嫁福自天來〉에서는 이 부분이 전개1과 전개2에 걸쳐있으며, '월영月英의 결혼과 부를 과시함'→'1년 뒤 과거 시험→여관 주인의 설명→왕흥아王興兒가 관제묘關帝廟에 가서 반성과 기도→과거 급제'→'금의환향錦衣還鄕→관제關帝의 도움으로 아내의 외모 변화/월영月英 부부 화재로 인한 몰락, 장유성張維城 집에 의탁'→'왕흥아王興兒의 진사進士 합격→한림원翰林院 관리'→'큰 사위[왕자희汪自喜] 도박으로 인한 몰락→장유성張維城의 막내 아들[수아壽兒]과 방탕한 생활→수아壽兒의 결혼, 아내[가씨可氏]의 월영月英 구박'→'장유성張維城 부부의 죽음-왕자희汪自喜[큰 사위] 도박, 죽음-월영月英의 몰락, 출가'의 순서로 진행되고 있다. '큰딸의 결혼과 부의 과시'와 '집안의 몰락'이 연속되지 않고, 분리되어 묘사되어 있는데, 이 사이에 '왕흥아王興兒의 과거 시험과 낙방', '과거 합격과 아내의 외모 변화', '큰 사위[왕자희汪自喜] 도박' 등의 일련의 사건이 배치되어 있다.[21] 〈모상서소매환대자毛尙書小妹換大姊〉에서는 전개1과 전개2에 안배되어 있으며, '옥영玉英과 구씨邱氏의 혼인→구씨邱氏 집안의 몰락'으로 〈지미역기姊妹易嫁〉와 마친가지로 연속하여 기술하고 있다. 그러므로 〈위부명얼유기작違父命孽由己作 대자가복자천래代姊嫁福自天來〉의 이야기 전개 순서는 〈자매역가姊妹易嫁〉와 〈모상서소매환대자毛尙書小妹換大姊〉에서 통합되어 기술된 것과는 달리 분리되어 위치하고 있다.

다음으로 구성 간 화소의 설정과 이동은 '도치倒置[뒤바뀌어 위치하는 현상]'의 형태로 나타나는데, 이러한 특징이 구체적으로 드러나는 부분은 여관 주인이 억울하게 누명을 썼으나 주인공의 도움으로 풀려나는 장면이다. 이 화소는 작품의 전개1에서 나타나는 '모공毛公의 과거 시험→여관 주인의 환대[예지몽豫知夢]→자만심과 처[둘째 딸]를 바꾸려는 생각을 가짐→과거 낙방→몇 년 뒤 과거 시험→여관 주인의 설명→모공毛公의 반성→과거 급제'의 이야기와 연계되어 결말에 삽입되어 있다. 여관 주인의 꿈은 〈자매역가姊妹易嫁〉에서는 신神의 예지몽豫知夢으로 묘사되고 있고, 〈위부명얼유기작違父命孽由己作 대자가복자천

21 물론 문언소설文言小說이 백화소설白話小說로 개작되면서 이야기의 편폭에서 많이 늘어난 것이 사실이다. 비록 이 과정에서 다른 이야기들이 대량으로 들어갔고, 이야기 순서에 있어서도 어느 정도의 변화가 필연적으로 수반되었다고 하더라도 〈위부명얼유기작違父命孽由己作 대자가복자천래代姊嫁福自天來〉는 〈자매역가姊妹易嫁〉와 비교하면 이미 상당히 많은 부분에서 변화를 보인다.

래代姊嫁福自天來〉에서는 관제關帝의 예지몽豫知夢으로 나타나고 있는데, 왕흥아王興兒가[왕각로王閣老] 직접 관제묘關帝廟에 가서 잘못된 생각을 뉘우치고 기도하는 장면이 추가되었다. 〈모상서소매환대자毛尙書小妹換大姊〉에는 영관靈官의 예지몽豫知夢으로 그려지고 있다. 작품의 '결말', 혹은 '절정' 부분에 첨가된 여관 주인의 누명을 풀어주는 장면은 작품에서 주인공의 '실패失敗'와 '재기再起', '인과因果'와 '보은報恩'의 과정과 깊은 관련이 있다. 이것은 앞에서 언급된 예지몽豫知夢 화소에 대한 결과를 설명하기 위하여 삽입된 것일 뿐만 아니라, 작품의 주제와 구성, 전후 내용의 유기성과 연관성을 강화하기 위하여 안배된 것이다. 그러므로 작품의 후반부에 등장하는 이 장면은 그냥 화소를 추가로 삽입하는 정도에 지나지 않는 것 같지만, 자세히 살펴보면 앞의 장면과 긴밀하게 연계되어 있으며, 그러한 과정을 마무리하는 중요한 부분이라고 할 수 있다.

〈자매역가姊妹易嫁〉에서는 이 장면이 '결말'에 삽입되어 있고, 이어서 '이사씨왈異史氏曰'의 서술자의 개입이 나타나면서 작품을 종결하고 있다. 이 장면의 앞에는 작품의 절정에 해당하는 '모공毛公 부부가 재상이 되어 귀향→큰딸에게 비단 속에 돈을 감추어 줌→큰딸은 그 속마음을 알지 못하고 되돌려 줌'→'모공毛公은 큰딸의 박복한 운명을 조소'가 배치되어 있다. 〈위부명얼유기작違父命孽由己作 대자가복자천래代姊嫁福自天來〉에서는 이 장면이 〈자매역가姊妹易嫁〉와는 다르게 '절정'에 안배되어 있다. 이 화소의 전후 과정을 살펴보면, '왕각로王閣老의 성공: 재상이 됨'→'왕각로王閣老가 사직하고 귀향'→'여관 주인의 누명→왕각로王閣老가 힘을 써서 풀려남'→'여제자를 통해 비단 속에 돈을 감추어 월영月英에게 줌→월영月英은 비단 선물에 실망하고 되돌려 줌→비단 속의 돈을 끄집어내어 보이고 절반만 보내줌'→'왕각로王閣老는 월영月英의 박복한 운명을 조소'로 구성되어 있다. 즉, 이 장면은 왕각로王閣老가 고향으로 돌아오고 난 뒤에 삽입되어 있으며, 출가한 월영月英에게 비단을 주는 장면 앞에 위치하고 있다. 〈모상서소매환대자毛尙書小妹換大姊〉는 〈자매역가姊妹易嫁〉의 경우와 마찬가지로 '결말'에 삽입되어 있다.

이상으로 작품에서의 서사 형식과 서사 구조의 변화를 살펴보았는데, 〈자매역가姊妹易嫁〉와 〈위부명얼유기작違父命孽由己作 대자가복자천래代姊嫁福自天來〉, 〈모상서소매환대자毛尙書小妹換大姊〉는 서사 형식에서 '문언문文言文'과 '백화문白話文'의 문체상의 다름을 제외하고서라도 작품의 도입부와 결말 부분의 형식에서도 차이를 보인다. 도입 부분에서는 입화入話의 유무有無, 결말 부분에는 서술자의 참여 방식이 다르게 나타난다. 서사 구조에서는 세 작품 모두 이야기의 전개 방식이 유사하고, 구성이 '발단[시작]→전개1, 전개2[전환]→절정→결말'의 구조로 되어 있다.. 하지만 세부 내용의 순서와 진행에 있어서는 '전치前置'와 '분리分離'의 현상이 나타나고, 구성 간 화소의 설정과 이동에 있어서는 '도치倒置'의 현상이 나타나고 있다.

| 3 | 서사 내용의 변화

〈자매역가姊妹易嫁〉는 《요재지이聊齋志異》권4卷四에 실려 있으며, 전체 편폭은 1,400여 자이다. 〈위부명얼유기작違父命孼由己作 대자가복자천래代姊嫁福自天來〉은 전체 글자 수가 11,000여 자이고, 〈모상서소매환대자毛尙書小妹換大姊〉는 6,100여 자이다. 〈위부명얼유기작違父命孼由己作 대자가복자천래代姊嫁福自天來〉은 〈자매역가姊妹易嫁〉에 비해 8배 정도 확대되었고, 〈모상서소매환대자毛尙書小妹換大姊〉는 4배 정도 늘어났다. 〈자매역가姊妹易嫁〉가 문언문文言文으로 쓰여 있기 때문에 편폭에 있어서 다른 두 작품에 비해 적다고 할 수 있다. 세 작품은 각각 크고 작은 이야기[화소]들로 구성되어 있는데, 큰 이야기[기둥]와 작은 이야기[가시]가 적절하게 엮여 줄거리를 전개하고 있다.[22]

〈자매역가姊妹易嫁〉에서 〈위부명얼유기작違父命孼由己作 대자가복자천래代姊嫁福自天來〉과 〈모상서소매환대자毛尙書小妹換大姊〉로의 개작에는 서사 형식과 서사 구조의 변화도 나타나지만, 무엇보다도 분명한 차이점을 보이는 것은 서사 내용의 변화이다. 원작인 〈자매역가姊妹易嫁〉를 기준으로 다른 두 작품의 내용을 살펴보면, '부연敷衍', '첨가添加', '삭제削除'의 현상이 보이는데, '부연敷衍'과 '첨가添加' 현상은 작품마다 빈번하게 보이지만, '삭제削除' 현상은 일부에 한정되어 나타난다. '부연敷衍'은 '첨가添加'의 요소를 일부 가지고 있어서 상호 유사한 현상으로 인식되기도 하지만, 자세히 구분하자면 분명 서로 다른 특징을 가

22 만약 작품 내용의 골간이 되는 주요한 사건 위주로 작품의 내용을 분류한다면 세 작품 간의 미묘한 차이점과 변화 양상을 제대로 살펴볼 수가 없다. 물론 중요한 사건이 작품을 지탱하는 근간이 되는 것은 분명하나, 중요한 사건[정절情節]과 작은 사건[세절細節]을 동시에 살펴보는 시각이 필요하다. 이에 본 글에서는 이야기의 가장 작은 단위라고 할 수 있는 화소를 통해 작품의 크고 작은 내용을 종합적으로 분석하고자 한다.

지고 있다. 소설 작품에서 이야기의 가장 작은 단위라고 할 수 있는 화소를 가지고 분류해보면, '부연敷衍'은 원래의 이야기에 확대된 내용을 더하는 것이다. 만약 '확대된 내용', 그것만을 본다면 추가로 삽입된 내용이어서 '첨가添加'라고 볼 수 있지만, 단순히 확대된 내용만을 보는 것이 아니라, 이야기의 연속성과 유기성의 관점에서 보면 분명 동일한 이야기의 진행이라고 할 수 있다. 그러므로 이러한 경우는 원작의 화소에 새로운 화소를 더하는 것[화소A+화소B]이 아니라, 원작의 화소에 내용을 다시 연장하거나 보충하여 기술하는 것[화소+∝]이다. 이에 반하여 '첨가添加'는 원작에 없던 새로운 이야기를 삽입하는 것[화소A+화소B, 화소A+화소C]을 말한다. '삭제削除'는 원작의 내용을 일부 생략하는 경우[화소A+화소B+화소C→화소A+화소C]이다.

1) 부연敷衍

서사 내용의 변화 중에서 '부연敷衍'의 특징은 〈위부명얼유기작違父命孽由己作 대자가복자천래代姊嫁福自天來〉과 〈모상서소매환대자毛尙書小妹換大姊〉에서 공통으로 나타나는데, 먼저 〈위부명얼유기작違父命孽由己作 대자가복자천래代姊嫁福自天來〉와 〈자매역가姊妹易嫁〉를 비교하면 다음과 같다.

「표 4」 〈자매역가姊妹易嫁〉와 〈위부명얼유기작違父命孽由己作 대자가복자천래代姊嫁福自天來〉 '부연敷衍' 내용 비교

순서	〈姊妹易嫁〉	〈違父命孽由己作 代姊嫁福自天來〉
1	장씨張氏는 그 마을의 귀족이었고, 동산東山의 남쪽에 새로 묏자리를 옮김. 지나가는 이가 무덤 속에서 호통치는 소리를 듣고 장씨張氏에게 전함. 장씨張氏는 그 말을 전해 들었지만, 개의치 않음. 하지만 꿈속에서 나타나 여러 차례 경고하고, 집안에 여러 상서롭지 못한 일들이 일어남. 주위 사람들이 길한 날을 택하여 이장移葬을 권하자 장씨張氏는 그 말대로 옮기게 됨	장유성張維城의 선친 장사선張士先과 우씨于氏를 영가산永嘉山속에 묏자리를 마련함. 꿈속에 금빛 갑옷을 두른 신이 나타나 이곳은 왕각로王閣老 부친의 영지塋地인데 어찌하여 너의 부모를 묻으려고 하느냐고 호통을 침. 장유성張維城은 꿈에서 깨어나 부인 방씨方氏에게 말했지만, 믿지 않고 그대로 이장移葬하였음. 장유성張維城은 꿈을 꾸었는데, 꿈속에서 부친인 장사선張士先이 나타나 이곳은 왕각로王閣老 부모의 무덤이니, 속히 이장移葬을 해달라고 부탁하였음. 꿈에서 깨어난 장유성張維城은 꿈을 부인 방씨方氏에게 이야기하고 부모님의 무덤을 이장移葬하기로 함. 사람들이 이장移葬의 문제점을 이야기했지만, 장유성張維城은 듣지 않고 이장移葬을 감행하였음. 이장移葬하고 나서 집안은 안정되었으며, 더 이상 아픈 이가 없었음

순서	〈姊妹易嫁〉	〈違父命孽由己作 代姊嫁福自天來〉
2	모상공毛相公은 과거 시험에 합격하였고, 그의 아내의 머리카락이 자라 검고 빛이 나서 아름다움을 더함	흥아興兒는 과거에 낙방하고 처가에 도착하였는데, 시끌벅적함. 월영月英은 전당포를 하는 왕유금汪有金의 아들 왕자희汪自喜에게 시집을 감. 월영月英 부부는 부를 과시하며 가난한 흥아興兒를 무시함. 나중에 흥아興兒가 과거에 합격하고, 고향으로 돌아오기도 전에 관청에서 미리 알고 기뻐하였으며, 그가 도착하자 잔치를 벌여 환영하니 집안이 매우 떠들썩하게 됨. 흥아興兒가 관청의 사람들을 모두 보내고 집안으로 들어와 월화月華를 보니 머리에 부스럼이 없어지고 검은 머리카락이 몇 척이나 자라나 있었음. 그녀는 꿈속에서 관우상關羽像을 한 신령이 나타나 알약을 하나 주어서 먹었는데, 깨어나니 머리가 청량하고 가렵지 않고 머리카락이 자라기 시작하였다고 말함
3	여관 주인은 살인 사건에 연루되어 감옥에 갇혔는데, 모상공毛相公의 도움으로 풀려나게 됨	왕각로王閣老는 관직이 높아져 36세에 재상이 됨. 그는 벼슬살이의 풍파가 두려워 사직하고 고향으로 돌아가는 중, 어떤 이가 뵙기를 청하는데, 이전에 자신을 도와준 여관 주인의 아들이었음. 그는 아버지가 모함을 받아 벌을 받게 되었다면서 도움을 청함. 왕각로王閣老는 서신을 써 주면서 해당 관부官府에 보내도록 하여 여관 주인을 풀려나게 함

표 4의 1을 보면, 〈자매역가姊妹易嫁〉에서는 모공毛公의 출신 배경, 장씨張氏의 꿈과 선친의 이장移葬을 비교적 간략하게 묘사하고 있는 데 반해, 〈위부명얼유기작違父命孽由己作 대자가복자천래代姊嫁福自天來〉에서는 장유성張維城의 출신 배경과 장유성張維城 부모의 이장移葬 과정을 큰 편폭을 할애하여 묘사하고 있다. 꿈속에 부친이 나타나 이장移葬을 부탁하는 것과 이장移葬에 대한 부인 방씨方氏의 견해, 주위 사람들의 반대 의견 등을 기술하고 있으며, 이장移葬에 대한 장유성張維城의 심리 갈등과 상태를 자세히 그려내고 있다.

표 4의 2를 살펴보면, 모공毛公의 과거 시험 합격과 부인의 머리카락이 자라난 것, 그리고 큰딸의 자만심과 몰락의 과정이 나타나 있는데, 〈자매역가姊妹易嫁〉에서는 위의 이야기를 중심으로 비교적 핵심적인 사건을 간략하게 묘사하고 있다. 이에 반해서 〈위부명얼유기작違父命孽由己作 대자가복자천래代姊嫁福自天來〉은 〈자매역가姊妹易嫁〉에서 제시하고 있는 사건을 기본으로 연속적으로 이야기를 기술하고 있는데, 덧붙여 왕흥아王興兒가 과거에 합격하여 고향으로 돌아오기 전에 이미 관부官府와 가족들이 그 소식을 알고 기뻐하는 장면이 더해졌다. 그러나 무엇보다도 분명하게 부연 된 부분은 바로 둘째 딸[월화月華]의

머리카락이 자라난 이유에 대한 설명이다. 작품에서는 둘째 딸의 꿈속에 관제關帝가 나타나 알약을 주었고, 그것을 삼키자 머리에 부스럼이 나았고 머리카락이 자라났다고 서술하고 있다.

표 4의 3을 살펴보면, 〈자매역가姊妹易嫁〉에서는 이전에 모공毛公에게 도움을 준 여관 주인에 대한 보은의 내용을 적고 있는데, 여관 주인이 살인 사건에 연루되어 감옥에 갇히자, 모상공毛相公이 도와서 풀려나는 장면이다. 〈위부명얼유기작違父命孽由己作 대자가복자천래代姊嫁福自天來〉에서는 여관 주인이 아니라, 여관 주인의 아들을 등장시켜 아버지의 누명을 벗겨달라고 부탁하고[23], 모공毛公이 힘을 써서 풀려나게 하였다는 내용에서부터 왕각로王閣老가 서신을 보내어 여관 주인이 풀려났다.[24]는 내용으로 전개하고 있다.

다음으로 〈모상서소매환대자毛尙書小妹換大姊〉와 〈자매역가姊妹易嫁〉를 비교하면 다음과 같다. 〈위부명얼유기작違父命孽由己作 대자가복자천래代姊嫁福自天來〉에 비해서는 적게 나타나지만, 여전히 부연한 부분이 존재한다.

「표 5」〈자매역가姊妹易嫁〉와 〈모상서소매환대자毛尙書小妹換大姊〉 '부연敷衍' 내용 비교

순서	〈姊妹易嫁〉	〈毛尙書小妹換大姊〉
1	액현掖縣 사람인 모공毛公은 집안이 가난하였으며, 그의 아버지는 소치기였음	액현掖縣 사람인 모덕유毛德輸는 바야흐로 나이가 9세이고, 부모가 모두 없는 고아였는데, 집이 가난하여 생계를 이어나갈 수가 없어서 이웃집 장씨張氏 집안에서 소를 치며 의탁하였음. 15세가 되던 해에 자신이 점차 선한 일을 하는 것을 좋아하였으나, 한 해 동안 일해도 가진 돈이 없어 사람들을 도와줄 수 없음을 알고 파헤쳐진 해골을 다시 묻어주는 일을 하기로 마음먹음. 매일 아침저녁으로 소를 방목하러 갈 때, 호미를 들고 가서 허물어진 무덤을 보면 다시 묻어줌. 30세가 넘어 결혼하였고 모민毛敏이라고 이름을 지은 아들을 하나 낳았음. 그는 열심히 밭을 일구고 받은 임금을 모으지 않고, 모두 가난한 사람을 위해 씀
2	큰딸은 마을의 부잣집에 시집가서 의기양양했지만, 남편이 방탕하고 게을러 가세가 점차 기울어짐	장옹張翁은 이로부터 주위에 수소문하여 옥영玉英에게 적합한 혼처를 구했음. 구씨邱氏 집안은 많은 토지를 가지고 있었으며, 가옥 또한 화려했음. 옥영玉英은 이러한 집안과 결혼하는 것에 의기양양했음. 그러나 구씨邱氏 집안의 아들은 바른길로 들어서지 않고, 나쁜 이의 유혹에 빠져 종일토록 화류계에 빠져 방탕하게 지냄. 불량배들과 어울려 도박에 빠짐. 얼마 지나지 않아 많은 가산은 모두 탕진하고, 부모는 모두 유명을 달리했으며, 집안은 점차 궁핍해졌음

23 問他時, 原來就是那錢塘江頭店主人的兒子. 因他父親被人陷害, 問成死罪, 各衙門去申訴, 都只不准, 特進京求王閣老拯救.《醒夢駢言》第六回〈違父命孽由己作 代姊嫁福自天來〉

24 王閣老不住稱奇, 便修書一封付他. 道: "我路上行得遲些, 你可先趕回去, 把這書到巡按衙門投遞."《醒夢駢言》第六回〈違父命孽由己作 代姊嫁福自天來〉

순서	〈姊妹易嫁〉	〈毛尙書小妹換大姊〉
3	모상공毛相公이 재상이 되었고, 이후 고향에 돌아왔을 때 큰딸은 행자를 보내 인사를 드리게 하였는데, 뭔가 줄 것을 기대하였음. 둘째 딸은 비단 몇 필을 건네주면서 그사이에 돈을 넣었음. 행자가 비단을 갖고 스승에게 건네주니, 큰딸은 선물이 적음에 실망하여 다시 되돌려 줌. 모상공毛相公과 둘째 딸은 의아하게 생각하고 비단을 펼쳐서 살펴보니 돈이 그대로 있었음 모상공毛相公은 돈을 꺼내고 큰딸의 박복함을 비웃으면서 50냥을 행자에게 줌. 큰딸은 행자를 통해 이 사실을 알자, 그녀는 후회하면서 그저 탄식만 할 뿐이었음	2, 3년 후에 모민毛敏은 상서尙書에 오르고 늙음을 핑계로 고향으로 돌아옴. 장옹張翁 부부는 이미 유명을 달리하였고, 2명의 아들은 매부의 도움에 힘입어 모두 수재에 합격하여 생원生員이 되었는데, 함께 앞길에 나와 그들을 맞이하였음. 마을 사람들 남녀노소 할 것 없이 모두 몰려와 재상宰相 부부를 보러 옴. 유독 옥영玉英만이 면목이 없어서 보러 오지 않고 암자에 앉아 문을 닫고 침통해할 뿐이었음 며칠 후 가난을 견디지 못해 여제자를 불러 재상 부인을 만나러 가게 했는데, 속으로 몇 십 정도의 금전을 보태줄 것을 기대하였음. 옥정玉貞은 여제자에게 비단 10필을 주면서 사부의 가사袈裟를 만들어 쓰는데 보태도록 함. 옥영玉英은 원래는 은자를 기대했지만 가져온 것이 비단이라 다시 돌려보냄. 옥정玉貞은 의아하게 생각하고 비단을 열어보니 100냥이 그대로 있었음. 모민毛敏은 웃으면서 옥영玉英은 박복함을 이야기하고, 50냥만 여제자에게 보내어 사부에게 갖다 주라고 함. 옥영玉英은 한순간의 잘못으로 화복禍福이 바뀌었다고 한탄하면서, 지금에 와서 후회해도 돌이킬 수 없음을 생각하고 깊이 후회함. 옥영玉英은 병이 들어 일어나지 못하고 결국 암자에서 죽음

표 5의 1을 살펴보면, 이 부분은 〈자매역가姊妹易嫁〉와 〈모상서소매환대자毛尙書小妹換大姊〉 모두 도입 부분에 해당된다. 〈자매역가姊妹易嫁〉에서는 '액현掖縣 사람인 모공毛公은 집안이 가난하였으며, 그의 아버지는 소치기였다.'[25]로 상당히 간략하게 기술되어 있다. 그러나 〈모상서소매환대자毛尙書小妹換大姊〉에는 모덕유毛德輶의 출신 내력과 선행, 그리고 모민毛敏의 출생 등을 부연하여 설명하고 있다. 〈자매역가姊妹易嫁〉에는 20자 남짓한 편폭이지만, 〈모상서소매환대자毛尙書小妹換大姊〉에는 이미 160자가 넘게 기술되어 있다. 내용에 있어서도 모덕유毛德輶가 고아가 된 때, 선행하고자 하는 마음가짐을 가진 시기와 실천, 결혼과 출생, 구휼의 과정이 보다 상세히 묘사되어 있다.

표 5의 2를 살펴보면, 이 부분은 전개1에 해당하는데, 큰딸의 결혼과 몰락에 대한 묘사이다. 〈자매역가姊妹易嫁〉에서는 큰딸이 부잣집에 시집간 것을 자랑스럽게 생각하고 자만심이 가득했지만, 나중에 가세가 기울어 결혼 생활이 불행해짐을 간략하게 묘사하고 있다. 반면에 〈모상서소매환대자毛尙書小妹換大姊〉에서는 옥영玉英의 결혼 상대인 구씨邱氏 집안의 재력을 상세하게 묘사하고 있으며, 남편 구씨邱氏의 방탕한 생활과 가산家産의 탕진을 구체적으로 그려내

25 掖縣相國毛公, 家素微. 其父常爲人牧牛.《聊齋志異》卷四〈姊妹易嫁〉

고 있다. 또한, 옥영玉英 시부모의 죽음과 더욱 궁핍한 생활에 대해서도 부가적으로 설명하고 있다.

표5의 3을 살펴보면, 이 부분은 〈자매역가姊妹易嫁〉와 〈모상서소매환대자毛尙書小妹換大姊〉 모두 절정 부분에 해당되는데, 모공毛公부부와 큰딸의 행동과 심리상태를 대조적으로 그리고 있다. 〈자매역가姊妹易嫁〉에서는 '모공毛公부부가 재상이 되어 귀향→큰딸에게 비단 속에 돈을 감추어 줌→큰딸은 비단을 되돌려 줌→모공毛公은 큰딸의 박복한 운명을 조소'의 순서로 이야기가 전개된다. 〈모상서소매환대자毛尙書小妹換大姊〉에는 이 이야기를 바탕으로 추가로 기술된 내용이 많은데, 네 가지로 요약할 수 있겠다. 첫째, 모민毛敏은 늙음을 핑계로 고향으로 돌아오는 점, 둘째, 장옹張翁 부부는 죽고, 2명의 아들은 모민毛敏의 도움에 힘입어 모두 수재에 합격하여 생원生員이 되는 점, 셋째, 옥영玉英은 후회와 깊은 탄식을 한 점, 넷째, 옥영玉英은 병이 들어 일어나지 못하고 암자에서 죽는다는 점이다. 그중에서 가장 명확하게 부연의 특징이 드러나는 부분이 바로 장옹張翁 부부의 아들들이 등장하는 장면과 옥영玉英의 죽음이다. 이 두 부분은 〈위부명얼유기작違父命孽由己作 대자가복자천래代姊嫁福自天來〉에는 보이지 않고, 오직 〈모상서소매환대자毛尙書小妹換大姊〉에만 나타난다. 특히 옥영玉英의 죽음은 전체 줄거리의 전개상 상당히 의외의 일이면서도 충격적인 내용이라고 할 수 있는데, 옥영玉英의 후회와 슬픔을 극도로 확대하였다고 볼 수 있다. 만약 이 부분을 단독으로 떼어내어 살펴본다면, 서사 내용의 변화 중에서 '첨가添加'라고 볼 수도 있겠지만, 이야기의 유기성과 연속성의 관점에서 보면, 옥영玉英의 깊은 좌절과 탄식 이후에 파생된 내용으로 그녀의 절망과 한탄의 정도가 죽음으로까지 이어졌다고 볼 수 있기에 '부연敷衍'의 특징을 가진다고 할 수 있다.

2) 첨가添加

서사 내용의 변화 중에서 '첨가添加'의 특징은 〈모상서소매환대자毛尙書小妹換大姊〉보다는 〈위부명얼유기작違父命孽由己作 대자가복자천래代姊嫁福自天來〉에서 빈번하게 나타난다. 〈위부명얼유기작違父命孽由己作 대자가복자천래代姊嫁福自天來〉은 〈자매역가姊妹易嫁〉를 화본소설話本小說로 개작하면서 서술의 편폭을 늘렸을 뿐만 아니라, 구체적인 내용에 있어서도 새로운 장면을 많이 첨가하였다. 〈위부명얼유기작違父命孽由己作 대자가복자천래代姊嫁福自天來〉가 〈자매역가姊妹易嫁〉에서 없는 내용을 첨가한 경우를 살펴보면 다음과 같다.

「표 6」 〈자매역가姊妹易嫁〉와 〈위부명얼유기작違父命孽由己作 대자가복자천래代姊嫁福自天來〉 '첨가添加' 내용 비교

순서	〈姊妹易嫁〉	〈違父命孽由己作 代姊嫁福自天來〉
1	장유성張維城 부모의 이장移葬 과정	길일을 잡아 부모의 운구運柩를 무덤에 매장하고 난 뒤 한 달이 채 못 되어, 방씨方氏는 보아保兒이라는 아들을 낳음. 12세가 되었을 때 병이 들어 의원을 청하고 굿을 해도 소용없이 3일을 앓다가 죽음. 얼마 지나지 않아 월영月英도 병이 들었고 보아保兒의 증세와 같았음. 장유성張維城은 산신에게 제사를 지내자 효험이 있어 월영月英이 낫게 됨. 얼마 지나지 않아 방씨方氏가 병이 들었는데 월영月英의 증세와 똑같았고, 다시 산신에게 제사를 지내자 낫게 됨
2	없음	명明 홍무洪武 연간年間, 온주溫州 지역에 왕작선王作先이라는 의원이 있었음. 그는 매우 검소하였으며, 재물을 가난한 이에게 나누어주었음. 왕작선王作先이 죽고 그의 아들 왕선승王善承은 20세가 넘었는데, 집에서 몇몇 학생들을 가르치면서 궁핍하게 생활하였음. 그는 학생들을 가르치고 들어오는 돈이 많고 적음을 상관하지 않고 전심전력으로 교육하였음. 그는 비록 글재주는 뛰어났으나, 번번이 낙방하여 늙도록 동생童生으로 머물렀음. 그가 죽었을 때 아무런 재물을 모은 것이 없자, 아내인 고씨高氏는 아들인 왕우신王又新에게는 책을 읽히지 않았음. 그녀는 관아官衙에서 녹을 받는 편이 낫다고 생각하여 아들이 성년이 될 때까지 돌보았고, 힘들게 양조전兩弔錢을 마련하여 영가현永嘉縣의 일을 맡도록 하였음 왕우신王又新은 관아官衙에 있으면서 사람들을 권고하여 소송을 취하하도록 하여 재물을 모을 수가 없었음
3	모공毛公의 과거 시험 낙방	흥아興兒는 다리에 종기가 나서 처소에서 한동안 꼼짝 못 하다가 다리의 부스럼이 다 나아 합격자 방문을 보러 갔는데, 이름이 없었음. 과거에서 낙방하고 여관 주인을 볼 면목이 없어서 다른 지역으로 돌아서 집으로[온주溫州] 감
4	없음	장유성張維城은 왕자희汪自喜에게 은자를 주었지만 도박으로 탕진하고 아들인 수아壽兒를 꼬드겨 같이 도박에 빠져들게 하였음. 그는 도박에 빠져 온갖 나쁜 짓을 일삼고 거지같이 생활하다가 빌린 돈을 갚지 못해 두들겨 맞고, 병에 걸려 죽음
		장유성張維城의 아들 수아壽兒는 가씨可氏 집안의 아금阿琴을 아내로 맞이하였는데, 그녀의 성격은 유순하지 않아 월영月英이 일년 내내 친정에 있는 것을 보고 그녀를 미워하였음. 그녀의 과거 잘못을 안 아금阿琴은 더욱 그녀를 무시하였고, 사람들도 그녀를 비웃었음
5	없음	왕각로王閣老 부부는 백년해로百年偕老하고, 자손들은 모두 고관高官이 됨

우선 작품의 서사 구조상 발단 단계에 해당하는 표 6의 1을 살펴보면, 〈자매역가姊妹易嫁〉에는 장씨張氏 가족에 관한 이야기와 이장移葬하기까지의 사건과 갈등이 보이지 않는다. 하지만 〈위부명얼유기작違父命孽由己作 대자가복자천래代姊嫁福自天來〉에서는 장유성張維城의 아들 보아保兒의 죽음, 큰딸 월영月英과

부인 방씨方氏의 발병과 치료에 관한 서술이 보인다. 이뿐만 아니라, 이장移葬하기까지 체면과 명분을 내세우고자 하는 장유성張維城의 태도, 그와 부인 방씨方氏의 대화, 이장移葬에 대한 심리적 갈등, 주위 사람들의 이장移葬에 대한 만류 등 장유성張維城 부모의 이장移葬 과정에 여러 다양한 이야기와 세부적 묘사들이 첨가되었다.

표 6의 2에서는 〈자매역가姊妹易嫁〉에는 없는 왕각로王閣老[왕흥아王興兒]의 증조부 왕작선王作先, 조부 왕선승王善承의 출신 배경과 인생, 아버지 왕우신王又新의 직업과 생활에 대해서 자세하게 기록하고 있다. 그들은 모두 전심전력으로 선행을 하였지만, 언제나 빈궁한 생활을 면치 못하고 죽음을 맞이하게 된다. 왕각로王閣老[왕흥아王興兒]의 아버지 왕우신王又新은 조모 고씨高氏의 희생과 인내로 선대先代의 가난에서 벗어나고자, 글을 읽히지 않고 관아官衙에 들어가서 녹祿을 받아 생활하게 한다. 하지만, 결국 억울한 사람들을 도와주는 일을 업으로 삼아 역시 가난을 면치 못한다. 〈자매역가姊妹易嫁〉에는 단지 모공毛公의 아버지가 소를 먹이러 가는 중에 익사하는 내용을 적고 있지만, 〈위부명얼유기작違父命孽由己作 대자가복자천래代姊嫁福自天來〉은 증조부와 조부의 출신 내력, 부친의 직업과 생활까지 추가로 삽입하였다.

표 6의 3에서는 모공毛公이 과거 시험에서의 낙방을 묘사하고 있는데, 〈자매역가姊妹易嫁〉에서는 단지 "시험을 치렀으나, 결국 낙방하였다. 거만했던 자신감은 기가 꺾여 풀이 죽었고, 여관 주인 보기가 부끄러워 왕사인점王舍人店을 지나지 않고 멀리 돌아서 집으로 돌아갔다."[26] 라고 묘사되어 있다. 그러나 〈위부명얼유기작違父命孽由己作 대자가복자천래代姊嫁福自天來〉에서는 〈자매역가姊妹易嫁〉의 이야기에만 머무르지 않고, 왕흥아王興兒의 다리에 종기가 나서 한동안 움직이지 못하고, 병이 나아서야 비로소 과거 합격자 방문을 보러 가는 이야기를 삽입하였다.

표 6의 4를 보면, 〈자매역가姊妹易嫁〉에서는 큰딸 남편의 방탕한 생활과 집안의 몰락을 간략하게 기술하고 있지만, 〈위부명얼유기작違父命孽由己作 대자가복자천래代姊嫁福自天來〉에서는 구체적으로 첫째, 장유성張維城의 막내아들[수아壽兒]을 새롭게 등장시키면서, 왕자희汪自喜가 그를 꼬드겨 같이 도박에 빠져들게

26 及試. 竟落第, 偃蹇喪志, 赧見主人, 不敢復由王舍, 迂道歸家.《聊齋志異》卷四〈姊妹易嫁〉

하는 장면을 삽입하였고, 둘째, 장수아張壽兒와 아금阿琴의 결혼을 추가하였으며, 셋째, 아금阿琴과 월영月英이 서로 갈등을 일으키는 장면을 따로 배치하였다.

표 6의 5는 결말에 해당하는데 〈자매역가姊妹易嫁〉에는 주인공에 대한 '해피엔드happy end'식의 묘사가 나타나지 않는다. 하지만 〈위부명얼유기작違父命孽由己作 대자가복자천래代姊嫁福自天來〉에는 구체적으로 왕각로王閣老 부부의 백년해로百年偕老하는 내용을 추가하였다.[27]

서사 내용의 변화 중에서 '첨가添加'의 현상은 주로 〈위부명얼유기작違父命孽由己作 대자가복자천래代姊嫁福自天來〉를 중심으로 나타나고 있지만, 〈모상서소매환대자毛尙書小妹換大姊〉에서도 일부 나타나고 있다. 〈모상서소매환대자毛尙書小妹換大姊〉가 〈자매역가姊妹易嫁〉에 없는 내용을 첨가한 경우는 다음과 같다.

「표 7」 〈자매역가姊妹易嫁〉와 〈모상서소매환대자毛尙書小妹換大姊〉 '첨가添加' 내용 비교

순서	〈姊妹易嫁〉	〈毛尙書小妹換大姊〉
1	없음	자매 모두 집에 도착했지만, 옥영玉英은 동생 얼굴을 볼 면목이 없어서 피해 다님. 옥정玉貞은 언니에게 가끔 은자와 의복을 전해주었는데, 옥영玉英은 받았지만 감사하다는 말을 하지 않고 단지 심부름 온 사람에게 "폐를 끼쳤다."라는 말만 할 뿐이었음

이 부분은 작품에서 전개1에 해당하고 주요 내용은 모민毛敏의 향시鄕試 급제와 옥영玉英의 부끄러움과 후회를 묘사한 장면이다. 〈자매역가姊妹易嫁〉에서는 이 부분에 대한 구체적인 묘사는 보이지 않는다. 하지만 〈모상서소매환대자毛尙書小妹換大姊〉에서는 옥영玉英의 심리 반응에 중점을 두고 구체적으로 어떠한 행동으로 나타났는지 묘사하고 있으며, 그녀의 내적 갈등을 세밀하게 그려내고 있다.

3) 삭제削除

서사 내용의 변화 중에서 '삭제削除'의 특징은 빈번하게 나타나지 않는데, 단지 〈모상서소매환대자毛尙書小妹換大姊〉의 일부에서만 보이며, 전체적으로도 많은 편폭을 차지하지 않는다. 〈자매역가姊妹易嫁〉, 〈위부명얼유기작違父命孽由

27 後來王老爺竟不再出去做官, 和月華百年偕老. 子孫都是做大官的.《醒夢駢言》第六回〈違父命孽由己作 代姊嫁福自天來〉

己作 대자가복자천래代姊嫁福自天來〉, 〈모상서소매환대자毛尙書小妹換大姊〉를 비교해보면 삭제된 부분을 분명하게 알 수 있다. 이 부분은 모공毛公 아내[둘째 딸]의 외적인 모습의 변화인데, 모공毛公이 과거에 합격하고 난 뒤 고향으로 돌아왔을 때 아내의 머리카락이 저절로 자라났다는 내용이다. 〈자매역가姊妹易嫁〉에서는 모공毛公이 귀향하니 아내가 외모가 바뀌었다는 것을 묘사하고 있고, 〈위부명얼유기작違父命孽由己作 대자가복자천래代姊嫁福自天來〉에서는 보다 더 구체적으로 그리고 있다. 하지만 〈모상서소매환대자毛尙書小妹換大姊〉에서는 이러한 내용이 삭제되었다.

「표 8」〈자매역가姊妹易嫁〉, 〈위부명얼유기작違父命孽由己作 대자가복자천래代姊嫁福自天來〉, 〈모상서소매환대자毛尙書小妹換大姊〉 '삭제削除' 내용 비교

순서	〈姊妹易嫁〉	〈違父命孽由己作 代姊嫁福自天來〉	〈毛尙書小妹換大姊〉
전	둘째 딸은 원래 머리에 부스럼이 있어서 머리카락이 드물게 나 있는 대머리였음	월영月英은 미모를 가지고 있었지만, 월화月華는 눈이 붉고 머리에 독창禿瘡이 나 있었음	옥정玉貞은 어려서부터 머리에 부스럼이 심했지만, 다행히 나았음. 그러나 머리카락이 자라면서 머리카락이 유독 붉고 짧았음
후	모공毛公은 과거 시험에 장원으로 합격하였고, 그의 아내의 머리카락이 자라서 검고 빛이 나서 아름다움을 더하였음	왕흥아王興兒가 관부官府에서 축하하러 온 사람들을 모두 보내고 집안으로 들어와 월화月華를 보니, 머리에 부스럼이 없어지고 검은 머리카락이 몇 척이나 자라나 있었음	없음

세 작품 모두 모공毛公이 성공하기 전에 둘째 딸과 결혼했을 때, 그녀의 외모와 머리카락에 대한 묘사는 있지만, 모공毛公이 과거 시험에 합격하고 난 다음 아내의 머리 피부병이 낫고, 독창禿瘡으로 대머리[혹은 머리카락이 드문]에서 머리카락이 자라난 상태로 변한 모습에 대한 서술은 〈자매역가姊妹易嫁〉와 〈위부명얼유기작違父命孽由己作 대자가복자천래代姊嫁福自天來〉에만 나타난다. 원본을 개작하는 과정에서 '부연敷衍'이나 '첨가添加' 등의 현상은 정상적으로 나타나는 현상이라고 할 수 있지만, 원본의 내용을 삭제한 것은 상당히 특별한 경우라고 볼 수 있다.[28] 더욱이 〈모상서소매환대자毛尙書小妹換大姊〉는 〈위부명

28 《요재지이聊齋志異》의〈자매역가姊妹易嫁〉와 유사한 《요재지이聊齋志異》권11卷十一〈증우우曾友于〉 개작 과정에서도 서사 내용의 '삭제削除' 현상은 다른 특징에 비해 빈번하게 나타나지 않는다. '축소縮小'와 '삭제削除' 현상

얼유기작違父命孽由己作 대자가복자천래代姊嫁福自天來〉에 비해 〈자매역가姊妹易嫁〉를 화본소설話本小說로 충실히 개작한 것으로 여겨지는데, 이러한 특징이 나타나는 것은 단순히 〈모상서소매환대자毛尙書小妹換大姊〉가 〈자매역가姊妹易嫁〉의 내용을 그대로 답습하는 정도의 '풀이본' 혹은 '백화본白話本'에 그치지 않고, 개작 과정에서 작가의 견해에 '첨삭添削'과 '포폄褒貶'의 원칙이 작용한 것을 추측할 수 있다.

이상으로 〈자매역가姊妹易嫁〉에서 〈위부명얼유기작違父命孽由己作 대자가복자천래代姊嫁福自天來〉과 〈모상서소매환대자毛尙書小妹換大姊〉로의 개작을 통하여 서사 내용에는 어떠한 변화가 나타났는지 살펴보았다. 원작인 〈자매역가姊妹易嫁〉를 기준으로 다른 두 작품의 내용을 비교해보면, '부연敷衍'과 '첨가添加'의 현상이 두드러지게 나타남을 알 수 있다. 또한 '부연敷衍'과 '첨가添加' 현상은 〈모상서소매환대자毛尙書小妹換大姊〉보다 〈위부명얼유기작違父命孽由己作 대자가복자천래代姊嫁福自天來〉에서 더욱 빈번하게 보이는데, 그것은 전체적인 편폭에 있어서 〈자매역가姊妹易嫁〉보다 크게 확대되면서 여러 장면에서 '포서鋪敍'가 진행되기도 했으며, 또한 원작을 충실히 반영하고자 하는 〈모상서소매환대자毛尙書小妹換大姊〉보다 다양하고 독창적인 작가의 개입이 반영되었기 때문이다. 이러한 점은 〈모상서소매환대자毛尙書小妹換大姊〉와 비교해서, '입화入話'의 과감한 '축소縮小'와 장유성張維城 집안에 대한 '확대擴大' 묘사에서 더욱 구체적으로 알 수 있다.

'입화入話'에는 '입화시入話詩'와 '입화의론入話議論'만 있고, '입화고사入話故事'와 '결미시結尾詩'는 보이지 않는다. 글자 수에서도 252자로 〈모상서소매환대자毛尙書小妹換大姊〉의 1.1% 정도이다. 장유성張維城 집안 내력에 대한 묘사에서는 오히려 과도하게 확대되었는데, 〈모상서소매환대자毛尙書小妹換大姊〉에서는 장옹張翁 선친의 이장移葬에 대한 묘사가 132자인데 반하여, 〈위부명얼유기작違父命孽由己作 대자가복자천래代姊嫁福自天來〉에서는 장유성張維城 부모의 이장移葬 과정뿐만 아니라, 아들 보아保兒의 죽음, 큰딸 월영月英과 부인 방씨方氏의 발병과 치료에 대한 묘사까지 모두 포함하여 1,435자에 이른다. 〈자매역가姊妹易嫁〉

은 《성몽병언醒夢騈言》제5회第五回〈영흉염기릉유나逞兇焰欺凌柔懦 양화기감화완잔釀和氣感化頑殘〉에서도 간혹 보이지만, 주로 《산정이기합전刪定二奇合傳》제34회第三十四回〈증효렴해개형제겁曾孝廉解開兄弟劫〉에서 나타나는데, 서사의 편폭뿐만 아니라, 구체적인 내용까지도 축소하고 있으며, 심지어 어떤 내용은 아예 삭제하기도 하였다.

에서는 단순히 보조인물로서 주인공의 조력자와 배경인물 정도에만 머무르고 있던 장씨張氏를 〈위부명얼유기작違父命孽由己作 대자가복자천래代姊嫁福自天來〉에서는 많은 편폭을 할애하여 그 출신 내력을 세밀하게 묘사하고 있는 것이다.

서사 내용의 '삭제削除' 현상은 〈위부명얼유기작違父命孽由己作 대자가복자천래代姊嫁福自天來〉에서보다 오히려 〈모상서소매환대자毛尙書小妹換大姊〉에서 나타나고 있는데, 그 범위는 일부에 국한되었다. 〈위부명얼유기작違父命孽由己作 대자가복자천래代姊嫁福自天來〉은 〈자매역가姊妹易嫁〉의 많은 부분을 새롭게 개작하거나 추가로 확대하여 부연한 특징이 강하고, 〈모상서소매환대자毛尙書小妹換大姊〉는 원작의 내용에서 크게 벗어나지 않는 범위 내에서 개작이 이루어지며, 불필요하다고 여겨지는 부분을 삭제하였다.

| 4 | 주제의식의 변화

〈자매역가姊妹易嫁〉의 개작 과정에서는 서사 형식과 서사 구조, 서사 내용뿐만 아니라, 주제의식에 있어서도 어느 정도 변화를 보인다. 하지만 서사 형식이나 서사 구조, 서사 내용의 변화와는 달리 주제의식의 변화에는 새로운 주제사상이 대두되거나 혹은 다른 주제사상으로 전환되는 것이 아니라, 여러 주제의식 중에서 어떤 가치나 의식을 강조하고 보완하는 형태로 나타난다는 것이 특징이다. 그렇기 때문에 주제의식을 구현하는 부분에 있어서는 비록 다른 영역의 변화 과정에서 보이는 것처럼 직접적이고 적극적인 형태는 보이지 않지만, 여전히 그 의미하는 바가 다르고, 주된 관념이 강화되거나 다른 관념으로 이동하고 있으므로 전체적으로는 변화가 일어난다고 할 수 있다.

작품의 주제의식은 다양한 부분에서 여러 방식을 통해서 나타난다. 주제사상의 구현에는 크게 '독립적인 방식'과 '내재적인 방식'으로 나뉠 수 있다. '독립적인 방식'은 주제나 중심 사상에 대하여 작가 혹은 서술자가 작품에 등장하여 언급하는 경우이다. 작품의 문두文頭나 문미文尾, 혹은 행간行間에 직접 개입하여 서술하는 경우이다. '내재적인 방식'은 작품의 주제를 '시詩'와 '사詞'를 통하여 그 의미를 암시하거나 귀결하는 경우, 혹은 다른 등장인물의 행동과 말을 통하여 작품의 사상을 간접적으로 드러내는 방식을 말한다. 독립적인 방식의 가장 보편적인 형태는 작품의 문미文尾에 나타나는 작가의 개입이라고 할 수 있다. 〈자매역가姊妹易嫁〉의 '이사씨왈異史氏曰'의 형태가 그러한데, 사전문학의 영향으로 인해 작가[서술자]가 문미文尾에 자신의 의견을 적극적으로 피력하고 있다. 하지만 〈자매역가姊妹易嫁〉가 화본소설話本小說로 개작되었을 때에는 화본소설話本小說의 형식과 특성에 의하여 문두文頭에 등장하는 '입화의론入話議論'에 직접 드러난다. 비록 '입화入話'는 '정화正話'로 들어가기 전의 일종의 '프롤로그prologue' 성격을 가지는 것은 사실이나, 이 중에서 '입화의론入話議論'은 작품 전체의 내용과 주제를 한 번에 갈음하는 것으로 앞으로 전개되는 이야기의 주제와 상당히 밀접하게 관련이 있다. 이와는 달리, 작품의 문두文頭나 문미文尾가 아닌 줄거리의 행간行間에 나타나는 예도 있다. 이것은 〈자매역가姊妹易嫁〉보다는 〈위부명얼유기작違父命孽由己作 대자가복자천래代姊嫁福自天來〉과 〈모상서소매환대자毛尙書小妹換大姊〉와 같은 화본소설話本小說의 경우에 주로 보인다. 이런 경우는 주로 작품의 내용에 관한 작가의 언급이 주를 이루는데, 간혹 작품의 주제사상에 대한 의견이 제시되기도 한다. '내재적인 방식'으로는 먼저 '시詩'와 '사詞'와 같은 다른 표현 수단을 통하여 주제사상을 표현하는 것인데, 간혹 문중文中에 출현하기도 하지만, 대부분 문두文頭나 문미文尾를 중심으로 나타나고 있다. 다음으로는 등장인물의 생각이나 행동, 사건에 대한 단편적이고 일시적인 언급을 통해 드러나기도 하는데, 간혹 작품 주제에 관한 내용을 간단하고 함축적인 방식으로 정리하는 과정에서 나타나기도 한다.

1) 운명론運命論의 수용과 정의의 실현: 〈자매역가姊妹易嫁〉의 숙명론宿命論

〈자매역가姊妹易嫁〉, 〈위부명얼유기작違父命孽由己作 대자가복자천래代姊嫁福自天來〉, 〈모상서소매환대자毛尙書小妹換大姊〉 이 세 작품의 주제사상은 정도의 차이는 있지만 모두 인과응보因果應報와 권선징악勸善懲惡을 강조하고, 윤리도덕倫理道德과 사회규범社會規範을 선양하는 공통적인 관념을 내포하고 있다. 물론 이러한 사상은 고전소설 작품에서 흔히 보이기도 하고 중요한 주제임은 틀림없다. 하지만 세 작품에서는 이러한 전통적인 관념 기초 위에 더욱 다양한 사상의 유무有無와 발현發顯의 차이가 존재하는데, 이러한 현상은 원본인 〈자매역가姊妹易嫁〉를 개작하는 과정에서 분명하게 드러난다.

〈자매역가姊妹易嫁〉에서 보이는 주제의식은 어떤 하나로 귀결되는 것은 아니며, 또한 주제의식의 표현에 있어서 '분명함'과 '희미함', '숨김'과 '드러남'의 정도는 분명하게 존재하는데, 직·간접적인 표현 방식에 따라 다양하게 구현되고 있다. 〈자매역가姊妹易嫁〉에서 가장 두드러지게 나타나는 부분은 바로 '숙명론宿命論'의 강조이다.[29] 이 부분은 문미文尾에 등장하는 '이사씨왈異史氏曰'을 통해서 더욱 구체적으로 나타나고 있다.

> 이사씨는 말한다. "장공張公의 옛 무덤이 모씨毛氏 집안 무덤이 되었다는 것만 하여도 이미 신기할 따름이다. 내가 듣기에 사람들 사이에, '큰 동서가 작은 동서가 되고, 앞 번의 장원壯元[해원解元]이 뒤 번의 장원壯元[해원解元]이 되었다'는 우스갯소리가 있다고 한다. 이 어찌 총명하고 영리한 사람들이 능히 견주어 살필 수 있는 일이겠는가? 오호라! 저 푸른 하늘이 오랫동안 어렴풋하고 몽롱하다가 어찌하여 모공毛公에 이르러서는 이토록 빨리 응답한단 말인가?"[30]

위의 인용문을 살펴보면 작가[서술자]는 문미文尾에 '이사씨異史氏'를 등장시켜 작품에 대한 자신의 의견을 종결하고 있는데, 이것은 작가의 단편적이고 축약된 견해일 뿐만 아니라, 작품의 주제의식과도 긴밀하게 연관되어 있다. '이사씨異史氏'의 의견에는 세 가지 내용을 포함하고 있다. 첫째, 장씨張氏 집안의 무덤이 모씨毛氏 집안의 무덤이 된 신기한 일, 둘째, 운명의 '정해짐'과 '불예측성', 셋째, 공도公道 실현의 '불형평성'에 대한 '불만'과 '감탄'이다.[31] 첫째는 작품 내용에 대한 개인의 느낌과 감정을 피력한 것이고, 둘째, 셋째는 시대적 불운과 작가 자신의 재능을 인정받지 못한 것에 대한 탄식과 울분을 토로한 것이다. 이러한 감정의 기저에는 모공毛公의 성공에 대한 부러움과 자신의 처지에 대한 안타까움이 복합적으로 녹아있다. 이와 같이 흥미로운 이야기에 대한 작가 개인의 느낌, 인생 역정에서 오는 경험과 감정의 투영을 제외하고, 작품 내용을 통해서 분명하게 드러내고자 하는 것은 바로 '운명'이다. 이 '운명'이라는 '핵심어'는 〈자매역가姊妹易嫁〉 전체 내용을 꿰뚫고 있으며, 매 행간의 서술에서도 드러나는 것이기도 하다. 그렇기 때문에 큰딸이 둘째 딸에게 결혼을 양보한

29 汪玢玲, 《鬼狐風情: 《聊齋志異》與民俗文化》, 黑龍江人民出版社, 2003年, 79-81쪽 참고.

30 異史氏曰: "張公故墓, 毛氏佳城. 斯已奇矣. 余聞時人有'大姨夫作小姨夫, 前解元爲後解元'之戲, 此豈慧黠者所能較計耶? 嗚呼! 彼蒼者天久已夢夢, 何至毛公, 其應如響耶?"《聊齋志異》卷四〈姊妹易嫁〉

31 劉利俠, 〈孫氏"正訛"與《姐妹易嫁》再評價〉, 《西安外事學院學報》, 第4卷 第2期, 2008年 6月, 40쪽 참고.

것도, 모공毛公이 두 번째의 과거 시험에서 합격한 것도, 모공毛公 부부가 큰딸[언니]에게 준 금전을 알아보지 못한 것도 모두 이 '운명'에 의해서다. 그러므로 이러한 숙명론에 대한 통찰은 〈자매역가姊妹易嫁〉의 전체 내용을 아우르는 주요한 관념일 뿐만 아니라, 다른 작품과 구별되는 주제의식이라고 할 수 있다.

2) 개인의 인품과 화복禍福: 〈위부명얼유기작違父命孽由己作 대자가복자천래代姊嫁福自天來〉의 '명命'과 '상相'

〈위부명얼유기작違父命孽由己作 대자가복자천래代姊嫁福自天來〉의 주제의식을 부각시키는 것에 대해서는 '시詩'와 '사詞'를 통하여 그 의미를 암시하거나 총괄하는 '내재적인 방식'과 서술자가 직접 개입하는 '독립적인 방식'이 운용된다. '내재적인 방식'으로는 위 작품에서는 등장인물의 행동과 말을 통하여 주제사상을 드러내는 것보다 '시詩'와 '사詞'를 통하여 표출하는 방식이 비교적 뚜렷하게 드러난다. '독립적인 방식'에는 '입화의론入話議論'과 '서술자의 개입'이 나타난다. 이러한 특징은 〈위부명얼유기작違父命孽由己作 대자가복자천래代姊嫁福自天來〉의 주제를 이해하는 데 중요한 의미를 지닌다. 먼저 '입화시入話詩'와 '입화의론入話議論'을 살펴보면 다음과 같다.

> 수가須賈가 범저范雎를 가련히 여겨 명주 솜옷[제포綈袍]을 준 것[제포연연綈袍戀戀]으로 오히려 복을 구하였고, 한신韓信을 불쌍히 여겨 밥 한 그릇 준 것[일반지은一飯之恩]으로 이름을 떨쳤구나. 더욱이 세상의 누가 조감藻鑒[품평과 감별]의 정신을 견지하겠는가? 오직 비범한 식견을 가진 이만 세속으로 들어가리니.[32]

> 사람들이 부귀富貴와 복택福澤을 주요하게 여기는데, 비록 이것이 '명命'이라고 하지만, 또한 사람들의 사람 됨됨이를 통해서도 볼 수 있다. 만약 이 사람의 복택福澤이 두터우면, 필경 기상과 도량이 관대하고, 만약 복이 없는 사람은 필경 소견이 좁아서 눈앞에 있는 것만 알고, 그다음의 것을 미루어 짐작하지 못한다. 이것이 바로 사람의 '상相'이다. 관상을 보는 이는 단지 얼굴에 나타난 기색만 보아도 길흉화복吉凶禍福을 단정할 수 있다. 만약 다시 그 사람의 평상시 성정性情과 행동을 하나하나 살펴보면, '명命' 역시 다

32 綈袍戀范猶邀福, 一飯哀韓也得名. 世上更誰持藻鑒, 獨將隻眼入風塵.《醒夢駢言》第六回〈違父命孽由己作 代姊嫁福自天來〉

> 시 계산할 필요가 없다. 큰 복과 귀함을 가진 자는 어쩌다가 경솔한 생각이 일지라도 바로 잘못을 깨달아 뉘우치는 것을 알고, 빈천한 이는 죽도록 고생해도 여전히 지난날의 식견에서 벗어나지 못한다.[33]

'입화시入話詩'는 운명과 관상에 대한 내용을 담고 있는데, 구체적으로 수가須賈와 범저范雎의 '제포연연綈袍戀戀'과 한신韓信의 '일반지은一飯之恩'의 고사를 인용하여 운명에 대한 '가변성可變性'을 이야기하고 있다. '입화의론入話議論'은 개인의 행복과 불행의 운명은 미리 정해져 있기도 하지만 성정과 행동을 통해서도 드러난다는 내용을 기술하고 있다. '입화入話'이외에 편미篇尾에도 이러한 견해는 보이는데, 작가 개인의 의견을 서술하는 것보다 시를 통해 작품의 주제와 내용을 종결짓고 있다.

> 후세 사람이 다만 시로써 월영月英을 꾸짖어 말하였다. 부귀영화富貴榮華를 이루는 것 역시 다툼을 해소하는 것인데, 누가 알았겠는가? [불만을]입으로 삼킬 줄 모름을. 사람들에게 칭송을 받지 못하니, 오랜 세월 몰락하여, 헐뜯고 비방하는 소리를 내뱉네.[34]

이 시에서는 월영月英의 세속적인 부귀를 좇는 양상, 허망이 가져다준 불행과 양보를 통해 칭송을 받는 여동생 월화月華와의 비교를 통해서 개인의 인품과 화복의 관계에 대해서 이야기하고 있다.

〈위부명얼유기작違父命孽由己作 대자가복자천래代姊嫁福自天來〉에서는 〈자매역가姊妹易嫁〉에서처럼 타고난 운명에 대해 말하고 있지만, 그 점보다도 더 강조하고 있는 것은 '개인의 성격과 행동'을 통해 보이는 운명의 '당위성當爲性'이다. 자신의 운명에 부귀와 존귀함을 가졌다고 하더라도 개인의 성정이나 행동에 있어서 그것에 걸맞은 선행과 선심의 발현이 있어야지만, 이러한 운명이 더욱더 구체적으로 드러난다는 사실이다. 〈위부명얼유기작違父命孽由己作 대자

33 人主富貴福澤, 雖說是命, 卻也在這個人的做人上看得出. 若是這個人福澤厚的, 必竟氣量寬大；若是沒福的人, 必竟小見, 但曉得眼面前, 不能猜到後來: 這就是一個人的相. 那相面的, 只看得臉上氣色, 還要斷出那吉凶禍福來, 若再把那個人平日性情動作逐一看去, 命也不必算了. 有那大富大貴的, 偶然間起了個輕薄念頭, 他就曉得悔悟；那貧賤骨頭, 就苦到了十二分, 也還只是舊時那副見識.《醒夢駢言》第六回〈違父命孽由己作 代姊嫁福自天來〉

34 後人有詩單誚月英道: 富貴榮華也解爭, 誰知到口未諳吞. 讓人不見人稱頌, 落得千秋醜詆聲.《醒夢駢言》第六回〈違父命孽由己作 代姊嫁福自天來〉

가복자천래代姊嫁福自天來〉은 개인의 행복과 불행을 좌우하는 것은 이미 정해진 '운명관運命觀'도 작용하지만, 무엇보다 개인의 덕성과 인품의 수양이 행복을 유지하거나 파괴하는 데에 더욱 중요하게 영향을 미친다는 점을 강조하고 있다.

3) 덕성과 효성의 강조: 〈모상서소매환대자毛尙書小妹換大姊〉의 '부덕婦德'

〈모상서소매환대자毛尙書小妹換大姊〉에서 강조하는 바는 〈위부명얼유기작違父命孽由己作 대자가복자천래代姊嫁福自天來〉의 주제사상과는 다르다. 〈모상서소매환대자毛尙書小妹換大姊와 〈위부명얼유기작違父命孽由己作 대자가복자천래代姊嫁福自天來〉에서는 〈자매역가姊妹易嫁〉를 화본소설話本小說로 개작하는 과정에서 내용과 서술의 변화가 생겼을 뿐만 아니라, 화본소설話本小說의 중요한 특징인 '입화入話'가 첨가되었다. 이 '입화入話'는 〈위부명얼유기작違父命孽由己作 대자가복자천래代姊嫁福自天來〉에서 '입화시入話詩'와 '입화의론入話議論'만 있는 것과는 달리, 〈모상서소매환대자毛尙書小妹換大姊〉에서는 '입화고사入話故事'와 '결미시結尾詩'까지 첨가되어 완전한 구성을 갖추고 있다. 이 중에서 주제사상이 분명하게 나타난 부분은 '입화의론入話議論'인데, 이 부분은 부인의 덕망을 꽃에 비유해서 설명하고 있는 '입화시入話詩'에 대해 추가적인 의론을 제시한 것이다.

> [이 시는] 부인이 지아비를 따르는 것은 마치 꽃이 가지에 붙어있는 것과 같아서, 가지에 비록 꽃이 없더라도 봄이 오면 다시 피어나고, 만약 꽃이 가지에서 떨어지면 다시 합쳐질 수가 없음을 말하고 있다. 세상의 부인들에게 권하는 바이니, 지아비를 섬기는 데 도를 다하고, 동고동락하며, 처음과 같이 한마음으로 끝까지 섬기면서 가난한 것을 싫어하고 부귀를 좋아하는 것을 좇지 말아야 할 것이다. 서로 다른 두 마음이 되면 스스로 위태하고 후회하게 된다.[35]

'입화의론入話議論'은 부인의 덕에 관한 예찬禮讚과 권고勸告를 보여 주고 있는데, 이것은 '입화시入話詩'의 '기부사棄婦詞'를 통해 부녀자의 도리를 강조하고 있는 것과 같다. '입화고사入話故事'는 한무제漢武帝 때 승상 주매신朱買臣의 이야기로 '복수난수覆水難收' 고사를 이야기하고 있다. '결미시結尾詩'는 모두 2수가

35 言婦人之隨夫, 如花之附於枝, 枝若無花, 逢春再發；花若離枝, 不可復合. 勸世上婦人事夫盡道, 同甘同苦, 從一而終, 休得慕富嫌貧, 兩意三心, 自殆後悔.《刪定二奇合傳》第三十六回〈毛尙書小妹換大姊〉

등장하는데, 첫 번째 시는 '복수난수覆水難收' 고사에 대한 종결을 나타내고, 두 번째 시는 '모부혐빈慕富嫌貧[가난한 것을 싫어하고 부귀를 좋아하는 것]'의 세태와 부인의 도리에 관해 설명하고 있다.

> 빨래하는 노파는 일찍이 배고픈 선비를 불쌍히 여길 줄 알았으며, 화목한 처는 가난한 선비를 저버리는 것을 인내하였다네. 이미 엎질러진 물을 다시 담기 어려움을 알았다면, 애당초 공부에 내맡기지 않았을 것을.[36]

> 단지 성공과 실패의 높고 낮음을 볼 따름이지, 누가 알겠는가? 교룡이 더러운 진흙 속에 있음을. 부인이 혜안慧眼[법안法眼]이 없음을 탓하지 않으니, 하늘이 몇 번이나 포악한 아내를 저버리네.[37]

작품의 문미文尾에 등장하는 결말부의 내용과 '편미시篇尾詩'에서도 이러한 서술 내용이 크게 벗어나지 않는다.

> 이것이야말로 현명하지 못하고 불효하는 딸은 스스로 평생 신세를 망치는데, 시가 이것을 증명하네. 시에서 말하기를, 하늘은 인심이 지극히 불량함을 비웃고, 혼인이라는 큰일로 부모의 속을 썩이네. 현명하지 못하고 불효하여 몸과 명성을 망치니, 두고두고 사람들이 흉을 보네.[38]

> 옥정玉貞은 부모에게 효도하여, 이후에 큰 복을 누리게 되는데, 하늘의 도리가 어긋나지 않았다. 시에서 이르기를, 부모님은 당전堂前[큰 채]에 있는 두 존불尊佛과 같으니, 마음을 기쁘게 하고 뜻에 따르는 데 소홀함이 없네. 규문에서 어긋나게 불효하는 여식은, 불구덩이에 뛰어들어서라도 기어코 복을 이루려 하네.[39]

결국 문두文頭와 문미文尾에 등장하는 '시詩'와 '의론議論', '평론評論' 등을 살펴보면, '효도孝道의 권계勸誡'와 '부덕婦德의 강조强調'를 보여 주고 있음을 분

36 漂母尙知怜餓士, 親妻忍得棄貧儒, 早知覆水難收取, 悔不當初任讀書.《刪定二奇合傳》第三十六回〈毛尙書小妹換大姊〉

37 盡看成敗說高低, 誰識蛟龍在汚泥, 莫怪婦人無法眼, 普天幾個負覇妻.《刪定二奇合傳》第三十六回〈毛尙書小妹換大姊〉

38 這就是: 不賢不孝的女兒, 自家誤了終身, 有詩爲證, 詩云: 堪笑人心太不良, 婚姻大事惱爹娘. 不賢不孝身名敗, 留得旁觀說短長.《刪定二奇合傳》第三十六回〈毛尙書小妹換大姊〉

39 玉貞孝順父母, 後來享受大福, 天道不爽. 詩曰: 父母堂前兩尊佛, 承歡順志無忽略. 閨門差做忤逆兒, 火坑跳去偏成福.《刪定二奇合傳》第三十六回〈毛尙書小妹換大姊〉

명히 알 수 있다. 이러한 내용은 이야기 가운데 삽입된 서술자의 직접적인 개입에서도 분명히 알 수 있다. 작품의 '정화正話'에서 주제와 관련된 서술자의 직접적인 개입[서술]이 두 차례 보이는데, 첫 번째는 모민毛敏과 옥영玉英의 혼인에 대해서 주변 사람들의 말을 인용하여 '가문과 빈부의 차이로 인해 혼인의 파국으로 후회를 불러일으킬 수 있음'을 드러내고 있고, 두 번째는 옥영玉英이 모민毛敏과의 약혼에서 야기되는 옥영玉英의 심리를 묘사하고 있다. 특히 두 번째에는 옥영玉英의 생각이 점점 편협하고 외곬께 옮겨가는 과정에서 결혼을 거부하고자 하는 심리가 강하게 작용하고 있음을 보여 주면서, 옥영玉英의 가난함을 싫어하고 부유함을 좋아하는 인생 태도를 꼬집고 있다.

> 여러분들 한번 보시게나! 여기 옥영玉英이 왜 결혼을 이렇게나 거절하는가? 대개 세상 사람들에게 뜻대로 되지 않는 일이 있으면, 아무래도 바른길[정로正路]에서 생각해야 착오가 없는 법이다. 만약 남의 말을 잘못 곧이듣고 치우친 길을 가고자 한다면, 가면 갈수록 한쪽으로 더욱 치우쳐지고, 한쪽으로 치우쳐질수록 더욱 멀어져서 다시 돌아올 수 없다. 옥영玉英은 단지 가난함을 싫어하고 부유함을 좋아하는 생각 하나의 잘못으로, 식견이 없는 그러한 사람들의 말을 듣고, 끝 간 데까지 생각하더니 바로 죽어도 결혼하지 않겠다는 생각을 가지게 된 것이다. 바로 아주 작은 착오가 나중에 가서는 큰 잘못이 된다네.[40]

이 두 가지 서술자의 개입은 비록 모민毛敏과 옥영玉英의 심리에 초점이 맞혀져 있지만, 옥영玉英의 결혼을 선택하는 것에 대한 착오와 세속적인 이익을 탐하는 태도에 대해서 일종의 경고를 드러내고 있다. 이처럼 직접 서술자가 개입한 부분을 살펴보면, 비록 줄거리 전개에 맞추어 등장인물의 행동과 심리, 반응과 평가에 대해서 집중적으로 기술하고 있지만, 그 이면에는 이 글의 중심 사상인 부인의 덕망에 대한 견해를 일정 부분 투영하고 있는 것을 어렵지 않게 발견할 수 있다. 이와 같은 두 차례의 서술자 개입은 또 다른 서술자의 개입과 연결되어 있는데, 이 부분은 옥영玉英이 모민毛敏의 향시鄕試 급제와 성공을 듣고서 스스로 후회와 분노가 치밀어 오르는 심정을 묘사한 부분과 그녀의 인품에 관해서 기술한 부분에서 서술자의 견해가 잘 나타나 있다. 이 부분은 앞의

40 看官! 你這玉英爲何說得如此絶？ 大凡世間人有不如意事, 總要在正路上想去, 就不錯了；若誤聽人言, 想到偏路上去, 越走越偏, 越偏越遠, 就不能回頭了. 玉英只爲嫌貧愛富, 一念之差, 又聽那些莫見識的話, 所以想到盡頭處, 就有願死不願嫁的想場. 正是: 差以毫厘, 謬以千里.《刪定二奇合傳》第三十六回〈毛尙書小妹換大姊〉

두 차례의 서술자 개입과 유기적으로 연계되어 있으며, 부덕婦德을 점진적으로 강조하는 경향으로 나아가고 있다.

이처럼 '인과응보因果應報'와 '권선징악勸善懲惡'과 같은 전통적 교화敎化와 권계勸誡 이념을 제외하고 작품마다 구체적으로 나타나는 주제사상은 조금씩 다른데, 종합하여 비교하면 다음과 같다.

「표 9」 〈자매역가姊妹易嫁〉, 〈위부명얼유기작違父命孽由己作 대자가복자천래代姊嫁福自天來〉, 〈모상서소매환대자毛尙書小妹換大姊〉 주제사상 비교

	〈姊妹易嫁〉	〈違父命孽由己作 代姊嫁福自天來〉	〈毛尙書小妹換大姊〉
주제 의식	숙명론宿命論: 운명의 불예측성 정의의 실현	운명運命과 관상觀相 개인의 인품人品과 화복禍福 의 관계	부인의 덕망德望 효성孝誠의 권고勸告

〈자매역가姊妹易嫁〉, 〈위부명얼유기작違父命孽由己作 대자가복자천래代姊嫁福自天來〉, 〈모상서소매환대자毛尙書小妹換大姊〉 주제사상 비교에서는 공통으로 '숙명론'에 대한 '인정認定'과 '수용受容'의 관념이 나타난다. 하지만 그 정도에 있어서는 각기 다른데, 〈자매역가姊妹易嫁〉가 비교적 강한 운명론運命論의 특징을 부각시키고 있다면, 〈위부명얼유기작違父命孽由己作 대자가복자천래代姊嫁福自天來〉에서는 운명론運命論의 인정認定과 수용受容의 자세도 보이지만, 무엇보다도 개인의 '인품人品'과 '덕성德性'이 중요함을 강조하고 있다. 〈모상서소매환대자毛尙書小妹換大姊〉에서는 〈자매역가姊妹易嫁〉에서 보이던 운명론運命論이 존재하지만, 강조하는 정도가 상당히 약하며, 오히려 부인의 '덕망德望'과 '도리道理'에 대해서 집중적으로 드러내고 있다. 이처럼 〈자매역가姊妹易嫁〉가 〈위부명얼유기작違父命孽由己作 대자가복자천래代姊嫁福自天來〉와 〈모상서소매환대자毛尙書小妹換大姊〉로 개작되면서 주제사상을 그대로 답습하고 적용하는 것이 아니라, 작품의 개작 과정에 따라 어느 정도 변화를 보여 주고 있다. 그 변화의 방향은 정해진 이념의 수용受容과 강화强化에서, 이것과 함께 개인의 '품성品性'과 '행동行動'이라는 자율의지가 추가되는데, 전자보다는 오히려 후자가 더욱 강조되는 경향을 보인다. 즉, 전통적인 운명론運命論의 수용受容을 강조하고 정의正義의 실현을 제기하는 것에서 점차 인성과 도덕성을 강화하고 개인의 행복과 불행을 연관 지어 가치와 이념을 제시하고자 하고 있음을 쉽게 발견할 수 있

다. 작품을 개작하는 과정에서 주제사상의 성격 변화도 필연적으로 동반되는데, 저자의 개작 태도와 의도에 따라서 어떠한 관념과 사상이 보다 더 강조되고 대두되며, 또는 무뎌지고 약해지는지를 분명히 알 수 있다.

| 5 | 나오는 말篇尾

《요재지이聊齋志異》의 〈자매역가姊妹易嫁〉와 이를 개작한 《성몽병언醒夢駢言》 제6회第六回〈위부명얼유기작違父命孽由己作 대자가복자천래代姊嫁福自天來〉와 《산정이기합전刪定二奇合傳》제36회第三十六回〈모상서소매환대자毛尙書小妹換大姊〉를 통해 동일한 시대의 문언문文言文 소설 작품이 어떻게 백화문白話文 소설 작품으로 개작되었는지 구체적으로 살펴보았다. 이 과정에서 작품의 서사 형식과 서사 구조, 서사 내용 그리고 주제의식이 어떻게 '원용原用'되고 '변용變用'되어 나타나고 있는지 자세히 고찰하였다.

먼저 서사 형식과 서사 구조의 변화를 살펴보면, 〈자매역가姊妹易嫁〉와 〈위부명얼유기작違父命孽由己作 대자가복자천래代姊嫁福自天來〉, 〈모상서소매환대자毛尙書小妹換大姊〉는 서사 형식에서 '문언문文言文'과 '백화문白話文'의 문체상의 다름을 제외하고서라도 작품의 도입부와 결말 부분의 형식에서 차이를 보인다. 도입 부분에서는 '입화入話'의 유무, 결말 부분에는 서술사의 참여 방식이 나르세 나타난다. 서사 구조에서는 세 작품 모두 이야기의 전개 방식이 유사하고, 구성이 '발단[시작]→전개1, 전개2[전환]→절정→결말'의 구조로 되어 있다. 하지만 세부 내용의 순서와 진행에 있어서는 '전치前置'와 '분리分離'의 현상이 나타나고, 구성 간 화소의 설정과 이동에 있어서는 '도치倒置'의 현상이 나타나고 있다.

다음으로 서사 내용의 변화를 살펴보면, 원작인 〈자매역가姊妹易嫁〉를 기준으로 〈위부명얼유기작違父命孽由己作 대자가복자천래代姊嫁福自天來〉과 〈모상서소매환대자毛尙書小妹換大姊〉의 내용을 비교하면, '부연敷衍'과 '첨가添加'의 현상이 두드러지게 나타난다. 또한 '부연敷衍'과 '첨가添加' 현상은 〈모상서소매환대자毛尙書小妹換大姊〉보다 〈위부명얼유기작違父命孽由己作 대자가복자천래代姊嫁福自天來〉에서 더욱 빈번하게 보이는데, 그것은 편폭에 있어서 〈자매역가姊妹易嫁〉보다 8배로 확대되면서 여러 장면에서 '포서鋪敍'가 진행되었기 때문이며 또한, 보다 다양하고 독창적인 작가의 개입이 적극적으로 반영되었기 때문이기도 하다. 서사 내용의 '삭제削除' 현상은 〈위부명얼유기작違父命孼由己作 대자가복자천래代姊嫁福自天來〉에서보다 오히려 〈모상서소매환대자毛尙書小妹換大姊〉에서 나타나고 있는데, 그 범위는 일부에 국한되었다. 전체적으로 〈위부명얼유기작違父命孼由己作 대자가복자천래代姊嫁福自天來〉는 〈자매역가姊妹易嫁〉의 많은 부분을 새롭게 개작하거나 추가로 확대하여 부연한 특징이 강하고, 〈모상서소매환대자毛尙書小妹換大姊〉는 원작의 내용에서 크게 벗어나지 않는 범위 내에서 개작이 이루어지며, 불필요하다고 여겨지는 부분을 삭제하였다.

〈자매역가姊妹易嫁〉의 개작 과정에서 나타나는 주제의식에 있어서도 어느 정도 변화를 보인다. 주제사상의 구현에는 크게 '독립적인 방식'과 '내재적인 방식'인 방식으로 나뉠 수 있다. 〈자매역가姊妹易嫁〉와 〈위부명얼유기작違父命孼由己作 대자가복자천래代姊嫁福自天來〉에서는 공통으로 '숙명론宿命論'에 대한 '인정認定'과 '수용受容'의 관념이 나타난다. 하지만 그 정도에 있어서는 각기 다른데, 〈자매역가姊妹易嫁〉가 비교적 강한 '운명론運命論'의 특징을 부각시키고 있다면, 〈위부명얼유기작違父命孼由己作 대자가복자천래代姊嫁福自天來〉에서는 운명론運命論의 인정認定과 수용受容의 자세도 보이지만, 무엇보다도 개인의 '인품人品'과 '덕성德性'이 중요함을 강조하고 있다. 〈모상서소매환대자毛尙書小妹換大姊〉에서는 〈자매역가姊妹易嫁〉에서 보이던 운명론運命論이 존재하지만, 강조하는 정도가 상당히 약하며, 오히려 부인의 '덕망德望'과 '도리道理'에 대해서 집중적으로 드러내고 있다. 이처럼 주제사상의 변화에는 정해진 이념의 '수용受容'과 '강화强化'에서, 이것과 함께 개인의 '품성品性'과 '행동行動'이라는 자율의지가 추가되는데, 전자보다는 오히려 후자가 더욱 강조되는 경향을 보인다.

이와 같이 원작을 개작하는 과정을 고찰하는 것은 단순히 서사 내용의 변화를 살펴보는 것에 그치지 않고, 작품 간의 관계와 연관성을 밝히는 데 중요한 의미를 지닌다. 또한 '작가', '작품', '독자' 간의 연계와 호응, 독자의 작품에 대한 인식과 요구, 그리고 당시 소설 작품의 개작 경향과 추세 등을 가늠하는 데 중요한 자료를 제공할 수 있다. 이러한 탐색은 소설사의 발전 과정에서 문체와 내용의 전환을 통해 작품이 어떻게 재탄생하는지 구체적으로 살펴볼 수 있으며, 그 안에 내재해 있는 다양한 이념과 의식, 수용과 거부의 반응 등 다방면에 걸쳐 그 진행 과정과 변화 형태를 폭넓게 고찰할 수 있는 계기가 될 것이다.

王恒展, 〈淺論《聊齋志異》與話本小說的關係〉, 《蒲松齡研究》, 1997年 第2期.
陳泳超, 〈《醒夢駢言》摹襲《聊齋志異》考〉, 《明清小說研究》, 1997年 第3期.
顧青, 〈《醒夢駢言》二考〉, 《文學遺産》, 1997年 第6期.
丁曉昌, 〈試論《醒夢駢言》取材於《聊齋志異》〉, 《南京師大學報》, 1999年 第3期.
杜建華, 〈《聊齋志異》轉化爲戲曲的十種方式--以傳統川劇爲例〉, 《戲劇中央戲劇學院學報》, 2003年 第1期.
程國賦, 〈三言二拍選本與原作的比較研究〉, 《明淸小說研究》, 2004年 第2期.
廖全京, 〈在戲劇與文學之間尋找精神張力--《聊齋志異》與川劇聊齋戲》簡評〉, 《四川戲劇》, 2004年 第5期.
唐雪薇, 〈鑽入聊齋戲十年成大作--杜建華《〈聊齋志異〉與川劇聊齋戲》問世〉, 《學子》, 2004年 第9期.
蔣宗福, 〈《躋春臺》三種整理本勘誤擧例〉, 《方言》, 2005年 第1期.
徐文軍, 〈守朴翁是不是蒲松齡--《醒夢駢言》作家初探〉, 《蒲松齡研究》, 2005年 第4期.
劉富偉, 〈關於"仿聊齋派"的理論思考〉, 《齊魯學刊》, 2005年 第6期.
王晶紅, 〈解析《聊齋志異》中的"異類婚"口承敘事原型〉, 《上海大學學報·社會科學版》, 2006年 5月.
方兆平, 〈略論《醒夢駢言》對《聊齋志異》的改編〉, 《語文學刊》, 2008年 1月.
劉利俠, 〈孫氏"正訛"與《姐妹易嫁》再評價〉, 《西安外事學院學報》, 2008年 6月.
鄒宗良, 〈《醒夢駢言》與吳方言--兼論蒲松齡不是該書的作者〉, 《蒲松齡硏究》, 2009年 第2期.
劉尚雲, 〈《聊齋誌異》"異史氏曰"敘事藝術論略〉, 《山東師範大學學報·社會科學版》, 2009年 第6期.
李軍鋒, 〈試論宋元話本小說對《聊齋志異》的影響〉, 《西昌學院學報·社會科學版》, 2010年 3月.
劉富偉, 〈從馳騁幻域到描繪世情--論話本小說對《聊齋誌異》的題材選擇〉, 《明淸小說研究》, 2010年 第3期.
褚半農, 〈亦談《醒夢骈言》與吳方言--兼論蒲松齡不可能是該書作者〉, 《蒲松齡硏究》, 2010年 第3期.
陳文新, 〈從宋元話本到《聊齋志異》--論講唱文學對文言小說滲透〉, 《學術交流》, 2010年 7月.
方兆平, 〈試論呂劇《姊妹易嫁》對同名小說的改編〉, 《安徽文學》, 2012年 第1期.
宋家庚, 〈一部根據《聊齋志異》故事改寫的評話小說集--《醒夢駢言》簡介〉, 《蒲松齡研究》, 2012年 第2期.
李倳倳, 劉世仁, 〈《躋春臺》研究現狀及展望〉, 《四川文理學院學報》, 2013年 第4期.

潘晨, 〈《聊齋志異》中的死而復生現象探究〉, 《文教資料》, 2014年 第8期.
井玉貴, 〈婚姻喜劇與寒士心態--漫話《姊妹易嫁》〉, 《文史知識》, 2014年 第11期.
雷丹, 〈論《醒夢駢言》中的神靈信仰〉, 《九江學院學報·社會科學版》, 2017年 第3期.
劉富偉, 〈從文言文心到俗話俗情--論話本小說對《聊齋誌異》的語體變更〉, 《齊魯學刊》, 2017年 第4期.
楊瑩瑩, 〈《醒夢駢言》的版本與成書考辨〉, 《蒲松齡研究》, 2018年 第1期.
馬振方, 〈從《醒夢駢言》想到白話譯《聊齋》〉, 《蒲松齡研究》, 2019年 第4期.

[국내외 학위논문]

이진우, 《唐 傳奇를 '재창작'한《三言》의 '통속화' 연구》, 명지대학교 석사학위논문, 2010년 2월.

고윤숙, 《《周易》 感應哲學 연구》, 성균관대학교 석사학위논문, 2020년 4월.

劉富偉, 《《聊齋誌異》文本改編研究--以白話小說和說唱藝術爲中心》, 華東師範大學 博士學位論文, 2007年 5月.

梁衛華, 《《醒夢駢言》硏究》, 北京師範大學 碩士學位論文, 2007年 5月.

燕斌, 《《醒世奇言》代詞硏究》, 曲阜師範大學 碩士學位論文, 2012年 5月.

郭小麗, 《《醒夢駢言》考論》, 南京大學 碩士學位論文, 2013年 5月.

[국내외 단편논문]

윤일수, 〈〈맹진사댁 경사〉에 나타난 바꿔치기 혼인 설화의 계승 양상〉, 《語文硏究》 24集, 1996년.

조영규, 〈《三言》故事의 淵源 및 影響考〉, 《中國學報》 第21輯, 1980년.

박미애, 〈《太平廣記》 未來豫知譚에 나타난 중국 전통시기의 가치관념〉, 《한문고전연구》 26권, 2013년 6월.

박종혁, 〈《周易》 恒卦의 意味와 象徵〉, 《中國學論叢》 第30輯, 2014년 2월.

이인경, 〈혼인과 관련된 漢字에 투사된 고대 중국의 혼인 풍속〉, 《中國學硏究》 第73輯, 2015년 8월.

조우진, 〈공감에 대한 역학적 고찰-함괘咸卦를 중심으로〉, 《孔子學》 제37호, 2019년 2월.

李公綽, 〈只緣舊譜翻新聲--關于呂劇《姊妹易嫁》的改編〉, 《人民戲劇》, 1979年 第4期.

隋武, 〈對《姊妹出嫁》的一點異議〉, 《上海戲劇》, 1981年 第2期.

叢琛, 〈《姊妹易嫁》本事考證〉, 《齊魯學刊》, 1986年 第3期.

吳燕娜, 〈《俗話傾談》中的"橫紋柴"與《聊齋誌異》中的"珊瑚"之比較〉, 《蒲松齡硏究》, 1995年 第3期.

鞏武威, 〈論舞台劇聊齋戲的改編〉, 《蒲松齡硏究》, 1996年 第3期.

王富聰, 〈改編《聊齋》戲評二則〉, 《蒲松齡硏究》, 1997年 第1期.

張光興, 〈蒲松齡與中國的"孝"文化傳統〉, 《聊齋志異硏究》, 1997年 第1期.

참고문헌

[고전자료]

古本小說集成編委會編,《古本小說集成》, 上海古籍, 1990年.
關德棟 輯校,《聊齋志異話本集》, 濟南: 齊魯書社, 1991年.
蒲松齡著, 任篤行輯校,《聊齋誌異》, 濟南: 齊魯書社, 2000年.

[국내외저서]

한국중국소설학회 편,《중국소설사의 이해》, 서울: 학고방, 2009년.
우치다 미치오 엮음, 조관희 옮김,《중국소설의 세계》 서울: 한국문화사, 2024년.
김명구,《중국 서사문학의 갈래와 둘레》, 서울: 명지대학교출판부, 2024년.

魯迅,《中國小說史略》, 臺北: 風雲時代出版社, 1992年.
李忠昌,《古代小說續書漫話》, 遼寧教育出版社, 1993年.
歐陽代發,《話本小說史》, 武漢出版社 , 1994年.
楊昌年,《聊齋志異研究》, 臺北: 里仁書局, 1996年.
張振軍,《傳統小說與中國文化》, 廣西師範大學出版社, 1996年.
Patrick Hanan 著, 王靑平·曾虹 譯,《中國短篇小說》, 臺北: 國立編譯館, 1997年.
錢穆,《中國近三百年學術史》, 臺北: 聯經出版事業公司, 1998年.
李忠明,《中國古代小說的主題與敍事結構》, 合肥: 安徽文藝出版社, 2000年.
汪玢玲,《鬼狐風情:《聊齋志異》與民俗文化》, 黑龍江人民出版社, 2003年.
金明求,《虛實空間的移轉與流動: 宋元話本小說的空間探討》, 臺北: 大安出版社, 2004年.
黃大宏,《唐代小說重寫研究》, 重慶出版社, 2004年.
郭建勳 注譯, 黃俊郎 校閱,《新譯易經讀本》, 臺北: 三民書局, 2007年.
金明求,《宋元話本小說〈入話〉之敍事研究》, 臺北: 大安出版社, 2009年.
蔣玉斌,《《聊齋志異》的淸代衍生作品研究》, 中國社會科學出版社, 2012年.
金明求,《修辭與敘事: 宋元話本小說的修飾書寫》, 臺北: 秀威資訊, 2020年.